中华学术·有道

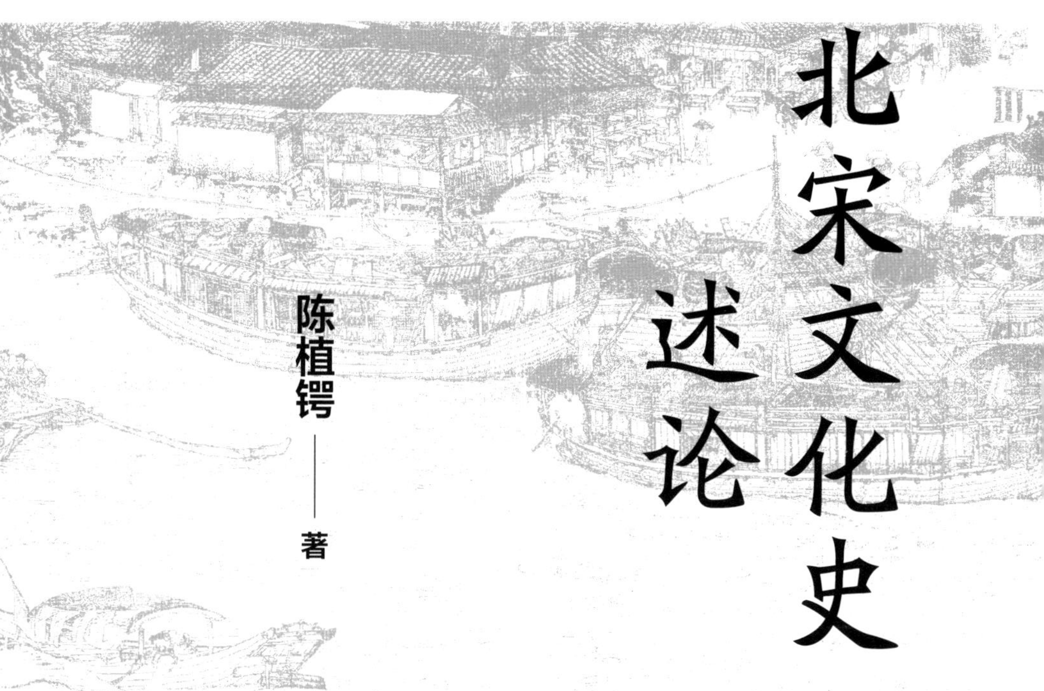

北宋文化史述论

陈植锷 著

中華書局

图书在版编目（CIP）数据

北宋文化史述论/陈植锷著．—北京：中华书局，2024.3
（中华学术·有道）
ISBN 978-7-101-16482-4

Ⅰ．北… Ⅱ．陈… Ⅲ．文化史-研究-中国-北宋
Ⅳ．K244.03

中国国家版本馆 CIP 数据核字（2023）第 243798 号

书　　名	北宋文化史述论
著　　者	陈植锷
丛 书 名	中华学术·有道
责任编辑	孟庆媛
责任印制	管　斌
出版发行	中华书局 （北京市丰台区太平桥西里 38 号　100073） http://www.zhbc.com.cn E-mail:zhbc@zhbc.com.cn
印　　刷	北京盛通印刷股份有限公司
版　　次	2024 年 3 月第 1 版 2024 年 3 月第 1 次印刷
规　　格	开本/920×1250 毫米　1/32 印张 21¾　插页 2　字数 489 千字
印　　数	1-4000 册
国际书号	ISBN 978-7-101-16482-4
定　　价	98.00 元

目　录

序　引

邓广铭

一

宋代的文化,在中国封建社会历史时期之内,截至明清之际的西学东渐的时期为止,可以说,它是已经达到了登峰造极的高度的。历史不能割断,论述宋代的文化自然也须如此。单以隋唐为上限,宋代文化发展的基因之从这两代传承而来者就难以枚举。姑举几件重要性较大的来说:

1. 士族地主势力之消逝,庶族地主之繁兴,以及与此密切相关的农业生产的大发展,交通运输工具的日益完备,商品经济的日益发达,等等。

2. 刻版印书事业之由创始而渐盛行,造纸技术不但日益普及而且日益提高,这都使得书籍的流通量得以增广扩大。到宋初,大部头的儒书和佛道典籍都能结集刊行,则一般乡塾所用的启蒙通俗读物的大量印行流传自可想见。(唐政府禁止私人印制历书,可以为证。)

3. 开始于隋唐之际的科举制度,允许一般读书人可以"怀牒自列于州县”,这不仅使“天下英雄”都入此“彀中”,使政府得以从中选拔大量行政官员,而其影响所及,在那些中选的“英雄”之外,还育成了大量著名诗人,产生了大量的传世诗篇,成为中华民族文化中一种极特殊、极丰富的瑰宝。

4. 唐朝还通行一种不成文的规定:举子在应试之前,先须向主司投献所业以求得赞扬,叫做“行卷”,或者也叫做“温卷”。所进献的文章,大都是举子们的“力作”,可以表见其“史才”、“诗笔”和“议论”的,例如《幽怪录传奇》之类的作品(见赵彦卫《云麓漫钞》卷八)。举子们既多从事于此,便又不期然而然地对古文的复兴起了催化的作用。

以上举述的种种条件(当然还有未被列入的其它许多条件),到北宋期内,交错杂糅,相互影响,经常地产生着一些综合性的良性循环作用,这种综合性的良性循环作用随处可见,而宋代的科举制度更是集中体现这种作用的部门之一。

二

科举制度在唐代即已显示出了上文所举述的那些社会效益,也就是说,它已突破了唐王朝的最高统治者们所期望于它的那种笼络文人学士和选拔官员的狭隘效果。到了宋代,对于科场考试的一些法规虽比唐朝更严格了一些,例如,行卷、温卷的做法在宋代即不再允许,而且还禁止主考官与中选的进士结成座主和门生的关系等等,然而,这其实都是能发生积极作用的一些政令。因为,当时庶族地主阶层的数量和实力在社会上已占绝对优势,商品经济的发展使得大量原居社会下层的人群得有较多活动机会,以致宋王朝的当政者们，只经常提及重农的原则，却很少人（甚至可以说没有人）再呼喊抑商的口号了。这自然也应作为当时综合性良性循环的有机组织的一部分。这种种因素的具备，遂使国内的每一个丰衣足食的小康之家，都要令其子弟去读书应考，争取科名。科名虽只有小部分人能够争取得到，但在这种动力之下，全社会却有日益增多的人群的文化素质得到大大的提高。因此，我们可以说，科举制度在两宋期内所发挥出来的进步作用，所收取到的社会效益，都是远非唐代之所可比拟的。

三

在唐代，释道两家的教义和学说都盛行于世，其声势且都骎骎凌驾于儒家之上。这一事实，从唐代后期以来已促使知识分子群中的许多人萌生了一种意识：要把儒家独尊的地位重新恢复起来。于是，有人从儒家经典著作中选出了《大学》《中庸》，就前者阐明治学和治国经邦的程序，就后者吸取其抽象的义理以与释道相对抗；也有人专为维护儒家学说的正统地位，把释道都作为异端而加以排斥。更有人致力于释道二家以及法家学说的钻研，然后援法入儒、援佛入儒或援道入儒。经过长时期的相互抵排、交斗和交融，从而在北宋初叶以后的一些以儒家面目出现的学者，例如胡瑗、杨亿、范仲淹、欧阳修、王安石等等，固然已经大异于由汉到唐的那些拘守章句训诂之学的儒家学者，却也绝对不是春秋战国期内儒家学术的再版。就他们所致力的学术领域的界限来说，已非复孔门四科和六艺（射御二者除外）之所能涵盖；就其义理的深奥精密来说，也非复由先秦到唐代的儒家学者之所能企及。对于这样一些先后辈出的学者,对于这样一些先后被开拓的广阔学术研究领域,我们觉得只有一个最为适合的概括称号,那就是“宋学”。

四

从秦始皇建立专制主义中央集权的封建王朝之始,就在试行文化专制主义,所以有焚书坑儒之举。到汉武帝,则又采纳董仲舒的建议,要罢黜百家,独尊儒术(虽然并未真正做到)。北魏、北周、晚唐、五代期内所发生的“三武一宗”的毁灭佛法的事件,不论其各次的历史背景如何,总之都是要对文化实行专制主义。但北宋王朝自建立以来,就把最大的注意力分别集中在:如何消除存在于各地的割据势力;如何防范文武大臣篡夺之祸;如何抵御北方强大敌国契丹王朝的侵袭;如何禁制百官间或士大夫间凭借种种因缘而结为朋党,构成专制政权的一种分割力量等等。这种种错综复杂的问题,使得北宋最高统治者们实在没有余力再去对文化事业的各方面去实行其专制主义。因此,他们对于儒释道三家无所轻重于其间,对于思想、学术、文学、艺术领域的各个流派,也一概采取宽松态度。

在科场考试方面,不但在考官们命题时并不以儒书为限,多杂出于老庄之书,致使“先儒传注一切废不用”的情况,早在王安石成名成家之前便已开其端倪;对于应考人士的答卷,不论在形式上或内容上也都不做任何规定和限制。司马光在宋神宗初年所上的《论风俗札子》(《温公文集》卷四六)中就已说道:

今之举人，发口秉笔，先论性命，乃至流荡忘返，遂入老庄。纵虚无之谈，骋荒唐之辞，以此欺惑考官，猎取名第。禄利所在，众心所趋，如水赴壑，不可禁遏。

既然已经形成了一种“不可禁遏”的趋向，可见已经是“非一朝一夕之故”，而是“其所由来者渐矣”了。

司马光本人虽未入于老庄，然而他和稍早于他的江西李觏却都有怀疑和非难《孟子》的著作，欧阳修则公然倡言《周易》中的《系辞》非孔子所作。这样一些言论，并不曾被北宋王朝或当时的学者目为非圣无法。

至于宋神宗曾一度试图用《三经新义》统一举子们的论点，那也仍然不成其为文化专制，因为《三经义》的本身，就已把释道和先秦诸子书中的“合乎义理”的言论采摭于其中了。元祐党争也只限于统治阶级上层人物的派系斗争，整个社会文化事业发展却并未为所阻遏。

上述种种，既表明了北宋的最高统治者们没有对文化实行专制主义，也确实证明了这一宽松政策（尽管不是他们有意识地制定的）对当时士大夫们的思想的相对解放起了很好的作用。宋学之所以昌盛，不能不推此为其最重要的原因之一。

五

自来的论史者大都认为，宋代文化之兴盛，主要应归功于宋王朝的重文轻武政策，还有人更具体地落实到宋初几个皇帝的“右文”政策上。我则以为，“重文轻武”只不过是一种表面现象。

实际上，北宋建都于四战之区的开封，建国之初则为了削平十国割据的残局，其后则北方的劲敌契丹和继起于西北地区的西夏，无一不需要用武力去对付。所以，从北宋政权一开始就注定了“国倚兵而立”（宋人语）的局势，如何能够制定轻武的政策呢？既不能轻武，而宋太祖本人就是以掌握军权而夺取了政权的，深知高级将帅的篡夺之祸必须加以防范，因而一方面实行“将从中御”的办法，使得“将在外”也必须严遵君命；另一方面则又把文臣的地位摆在同等级的武臣之上，借使其能够发生牵制的作用。这才是问题的实质所在。至于所谓的“右文”，无非指扩大科举名额以及大量刻印书籍等类事体，我以为这也都是顺应当时社会发展所已经具备的条件，因势利便而做出来的，并非真有什么右文政策。即使北宋王朝的上述种种举措对其时文化的发展也不无某些好处，但与当时全然由客观环境关系而被动施行的在文化上的宽松政策所起的作用相较，则是显然微小的。

与明朝的统治稍作比对，就可知文化专制主义之施行与否，与文化事业的发展和衰落的密切关系。

朱元璋是一个没有文化的人，在他取得政权之后，采行了极其横暴的极权专制主义。他在文化事业方面所推行的专制主义则集中体现在各级科场的“制艺”，亦即所谓的八股文上。自从元朝于英宗至治三年（1323）恢复科举制度以来，所定《考试程式》虽然已规定了必须从《四书》中出题，答卷则必须用朱熹的《章句》和《集注》，且还规定了字数，其后并有人作出《书义矜式》（即以其本人所作经义之文作为举子的范本），遂而成为八股文的滥觞。朱元璋对这种考试规定极为赞赏（他与朱熹同姓，也是重要原因之一），专力推行，八股文的体式遂被固定下来（而且一直推行到清王朝的末期）。这样一来，科举制度在唐宋两代所能起的推动文化发展的作用便一概消失，转变为禁锢和僵化读书应试生员思想的桎梏和紧箍咒。近今还常常有土八股、洋八股和党八股的出现，可见其毒害至今尚未消除净尽。因而在明朝统治的二百六十多年内所培育出来的真正有贡献的学者，为数实在不多。只有那些不肯入此牢笼的，如李时珍、徐霞客等等，才真能在学术文化领域内作出度越前人的成绩来。在两宋期内居于全世界领先地位的中国文化，硬是被明朝的文化专制主义给断送了。明末清初的顾亭林曾说八股文的祸害甚于秦之焚书，这确实是一句切中要害的至理名言。

六

尽管如前所论述，宋代文化的发展，在中国封建社会历史时期之内达于顶峰，不但超越了前代，也为其后的元明之所不能及，然而近年以来，不论是论述中外文化交流的，或专论中国传统文化的，对于宋代的文化，大都只是作一般性的概述，而没有人作全面、系统、深入的研究和探讨。因此，我们在此就且不妨说，有之，自陈植锷同志的这篇《北宋文化史述论》始。虽然他所论述的，在时间上还只限于北宋而未及南宋，而在这一时限之内，又还只论述了属于精神文化的各个方面，而未涉及于科学技术方面的诸多发现、进展、创造和发明。

陈植锷同志写作这篇论文的全过程，我知道得比较详细。从其取材方面来说，他的确是当得起博览群书这句话的。而这里所说的群书，既包括古代人所有与此课题有关的著述，不管其属于经史子集的哪一部类；也包括近代以至现代人的有关著作，不论其为域内或域外的，一概广泛阅读参考。这自然使他的眼界开阔，思路畅达，不至囿于一偏之见，发生片面的毛病。也因此，他在文内所发的议论便比较鲜明、新颖，而无人云亦云的抄说雷同之弊。作者的思考力强，文字表达能力也强，所以，他的这篇论文是不但具有学术价值而且颇有可读性的。既然这篇论文具有开创性，既然就中随处可以发现作者的独到之见，在这些独到见解当中，便难免有不能立即获得公认者。例如，王安石因撰《三经新义》而除左仆射时，他在所进《谢表》中有云：

孔氏以羁臣而与未丧之文，孟子以游士而承既殁之圣，异端虽作，精义尚存，逮更煨烬之灾，遂失源流之正：章句之文胜质，传注之博溺心，此淫诐行之所由昌，而妙道至言之所为隐。

作者把这段文字引入到论文当中，但在这段引文之前，他先已引用了程颐论当时学术界有三弊的一段话：

今之学者有三弊：一溺于文章，二牵于训诂，三毁于异端。苟无此三者，则将何归？必趋于道矣。

然后他把王、程二人的话加以比并牵合，说道："传注之博溺心"，即批评训诂之学；"章句之文胜质"，则批评文章之学；"淫辞诐行"指佛老等异端。把传注等同于训诂或无问题，把章句等同于文章似乎就不甚切合；王安石对佛老的态度与二程是大不相同的，因而把王文中的"淫辞诐行"与程文中的"异端"都直指为佛老，那就更有商榷的余地了。再如作者把北宋的儒学分为义理之学和性理之学两个阶段，且是论文中的一个着力论述的部分，这在答辩的当场，便已有学者提出了异议。当然，这些不过是属于见仁见智的不同，是值得进行深入商榷，而不能遽断其孰是孰非的问题。或者更可以说，作者在这里又提出了一些发人深思的问题，而这对于这一课题的深入研究，是更会发生一些有益的作用的。

曾经有人把清代的学术文化与欧洲的文艺复兴相比拟，也曾有人把宋代的学术文化称之为中国的文艺复兴时期。我则认为，欧洲文艺复兴时期的文化发展趋向，不论与宋代或清代相比，都有其大不相同之处，因而不必牵强加以比附。但实事求是地说来，宋代文化的发展，既超越了居于它之前的唐代，也为居于它之后的元明两代之所不能及，这却是无可争辩的事实。因此，我热切希望，陈植锷同志如能继此论文之后，再把他论述的时限延伸而及于南宋，更把它所论述的课题，由儒学、理学、文学等精神文化而扩及于由两宋人士所创造、发明或发展、改进了的物质文化诸方面，使读者借此都能窥得宋学的全貌，那就将是对于中国学术文化史的一桩更大的贡献了。

我所写的这篇序引，从第一节到第五节，粗看似乎离题稍远，实际上，我是想要就这一课题的社会历史背景的一个侧面，作一些鸟瞰式的补充，而且要使它成为与这篇论文有内部联系的一个组成部分。但愿作者和读者们读后所得的印象，能与我的这一意愿相符合，因再赘数语于此。

1989 年 9 月 4 日写于北京大学之朗润园

引　言

近年来关于文化的概念有各种各样的解释，对文化史研究来讲，既然我们的出发点是古代社会精神生活的实际存在，首先把当时人关于文化的定义作为讨论问题的起点，我想是比较妥当的。

从语源学上考察，中国古代“文化”一词，当本于《易・贲卦》之彖传的“观乎人文以化成天下”。唐代孔颖达疏：“观乎人文以化成天下者，言圣人观察人文，则《诗》《书》《礼》《乐》之谓，当法此教而化成天下也。”《诗》《书》《礼》《乐》等分别与今之所谓文学、史学、政治学、艺术等相当，“文化”之义盖略同于现代所讲的人文科学。新史学之通史编纂，例以政治、经济、军事、文化为四大块，其中文化一块，即与此类同。《诗》、《书》等再加上《易》（相当于哲学）、《春秋》，是儒家的六部经典性文献，即“六经”。研究这些文献的学问在上古叫“文学”，如《论语・先进》即曰“文学：子游，子夏”。因为它们来自先秦的儒家学派，故又称“儒学”。在《史记》中，“文学”、“儒学”即通用而可以互换，其内涵略等于今天“文化”一词的狭指意义。

儒家传统文化在我国历史上有两次繁荣，一次是汉武帝时期的定儒学为一尊，一次即是 11 世纪宋学的勃兴。西汉所谓“罢黜百家,独尊儒术”,其实是把黄老刑名、农杂纵横等百家思想都整合到儒家文化的旗帜之下。从内涵上讲,它已非复先秦诸子之一的儒孔一家,从外延上讲,则仍包括文、史、哲等各个文化层面在内。经学兴起之后,关于儒家文献的研究,始成专门之学,并以章句训诂为特定方式。于是“文学”一词也就分析成两层意思,“文”指文章(文艺),“学”则专指经学。两者加在一起,等于先前“儒学”一称的涵义。但在班固《汉书》中,“儒学”一词又与“经学”(“经术”)通用,在这种情况下,指的是“儒学”的狭义。后世知识分子学业有专攻,或精训诂,或擅文辞,但均自称儒者。宋学兴起之后,方才重新回到无所不包而又归之于一,泛指儒家文化的“儒学”这一广义的概念上来。程颐说:

> 古之学者一,今之学者三,异端不与焉。一曰文章之学,二曰训诂之学,三曰儒者之学。欲趋道,舍儒者之学不可。①

所谓训诂之学,即汉代的经学;文章之学,以唐代为最盛。两者分别是汉、唐文化的代表。儒者之学,当宋人用以自指。所谓古之学者一,指的也就是“儒者之学”,即广义的儒学。汉唐训诂注疏之学和文章诗赋之学,再加上“不与焉”的“异端”,程颐又并称“学者之三弊”。他说:

> 今之学者有三弊:一溺于文章,二牵于训诂,三惑于异端。苟无此三者,则将何归?必趋于道矣。②

①《河南程氏遗书》,卷十八,《二程集》,第187页。
②《河南程氏遗书》,卷十八,《二程集》,第187页。

"趋于道",也就是要重振儒学独尊于天下的局面。汉代训诂之学和唐代文章之学以外,中间还有魏晋南北朝的"玄学"。但唐宋人一般是将它排斥在儒学的正宗以外,只看作佛老异端之学的变种,如唐睿宗把道教称作"玄宗"①,北宋释契嵩把佛学称作"玄学"②,即可为证。

汉之经学,唐之诗赋,各臻其妙,盛极一时,但在宋人看来均离开了孔、孟所创立的儒家学说之精义,而这正是魏晋以迄宋初佛学大炽、儒门淡薄的根本原因。据南宋陈善《扪虱新话上集》卷三载,王安石曾问张文定(方平):"孔子去世百年,生孟子亚圣,后绝无人。何也?"张方平回答说:"岂无!只有过孔子上者。"王安石问:"谁?"张方平举了一大堆人名,全是佛门宗师:江西马大师、汾阳无业禅师、雪峰、岩头、丹霞、云门等等。并说:"儒门淡薄,收拾不住,皆归释氏尔!"说王安石拿孔、孟之后儒学何以衰落这个问题去请教张方平,似有抑王扬张之意,此事疑不确。但宋人经常思考、讨论这类问题则是事实。

熙宁八年七月因《三经义》成,王安石除左仆射,进谢表云:

> 孔氏以羁臣而与未丧之文,孟子以游士而承既没之圣,异端虽作,精义尚存,逮更煨烬之灾,遂失源流之正。章句之文胜质,传注之博溺心,此淫辞诐行之所由昌,而妙道至言之

①《唐大诏令集》,卷一百十三,《僧道齐行并进制》:"释典、玄宗,理均迹异,拯人化物,教别功齐。"

②详《镡津文集》,卷三,《坛经赞》。又《苏轼文集》,卷六十六,《跋荆溪外集》:"玄学,义学,一也。""义学"即佛门义理之学,故后文又曰:"荆溪居士作《传灯传》若干篇,扶奖义学,以救玄之弊。"

所为隐。①

这段话对上引《扪虱新话》提出的问题作了十分确切而完满的回答。“传注之博溺心”即批评训诂之学，“章句之文胜质”则批评文章之学。“淫辞诐行”指佛老等异端。如张载《正蒙·乾称篇》云：“自古诐、淫、邪、遁之词翕然并兴，一出于佛氏之门者千五百年。”②宋人高举复兴儒家传统文化的旗帜，立志通过批判佛老之学，反对训诂之学、文章之学来建立自己的学术体系——宋学的决心之强，举此数例，可以概见。

由王安石这段话我们还可以了解到，宋人反对训诂之学，并不是一概抛弃传注的形式，而只是认为传统经学的繁琐（“博”）妨碍了治学者与儒家经典本文之间在精神实质（“心”）上的沟通；宋人反对文章之学，也不是排除将文章作为表达思想（“质”）的工具，而只是认为前代诗赋过分地追求辞章之华丽（“文”）。恰恰相反，宋学的产生，正是继承并创造性地发展了前此一切优

①《王文公文集》，卷十八，《谢除左仆射表》。按：“章句之文胜质”一句盖指诗赋声律之文的讲究形式不注意内容。沈括：《梦溪笔谈·补笔谈》卷一：“古人谓章句之学，谓分章摘句，则今之疏义是也。昔人有鄙章句之学者，以其不主于义理耳。今人或谬以诗赋声律为章句之学，误矣。”由知“章句”在宋时也作“文章”讲。刘挚：《忠肃集》，卷四《论取士并乞复贤良科疏》曰：“国朝以来，取士设科，循用唐制，进士所试诗赋论策，行之百余岁，号为得人。熙宁初，神宗皇帝崇尚儒术，训发义理，以新人才，谓章句破碎大道，乃罢诗赋，试以经义。”文中“章句”一词，即指诗赋笔论而言，而主要是诗赋。又《旧唐书·郑覃传》：“上（文宗）尝于延英论古今诗句工拙。覃曰：‘近代陈后主、隋炀帝皆能章句，不知王者大端，终有季年之失。章句小道，愿陛下不取也。’”然则以“章句”为“文章”而侧重指诗赋，唐代已然。

②《张载集》，第64页。

秀的文化成果而将它们统合在所谓“古之学者一”的儒学这一旗帜之下。清人陆心源《临川集书后》一文中说：

> 三代而下，有经济之学，有经术之学，有文章之学，得其一皆可以为儒。意之所偏喜，力之所偏注，时之所偏重，甚者互相非笑，盖学之不明也久矣。自汉至宋千有余年，能合经济、经术、文章而一之者，代不数人，荆国王文公其一焉。①

兼长经术与文章而又施之于经世致用之目的，这正是王安石之长处，也是北宋知识分子所创立的以博大精深为特色的儒家新文化——宋学之鲜明时代特征。

除了经学与文艺的批判继承之外，宋儒还通过一面批判一面吸收的办法融合了佛老异质文化。由拙稿正文部分可以知道，宋儒用以反对汉唐“传注之博”而加以强调的“心”，无论是指“义理”还是“性理”，均来自佛学的影响和交融。从这一点上说，宋学的确回到了儒学的第一次全盛时期那种兼融异学和囊括文、史、哲等其他文化层面在内的繁荣局面。只不过与前者不同，通过文化整合而进入宋学体系的是东汉以后始盛的外来文化——佛学，和经过道教改造和发展了的老氏之学。因此无论从广度和深度上讲，这一次都远远超过了前一次。陈寅恪先生为邓广铭先生的《宋史职官志考证》一书作序说：“华夏民族之文化，历数千载之演进，造极于赵宋之世。后渐衰微，终必复振。”②这里作为华夏文化之造极指出来的赵宋文化，即是宋学。故前文提到将来文化复振

---

①《仪顾堂集》，卷十一。

②《宋史职官志考证序》，收入《金明馆丛稿二编》，第245页。

之前景时又一言蔽之曰："宋代学术之复兴，或新宋学之建立是已。"①

在陈寅恪先生之前，宋学原有两种涵义，一等同于广义的儒学，即赵宋一代之学术文化而包括今天所讲的哲学、宗教、文学、艺术、史学、教育、科技等在内，如明代唐枢《宋学商求》所说的（详拙稿第二章第一节所引）。一指清初以来与训诂之学对立的经学流派。如江藩作《国朝汉学师承记》，又作《国朝宋学渊源记》，即以汉、宋两学区分本朝之经学。由于后者影响较大，人们在用"宋学"一词指称两宋学术时，也以为是宋代经学之专指。其实江藩书中归结的这两个经学流派，只限于清代，书名前头的"国朝"两字即可为证。赵宋之世的学术，绝不是"经学"两字所可以概括得了的。从宋人治学的实际来看，他们反对训诂之学，还有另一层更为重要的意思，乃是连汉唐注疏派把儒学仅仅拘囿于经传这一范围之中的做法本身，也一并加以反对的。如程颐熙宁初年代其父作《试汉州学策问三首》，其一即曰：

> 后之儒者，莫不以为文章、治经术为务。文章则华靡其词，新奇其意，取悦人耳目而已。经术则解释辞训，较先儒短长，立异说以为己工而已。如是之学，果可至于道乎？仲尼之门，独称颜子为好学，则曰"不迁怒，不贰过"也。与今之学，不其异乎？②

由这段话看，程颐不仅反对汉代辞训之学，连宋学初期疑古派只

①《宋史职官志考证序》，收入《金明馆丛稿二编》，第245页。
②《河南程氏文集》，卷八，《二程集》，第580页。

在"较先儒短长,立异说以为己工而已"方面下工夫,未能突破传统经学的局限也不以为然。那末程颐所提倡的"至于道"(即上引语录"趋于道")的"儒者之学"指的究竟是什么呢?关于这个问题,早在嘉祐初年所撰的《颜子所好何学论》中程颐本人即已作了解答:"凡学之道,正其心,养其性而已。"①以六经之所罕见而从佛典中汲取的心性义理作为治学的主要内容(即所谓性理之学)自然非"经学"两字所能范围的了。

不过宋学虽非经学所持之狭义,但就其核心内容来讲,仍不离儒家经典之阐发与研究,这一点只要我们翻阅一下宋人的学术著作,一空依傍、自成体系的甚少,借经义传注的语录、笔记的形式曲折表达自家意见的居多,即可发现。迄北宋之世,这种通过儒家传统的经传形式阐述已经大大发展了的儒家新学说——心性义理之学的著述方式,一直居于权威位置上,正如在哲学、宗教、文学、艺术、史学、教育等文化的各个层面之中,相当于现代哲学范畴(并不完全一致)的儒学一直起着核心和领导的作用一样。故陈寅恪先生既在《宋史职官志考证序》中以"宋学"为华夏民族文化历数千载演进之造极,在《冯友兰中国哲学史下册审查报告》中,又有"中国自秦以后,迄于今日,其思想之演变历程,至繁至久,要之,只为一大事因缘,即新儒学之产生,及其传衍而已"的提法②。此处所谓新儒学,即宋代学术的精华,简而言之,也就是"宋学",即作为北宋文化之核心意义上的宋学。拙著述论北宋之文化史而以宋学统率全书,着眼的也就是这后一种意义。

---

①《河南程氏文集》,卷八,《二程集》,第 577 页。

②《金明馆丛稿二编》,第 250 页。

本书侧重探讨传统儒学在北宋时期的发展和演变,及其对同时代其他文化层面的渗透和影响,用“宋学”这一前人已经使用并产生歧义而亟待正名的旧称,而不用近时在中外一些学术著作中颇为流行的“新儒学”一称,乃因为后者在现代其实是被当作“理学”的代称而加以等值使用的,而所谓理学,又专指程朱学派的独家学说。如前面提到的冯著《中国哲学史》下册即是如此。

有没有一个绵亘数百年、独霸南北宋思想界的程朱学派,且暂置而勿论,至少在二程当时,为心性义理之学者即远非洛学一家。元初刘埙《隐居通议》卷十四《文章二·南丰先生学问》论曾巩“议论文章,根据性理”,尝引朱熹“评文专以南丰(曾巩)为法”的事实,提出过“其于周(敦颐)、程(颢、颐)之先,首明理学”的说法。南宋赵彦卫《云麓漫钞》卷八曰:“王荆公为《新经》《说文》(按:指《三经新义》与《字说》),推明义理之学。”另如拙稿第二章第五节还要引到的金人赵秉文之言有:“自王氏之学兴,士大夫非道德性命不谈。”

曾巩是王安石的朋友,而两人在学问方面的观点又不尽相同。就当时在学术界的地位和影响来说,曾巩(1019—1083)不如他的晚辈程颢(1032—1085)、程颐(1033—1107),王安石则远在二程之上。这一点程氏兄弟本人也不得不承认:“如介甫之学……今日靡然而同,无有异者。……以介甫才辩,遽施之学者,谁能出其右?”①

仁(宗)、神(宗)之际,在北宋义理之学中自成一派的还有以张载为代表的关学。程门传人杨时说:

---

①《河南程氏遗书》,卷二下,《二程集》,第50页。

横渠之学，其源出于程氏，而关中诸生尊其书，欲自为一家。①

张载(1020—1077)关中凤翔郿县横渠镇人，“横渠之学”即“关学”。杨时为了自大门户，将关学说成“其源出于程氏(之学)”，纯是杜撰②。其实张载不唯年龄上与王安石(1021—1086)差似，大二程一辈，且是程氏兄弟的嫡亲表叔，其为性命道德之学，“自为一家”，也在二程之前。

张、程之学，虽然关系比较密切，但在许多方面看法也不甚相同。如对王安石之学的评价，二程是将它看成比佛、老之学还要危险的敌人的，其言曰：

然在今日，释氏却未消理会，大患者却是介甫之学……如今日却要先整顿，介甫之学坏了后生学者。③

张载的看法则是：

世学不明千五百年，大丞相言之于书，吾辈治之于己，圣人之言庶可期乎？顾所忧谋之太迫则心劳而不虚，质之太烦

①《龟山集》，卷二十六。

②这一杜撰，最早出于吕大临(与叔)的《横渠先生行状》，言张载见二程后，“尽弃其学而学焉”。程颐曾据实辟之，曰：“表叔平生议论，谓颐兄弟有同处则可，若谓学于颐兄弟，则无是事。顷年属与叔删去，不谓尚存斯言，几于无忌惮。”(《河南程氏外书》，卷十一，《二程集》，第414页)

③《河南程氏遗书》，卷二上，《二程集》，第38页。

则泥文而滋弊，此仆所以未置怀于学者也。①

在这段话中，张载一方面解释了自己为什么不完全同意王安石意见的理由，一方面对王学作了很高的评价，态度比较客观。在“家异道，人殊德”的11世纪中期②，像张载这种于王、洛两学各有所取、各有所异而自成一家的做法，是相当多见的。洛学之不能专美，仅此一例，即可概见。

据南宋陈振孙《直斋书录解题》卷二《书义》条，自熙宁八年(1075)王安石复相而颁《三经义》于太学，从此“王氏学独行于世者六十年”，由熙宁八年而后又60年，已是南宋初年，足证终北宋之世，洛学不仅不能专美，而且从未取代王学而取得君临学坛的支配地位。

北宋末年，邵伯温在《邵氏闻见录》卷十三论及王安石变法失败之后旧党内部之问题的时候说：

> 哲宗即位，宣仁后垂帘同听政，群贤毕集于朝……然虽贤者不免以类相从，故当时有洛党、川党、朔党之语。洛党者，以程正叔侍讲为领袖，朱光庭、贾易等为羽翼；川党者，以苏子瞻为领袖，吕陶等为羽翼；朔党者，以刘挚、梁焘、王岩叟、刘安世为领袖，羽翼尤众。诸党相攻击不已。正叔多用古礼，子瞻谓其不近人情如王介甫，深疾之，或加抗侮。故朱光庭、贾易不平，皆以谤讪子瞻，执政两平之。

---

①《张子语录》(中)，《张载集》，第323页。

②《王文公文集》，卷七，《答王深甫书》其三。

洛党、朔党、蜀党，在政治上并属反对王安石变法的旧党，但在内部，又自成山头，各不相能。分歧的原因，与学术上（如上引文字中提到的“礼”）见解之不同有关。这三党，就学术分，又叫洛学、朔学与蜀学（详《宋元学案》等）。足知在北宋末期与王安石对立的学派中，洛学也未能独占鳌头。

南宋朱熹的情况可能要好一些，但论其独霸学坛的时间，也迟至南宋末期理宗之朝（1225—1264），到这时，赵氏政权存续的时间已经不长了。而在此之前，南宋前期是王、洛学争，互有消长，南宋中期则有陆学、永嘉之学等与之相颉颃（详拙稿第二章第一节所引《宋元学案》卷五十四）。在鼎足而立的朱学、陆学、永嘉之学三家中，陆九渊、叶适均诋斥程氏伊川之学而自成一派，奉程颐为正宗的朱子之学当时尚未能独擅，可以揆知。

关于两宋学术界的这一情况，邓广铭先生最近在《略谈宋学——附说当前国内宋史研究情况》一文中已经指出，邓先生认为，应当用“宋学”一称概括两宋学术之全部①。其中第四节论在建立宋学进程中几名最突出的人物而以王安石居首，对于把握北宋一代文化之主流，尤有启迪意义。拙稿即根据这一启示，初步探讨一下北宋文化史的概貌。但笔者不拟采取一般通史编纂的体例，以分类别门的独立叙述组合成篇，而是在北宋时代政治、经济、制度的大背景下，以宋学为核心，抓住儒家传统文化在北宋时期的复振和再创造这条主线，考察它在各个发展阶段的创造性活动，及其与异质文化佛老之学之间的互相吸收与融合，以及这种融合对其他文化层面（如文学、艺术、科技等）的支配和渗透，概括出宋学的发展脉络和基本精神，再以此为视点，概观北宋时期文

①载邓广铭、徐规主编：《宋史研究论文集》，浙江人民出版社 1987 年版。

化演进的全过程。

以分门别类的方式如从哲学史、思想史、文学史以及美术史等角度描述北宋文化之某一分支，前此已经有人做过了，上面提到的通史编纂四大块中的“文化”一块，一般讲就是这种分类概述的叠加。笔者认为，要把握一个时代的文化精神，常常在文化构成的各个层面之间互相渗透的交接点，可以看得更清楚。这样做能够比较充分地体现宏观与微观相结合、纵向和横向相沟通的研究方法的长处。做得好，既可以为进一步宏观地概观一代之文化打下基础，又可以为分类研究提供一些比较切近的新视点。比如文学史上引人注目的宋诗之“理趣”，以前便是一个很难说清的问题。所谓理趣，顾名思义，自然与“理学”有关了，但是根据前此一些哲学史论著的说法，理学只是程朱学派的特指，而这个学派，形成于南宋时期，但文学史研究者所列举的宋诗理趣之代表作，其中成功者，却几乎全是一个世纪之前的北宋王安石、苏轼等人的作品。假如把宋诗的议论化也算上，则始于更早的欧阳修、梅尧臣诸人了。又如北宋古文运动，从其对立面来讲，本是一场讨伐骈文与佛老的反流俗运动，论其代表人物，则离不开欧阳修和王安石、苏轼三人，但在对待佛老之学的态度上，后二者与前者却截然不同。前此论者谈及古文运动的辟佛倾向，常常只举出前者而对后者略而不论，谈及北宋文学对佛老的吸收，则只说后者而对前者避开不谈。而事实上作为古文运动的主要成员，上述三人在提倡古文以及古文的做法问题上，基本主张也的确没有什么不同。这种看似矛盾实则统一的现象背后究竟有什么文化背景？

假如我们不是把北宋文学史孤立起来，而是把它放到文化史这么一个大背景之上，结合同一时代的儒学、佛学以及它们之间的相互关系，加以综合的考察就会发现，在北宋，仁宗初年（11 世纪初期）和神宗初年（11世纪后期）是两条重要的界线。前者是儒学复兴和义理之学创立的开始，后者则是宋儒由义理之学演进到以性命道德为主要探讨内容的性理之学的标志。作为儒家传统文化的一对亲密伙伴，古文（文）与儒学（学），在前一时期均以鲜明而一往无前的排佛努力，为宋学的开创打通了一条道路。后一时期，宋儒由一味辟佛转入表面上排佛、骨子里援佛而以宗儒为本的阶段，古文体制和儒家文化从形式上得到保留，但其内容已加进了前所未有的新东西——心性义理。在这一过程中，还伴随着援儒入佛，禅宗由"不立文字"转为文字化、儒学化的反向融合过程。古文，不仅成为占统治地位的文学样式，而且是宋儒（如二程、张载）与宋释（如契嵩、慧洪）从事学术活动的工具，为整个社会所接受。只不过随着宋学主题的变迁和对佛老态度的改变，到北宋后期的王、苏等人，在这两个问题上已一改前辈欧阳修之所为了。

从这一粗略的描述我们还可以观察到，后世用作义理之学和性理之学简称的"理学"，实际上并非如前此一些哲学史论著所理解的只是程朱学派的专名。从义理之学讲，北宋中期已大行于世；而性理之学，则是北宋后期王学（以王安石为代表）、蜀学（以苏轼、苏辙为代表）、关学（以张载为代表）、洛学（以程颢，程颐为代表）的共同主题，并非程门之专利。溯其根源，实并出于传统儒学复兴之后与佛老异质文化互相融合和吸收的时代潮流。明白了这一点之后再来看前揭所谓宋诗之理趣形成的时间问题，也就迎刃而解了。而从性理之学来自佛学这一原始意义上讲，所谓理趣，其实也是一种禅趣。这就是我们读王安石的《登飞来峰》、苏轼的《题西林壁》等绝句，感到颇类佛徒机锋与禅门偈语的原因所在。由此可知，在同一时代背景上着眼于文、学这两个传统儒学的主要方面在宋学阶段的重新汇合和渗透,并同时顾及儒家文化与异质文化的互相融合和吸收,从这么一个文化整合的时代总趋势出发来观察北宋一代之文化,多少可以看到一些前此所未有发现的东西。拙稿愿从这一方面去努力,限于才力与学识,欠妥帖之处尚多,恳祈得到前辈和专家的指教。

第一章　时代背景

近人严复说过:“中国所以成为今日现象者,为宋人之所造就什八九。”最近几年来宏论中国文化传统影响及于近代者,也每每以十一、二世纪作为中国文化的坐标,以宋代作为传统文化的代表。一方面是先秦、汉、唐以来儒家传统文化的总结,一方面又是近代中国文化的开端,两宋,尤其是北宋,在年代久远的中国历史上,的确是一个承前启后的重要转折点。

从政治方面说,谈到中国古代汉族帝王之英杰时,如毛泽东词《沁园春·雪》曾有“秦皇汉武”、“唐宗宋祖”之并提。关于秦始皇、汉武帝、唐太宗、宋太祖这些个人在历史上所起的作用应当如何评价且暂置勿论,这里提到的几个王朝,就中尤其是汉、唐、宋三代,的确是中国历史上最重要的时期。着眼于中华民族古代文化史的演进,更是如此。如论及学术,人们总是以汉学、宋学来对举;谈到文学,则有唐宋古文运动之连称等等。拙稿在引言部分之所以一开始就花了大量笔墨将北宋文化同汉、唐两朝加以比较,其用意也正是侧重于从中华主体文化——儒家传统文化的历史发展中选取几个最有代表性的重要阶段加以对比性的论证。

正如谈及中国古代韵文的嬗变时常常以汉赋、唐诗、宋词相提并论一样,汉、唐、宋三朝无疑都给后世留下了光辉灿烂而又各具特色的文化遗产。而三者中时代顺序赵宋在最后，论成就则宋代为最大。这一事实不仅证明了古人早已认识到的“时运交移，质文代变”，即文化之趋向系于社会背景之转移的文化变迁规律，而且也为后来者居上的文化发展规律提供了样板。

那么，创造了空前辉煌的北宋文化的北宋时代，究竟有些什么特点呢？换言之，自汉末佛学传入中国以来，儒学独尊于天下的地位受到严重的挑战而日趋于式微，缘何得以在八九百年后的北宋中期重振雄风？其次，汉学与宋学并属儒家传统文化长河的上下游，是什么原因促使后者以议论代替训诂而自成一支？再次，汉儒重经术，唐人重文章，宋儒何得兼而有之而无汉代儒生轻文吏、唐代文士贱经生的偏颇？诸如此类的问题，并可由宋代社会的政治、经济以至文化自身发展的时代背景中找到历史的原因。兹依次探讨如下。

第一节　尊王攘夷的政治需要和儒学的复兴

赵宋王朝与汉、唐相比，有一个共同的地方，便是都建立在华夏民族陷于暂时但相对长期的分裂之后。如果从唐玄宗天宝十四载（755）的安史之乱算起，中原动荡的时间虽不如春秋战国和三国两晋南北朝那么长，但首尾也经历了200余年。宋太祖、太宗兄弟虽然经过多年征战，统一了长江南北，恢复了汉、唐旧疆的大部分，但西有党项族建立的西夏，北有契丹族建立的大辽，终北宋之世，作为我国境内周边民族所建立的主要政权（此外还有今属新疆境内的高昌、青藏高原的吐蕃、云南地区的大理等），仍与以汉族为主体的赵宋政权互相攻伐，俨然又是一个“三国鼎立”的局面。这两种情况给北宋政治带来如下鲜明的特点:一是自秦汉以来封建王朝所采取的中央集权措施得到进一步强化,一是民族矛盾特别突出。这两个特点都对北宋文化发生了深刻的影响。下面先说第一点。

中央集权本是先秦法家的政治主张,由秦始皇最先采用而建立了中国历史上第一个中央集权制的封建国家。儒家的创始人孔子虽有“天下有道,则礼乐征伐自天子出;天下无道,则礼乐征伐自诸侯出。……天下有道,则政不在大夫;天下有道,则庶人不议”的提法①,颇似后世中央集权的统一思想,但“天子”与秦汉以后的“皇帝”,“诸侯”与后世的“郡县”,有着本质的区别。要而言之,作为孔子提出的理想政治,这段话实际上概括的是西周的诸侯分封制度。秦始皇统一天下之初,采用法家李斯的建议行施贯彻中央集权精神的郡县制度,博士淳于越代表儒生起而反对,他们的主张便是分封皇子功臣为诸侯。这场争论最终导致了“焚书坑儒”的残酷镇压,中国历史上第一次实施的中央集权制度却正因此而得到顺利的推行。

西汉王朝建立之后,以亡秦为鉴,开始从马背上下来,起用讲究“礼乐”和“仁义”的儒生,除秦苛政,但开始的时候在中央集权制问题上曾走过一段弯路,直到汉武帝才完全结束了王国、侯国割据的局面,使中央集权统治得到了巩固。从理论上为此作出杰出贡献的是春秋公羊学大师、“令后学者有所统一,为群儒首”的董仲舒。孔子修《春秋》,通过特定的书法正名分、寓褒贬,充分体现了这位儒家创始人关于社会历史问题的政治标准,其中心思想无非在于贯彻儒家以礼义为基础的理想政治,建立一套自天子、

---

①《论语·季氏篇》。

诸侯、大夫到庶人,尊卑有序的分封等级制度,杜绝一切“犯上”的企图而使“乱臣贼子惧”①。最先对它作出曲解的是以阐发《春秋》微言大义为专责的《公羊传》,其书隐公元年逆《春秋》之作意曰:

> “春,王正月。”……何言乎“王正月”?大一统也。②

董仲舒在《贤良对策》(一)中进一步发挥道:

> 臣谨案《春秋》之文,求王道之端,得之于正。正次王,王次春。春者,天之所为也;正者,王之所为也。其意曰:上承天之所为,而下以正其所为,正王道之端云尔。③

“春,王正月”两句,作为《春秋》记事之始,无非是一种交代时间的文例,董仲舒硬要从这里挖掘出“王道”之尊,将“天子”阐释为符合后世意义、集一切权力于己身的“皇帝”,然后将它拉到现实政治中来:

> 《春秋》大一统者,天地之常经,古今之通谊也。

于是秦汉之后才出现的中央集权制也就变成了“大一统”的代名词而从儒家创始人孔子那里找到了理论依据,仿佛成书于数个世

---

①《孟子·滕文公下》。
②《春秋公羊传注疏》,卷一。
③《汉书》,卷五十六,《董仲舒传》。

纪之前的《春秋》就是专为汉人而作的。由此出发，董仲舒进而将这种体现中央集权专制主义的“大一统”理论贯彻到意识形态的一切领域，在《对策》的结语部分进而提出：

> 今师异道，人异论，百家殊方，指意不同，是以上亡以持一统；法制数变，下不知所守。臣愚以为诸不在六艺之科、孔子之术者，皆绝其道，勿使并进。邪辟之说灭息，然后统纪可一而法度可明，民知所从矣。

这一建议被汉武帝采用，于是便有了在儒学发展史上最先起到重要转折作用的“罢黜百家，独尊儒术”的局面。但这种儒术，已非孔子的本来面目，而是在中央集权制的国家形态出现之后经过汉人改铸了的儒术。所谓罢黜百家，也并非全盘抛弃，而是吸取其中的精华糅入儒家学说，使之成为中华主体文化——儒家传统文化的组成部分。比如前面即已讲到，中央集权思想，本由法家提出并实施，而非儒家所原有。

辩证唯物主义认为，上层建筑随着经济基础的变化而变化，作为上层建筑的核心，一定历史时期的政治模式又决定了这一时期的意识形态必须同它相适应。作为“圣之时者”，孔子的学说无疑适应了分封制时代的政治需要。历史进入郡县制这一较分封制更加适应经济发展需要的社会阶段之后，儒学自然也要跟着发生变化，以满足新时代的要求。从人类文明发展的角度讲，秦汉之际逐步建立并巩固起来的中央集权制，比之西周的封建诸侯，自然是一大进步，儒学在其发展史上所发生的第一次重大改铸（另一次重大改铸即拙稿所要讨论的11世纪中叶以宋学的形式出现的儒家传统文化之复兴），无疑是及时而又正确的。从此原先为诸侯分封制服务的"礼乐"、"名分"，也就衍化为更加系统化、更加适应封建专制主义需要的"三纲五常"，连同以它为支柱的中央集权大一统思想一起，成为儒家学说的核心内容，在此后中国封建社会的发展和国家的统一中起了重大的维系作用。

唐太宗即位之初，曾一度有过裂土分封子弟和勋臣的念头，但很快便遭到了大臣们的抵制，连分封的对象国舅长孙无忌等也明确表示反对，这与汉高帝时从复道望见诸将坐沙中争功、不得不速封雍齿为侯以安定人心的情况，适成鲜明的对照。可知到公元7世纪，作为儒家文化传统的中央集权观念，已为官僚知识分子阶层所认同。唐太宗宣称己所好者，唯在尧舜之道、周孔之教，①并于贞观年间命颜师古考定五经、孔颖达与诸儒撰定《五经正义》令天下传习，正是为了适应建国初期统一思想、巩固中央集权的需要。但唐太宗重儒，并不轻视佛、道两家，这只要看他既有奉"柱下为帝室先系"的崇道言论，又有为玄奘译经所撰之《大唐三藏圣教序》，即可知晓。苏轼尝作《汉武帝唐太宗优劣》，以为在容人度量方面，唐太宗较汉武帝为优。② 这一点实际上是贞观之政包括处理周边民族（说详后文）和异质文化两大问题在内的治国基调。

对佛、老异学的优容，是唐初文化政策的宽厚之处，也是它为后世儒者所诟病的地方。正如战国时期的百家争鸣为汉代儒学繁荣提供了吸收黄老、名法等异学的充分条件，唐代释、道之学的兴盛，对被后人称作儒表佛里的宋学的建立无疑产生了异常深刻的影响。但佛、老两家在伦理道德方面与儒家传统的仁义、礼乐

①《贞观政要》，卷六。

②《苏轼文集》，卷七。

却存在着根本的分歧，对前者的优容，显然会产生对经过汉儒改铸之后成为封建国家中央集权制度之基石、以三纲五常为核心的儒家仁义道德的离心力。宋承唐末五季之敝，惩于地方分裂割据对国家对人民造成的灾祸，对这一点自然最不能满意。如石介撰《唐鉴》五卷，在自序中批评唐代政治曰：

> 噫！唐十八帝，惟武德、贞观、开元、元和百数十年，礼乐征伐自天子出。女后乱之于前，奸臣坏之于中，宦官覆之于后。颠侧崎危，绵绵延延，乍倾乍安，若续若绝，仅能至于三百年，何足言之！①

元和是唐宪宗的年号。宪宗在位期间，曾先后征服了剑南刘辟、江东李锜、淮西吴元济、淄青李师道等割据势力，河北强藩魏博、成德、卢龙三镇也暂时归顺，史称元和中兴，但方镇拥有重兵，擅有财赋的情况并无改变。玄宗统治期间，“开元盛世”可以视为唐王朝的顶峰，但中央集权的逐渐解体也正是从唐玄宗在位的第二个年号天宝年间开始的。从严格的意义上讲，唐代中央集权最巩固即“礼乐征伐自天子出”的时候，只有它的十八个皇帝中最初的几位如太祖武德、太宗贞观等时期。石介在《唐鉴序》中所作的分析，大体符合史实。

在石介看来，唐代300年天下之所以有三分之二时间陷入藩镇割据的分裂局面之中，正是因为出现了女后专政、臣子不忠、宦官擅权等违背儒家传统纲常伦理的严重弊病。而本朝要巩固中央集权，使“国祚延祐，历世长远”，必须借鉴李唐覆灭的

---

①《徂徕石先生文集》，卷十八，《唐鉴序》。

教训，复兴儒学，独尊天下，重振纲常。所以把它的著作取名《唐鉴》。欧阳修作《本论》，以“王政明而礼义充”[1]为立国之本，孙复《儒辱》以“仁义礼乐”为“治世之本也，王道之所由兴，人伦之所由正”[2]，并有见及于此。而范祖禹的同名著作《唐鉴》卷十一《肃宗至德元载七月甲子帝即位于灵武城南楼》条借批评“肃宗以皇太子讨贼，至灵武遂自称帝”的“叛父”行为，总论李唐政治之大弊亦云：

> 唐有天下几三百年，由汉以来，享国最为长久。然三纲不立，无父子君臣之义，见利而动，不顾其亲，是以上无教化，下无廉耻。

儒臣们所认识到的这些问题，北宋建国以来的几位最高统治者自然也是心领而神会的。宋太祖由行伍出身，通过政变的阴谋手段取后周而代之，但作为他夺得政权的标志，却是一件预先制好，在陈桥兵变那天由别人披到他身上的黄袍。[3] 黄色作为帝王专用的颜色而代表着唯我独尊的政权的归依，正是制定并维护了以“尊尊”、“亲亲”为精髓的封建等级制的儒家传统文化之象征。可知从赵宋有国的第一刻始，便离不开这一千百年来所积淀的维系着中华民族精神生活的文化传统。明白这一点后再来看宋太祖受禅之初，即诏有司增葺国子监祠宇，塑绘先圣及亚圣、十哲、七十二贤并先儒二十一人之像，且自撰孔子、颜回

---

①《居士集》，卷十七，《本论》（上）。

②《孙明复小集》，卷三，引自《皇朝文鉴》，卷一百二十五。

③（南宋）李焘：《续资治通鉴长编》（以下简称《长编》），卷一，建隆元年正月甲辰条。

之真赞，[①]迫不及待地向全国表示对儒家创始人及其门徒的尊崇，也就不奇怪了。汉儒说："文化不服，然后加诛。"[②]加强中央集权，本有使用武力和通过教化的措施加以征服两手。宋太祖虽然在武功方面没有汉武帝那样远征异域的雄略和实绩，又缺少唐太宗那样一战而使四夷自服的英武和威望，但有宋在中央集权的强化程度上却远远地超过了汉、唐诸前代，并对后世发生了极其深刻的影响，其中一个最直接的原因，便是汉、唐这两个中国历史上最著名的盛世，虽然像北宋一样，都出现在长期的割据战争之后，但前者与战国隔了一个秦王朝，后者与南北朝之间有一个隋王朝，统一中国的任务均由它们完成过了，赵宋则直承五代之后，最高统治者尤其是开国的太祖、太宗昆仲，对国家分裂所造成的灾祸，有着特别深刻的感触和认识。建隆初，平定昭义节度使李筠、淮南节度使李重进的反抗，着手统一南北之前，赵匡胤即意识到加强中央集权的重要性和迫切性。一天，他与赵普商议：

> 天下自唐季以来，数十年间，帝王凡易（十）〔八〕姓，兵革不息，苍生涂地，其故何也？吾欲息天下之兵，为国家建长久之计，其道何如？[③]

赵普见他提出这个问题，十分高兴，不假思索地回答说：

---

①（元代）马端临：《文献通考》，卷四十三，《学校四》；《长编》，卷三，建隆三年六月癸巳条。

②（西汉）刘向：《说苑·指武》。

③（北宋）司马光：《涑水记闻》，卷一；《长编》，卷二，建隆二年七月记事。

唐季以来，战斗不息，国家不安者，其故非他，节镇太重，君弱臣强而已矣。今所以治之，无他奇巧也，惟稍夺其权，制其钱谷，收其精兵，天下自安矣。

话音未落，太祖马上讲，你不必再说，我已明白了。这一席君臣对话十分重要，它举出了北宋王朝加强中央集权的三项主要措施：收拢地方上的政权、财权（钱谷）、兵权，悉归中央。由后来实行的加强禁军制度、以文臣知州、建立通判制度和转运使制度等设施看，北宋继任的皇帝，均不折不扣地执行了这一决策并有所发展。直到王室南渡之后，人们在金兵铁骑的蹂躏下反思祖宗政治之得失，方更多地盯住它的短处。如朱熹对学生讲解历代承袭之弊，感发时事说：

本朝鉴五代藩镇之弊，遂尽夺藩镇之权，兵也收了，财也收了，赏罚刑政一切收了，州郡遂日就困弱。靖康之祸，虏骑所过，莫不溃散。①

但在北宋当时，士大夫看到的则是宋初以来因实行高度的中央集权政策而成功地避免了前朝方镇割据的长期分裂局面，因而备加赞赏。如范祖禹说：

唯本朝之法，上下相维，轻重相制，如身之使臂，臂之使指……藩方守臣，统制列城，付以数千里之地，十万之师，单车之使，尺纸之诏，朝召而夕至，则为匹夫。是以百三十余

①（南宋）黎靖德编：《朱子语类》，卷一百二十八，第3070页。

年，海内晏然。①

中央对地方的集权控制达到了如此一呼百诺的地步，实是汉、唐之世所无可望其项背的。范祖禹是司马光编纂《资治通鉴》的主要助手，作为史学家，发出这样的赞叹决非偶然。

这里且不去从政治上评判一切权利收归中央政策的得失利弊，只是从文化史的立场上，探讨一下这种曾在汉武帝和唐太宗时代对儒学的发展起到了促进作用的中央集权制，对北宋中期儒学的复兴和宋学的建立，究竟有哪些推动？

最明显的例子自然是对经过董仲舒改造而被曲解为孔子提倡中央集权的儒家经典《春秋》的重视。据《宋史·艺文志》一《经类·春秋类》，在初期宋学家刘敞之前，凡列宋人《春秋》传注十七种 184 卷。其中最著名的如孙复，书名即叫《春秋尊王发微》，明确标出他的研究目的在于“尊王”，在于正君臣之分、明大一统之义。其书卷一“鲁隐公二年郑人伐卫”条批评春秋时代天子号令不行，诸侯、大夫互相攻伐的混乱局面说：

> 孔子曰：“天下有道，则礼乐征伐自天子出。”……非诸侯可得专也。诸侯专之，犹曰不可，况大夫乎！吾观隐、桓之际，诸侯无小大皆专而行之，宣、成而下，大夫无内外皆专而行之，其无王也甚矣！

春秋时代，诸侯得专征伐而天子无权。但尽管如此，周王室还是名义上的中央。五代时期，连个挂空名的“天子”也没有。孙复传

---

①《范太史集》，卷二十二，《转对条上四事状》。

《春秋》,高举尊王的旗帜,以“《春秋》自隐公而始者,天下无复有王也”为主题,[①]一再强调“无王”,所指实是与北宋直接相承的五代。“《春秋》为无王而作”的观点,也见于石介所著的《春秋说》等作品。[②] 石介在《二大典》一文中说:

> 《周礼》《春秋》,万世之大典乎?……呜呼!《周礼》明王制,《春秋》明王道,可谓尽矣。[③]

有感于六朝以来的儒门淡薄和中唐以来的分裂局面,通过解释《春秋》,宣扬儒家大一统思想和以仁义、礼乐为根基的“王道”,以避免五代割据的局面再度出现,这一方面自然是重视通经致用的儒家传统治学方法的体现,但更重要的是最高统治者的有意提倡和支持。据南宋王应麟《玉海》卷四十《艺文·春秋》著录,宋真宗本人天禧年间即纂有《春秋要言》五卷(《实录》作三卷,此从《中兴书目》)。又据《长编》卷一百十四,景祐元年正月,河北转运使王沿上所著《春秋集传》十五卷,复上书以《春秋》论时事,受到仁宗嘉奖,命直昭文馆。

据此可知,儒学之所以在北宋复兴,宋学开创之初学者们之所以多将研究的视野集中于《春秋》一经,与以加强中央集权为焦点的北宋时代的政治,正有着密切的关系。

通过上述介绍可以发现,汉、宋两次儒学发展史上的繁荣,在以解释儒家经典《春秋》的方式维护中央集权方面,也是遥相呼应

---

①《春秋尊王发微》,卷一,《鲁隐公元年·春王正月》条。

②《春秋说》已佚,《宋元学案》,卷二,《泰山学案》有辑录。

③《徂徕石先生文集》,卷七。

的。不过，正如作为儒家传统文化的两大分支，宋学与汉学并非复制和重出一样，北宋时代的政治对于文化的影响，也决不只是《春秋》学方面的简单重复，而别有更深刻者在。

由下引《长编》卷十三所载开宝五年(972)宋太祖与宰相赵普的另一段谈话知道，北宋朝廷在上述若干收权的消极防御办法之外，还采取了一些积极的措施，以进一步强化极权主义的中央专制，其中之一即是著名的“以儒臣知州事”，太祖之言略云：

> 五代方镇残虐，民受其祸，朕令选儒臣干事者百余，分治大藩，纵皆贪浊，亦未及武臣一人也。①

这一策略，从消极方面讲，也基于防止唐末以来强藩割据、武夫横行的局面再度出现的需要。从积极方面讲，正是试图通过重用儒生振兴传统文化，恢复奉三纲五常为律条的儒家伦理道德以重整和安定社会秩序。综观其后来在北宋政治生活中所发生的客观社会效果，尤其是如此。

在中国封建时代，儒家传统文化虽然一直占主导地位，但儒学的传承者知识分子作为一个群体在政事活动中起决定性的作用，只是到了 11 世纪前后的北宋时代。北宋，既是儒学的繁荣时代，也是中国古代知识分子的黄金时代，这一点既为以关中武士集团为本位的唐人所不可企及，也为首先给了儒家文化以独尊待遇的汉武帝时期所不能比拟。在两汉，官僚队伍主要由文吏与儒生两个部分组成。东汉王充《论衡》尝辨之曰：“儒生擿经，穷竟圣

---

①《长编》，卷十三，开宝五年十二月末记事。

意;文史摇笔,考迹民事。"[1]又曰:"文吏以事胜,以忠负;儒生以节优,以职劣。"[2]可知在汉代主要承担政事的是文吏,儒生主要从事精神方面的活动(研究经书,阐明圣人微言大义;提倡节义,进行儒家伦理道德方面的示范和教育),并不直接处理民事与政务。儒生本人也瞧不起吏事,"自谓通大道以骄文吏"[3],失于"知古不知今"[4]。朝廷对两者的要求也分别是"诸生试家法,文吏课笺奏"[5],而不须相兼。

唐代实行科举制度,主要分进士、明经两科取士。明经考记诵(经典原文及其注疏),进士试诗赋。应明经试者称"经生",与汉代"诸生"差不多,只不过汉代重家法,讲究师承,唐代则以朝廷所颁经典版本与注疏即《五经正义》为统一的依据。进士一途,方之文吏,则不唯知识结构有异,其地位也大不相同。

汉代文吏,虽因通晓簿书而长于职事,但在一般知识社会中是被瞧不起的。如王充在《论衡·量知篇》中将两者之优劣作了比较之后说:"夫文吏之学,学治文书也,当与木土之匠同科,安得程于儒生哉!"意思说文法之事只是一种简单的技能性社会劳动,与知识分子的精神活动是无法相比的。虽然王充本人也是儒生,对文吏不免有所偏见,但这番话中所体现的关于官僚职能的价值序列,还是符合当时一般社会评价的。

唐代的进士,其地位则远在经生之上。朝廷显要,除了以军功与门荫得到擢用之外,由科举晋身的,大都出于进士一科。禄

---

①《论衡·程材篇》。
②同上。
③《论衡·谢短篇》。
④同上。
⑤《后汉书·和帝纪》注引《汉官仪》。

利所在，读书人自然趋之若鹜，时谚所谓“三十老明经，五十少进士”①，十分精炼而生动地反映了当时知识分子价值取向的深刻变化。官僚群体知识结构序列的变化造成了文化的时代变迁，这大概是汉代儒者之学繁荣、唐代文章之学兴盛的主要历史原因。

在儒家文化系列中，“儒学”的概念，本来就包括经术和文章两者在内。宋太祖“以儒臣知州事”的“儒臣”，与武臣相对，实泛指文官而包括儒生与文士在内。王安石《取材》论本朝人才之构成曰：

> 以今准古，今之进士，古之文吏也；今之经学，古之儒生也。②

又曰：

> 所谓文吏者，不徒苟尚文辞而已，必也通古今，习礼法，天文人事，政教更张，然后施之职事，则以详（平）〔平〕政体，有大议论使以古今参之是也。所谓诸生者，不独取训习句读而已，必也习典礼，明制度，臣主威仪，时政沿袭，然后施之职事，则以缘饰治道，有大议论则以经术断之是也。③

文吏而兼习文辞，通于古今，诸生、进士而兼习礼法，通于政事。可知北宋取士虽沿唐代分进士、明经两科之旧，官僚队伍的人员

---

①（唐末）王定保：《唐摭言》，卷一，《散序进士》。
②《王文公文集》，卷三十二。
③《王文公文集》，卷三十二。

组成又取法汉代的文吏、儒生两途，但作为文官的知识结构，则要求打通而兼有汉代崇经术、唐代重文章的特点，而无前者轻文吏和后者鄙经生的偏颇。简而言之，明经术而又尚文辞，并能施之吏事，正是北宋知识分子群体的价值取向和鲜明的时代特点。其典范便是拙稿引言部分所引清人陆心源《临川集书后》一文中所分析过的王安石本人。

不过北宋知识分子兼擅经术、文章与吏干的综合型特点，并不是一开始就这样的。粗略地说，从宋初三朝至仁宗朝，大致经历了从吏才型到文章到综合型的发展过程。试依次以王安石以前北宋另三位历史上最有影响的政治家赵普、寇准、范仲淹为例加以说明。

赵普出身军中掌书记，预谋兵变，以开国之功而累任太祖、太宗两朝宰相，宋初一些重要政策，多出其手，是一个举足轻重的人物，可以作为宋初两朝文官的代表。但《宋史》本传对他下总评语时只说："少习吏事，寡学术。""学术"即儒学与经术的省称。据史载，乾德三年(965)平蜀，从后蜀宫女使用的铜镜背面所铸"乾德四年"发现前蜀王衍已有此年号，而建隆末年商量改元时，太祖曾吩咐宰相务必用前此所无者。至是，遂感叹曰："宰相须用读书人。"①并劝赵普读书。赵普此时才开始用功，"晚年手不释卷，每归私第，阖户启箧取书，读之竟日"，但到他死后，"家人发箧视之，则《论语》二十篇也"②。这就是"半部《论语》治天下"的由来。足知作为宋初二朝知识分子的代表，在文吏、儒生、文士三者中，赵普基本上属于前一个类型。

---

①《长编》，卷七，乾德四年五月记事。

②《宋史》本传。

自太祖提倡读书，太宗振兴文教，扩大科举取士的途径，知识分子出身的官僚逐渐增多。如太宗淳化三年(992)，共得进士353人，诸科964人，合计1317人。而唐代从开始实行科举制度，200年间，登进士科者仅3000余人，平均每年不过20人，还得通过吏部复试才能入仕，不像宋代一登第即是释褐之期。① 这些措施，为即将到来的儒学复兴提供了人材储备，对北宋文官队伍的知识结构之改变产生了深远的影响。但从当时读书人的知识水平看，与北宋中期相比，还是相当幼稚的。即以淳化三年为例，殿试的赋题是《卮言日出》，状元孙何以下“皆不知所出，相率叩殿槛乞太宗指示之”②。今按“卮言日出”语出《庄子·杂篇·寓言》之首章：“寓言十九，重言十七，卮言日出，和以天德。”乃《庄子》一书关于创作手法的自我描述。“卮言”，即荒唐曼衍之言，是《庄子》的主要语言特色，只要读过《庄子》的人一般都能了解，而满场举人，竟无一人得知。

孙何和本榜所放第四名进士丁谓，在当时文坛上享有盛名，宋初文豪王禹偁尝赠诗称：“二百年来文不振，直从韩、柳到孙、丁。”③足见与唐末五代相比，文风虽已大振，但知识分子读书仍嫌太少。丁谓列名西昆酬唱诗派，在真宗朝官至宰相，与他的对头寇准同为11世纪初叶的主要活动家。寇准作为宋初晚唐体诗人的代表之一，文名不亚于孙、丁。他“十九中高第，弱冠司国章”④，是个少年才子，真宗景德元年(1004)拜相，著名的澶渊之盟即订于他执政的时期，足知在政事与文章两方面均有所成就，

---

①详《文献通考》，卷二十九，《选举二》。

②(南宋)洪迈：《容斋随笔》，卷三，《进士试题》。

③《涑水记闻》，卷二，《宋史·丁谓传》。

④《忠愍公诗集》，卷上，《述怀》。

较之早期仅以吏才著称的赵普之流，已大大进了一步。但在学术方面仍然不行。

《宋史·寇准传》说，张咏在成都听到寇准入相的消息，对下属讲："寇公奇材，惜学术不足尔！"某日还以临别赠言的方式，劝其读一读《汉书·霍光传》。寇准一时未领会他的意思，回家拿来一看，见传中赫然有"不学无术"四字，恍然大悟："此张公谓我矣！"张咏与寇准同年登进士第，尝称赞后者"面折廷争，素有风采"而引为同榜之光荣。① 可见对寇准的政事与文采，张咏是有高度评价的，只是微讽其儒学与经术方面缺少修养。这说明 11 世纪初期，文章型官僚取代吏才型官僚之后，已以儒家传统学术作为知识构成的必要部分而相鞭策，而当时一般知识分子在这方面的缺憾，于此也可得到证明。据《宋史·丁谓传》，丁谓当权时串通女道士刘德妙，"托言老君言祸福"以为己助；贬官之后，又"专事浮屠因果之说"。其对异质文化的倾心，又从另一侧面证明了当时知识分子中以儒家为本位的排他意识尚未觉醒。

丁谓被后起的初期宋学家目为奸邪，除了推崇佛老之外，更严重的问题是勾结宦官，陷害忠良，沮寇准太子监国之谋，成刘后临朝称制之政。宦官、女后加上奸臣（如丁谓本人），成为真仁之际时局动荡的根源。足证前揭石介《唐鉴序》以此三者为国之大患，实有强烈的现实针对性。宋学家每以五代以来士风不振为言，丁谓即其典型。

所谓士气，即知识分子的忠良节义之气。王充论东汉之士林，已有儒生以节优、文吏以忠负的说法。宋初至真宗之世，吏才型官僚已发展为与文章型相兼，知识分子群体不断成长壮大，但

①（南宋）朱熹：《五朝名臣言行录》，卷二，《王文公遗事》。

在后来成为北宋知识分子时代模式的经术、文章、吏才三维结构形成之前，儒生这一优秀传统尚有待于发扬。从文章型到经术型的发展，乃在仁宗时期，其先兆即一代士风之变。

清代顾炎武论前古士风之变，尝以东汉与北宋仁宗之世为两大转折。《日知录》卷十三《两汉风俗》条说："三代以下风俗之美，无尚于东京者。"东汉末年，儒生罹党锢之祸，然忠义之气，临大难而弥彰。顾氏在同书同卷《宋世风俗》条中接着说：

> 宋自仁宗在位四十余年，虽所用或非其人，而风俗醇厚，好尚端方，论世之士，谓之君子道长。

仁宗之世，正是儒学复兴之时，可知儒家传统文化的觉醒，先从士风的转移开始，而因士风转移引起士人知识结构的改变，并进而对宋学产生巨大的推动作用，也正在这一时期。

宋世风俗之变，初发自仁宗前期宋儒对唐五代以来历史的反思。这一点除了前揭石介与范祖禹的同名著作《唐鉴》之外，还可以欧阳修的《五代史记》（即《新五代史》）为例。其书对冯道的评价尤足说明问题。

五代时期干戈纷纷，知识分子朝不虑夕，避乱而犹恐不及，与世周旋，得自保其身者不多，而冯道竟历仕四朝，三入中书，居相位二十余年，乃以儒臣而享殊荣的特例。据《新五代史》卷五十四《杂传·冯道传》，"道既卒，时人皆共称叹，以谓与孔子同寿，其喜为之称誉盖如此。"可知在五代士大夫心目中，冯道实是所羡慕的对象并受到极高的评价。宋初第一任宰相范质在建隆年间受命撰《五代通录》，基本上沿袭了这种意见，称冯道"厚德稽古，宏才伟量，虽朝代迁贸，人无间言，屹若巨山，不可转也”①。陶岳《五代史补》卷五引郭忠恕（？ -977）之论冯道曰：“公累朝大臣，诚信著于天下，四方谈士，无贤不肖，皆以为长者。”与此略同。至开宝七年（974）薛居正等编定《五代史》（即《旧五代史》），在《冯道传》的赞语中，虽仍称颂“道之履行，郁有古人之风；道之宇量，深得大臣之体”，但对“然而事四朝，相六帝”已不无微言，发出了“可得为忠乎”的责问，并以打比方的形式批评说：“夫一女二夫，人之不幸，况于再三者哉！”足知随着中央集权的重建，儒家尊王、忠君的思想已逐渐贯串到对历史人物的评价中。

到欧阳修于仁宗朝重修《新五代史》，对冯道的评价，即一反前人，变作严厉的斥责：

> 当是时，天下大乱，戎夷交侵，生民之命，急于倒悬，（冯）道方自号“长乐老”，著书数百言，陈己更事四姓及契丹所得阶勋官爵以为荣。自谓：“孝于家，忠于国，为子、为弟、为人臣、为师长、为夫、为父，有子、有孙。时开一卷，时饮一杯，食味、别声、被色，老安于当代，老而自乐，何乐如之？”盖其自述如此。

《论语》曰：“士不可以不弘毅，任重而道远。仁以为己任，不亦重乎！死而后已，不亦远乎？”②“如有用我者，吾其为东周乎。”③从创始人孔子的“七日而诛少正卯”，到东汉名士范滂的“登车揽辔，

---

①转引自（北宋）司马光：《资治通鉴》，卷二百九十一，《后周纪二》，太祖显德元年四月庚申，臣光曰。

②《论语·泰伯》。

③《论语·阳货》。

慨然有澄清天下之志”①，儒家知识分子一直以积极用世、“以身殉道”②、“大丈夫处世，当扫除天下”③为素志。冯道这种置生民之倒悬于不顾，自得其乐的作为，与儒家的传统道德，实相去万里之遥。难怪欧阳修欲激励天下之士风，要由对五代文人之批判开始。在《新五代史·冯道传》的序论中，欧阳修进而把笔锋转向整个五代的天下国家。其言曰：

> 传曰：“礼义廉耻，国之四维。四维不张，国乃灭亡。”善乎，管生之能言也！礼义，治人之大法；廉耻，立人之大节。盖不廉，则无所不取；不耻，则无所不为。人而如此，则祸乱败亡，亦无所不至，况为大臣而无所不取不为，则天下其有不乱，国家其有不亡者乎！予读冯道《长乐老叙》，见其自述以为荣，其可谓无廉耻者矣，则天下国家可从而知也。

把士大夫个人的道德修养同天下国家之兴亡联系起来，并将它归结为“礼义廉耻”四字——以“礼义廉耻”为“国之四维”，是《管子·牧民篇》中最先提出来的，其后成为儒家尤其是宋儒全力提倡的社会道德准则，而通于汉儒概括的“三纲五常”。如熙宁二年王安石对神宗问，以变风俗、立法度为当先之急务。所谓变风俗，又作美风俗，亦以“礼义廉耻”为具体内容——可以视为中央集权深入贯彻之后，儒家传统文化的复兴已被作为迫切的问题提到了北宋中期官僚知识分子的面前。站在儒学复兴的前列，最先成为

①《后汉书·范滂传》。
②《孟子·尽心上》。
③《后汉书·陈蕃传》。

士大夫之典范的是欧阳修的年长朋友范仲淹。《宋史·范仲淹传》述及天圣五年范仲淹在应天府主持学政时，特地作了如下的详细描写：

> 仲淹泛通六经，长于《易》，学者多从质问，为执经讲解，亡所倦。尝推其奉以食四方游士，诸子至易衣而出，仲淹晏如也。每感激论天下事，奋不顾身，一时士大夫矫厉尚风节，自仲淹倡之。

所谓感激论天下事，奋不顾身，即“士不可以不弘毅”而以扫除天下为处世之志。这种以天下为已任的精神到庆历年间进一步发展为“先天下之忧而忧，后天下之乐而乐”的献身精神，①即“任重道远”，“死而后已”。由“诸子至易衣而出”到“一时士大夫矫厉尚风节”，足见范仲淹的以身作则，实教育并带动了新的一代，儒家传统文化因之而大大地觉醒。

范滂东汉末年的“登车揽辔，慨然有澄清天下之志”，和范仲淹北宋仁宗初期的“感激论天下事，奋不顾身”，正好代表了前文提到的中国古代知识社会风俗之变的两个重要时期。由下引苏轼少年时代的一则轶事可知，宋儒还从汉儒那里得到了直接的影响和借鉴。苏辙在《亡兄子瞻端明墓志铭》中记载说：

> 公生十年，而先君宦学四方，太夫人亲授以书。闻古今成败，辄能语其要。太夫人尝读《东汉史》，至《范滂传》，慨

①（北宋）范仲淹：《岳阳楼记》。按：本篇首称“庆历四年春，滕子京谪守巴陵郡”，可知为庆历间作。

然叹息。公侍侧，曰："轼若为滂，夫人亦许之否乎？"太夫人曰："汝能为滂，吾顾不能为滂母耶？"公亦奋厉有当世志。①

苏轼生于景祐三年(1036)十二月，10岁正好是庆历五年(1045)。可见在11世纪40年代，儒家这种积极干预政事、议论国是，以天下为己任的传统精神，已大大复苏并渗透到一般士人的家庭教育中，成为知识分子的自觉追求。又林希为唐宋古文八大家之一的曾巩撰墓志，说他"素慨然有志于天下事"，"其议论古今治乱得失贤不肖，必考诸道，不少贬以今世"②。足知"有志于天下事"、"奋厉有当世志"，乃是当时知识分子的共同精神面貌。

顾炎武论汉末至宋初士风之偷薄时曾经指出："东京之末，节义衰而文章盛，自蔡邕始。"③把文章之学的代替儒者之学作为士风日下的开始与原因，宋人已然。如司马光在仁宗嘉祐七年上疏论风俗，谈到魏晋以来的士风之恶，即云："自魏晋以降，人主始贵通才而贱守节，人臣始尚浮华而薄儒术。"④"通才"即吏才，"浮华"指文辞。"通才"与"浮华"互文，即王安石所谓今之进士、古之文吏也。"守节"与"儒术"连举，足见两者之间互相依偎的关系。北宋庆历之世的士风复振，就其内容讲，本身即是儒学复兴运动的一个重要组成部分，就其社会作用讲，对后者又起了一种催化剂的作用，促成一代兼有汉之文吏、唐之进士的特长，又能泛通六经、矫厉风节的新型知识分子的茁壮成长，从而为儒家传统文化的弘扬和宋学的开创造成了一支宏大的队伍。陆心源所谓

①《栾城后集》，卷二十二。

②《曾巩集》，附录一，《传记资料》。

③《日知录》，卷十三。

④《温国文正司马公文集》，卷二十二，《谨习疏》。

自汉至宋千有余年，能合经济、经术、文章而一之者，代不数人，荆国王文公其一焉。在儒生与文吏相轻而不相兼的西汉、重进士而轻明经的唐代，缺乏综合型全面发展的人才是极自然的了。北宋中期以后，像王安石这样兼有经术之学、经济之学与文章之学的知识分子则不在少数。如天圣六年晏殊向朝廷推荐范仲淹时下的总评语是："为学精勤，属文典雅，略分吏局，亦著清声。"①已包括了儒学、文章、吏才、德行等四方面的知识结构。在北宋著名人物中，范仲淹大抵是最早成为综合型人才的士大夫，其后欧阳修、尹洙、苏舜钦、蔡襄以及前面列举过的苏轼、曾巩等人，在知识结构方面，都具有这样的特点。

以欧阳修为例。经术方面，欧阳修是宋学疑古派的首席代表；文章方面，作为王安石、苏轼的前辈，他长期居于文坛执牛耳的地位；节义方面，《宋史·忠义传序》将他与范仲淹并列为振有宋一代士风的五人之一。据张舜民说，欧阳修虽以道德文章著称当时，逢人所谈，却多是吏事。② 而事实上，无论在仁宗前期的庆历之政，还是后期的嘉祐之政中，欧阳修都是一个关键的人物。苏轼兄弟、曾巩等人重视吏事，以文人而著政声，皆得自欧阳修之身教。③ 至和三年，欧阳修向宋仁宗推荐王安石曰："太常博士、群牧判官王安石，学问文章，知名当世；守道不苟，自重其身；论议通明，兼有时才之用。所谓无施不可者。"④这种"文、学、器、业，时之全德"⑤的综合性优点，既是对王安石的赞许，又是欧阳修的夫

---

①《范文正公年谱》，见《范文正公集》附录。

②详(南宋)吴曾:《能改斋漫录》，卷十三所录北宋张舜民(芸叟)言。

③同上。

④(北宋)欧阳修:《奏议集》，卷十四，《再论水灾状》。

⑤《长编》，卷二百零九，治平四年闰三月记事，曾公亮语。

子自道，也是11世纪中叶之后的时代特点。

熙宁二年，宋神宗反驳参知政事唐介阻挠起用王安石的决定时，一连提了三个问题："（安石）文学不可任耶？吏事不可任耶？经术不可任耶？"①苏轼起草的赵瞻赠官敕中说："具官赵瞻，明于吏事，辅以经术，忠义之节，白首不衰。"②《送章子平诗叙》说："子平以文章之美，经术之富，政事之敏，守之以正，行之以谦，此功名富贵之所迫逐而不赦者也。"③足见到了11世纪下半叶，文学、经术、吏事、节义兼而有之，已成了朝廷用人的主要标准和士大夫之间互相勉励的话头。

以上通过纵向比较，论证了北宋与汉、唐诸代，北宋中期与宋初三朝知识分子在知识结构方面的因袭和变化。必须指出，即使是同一项知识素养如汉之经学、唐之文章，在北宋中期出现的多维结构中，其实质内容也有显著的不同。要而言之，崇经术而不牵于训诂，决定了宋学既以儒学复兴的形式出现，又是大规模吸收异质文化的革新；擅文章而不为丽辞，决定了宋学以议论为方式、以古文为工具，既不失于汉儒之板滞，又不如唐人之流丽；重吏事而杂以议论，决定了宋学在富于实用精神的同时又不乏内省之工夫；尚节义而兼于明理，④决定了宋学不只停留于修身治人，而有正心养性之独特创造。

显而易见，从宋初为了巩固中央集权而采取右文政策、重用

①《宋史·王安石传》。

②《经进东坡文集事略》，卷三十九，《太常少卿赵瞻可户部侍郎敕》。

③《苏轼文集》，卷十。

④程颐论"汉之经术安用，只是以章句训诂为事"曰："东汉士人尚名节，只为不明理，若使明理，却皆是大贤也。"见《河南程氏遗书》，卷十八，《二程集》，第232页。

儒臣开始，到北宋中期知识分子经术、文学、政事三维结构的综合型模式形成，正是儒家传统文化所得以在 11 世纪中叶复振，并且是以同汉、唐文化均不相同的宋学形式别树一帜的主要政治原因和社会背景。

正如北宋统治集团在五代分裂之余重新建立和加强中央集权的政治斗争刺激了宋儒对宣扬儒家大一统思想的《春秋》一经的研究，而对《春秋》的阐释又反过来帮助了中央集权的巩固，并促成了思想文化领域中为儒家争夺正统地位的儒家知识分子的自我觉醒一样，赵宋王朝为了防止武夫横行而重用儒臣的政策所导致的多维结构的官僚知识分子群体的形成和不断壮大，助长了士大夫对儒家传统文化认同意识的加强，而这一切又反过来把北宋朝廷中央集权的专制主义推向有史以来的最高峰。10 世纪 60 年代之初，赵匡胤以一介武夫而在一夜之间即从后周世宗的孤儿寡妇手中攫取政权，简直易如反掌。到 11 世纪 20 年代初期，真、仁易代之际，同样是寡妇孤儿，却能稳坐江山。不仅如此，自两宋以还，迭经元、明、清诸朝，战国、南北朝与五代割据那样的局面不再出现，直至近代，中国作为一个集中统一的多民族大国屹立于世界东方，原其所自，实与儒家传统文化的复兴与壮大，中央集权制度的恢复与加强同步发展。

赵宋与刘汉、李唐相比，前文已经指出过它的疆域偏小，此外还有一个显著的不同是它的政权易代，落于异族之手。不过从文化的角度讲，北宋虽然灭亡了，汉文化却胜利了。此后无论金源、蒙古或满洲，虽以铁骑劲旅而入主中原，成为军事上的征服者，但所奉正统，毫无例外的是儒家文化，在文化上只是一个被征服者。汉文化作为中华主体文化而进一步确立它的统治地位，宋学所起的作用，则比前此任何一朝都大。其初发之因，恐怕就是前文讲到的北宋王朝从一建立开始，就面临着远比在它之前的汉、唐这两个主要朝代要尖锐激烈得多的民族矛盾。下面就接着讲这第二个问题。

后世论北宋之亡，如前引朱熹语录，常常过多地归罪于强干弱枝、内重外轻的政策。其实历史上真正能够臣服周边民族、武功显赫的时代，常常是汉族政权中央集权的统治比较巩固的时候，如本章开头提到的秦始皇、汉武帝、唐太宗三人当政的时期。可知把北宋灭亡的原因完全归结为中央对地方卡得过死，乃片面之见。

这些论者的局限性在于他们看问题的时候，只把眼睛盯住汉族政权一方，而没有把视线同时转向对立的另一方。太宗端拱二年正月，辽兵攻陷易州，右正言、直史馆王禹偁应诏上《御戎十策》，有一段十分精辟的分析。他以汉代同北方强敌匈奴的斗争为例，将西汉前期与西汉后期作了鲜明的对比。其言曰：

> 文、景之世，军臣单于最为强盛，肆行侵掠，候骑至雍，火照甘泉；哀、平之时，呼韩邪单于每岁来朝，委质称臣，边烽罢警。①

文、景之治，史称盛世，哀、平两朝，则是两汉的末世。假如只考虑汉族政权的强弱，应当是前者令匈奴丧胆，后者反受其骚扰，事实却完全相反。这是什么原因呢？作者接着分析道：

> 汉文当军臣强盛之时，而外能任人，内能修德，使不为深

①《长编》，卷三十，端拱二年正月甲辰条。

患者，是由于德也。哀、平当呼韩衰弱之际，虽外无良将，内无贤臣，而使之来朝者，是系于时也。①

军臣单于之时，正是匈奴内部统一、国力最强盛的时期。呼韩邪单于之时，匈奴已经分裂，开始是五个单于争夺统治权，然后是分为南北两部。汉文帝与前者同时，故勉力为政，亦仅能免白登之围之再罹。汉哀帝、平帝与后者同时，故身为庸主而坐收单于内附之利。在观察事物不同时态的运动中，同时注意到矛盾的两个方面，所得出的结论无疑要正确得多了。从这一思想方法出发分析问题，可以发现，唐太宗之所以在对外用兵方面取得了远较秦皇、汉武辉煌的成绩，一个重要的原因便是当时他所面临的北方之敌突厥已经过了像西汉中期之前的匈奴那样的全盛时期，而分裂为东、西两部，而在突厥则有颉利可汗与突利可汗的矛盾。

北宋则不然，它在初期所面临的是代突厥而起的强大而统一的契丹。契丹族自公元 916 年耶律阿保机即皇帝位，947 年改国号大辽后，开始进入它的全盛时期。由宋太宗伐辽所遭受的两次惨败——太平兴国四年(979)的高梁河之战与雍熙三年(986)的岐沟关之战来看，辽在军事实力方面远较北宋为强。再加上党项族建立的西夏政权在 11 世纪前后的崛起，使北宋同时遇到两个劲敌。公元 1115 年，完颜阿骨打建立金王朝，取代契丹族的辽而继续成为宋在北方的强敌，也处于女真族历史上的鼎盛时期。从社会形态上讲，辽、夏、金，都处于奴隶制刚刚建立的上升时期，北宋则是封建社会进入缓慢发展的阶段。从文化上讲，前者尚未脱离渔猎文明，后者则已是农耕文明的后期。哪个先进，哪个落后，

---

①《长编》，卷三十，端拱二年正月甲辰条。

自不言而喻。但从军事方面讲，职业狩猎之习于骑射，奴隶制度之便于号令，则远非以一家一户的社会分散经营为基础的后者所可比。据史书记载，宋太祖建国之初，曾专门设置了一座封桩库，对近臣说：

> 欲俟斯库所蓄满三五十万〔缗〕，即遣使与契丹约，苟能归我土地民庶，则当尽此金帛充其赎直；如曰不可，朕将散滞财，募勇士，俾图攻取耳！①

“苟能归我土地民庶”，指的自然是石晋割让给契丹的幽云十六州，这离开如后来宋儒所希冀的“恢复汉唐旧疆”，本已甚远，何况“尽此金帛充其赎直”的提法，更是令人气丧。不过由“散滞财，募勇士，俾图攻取”的提法来看，宋初加强中央集权，“租赋籍于计省，重兵聚于京师”的目的②，在防范方镇拥兵自重的同时，一方面也是为了对付外患，即所谓攘夷。

传统儒学之受封建统治阶级的欢迎，除了“尊王”这一点适合建立一个中央集权的统一国家的需要外，还有一点就是“攘夷”。儒家创始人孔子既提出过“礼乐征伐自天子出”的著名理论，又有“裔不谋夏，夷不乱华”③的重要主张。两者结合在一起，便是宋儒社会政治思想的核心：“尊王攘夷”。宋儒认为，李唐之所以在伦理方面没有弘扬儒家之传统，同他们对待“夷狄”的暧昧态度有关。如程颐说：“唐有天下，如贞观、开元间，虽号治平，然亦有夷

①《长编》，卷十九，太平兴国三年十月记事。

②《苏轼文集》，卷二十五，《上神宗皇帝书》。

③《左传·定公十年》。

狄之风，三纲不正，无父子、君臣、夫妇，其原始于太宗也。”[①]程颐认为，这是后来“安史之乱”爆发，“陵夷有五代之乱”的主要原因。

宋儒关于“尊王攘夷”、“华夷之辨”大义的发挥，主要集中于他们的《春秋》学。程颐说：

> 诸侯方伯明大义以攘却之，义也；其余列国，谨固封疆可也。若与之和好，以苟免侵暴，则乱华之道也。是故《春秋》谨华夷之辨。[②]

从唐太宗的“自古皆贵中华、贱夷狄，朕独爱之如一”[③]，到宋儒的“谨华夷之辨”，其背后，反映了民族矛盾的历史转移。由真宗景德元年（1004）的契丹南下，兵临澶州，到仁宗宝元元年（1038）元昊称帝，再起风烟，11世纪初期，“四夷不服，中国不尊”又成为新的危险，[④]知识分子生长了强烈的忧患意识，“使夷不乱华”[⑤]，成为边境战争的当务之急。作为宋学的早期作品，在此情况下大量涌现的《春秋》研究著作，如孙复的《春秋尊王发微》，在其贯串全书的“尊王”主题中，实已含有谨华夷之辨、内外之分的意义。到北宋末年胡安国著《春秋传》，这一思想得到了更加突出的表现。其书卷一开宗明义，即论“《春秋》之旨”乃在“谨于华夷之辨”。

孔子所谓“裔不谋夏，夷不乱华”，前者是从地域上讲（裔，指边地，《左传·文公十八年》：“投诸四裔”），后者是从文化上讲

---

①《河南程氏遗书》，卷十八，《二程集》，第236页。

②《二程粹言》，卷一，《论政简》，《二程集》，第1214页。

③《资治通鉴》，卷一百九十八，《唐纪十四》，太宗贞观二十一年五月庚辰条。

④（北宋）欧阳修：《居士集》，卷九，《本论》。

⑤《范文正公集》，卷八，《上执政书》。

的。胡安国在《春秋传》中所发挥的“攘夷”之义，主要也就是从以上两点严华夷之辨。其书卷一隐公二年曰：

《春秋》，圣人倾否之书，内中国而外四夷，使之各安其所也。

这是讲内外之别，从地域的概念上区分华、夷。又说：

中国之所以贵于夷狄，以其有父子、君臣之义耳。①

这是讲贵贱之分，从文化的观念出发区别华、夷。不过这些思想，宋学初期的儒者也已经提出过了。先讲第一层意思。石介撰《中国论》，开门见山推出的论点即是：

夫天处乎上，地处乎下，居天地之中者曰中国，居天地之偏者曰四夷。四夷外也，中国内也。天地为之乎内外，所以限也。②

天在上地在下，中国内四夷外，在石介所勾勒的这幅宏观结构的世界地图中，“中国”被狭义地理解作汉族政权的代名词。在石介看来，汉族政权理该世世代代处于统治天下的位置上，成为宇宙和世界的中心，而“四夷”(包括契丹、党项等周边民族)对它则只能是臣属的关系。故曰：“九州分野之外入乎九州分野之内，是易

①(北宋)胡安国：《春秋传》，卷二十三。
②《徂徕石先生文集》，卷十。

地理也。”这在今天看来，自然是可笑的大汉族主义言论，但在当时民族危机成为现实威胁的情况下，初期宋学家产生这样的想法从而激发深沉的忧患意识是毫不奇怪的。

儒家知识分子作为一个社会阶层，形成于春秋、战国之交，正值早已处于不断解体状态中的东周王朝面临彻底崩溃的危险时期，一方面是礼崩乐坏，华夏文化陷入四分五裂，“尊王攘夷”的思想产生之初，正与儒家知识分子这种与生俱至的忧患意识相表里。

11 世纪初期，北宋建国已半个多世纪，恢复汉唐旧疆的愿望不仅没能实现，反而换来了屈己纳币的澶渊之盟。几十万军队，甚至连一个小小的元昊政权都对付不了。忧天下之忧，感激论天下事，奋不顾身，可以说是当时知识分子的共同心理状态。如景祐元年七月，元昊寇庆州，宋军败绩，主将破擒，苏舜钦即时作长诗《庆州败》以抒忠愤，结句即是：“羞辱中国堪伤悲。”①石介在次年所作的《西北》诗中亦云：

> 吾尝观天下，西、北险固形。四夷皆臣顺，二鄙独不庭。……堂上守章句，将军弄娉婷。不知思此否？使人堪涕零。②

“二鄙”即指夏（西）、辽（北）两个周边民族政权。结句“使人堪涕零”正与舜钦诗同意，充分体现了 11 世纪初期成长起来的北宋新一代知识分子关心国家命运与前途的忧虑意识。苏舜钦另有《吾

①《苏舜钦集》，卷一。

②《徂徕石先生文集》，卷二。

闻》诗，抒发其投笔从戎的雄心壮志，下录乃全诗的最后部分：

予生虽儒家，气欲吞逆羯。斯时不见用，感叹肠胃热。昼卧书册中，梦过玉关北。①

当时像石介、苏舜钦那样面对国难，慷慨激昂，不愿坐守书斋，向往着奔赴边关、献身疆场的知识分子不在少数。范仲淹、尹洙、余靖、韩琦等以儒臣领武职的且不论，即以关学巨子张载为例，康定元年(1040)21岁时即准备联络一批人去攻打被西夏占领的洮西之地，并写信告诉当时担任陕西经略安抚副使的范仲淹。范仲淹十分欣赏他的勇气，但认为张载更适合于作复兴儒学的研究工作，便教导他读《中庸》，勉励说："儒者自有名教可乐，何事于兵！"可知在当时士大夫的眼中，复兴儒家传统文化和参加边境战争，同样是"尊王攘夷"的需要。只不过一个是在同地域概念上的"夷狄"作寸土不让的斗争，一个是在同文化意义上的"夷狄"进行争夺思想阵地的战斗。这另一个敌人，便是佛、老异质文化。

据《河南程氏外书》卷十二引《龟山语录》，程颐晚年自涪陵流放归来，"见学者凋落，多从佛学"，只有杨时与谢良佐不变，因叹曰："学者皆流于夷狄矣，唯有杨、谢二君长进。"②所谓流于夷狄，指的正是纯粹文化方面的异化，即转向佛学。从这一逻辑出发，只要离开了以儒家为本位的传统文化、人伦道德，便都成了"夷狄"。宋学家们正是这样认识的，如程颐总结五代之乱的历史教训时说：

---

①《苏舜钦集》，卷二。
②《二程集》，第429页。

> 唐有天下，如贞观、开元间，虽号治平，然亦有夷狄之风。三纲不正，无父子、君臣、夫妇，其原始于太宗也。故其后世子弟，皆不可使。玄宗才使肃宗，便篡。肃宗才使永王璘，便反。君不君，臣不臣，故藩镇不宾，权臣跋扈，陵夷有五代之乱。①

所谓有夷狄之风，自然不是说李唐是异族建立的政权，而是指它文化方面的不纯。在民族问题上，唐太宗待中华、夷狄如一，在意识形态方面，又奉儒、释、道三教如一。在北宋一些学者看来，这正是儒家传统文化在唐代不振的主要原因。本朝要尊王攘夷，要加强中央集权、抵御外侮，自然要反其道而行之。于是复兴儒家传统文化的历史任务，也就被鲜明地提了出来。

程颐论史，最苛责的便是有唐，连带而及，对先宋儒而倡道统之说的韩愈也鄙之不足道，但对韩愈的"孔子之作《春秋》也，诸侯用夷礼，则夷之；进于中国，则中国之"②，却极加赞赏，并引申到《进学解》的"《春秋》谨严"一评之中而附会于他本人提出的"《春秋》谨于华夷之辨"。其言曰：

> 礼一失则为夷狄，再失则为禽兽。圣人初恐人入于禽兽也，故于《春秋》之法极谨严。中国而用夷狄礼，则便夷狄之。韩愈言"《春秋》谨严"，深得其旨。③

同一提法，也见于苏轼的《王者不治夷狄论》：

---

①《河南程氏遗书》，卷十八，《二程集》，第 236 页。
②《韩昌黎文集》，卷一，《原道》。
③《河南程氏遗书》，卷二上，《二程集》，第 43 页。

《春秋》之疾戎狄者，非疾纯戎狄者，疾夫以中国而流入于戎狄者也。①

见于胡安国《春秋传》卷十一的解释，对此作了更加清楚地说明：

中国之为中国，以其有父子、君臣之大伦也。一失，则为夷狄矣！

所谓父子、君臣之大伦，即具体化为三纲五常等社会准则的儒家伦理观念。可知华夷之辨，更重要的还是文化，特别是伦理意义上的区别。这种思想同样来自初期宋学家，如前引石介《中国论》既有以夷乱华“是易地理也”之说，复有“非君臣、父子、夫妇、兄弟、宾客、朋友之位，是悖人道也”之论。而造成“悖人道”的原因，正是文化意义上的“夷狄”之入侵。《中国论》接着说：

闻乃有巨人名曰“佛”，自西来入我中国；有庞眉名曰“聃”，自胡来入我中国。各以其人易中国之人，以其道易中国之道，以其俗易中国之俗，以其书易中国之书，以其教易中国之教，以其居庐易中国之居庐，以其礼乐易中国之礼乐，以其文章易中国之文章，以其衣服易中国之衣服，以其饮食易中国之饮食，以其祭祀易中国之祭祀。

“佛”来自印度，自然可以说是“胡人”，老聃是中国人，怎么也说他“自胡来入我中国”呢？这便是所谓用夷礼则夷之，进于中国则中国

①《苏轼文集》，卷二。

之。同样的意思，孙复在《儒辱》一文中也说过了。复之言曰：

> 噫！儒者之辱，始于战国，杨朱、墨翟乱之于前，申不害、韩非杂之于后。汉魏而下，则又甚焉。佛、老之徒，横乎中国，彼以死生、祸福、虚无、报应为事，千万其端，给我生民，绝灭仁义以塞天下之耳，屏弃礼乐以涂天下之目。天下之人，愚众贤寡，惧其死生祸福报应人之若彼也，莫不争举而竞趋之。观其相与为群，纷纷扰扰，周乎天下。于是其教与儒齐驱并驾，峙而为三。吁，可怪也！
>
> 且夫君臣、父子、夫妇，人伦之大端也。彼则去君臣之礼，绝父子之亲，灭夫妇之义。以之为国，则乱矣；以之使人，贼作矣。儒者不以仁义礼乐为心则已，若以为心，则得不鸣鼓而攻之乎？凡今之人，与人争詈，小有所不胜，则尚以为辱，况彼以夷狄诸子之法乱我圣人之教耶？其为辱也大哉！
>
> 噫！圣人不生，怪乱不平。故杨、墨起而孟子辟之，申、韩出而扬雄距之，佛、老盛而韩文公排之。微三子，则天下之人胥而为夷狄矣。①

所谓夷狄诸子之法，“诸子”自然是指儒家之外的老、庄、杨、墨、申、韩之流。庄、墨等等，同老子一样，并是中国之人，孙复亦以夷狄等之。所谓天下之人胥为夷狄矣，也就是石文“中国不为中国矣”的意思。

现实中越来越深刻的民族危机唤醒了知识分子对以尊王攘

①《孙明复小集》。

夷为己任的儒家主体文化的强烈认同和忧患意识，战场上的失利又逼使他们通过大力复兴传统儒学而排斥佛、老异端的激烈方式排泄郁积在胸中的民族感情，以求在文化上征服并消灭“夷狄”。宋初以来民族矛盾的尖锐化对于宋学产生和发展的推动，从孙复这番话中得到了最清楚的说明。

从文化变迁的立场上看，战国时期的百家争鸣，墨家、道家、法家等不同学术流派与儒家的大辩论，汉末魏晋以来，尤其是到唐代达于极盛的佛、老之学与儒学的激烈冲突，乃中国文化史上两个十分重要的时期，是紧接着出现的汉、宋两次因文化整合的成功而带来的儒学繁荣必不可少的文化准备或者说前奏。但对于儒者来说，在他们没有取得或保住儒学一统天下的优越地位之前，因忧患而产生的耻辱感，自然是十分强烈的了。正如唐太宗因武功的胜利而采取中华、夷狄待之如一的政策，给唐代佛、老之学的繁荣带来了深刻的影响，北宋政府所面临的尖锐激烈的民族矛盾，直接刺激了儒家传统文化首先以讲究“夷夏之大防”为突破口而复兴。宋学虽以儒表释里为基本特征，但在初期却只以排斥佛、老的面目出现，于此也可得到合理的解释。

诚如前述，所谓文化意义重于地域差别的华夷之辨，既有“用夷礼则夷之”的一面，又有“夷之进于中国则中国之”即“变夷为夏”的一面。华夏文化，本是汉族和周边民族的共同创造，也为中华各民族所尊奉。如神册元年（916）辽主耶律阿保机自立为皇帝，参照的便是汉族国家的模式。即位后首先建立的神祀便是孔子庙，令太子春秋释奠。皇太子倍说：“孔子大圣，万世所尊，宜先。”①神册四年

①《辽史》，卷七十二，《义宗倍传》。

八月祀神，阿保机还亲自去拜谒孔庙。[①] 可知辽王朝自建立伊始，即表示了对儒家文化的认同。11 世纪初期在位的辽圣宗耶律隆绪喜读《贞观政要》，既习汉籍又能吟汉诗，汉化的意向越加明显。西夏自唐到宋初，本来就是中国西境的一个民族自治刺史州，公元 1038 年元昊正式建国之时，即仿汉官仪自立为大夏皇帝。此后党项族上层统治集团内部虽然常常发生奉行汉礼或蕃礼的争议，但汉化的趋向，占有明显的优势。

对于辽、夏汉化的趋向，北宋汉族政权一直采取积极促成的态度，这由宋廷经常赠送儒家经典以及经过汉人翻译润色的佛经等汉文书籍给对方——有时是辽、夏自己派使节来索取，如宋仁宗嘉祐七年，夏国主谅祚进马五十匹，上表求《九经》、《唐史》、《册府元龟》及本朝正至朝贺仪。诏赐《九经》，还其马。[②] 次年，又赠以《孟子》及医书。[③] 宋廷派出去的使节，即使负有解决边境问题的使命，也乐于在宴会之间同对方用汉文吟诗应酬等事例可以见之。程颐尝总结"自三代而后，本朝有超越古今者五事"[④]，其一为"百年无内乱"，这自然是本节前面部分所重点加以论述的加强中央集权的功效。其四为"百年未尝诛杀大臣"，这一点下节就要加以重点论述。第五事"至诚以待夷狄"，说的正是北宋王朝"知内外之旨而明于驭戎之道"[⑤]。为什么能做到这几点呢？程颐总结说：

---

①《辽史》，卷二，《太祖纪下》。

②《长编》，卷一百九十六，嘉祐七年四月己丑条。

③《长编》，卷一百九十八，嘉祐八年四月丙戌条。

④《河南程氏遗书》，卷十五，《二程集》，第 159 页。

⑤（北宋）胡安国：《春秋传》，卷一。

此皆大抵以忠厚廉耻为之纲纪，故能如此。①

所谓廉耻，即儒家之仁义。宋学初期欧阳修著《五代史记》，以“礼义廉耻”为“国之大防”，态度十分严峻。表现在政治斗争上，是庆历年间坚决主张对西夏用兵而绝不讲和；表现在学术方面，作为排佛斗争的领导者，消灭异质文化的态度同样十分坚决。程颐在“廉耻”之上，另加“忠厚”两字，与欧阳修的提法略有不同。即此可知，北宋统治者在处理民族争端问题上后来所采取的和解和同化立场，到后期已逐渐取得知识分子的谅解。所谓至诚以待夷狄，即指在坚持“以忠厚廉耻为之纲纪”的原则立场上变夷为夏，“进于中国则中国之”。宋学在繁荣期一改草创期只以排斥异端为务的做法，变作在宗儒为本的基础上尽用其学而融合之（关于宋学初期的排佛与繁荣期的儒表佛里，详见拙稿第四章），由此也可找到政治上的根源。

第二节　北宋台谏制度和宋学的自由议论

在北宋政治制度中，除了中央集权的强化具有鲜明的时代特点以外，台谏制度的完善也是一项超过前此汉、唐诸世的重要措施，而两者又是相辅相成的同一个问题的两个方面。

照理说，中央集权的加强必然导致专制主义，但如前所述，宋学又以自由议论为基本特征。近人陈寅恪在《论〈再生缘〉》一文中，也曾经提到宋代文人言论是最自由的。一方面是极权政治的

①《河南程氏遗书》，卷十五，《二程集》，第159页。

不断加强，一方面是学者议论的相对自由，从表面上看，这是相悖而不能并存的两个极端，实质上在宋代却得到了和谐的统一，其奥秘究竟何在？毫无疑问，奥秘即在于前节所引程颐论本朝善政时所总结的“百年未尝诛杀大臣”。生命既无危险，议论自由自然就有了最可靠的保障，但可直行不妨。那么北宋统治者又是怎样能够做到达一点，或者说为什么要这样做呢？为了弄清这个问题，且将苏轼《上神宗皇帝书》（熙宁二年十二月上）中一段写得十分精彩的话摘引如下：

> 古者建国，使内外相制，轻重相权。如周如唐，则外重而内轻。如秦如魏，则外轻而内重。内重之弊，必有奸臣指鹿之患。外重之弊，必有大国问鼎之忧。圣人方盛而虑衰，常先立法以救弊。我国家租赋籍于计省，重兵聚于京师，以古揆今，则似内重。恭惟祖宗所以深计而预虑，固非小臣所能臆度而周知。然观其委任台谏之一端，则是圣人过防之至计。历观秦、汉以及五代，谏诤而死，盖数百人。而自建隆以来，未尝罪一言者。纵有薄责，旋即超升，许以风闻，而无官长，风采所系，不问尊卑。言及乘舆，则天子改容；事关廊庙，则宰相待罪。故仁宗之世，议者讥宰相但奉行台谏风旨而已。圣人深意，流俗岂知。台谏固未必皆贤，所言亦未必皆是，然须养其锐气而借之重权者，岂徒然哉？将以折奸臣之萌，而救内重之弊也。①

所谓外重，即指地方割据的实力大于中央，如商周时代的封建诸

①《苏轼文集》，卷二十五，参见《长编纪事本末》卷六十二。

侯和李唐后期的藩镇割据。所谓内重，则指中央集权。“租赋籍于计省，重兵聚于京师”，说的是财政、军事大权均掌握在主要由文官担任的中央首脑机关三司与枢密院手中。前者的弊病在于容易养成割据势力过强，即所谓大国问鼎之忧（用春秋五霸之一楚庄王陈兵周原问九鼎轻重事）；后者的弊病是容易造成宰相权力过重，即所谓奸臣指鹿之患（用赵高指鹿为马，专擅秦政事）。北宋实行“强干弱枝”政策①，成功地避免了前者，后者却随之成为新的危险。三司、枢密院与中书（政事堂）成三驾马车式的各自独立而对皇帝直接负责的机构，即为分夺宰相之财权与军权而设。此外即是同出于“先立法以救（内重之）弊”考虑的重用台谏、鼓励直言之“深计”。准此，台谏之设，从根本上讲，也是加强中央集权的一项措施。“自建隆以来，未尝罪一言者”，亦即本朝“百年未尝诛杀大臣”的意思。其原因可从北宋对历代台谏制度的沿革搜求之。

台谏，乃是御史台与谏院的并称，两者起始本是各司其职、不相连属的机构。御史台秦汉以来即是独立建制，其长官为御史大夫，其职“掌邦国刑宪、典章之政令，以肃正朝列，中丞为之贰”②。下设御史若干人，其工作程序是：“凡中外百僚之事应弹劾者，御史言于大夫，大事则方幅奏弹，小事则署名而已。”③总之，是代表君主纠察百官的专门机构。谏院设自唐代（说详后文），北宋之前本非独立职司，其成员左右谏议大夫、左右补阙、左右拾遗，全是宰相衙门中书省、门下省的属官，在门下省者为左，中书省者为

①（北宋）司马光：《涑水记闻》，卷一。

②《大唐六典》，卷十三，《御史台》。

③同上。

右。谏议大夫一职秦汉即有，其职为“掌侍从赞相、规谏讽谕”①。补阙、拾遗唐代始置，取“国家有过阙而补正之”、“国家有遗事拾而论之”之意而命名②，其职责和工作程序乃是：

> 掌供奉讽谏、扈从乘舆，凡发令举事有不便于时、不合于道，大则廷议，小则上封，若贤良之遗滞于下，忠孝之不闻于上，则条其状而荐言之。③

进言的方式则有所谓五谏，其中“顺谏”一条，“谓其所不可，不敢逆面谏之，则顺其君之所欲，以微动之，若优旃之比”④。“直谏”一条，“谓直言君之过失，必不得已然后为之者”⑤。可知它的工作对象主要是皇帝，是代表臣下监督君主的机构。

在唐代，这种谏诤还常常是在百僚之长宰相的领导之下进行的。如唐懿宗咸通十一年（870），懿宗特别钟爱的同昌公主医治无效病故，翰林医官韩宗邵等坐罪系狱，宗族被牵连者300余人。宰相刘瞻召谏官令上疏，谏官没有一人肯说话，刘瞻乃自上章极言，触怒皇帝，被贬为虢州刺史。⑥ 唐太宗贞观年间，王珪、魏徵等身为宰相而以直言敢谏著称于世，更是显而易见的例子。

以上简略地介绍了唐代监察制度的分工。需要说明的是，所

---

①《大唐六典》，卷八，《门下省》。

②同上。

③同上。

④同上。

⑤同上。

⑥（北宋）王溥：《唐会要》，卷五十二，《忠谏》；《新唐书》，卷一百八十一，《刘瞻传》。

谓御史职在纠弹百僚，只是就一般情况而言，不像谏官那样分工明确，只以皇帝为监督对象。某些时候，御史也可参与谏诤，如元和十五年(820)监察御史杨虞卿即曾上疏谏穆宗之频于游幸。①但这恰恰更能证明唐代的监察制度主要侧重于防止皇帝犯错误。这种情况与宋代正好相反。

《宋史·职官志四》载御史台之职责为："掌纠察官邪，肃正纲纪，大事则廷辨，小事则奏弹。"大略沿袭唐旧，谏院的变化则比较大。《宋史·职官志一》虽仿唐制，仍将左右谏议大夫等分隶于门下、中书两省。实际上北宋中期以后，谏院已成独立机构，至少在以下三方面与唐代有明显的不同。

一、据《宋史·职官志一》，宋代谏官的职掌为"凡朝政阙失，大臣至百官任非其人，三省至百司事有违失，皆得谏正"。其监督的对象已由前此的专对皇帝而转向以宰相和百官为主，职权转移并大大扩大。

二、谏院脱离宰相衙门，成为独立的监察机构而与御史台并列，其事权已混同。《宋会要辑稿·职官》三之五十一，述谏院之职能而录仁宗天圣元年(1023)四月二十四日臣僚言曰："自古以来置谏官、御史者，所以防臣僚不法，时政失宜，朝廷用之为纪纲，人君视之如耳目。""防臣僚不法"，原是御史之事，止"时政失宜"，本为谏官之权，此处已混而言之，不再分开。

三、谏院兼有御史台的功能之后，御史传统的"许以风闻"之特权，进一步恢复并扩大到谏官。

北宋监察制度的这些特点，大体到仁宗时期全部形成，在其发展过程中，有过三次重要的变革。第一次是太宗端拱元年

①《新唐书》，卷一百二十五，《杨虞卿传》。

(988)新改谏官之名。其年二月,以左右补阙为左右司谏,左右拾遗为左右正言。据史书记载,改名的动机是因为“欲立新名,使各修其职业”①,“必容謇谔,无取因循”②。唐末五代以来,朝政紊乱,干戈横行,谏官已渐渐失去早先直言敢争的锐气。上引咸通十一年谏官不肯言,宰相只好亲自出马而遭贬即是一例。宋太宗通过改名的方式重振忠言谠论之风,的确起到了鼓励直言的积极作用。如《宋史·忠义传序》提到的五位著名直臣之一王禹偁,即是于此年正月被任命为右拾遗(旋改右正言)而登谏垣的③。与此同时,名称的变化也带来了职能的扩大。如前所述,唐代初立补阙、拾遗两名,本寓拾补人君过失之意。司谏、正言则只有笼统的“大开言路”、职在谏正的意思,其对象除皇帝之外,也就慢慢地包括宰执时政的大臣在内了。这是第一步。

第二次是真宗天禧元年(1017)二月,别置谏官、御史各六员,增其月俸,不兼他职,每月须一员奏事,④这是北宋设置专职谏官的开始。⑤ 首预其选的是刘烨,当年四月任右正言,⑥第一封谏草便是“请策免宰相,以应天变”⑦。矛头即指向宰执大臣。宰执也很快采取了对付的办法。据《长编》卷一百,天圣元年四月丁巳所

①《太宗实录》,卷四十三;《长编》,卷二十九,端拱元年二月记事。

②(北宋)王禹偁:《小畜集》,卷二十一,《进端拱箴表》。

③《长编》,卷二十九,端拱元年正月丙寅条。

④《长编》,卷八十九,天禧元年二月丁丑条。

⑤《长编》,卷一百十,天圣九年七月甲戌,权度支判官、右正言陈执中罢度支判官,谏院供职,李焘按:“国朝承五代之弊,官失其守,故官、职、差遣,离而为三。今之官,裁用以定俸入尔,而不亲职事。谏议大夫、司谏、正言,皆须别降敕,许赴谏院供职者,乃曰谏官。”

⑥《长编》,卷八十九,天禧元年四月乙酉条;《宋会要辑稿·职官》,十七之六。

⑦《宋史·刘温叟传附子烨传》。

录臣僚奏议追记，真宗别置谏院、宪官之后，“执政渐生畏忌，乃优与职任而罢之”。

由刘烨首任发硎所为以及执政畏忌这两方面的情况来看，宋初加强台谏事权的动机，正在于利用它们一起来纠察宰相及百官。作为对策，除了明升暗罢之外，宰相还尽量起用自己的亲信为台谏官。如景祐党争，范仲淹在与宰相吕夷简的斗争中之所以败北，便是因为当时的权御史中丞张观和左司谏高若讷，“皆执政引拔建置，欲其缄默，不敢举扬其私，时有所言，则必暗相关说”①。设置台谏的目的既在于监督宰辅，台省之携手，统治者自然不会满意，于是便有了宝元元年（1038）正月的下诏求直言。诏书说：

> 朕躬之阙遗，执事之阿枉，政教未臻于理，刑狱靡协于中，在位壅蔽之人，具官贪墨之吏，仰谏官、御史、搢绅、百僚密疏以陈，悉心无隐。②

在这里，皇帝（朕躬）虽仍然冠冕堂皇地把自己摆在第一位，但主要的矛头，显然已指向了“执事之阿枉”和“在位壅蔽之人”、“具官贪墨之吏”。而实际上作为这次大开言路的直接结果，便是同年三月宰相王随、陈尧佐，参知政事韩亿、石中立四位大臣，以右司谏韩琦的十纸谏疏而同日罢免。③ 宝元元年，正值连年水旱灾害，在西北一隅虎视眈眈的元昊政权派人以供佛五台山为名窥探河东道路，是仁宗亲政后最困难的时期。诏书的目的，显然是为

---

①《苏舜钦集》，卷十一，《诣匦疏》；《长编》，卷一百二十一，宝元元年正月乙卯条。

②《长编》，卷一百二十一，宝元元年正月丙午条。

③《长编》，卷一百二十一，宝元元年三月戊戌条；《宋史·韩琦传》。

了摆脱内外交困的窘境而嫁祸于宰辅大臣,但赵宋谏官之活跃,职权之大,举此一例,可以概见。

北宋监察制度的第三次重要变化乃是谏院开始有了自己单独的办公处所,谏官由皇帝亲自除授,从此正式成为独立的机关,与御史台并列,合称台谏。

中国谏院的设置,近世研究古代官制者,以为从仁宗明道元年(1032)开始。① 这大概是根据下引史料:

> 辛卯,以门下省为谏院,徙旧省于右掖门之西。先朝虽除谏官而未尝置院,及陈执中为谏官,屡请之。置谏院自此始。②

其实,据文义看,《长编》这段话的末句乃是"本朝置谏院自此始"的意思。而所谓置谏院,指的也是置谏院官署即办公处所独立一院的意思。"以门下省为谏院",犹言以门下省邸宅为谏院单独治所。南宋王栐《燕翼诒谋录》卷四关于此事的记载说得更加清楚。其言曰:

> 明道元年七月辛卯,又以谏官无治所,乃以门下省充谏院,而别创门下省于右掖门之西。盖朝臣皆有入局之所,独谏院无之故也。

可知谏院作为一个专职监察机关,前此已经存在,只不过没有专

①如孙永都、孟昭星:《简明古代职官辞典》,书目文献出版社,1987年5月版。
②《长编》,卷一百十一,明道元年七月辛卯条。

门的官邸罢了。

如前所述，谏院作为一个专门的机构，唐代就已经有了。如中唐著名诗人刘禹锡《送国子令狐博士赴兴元觐省》诗即有联："谏院过时荣棣萼，谢庭归去蹋芝兰。"①元和元年（806）担任左拾遗的元稹，十三年后在《同州刺史谢上表》中追述任谏官的经历时使用的也是"谏院"一词。其言曰：

> 元和十四年，宪宗皇帝开释有罪，始授臣膳部员外郎。与臣同省署者，多是臣初登朝时举人；任卿相者，半是臣同谏院时（拾）遗、（补）阙。②

不过唐代谏院虽有专责，尚非独立机关。《唐会要》卷五十五《省号下》载：

> （贞元）十三年八月……（左谏议大夫薛之舆）奏：谏官所上封章，事皆机密，每进一封，须门下、中书两省印署文牒，每有封奏，人且先知。请别铸谏院印，须免漏泄。

宋初王溥撰《唐会要》，德宗至宣宗以前，据唐人杨绍复旧本，上引奏疏乃当时实录。以此奏与上引刘、元诸人诗文对参，足知"谏院"之名，至少在中唐时期即已屡见于唐人文集与正式公文。其中"请别铸谏院印"一节，据《唐会要》同条后文，未被朝廷采纳，

①《刘禹锡集》，卷二十八。

②《元稹集》，卷三十三。在唐人诗文中，"谏院"也作"谏垣"，如《白居易集》，卷十五，《重到城七绝句》之一《张十八》："谏垣几见迁遗、补，宪府频闻转殿监。"

但“谏院”已是专门机关则确凿无疑。只不过当时尚隶门下、中书两省，不像北宋仁宗朝之后那样自成一体罢了。庆历三年（1043）知制诰田况上言论谏署，即曰：

> 有唐两省自谏议大夫至拾遗、补阙共二十人，每宰相奏事，谏官随而入，有阙失即时规正，其实皆中书、门下之属官也。①

因此宋神宗元丰年间改革官制，主客郎中庞元英在唐人集中读到上引刘禹锡的诗句，有“其故何哉”之疑问。②

唐人这种意义上的“谏院”，宋初即有。《宋会要辑稿·职官》三之五十曰：

> 谏院，旧常以两省官一员判院事，其员有左右谏议大夫、司谏、正言。天禧元年诏别置院。

“天禧元年（1017）诏别置院”，即前引《长编》卷八十九是年二月丁丑条所载“别置谏官、御史各六员”。而《长编》卷一百仁宗天圣元年（1023）四月丁巳条，录上封者追述其事，作“真宗尝于门下省置谏院”。似乎宋初至此才有谏院，这是什么原因呢？盖“国初虽置谏院”，但“谏议无言责”，只作为寄禄加官，“司谏、正言非特旨供职亦不任谏诤”③，谏院名存而实亡，天禧元年置专职谏官，当是宋初谏

---

①《长编》，卷一百四十二，庆历三年八月戊戌条。
②（北宋）庞元英：《文昌杂录》，卷三，《唐谏议大夫、拾遗、补阙皆在省》条。
③《宋史·职官志一》。

院正式成为实体的开始,[①]而不久又废。《长编》卷一百一载:

(天圣元年八月)乙巳,太常博士曹修古为监察御史,孔延鲁、刘随并为左正言。先是,龙图阁直学士兼侍讲、户部员外郎冯元主判谏院,于是以印送随等。

为什么谏院印要进给刘随等人呢?因冯元虽判谏院,但非谏职,刘随、孔延鲁所任左正言则是本官,故谏院有此之请,《宋会要辑稿·职官》三之五十二,天圣元年条载此事作:

八月二十三日,谏院言:"本院印旧以龙图阁直学士冯元主判,今复置左正言刘随等,合送本官。"从之。

所谓复置,即对天禧元年曾置而言。到天圣元年,谏院重新有了专任官员,并以本官掌院印,谏院作为单独的专门机构至此已经确立,只不过尚无专用的治所,暂于门下省合署办公而已。明道元年(1032)将门下省搬开,邸宅全部拨给谏院,不仅使后者有了自己的独门独院,而且标志着它已彻底从门下省脱开,成为直接对皇帝负责的权力机构。

与此同时发生的改革是谏官由皇帝亲自挑选和除授。早在宝元元年(1038),宋祁、苏舜钦已经提出"谏官、御史由宰司之进拔者,非陛下之利也"[②]、"臣欲陛下亲择之,不令出执政门

---

①《温国文正司马公集》,卷六十六,《谏院题名记》叙本朝庆历中书名、嘉祐八年刻石的谏院题名,即由真宗天禧初诏置的六员谏官开始,亦可为证。

②《长编》,卷一百二十一,宝元元年正月丙辰条。

下"[①]的建议。同年十二月,仁宗下诏:"御史阙员,朕自择举。"[②]庆历三年(1043)三月和四月,御笔亲除欧阳修、余靖、王素及蔡襄为谏官。[③]同年八月,又"诏谏官日赴内朝",凡是宰相奏对的场合,均可参加。[④]庆历四年(1044)八月又颁布了"自今除台谏官,毋得用见任辅臣所荐之人"的诏令。[⑤]于是谏院进一步独立,成为御史台一样,受皇帝直接指挥的监察百官的机构。从此台谏事权愈益混而为一,在政事堂之外俨然另立一个政治中心,并专以同前者作对为务。

《宋史》卷三百九十《列传》第一百四十九附论曰:

> 考宋之立国,元气在台谏。

又同书卷四百十一《欧阳守道传》引守道之言曰:

> 国事成败在宰相,人才消长在台谏。

卷四百零七《杜范传》引杜范之言曰:

> 行之者宰相,言之者台谏。

---

①《苏舜钦集》,卷十一,《诣匦》;《长编》,卷一百二十一,宝元元年正月乙卯。

②《宋史·仁宗纪二》。

③《长编》,卷一百四十,庆历三年三月、四月记事,参(南宋)江少虞:《宋朝事实类苑》,卷三十九,《三谏官诗》条;(南宋)洪迈:《容斋随笔·三笔》,卷十四,《亲除谏官》条;(南宋)吴曾:《能改斋漫录》,卷十二,《谏院得人御史称职》条。

④详《长编》,卷一百四十二,庆历三年八月戊戌条。

⑤《长编》,卷一百五十一,庆历四年八月戊午条。

所谓人才消长，指的是百僚任免的人事权，在专制主义的官僚政制中，这无疑是最关键的权力。所谓言之者台谏，即指台谏通过对宰相的纠弹权控制了朝廷的决策，而所谓行之者宰相，即宰相但奉行台谏风旨而已。以赵宋立国之大本（元气）在于台谏，不为过甚之言。有宋谏官、御史权力之重，作用之大，的确超过了前此任何一个朝代，原其所自，实自北宋中期始。吕公弼说：

> 谏官、御史，为陛下耳目，执政为股肱。股肱耳目，必相为用，然后身安而元首尊。宜考言观事，视其所以而进退之。①

所谓考言，其对象即“言之者”台谏；而观事，所察自然是“行之者”宰相。以台谏、执政作为国家政治生活中两个主要实体并比之为耳目、股肱之于身子的关系，十分形象而又准确。作为仁宗朝旧臣、英宗即位后起用为枢密副使的吕公弼，这番对新君所说的资治要语，可以视为仁宗之世朝政的概括和总结。类似的话，英宗治平二年（1065），以同知谏院迁兵部员外郎，兼侍御史知杂事的吕诲也在奏章中说过：

> 台谏者，人主之耳目，中外事皆得风闻，盖补益聪明以防壅蔽。②

而以谏官、御史为朝廷之纪纲、人君之耳目，早在天圣元年臣僚的

---

①《宋史》，卷三百十一，《吕夷简传》，附子公弼传。

②《长编》，卷二百零六，治平二年十月癸卯条；《宋史》，卷三百二十一，《吕诲传》。

上言中已见之(详前引《宋会要辑稿·职官》三之五十一)。

由上可知,作为谏官、御史的连称,"台谏"两字几成同义之复词,而且在事实上,两者均是联合行动,几于不分。仁宗嘉祐元年(1056)因"进不以道"而"深疾言事官"的宰相刘沆说:

> 自庆历后,台谏用事,朝廷命令之出,事无当否悉论之,必胜而后已。①

此言正可与前引苏轼《上神宗皇帝书》"议者讥宰相但奉行台谏风旨而已"对看,只不过苏轼说的是整个"仁宗之世"。事实上正是如此。如明道二年(1033),仁宗在宰相吕夷简的怂恿下废黜郭皇后,左司谏范仲淹极陈其不可,议定之后,仲淹即与权御史中丞孔道辅率知谏院孙祖德、侍御史蒋堂等八人(内台官五人、谏官三人),上殿叩谏,拍着门环大呼曰:"皇后被废,奈何不听台谏入言。"②足见在言事官们自己看来,"台"、"谏",也差不多是一回事。

明道废后之争,实开庆历范、吕党争之先声。庆历三年(1043),少壮派范仲淹、韩琦、富弼等人因其盟友欧阳修、王素、蔡襄、余靖四人控制了谏院的言事权而得以上台执政。庆历五年,新政失败之前,谏官欧阳修等相继罢去,御史中丞王拱辰,御史鱼周询、刘元瑜和右正言钱明逸等台谏官员的合力相攻,遂使范等狼狈下台。宰执的升沉系于台谏的进退,即此可见。赵宋一代台省交哄之热潮,遂自仁宗之世展开。

---

①《长编》,卷一百八十四,嘉祐元年九月癸卯条。

②《长编》,卷一百十三,明道二年十二月乙卯条。

由上引吕诲论台谏“中外事皆得风闻”一节可知，传统上只作为御史纠弹官邪之特权，“风闻言事”，到北宋中期也扩大到谏官。御史风闻，由来已久。南宋洪迈《容斋随笔·四笔》卷十一有《御史风闻》之专条，叙其沿革曰：

> 御史许风闻论事，相承有此言，而不究所从来，以予考之，盖自晋、宋以下如此。齐沈约为御史中丞，奏弹王源曰：“风闻东海王源。”苏冕《会要》云：“故事，御史台无受词讼之例，有词状在门，御史采状有可弹者，即略其姓名，皆云风闻访知。其后疾恶公方者少，递相推倚，通状人颇壅滞。开元十四年，始定受事御史，人知一日劾状，遂题告事人名，乖自古风闻之义。”

今考《魏书》卷十九（中）《任城王传》：“又寻御史之体，风闻是司。”足知以“风闻”为御史之特权，南北朝皆然。又洪迈所引苏冕《会要》今存宋初王溥所编《唐会要》中，本条见其书卷六十《御史台（上）》。在“开元十四年”前有“至”字，可知在唐玄宗之前，御史已“递相推倚”，不敢受门下词讼。玄宗开元十四年开始，正式取消了不题告事人姓名的风闻言事。更为重要的是原文末尾，尚有“至今不改”一句，被《容斋随笔》略去——当然也有可能苏冕原本初无而为王溥所加，可知自古御史风闻之权，唐代大多数时间里没有行使。

至于谏官，北宋之前更是不许风闻言事的。如唐敬宗宝历二年（826）九月，新授濠州刺史陈岵以献佛经注释而除太常少卿，谏官刘宽夫等七人同疏论其事，有岵“因供奉僧进经”等语，与事实有出入，敬宗即宣宰相勘问，宽夫随即自承有罪，余六人皆受到罚俸处分。

北宋恢复并强调御史“风闻言事”之传统,大约亦始于仁宗时期。庆历末年,御史何郯因论事不得实,中书问状,权御史中丞杨察上言为之开释,其理由即是:

> 御史,故事许风闻,纵所言不当,自系朝廷采择。今以疑似之间,遽被诘问,臣恐台谏官畏懦缄默,非所以广言路也。①

此处引御史论事之典故,下文即易之为“台谏”。这一方面可证拙稿前文所谓北宋仁宗朝台谏职能已合而为一,另一方面可由知谏官也同御史一样,许以风闻论事。上引苏轼“许以风闻,而无官长”,由文义看,亦兼台、谏两方面而言。

关于谏官以风闻的材料言事,翻阅庆历间诸臣奏议,俯拾皆是。如庆历三年九月,知谏院欧阳修弹劾吕夷简,开门见山便是:“风闻吕夷简近日频有密奏,仍闻自乞于御药院暗入文字,不知实有此事否?”②有否密奏,作为收件人皇帝当然最清楚。可知谏官对皇帝言其亲身事,也可托以风闻。又当月范仲淹奏论滕宗谅被谪事,也以“台谏官风闻未实,朝廷即便施行”③为言。后来欧阳修不幸而两蒙桃色新闻之诬,④吃的也是谏官风闻言事的苦头。

《长编》卷一百五十一,庆历四年八月所录欧阳修与宋仁宗的

---

①《长编》,卷一百六十五,庆历八年八月丁丑条;又《宋史》,卷二百九十五,《杨察传》。

②《长编》,卷一百四十三,庆历三年九月记事。

③同上。

④《长编》,卷一百五十七,庆历五年八月甲戌条;《长编》,卷二百零九,治平四年三月记事。

一段对话更可说明问题。时欧阳修罢谏职而出为河北都转运按察使，仁宗面谕有事只管照旧上言，“修对以谏官乃得风闻，今在外使事有指，越职罪也”。御史得以风闻的故事，至此已衍生出“谏官乃得风闻”的新制。同书卷二百一十，熙宁三年四月，还载有宰相王安石关于这一原则的详细解释，其言曰：

> 许风闻言事者，不问其言所从来，又不责言之必实。若他人言不实，即得诬告及上书诈不实之罪，谏官、御史则虽失实亦不加罪。此是许风闻言事。

由这些议论还可知道，“许风闻言事”，到北宋中期以后虽已恢复并扩大为御史、谏官所共有，但仍是对台谏的一种特许，其他官吏仍不能这么做，尽管他们也同时受到皇帝的期待和鼓励。谏院既以专负言责而与御史台一起成为政坛议论之中心，又复享有可以根据未经调查核实之材料自由议论之特权，其地位之优越，权势之盛，也就越发炙手可热了。

随着谏院地位的提高，台谏合一之后御史台的职能也得到了进一步加强。在唐代，谏官得以单独上书言事，而御史纠弹之本，则须通过台长即御史大夫或中丞。《大唐六典》卷十三《御史台》规定：

> 凡中外百僚之事应弹劾者，御史言于大夫。……凡事非大夫、中丞所劾而合弹奏者，则具其事为状，大夫、中丞押奏。

宋初沿袭唐旧，唯以御史大夫为寄禄官，不亲台事，而以御史中丞为台长。仁宗乾兴元年（1022），刘筠任御史中丞，始榜台中：“今后御史有所言,不须先白中丞、杂端"①,自此成为定制。可知至仁宗时,御史可以直接言事,不须通过御史中丞及其助手知杂御史,与谏官的旧例已经一致。至神宗熙宁二年,根据监察御史里行张戬、程颢的奏请,又把这一规定推广到见习台官即御史里行,允许台官有公事可"直牒阁门上殿"②。御史之权,至此也为极盛。于是便出现了"事无当否悉论之,必胜而后已"、"宰相但奉行台谏风旨而已"的局面。

如前所述,台谏用事,本是为了加强中央集权、君主专制而监督、牵制宰相的政治手段,鼓励直言政策的全面推广,也就成为北宋皇室玉玺再传之后,为着防止实行"内重外轻"措施以来出现的大臣专擅之威胁而制定的"异论相搅"原则。

"异论相搅",出宋真宗之语,详《长编》卷二百十三,熙宁三年(1070)七月,曾公亮想推动神宗起用司马光为枢密使以牵制王安石,引真宗朝既用寇准,又用其对头王钦若、丁谓之事为证:

> 真宗用寇准,人或问真宗,真宗曰:"且要异论相搅,即各不敢为非。"

这一原则后来便成了赵宋统治者心心相印、历代相传的驭下之术。如仁宗庆历年间先将范仲淹用为执政大臣,倚以推行新政,过不多久又起用他的反对派,逼使仲淹等离开朝廷,采用的即是"异论相搅"的办法。神宗用王安石也是如此。熙宁三年起用司

---

①(北宋)欧阳修:《归田录》卷一;《长编》,卷九十九,乾兴元年十一月记事;《宋史·刘筠传》。

②《宋会要辑稿·职官》,十七之三十六。

马光的尝试,虽因王安石的抵制而作罢,但神宗一直没有打消过这个念头,作为替代,反对派文彦博、冯京(富弼的女婿)等均长期被留在西府的重要位置上。由此联想到从真宗晚期开始的北宋一朝党争,自寇(准)、丁(谓)之党到范(仲淹)、吕(夷简)交隙到以王安石、司马光为首的新旧党争,每以台谏为掀动政潮之地,可知北宋王朝利用台谏监督宰执,使之异论相搅、不敢为非的原则,实由此出发而贯彻到官僚政治的每一个方面。

《宋史·食货志序》曰:

> 宋臣于一事之行,初议不审,行之未几,即区区然较其失得,寻议废格。后之所议未有以愈于前,其后数人者,又复訾之如前。使上之为君者莫之适从,下之为民者无自信守,因革纷纭,非是贸乱,而事弊日益以甚矣。世谓儒者论议多于事功,若宋人之言食货,大率然也。

这里指的,自然是整个官场的习尚而不仅是台谏。所谓宋臣于一事之行,也是以财政为例而概指朝廷一切事务,包括关系到国家存亡的军政大事。如北宋末年金兵攻打开封时,即有“宋人议论未定,兵已渡河”的讥讽。这与朱熹所谓靖康之祸,因州郡困弱而溃散的批评一样,自是北宋弊政之一面,但在当初,却同样是为了加强中央集权的需要。

正像复兴儒学有助于中央集权的巩固,巩固中央集权斗争的需要又使儒家文化进一步觉醒和发展一样,北宋台谏制度的加强,与宋学的崛起,也表现为一种互相影响、互相促进的关系。喜欢议论政治,积极干预现实,敢于批评时事,本是先秦以来儒家的传统。西汉桓宽《盐铁论》卷二《论儒》篇载:

齐宣王褒儒尊学，孟轲、淳于髡之徒受上大夫之禄，不任职而论国事。盖齐稷下先生千有余人。

关于稷下先生的“不任职而论国事”，刘向《新序》卷二《杂事第二》作“稷下先生喜议政事”，《史记·田敬仲完世家》作“不治而议论”。《论语·季氏篇》：“天下有道，则庶人不议。”所谓议政事、论国事，即评论天下大事。“议”、“论”两字，在这里含有谈论和批评的意思。前揭《宋史·食货志序》所引“世谓儒者论议多于事功”，即是说，喜欢议论，喜欢批评国政而甚于自己动手干的意思。作为儒家的传统，在汉代则有前节交代过的范滂之类名士“登车揽辔，慨然而有澄清天下之志”，其表现形式即知识分子视为时髦的“清议”。

前期儒家知识分子所表现的这种强烈的批判意识和参与意识，对宋儒的影响之大，已由前节所引苏轼等人的事迹见之。所谓奋厉有当世志，表现于学术研究和文学创作，则是“言必中当世之过”。“言必中当世之过”，正同台谏官之直斥时政，把矛头指向当朝宰执，乃苏轼借他父亲之口赞扬凫绎先生的话，而其父苏洵正以此语激励苏轼。① 可知它是当时知识分子群体趋于一致的价值取向。朱熹《伊川先生年谱》说程颐任崇政殿说书曰“以天下自任，议论褒贬，无所顾避”②，及前节所引林希《曾巩墓志》，也可为证。

不过，先秦知识分子“不治而议论”的精神虽经汉儒的传承而递至宋儒，但范滂等东汉名节之士在党锢之禁下遭到的杀身之

①详《苏轼文集》，卷十，《凫绎先生诗集叙》。
②《河南程氏遗书》，附录，《二程集》，第 343 页。

祸，在宋代却绝没有重演。苏轼在前揭《上神宗皇帝书》中所说的“历观秦、汉以及五代，谏诤而死，盖数百人，而自建隆以来，未尝罪一言者，纵有薄责，旋即超升”，虽然专指台谏而言，但优容文士，“百年未尝诛杀大臣”，乃是赵宋王朝自建国以来一直奉行不改的基本国策。而苏轼本人涉乌台诗案而终于无恙，便是一个明显的例证。即此一端，足知宋人独擅议论之盛而远过汉唐诸世之原因，除了儒家传统精神的复苏之外，更重要的还有其深刻的政治背景。

一方面是统治者出于巩固中央集权而救“内重”之弊的需要大开言路、鼓励直谏，一方面是应了这种世运变化而复兴的儒家传统文化的熏陶，使儒家知识分子本来就相当突出的批判意识和参与意识在这一时期得到空前的高涨，蔚为从政治生活开始进而贯彻到社会文化各个层面的时代精神，以及由它派生的怀疑精神、创造精神和实用精神等等。正如以“感激论天下事，奋不顾身”的姿态从政，和以“言必中当世之过”的宗旨为文，两重形象和谐地统一在北宋知识分子身上，在儒学的著述、传授和传播各个方面，无不贯串了好议论这一时代精神。

以儒学复兴初期为例，著述方面成就最大的，莫过于欧阳修。下引两诗的片断，可以视为欧阳修对一生治学与从政的自我总结。其一见《居士集》卷五《述怀》：

> 顾我实孤生，饥寒谈孔孟。壮年犹勇为，刺口论时政。

其二同书卷九《读书》：

> 吾生本寒儒，老尚把书卷。眼力虽已疲，心意殊未倦。

> 正经首唐虞，伪说起秦汉。篇章异句读，解诂及笺传。是非自相攻，去取在勇断。

为了中举而钻研孔孟之道，入仕之后又将经过改造和发展了的儒家知识分子“不任职而论国事”的积极态度带到政治生活中去，直到老年犹孜孜不倦地从事儒学的钻研和创作。这大概是与欧阳修同时代的知识分子差不多相同的经历。上引《读书》诗“正经首唐虞，伪说起秦汉”以下六句，乃欧阳修对儒家经典真伪所发的议论。

所谓是非自相攻，即找出经书里面前后矛盾、自相抵牾的地方从而论证其非圣人之作，拙稿第二章第三节《从疑传到疑经》所列欧阳修疑经的实绩如疑《周礼》、疑《周易》、疑《诗·序》等，主要证据便是抓住了其中“自相乖戾，则曲为牵合而不能通世”的地方。① 所谓去取在勇断，即勇敢地提出自己与先儒不同的意见。这些意见，当然有的提对了，有的是错的，有的或可自成一说，有的可能证据不足。司马光在熙宁二年(1069)所撰的《论风俗札子》中攻击当时一哄而起的疑古之风说：

> 新进后生，未知臧否，口传耳剽，翕然成风。至有读《易》未识卦爻，已谓《十翼》非孔子之言；读《礼》未知篇数，已谓《周官》为战国之书。②

这里抨击的初学者仅凭“口传耳剽”即可将怀疑的矛头直指周公、

---

①《易童子问》，卷三。
②《温国文正司马公文集》，卷四十五。

孔子等儒家先圣的做法，颇类于当时政治生活中一个小小的谏官可以凭耳闻风传、未经仔细调查的材料批评宰相乃至皇帝的自由议论。然则，《十翼》之中的《系辞》《文言》《说卦》等非孔子之言，《周礼》(《周官》)疑非周公之书，本是欧阳修《易童子问》《问进士策》等著作的主要观点。欧阳修(1007—1072)是司马光(1019—1086)的前辈，熙宁二年已六十三岁，当然不在《论风俗札子》所谓新进后生之列。司马光作如此之言，说明在当时持不同意见的人看来，欧阳修对经典的怀疑，即便不是“风闻言事”，至少也是“异论相搅”，算不得定见。

欧阳发等在《先公事迹》中述及其父欧阳修之从政时评论说：“先公在侍从八年，知无不言，屡建议，多见施行。”谈到治学时则说：“先儒注疏有所不通，务在勇断不惑。”①足见这位在仁宗朝两个最重要的时期——庆历之政、嘉祐之政中起到了骨干作用的政治家和在宋学初期疑古思潮中执帅旗的儒学家，其治学与从政的基本态度，正复一致。欧阳修自我描绘的“是非自相攻”的治学，和“刺口论时政”的从政两集于身，形象地说明了北宋政治生活中“许以风闻”和“异论相搅”这两个被强调的言事原则，也从政治生活开始，逐渐渗透到学术研究之中，蔚为具有鲜明时代特征的怀疑精神和独立创造精神。

刺口论时政，即批评时事政治，表现在学术上，便是宋学家的批判精神。以北宋文化传授的主要形式学校教育为例，由本章第五节《北宋四次兴学对文化发展的推动》可以知道，庆历年间太学始建之前，在北宋州郡学校及书院的课堂上，即贯串了通过议论政事来理解和掌握儒家经义的教学方法。以首任太学教授石介

①《欧阳文忠公文集》附录，卷五。

为例，其顶头上司、同年进士、管勾国子监（太学校长）田况说他在职时“好议都省时事，虽朝之权贵，皆誉訾之”①。喧传一时、“气类不同者恶之若仇”②的政治鼓动诗《庆历圣德颂》，正是这段时间的作品。《四库全书总目》卷一百五十二《集部·别集类》五《徕徂集》提要对此有一段详细的评论，其言略云：

> 介传孙复之学，毅然以天下是非为己任。然客气太深，名心太重，不免流于诡激。王称《东都事略》记仁宗时罢吕夷简、夏竦，而进章得象、晏殊、贾昌朝、杜衍、范仲淹、韩琦、富弼、王素、欧阳修、余靖诸人，介时为国子直讲，因作《庆历圣德诗》，以褒贬忠佞。其诗今载集中。盖仿韩愈《元和圣德诗》体。然唐宪宗削平淮蔡，功在社稷，愈仿《雅》《颂》以纪功，是其职也。至于贤奸黜陟，权在朝廷，非儒官所应议。且其人见在，非盖棺论定之时，迹涉嫌疑，尤不当播诸简牍，以分恩怨。
>
> 厥后欧阳修、司马光朋党之祸屡兴，苏轼、黄庭坚文字之狱迭起，实介有以先导其波。又若太学诸生挟持朝局，北宋之末，或至于脔割中使；南宋之末，或至于驱逐宰执，由来者渐，亦介有以倡之。

所谓仿韩愈拟《雅》《颂》之体，见石介《庆历圣德颂·序》：“臣文学虽不逮韩愈，而亦官于太学，领博士职，歌诗赞颂，乃其职业。”③

①（北宋）田况：《儒林公议》，卷上。

②同上。

③《徂徕石先生文集》卷一。

可知“不任职而论国事”，对宋儒来说，正是太学博士的“职业”。而“褒贬忠佞”、“贤奸黜陟”这些本来应当由台谏官承担的任务，也被他们视为分内当然之事。两宋太学在台谏之外，成为又一个政争发动之地，即与这种除弊政、击官邪职责的延伸有关。北宋之末太学诸生挟持朝局，至于脔割中使（宦官）事，详南宋徐梦莘《三朝北盟会编》卷三十四、三十六，为首者太学生陈东，自徽宗宣和七年（1125）十月至高宗建炎元年（1127）八月，两年之间，上书凡八次，直陈宰相李邦彦等奸臣误国之罪，措辞激烈。金兵围汴京时，率太学诸生伏阙者数百人，民众不约而合者数十万人，殴死权奸宦者数十人。如此忠烈，其鲠亮之处，已远在谏官、御史之上。南宋罗大经《鹤林玉露》曾记录了两句“太学古语”，叫作：

有发头陀寺，无官御史台。①

这上句是说太学生活的清苦，下句即赞太学师生的正直鲠亮，十分生动而形象地指出了太学与台谏互相沟通的地方。所谓无官，即“不任职”（未任职），然“论国事”，则不亚于两宋一代舆论的发动之地御史台与谏院。罗大经在《鹤林玉露》中接着说：“国有大事，鲠论间发，言侍从之所不敢言，攻台谏之所不敢攻，由昔迄今，伟节相望。”②这个“由昔迄今”的“昔”，当从太学始建、石介首任教官的庆历年间算起。

据《长编》卷一百九十嘉祐四年十一月记事以及《宋史·何群

①《鹤林玉露·丙编》，卷二，《无官御史》。
②同上。

传》记载,庆历中,石介在太学,四方诸生来学者数千人,而西充人何群最受赏识,被推为学长。群"嗜古学,喜激扬论议",曾上书请罢辞赋取士,与当时谏官、御史所言同,"其说不行,乃恸哭,取平生所为赋八百篇焚之",以示抗议,被同舍人目为"白衣御史"。"白衣御史",即"无官御史"。足证仁宗庆历之世,台谏全盛之日,议论之风已传给了创立伊始的宋学传授之中央基地太学的讲坛,而石介与其学生,实有以导其先波。由此还可进一步知道,作为赵宋时代精神的"议论"两字,在知识分子从政与治学之间的沟通,乃士子求学的时代就已经开始了。从这种意义上说,北宋台谏制度在11世纪二三十年代的逐步加强,也就是儒学复兴和宋学开创的开始。

儒学与台谏这种互相渗透的关系,也为北宋朝廷关于台谏官员选拔的知识结构要求所决定。据《宋会要辑稿·职官》三之五十,太宗至道二年(996)二月,便规定"台省、谏官不可令与他官循资选授,诸科及无出身人亦不合在除授之限。唯登进士第及器业有文学者可膺是选"。"文学"即儒学,本是太学法定的主要课程。可知"以儒为业"和"以言为职"两者之间,差不多可以划上一个等号。这一点还可由北宋宫廷讲读与台谏官互相兼职的规定得到证明。

儒学的传播除了著书立说和学校教授之外,还有一条重要的途径便是宣讲。宋初即设有宫廷讲读。太宗初,以著作佐郎吕文仲为翰林侍读,①真宗咸平二年以国子祭酒邢昺为翰林侍讲学士,②至

①《宋史·职官志二》;《长编》,卷四五,咸平二年七月丙午条。
②同上。

仁宗景祐元年,又命杨安国等四人并为崇政殿说书。① 翰林侍读学士、翰林侍讲学士、崇政殿说书并称讲读官(此外还有诸王府侍读等),以辅导皇帝攻读儒家经典为主要任务。两宋讲读制度,也至仁宗朝而臻于完备。《长编》卷一百四十七载庆历四年三月丁亥仁宗对宰相言:

> 朕每令讲读官敷经义于前,未尝令有讳避。近讲《诗·国风》,多刺讥乱世之事,殊得以为鉴戒。

从这段话看,宋代的经筵与台谏言事,实在十分相似。所谓未尝令有讳避,即可以直接联系现实、指斥时政之弊。由所举《诗·国风》多刺讥的事实来看,讲读时所侧重阐明的,正是先秦儒家积极干预现实、敢于议论政治、针砭时弊的义理。

要而言之,台谏既以儒家传统文化的继承者和捍卫者的身份出现,以宣扬儒家经典之微言大义为职责的经筵,自然也就成了以讲坛为形式的又一个言事阵地,正如以传授儒学为职业的太学在台谏之外充当另一个掀动政潮的策源地一样。试以真、仁之际著名的儒者、由诸王府侍读而擢龙图阁待制的孙奭为例。孙奭在大中祥符年间反对"天书"之举,即曾借对真宗说《论语》的机会,讲至"天何言哉",直斥佞臣辈作妖言、造奇字以惑众的骗局云:"天不能言,岂有书哉?"②又如仁宗庆历七年四月诏罢"江东三虎"杨纮、王绰、王鼎等,即缘天章阁待制、侍讲学士杨安国"因讲

①《宋史·职官志二》;《长编》,卷四五,咸平二年七月丙午条。

②《徂徕石先生文集》,卷九,《释疑》。

筵为上言'三虎'、'四瞪'事"①。当时在经筵上所讲读的,大抵是《礼记·檀弓下》的"苛政猛于虎也"吧。像这样借经筵讲读而论时事,直指弊政而无少避,与谏官、御史面折廷争、抗颜謇言之风采,实有过之而无不及。

正因为此,两宋统治者常常干脆以言官兼任侍读、侍讲,或以讲读官兼任台谏。北宋之前,台谏官无在经筵者,入宋后方逐渐形成制度。《宋史·职官志二》述翰林侍读学士、侍讲学士和崇政殿说书之职能,均列有兼任经筵之专条。如《台谏兼侍读》条云:

> 自庆历以来,台丞多兼侍读,谏长未有兼者。绍兴十二年春,万俟卨以中丞、罗汝楫以谏议始兼侍读,自后每除言路,必兼经筵矣。

另据同书《台谏集侍讲》条,以台丞兼侍讲,亦自仁宗庆历二年召御史中丞贾昌朝侍讲迩英阁始。以侍讲而判谏院,天圣元年则已有龙图阁学士兼侍讲冯元。②

以台谏之长而兼侍经筵,其在皇帝身边的地位之显要,可以想见。贾昌朝庆历年间正是通过这一途径当上宰相的。颇有意味的是,庆历七年三月贾昌朝的罢相,从中起了关键作用的,又是新任以御史中丞而兼侍讲的高若讷。其契机便是针对当时的旱灾,即席讲《尚书·洪范》"大臣不肃,则雨不时若"之义,"因言阴阳不和,责在宰相",遂罢昌朝等。③ 古老的儒家经典,在这种场合

①《长编》,卷一百六十,庆历七年四月乙酉条。
②详《长编》卷一百零一,天圣元年八月乙巳记事。
③《长编》,卷一百六十,庆历七年三月乙未条。

发挥了最大限度的实用之效。

《尚书》、《春秋》、《论语》、《诗三百篇》等，经过汉儒的改造，本已适宜于当读书使用，有宋台谏兼侍读的制度以及由此促成的"议论多于事功"的风气，更进一步把儒家传统文化与现实政治的距离拉近。宋学的一些重要代表人物，如范仲淹、欧阳修、王安石、司马光、二程、二苏、张载以及孙复、胡瑗、石介、李觏等，或担任过台谏官，或入侍经筵而论国是，或任学校教授而折衷时事。宋儒变训诂、文章为议论而切于实用，有宋台谏制度的长足发展得益于儒家传统文化的复兴，宋学的勃起受北宋王朝大开言路、鼓励台谏并由此推广到学校、经筵的议论之风之推动，即此可见。

以上两节回顾了北宋王朝加强中央集权制度和儒学复兴的相互关系，可以发现，凡是与宋学产生有关的政治、制度、经济、文化方面的措施，大体上都形成或有大发展于仁宗一朝，尤其是 14 世纪 40 年代的庆历时期。拙稿纵观两宋学术文化发展史，把北宋仁宗初期作为儒学复兴和宋学创立的开始，正有见及于此。这一点还将被拙稿本章下列各节即将论述的经济基础、科举制度、学校教育等同北宋文化演进的关系所证明。

第三节 唐宋之际生产关系的变化和宋学的时代精神

儒家传统文化之所以在 11 世纪 30 年代前后复兴，并以注重议论的义理之学的形式与前此的训诂之学、文章之学相区别，还可以从北宋的经济基础变化中寻找到它的历史根源。

一般讲，北宋处于中国封建社会的后期，但社会生产力仍在继续发展，并达到了封建时代的鼎盛期，这是近年来为学术界越来越多的同志所承认的事实。这一发展同唐宋之际生产关系的显著变革有关。

商周时代，生产水平低下，“一夫不耕，或受之饥；一女不织，或受之寒”①。相传“计口授田”的井田制便是与中国农耕文明初期这种生产力相适应的土地制度。秦汉时代，豪强兼并，封建大土地所有制逐渐形成，魏晋以后兴盛的庄园经济，即其表现形式和进一步发展。皇帝本人就是最大的大土地所有者，他一方面要依靠全国这些大大小小的庄园主统治人民，另一方面又以国家的名义对他们进行种种的限制，开展种种的争夺，使封建国家土地所有制与封建大土地所有制得以长期并存，并互有消长。东汉初年的“度田”，遭到豪强世族的抵制即不敢彻底进行，国家已经不得不对大土地所有者作出让步。西晋颁布的“占田法”，则表示了王朝政府对后者从法律上的承认。在此后整个两晋南北朝时期，大土地所有制下的庄园经济基本上占有主导地位。

唐代前期在全国范围内普遍实行均田制和租庸调法，在这段时间内国家土地所有制占优势，但土地兼并并没有完全停止。中唐时期以两税法代替租庸调制，按照实际占有土地和产业的多少征收赋税，标志着均田制的崩溃和朝廷对土地国有化努力的失败。

北宋在五代十国战乱之余重新建立了南北统一的国家，一直以“接唐之绪”②自居，但在土地所有制方面却不仿唐代之均田，

---

①《汉书·食货志》引古谚。

②《徂徕石先生文集》，卷十八，《唐鉴序》。

而采取了放任的政策，即所谓“田制不立”①，“不抑兼并”②。这在建国之初一方面自然是为了以优厚的待遇获得文臣武将们的支持以巩固政权，如司马光《涑水记闻》卷一即有关于赵匡胤以准其“择便好田宅市之，为子孙立永久之业”为条件，劝禁军将领石守信等人“释去兵权”的详细记载。更为重要的是社会生产关系中另一重要方面，劳动者、土地所有者和封建国家在产品分配方式上的变化所促成。欧阳修康定元年（1040）所作的时论《原弊》，从同情老百姓困苦的立场上批评兼并的流弊说：

> 今大率一户之田及百顷者，养客数十家。其间用主牛而出己力者、用己牛而事主田以分利者，不过十余户，其余皆出产租而侨居者曰浮客，而有畬田。……夫主百顷而出税赋者一户，尽力而输一户者数十家也。就使国家有宽征薄赋之恩，是徒益一家之幸，而数十家者困苦常自如也。故曰有兼并之弊者，谓此也。③

从这段描述可以看出，在北宋，劳动者与剥削者的关系，已不同于庄园制下劳动产品连带劳动者本身并归豪强地主所有的魏晋南北朝时期，也不同于均田制下根据口分田直接向国家承担租、庸、调任务的唐代，而结成了一种新的关系即租佃关系。无田或少田的农民（佃客、牛客、浮客）以各种租佃方式租种地主的土地，将其

---

①《宋史·食货志上一》。

②（南宋）王明清：《挥麈后录余话》，卷一，《祖宗兵制名枢廷备检》。

③《居士外集》，卷九。

劳动收入的一半左右交给地主,①然后由地主根据土地占有的数量向国家交纳赋税。②

从东汉初期的"度田"开始,历代封建朝廷颁布各种各样限制土地占有数量的禁令,不断作推行均田制的努力,目的就在于尽可能把在庄园里劳动的依附农民(隐民)从大土地占有者那里争夺过来,尽量把全国已有耕地纳入向国家缴纳赋税的范围之中。租佃制代替了庄园制、均田制之后,不管土地掌握在兼并者手中,还是自耕农手中,国家照样可以按照田亩的数量收取赋税,抑不抑兼并,自然已不是重要问题了。这就是北宋"田制不立",即不限制占田数量的奥秘所在。

封建生产关系的这一变革,除了直接推动了社会生产力的发展以外,还给北宋社会带来了深刻的变化。其尤著者,乃是对社会流动的促进。东汉以来占有大量土地的庄园地位,往往经数百年而基业不坠,因而形成了相对稳定的封建族姓等级结构,如经

①关于农民与地主的产品分配比例,《原弊》没有明确记载,只说:"及其成也,出种与税而后分之。"由欧阳修在同年所作《通进司上书》建议朝廷募民"使耕于弃地,官贷其种,岁田之入与中分之,如民之法"(《居士集》卷四十五)的说法可以推知当时田租的一般情况。又苏洵《嘉祐集》卷五《田制》:"有田者不耕也,耕者之田,资于富民……田之所入,己得其半,耕者得其半。"也可为证。

②苏洵《田制》曰:"富强之民输租于县官,而不免于怨叹嗟愤。何则?彼以其半而供县官之税,不若周之民以其全力而供其上之税也。周之十一,以其全力而供十一之税也,使以其半供十一之税,犹用十二之税然也。况今之税又非特止于十一而已。"据此可以了解到北宋土地所有者与国家关于产品分配的关系及其比例,并可知赋税是由地主从农民那里所得的一半收成中支出的,故前引欧阳修《原弊》有"就使国家有宽征薄赋之恩,是徒益一家之幸"云云。

常被引用到的“王与马，共天下”①，即是这种情况的真实写照。早在中唐时代，刘禹锡作《乌衣巷》诗，已有“旧时王谢堂前燕，飞入寻常百姓家”之句，到两宋，则是“贫富无定势，田宅无定主”，“有钱则买，无钱则卖”，“十年一换甲”，“富儿更换做”②了。

土地买卖的自由，自秦“开阡陌封疆”以后即已存在，为什么直到宋代才导致贫富之间如此频繁变化的社会快速流动呢？这除了“田制不立”而造成土地买卖更加自由之外，前面分析的劳动者与生产资料占有者之间的关系变化即是一个重要的原因。在大土地所有制和国家土地所有制并存的年代，劳动者不占有土地，但也不能随便离开那块由他耕种的土地，在庄园主那里，他们是“属名”的荫户（部曲），所谓（佃）客皆注家籍，而这种人身依附关系是以法律的形式固定下来的，直到唐代，法典上仍明文规定部曲、奴婢不同于良人（详《唐律》卷二《名例》），必须取得主人的“放书”，才能成为平民（同上卷十二《户婚律》）。以计口授田的方式在国有土地上耕作的劳动者，则是国家的农奴，其口分田不得出卖，也不得任意迁移而逃避所应负担的租、庸、调等国家赋役。

北宋则不然，唐代关于部曲、奴婢、官户农奴性质的条文自建国之初基本废除。如太祖建隆四年（963）颁布的《宋刑统》卷六《名例律·官户奴婢犯罪》条即明确规定：“诸官户、部曲、官私奴婢有犯本条，无正文者，各准良人。”开宝四年（971）七月下诏通检全国丁口，不分主户（纳税户）、客户（主要是佃户），一并抄入版

①《晋书》，卷九十八，《王敦传》。

②并见（南宋）袁采：《世苑》，卷二至卷三。

籍。① 这是佃户正式列入封建国家户籍的开始，它标志着佃户至少已经在名义上取得了与主户相同的身份。

最具有划时代意义的巨大变化，无疑是前此为论者所常加称引的宋仁宗天圣五年（1027）十一月诏，其文略云：

> 自今后客户起移，更不取主人凭由，须每田收田毕日，商量去住，各取稳便，即不得非时衷私起移。如是主人非理栏占，许经县论详。②

自此劳动者与土地所有者之间从没有人身自由的依附关系变作双方自愿、来去听便的契约关系，使原先处于社会最底层的无田少地的农民从农奴地位上摆脱出来，有了独立发展的基础，从而促成了社会不同层次之间的频繁流动和对自由平等的要求。

关于宋代因生产关系方面土地买卖，以及劳动者与生产资料占有者之间契约关系的相对自由所形成的来自社会下层的平等要求，前此人们已经注意到。如有人将两宋农民起义加以对比，指出“平等”两字已被作为明确的斗争目标写进自己的纲领，如北宋王小波、李顺起义的口号“吾疾贫富不均，今为汝均之”③，南宋钟相、杨幺起义的誓言“我行法，当等贵贱，均贫富”④等，足知社会存在，人们的经济地位对社会意识的决定作用。

从社会上层来看，唐宋之际由于生产关系变革而带来的影响

---

①《宋会要辑稿·食货》，十二之一。

②《宋会要辑稿·食货》，一之二十四。

③（北宋）王辟之：《渑水燕谈录》，卷八；《隆平集》，卷二十，《王小波、李顺》。

④（南宋）徐梦莘：《三朝北盟会编》，卷一百三十七，建炎四年二月十七日记事。

也是十分深刻的。南宋初年史学家郑樵在所著《通志·氏族略》的序言部分从氏族观念的嬗变着眼宏论北宋世运之变曰：

> 自隋唐而上，官有簿状，家有谱系。官之选举，必由于簿状；家之婚姻，必由于谱系。……此近古之制，以绳天下。使贵有常尊、贱有等威者也。所以人尚谱系之学，家藏谱系之书。自五季以来，取士不问家世，婚姻不问阀阅，故其书散佚，而其学不传。

“取士不问家世，婚姻不问阀阅”二语，十分精炼而生动地概括了北宋初年知识社会因“贫富无定势”而引起的价值观念方面的变化。就“取士不问家世”来讲，乃是北宋从建国之初就开始实行了的。开宝八年(975)，宋太祖主持礼部贡士殿试之后对大臣们说：

> 向者登科名级，多为势家所取，致塞孤寒之路，甚无谓也。今朕躬亲临试，以可否进退，尽革畴昔之弊矣。①

所谓势家，即权要(高级官僚)之家；孤寒，盖指下级品官及庶人子孙。不问势家、孤寒，以可否进退，即“取士不问家世”了。

“婚姻不尚阀阅”，最方便的例子便是天圣、明道年间临朝称制的刘太后，当初嫁给宋真宗时，本是来自四川民间的一个贫穷歌女。这与唐代“民间修婚姻，不计官品而上阀阅”②的风俗，适成鲜明的对比。

---

①《长编》，卷十六，开宝八年二月丁卯。
②《新唐书·杜兼传》。

皇帝既然如此，士大夫自然起而效之。以真宗朝连续担任宰相十三年的王旦为例。旦自曾祖王言开始即世代为官，其兄子睦求举进士，王旦拒绝说："我尝以门内太盛，尔岂可与寒俊竞进取耶！"①史书又载："至其（王旦）没也，子素犹未官。婚姻不求门阀。"②北宋高级官僚中，像王旦这样自觉地不与寒俊竞进取者不一定很多，但寒俊可以凭借科举的机会进入上层，婚姻不讲究门第，由此可以想见。

取士既不问家世，那么所重的又是什么呢？庆历元年（1041）八月，宋仁宗从权知在封府贾昌朝之议，诏罢天下举人纳"公卷"。昌朝奏言：

> 唐以来礼部采名誉，观素业，故预投公卷。今有弥封、誊录，一切考诸试篇，则公卷为可罢。③

从"官之选举，必由于簿状"到"取士不问家世"，这个"一切考诸试篇"的原则，起了决定性的作用。唐代实行科举，结束了魏晋以来根据门第流品举士的旧制，实有创发之功。但因考试制度尚属草创阶段，许多方面还存在着门阀操纵的残余，"公卷"即其中之一。所谓公卷，指举子在应考之前，须向主考官提交诗文作品（向

①《长编》，卷九十，真宗天禧元年九月己酉条。

②同上。

③《长编》，卷一百三十三，庆历元年八月记事；《宋史·选举志一》。按："弥封"，《宋史》作"封弥"，是。又，据（南宋）陆游：《老学庵笔记》，卷五："本朝进士，初亦如唐制，兼采时望。真庙时，周安慧公起，始建糊名法，一切以程文为去留。"所谓一切以程文为去留，即"一切考诸试篇"，据陆游这段记载，则此一原则真宗之时已开始实行。

权要私人投献的叫“行卷”)，以争得名公巨卿的赏识和推荐。这样，就使取士之权在某种程度上仍然掌握在“势家”的手中。这一关节，也反映在乡贡解试中。如著名的王维因随岐王入公主府奏《郁轮袍》(琵琶曲)而献诗，使公主改变原定意向争得京兆府解头的传说，①即是一个生动的例子。此外，“唐科目考校无糊名之法，故主司得以采取誉望”，也是造成“权幸之托，亦可畏也”②的原因之一。故长庆元年(821)唐穆宗在诏书中指斥当时科场之弊，至有“每岁册名，无不先定”③之浩叹。

北宋实行糊名考校即封弥以及誊录的办法，堵塞了这种权门用情的漏洞，而以考试成绩作为唯一的标准。如北宋仁宗朝诗人郑獬，因得罪后来担任殿试考官的礼部主司，后者认准一份试卷，以为是郑獬所作而加以斥逐。后来拆封，郑獬却赫然居于榜首。④哲宗元祐三年，苏轼以翰林学士权知贡举，得一卷子大喜，以为是自己的学生李廌，遂列为魁首，及拆号，却是章援，而李廌是年省试竟不在选。⑤

除了封弥、誊录以外，北宋还有锁院(即隔离考官)、锁厅(试

①(唐)薛用弱:《集异记》，卷二;《太平广记》，卷一百七十九，《贡举二》。按:此事细节或有出入，但其俗则有，且不限京兆一府，如《唐摭言》卷二《争解元》载钟传镇江西，“时举子有以公卿关节，不远千里百求首荐者，岁常不下数辈”。

②《文献通考》，卷二十九，《选举二》。

③《旧唐书》，卷一百六十八，《钱徽传》。

④(北宋)沈括:《梦溪笔谈》，卷九，《人事一》。按:郑獬中状元乃在宋仁皇祐五年(《长编》卷一百七十四，皇祐五年三月辛酉条。

⑤(南宋)叶梦得:《石林诗话》，卷中;(元代)马端临:《文献通考》，卷三十二，《选举五》。(南宋)陆游:《老学庵笔记》，卷十记此事“章援”作“章持致平”。

有官人)、别试(官僚子弟),以及自太祖开宝六年开始的殿试制度等等严格规定,①以保证孤寒之士能在尽量公平的同等条件下跟势家子弟一争高低。

这些办法,当然也有它们的弊病,如割断了考生同考官的联系,使之无法了解考生的品行和平时学习成绩等等。但由《长编》等史书的记载看,这样做乃出于北宋统治者的有意追求,其目的就是为了尽可能公平地选拔寒俊以遏制豪门。如大中祥符八年(1015),洛阳布衣子蔡齐得中状元,真宗问宰相王旦等:“有知姓名者否?”皆曰:“人无知者,真所谓搜求寒俊也。”②这与前揭唐穆宗“每岁册名,无不先定”之叹,适成强烈对比。

据有人从《宋史》有传的1953人的材料中统计,指出两宋布衣入仕者占55.12%。③ 在这些人中包括部分史传无谱系记载者,不一定都是布衣,但至多出身于低级品官。笼统地讲,都属于“孤寒之士”。即使是谱系明确记载为官僚子弟的,也有不少属于低级官吏。这些“寒俊”,特别是布衣家庭出身的庶人之俊异者,唯一的入仕途径便是参加科举考试,不像势家子弟可以由恩荫晋身。如果仅限于通过科举入仕,这个百分比可能还要大得多。——当然,与宋代庞大的知识分子队伍相比,这只是极少的一部分。但作为一种公平的原则,从“官之选举必由于簿状”到“取士不问家世”、“一切考诸试篇”,北宋这种植根于社会经济背景的取士制度的变革所体现的平等精神,对于促进社会流动,从而导致宋学自由议论风气的形成,无疑起到了重大的作用。

---

①《长编》,卷十四,开宝六年二月乙亥条。

②《长编》,卷八十四,大中祥符八年三月癸卯条。

③陈义彦:《从布衣入仕论北宋布衣阶层的社会流动》,《思与言》,卷九,1972年,第4号。

在宋学草创期与繁荣期比较活跃的几位代表人物，如范仲淹、孙复、胡瑗、石介、李觏、蔡襄、欧阳修、周敦颐、邵雍、王安石、张载、二程、三苏等人，除了周敦颐（1017—1073）景祐三年（1036）20岁时即以其舅父郑向荫补入仕，大概没有应过举外，余人皆参加过真、仁两朝的科举考试，其中不第者如孙复、李觏、苏洵、胡瑗、程颐等人，有的还连续参加过好几次。就出身言，范仲淹两岁而孤，随母改嫁，冒姓长山朱氏，孙复、胡瑗、李觏、蔡襄、邵雍、苏洵（父苏序）、苏轼、苏辙，父亲皆是白身。石介父丙、欧阳修父晔、周敦颐父辅成、王安石父益、张载父迪、二程父珦，都只担任过州县官职或僚佐，处于统治阶级的下层，家庭境遇并不好。如欧阳修，幼年"家贫，至以荻画地学书"①。诸人均非势家子弟甚明，而其一生业绩，率由个人自我奋斗得来。最早使他们获得竞争意识的，便是广开仕途、机会均等的科举考试。这一点，由孙复、李觏等尽管遭遇屡试不中的命运，对考试内容的陈旧多所批评，但从无指责科场用事不公之言，也可取证。

影响所及，一些势家出身而有真才实学的知识分子，也宁愿放弃恩荫入仕的机会而同下层品官及庶人子弟到科场上去作公开的竞争。如"慷慨有大志，少好古，工为文章"的苏舜钦，祖父苏易简，太宗朝累任翰林学士承旨、参知政事。父亲苏耆，也官至工部郎中。舜钦"少以父荫，补太庙斋郎，调荥阳尉，非所好也。已而锁其厅去，举进士，中第，改光禄寺主簿，知蒙城县"②。这与唐代公卿子弟以门荫为荣傲视科名的心理适成对比。起家门荫，又

①《宋史·欧阳修传》。

②（北宋）欧阳修：《居士集》，卷三十一，《湖州长史苏君墓志铭》。

于景德四年(1007)应制举登第的夏竦,[①]尝撰文斥李德裕之非进士论曰:“子弟以嗣荫而受禄,士以历试而颁爵,历试之下,黜陟章明,故士之不尚者鲜矣。”[②]所谓黜陟章明,即去取公平。苏舜钦在北宋中期的儒学复兴、古文运动、诗歌复古以及庆历新政中,都是一位重要的成员,夏竦则是范仲淹、欧阳修、石介等人的政敌。而苏、夏两人关于科举的意见与行事则同。可知到真、仁之际,这种自由、平等的竞争意识,已为与文化创造关系密切的知识社会所共同接受。

宋学家们在青年时代即从这种关系到个人前途与命运的科场角逐中接受了公开的挑选,从政或执教之后,又碰上大开言路,可以直抒己见,“异论相搅”,其将竞争意识和平等精神带到学术研究之中,也便是极自然的了。熙宁二年下诏论学校贡举,提到当时学术的现状,王安石用“学术不一,一人一义,十人十义”十二个字加以总结,[③]程颢则概括为“方今人执私见,家为异说”[④]十个字,俨然又是一个百花齐放、百家争鸣的局面。

由保存下来的文字看,宋学繁荣局面之所以形成,正是因为这种人人可以自成一体、并致力于独创一说的竞争意识在起作用。因此,尽管从表面上看,各家对这种“家异道、人殊德”的现象都表示不满意,提议加以统一,但当王安石主编的《三经义》作为“一道德”的义理颁行之后,其他学派又竞起为反对。元祐年间,程颐犹感叹说:“本朝经术最盛,只近二三十年来议论专一,使人

①(北宋)王珪:《华阳集》,卷三十五,《夏文庄(竦)公神道碑》。
②《文庄集》,卷二十,《李德裕非进士论》。
③《文献通考》,卷三十一,《选举四》引。
④《河南程氏文集》,卷一,《请修学校尊师儒取士札子》,《二程集》,第448页。

更不致思。"①苏轼在《答张文潜县丞书》中也说:"王(安石)氏之文,未必不善也,而患在好使人同己。自孔子不能使人同,颜渊之仁,子路之勇,不能以相移,而王氏欲以其学同天下!"②

可知他们反对百家争鸣,目的是想只剩下自己的一家独鸣;他们主张"一道德",其实是想用自己的一家之言去统一别人。这种意向,粗看起来,与百花齐放背道而驰,其实即是更高层次上的通过自由议论以压倒他人的竞争意识。中流竞渡,在船上的人,想到的只是他们自己;从岸上看,则是千楫齐举、百舸争流,一番繁华热闹的景象。

王安石当政之时,苏轼只是一个普通的州官,程颐犹是布衣。从学术上讲,早在嘉祐年间,苏、程尚奔走科场事进士业的时候,王安石"已号为通儒"③。面对权势与权威,他们照样敢于坚持自己的见解并加以发展,足见宋人之于平等精神与自由议论的执着追求。原其所自,本于"取士不问家世"、孤寒敢于在科场上与势家争路的社会深层意识。这种精神发展到极致,连对知识分子奉为先圣先师的孔子,在议论面前,也不避人人平等的原则。这一点不仅见于前引苏轼答张耒书"自孔子不能使人同"的宣言,而且屡见于二程、张载以及王安石的议论。如王安石论读佛经曰:

> 善学者读其书,惟理之求,有合吾心者,则樵牧之言犹不废,言而无理,周、孔所不敢从。④

---

①《河南程氏遗书》,卷十八,《二程集》,第232页。按:编年详目录。
②《苏轼文集》,卷四十九。按:文中称神宗为先帝,当作于哲宗时。
③朱熹:《伊洛渊源录》,卷一。
④(北宋)释慧洪:《冷斋夜话》,卷六,《曾子固讽舒王嗜佛》。

张、程说的更干脆，一个说：

己守既定，虽孔、孟之言有纷错，亦须不思而改之。①

另一个说：

孔、孟言有异处，亦须自识得。②

只要是我（“自”、“己”）认为对的，孔、孟著作中有矛盾的地方，也可以直接断以己意。类似的话，见于苏轼对王安石的评价，则有：

网罗六艺之遗文，断以己意；糠秕百家之陈迹，作新斯人。③

平等精神推动了宋儒对前此神圣不可侵犯的先秦经典的怀疑，怀疑精神又进一步促进了自由议论和创造精神的发挥。清人皮锡瑞说：

凡学皆贵求新，惟经学必专守旧。经作于大圣，传自古贤。先儒口授其文，后学心知其意。制度有一定而不可私造，义理衷一是而非能臆说。世世递嬗，师师相承，谨守训辞，毋得改易。④

①《经学理窟·义理》。
②《河南程氏遗书》，卷十八，《二程集》，第210页。
③《苏轼文集》，卷三十八，《王安石赠大傅制》。
④《经学历史》，第139页。

谨守训辞，学必专旧，乃汉学之圭臬；学贵求新，断以己意，正宋学之特征。皮氏这段话，自然是站在汉学家的立场上对宋学提出批评。但由此我们正可了解到宋学与汉学之所以在治学方法上有此截然不同的区别，即与他们对经书内容（“制度”、“义理”）的处理有关。

师师相承，谨守训辞，作为汉唐注疏之学世代相沿的治学信条，其前提乃是“制度有一定而不可私造”。周、孔之典，经秦火之后，由汉儒重加整理，加进了不少东西，如《礼记》一书，据宋儒考证，基本上出于汉初所造。但尽管如此，据汉宣帝教训太子奭（即汉元帝）“汉家自有制度，本以霸王道杂之”的话来看，儒家制度到西汉后期，就已经跟不上时代的发展。11世纪的北宋，社会已发生了巨大变化，“谨守训辞，毋得改易”的汉学之脱离实际，自不待言。

谨守训故，不失原意，从今天把儒家制度作为一种古典文献资料加以纯历史的研究之角度看，自不失为一种重考据的扎实方法，尽管它不免偏于拘泥。然而必须注意：在当时，儒家文献的研究是与解决现实问题紧密挂钩的。史家但讥宋人“议论多于事功”，其实从另一方面看，事功，正是宋儒议论的重大问题，如前节所引，王安石对儒生曾经提出过如下要求：

> 所谓诸生者，不独取训习句读而已，必也习典礼，明制度，臣主威仪，时政沿袭，然后施之职事，则以缘饰治道，有大议论则以经术断之是也。①

①《王文公文集》，卷三十二，《取材》。

所谓大议论，不仅指治学方法上用自出新意的议论代替了汉儒的“独取训习句读而已”，而且指学问内容上以典章、制度、时政的沿袭为主题，其中最重要的便是如何解释（“臆说”）或者说重建（“私造”）儒家制度，使之适应唐宋之际经济基础发生巨大变革之后的形势。这一点被从庆历新政到熙宁变法，经济方面的改革越来越受重视所证明。其实例除了拙稿下章列有专节介绍的围绕王安石变法所展开的“王霸义利之辨”，以及前节所引《宋史·食货志·序》所提到的宋廷每一事行，士大夫遂异论纷然的情况之外，还可由第四章第四节所胪述的张、程、欧、苏以及范仲淹诸人关于儒家宗法制度之再建方面的不同构想而见之。

从谨守训辞、不可私造方面讲，张载和二程提出的宗子法，算是比较符合儒家经典之原意了，但正像井田制之不可行于后世一样，这种以经济共同体为前提的宗子法，同样无法在 11 世纪的北宋付诸实施。当然，张、程之说并不是全部照搬《周礼》，如卑幼夺宗之法，即是从现实出发的变通。但总的来讲，他们的理论还远不如欧阳修、苏洵那般只保留文化意义上的宗谱法切于实用。范仲淹的义庄之举，结合当时的社会实际，通过置义田（公产）以救助族人，部分保留了公共经济在宗族关系的维系方面发挥作用的遗意，可以说兼有张、程与欧、苏两法的长处，故后世多效之。但从制度沿革方面讲，亦非“传自古贤”而一出于后儒之“私造”。

好持异论，不避权威，本是宋学从草创伊始如欧阳修诸人在疑经、疑传的治学实践中即已具有的鲜明特征。随着改革的深入，体现儒家礼乐精神的“制度”既可“私造”，解释儒家经典内容的“义理”自能“臆说”了。宋学之所以到仁、神之际出现了“一人一义，十人十义”，学必求新，断以己意的繁荣景象，与这种受动于经济基础变革所形成的从政治生活开始而深入到学术研究之中的自由议论之风密切相关。宋学时代精神已受经济基础的影响而成为中国文化史发展的一大转折，从治学方法与学问内容两方面皆可得到充分的说明。

宋儒治学，从内容方面讲，本有齐家、治国、平天下和修身、养性两个主要方面。“有大议论则以经术断之”，即属于前一个方面。就郑樵《通志·氏族略》中所概括的两条来讲，“取士不问家世”，影响主要及于前者；“婚姻不问阀阅”所导致的价值观念的变化，则刺激了后者越来越趋于注重修养理论方面的发展。

到北宋，门阀既非婚姻所追求，那么追求的又是什么呢？“今世俗之贪鄙者，将娶妇，先问资装之厚薄；将嫁女，先问聘财之多少。”①原籍山西、居家洛阳的司马光的这番话，反映了北方的习俗。“观今之俗，娶其妻不顾门户，直求资财。”②福建人蔡襄在其原籍做地方官时所作的《福州五戒》，则反映了南方的风气。可知以财富代替门阀而打破原有的等级次序，作为北宋经济基础中出现的新趋向，已成为全社会的普遍现象，其中自然也包括了知识分子。

婚姻尚阀阅，同读书人重科第一样，本是知识社会最讲究的风习，入宋以后，为什么会出现如此显著的变化呢？这原因，也得从经济方面去找寻。

“取士不问家世”，为出身贫寒的知识分子提供了入仕的广阔前途，但孤寒要取得在科场上与势家子弟角逐的优胜，必须有强大的经济力量作为后盾才行。如江州处士吴某，有子三人，皆不使事生产，有人劝以谋利，吴某说：“士而贫，多于工商而富也。”宁

①《司马氏书仪》，卷三。

②《皇朝文鉴》，卷一百零八，《福州五戒》。

愿自己一人艰苦经营，供儿子读书应举，结果三子皆以进士贡于乡。[1] 又如苏洵之所以“年二十七犹不学”，据其自述，即因“家待我而生，学且废生”，后来其妻程氏“罄出服玩鬻之以治生，不数年遂为富家”，才使苏洵“得专志于学，卒成大儒”[2]。这是妻子营利而资助丈夫的例子。

由王安石嘉祐三年所上言事书中谈到的当时官场习尚，可知入仕之后，一般知识分子的经济状况仍然不佳：

> 方今制禄，大抵皆薄。自非朝廷侍从之列，食口稍众，未有不兼农、商之利而能充其养者也。[3]

以士而兼农、商之利，实打乱了士、农、工、商分处的传统社会结构。从中国古代知识分子阶层发展史的立场上来看这一变迁，则是具有划时代意义的转变。清人沈垚说：

> 封建之世，计口授田，处四民各异其所，贫富无甚相悬。周末兼并，而货殖之术以兴。魏晋后，崇尚门第，九品士庶之分，而杂流不与清班并，仕者禄秩既厚，有功者又有封邑之租以遗子孙，故可不与小民争利。唐时封邑始计邑给绢，而无实土。宋太宗乃尽收天下之利权归于官，于是士大夫始乃兼农桑之业，方得赡家，一切与古异矣。仕者既与小民争利，未仕者又必先有农桑之业，方得给朝夕，以专事进取，于是货殖

---

①《王文公文集》，卷九十六，《吴处士墓志铭》。
②《温国文正司马公集》，卷七十六，《苏主簿夫人墓志铭》。
③《王文公文集》，卷一，《上仁宗皇帝万言书》。

之事益急，商贾之事益重，非父老先营事业于前，子弟即无由读书，以致身通显。是故古者四民分，后世四民不分，古者士之子恒为士，后世商之子方能为士，此宋元明以来变迁之大较也。①

所谓封建之世，计口授田，即指西周井田制与分封制下的世卿世禄制度，在那时候，包括后来魏晋崇尚门第的流品选官制度，政治权势与经济实力是结合在一起的，前者由裂土赐爵、画田土与子民而有之的封建经济，后者由享受各种世袭特权与占有大量土地的庄园经济所保证。焚券以"市义"的齐国公子孟尝君，"口不言钱"的东晋名士王夷甫，便是两个明显的典型。由唐入宋，国家在名义上虽然仍是"与士大夫共天下"②，但国家不再有裂土分封和荫客占田之制等给后者以稳定而可靠的经济保证。士大夫（品官地主，在宋代叫"官户"）对国家，除了微薄的制禄可以仰给外，仍需同普通地主一样按田亩交纳赋税。这一层关系，连同反映地主与农民关系的土地经营的租佃制，正是唐宋之际不可逆转的生产关系新型结构的两个重要组成部分。后世官僚、地主、知识分子三位一体的中国士大夫模式即由此而形成。沈垚从官僚经济地位的变化着眼宏论中国古代士阶层的历史演进，而以宋代为重要的转折点，不为无见。

北宋知识社会由经济地位的变迁而带来的价值观念方面的深刻变化，使知识分子在义与利的判别方面走了两个极端，或者

---

①《落帆楼文集》，卷二十四，《费席山先生七十双寿序》。

②《长编》，卷二百二十一，熙宁四年三月戊子记文彦博对神宗语："为与士大夫治天下，非与百姓治天下也。"

说存在着两种倾向。一种倾向是极力反对殖产经商以营利。如范仲淹的族田之置，后来虽然只剩下赈济族人、免使流散的意义，但起始未尝不是针对当时官场风气而拯救门风的义举。据《范文正公尺牍》卷上《与三监簿书》，范仲淹曾教训他三哥的儿子说：

> 莫纵乡亲来部下兴贩，自家且一向清心做官，莫营私利。汝看老叔自来如何？还曾营私否？自家好家门，各为好事，以光祖宗。

自家不经商，也反对他人营利，把"营利"同"营私"等同起来，实开后来宋学义利、理欲之辨，凡利必反一支之先声。

在宋学初期热衷于振兴儒学、倡率节义之风的知识分子，大抵持的都是这种意见，蔡襄《废贪脏文》中所作的概括可以为证，他说：

> 臣自少入仕，于今三十年矣，当时仕宦之人，粗有节行者，皆以营利为耻。①

蔡襄(1012—1067)与欧阳修、石介于天圣八年(1030)同登进士第，②"三十年"后已是嘉祐五年(1060)，文中所反映的，正是仁宗一朝致力于儒家传统文化复兴的知识分子的意趣。

做官而兼营利，对许多出身下层的知识分子来说，一方面是

---

①《端明集》，卷十五。

②《徂徕石先生文集》，卷四，《予与元均(田况)永叔(欧阳修)君谟(蔡襄)同年登科，永叔寻入馆阁，元均今制策高第，君谟多磨砺元均事业，独予驽下，因寄君谟》。

迫于生计，一方面也是时代使然。因此对“利”必须作具体分析，一概排斥未免失之苛刻（说详下章）。不过作为另一类士子所代表的嗜利倾向，乃至发展为利用政治身份，娶妻致富，直求资财，则又走上了另一个极端。实例如欧阳修庆历五年在谏院所奏劾的青年文官凌景阳，召试初等馆职拟加重用之前，发现他与汴京酒店富户孙氏结婚以图财。① 又如哲宗朝知秀州王蘧，任秀州知州前因利常州江阴县某孀妇家财巨万，“屈身为赘婿”②。

青年士子在应举之前，为读书耗费了大量资财，好不容易登第之后，乘政治地位改变之机，娶一富妻，进一步改变一下经济地位，在当时实是屡见不鲜。据南宋洪迈在《夷坚志》中记载，浦城陈尧咨中举前曾做一梦，梦中得“有官便有妻，有妻便有钱，有钱便有田”③三语。这三句话当是宋代流行的民间谚语，它十分形象地从知识分子一方刻画了“婚姻不问阀阅”的经济根源。从富民一方来说，有了钱财之后希图通过婚姻关系改善政治地位，更是无所不用其极。据北宋朱彧在《萍洲可谈》卷一记当时风俗说：

> 本朝贵人家选婿于科场年，择过省士人，不问阴阳吉凶，及其家世，谓之“榜下捉婿”。亦有缗钱，谓之“系捉钱”，盖与婿为京索之费。近岁富商庸俗与厚藏者嫁女，亦于榜下捉婿，厚捉钱以饵士人，使之俯就，一婿至千余缗。

一方面是“卖身求富”，一方面是“榜下捉婿”，儒家传统的礼义，至

---

①（北宋）欧阳修：《奏议集》，卷一，《论凌景阳三人不宜与馆职奏状》。

②《长编》，卷四百七十一，元祐七年三月丁酉条。

③《夷坚志·支志·丁集》，卷八，《陈尧咨梦》。

此已扫地以尽。故元祐年间，谏官丁骘拍案而起，上书极论其事曰：

> 窃闻近年进士登科，娶妻论财，全乖礼义。衣冠之家，随所厚薄，则遣媒妁往返，甚于乞丐，小不如意，弃而之它。市井驵侩，出捐千金，则贸贸而来，安以就之。名挂仕版，身被命服，不顾廉耻，自为得计，玷辱恩命，亏损名节，莫甚于此。①

“不顾廉耻”与“全乖礼义”，正是同一种风气的两个方面。宋学初期，欧阳修撰《五代史记》，标举“礼义廉耻”以振起士风，主要着眼于五代以来儒家传统文化所受到的战乱与异学的冲击。由他的门生丁骘（丁骘中嘉祐二年进士，《宋元学案》即列入《庐陵学案》系）此奏可知，礼义之亡，除政治和文化自身方面的原因外，还有更深刻的经济背景。

从这个意义上说，作为宋学主题之一的“义利之辨”，以及由此而进一步抽象为个人修养的天理、人欲之辨，倒不乏一定的社会针对性。自然，义利、理欲之辨，内容远不止限于这一点。但宋学之发展为内省的学问，总结出一套人性修养方面的理论，原其所自，与11世纪以来因生产关系的变化而带来的商品经济的发展、社会价值观念的嬗递之间的密切关系，即此可见。

第四节　科举改革和宋学的演进

皮锡瑞在《经学历史》第四章中分析两汉经学自武帝时开始

①《皇朝文鉴》，卷六十一，《请禁绝登科进士论财娶妻疏》。

进入极盛时代的社会原因时，归结为如下两条：

> 宰相须用读书人，由汉武开其端，元、成及光武、明、章继其轨。经学所以极盛者，此其一。
>
> ……四海之内，学校如林，汉末太学诸生至三万人，为古来未有之盛事。经学所以极盛者，又其一。

这第一条相当于后世的科举取士，第二条学校教育作为儒学传授的主要形式也为后世所继承。

关于北宋科举制度对儒学复兴和宋学开创的推动，前节论“取士不问家世”时已有所涉及。所谓科举，从形式上讲，它同台谏一样，是政治制度之一种，但从内容上讲，它自身又属于文化的一部分。这里即侧重后一方面讲。分清科举的这两层意义十分重要。因为科举作为一种取士制度，隋唐之际就已经开始了，为什么在北宋之前长达 300 多年的时间它就不能导致儒学的繁荣呢？即以有宋而论，建国伊始即已开科取士，缘何至仁宗初年才有宋学之勃起？可知作为一种制度的科举取士和作为一种文化的科举考试，在儒家传统文化的发展史上所起作用的轻重大不相同。

通过考试决定取舍，不独科举为然，据《后汉书·左雄传》，汉代选官录用之前也是要考一下的，考试的办法是“诸生试家法，文吏课笺奏”。所谓家法，即经学的师承和派系，具体要求，也就是“经明行修，能任博士”①。班固《汉书·儒林传赞》说：

---

①《后汉书·和帝纪》注引《汉宫仪》。

自武帝立五经博士，开弟子员，设科射策，劝以官禄，迄于元始，百有余年。传业者浸盛，支叶繁滋，一经说至百余万言，大师众至千余人，盖禄利之路然也。

这种统治者依靠禄利吸引，对一代文化起指挥棒作用的情况，在唐代玄宗开元、天宝之后的诗赋考试中的突出表现，更是为大家所熟知的了。训诂之学、文章之学分别成为两汉文化和唐代文化的代表，即与这种“禄利之路然也”的考试形式有关。

赵宋有国之初，科举考试的办法基本上沿袭李唐，进士以诗赋分等第，明经（诸科）以帖书、墨义定去留。前者是唐人重文辞之风的延伸，后者乃汉学贵记诵之风的遗留。宋初三朝，虽有轰轰烈烈振兴文教之举，就学术而论，基本上仍是汉唐注疏、辞章之学的延续，原因即在于此。

北宋时期的科举考试方法，比较重要的改革有三次。第一次是仁宗天圣年间的兼以策论升降天下士；第二次是仁宗庆历年间的进士重策论和诸科重大义；第三次是神宗熙宁年间的罢诗赋、帖经、墨义，专考策论和大义。这三次改革，中间夹杂着北宋中期的范仲淹新政和北宋后期的王安石变法两次重要的政治运动，正好在宋学发展史上划分了由传统儒学复兴导致义理之学开创、再由义理之学进到性理之学这样两个不同的阶段。

这三次改革，总的趋势大抵可以用两句话加以概括，即重议论先于声律，以义理代替记诵。每次改革均贯串了这一基本精神，而下一次总比上一次更加深入，对宋学的推进也就更加有力。兹胪述如次。

打开《长编》卷一百零五，在天圣五年（1027）正月所载诸事中，可以顺次读到以下两条醒目的史料：

己未，诏礼部贡院：比进士以诗、赋定去留，学或病声律而不得骋其才，其以策、论兼考之，诸科毋得离摘经注以为问目。

庚申，降枢密副使、刑部侍郎晏殊知宣州……寻改知应天府。殊至应天，乃大兴学，范仲淹方居母丧，殊延以教诸生。自五代以来，天下学废，兴自殊始。

这第一条讲贡举考试新制，第二条讲北宋学校兴办之始，作为儒学繁荣的标志出现，绝非偶然。这里且说科场新制。

宋初科举沿袭唐制，重进士轻经生之习遂亦相沿，欧阳修诗"焚香礼进士，撤幕待经生"①，与唐谚"三十老明经，五十少进士"都是这种情况的真实写照。"明经"，顾名思义，当从汉儒"经明行修，能任博士"二语沿用精缩而来。② 皮锡瑞论汉武帝为博士官置弟子员，谓"后世生员科举之法，实本于此"，不为无见。经生在唐与宋初的被冷落，一方面当然是世运之变，佛老与骈文冲击的结果（详《徂徕石先生文集》卷五《怪说》）。但另一方面，与经学本身走入了谨守先儒训诂、莫敢异议的死胡同有关。《宋史·艺文志一》论之曰："所谓明经，不过帖书、墨义，观其记诵而已，故贱其科。"可谓一针见血。

---

①（北宋）范镇：《东斋记事》卷一；（北宋）沈括：《梦溪笔谈》，卷一。又《文献通考》，卷三十二，《选举五》引东莱吕氏所记宋谚作"焚香取进士，瞋目待明经"。

②（南宋）王应麟：《玉海》，卷一："（汉）章帝元和二年五月戊申，令郡国上明经者，口十万以上五人，不满十万三人。""明经者"即"经明行修"者。《汉书》，卷三十六，《楚元王传》，附《刘向传》："荐更生宗室忠直，明经有行，擢为散骑宗正给事中。"（按：更生即刘向）又卷七十一，《平当传》："以明经为博士，公卿荐当论议通明，给事中。"皆可为证。

所谓帖书，主要自然是帖经，具体做法是掩住所习经书某页的两端，中间留出一行，令考生读出其上文或下文，或用纸贴住某一行中的几个字，让考生读出被贴的字，①类同于今天语文升学试卷中的“填充”。所谓墨义，与口义相对，指以书面的形式用经书上的原话回答问题。据《文献通考》的作者马端临从东阳丽泽吕氏家塾刊本中曾亲眼见过吕夷简（978—1044）应本州乡举试卷，因知墨义之式，其实只是十余个简单的问题，如“‘作者七人矣’，请以七人之名对”。回答是：“七人某某也，谨对。”又如：“‘见有礼于其君者，如孝子之养母也’，请以下文对。”回答则是：“下文曰：‘见无礼于其君者，如鹰鹯之逐鸟雀也。’谨对。”还有要求考生对出某一句经文的注疏，答案也是要求考生默出注疏的原文，而不须也不许自作解释。② 颇类于今日之“默写”。吕夷简的墨义试卷，南宋王林在《燕翼诒谋录》卷二《又试场所问本经义疏》条也有记载，所问尚有：“子谓‘子产有君子之道四焉’，所谓四者何也？”回答是：“对：‘其行己也恭，其事上也敬，其养民也慧，其使人也义。’谨对。”

可知所谓帖经与墨义，从内容讲，重章句注疏；从形式讲，尚死记硬背。既反映不出举子解决实际问题的能力，也无法发挥其关于经义的个人心得和创造性见解。司马光说：“有司以帖经、墨义试明经，专取记诵，不询义理，其弊至于离经析注，务隐争难，多方以误之。是致举人自幼至老，以夜继昼，腐唇烂舌，虚费勤劳，以求应格，诘之以圣人之道，懵若面墙，或不知句读，或音字乖讹，

①详（唐）杜佑：《通典》，卷十五，《选举三》。

②详《文献通考》，卷三十，《选举三》。

乃有司之失,非举人之罪也。”[①]孙觉说:“学究诸科,多不通经义,而猥以记诵为工。记诵不能,则或务节抄,至断裂句读,错谬文辞,甚可悯笑。”[②]可知帖经、墨义误人之处。所谓离经析注,断裂句读,即缘“离摘经注以为问目”而致。

关于宋代进士考试的项目,据《宋史·选举志一》:“凡进士,试诗、赋、论各一首,策五道,帖《论语》十帖,对《春秋》或《礼记》墨义十条。”可知诸科的主要考试项目帖经、墨义,按规定进士也是要考的。[③] 诗、赋、论、策四项则为诸科所无,在进士科乃是重点项目。其中诗、赋、论并称“三题”,乃北宋熙宁科举新增以前殿试的传统节目。[④] 但取士的主要依据是诗、赋,特别是诗。如端拱元年(988)放榜之后,谤议蜂起,太宗意有遗贤,分三日复试下第进士,所出试题仅诗一首,五月十七日是《暑月颁冰》,十八日是《冰壶》,十九日是《夏雨翻萍》,并不取一般殿试诗、赋、论三题的常式。

宋代殿试以“三题”为常格,起于太宗太平兴国三年(978),据《长编》卷十九,是年九月甲申,“上御讲武殿,复试合格人,进士加论一首,自是常以三题为准。”关于这一记载,元初马端临在《文献通考》卷三十《选举三》引“《(宋)登科记》所载建隆以来逐科取士,皆是一赋一诗一论,凡三题”,而辨其非。可能《长编》仅就殿试而论,《通考》则并省试与殿试言之。马氏又说:

> 按:祖宗以来试进士,皆以诗、赋、论各一首,除制科外,

---

①《司马光奏议》,卷三十七,《起请科场札子》。

②《国朝诸臣奏议》,卷八十,《上神宗论取士之弊宜有改更》。

③据司马光治平元年所上《贡院定夺科场不用诗赋状》:“所有进士贴经、墨义一场,从来不曾考校,显是虚设,乞更不试。”(《司马光奏议》卷十三)

④《宋史·神宗纪》:“熙宁三年三月己亥,始策进士,罢诗、赋、论三题。”

> 未尝试策。天圣间晏元献公请依唐明经试策而不从，宝元中李淑请并诗、赋、策、论四场通考，诏有司施行。不知试策实始于何年？当考。①

晏殊（元献）以“今诸科专取记诵，非取士之意也，请终场试策一篇”②，事在仁宗天圣八年八月。同一建议，事实上天圣二年（1024）三月已用上封者言试行过了。③ 由此推论，天圣二年进士科也一定兼试策，然后有本节开头所引天圣五年正式下令“其以策、论兼考之”的诏书。

根据《文献通考》提供的线索，再加上拙稿后文即将提到的“宋进士以策擢高第，自（天圣二年叶）清臣始”④，似乎很可立即得出北宋进士试策昉于天圣二年的结论。但是，如果进一步加以细考，可以发现，真宗初期，即有以策试进士的记载。如《长编》卷五十三，真宗咸平五年（1002）十一月庚申条录河阳节度判官张知白上疏。其言略云：

> 今进士之科，大为时所进用，其选也殊，其待也厚。进士之学者，经、史、子、集也；有司之取者，诗、赋、策、论也。

这里提到的“有司”，当指礼部。据《宋会要辑稿·选举》十四之十八记载，真宗咸平元年（998）十月二十二日，开封府得解进士钱易尝“上书指陈诗、赋、论、策题，言涉讥刺”，可知当时州郡发解，

---

①《文献通考》，卷三十一，《选举四》。
②《长编》，卷一百零九，天圣八年八月癸巳条。
③《长编》，卷一百零二，天圣二年三月戊子条。
④《宋史·叶清臣传》。

也已兼试诗、赋与策、论。

上引两例，反映的都是咸平年间的情况，然则《长编》卷六十八，大中祥符元年(1008)正月癸未条又载：

(参知政事)冯拯曰："比来省试，但以诗、赋进退，不考文、论。江、浙士人，专业诗、赋，以取科等。望令于诗、赋人内兼录考策、论。"上然之。

大中祥符元年(1008)后于咸平元年(998)十年，从冯拯对真宗所说而为后者所首肯的这番话粗看起来，似乎祥符以前，礼部试(省试)进士并无策论。其实这是后世作为同义复词使用的"考试"两字在古代含义并不完全相同而造成的误会。简单地说，"试"是对举子(应试者)说的，"考"则就主持者(考官)而言。前者犹言答卷，后者则是"考校"、"考判"的意思，即根据应试者的答卷和其他条件判定录取与否及等级名次。沈括《梦溪笔谈》卷一《故事一》曰："旧制，御试举人，设初考官，先定等第。复封弥之，以送复考官，再定等第。"①说的就是这种情况。

作为联合结构的并列词组"考试"，唐宋也已经有了。以为文力主"简而有法"的欧阳修为例，他在《新唐书·选举志》(上)中谈到唐代贡举程序时说："县考试，州长重复，岁随方物入贡。"这"考试"一词，即兼指考(校)和(应)试两方面而言。如果仅指后者，则只用"试"字，仍以同书为例，叙文宗大中八年事曰："礼部复罢进士议论，而试诗、赋。文宗从内出题以试进士，谓侍臣曰：'吾患文格浮薄，昨自出题，所试差胜。"短短一段话中，重言"试"字三

①参校《宋朝事实类苑》，卷三十，《御试许详定官别立等》条引《笔谈》。

次。而同书《选举下》叙武则天时事曰:“初,试选人皆糊名,令学士考判,武后以为非委任之方,罢之。”前一“试”字,后一“考”字,决不能互换。由上述两例,可知拙稿前文所述李唐科场不糊名与重诗赋之由来,而“试”与“考”原本分前后关联但主要角色不同的两道程序,亦即此可证。

了解这一底蕴之后再来看上引大中祥符元年冯拯所说的那段话,所谓比来省试但以诗、赋进退,不考文、论,意思也就是前此礼部考校进士试卷,只根据诗、赋的成绩定去留,而不看策、论的水平如何,并不是“不试文、论”。后文“兼考策、论”自然也不是试以策、论由此开始,而只是考校的时候除诗、赋之外,兼看策、论成绩的意思。

参知政事冯拯的这一意见被真宗采纳后,大抵曾以诏令的形式颁布过。《长编》卷九十,天禧元年(1017)九月记事:

> 右正言鲁宗道言:“进士所试诗、赋,不近治道。诸科对义,但以念诵为工,罔究大义。”上谓辅臣曰:“前已降诏,进士兼取策、论,诸科有能明经者,别与考校。可申明之。”

所谓前已降诏,可能即在祥符冯拯提议之后,“进士兼取策、论”缘上文“进士所试诗、赋”而发,不说“兼试”而说“兼取”(按:“兼取”亦即“兼考”,蒙后文“别与考校”而易言),足证祥符、天禧之间,近臣屡以诗赋、策论轻重为言,强调的是礼部考试的第二道程序,即考校举业的时候对策论的忽略,并非指第一道程序,即所试项目的只有诗赋而无策论。

这一点我们还可由庆历二年(1042)知制诰富弼所说的一番话来证明。其年二月五日,富弼上疏论进士之科“自咸平、景德年后，条约渐密，然省试有三长，殿试有三短”，论到第二长时说：

又：一日试诗赋，一日试论，一日试策，诗赋可以见辞艺，策论可以见才识，四方之士得以尽其所蕴。此二长也。①

可知北宋进士省试自咸平、景德以来，即兼试诗、赋、策、论，且形成了以诗赋、论、策为三场，分试三日的固定模式，这与拙稿上文由咸平元年钱易疏、咸平五年张知白疏中所搜检出的情况，正好一致。

现在再回过来看本节开头提出的“比进士以诗赋定去留，学者或病声律而不得骋其才，其以策论兼考之”，所谓兼考，也就是兼以策论定去留的意思，而兼试策论，实不自天圣始。这一点由《宋会要辑稿·选举》三之十五所录天圣五年正月十六日（己未）同一诏书有关部分可以看得更清楚，其文曰：

诏贡院将来考试进士，不得只于诗、赋进退等第，今后参考策、论以定优劣。

由知《长编》所云“兼考”，乃是“参考”的意思，而主要效能，乃在“定优劣”即“进退等第”，属于贡院考试进士的第二程序——考校范畴甚明。

不过，在天圣科场改革之前策论已经成为实际上的进士省试和发解试的项目，并不影响天圣五年正月己未诏书对一代文风与学风改变的决定性意义。这不仅是因为就目前所保留下来，在当

①《宋会要辑稿·选举》，三之二十二。

时发生巨大影响的有关文件中，它是最早的一个，而且还由下述三方面的情况所决定。

如前所述，真宗一朝，虽然已把论、策列为进士发解试与礼部试的后两个场次（这样的安排说明宋初进士加试论题，较策问要早，说已见前），但实际上决定去留的，仍只是诗赋第一场，直到真宗末期的天禧元年（1017）犹是如此。其所以如此，原因大抵有三。首先是在逐场去留即淘汰制下，处于首场的诗赋，自然占有绝对的优势。据《唐会要》等有关史书记载，唐高宗永隆二年（681）开始规定“进士试杂文两首，识文律者，然后令试策”①，自此“大率以三场为试，初以词赋，谓之杂文，复对所通经义，终以时务为策目”②，随场去留。如唐代宗大历九年（774）登第的阎济美，前此曾两次落第，均在诗赋初场。③ 唐自玄宗开元（713—741）、天宝（742—756）之后，诗歌大盛，即与这种进士试三场、诗赋为首、随场去留的政策有关。宋沿唐制，以诗赋取士，咸平、景德之后设诗赋、论、策三场，亦袭唐与五代之逐场淘汰制。如咸平元年（998）经过真宗批准，礼部贡院即颁布过如下规定：

> 自今后不问新旧人，并须文章典雅，经学精通，当考试之时，有纰缪不合格者，并逐场去留。④

---

①《唐会要》，卷七十五，《贡举上·帖经条例》。按：“杂文”本指论、表、箴、铭等各种体裁的骈文，唐玄宗天宝（742—756）之后，则专指诗、赋，详（清代）徐松：《登科记考》，卷二，永隆二年八月条。

②（五代）牛希济：《贡士论》，《全唐文》，卷八百四十六。

③详（北宋）李昉等：《太平广记》，卷一百七十九，《阎济美》条。

④《宋会要辑稿·选举》，十四之十七。

根据这一规定，放在首场的诗赋，便成为一举的关键。因为诗赋如果过不了关，即使能将策论做得再好，也无法参加终场考试的了。前引咸平五年(1002)张知白疏关于“先策论，后诗赋，责治道之大体，舍声病之小疵”的主张，即缘此而发。由大中祥符元年(1008)冯拯之议的内容看，张知白的这一建议，没被采纳。冯议“望令于诗赋人内兼考策、论”，《宋会要辑稿·职官》十三之十五同条记载作“望令于诗赋合格人内兼考策、论”，意思更加明确而完整。可知真宗之世，策论虽已逐渐受到重视，但逐场去留、先诗赋后策论，仍然是科举考试的基本原则。

其次，从主考官方面讲，诗赋有一定的声韵格式，考校时便于掌握，策论无有定体，比较难以判断。直到庆历五年(1045)，反对派取消庆历科场新制，提出的理由仍是“诗赋声病易考，而策论汗漫难知，故祖宗莫能改也”①。因此，非有相当的眼光和魄力，一般礼部主试，是不敢贸然以策论进退天下士的。

第三，从应试者方面讲，宋初科举既袭李唐开、天以来于诗赋定进退之遗，文风方面也沿晚唐五代骈俪之习，举子惯于诗赋而不擅策论之文。这种情况由仁宗即位之初，一些地方性的解试中仍可见之。如天圣年间，欧阳修在随州参加秋试，“试《左氏失之诬论》，云：‘石言于晋，神降于莘，内蛇斗而外蛇伤，新鬼大而故鬼小。’主文以为一场警策，遂擢为冠，盖当时文体云然。”②叶梦得记录了这件事后，还举某生的《天子之堂九尺赋》加以比较，说：

---

①《长编》，卷一百五十五，庆历五年三月记事。

②(南宋)叶梦得：《避暑录话》下。按：此事《欧阳文忠公文集》卷首年谱系于天圣元年。据《避暑录话》后文“胥翰林偃亦由是知之”云云，当在天圣四年。

“若必言用赋取人,则与欧公之论何异?”①足知当文法初变之时,即使是后来古文运动的盟主,也不免以写惯了的四六赋体来作论。这样当然很难写出好文章来了。历届贡举取人之所以总是以诗赋为主要依据,与策论中没有优秀作品不无关系。

天圣年间的科举改革,其意义首先在于已经出现了策论方面的典范作品。《长编》卷一百零二,天圣二年三月乙巳条载:

> 赐宋郊(庠)、叶清臣、郑戬等一百五十四人及第……郊与其弟祁俱以辞赋得名,礼部奏祁名第三,太后不欲弟先兄,乃推郊第一,而置祁第十。刘筠得清臣所对策,奇之,故推第二。国朝以策擢高第,自清臣始。

根据这一记载,礼部原定本届进士的名次,宋祁在第三,其兄宋庠本在其后而改擢第一,原因不是成绩好,而是弟不能先兄的荒唐理由。叶清臣之所以擢在第二,乃是对策有水平。可知在天圣五年(1027)正式下诏兼考策论之前,上一届已经试行过了,并发现了叶清臣对策这样足以压倒“以辞赋得名”的宋氏兄弟的典范作品。

清臣对策,在当时产生了不小的影响,这除了后文将要引到的李觏《上叶学士书》关于清臣“五策”当年即有刻本流行天下的回忆可以取证外,还可由范仲淹皇祐元年(1049)所作《祭叶翰林文》见之。其文曰:“浚学伟文,发于妙龄,决策三篇,②万儒竦听,

---

①(南宋)叶梦得:《避暑录话》下。

②“决策三篇”,《李觏集》,卷二十七,《上叶学士书》作“执事之五策”,今考宋祁《景文集》,卷一百零一,所收策题即三首,仲淹不误。

阔视霄路，直步云庭。”①这种反映，一方面说明了科场改革对士林文风与学风所起的指挥棒作用，另一方面也证明了这种作用只在有了足以服众的成功作品之后才能发挥更大的效能。——当然，作为前提，还要靠科场制度的转向。

关于仁宗初期科举考试逐场去留之制的改变，一般的记载是认为始于端明殿学士李淑侍仁宗经筵时提出的建议，《长编》卷一百三十五，在庆历二年正月丁巳条追述其事，淑之言略云：

> 今陛下欲求理道，不以雕篆为贵，得取士之实矣。然考官以所试分考，不能通加评较，而每场辄退落，士之中否，特系于幸不幸尔。愿约旧制，先策，次论，次赋〔及诗〕②，次帖经、墨义，而敕有司并试四场，通较工拙，毋以一场得失为去留。

据《长编》以及《文献通考》、《宋史·选举志一》，仁宗得奏后尝“诏有司议，稍施行焉”。后两书并系此事于“宝元中”。然则《宋会要辑稿·选举》十五之六至七载仁宗天圣七年(1029)八月十日上封者言京府秋试程式，略云：

> 今请进士才引保讫，如千人已上，分为二甲，每甲先试诗赋，次引诸科两场。若诗赋犯不考试，便先次驳落，更不引试。其试论、策，亦逐场驳落。缘南省进士，直至入策，方理一举，今既逐场驳落，望勘会，如不是纰缪，并许理举。

①《范文正公集》，卷十。

②“及诗”，据《文献通考》卷三十一《选举四》、《宋史·选举志一》校补。

“南省”即尚书省(用唐典),指礼部试。这段话告诉我们,至少在天圣八年的前一届,天圣五年(1027),礼部考试已取消了逐场驳落的旧制,直至终场策试完毕以后,才通同考校,就理全体考生。然州府解试,则仍采逐场去留之法,故上封者建议进士与诸科穿插安排就试,以使解试考官有比较充裕的时间判卷。对于逐场淘汰制来说,三场时日隔开,留出逐场考判的时间,是必不可少的。前引庆历二年(1042)富弼论省试之“三长”,进士诗赋、论、策,连续三日试毕,是为二长;“贡院凡两月余,日研磨差次,必俟穷功悉力,然后榜出,此三长也”。① 足见礼部试进士,诗赋、论、策各场之间,并没有留出考校的时间,直到全部考毕,才通同考判,“研磨差次”,费时两月余。这可以作为“南省进士,直至入策,方理一举”的佐证。富弼没有讲到省试实行这一程式的开始时间,但由拙稿上文所引诸人奏议看,在咸平元年至祥符年间实行逐场去留制的时候,是不可能这么做的。至于天圣新制实施之后实行这一程序,除了上引天圣七年京府解官之言以外,我们还可举天圣八年(1030)举南省进士第一的欧阳修参加当年礼部试的实录为证。事见南宋初年王铚所撰《默记》卷中:

> 王拱辰榜,是时欧公为省元。有李郎中,忘其名,是年赴试南宫。将迫省试,忽患疫,气昏愦。同试相迫,勉扶疾以入。既而疾作,凭案上困睡,殆不知人。已过午,忽有人腋下触之。李惊觉,乃邻座也。问所以不下笔之由,李具言其病。

①《宋会要辑稿·选举》,三之二十二。《长编》,卷一百三十五,庆历二年二月庚辰条相关一段文字引作“引试三日,诗、赋所以见才艺,策、论所以观才艺”。可知三日诗赋、论、策连续进行。

其人曰:“科场难得,已至此,切勉强。”再三言之。李试下笔,颇能运思。邻座者乃见李能属文,甚喜,因尽说赋中所当用事,及将已卷子拽过铺在李案子上,云:“某乃国学解元欧阳修,请公折拽回互尽用之,不妨。”李见开怀若此,顿觉成篇,至于诗亦然。是日程试,半是欧卷,半是欧诗。李大感激,遂觉病去。论、策二场亦复如此。榜出,欧公作魁,李亦上列,遂俱中第云。

王铚的父亲王莘(字乐道)是欧阳修的学生,文中提到的李某,与王铚的祖父是同僚。这件事是李某亲口告诉王铚的祖父的,并引他去见过因感激而在家庙中所供的欧阳修像,当为可信。由知天圣年间,进士正是连试三日诗赋、论、策,而后通同考判、放榜。这同李淑所论诗、赋同为一场,而赋在诗先的情况相符,唯策、论场次仍不在前。而第四场帖经、墨义,由前文注引司马光奏议可知,实是虚设。

由此可知,以“并试四场,通较工拙”代替“逐场去留”,及因此获得制度保证而真正落实的从“专重诗赋”进到“兼考策论”,并自天圣五年前后的科举改革发之。

除了典范作品与考试制度保证之外,主考官所起的作用也是一个重要的方面。尤其是每当新君即位,礼部主试(即知贡举,一般由文学著名者担任)的权力就居于举足轻重的地位。天圣二年(1024)知贡举刘筠之所以能够运用权力,以策擢叶清臣于高第,即与本年仁宗尚处于谅阴(居丧)期而由礼部放榜有直接关系。①而进士在诗赋之外兼试策、论的开始,如前所述,正好也在太宗新

①详(南宋)李心传:《建炎以来朝野杂记甲集》,卷十三。

丧、真宗继位的咸平初年。据史书记载，天圣二年罢御试，即引咸平二年南省放榜故事。①

刘筠作为宋初西昆诗派的代表，在文学史上颇以文辞华丽、雕琢为后世所诟病。其实那只反映了刘筠的早期面貌，时间大约在景德、祥符初期。那时他的具体职务是预修《册府元龟》，出入馆阁、禁廷，所作多应制、奉酬之篇，自不足怪。祥符后期至天禧年间，刘筠做了邓州、陈州、庐州等地几任地方官，思想起了很大的变化，如真宗末年病重，以乱命召刘筠草丁谓复相制，刘筠宁愿遭贬而加以拒绝。仁宗即位，刘筠召还，复为翰林学士，拜御史中丞，遂领导了前节提到的御史可直接言事的北宋台官制度之改革。宋学初期疑古派成员之一刘颜、北宋中期以鲠直出名的包拯，受到刘筠的赏识与推荐，②并在此一时期。据《长编》卷一百记载，刘筠天圣元年七月，曾将刘颜采汉、唐奏议所编的《辅弼名对》上送朝廷。策论作为官场实用的文体，是奏议写作的主要形式。就内容言，所谓"策论即以激讦肆意为工"③，又使它与台谏的主要使命联在一起。即此可知刘筠天圣初年的政治态度和关于文风的志趣。

《宋史·刘筠传》说："凡三入禁林，又三典贡部，以策论升降天下士，自筠始。"这段话不仅准确地指出了北宋一朝策论真正在进士考试中受到重视乃自天圣年间的科场改革开始，而且概括了刘筠之所以成此大功的另外两个原因。三次担任翰林学士，出入禁林，说明刘筠的文名足以压众。三典贡部，第一次在大中祥符

①《宋会要辑稿·选举》，三之六；《长编》，卷一百零二，天圣二年正月庚戌条。
②《长编》，卷一百，天圣元年七月庚午条；《宋史·刘筠传》。
③《长编》，卷一百六十四，庆历八年四月丙子条录礼部贡院言。

八年(1015),[1]说明作为真宗朝旧臣,刘筠在天圣二年(1024)再知贡举之前,已有知举的经历和经验,是一位老资格的主试。天圣二年、天圣五年的连续典贡而不间断,使前者以策擢举子为高第的实施至后者得以连续贯彻,并进一步以诏令的形式得到落实。据《长编》记载,刘筠知天圣二年贡举之后,即因病出知颍州外任。天圣五年正月,中书初议知举人选,仁宗即亲口点定刘筠而驿召之,不日遂有"其以策论兼考之"的己未之诏。[2] 可知刘筠在天圣年间以文坛巨擘而连典贡部,出而主持这一场对后来庆历、嘉祐之际发生了重要影响的科场改革,实乃顺应时代潮流之举而适应了统治集团的需要。

以策论升降天下士,作为北宋科场改革的第一阵,在 11 世纪 30 年代儒学的复兴运动中起了关键的作用。有意思的是,天圣末年欧阳修、尹洙、梅尧臣等人在洛阳集结而揭开北宋古文运动和宋诗复古的序幕,是在宋初华靡文风的代表西昆体巨擘、当时担任西京留守的钱惟演的卵翼下进行的,而与古文运动相表里的科场重策论,也是在列名西昆体三巨头之一的刘筠手中发轫。这说明时代潮流所至,真是人同此心,心同此理。因此反过来说,科场的初次改革在某种程度上也是受了儒学复兴运动和古文运动的裹挟,各方面都在互相影响,互相促进。从文体上讲,策论与诗赋,虽并属我国古代所常见,但其功用和风格均大不相同。后者是美文学的主要样式,前者却是经术之士发挥儒学义理与经世治国大道理的有力武器。要而言之,作为考试的项目,策论是一种

---

①详《长编》,卷八十四,大中祥符八年正月甲午条。

②《长编》,卷一百零二,天圣二年四月辛酉条;卷一百零五,天圣五年正月记事。

综合性练习,类似现代政论体裁的作文考试。所谓策,相当于今天的条件作文,一次考五道,以设定的“问目”为范围;论,类同中学课堂上的命题作文,只有一篇。

关于北宋中期策试的情况,可以参看天圣八年登进士第的欧阳修《居士外集》卷二十五《南省试策五首(并问目)》。设定解决的五个问题依次为士、农、工、商四民之辨,六典、五刑、三宥之用,《周官》圉人国马之政,《诗经》公刘建邦之议,三王求贤兼听之明。“问目”相当于提出问题,如何分析问题和解决问题,则看考生的本领了。像这类测验,既可据以了解举子的文词,又可见其经学修养和对政事时务的熟悉程度,以及运用经术解决实际问题的能力。如上列五个问目,既取材于先秦经籍,又都是北宋现实政治生活中大家经常考虑的问题。避免了诗赋、帖墨仅凭文华与记诵即可通过的流弊。前节列举在知识结构方面具有综合性特点的兼项型、全能型知识分子模式,如欧阳修、蔡襄、石介、尹洙、苏舜钦等,实例多出仁宗之世及其以后,即与这种因科举考试侧重面变化引起的社会价值取向的改变密切相关。

关于论与诗赋的比较,可由太平兴国以来进士殿试的“三题”中选取若干有代表性的表列如下:

题别 / 题名 / 时间	赋	诗	论
太平兴国五年(980)	春雨如膏	明州进白鹦鹉	文武何先
太平兴国八年(983)	六合为家	鹦啭上林	文武双兴
雍熙二年(985)	颍州贡白雉	烹小鲜	玄女授兵符
淳化三年(992)	卮言日出	射不主皮	儒行

续表

题别/题名/时间	赋	诗	论
大中祥符八年(1015)	置天下如置器	君子以恐惧修省	顺时慎微其用何先
天圣五年(1027)	圣有谟训	南风之薰	执政如金石
天圣八年(1030)	藏珠于渊	溥受无私	儒者可与守成

表内材料据《宋会要辑稿·选举七》,并参校《欧阳文忠公文集》、《范文正公集》附《年谱》等。

由上表可知,从太宗到仁宗这五六十年的时间里,诗、赋命题的精神和范围基本上没有什么变化,歌功颂德、装点升平是它的主要任务,与时事政治、国计民生谈不上有什么关系。只有内中《烹小鲜》诗,用《老子》"治大国若烹小鲜"之典,反映了当时最高统治者对黄老之学的欣赏,是一例外。这大概是按照这一模式选拔上来的文章型知识分子之所以不切实用的主要原因。论题则不同,它们基本上同当时国家大政有关。从《文武双兴论》到《儒行论》到《儒者可与守成论》,正反映了北宋统治集团由初期实行的重文轻武政策逐步朝儒家传统文化归依的意向。从以《儒行》为论题的同一年的赋题《卮言日出》(典出《庄子·寓言》),以及雍熙二年的诗题《烹小鲜》、论题《玄女授兵符》来看,太宗前此大抵比较倾向于道家的"无为而治"。据史载,淳化三年琼林宴后,太宗将新刻《礼记·儒行篇》赐给新科进士孙何等,并遍赐近臣及京官在外任者,令为座右之戒。① 有趣的对比是,天圣五年,仁宗送给新

①《长编》,卷三十三,淳化三年三月己酉条;《玉海》,卷三十一;《宋史·选举志一》。

科进士的见面礼同样是《礼记》，但篇目已经换成重在修身治人的《中庸》篇。① 儒学在北宋政治生活中地位的变化和统治阶级对儒家传统文化价值判定的趋向，即此可以窥其演进之轨迹。

《中庸》在道德上是思孟学派与宋学的纽带，在理论上是沟通传统儒学与性理之学的桥梁，在实践上又有兼重道德修养和经世致用之特点。据《长编》记载，仁宗将《中庸》篇赐给天圣五年新及第人时，还"令张知白进读，至修身治人之道，必使反复陈之"。本届进士从考场上接受的是兼以策论定优劣的挑选，释褐之初，收到的第一号指令是熟读《中庸》。上有所好，下必效之，风动于上，波振于下。科举考试内容的逐步转向儒学，并强调对《中庸》等儒家经典的理解与掌握，既促进了儒家传统文化的复兴；科举考试形式的重视策论，又给"议论"两字成为宋学与生俱至的基本特征与时代精神以积极的带动。

在儒学复兴之后进行的北宋第二次科举改革，继续沿着这两个方向前进并有所发展。主持这次改革的便是在兼考策论成为既定方针之后的天圣八年（1030）以省试第一名登第的欧阳修。仁宗庆历四年（1044）三月，范仲淹任参知政事后的第八个月，由知制诰欧阳修起草，颁布贡举新制。主要改革措施，根据李焘在《长编》卷一百四十七著录庆历四年三月乙亥令时所概括，大抵是以下两条。其一曰：

> 进士试三场，先策，次论，次诗赋，通考为去取，而罢帖经、墨义。

①《长编》，卷一百零五，天圣五年四月辛卯条。

其二曰：

> 士子通经术，愿对大义者，试十道，以晓析意义为通，五通为中格。

这第一点，从字面上看起来，除了"罢帖经、墨义"之外，与拙稿前文所引的李淑经筵所进，几乎一样。而实际上，后世论者也正是这样理解的。如马端临在《文献通考》卷三十《选举四》即将本条附在"宝元中李淑侍经筵，帝访以进士诗赋、策、论先后"一段记事之下，加以相提并论。

假如只是这样的话，庆历新制与天圣新制的差别就很小，甚至可以说几乎没有提供什么新的东西。因为"通考为去取"或者说"通较工拙"，天圣五年己未诏书的"其以策论兼考之"就已经有了。至于诗赋、论、策场次的在先在后，在通考的原则下，实际意义是不大的。如司马光在治平元年所上的《贡院定夺科场不用诗赋状》中就已经指出："若是依旧不罢诗赋之时，即先试后试，事归一体，别无损益。"①因为反正送到考校官面前的时间是一样的，只不过场次安排在前，表示了一点策、论地位较高的象征意义罢了。

作为庆历科场改革的主要精神，先策论后诗赋的精神难道就仅此而已吗？显然不是的。据庆历新政实施之前范仲淹于庆历三年九月所上的《答手诏条陈十事》疏（以下简称《十事疏》），庆历三年，仁宗令两制详议进士所试诗赋、策、论先后，②当时提出的

---

①《温国文正司马公集》，卷二十八。

②《文献通考》，卷三十一，《选举四》曰："庆历四年，臣僚上言改更贡举进士所试诗赋、策、论先后，诏下两制详议。"庆历四年，似沿《欧阳文忠公文集》卷首目录《奏议集》卷八《论更改贡举事件札子》编年之误。按：（转下页）

主要意见大抵有三。《十事疏》其三“精贡举”曰：

> 其取士之科，即依贾昌朝等起请，进士先策、论而后诗赋，诸科墨义之外，更通经旨……内欧阳修、蔡襄更乞逐场去留，贵文卷少而考校精。臣谓：尽令逐场去留，则恐旧人扞格，不能创为策论，亦不能旋通经旨，皆忧弃遗，别无进路。臣请进士旧人三举以上者，先策、论而后诗赋，许将三场文卷通考，互取其长。两举、初举者，皆是少年，足以进学，请逐场去留。①

显然，在上述三种意见中，只有贾昌朝为代表的一种同《长编》所概括的“进士试三场，先策，次论，次诗赋，通考为去取”一致，这也就是范仲淹建议对历经三举的老考生所采取的“先策、论而后诗赋，许将三场文卷通考，互取其长”而不“令逐场去留”的办法。这种办法，与李淑先前所建言的“先策，次论，次赋及诗……通较工拙，毋以一场得失为去留”，自无不同。

但欧阳修的办法区别可就大了。从形式上看，策、论、诗赋，先后三场的次序与诸家之说并无二致，但改“通较工拙”为“逐场去留”，于增加策、论成绩在进士考判终审中的比重方面，较天圣新制又迈出了重要的一步。如前所述，宋初进士只试诗赋；

(接上页)据《长编》卷一百四十七，庆历三年九月范仲淹上《十事疏》，已引用欧阳修此疏，并提到与他观点相同的蔡襄，以及略有不同的贾昌朝等人之议，故知此事必在庆历三年九月以前。又《长编》，卷一百四十，庆历三年三月癸巳，欧阳修知谏院，而《论更改贡举事件札子》即编入《奏议集》卷八《谏院》，首称“近有臣僚上言”云云。可知为庆历三年之事。

①《范文正公政府奏议》，卷上，见《范文正公集》；《长编》，卷一百四十三。

真宗咸平年间始增试策论,[①]但逐场去留的原则又使首场诗赋居于定去留的关键,仁宗天圣年间改为通考,才使策、论与诗赋获得平起平坐的地位。如今欧阳修将它倒过来,首场试策,次场试论,终场为诗赋,而随场去留。这样,原先处于最末位的策试,也就代替诗赋成为进退的关键。从这种意义上说,"先策论后诗赋"的口号,只有到欧阳修才成为真正重策论轻诗赋的科场指导思想。欧阳修在《论更改贡举事件札子》中曾以二千人就试为例,将这种先策、论后诗赋而又随场去留的省试方案描述如下:

> 今臣所请者,宽其日限,而先试以策而考之。择其文辞鄙恶者,文意颠倒重杂者,不识题者,不知故实略而不对所问者(限以事件若干以上),误引事迹者(亦限件数),虽能成文而理识乖诞者,杂犯旧格不考式者,凡此七等之人,先去之。计于二千人可去五六百。以其留者,次试以论。又如前法而考之,又可去其二三百。其留而试诗赋者,不过千人矣。于千人而选五百,则少而易考,不至劳昏。考而精当,则尽善矣……此臣所谓变法必须随场去留,然后能革旧弊者也。

这段话就是前引范仲淹在《十事疏》中所概括的"欧阳修、蔡襄更乞逐场去留,贵文卷少而考校精"之所从出。[②] 然则欧阳修先策、

①此就礼部试而言,若殿试,则太宗太平兴国三年(978)九月即已加试论一首。自是常以三题为准(《长编》,卷十九)。

②蔡襄之言,见《端明集》,卷二十三,《论改科场条制疏》:"请试策三道为一场,考校验落外,次试论为一场,又考校验落外,次试诗赋为一场,以三场皆善者为优。"

论后诗赋的随场去留法，意义远不止于考校时收到少而精的好处。试想，一个工于诗赋而不习策论的举子，在这种考试方法下，首场岂不就落第了吗？反之，一个擅于策论弱于诗赋的考生，便很容易进入终场而获得登第的机会。假如说天圣新制在保留先诗赋后论、策的省试场次下以通考定去留的办法使策论与诗赋获得平等的权利，欧阳修通过改变诗赋、策论考试次序而恢复逐场去留的旧制，使重策论轻诗赋的意向之贯彻，有了更加可靠的制度保证。

作为一种折衷的办法，范仲淹建议从曾经两举和初举的考生开始实行逐场去留，正说明欧阳修提出的这一方案代表了改革的方向。

庆历四年三月，科举改革方案出台之前，范仲淹是新政的主要主持人，贾昌朝也是参知政事，欧阳修则是新法的起草者，在朝廷形成的决议中，究竟是哪一种意见呢？考《长编》所载乙亥新制，分为“诏”与“令”两个部分，乙亥诏，《欧阳文忠公文集》合编本《外制集》收入卷一《制敕》，题作《颁贡举条制敕》。《长编》全文收录。“令”由翰林学士宋祁、御史中丞王拱辰、知制诰张方平、欧阳修等九人集体奉旨详定，欧阳修执笔。欧阳修《奏议集》卷八《谏院》只收入奏状部分，①条制全文今存《宋会要辑稿·选举》三之二十三至三十。其文首称“（庆历）四年三月十三日，翰林学士宋祁等言：近准敕详定贡举条制者”。庆历四年三月癸亥朔（详近人陈垣《二十史朔闰表》页126），十三日干支即“乙亥”。上引《长

①（北宋）欧阳修：《外制集》，卷一，《颁贡举条制敕》题下注：“元本《详定贡举条制状》在此敕前，今移入《奏议》第七卷中。”“第七卷”当为“第八卷”之误。而《奏议集》卷八《详定贡举条状》当为《详定贡举条制状》之脱略，《宋会要辑稿·选举》三之二十三可证。

编》所录乙亥令的条文,并由该条制简缩而成。为了准确理解庆历科场新制的内容,兹将《详定贡举条制》原文有关部分全录如下,见《宋会要辑稿·选举》三之二十七:

> (省试)进士试三场,并依旧封弥、誊录。先试策三道,一问经旨,二问时务;次论一道;次诗赋各一道。旧试帖经、墨义,今并罢。
>
> 初场引试策,先次考校。内有文辞鄙恶者,对所问不备者(谓十事不对五以上),误引事迹者(谓十事误引五以上),虽能成文而理识乖谬者,杂犯不考式者,凡此五等,并更不考论。
>
> 次场论,内有不识题者,文辞鄙恶者,误引事者(十事误用三以上),虽成文而理识乖谬者,杂犯不考式者,凡此五(事)〔等〕,亦更不考诗赋。
>
> 第三场诗赋毕,将存留策、论卷子上与诗赋通考定去留。合格荐名者,出榜告示。

据同书所录《贡举条制》文末所附"诏曰",即《长编》所引"乙亥诏",有"凡所科条,可为永式,宜令礼部贡院颁下"云云,可知它是经过朝廷批准而拟诸实施的。以之与前引欧阳修庆历三年所上《论更改贡举事件札子》对看,可知庆历科场新制,不唯出于欧阳修之手,而且基本上是根据他的意见制定的,除了一些细节如七等黜落改为五等黜落之外,较大的差异是终场考毕后,首场与次场的策、论卷子还要参加终审,"与诗赋通考定去留"。这一变化,当是欧阳修与宋祁等其他八人奉敕详定时,吸取了集体讨论的意见加以修改的结果。与欧阳修原先提供的蓝本相比,它要完善一些。但这种完善,不是从轻诗赋重策论的立场上后退,而是更进了一步。

在上引欧阳修《论更改贡举事件札子》的那一段话中,不仅可以了解到在宋代科举程式中,“考”与“试”是两个不同的层次,而且可以知道欧阳修所谓随场去留,即是随试随考,到终场也就只剩下诗赋高下作为考判优劣的标准了。马端临《文献通考》卷三十一《选举四》在著录欧阳修这篇奏议后批评道:

> 按:诗赋不过工浮词,论策可以验实学,此正理也。今观欧公所陈,欲先考论策,后考诗赋,盖欲以论策验其能否,而以诗赋定其优劣,是以粗浅视论策,而以精深视诗赋矣。

从重策论轻诗赋的立场上看,这的确是一个不小的漏洞,幸亏在次年形成的正式文件即上揭《详定贡举条制》中得到了及时的补救,改作“第三场诗赋毕,将存留策、论卷子上与诗赋通考定去留”。而“随场去留”,在《详定贡举条制状》中,也就改作“先策论过落”,也即逐场筛选,最后看总分的意思。这一改动,从提法上讲,更加确切,逐场考校的原则精神,也得以保留。可惜李焘在《长编》中概括诏令的这一部分时,过分求简,忽略了“通考定去留”前面的这一重要步骤,遂启后世以疑窦,不得不辨。准此,正确的提法应当是:

> 进士试三场,先策,次论,次诗赋,逐场先过落,通考定去留,罢贴经、墨义。

以此与天圣新制,以及李淑宝元中所言相比较,其于北宋科举改革的意义更为重大,显而易见。

由上可知,庆历科场改制,欧阳修所作的贡献为最大。当然这并不排除作为庆历新政的领导者范仲淹所起的作用。如前所述,代表这次改革之方向的逐场去留法,已为庆历三年九月范仲淹所上的《十事疏》这一决定大政方针的改革方案所采纳。而关于"通考定去留"的标准,诸家议论包括《详定贡举条制状》,均语焉不详,至今研究,仍须依据《十事疏》如下一段话:

> 其考较进士,以策论高、词赋次者为优等,策论平、词赋优者为次等;诸科经旨通者为优等,墨义通者为次等。

由此可知,根据庆历新制,不仅诗赋精工而策论平庸者无法取得终场考试的资格,即使三场皆过,决定去取与高下之等时,仍以策论优劣为考判的主要依据。同时也证明重策论而轻诗赋的方针,早在新政登台之初,就由范仲淹亲自确定过了。[①] 这大抵是欧阳修卒成宋学初期执牛耳的人物,而范仲淹不失为支持者与先行者的原因所在。

欧阳修在《论更改贡举事件札子》的开头抨击"今贡举之失者",首先批评的是"有司取人,先诗赋后策论,使学者不根经术,不本道理"。在《颁贡举条制敕》中解释乙亥新制的好处说:"先策论,则辨理者得尽其说。"在《详定贡举条制状》中又说:

---

①在范仲淹以前,大抵以诗赋、策论并重定等第。如(北宋)夏竦:《文庄集》,卷十五,《议贡举奏》曰:"但诗赋、策论俱善为上等;诗赋优而策论劣,策论优而诗赋劣者为中等。自余不逮,皆从驳放。"由排列次序看,诗赋犹在策论之前。

> 今先策论，则文辞者留心于治乱矣；简程式，则闳博者得以驰骋矣；问大义，则执经者不专于记诵矣。

策论，在前引《新唐书·选举志》中欧阳修又直接写作"议论"。作为北宋中期文坛与学林执帅旗的人物，欧阳修通过科举改革对策论的提倡之于宋学议论精神和实用精神的推动，真是不遗余力而充满了热情。

以议论代声律之趋势已述之于上，下面再讲变"专记诵"为"问大义"。作为乙亥科场新制的第二项主要内容，"大义"只是作为加试的内容自愿应对的。但作为一种与帖经、墨义截然不同的经学考试形式，它的出现，无疑是北宋中期儒学复兴之后，义理之学开始进入科场并且反过来对它自身的发展起到推动作用这一事实的反映。

如前所引，早在天圣改革科举考试，已诏"诸科毋得离摘经注以为问目"①。所谓离摘经注，据《宋会要辑稿·选举》三之十五记载，乃是"将重复文句及抽折经注，令数字对答"，专指"诸科所对经义"即墨义而言。抽折数字，令考生对答，本是帖经的主要方式，乃典型的死记硬背。墨义，按其本来意思，当以解释经典的意义为主。在这一点上，它与"大义"，其实相同。《后汉书·光武纪上》："受《尚书》，略通大义。""大义"也就是经义。故《新唐书·选举志》述明经之目，大义与口义、墨义可以互通。这在奉《五经正义》为圭臬的唐代，本无足怪，因为"士子谨守官书，莫敢异议"②，经义（口义、墨义、大义）自然统统等于前人之注疏，只要背

①《长编》，卷一百零五，天圣五年正月己未条。

②（清）皮锡瑞：《经学历史》，第207页。

熟了，也就可以过关。宋初沿袭唐制，墨义之式的专于记诵，前引吕夷简试卷已见之。

天圣五年己未诏书反对离摘经注以为问目，主要意思大概是想制止把前人对经书的解释（注疏）也当作经书本文一样加以死记硬背，而强调对经旨的领会和掌握。作为消极的更正，前者形成为诸科经义考试的禁令；作为积极的改善，后者有人建议在诸科考试的终场增加"本科问策一道"的办法，以改变"经学不究经旨"[1]的局面，"盖欲验其所业本经大义，以参度性识"[2]。所谓不究经旨，也就是不明大义，可知光以记忆前人注疏为能事的墨义考试，在这时候的人看起来，已反映不出考生对经义真正理解的程度了。可惜此事天圣八年（1030）交近臣讨论的时候，"咸以诸科非所素习，其议遂寝"[3]。足见前此应诸科试者只能背诵汉唐注疏而未能独立思考之一般。这便是景祐二年（1035）孙复上书判国子监范仲淹建议组织力量重注九经以推行义理之学的背景。[4]天圣年间关于诸科试策的探讨，当是进士考试兼重策论之制得到确立所波及，它虽遭反对而未果，但为庆历年间在帖经、墨义之外另立"大义"一目而试诸生打下了基础。

为了避免与墨义混淆，庆历三年（1043）动议之初，用的是"经旨"一词。如前引范仲淹《十事疏》"进士先策论而后诗赋，诸科墨义之外更通经旨"，"诸科经旨通者为优等，墨义通者为次等"，文中"经旨"并与"墨义"对举，即指乙亥诏令所讲的"大义"。关于大义的考试办法，《详定贡举条制》有详细规定，其略云：

---

①《长编》，卷一百零二，天圣二年三月戊子条。

②《宋会要辑稿·选举》，十二之三十。

③《长编》，卷一百零九，天圣八年八月癸巳条。

④《圣宋文选》，卷九，《孙明复文·上范天章书》。

诸科举人依旧制场各对墨义外，有能明旨趣，愿对大义者，于取解到省，家状内具言愿对大义，除逐场试墨义外，至终场并御试，各于本科经书内只试大义十道，直取圣贤意义解释对答，或以诸书引证，不须具注疏。①

所谓能明旨趣，即能明经(之)旨(趣)。而大义，实是墨义之外的加试，其要求则与后者迥异："直取圣贤意义解释对答，或以诸书引证，不须具注疏。"所谓圣贤意义，即指经之本义，经义之说，言人人殊，本义则只有一个，先儒注疏又何尝不以为自己已得圣人之真谛？此处明令"不须具注疏"，而要求"直取圣贤意义"，这等于不承认旧有注疏已得经之本义，而可出以己意。可知《长编》迻录乙亥令时省去的这三句话，正是庆历科场改革的精髓所在，它反映并反过来助长了宋学初期与儒学复兴同时出现的自出新意、以义理之学取代汉唐注疏之学的方向。这一点当时的局中人感觉是相当明显的。以庆历新政期间担任太学校长的欧阳修同年进士田况为例，他在《儒林公议》卷下概述乙亥新制，侧重它对学术与教育的影响，着重指出的正是这三句话。②

自唐代开明经之科，以帖经试本文，以墨义问注疏，盖成定式，宋初相沿未改，如景德、祥符间连知贡举的晁迥，关于诸科对义的出题，仍是"经注四道，疏义六道"③，纯用后来宋学家所不齿的汉唐注疏以取士。至此始有大义之式，举子可以自出己意，发

①《宋会要辑稿·选举》，三之二十八。

②其书曰："有能明于经旨，愿对大义者，直取圣贤意义解释，或以诸书引证，不须具注疏。"按：此处"经旨"、"大义"连举，互藏其义，亦可证成两词异文同义之说。

③《长编》，卷六十，景德二年七月丙子条。

挥义理，不须具注疏。作为北宋第二次科举改革的另一方面主要内容，庆历新制罢进士考试之帖经、墨义，而增诸科以大义，对于宋学作为义理之学在汉唐注疏之学以外别树一帜的意义，较先策论后诗赋，逐场过落，通考定去留，实有以过之。

不过，庆历新制虽成于庆历四年，但正像庆历新政的其他设施至次年即因范仲淹的下台而被废罢一样，庆历五年三月的贡举，即没有完全照此执行，但如前所述，先策论后诗赋、以大义代墨义的精神既自天圣以来即已形成并不断发展，在此后几届考试之中，自然仍被不同程度地贯彻进去。如皇祐五年（1053）闰七月戊子，诏礼部贡院"自今诸科举人，终场问大义十道"；"九经止问大义，不须注疏全备"等。① 至仁宗嘉祐二年（1057），欧阳修重登中央政坛，以翰林学士权知礼部贡举，这一改革方案遂得到不折不扣、大张旗鼓的执行。

嘉祐二年礼部考试进士，在中国文学史上一直传为佳话。是年不仅使古文大家欧阳修得执文柄，成为名副其实的文坛盟主，而且是一代文豪苏轼及其弟苏辙，还有曾巩崭露头角的开始。唐宋古文八大家，本届贡举连结其四，千古胜事，莫此为甚。韩琦《赠太子太师文忠欧阳公墓志铭》载其事曰：

> 嘉祐初，权知贡举。时举者务为险怪之语，号"太学体"，公一切黜去，取其平淡造理者，即预奏名。初虽怒谤纷纭，而文格终以复古者，公之力也。②

---

①《长编》，卷一百七十五，皇祐五年闰七月戊子条。

②《欧阳文忠公文集·附录》，卷二。

宋人所谓文,有时兼诗而言,义同今日之“文学”一词。由下引是年登第的苏辙关于当日情事之回忆,所谓文格终以复古者,专指古文运动而言,而所谓太学体,亦即“号兹古文”之体。其言曰:

嗟维此时,文律颓毁,奇邪谲怪,不可告止。剽剥珠贝,缀饰耳鼻;调和椒姜,毒病唇齿;咀嚼荆棘,斥弃羹胾。号兹“古文”,不自愧耻。公为宗伯,思复正始。狂词怪论,见者投弃。踽踽元昆,与辙皆来,皆试于庭,羽翼病摧。有鉴在上,无所事媒。驰词数千,适当公怀,擢之众中,群疑相豗。公恬不惊,众惑徐开,滔滔狂澜,中道而回。匪公之明,化为诙俳。①

所谓驰词数千、正中主试之怀而得预奏名的文章,正是先诗赋而考的策论。此点可由苏轼登第之后写给权同知贡举、龙图阁直学士梅挚的感谢信中谈到参加这次考试的体会时所发的感叹获知:

夫以终身之事而决于一诗,岂其诚发于中而不能以自蔽邪?……故试之论以观其所以是非于古之人,试之策以观其所以措置于今之世。②

由留存至今而散见于二苏、曾巩等人文集中的嘉祐二年省试进士论题《刑赏忠厚之至》,和保存在欧阳修《居士集》卷四十八的《南省试进士策三首》,以及以杂策而收入《东坡七集·续集》卷九的

①《栾城集》,卷二十六,《祭欧阳少师文》。
②《苏轼文集》,卷四十九,《谢梅龙图书》。

南省第一首对策《禹之所以通水之法》来看，苏轼之所以受到欧阳修等考官的赏识而擢在高第，除了文风的坦易晓畅之外，对策论文体的重视和擅长，是一个更为重要的原因。史载，嘉祐二年欧阳修权知贡举之后，“场屋之习，从是遂变”①。这种变化，一方面表现在古文手法之转移——由“尚为险怪奇涩”转向平易；另一方面，士子把注意力集中在文风砥砺之上，这事实本身也说明了策论考试在此后科举考试中受到更进一步的重视。事实上，就在本年年底（十二月五日），诏明经科“试时务策三道”，“诸州进士增试策三道”②，逐步增加了策试在科场取士中的比重。到嘉祐末年，遂出现了司马光所盛赞的“南省考校，始专用论、策升黜，议者颇以为当”③的局面。后世论仁宗之治，每以所谓庆历之政与嘉祐之政相并举（嘉祐年间的宰相韩琦、富弼，参知政事欧阳修，并是庆历时期的宿将），推为北宋中期前后最精粹的两段。从科场改革的角度看，欧阳修等人的重新执政，对于在北宋文化史上起关键作用的仁宗一代文风与学风的转移，实起到了一以贯之的重大影响。

嘉祐二年的贡举考试，作为赵宋乃至整个中国文化史上一件值得大书特书的盛事，其重要意义不仅在于唐宋古文运动的取得最后胜利而使苏轼、苏辙、曾巩等优秀古文家脱颖而出，而且在于为宋学繁荣期的到来提供了一种简易传道的工具和组织了一支同样宏大的队伍。后来成为洛学开山的程颢及其门人朱光庭，后来成为关学巨子的张载及其高弟吕大钧，并于是年得进士出身。

---

①《宋史》本传。

②《宋会要辑稿·选举》，三之三十四。按《长编》，卷一百八十六，嘉祐二年十二月戊申作“进士增试时务策三条”。

③《温国文正司马公集》，卷二十八，《贡院定夺科场不用诗赋状》。

关学、洛学，还有以二苏为代表的蜀学和王安石的新学，并称宋学繁荣的四大主要流派，而前三者皆出欧阳修之门。即如受欧阳修栽培多年，器重奖掖之不亚于苏轼的曾巩，①虽然并不包括在前面提到的新、关、洛、蜀四大派里头，但论其学业，亦非特以古文鸣。曾肇为乃兄撰《行状》，云：

> 盖自扬雄以后，士罕知经，至施于政事，亦皆卑近苟简，故道术浸微，先王之迹不复见于世。公生于末俗之中，绝学之后，其于剖析微言，阐明疑义，卓然自得，足以发六艺之蕴，正百家之谬，破数千载之惑。其言古今治乱得失，是非成败，人贤不屑，以至弥纶当世之务，斟酌损益，必本于经，不少贬以就俗，非与前世列于儒林及以功名自见者比也。②

继绝学，本六经，剖微、释疑、正谬、破惑，以道术而弥纶当世之务，正是北宋儒家新学派的共同特点。故元人刘埙评曾巩有“于周、程之先，首明理学”之语。把曾巩看作理学的首创者，这样的评价当然过高，也不符合事实（详拙稿下章第五节《从义理之学到性理之学》），但流风所被，义理之学为一代士林之所从趋，则即此可证。

正如曾巩之经术为其文名所掩，罕为后世提及一样，嘉祐二年贡举将程颢、张载等人推上历史舞台之于北宋后期儒学发展的决定性影响，前此很少受到研究者的注意。就管见所及，元代刘

①（南宋）杨万里：《诚斋诗话》载：“欧阳公作省试知举，得东坡之文惊喜，欲取为第一人，疑其是门人曾子固之文，恐招物议，抑为第二。”

②《曾巩集》，附录一，《传记资料》。

性撰《(梅)宛陵先生年谱序》时曾稍涉及之。其言曰：

> 宋嘉祐二年,诏修取士法,务求平淡典要之文。(欧阳)文忠公知贡举而先生为试官,于是得人之盛,若眉山苏氏(轼、辙)、南丰曾氏(巩)、横渠张氏(载)、河南程氏(颢),皆出乎其间,不惟文章复乎古作,而道学之传,上承孔、孟。①

这里指出文章的复古和传统儒学的复兴,并以嘉祐二年的贡举考试为重大转机,无疑是比较全面而客观的历史评价。由嘉祐二年欧阳修以翰林学士而知礼部贡举时所上的奏章来看,同时着眼于上述两个方面,乃这位文坛盟主而兼学界泰斗的龙门人物之初衷。如他在本年正月所上的《条约举人怀挟文字札子》中说：

> 臣伏见国家自兴建学校以来,天下学者日盛,务通经术,多作古文。其辞艺可称,履行修饰者,不可胜数。②

"务通经术"和"多作古文",正是天圣以来科场改革的主要目标,也是儒学复兴和古文运动的宗旨。作为北宋文化的社会层面,三者互相统一,互为影响,至欧阳修得执文柄而大成。

古文,作为唐宋之间所标举的文体,被韩愈等人初次提出时,即以先秦文章(主要自然是儒家经典)为范式而服务于"传道"的需要。天圣年间,以北宋第一次科场改革为契机,古文运动与儒学复兴,差不多同时拉开了序幕。如仁宗天圣七年(1029)五月,

---

①(北宋)梅尧臣:《宛陵先生文集》,附录。

②(北宋)欧阳修:《奏议集》,卷十五,《翰苑》。

作为科举新制推行中的一个重要步骤,惩于“流风之敝”而发布禁绝“会萃小说,磔裂前言,竞为浮夸靡曼之文”的诏令,申明理由即在于这类东西的“无益治道”,而“中饬学者,务明先圣之道”①。苏轼后来撰文总述这三者之间的关系说:

> 国家自天圣中,诏天下以经术、古文为事。自是,博学之君子莫不群进于有司。②

“经术”即儒学,有司取士即科举,后者通过重策论轻声律来提倡古文,前者则是以古文形式写作的策论所要表达的主要内容。通经术、能文章而又长于议论,正是天圣科场改革之后成长起来的新一代知识分子,即所谓群进于有司的博学之君子的共性。如王安石《祭欧阳文忠公文》说:“公器质之深厚,智识之高远,而辅以经术之精微,故形于文章,见于议论。”③李焘《长编》论二宋:“祁兄弟皆以儒学显,而祁尤能为文章,善议论。”④又如前述,张、程与苏、曾,也均兼此三长。朱熹论曾南丰(巩)曰:

> 他初亦只是学为文,却因学文,渐见些子道理。故文字依傍道理做,不为空言。⑤

这段话,大抵就是刘埙《隐居通议》所谓朱子专以(曾巩)为法者

---

①《长编》,卷一百零八,天圣七年五月庚申条。

②《苏轼文集》,卷七,《杂策 · 修废官举逸民》。

③《临川先生文集》,卷八十六。

④《长编》,卷一百九十三,五月记事。

⑤《朱子语类》,卷一百三十九,《论文上》,第3313页。

的出处。所谓道理,也就是经术。因学文而明经术,明经术而文章议论“不为空言”。由此可知北宋科举改革提倡策论取士、重文轻诗对儒学复兴和宋学开创的积极作用。同时也可以了解到,北宋中期从天圣开始,蝉联庆历、嘉祐两个时期的科场改革和古文运动,其根本目的即在于振兴儒家传统之经术。

如前所述,庆历三年(1043)议论诗赋、策论先后之时,欧阳修即已指出今贡举先诗赋后策论之失,主要在于“使学者不根经术,不本道理”。皇祐五年(1053),在写给焦千之的信中,又“以科场文字不得专意经术”①为遗憾。值得注意的是,当年即有诏申诸科终场问大义十道之制。在嘉祐年间所上的《论删去九经正义中谶纬札子》中又进一步强调“士之所本,在乎六经”乃是“国家近年以来更定贡举之科”的根本目的。可知通过科举改革以复兴儒学,也是庆历、嘉祐年间欧阳修等人一以贯之的努力。这一点在直接以经义取士的诸科之试中表现得尤其明显。

关于欧阳修权知贡举的嘉祐二年(1057)诸科考试的具体情况虽然没有详细记载留存下来,但由以下两点即可窥其大概。一是至和二年(1055)礼部上《删定贡举条制》十二卷,②已以“杂问大义”为请,③具体办法是“诸科终场日,于本经问大义十道,九经,五经只问大义(而不责记诵)”④。据是年判礼部贡院、知制诰王珪所上的《诸科问经义奏状》的“前诏礼部”和《长编》卷一百八十一至和二年十月记事的“欲摇罢诏”等语可知,此令出自上意。

①(北宋)欧阳修:《书简》,卷七,《与焦殿丞(千之)》。

②《长编》,卷一百八十一,至和二年十月乙巳条。

③《长编》,卷一百八十一,至和二年十月记事。

④(北宋)王珪:《华阳集》,卷七,《诸科问经义奏状》;《长编》,卷一百八十一,至和二年十月己酉条。

知制诰王珪翌年擢翰林学士,随欧阳修权同知贡举。二是嘉祐二年十二月五日,仁宗下诏,颁行天下:

其明经科并试三经,谓大经、中经、小经各一也。……每经试墨义、大义各十道,仍帖《论语》《孝经》十道,分八场,以六(道)〔通〕为合格。又试时务策三道,以文词典雅者为通,其出身与进士同。罢说书举人。

诸州进士增试策三道,诸科举人增问大义一场。其高第人恩例,令中书门下裁损以闻。①

明经增试策,本是天圣科举改制时拟议而未果的改革措施;诸科增问大义于终场,即庆历科场新制的主要内容之一。至此统统得到了贯彻执行。

嘉祐二年诏书最值得注意的地方是在诸科之外,另有明经一科,这是宋初以来从未有过的提法。

"明经"之举,始于隋唐。《大唐六典》卷二《吏部·考功员外郎》条载:"诸州每岁贡人,其类有六,一曰秀才,二曰明经,三曰进士,四曰明法,五曰书,六日算。"开元之后,"明经"又析为五经、三经、二经、学究一经、三礼、三传以及史科等。② 北宋建国之初,沿五代后周之制,取士分进士、五经、开元礼、三礼、三传、三史、学究以及明法等科,③"五经"以下又合称"诸科",与"进士"并列,④与唐之明经、进士一样,成为读书人入仕的两条主要途径。因此从

①《宋会要辑稿·选举》,三之三十四。
②详《新唐书·选举志上》。
③《长编》,卷十四,太祖开宝六年三月乙亥条。
④《长编》,卷十六,开宝八年二月戊辰条。

表面上看起来，宋初似乎无明经一科，但其实已包括在诸科之中。这只要把上文所引唐代明经之别与宋初五经以下、学究以上等诸科的主要内容稍加对比就可了然。所谓包括在诸科之中，是指五经等等以外，还有明法一科，就其主要部分大而言之，宋初的诸科，其实相当于唐代的明经。① 南宋王栐《燕翼贻谋录》卷五曰：

> 国朝因唐制取士，只用词赋，其解释诸经者，名曰明经，不得与进士齿。

又前引《宋史·选举志》"所谓明经，不过帖书、墨义，观其记诵而已，故贱其科"（下文犹有"而'不通'者其罚特重，乾德元年诏曰"云云），"明经"两字并从唐义泛称有宋诸科之目，而非指宋初诸科之外别有"明经"一途。

《宋史·选举志一》又曰："初，礼部贡举，设进士、九经、五经、开元礼、三史、三礼、三传、学究、明经、明法等科。"②此处"明经"，与诸科之细目并列，当特指仁宗嘉祐二年新设的明经科，而与唐代专于记诵的明经各科不同。

关于宋代"明经"一称这两种广狭不同的意义，当朝人叙当朝事也有不大弄得清楚的时候。如叶梦得《避暑录话》卷上曰：

> 唐制，取士用进士、明经两科。本朝初，唯用进士。其罢明经，不知自何时。仁宗庆历后稍修取士法，患进士诗赋浮

---

①以诸科取代明经，大抵昉于五代。《册府元龟》，卷六百四十二，《贡举部·条制》著录后周显德二年五月窦仪奏："明经所业，包在诸科……请却依晋天福五年敕停罢，任改就别科赴举。"

②《文献通考》，卷三十，《选举三》所载并同。

浅，不本经术，嘉祐(三)〔二〕年，始复明经科。

“复明经科”云云，①自然是指恢复唐之明经诸科，如前所述，赵宋有国以来，它何尝断过。所谓本朝初取士唯用进士，当作“用进士、诸科”，如前所述，其制实同于唐之进士、明经两科，只不过名称稍有变化而已。故史书载嘉祐二年新设明经科事，为了避免混淆，有的作“别置”，如《长编》卷一百八十六，录嘉祐二年十二月戊申诏；有的作“增设”，如《文献通考》卷三十一《选举四》；有的干脆作“初置”，见《玉海》卷一百十六。

正如“墨义”在唐代本来也叫“大义”，宋人强调大义以取代墨义，却是一种以义理之学反对注疏之学的改革一样，北宋明经科之别置，从形式上讲，同唐代差不多，也是三场考试，其实质，却是对已经陷于死记硬背而无生气的后者的否定。关键之点，即墨义之外增试大义。

据前引嘉祐二年十二月戊申(五日)诏，在增设明经科的同时，罢旧制说书举。这“说书举”，实即宋明经科的前身，它起于仁宗天圣四年。《长编》卷一百零四载其事曰：

(天圣四年九月)庚申，诏礼部贡院举人有能通三经者，量试讲说，特以名闻，当议甄擢之。

明经诸科之设，本为搜罗通经博学之士，今举人有能通三经者，竟须于诸科之外求之，可知专于记诵的结果，使由经生登仕途者，只能死记硬背前人注疏，而不能讲学，无法通过一定的文字组织，用

①类似提法还有(北宋)司马光：《涑水记闻》，卷一，作“复置明经科”。

自己的语言把经义表达出来。毫无疑问,从义理之学的立场上看,这一点恰恰是最重要的。作为天圣科举改革的另一个组成部分,这也正是说书举之设的目的所在。天圣二年登第、庆历年间继滕宗谅在湖州起用胡瑗大兴郡学的胡宿,在《论增经术取士额状》中谈到说书举的具体考试办法时说:

> 贡院别试经义十道,直取圣贤意义解释对答,或以诗书引证,不须全具注疏,以六通为合格。①

由上文可知,通过自己的语言组织直探经之本义而不必尽用注疏,这正是庆历新制关于诸科改革增试大义的要点所在,到嘉祐年间则进一步被强调而有明经科之特置,而所取人数与诸科同,其目的,即"欲诱经生,使习义理之学"②。

前文曾经打过一个不甚恰当的比方,将帖经、墨义比作今之填充、默写之类仅靠机械记忆即可对答的考试形式,准此,则大义相当于现在大学试卷上的问答题,必须具有一定的逻辑思维和语言表达能力才能完成。答得好的,也就是一篇初具规模的论文。故北宋后期学者提到大义,大都强调考生必须具备文辞的素质。如韩维熙宁二年议贡举,倡言以"问大义十道"代替进士诗赋考试

---

①《文恭集》,卷八。按:《宋史・文苑六・刘恕传》载:"(恕)未冠,举进士,时有诏,能讲经义者别奏名,应诏者才数十人。恕以《春秋》《礼记》对,先列注疏,次引先儒异说,末乃断以己意。凡二十问,所对皆然。主司异之,擢为第一。"所应即说书举。据胡宿奏状,"庆历六年(1046)应诏者四十人,合格者八人。"刘恕(1032—1078)生于明道元年,是年正未冠之年,当为八人之一。

②(北宋)韩维:《南阳集》,卷二十五,《议贡举状》。

时，即定其试法为“但以文辞解释，不必全记注疏，取其言典雅、得圣人之意者，通七以上为合格”①。王安石嘉祐四年在《上仁宗皇帝言事书》中指出新开明经科的取士对象，即是“亦记诵而略通于文辞者”②。熙宁四年中书颁行大义之式，规定“试义者须通经有文采乃为中格，不但如明经墨义粗解章句而已”③。

一方面是进士考试的重策论轻诗赋而逐渐通向经术，一方面是诸科考试的重大义轻帖、墨而逐渐向文辞与议论靠拢，两者的合流，遂导致了熙宁年间废诗赋，帖、墨，以经义、论策取士的北宋第三次科场革命。

北宋时期的科举改革，对宋学影响最大、最彻底的是第三次。作为王安石变法的重要组成部分，这次改革原拟分两步进行，第一步，“宜先除去声病对偶之文，使学者得以专意经义”。第二步，“俟朝廷兴建学校，然后讲求三代所以教育选举之法，施于天下”。这是由王安石亲笔起草的中书《乞改科条制》中的安排。④ 熙宁时期进行的是第一步，新定贡举之制大要有二：一、废罢明经及诸科，名额增入进士一科；二、进士罢试诗赋，帖经、墨义并皆罢去。考试程序是：

> 每试四场：初本经，次兼经，并大义十道，务通义理，不须尽用注疏。次论一首，次时务策三道。

根据这些规定来看，熙宁改制比天圣、庆历更加彻底的有二：

①《南阳集》，卷二十五，《议贡举状》。

②《王文公文集》，卷一。

③《文献通考》，卷三十一，《选举四》；《宋史·选举志一》。

④《王文公文集》，卷三十一；《长编》，卷二百二十，熙宁四年二月丁巳条。

一、天圣新制只是兼考策论与诗赋；庆历新制进一步提高了策论的地位，置于诗赋之上；熙宁新制则干脆罢试诗赋，而独留策论。

二、庆历改制新增大义，但只是作为诸科的加试，熙宁新制取消了诸科和嘉祐年间别置的明经科，大义成为进士而实际上是全体贡生的考试项目，且地位又在策论之上。

马端临在《文献通考》卷三十一《选举四》概括熙宁新制的这两大改革时说：

> 变声律为议论，变墨义为大义。

所谓变声律为议论，即指以策论代替诗赋；变墨义为大义，即指以义理代替记诵。这两者并是天圣以来北宋科举改革的方向和目的，至此遂臻于成功。从宋学的立场上看，前者标志着有唐以来文章之学在科场统治的终结，后者代表了宋学对训诂之学即汉学斗争的胜利。

所谓策论，本以经义为主要内容。这一点不仅可由本节上文所列太宗朝至仁宗朝御试的论题演进得到证明，而且根据《长编》的有关记载可以知道，早在策问还只是制科的考试专用项目时，北宋统治者（宋真宗）就已经指出："朕以为六经之旨，圣人用心，固与子史异矣。今策问宜用经义，参之时务。"①可知所谓以策论代替诗赋，也就是以义理代替辞章；所谓以经义、论策取士，主要的也就是经义，也就是以议论为形式、以儒家之说为内容的义理之学。从这种意义上说，北宋的三次科举改革促进了义理之学的

---

①《长编》，卷六十五，景德四年闰五月壬申条。

形式，推动了义理之学的发展，义理之学成长起来之后，又占领了科场的中心位置并给后者以反作用。这一点不仅见于前引王安石代表中书起草的科举条制，而且见于《长编》的如下记述。

熙宁六年（1073）三月，实施贡举改革后的第一届考试结束，宋神宗高兴地对执政说：

> 今岁南省所取多知名举人，士皆趋义理之学，极为美事。①

前揭“务通义理”和神宗此语，乃是“义理之学”这一宋学代称作为北宋新起的专有名词（说详下章第一节《宋学概说》），被写进朝廷正式文件和出于最高统治者之口的开始。“士皆趋义理之学”，作为11世纪70年代前后出现的学术潮流，不仅是宋学确立并走向繁荣的标志，而且代表了中国文化发展的大转变、大趋势，而王安石以及后起的张载、二程等人，则是这一时代潮流的代表。此后迭经南宋、元、明、清以迄近代，不唯经义取士成为既定模式，②宋学也一直据于学术文化界的统治地位。从这一立场上讲，熙宁变法之于儒家传统文化发展和演进的意义，远过于科举改革的本身。

熙宁科场新制在儒学发展史上作出的划时代贡献，值得一提的还有王安石主持编纂，作为经义考试统一标准而于熙宁八年颁行的《周礼》《诗》《书》三经义（即《三经新义》）。

---

①《长编》，卷二百四十三，熙宁六年三月庚戌条。

②明代科举考试，“其文略仿宋经义”（《明史·选举志二》）。而清人顾炎武亦云：“今之经义，始于宋熙宁中王安石所立之法。”（《日知录》卷十六《经义论策》）

编纂一部适应义理之学需要的官书而取代沿用汉唐注疏的《九经正义》,如前所述,本是天圣改制之后落第举子孙复向判国子监范仲淹提出的建议。要完成这么一项关涉封建王朝思想统治之基础和千百万读书人之仕途命运的巨大工程,没有相当雄厚的政治力量、群众基础和学术储备是无法办到的。即如嘉祐年间欧阳修以文坛盟主、学界泰斗而莅科场为座师,也只是建议"特诏名儒学官,悉取《九经》之疏,删去谶纬之文"①而已。王安石之所以卒成如此大功,除了他具有前此宋学家所无法相比的宏大气魄和政治地位之外,自天圣以来科举改革不断深化、义理之学不断成长壮大的历史趋势,是一个尤其重要的原因。

熙宁六年,宋神宗陶醉于"士皆趋义理之学"的极大美事之余,便对王安石提供过如下信息:"举人对策,多欲朝廷早修经义,使义理归一。"②科场既重议论与大义,停留在汉唐注疏之学的《九经正义》,自然早已不能适应学习和进取的需要。有破有立,众心所趋。从这一记载可以看出,到神宗熙宁之际,《三经新义》作为前期宋学的代表性著作成为科场与学宫的法定教科书,实义理之学不断发展之事势所必趋。北宋科举改革推动了宋学的成长,宋学确立之后又反过来给科举考试以巨大的影响,于此表现得更加充分。

熙宁九年(1076),王安石解去机务,不再出任宰相,但他所制定的政策得以继续奉行。直至哲宗元祐时期,新法一一废罢,科举考试改革的原则及《三经新义》,仍得以延续。哲宗冲幼,高后临朝之初,国子司业黄隐希意诋毁安石之学,"讽谕其太学诸生凡

---

①(北宋)欧阳修:《奏议集》,卷十六,《论删去九经正义中谶纬札子》。

②《长编》,卷二百四十三,熙宁六年三月庚戌条。

程试文字不可复从王氏新说,凡引用者类多黜降”①,并怒诸生设奠以申王安石师资之报,不仅引起了太学生的不服,“怨猜汹汹,至有腾为嘲谤之词者”②,连王安石政治上的反对派刘挚、吕陶等也纷纷出来说话,要求罢去黄隐职任。刘挚之言曰:

> 故相王安石经训、经旨,视诸家议说,得先儒之意亦多,故先帝以其书立之于学,以启迪多士。而安石晚年溺于《字说》、释典,是以近制,禁学者毋习此二者而已。至其所颁经义,盖与先儒之说并行与兼存,未尝禁也。③

可知即使在反对王安石的呼声最高的元祐时期,除《字说》之外,王安石的经义著作并不遭禁,科场仍参用为取士之标准。

关于诗赋取士的“专尚辞华,不根道德”④,墨义之式的“专取记诵,不询义理”⑤,司马光也是剧烈反对的。元祐元年(1086)司马光被起用为宰相,着手取消熙、丰之际的改革设施,于科场之制独曰:

> 神宗皇帝……专以经义、论策试进士,此乃革历代之积弊,复先王之令典,百世不易之法也。⑥

---

①(北宋)吕陶:《请罢国子司业黄隐职任》,引自《皇朝文鉴》,卷六十一。
②(北宋)刘挚:《忠肃集》,卷七,《劾黄隐》。
③同上。
④《司马光奏议》,卷三十七,《起请科场札子》。
⑤同上。
⑥同上。

可知王安石改革关于科举考试以经义、论策为主要形式，以义理之学为主要内容的原则也没有改变。哲宗绍圣元年（1094），诏进士罢诗赋，①专习经义，除《字说》之禁。自此以迄南宋初期，王学一直在科场占有显赫的位置。连以洛学传人而执南宋学界之牛耳的朱熹也不得不承认："王氏《新经》尽有好处，盖其极平生心力，岂无见得著处？"②

刘挚在《劾黄隐》中说："夫安石相业虽有间然，至于经术学谊，有天下公论在。"这一方面说明领导了北宋科举这一次最彻底改革的王安石本人在学术方面的成就得到各派，包括不同政见者的公认——这正是"王氏学独行于世者六十年"③，科举改革取得胜利的重要原因。另一方面也说明了，到北宋后期，义理之学的确立已为众望所归，熙宁新制在天圣、庆历两次科场改革的基础上，为它提供了更加强有力的保证。

关于北宋第三次科举改革同宋学的关系，还有两点值得提及。一是早在熙宁二年变法初期讨论科举改革的时候，司马光撰《论风俗札子》，抨击科场时习曰：

> 选士者，治乱之枢机，风俗之根原也。窃见近岁公卿大夫好为高奇之论，喜诵老庄之言，流及科场，亦相习尚。……且性者，子贡之所不及；命者，孔子之所罕言。今之举人，发言秉笔，先论性命，乃至流荡忘返，遂入老庄。纵虚无之谈，骋荒唐之辞，以此欺惑考官，猎取名第，禄利所在，众心所趋，

---

①元祐四年（1089），曾分进士为经义、诗赋两科，短期恢复诗赋、论、策三题，详《宋史·选举志一》。

②《朱子语类》，卷一百三十，第3099页。

③（南宋）陈振孙：《直斋书录解题》，卷二。

如水赴壑，不可禁遏。①

差不多的提法，还见于苏轼同年五月所上的《议学校贡举状》，其文谈到当时科场策论考试的内容时也说：

夫性命之说，自子贡不得闻，而今之学者，耻不言性命，此可信也哉！②

可知由诗赋取士逐渐改为以策论定去留之后，宋学的第二阶段——性理之学，也通过科举考试的转向应运而生。据司马光自注，元丰八年(1085)，他在整理书笼时发现《论风俗札子》旧稿，复有"观今日之风俗，其言似误中"之感慨。可知终神宗之世，知识分子之从性理之学"如水赴壑，不可禁遏"的趋势，有增无已。元祐二年(1087)，"吕公著当国，始请禁主司不得以《老》《庄》书命题，举子不得以申、韩、佛书为学"③。这一事实，恰恰从反面证明了在宋学繁荣期，儒学吸收佛、老之说而发展为以性命之理的探讨为内容，也是由科举改革而导致的议论自由之风所促成。关于

①《司马光奏议》，卷三十。

②《东坡七集·奏议集》，卷一。按：其文首称"熙宁四年正月"，为"熙宁二年五月"之误。诗人黄以周《续资治通鉴长编拾补》卷四已据《文献通考》卷三十一、《宋史全文》卷十一、《玉海》卷一百十六为之是正。而(南宋)赵汝愚编《国朝诸臣奏议》卷七十九收录此文即作熙宁二年五月，今从之。

③《宋史·吕公著传》，《宋史纪事本末》，卷三十八。按：据《宋会要辑稿·选举》三之五十，此禁以诏令的形式于元祐二年(1087)正月十五日颁布。又据同书三之五十五，绍圣二年(1095)正月十三日从国子监司业龚原之言除此禁。另据《宋史·选举志三》，至钦宗靖康元年(1126)，臣僚上书言科举，又以禁《老》《庄》之书为请。

这个问题,拙稿下章还将详细讲到。

其次,王安石提出的科举改革的第二步设想——恢复上古以学校取士的制度,也是他在学术上的对立面关、洛诸派的共同主张。如熙宁二年程颢上《请修学校尊师儒取士札子》,即提出从县、州到太学的三级淘汰升学选士的办法以取代科举的方案。这一方案,与神宗时期曾在太学试行过的三舍法结合在一起,到徽宗崇宁三年(1104)在全国范围内普遍实行。其年诏"天下取士,悉由学校升贡,其州郡发解及试礼部法并罢"①。考试方法"初场经义,次场论策"②,与熙宁新制的礼部进士试全同。王安石关于以学校考选代替科举取士的第二步设想,在其身后也得以实现。

下面就接着讲学校教育与宋学的关系。

第五节　教育改革对宋学的推动

北宋教育改革的主要特点是各类学校的兴建。北宋兴学一共有四次,第一次是天圣、景祐时期的州县学校大量兴办,第二次是庆历、嘉祐时期的太学盛建,第三次是熙宁、元丰时期太学三舍法的实施,第四次是崇宁以后,三舍法由太学推广至州县,学校考选代替科举成为取士的主要途径。从总体上讲经历了由下而上,再由上而下这样两个螺旋式上升的发展过程。其予宋学的影响,在时间断限上大体与科举一致。兹考辨并依次叙述如下。

研究宋代教育史者,一般持北宋三次兴学说,并把庆历四年

---

①《宋史·选举志一》;《文献通考》,卷三十一,《选举四》。

②《宋史·选举志三》。

(1044)作为北宋兴学之始。如近年出版的《中国教育史》,即仍沿用"宋的三次兴学运动,首先是以范仲淹为首的仁宗庆历四年(1044)的兴学"①的观点。这大概是受了下列一些说法的影响。

《宋史·选举志三》曰:

> 庆历四年,诏曰:"……其令州若县皆立学,本道使者选部属官为教授,员不足,取于乡里宿学有道业者。"由是州郡奉诏兴学,而士有所劝矣。

这段话,前半录自乙亥诏令的原文(详《长编》卷一百四十七,庆历四年三月所载乙亥诏令),后半则采自奉敕执笔起草了这一诏令的欧阳修庆历四年作《吉州学记》时关于兴学过程的叙述。其文开篇曰:

> 庆历三年秋,天子开天章阁,召政事之臣八人,问治天下其要有几,施于今者宜何先,使坐而书以对。②

此即著名的庆历新政所由始。所谓政事之臣八人,即范仲淹、韩琦、富弼等。其文继而云:

> 明年三月,遂诏天下皆立学,置学官之员。然后海隅徼塞四方万里之外,莫不皆有学。……宋兴,盖八十有四年,而

①人民教育出版社,1979年4月第一版,第343页。
②(北宋)欧阳修:《居士集》,卷三十九。

天下之学，始克大立。①

作为庆历新政的健将欧阳修这番话大抵说得过于生动了一点，故后世对庆历兴学的理解，都带有一点断然决定、一哄而上的印象，而忽略了这位以“简而有法”为作文宗旨的古文大家，②在这里精心安插的“诏天下皆立学”的“皆”字，和“天下之学始克大立”的“大”字。

关于北宋兴学行之有渐的情况，马端临撰《文献通考》时已经注意到了。其书卷六十三《职官十七》说：

> 宋初有四书院，庐山白鹿洞，嵩阳书院，岳麓书院，应天府书院，未建州学也。乾兴元年，兖州守臣孙奭私建学舍，聚生徒，乞请太学助教杨光辅充本州讲，从之。余镇未置学也。景祐四年诏藩镇始立学，他州勿听也。宝元元年(1038)颍州守臣蔡齐请立学，时大郡始有学，而小郡犹未置也。庆历四年(1044)诏诸路州、军、监各令立学。学者二百人以上许更置县学。于是州郡不置学者鲜矣。

《宋史》关于北宋兴学之始所说的另一段话即本于此，详其书《职官志》七“教授”条：

> 景祐四年，诏藩镇始立学，他州勿听。庆历四年，诏诸路州、军、监各令立学。学者二百人以上，许更置县学。自是州

①(北宋)欧阳修:《居士集》,卷三十九。

②详(北宋)欧阳修:《居士外集》,卷二十三,《论尹师鲁墓志》。

郡无不有学。

把乾兴元年(1022)产生的兖州州学列为“私建”,作为特例而非大规模兴学之始,是对的。因兖州有“以邹鲁之旧封,有周孔之遗化”[①]这一得天独厚的条件,真宗大中祥符二年(1009)即已奉诏立文宣王庙学,[②]守臣孙奭即在此基础上予以扩大,“修建学舍四十余区”,受纳生徒“不下数百人”[③]。不过此年十一月赐兖州文宣王庙学田十顷,以为学粮,从此成为定制,在宋代教育史上,也是一个重要的开端。《长编》叙此事称:“诸州给学田,盖始此。”[④]叙天圣五年应天府学则曰:“自五代以来,天下学废,兴自(晏)殊始。”(详前节所引)颇有分寸。

不过,《文献通考》以景祐四年为诏藩镇立学之始,他州勿听,仍与史实有很大的距离。以《范文正公集》为例。书中提到景祐四年以前州郡立学者即有四处之多。如景祐二年,范仲淹守苏州,首建郡学,聘胡瑗为师,见附录《范文正公年谱》。[⑤] 景祐三年,范仲淹因反对宰相吕夷简贬知饶州,又在饶州创郡学,亦见

---

①《宋会要辑稿·崇儒》,二之三。

②(南宋)吕中:《宋大事记讲义》,卷七,《建学》:“祥符二年二月,诏许曲阜先圣庙立学,赐应天书院额。州郡置学始此。”此处将庙学、书院这些州郡学的前身直接作为州郡置学之始,故以大中祥符二年二月为最早,存以备考。又《长编》卷七十一,真宗大中祥符二年正月记事:“以孔宜子殿中丞勖知曲阜县,兼检校先圣庙……勖请就宣圣庙创立学舍及于斋厅讲说,皆许之。”即无以为州郡兴学之始。另据《严州图经》卷一,早在太宗雍熙二年(985),田锡知睦州时已“即庙建学”。

③《宋会要辑稿·崇儒》,二之三。

④《长编》,卷九十九,乾兴元年十一月庚辰条。

⑤参《长编》,卷一百十七,景祐二年十月记事;《宋史·范仲淹传》附子纯祐传。

《年谱》。明年十二月，范仲淹由饶州移知润州，[①]又在润建郡学，拟聘李觏赴任教授，见《范文正公集·尺牍》卷下《与李泰伯（觏）书一》。又《范文正公集》卷十五《代胡侍郎（则）奏乞余杭州学名额表》载"前知州李（诏）〔谘〕在任日，重修宣圣庙，置学舍数十厦。"据清人吴廷燮所编《北宋经抚年表》卷四，李谘天圣六年正月戊午知杭州，次年十月丙戌改永兴军，明道二年四月甲子胡则再知杭州。由知天圣六年或七年，杭州也已建州学。

杭州、苏州、润州（今江苏镇江）、饶州（今属江西）并是江南都会。另一与这四处齐名而同属东南五路经济、文化发达之城市的江宁府（今江苏南京），也于天圣七年建立了府学。[②] 知府为前宰相张士逊。

在北方，天圣年间热衷于办学的也不少。如宰相王曾。石介《题郓州学壁》说：

> 沂公（王曾）之贤，人不可及。初罢相，知青州，为青立学。移魏，为魏立学。再罢相知郓州，为郓立学。而罢相为三郡，建三学。

据《北宋经抚年表》，王曾知青州（今属山东），乃在天圣七年；[③]移魏（即天雄军，今属河北），在天圣九年；知郓州（今属山东），在景祐四年四月，次年卒。除郓州外，其余二学皆立于天圣年间。据

---

①《长编》，卷一百二十，景祐四年十二月壬辰条。

②《景定建康志》，卷二十八，参《长编》卷一百零九，天圣八年十二月庚寅条。

③（北宋）夏竦：《文庄集》，卷二十一，《青州州学后记》即作"天圣七载，至相太原公来牧故乡"云云。

《长编》卷一百一十，天圣九年三月，颁赐青州州学《九经》，即从王曾之请。

山东是儒学的故乡，河朔在唐代也是文化发达的地区（仅次于京城长安近畿一带），历来有崇儒的传统，故入宋后经济虽已逊于东南，但兴学的热潮仍不减于南土。

为了进一步说明问题，笔者以《长编》为依据，查考了景祐元年（1034）至宝元二年（1039）州郡建学及赐学田的记载，其结果如下：

景祐元年，共六处：京兆府、河南府、陈州、扬州、杭州①（以上卷一百十四）、舒州（卷一百十五）。

景祐二年，共十处：亳州、秀州、濮州、郑州、楚州（以上卷一百十六）、蔡州、苏州、应天府、孟州（以上卷一百十七）。

景祐三年，共十七处：洪州、密州、潞州、常州、衡州、许州、润州、真州、越州、阶州、真定府、博州、郢州（以上卷一百十八）、并州、绛州、合州、江州（以上卷一百十九）。

景祐四年，共三处：宣州、福州、徐州（以上卷一百二十）。

宝元元年，共三处：郓州、颍州（以上卷一百二十一）、襄州（卷一百二十二）。

宝元二年，共三处：明州、泉州（以上卷一百二十三）、建州（卷一百二十五）。

---

①《长编》，卷一百十四，仁宗景祐元年闰六月戊午条："赐杭州学田五顷。"如前所述，杭州学已立于天圣六年或七年。大抵先立学而后赐学田，以下重出者皆不再录。

综观以上统计，景祐三年最多，达十七处。其次景祐二年，十处。景祐四年至宝元二年，每年仅三处。足见北宋州郡建学，在景祐四年之前已形成高潮，而如前所述，较早的州郡，在天圣年间就已经兴办了学校，不过为数不多。因此，尽管以景祐四年为州郡兴学之始是错误的，但粗略地说，将"景祐"作为北宋州郡兴学开始阶段的标志，还是大致不差的。宋人的许多有关记载，皆可作如是观。如庆历年间与贾昌朝同判国子监的田况在所著《儒林公议》卷上说：

自景祐以来，天下州郡渐皆建学，规模立矣。

哲宗朝官至宰相的苏颂《苏魏公文集》卷十五《议学校法》中说：

国朝自景祐以来，天下建学。

景祐（1034—1038）在庆历（1041—1048）之前，天圣（1023—1032）又在景祐之前。然则宋籍中既有如许众多明确之记载，缘何后世一误再误，总是将庆历作为北宋兴学之始呢？正如本节一开头即指出过的，其源盖出于《宋史·选举志》所转录的《长编》庆历四年三月乙亥诏令"其令州若县皆立学"的记载。为了彻底弄清这个问题，我们不妨将《宋会要辑稿·崇儒》二之四有关这个诏令原始材料的著录摘引如下：

庆历四年三月，诏诸路府、军、监，除旧有学外，余并各令立学。

显而易见，假如在前引《长编》等所载“州若县皆立学”之前补上“除旧有学外，余”等六个字，疑义也就即刻可以冰释了。所谓旧有学者，即指天圣、景祐、宝元间已建学校的州县而言（关于县学的情况，限于篇幅，且从略）。

中国古代史家，为文尚简省，宋人尤然。如欧阳修在《论尹师鲁墓志》中作为“简而有法”的具体原则提出来的“可以互见，不必重出”，即是司马迁以来史籍著述的一个基本方法。大抵《长编》既在前几卷有众多州郡立学的详细记载，故编录乙亥诏令时自然也就可以简略作“其令州若县皆立学”，以免重出了。——当然，这样的简省是极易引起误解而不可取的：在作者，这无非是“承前省略”法的运用，对读者来说，假如从头到尾地读《长编》，也不至于曲解。问题在于，一般使用《长编》这样的大书，总是只找其中某一条目加以引证，辗转传抄者如《宋史》的编者，则更不待论了。拙著上节已论《长编》关于“道考为去留”的简省出歧义如前，今复举“州若县皆立学”之启后世以疑窦，几误一代教育之信史于此，以见文化史研究史料鉴别方面的重要。

后人之所以误以庆历为北宋兴学之始，另一个重要原因是只注意到太学的兴废而忽视了州郡学校的发展。这与对当时人的记载之理解也有很大的关系。下引欧阳修《胡（瑗）先生墓表》中的一段话是经常为论者所提到的：

> 庆历四年，天子开天章阁，与大臣讲天下事，始慨然诏州县皆立学，于是建太学于京师，而有司请下湖州，取先生之法以为太学法。

把“于是建太学于京师”一句连下读，州学（具体到本文是湖州州学）兴在太学初建之前，十分清楚。若连上读，则极易造成太学与州县学同时始建的印象。因而连带给人以太学的复振带动了州县学校之盛建的错觉。其实情况恰恰相反。以下所引是前面提到过的田况《儒林公议》卷上关于这个问题的详细叙述：

> 国朝以来，京都虽有国子监，为讲学之地，然生徒不上三十人……自景祐以来，天下州郡渐皆建学，规模立矣。庆历初，今贾相国昌朝判领国庠，予贰其职。时山东人石介、孙复，皆好学醇儒，为直讲，力相赞和，期兴庠序……讲员日众，判长奏假庠东锡庆院以广学舍为太学，诏从之。介、复辈益喜，以为教道之可兴也。

国子监，在宋代既是一个主管教育的行政机构，从太宗端拱二年（989）开始，又成为一个教学单位。① 这种情况与唐代国子监的只是教育行政机构不同。田况在这里提到的"为讲学之地"的"国子监"，即"国子学"，既不同于唐代的"国子监"概念，又非后文提到的"假庠东锡庆院以广学舍为太学"的"太学"，这一点务须注意。

田况此处所讲的太学兴建之前，国子监生员寥寥、门可罗雀的情况，我们还可由庆历二年天章阁侍讲王洙所上的《论国子监札子》中提到的"居常讲筵无一二十人听讲者"②的情况，以及同年任国子监直讲的宋祁《学舍诸生罕至或累旬依席不讲愧而成咏》诗相参证。③ 这种情况与庆历四年太学初建即开始兴盛，"学者

---

①《长编》，卷三十，太宗端拱二年二月："以国子监为国子学。"

②《宋会要辑稿·崇儒一》；《文献通考》，卷四十二，《学校三》。

③《景文集》，卷十四。

自远而至，太学不能容，取旁官署以为学舍”的情况造成鲜明对照。①

为什么一前一后会发生这么大的变化呢？原因之一是学生成分的改变。《宋史·选举志三》曰：

> 凡学皆隶国子监。国子生，以京朝七品以上子孙为之，初无定员，后以二百人为额。太学生，以八品以下子弟若庶人之俊异者为之。

据前引王洙庆历二年《论国子监札子》，这一变化大抵即发生在庆历新政之时。王洙之奏曰：

> 又：国子监除七品以上子孙许召保官试补外，八品以下至庶人子弟例不收补，以此每遇科场，多有冒称品官子孙，难以详别，或兴词诉。请仿唐制，立四门学，以八品以下至庶人子孙补充学生。

唐制：国子学，生员300人，以文武三品以上子孙为之；太学，生员500人，以五品以上子孙为之；四门学及律、书、算等，方收八品以下及庶人子孙。故王洙奏议中有“请仿唐制”云云。这一建议次年二月即被采纳施行，②庆历四年又改称“太学”。③

---

①（北宋）欧阳修：《居士集》，卷二十五，《胡（瑗）先生墓表》。

②详《长编》，卷一百三十九，庆历三年二月辛酉条。

③详《长编》，卷一百四十八，庆历四年四月壬子条；《长编》，卷一百五十三，庆历四年十一月戊午条；《宋史·选举三》；《宋会要辑稿·崇儒一》；《文献通考》，卷四十二，《学校三》；《玉海》，卷一百十二，《学校·庆历太学》。

如前节所论北宋下层知识分子随着生产关系的变化所引起的社会地位的变化一样，北宋中期太学生源的扩大，将唐代地位低下的四门学升格为太学，对宋学的产生和发展所带来的社会影响，无疑是十分重大的。而这一重大变化，就教育制度自身内部来说，起始也就来自州县学校蓬勃发展的推动。因为州县学校的生源，主要是下级品官及庶人之子孙，他们中的学业优秀者的进一步深造的迫切要求和社会需要，自然也就打开了冷落多年的全国最高学府的大门。

原因之二是教官素质的变化。庆历二年以前的国学教官，大抵以科举考试中得高第的文学之士充任，如上文提到的以“累旬依席不讲”为愧的宋祁。庆历四年太学兴建之后情况就不同了。就在当年，即有诏下湖州，取胡瑗在湖州州学中的教育法以为太学法。胡瑗本人随后也于皇祐末年来太学任教授。在胡瑗充国子博士之前，太学教官中声名最著者为孙复。程颐说：“往年胡博士瑗讲《易》，常有外来请听者，多或至千数人；孙殿丞复说《春秋》，初讲旬日间，来者莫知其数，堂上不容，然后谢之，立听户外者甚众，当时《春秋》之学，为之一盛，至今数十年，传为美事。”①孙复之外，还有范仲淹极力推荐的李觏。最早的则是《儒林公议》提到的石介。石介是欧阳修、田况的同年进士，景祐年间曾与王洙同任过南京府学的教职，孙复、李觏在来太学之前，也均在地方上讲学多年。这一事实的本身，就说明了太学之兴，从师资的改善到教学法的建立，均由州县学校之盛建中得到有力的促进。

除此之外还可以举出一个十分重要而且饶有趣味的事实，即在上面提到的太学初期四位著名的先生胡瑗、石介、孙复、李觏之

①《河南程氏文集》，卷七，《回礼部取问状》，《二程集》，第568页。

中，除石介之外，其余三人皆由屡试不第的白衣人出身。关于孙复举进士不第、李觏应制举不中，《宋史》本传皆已明载。由胡瑗的传记则看不出他是否应过举。《宋史·儒林一》只说他因范仲淹之荐，于景祐初奉诏进京参加更定雅乐的时候，犹以“白衣对崇政殿”。今考《长编》卷一百十八，“景祐三年二月丙辰，湖州乡贡进士胡瑗召对崇政殿”。又同书卷一百十九，景祐三年九月壬辰，以乡贡进士胡瑗试校书郎，赏其定乐之劳而遣之。是为胡瑗曾预乡荐，终以布衣入仕之证。

李觏景祐四年乡举即不录。[①] 应试茂材异等科下第乃在庆历二年(1042)七月。[②] 其失利原因据南宋陈振孙《直斋书录解题》卷十七载(详见拙稿第三章第四节所引)，原因是阁试由《孟子注》出题而李觏“全不记所出”。李觏治学不重注疏，“皆自大处起议论”[③]，《孟子》注疏全不记出处，很有可能。孙复五十岁之前，“凡四举进士”，“四举而不得一官”[④]。其在《上范天章书》等文章中痛斥科场专守汉唐注疏之弊，即有感于中。可知三人之应举落第，虽然可以从多方面去寻找原因，学术上走在时代的前面而与庆历改制之前的科举考试内容之冲突，乃是最重要的一点。

在北宋中期，像胡瑗、孙复、李觏这样以科场中落魄之士而成为学校中的优秀教师的学者，是很多的。如福州进士陈烈，“庆历初预乡荐，黜于礼部，遂不复践场屋”[⑤]，回乡后教授儒业于里中，从学者数百人，熙宁间侍神宗经筵的福建学者陈襄，尝“延见”而

---

①详《李觏集》，卷二十七，《上范待制书》。

②详《李觏集》，附录，《直讲李先生年谱》。

③《朱子语类》，卷一百三十九。

④《徂徕石先生文集》，卷九，《明隐》。

⑤《长编》，卷一百八十七，嘉祐三年正月己卯条。

"尊以师礼"①。又如钱塘学者吴师仁,"尝肄业太学,名闻缙绅,应举不第,退居田里,甘贫守道,每授学者以诚明义理之学,而不为异端之说,士习为之向风"②。另外还可以举出拙稿下章第一节将要提到的仁宗皇祐年间进士,应制举黜落归而讲学乡里,开永嘉理学之先的王开祖等等。

在上述诸人中,教学水平最高的是胡瑗。据欧阳修《胡先生墓表》,庆历年间,"其在湖州之学,弟子去来,常数百人,各以其经转相传授,其教学之法最备","礼部贡举岁所得士,先生弟子,十常居四五,其高第者知名当时"。为什么先生自己在青年时代应举不第,后来经他教出来的学生,却有一半左右得中礼部之选?联系到上节所论庆历前后北宋科举的划时代性变化,宋学草创时期之与北宋中期社会文化背景之间,儒学复兴与科举改革、教育改革之间互相影响、互相促进的关系,正可一目了然。胡瑗、孙复、李觏、陈烈、吴师仁、王开祖诸人,皆宋学初期著名之学者,彼等不遇于前而开一代学风于后,充分地说明了这一问题。

当然,正如一个好的语文教师并不一定自己就能写一手好文章一样,应举与教书两方面的才能,有时候不会完全一致,这里面还牵涉到教学方法等方面的问题。但这一点恰恰与宋学的开创也有着密切的关系。即以上文提到的"其教学之法最备"的胡瑗为例,庆历新政时被采用为太学法的湖学之法,据《河南程氏遗书》卷二上,朱熹《五朝名臣言行录》卷十引北宋李廌记,大要是分经义、治事(治道)两斋。经义斋的具体教学方法是"时召之使论其所学,为定其理,或自出一义使人人以对,为可否之;当时政事

①《长编》,卷一百八十七,嘉祐三年七月记事。

②《宋元学案》,卷六,《士刘诸儒学案》引《西浙名贤录》。

俾之折衷”;治事斋的具体做法是“学者有欲明治道者,讲之于中,如治兵、治民、水利、算数之类”。这些方法,与汉唐注疏之学之唯以章句、训诂为务,区别十分明显。宋学重议论、贵实用之时代精神的得以兴起,义理之学的终于取代训诂之学、文章之学,与此即有密切的关系。

北宋教育改革对宋学形成与发展的推动,到熙宁年间第三次兴学高潮掀起之时,又进一步表现在教学内容的改革方面。前此胡瑗改革教学法,以义理之学代替传统的记诵先儒经传,之所以首先在苏湖之学试验取得成功而渐次才能推广到国子监与太学,主要原因便是国子监作为朝廷控制的候补士官教育的中央机构,在课程设置、教科书的采用等方面远不如地方学校那么自由而富于弹性。孙复明道、景祐年间,上书范仲淹,呼吁修改九经(即官定学校科举之书),同样反映了这一方面的问题,这也是国子经筵对学生没有吸引力的重要原因之一。

太学盛建,石介、孙复、胡瑗、李觏等相继来太学任教官之后,汉唐注疏已逐渐被义理之学所代替,但新的统编教材一时又没有形成。从原则上讲,此时国子监、太学与州县学校的法定教科书,只是儒家经典的原文。至于解释,则随教官之所见,无一定之教材。有的话,也只是根据学生听课记录整理的“口义”,以及神宗时期开始出现的由教演者本人事先写成的“讲义”之类(据王应麟《困学纪闻》卷八,讲义自陆佃始①)。如胡瑗有《周易口义》十二卷(门人倪天隐整理)、《春秋口义》五卷、《洪范口义》二卷,石介

①《困学纪闻》,卷八,《经说》:“古之讲经者,执卷而口说,未尝有讲义也。元丰间,陆农师在经筵,始进讲义。自时厥后,上而经筵,下而学校,皆为支离曼衍之词。说者徒以资口耳,听者不复相问难,道愈散而习愈薄矣。”

有《易口义》十卷，孙复有《易说》六十四篇，晁说之有《论语讲义》五卷，曾肇有《书讲义》八卷，江与山有《周礼秋官讲义》一卷等。这些当时大抵都是教授学者们自编的临时教材。用个人的专著当教材，自然也就难免要出现“一人一义、十人十义”，“异论纷然”的局面了。

鉴于这种“今谈经者人人殊”①的现状，宋神宗令王安石主持编定《三经义》，于神宗熙宁八年颁于学官，其主要意义也就在于宋学兴起之后，第一次使各级学校有了统一的教材。而如前节所述，这是宋学家自儒学复兴之初即具有的理想。《宋史·王安石传》论《三经义》之行，有云：

> 一时学者，无敢不传习，主司纯用以取士，士莫得自名一说。先儒传注，一切废不用。

“先儒传注，一切废不用”，对于章句训诂之说，自然是一个最沉重的打击，拙稿以熙宁变法为宋学取得彻底胜利的标志，除了科举考试的“务通义理，不须尽用注疏”的写进法令之外，亦有见及于此。

作为北宋第三次兴学的高潮，熙宁时期王安石新法关于学校的改革还有四项重要的措施，并于熙宁四年(1071)开始实行。关于地方学校，是年三月尝下令“诸路置学官，州给田十顷为学粮，元有学田不及者益之，多者听如故”②。关于太学，共三项。第一是尽以锡庆院及朝集院两庑建讲书堂四；第二是增置太学专职教

①《宋史·选举志三》引神宗语。

②《长编》，卷二百二十一，熙宁四年三月庚寅条。

员——直讲为十员（元丰三年改称太学博士）；第三是正式在太学推行三舍法，由外舍、内舍逐渐升至上舍，学行卓然优异者可以通过考选直接除官。①

学田的普遍给置，使第二次兴学时已大规模建立的州学得到进一步巩固和完善。太学方面，第一项扩大校舍本是庆历兴学的壮举之一，可惜锡庆院被借用八个月之后便随着范仲淹改革的失败而被收回。② 熙宁兴学，使北宋太学从此有了固定而宽裕的校址。

第三项"三舍法"，本来也是仁宗年间已经酝酿过的意见（详欧阳修《奏议集》卷十六《议学状》，嘉祐元年作），作为通向科举改革的第二步也是最根本的措施——学校考选取士制的桥梁，三舍法使太学具有免试入仕的推荐权，从而大大提高了它的地位，再加上拥有独立的校舍和专职的教授，太学到此时实已由附庸蔚为大国，势倾国子监本身了。

熙宁兴学作为北宋教育改革中最成功也最关键的一次，其主要意义，其最值得注意的地方，即在于《三经义》作为法定教科书的颁发，再加上太学校舍扩大、教员增加、教学制度完善之后，最终结束了从前国子学时代中央高等学府不景气的状况，一变而真正成为全国教育事业的中心，反过来对地方学校施加影响和进行领导。从时间断限上讲，北宋太学的这一变化与宋学的进入朝廷并占据全国思想文化之主导位置的时间大致相仿。从文化社会

---

①《长编》，卷二百二十七，熙宁四年十月戊辰、己卯记事；《文献通考》，卷四十二，《学校三》；《宋史·选举三》。

②《长编》，卷一百四十八，庆历四年四月壬子，判国子监王拱辰、田况、王洙、余靖奏以锡庆院为太学，从之。又同书，卷一百五十四，庆历五年正月己巳，诏复以太学为锡庆院如故。

网络之间的相互影响来说,前者的成功无疑是对后者的巨大推动。正如熙宁期间的科举改革,确定了"义理之学"的法律地位,这一次教育改革,为宋学的创造、传授与传播,提供了一个中心基地,同样是制度方面的保证。

另一方面,宋学崛起并走向繁荣之后,也反过来给教育事业以积极的影响。到北宋第四次兴学,其推动作用,表现得也就更为明显了。

第四次兴学的主要改革措施是在熙宁新制的基础上,宋徽宗于崇宁三年(1104)下诏将神宗朝的"三舍法"由京畿推广到地方,"并罢州郡发解及省试法,其取士并由学校升贡"①。本次兴学运动,由于得力于当时的权相蔡京,历来遭到不好的评价。其实,就事论事,作为北宋兴学的第四个阶段也是最后一个阶段,这次兴学实是熙、丰学校改革的深入与继续。它不仅使王安石生前未能实现的理想付诸实践,而且使太学的事业达到了极盛。而从本质上讲,这次兴学所实施的,实际上是宋学繁荣期新儒家们的理想之所寄托。"三舍法"与学校取士本于王安石已如前述,逐级考选、州县升贡的办法也早见于熙宁二年(1069)程颢所上的《请修学校尊师儒取士札子》②:

渐自太学及州郡之学,择其道业之成,可为人师者,使教

①《宋会要辑稿·崇儒二》之十。

②按:本文末注:徐(必达)本、吕(留良)本全文后有注:"熙宁元年上,时为监察御史里行。"今考《宋史·神宗纪》:"熙宁二年八月辛酉,以秘书省著作佐郎程颢、王子韶并为太子中允、权监察御史里行。"又"熙宁三年四月己卯,监察御史里行程颢罢为京西路同提点刑狱。"上注"元年"当是"二年"或"三年"之误刊。

于县之学，如州郡之制。异日则十室之乡，达于党、遂，皆当修其庠序之制，为之立师，学者以次而察焉。县令每岁与学之师，以乡饮之礼会其乡老。学者众推经明行修、材能可任之士，升于州之学，以观其实。学荒行亏者，罢归而罪其吏与师；其升于州而当者，复其家之役。郡守又岁与学之师，行乡饮酒之礼，大会郡士，以经义、性行、材能三物宾兴其士于太学，太学又聚而教之，其学不明、行不修与材之下者，罢归以为郡守学师之罪。升于太学者，亦听其以时还乡里，复来于学。

曾巩于神宗元丰三年十一月二十一日所上的《请令州县特举士札子》，也提出过同样的建议：

诚令州县有好文学、厉名节、孝悌谨顺、出入无悖者所闻，令佐升诸州学，州谨察其可者上太学。以州大小为岁及人数之差，太学一岁，谨察其可者上礼部，礼部谨察其可者籍奏。自州学至礼部，皆取课试，通一艺以上，御试与否，取自圣裁。①

曾巩是王安石的少年朋友，熙宁变法之时则政见不同。程颢从熙宁二年开始，即已经是王安石的对头了。但诸人在以学校取士这一点上，是如此的一致。以这些设想同《文献通考》等所记载的崇宁以后取代科举取士而推行的县学、州郡学、太学三级通过淘汰制筛选的办法互相参看，可知这种以学校代替科举的努力，正是

①《曾巩集》，卷三十。

儒学复兴之后宋学成长的必然结果。

北宋教育之盛，除了前面述论的从中央到地方的官办学校之四次大规模兴建之外，还表现在另一个重要的方面，即书院和私学的勃兴。

欧阳修谈到唐宋五代以来儒家文化之颓势时说："五代之乱极矣，干戈兴，学校废而礼义衰"。这里将"学校废"与"礼义衰"连举，并以前者为后者的原因，充分表现了儒学复兴之后宋学家对学校教育的重现和对五代儒家传统文化之传播陷入衰废的现象的批评。不过学校毁坏的现象，从安史之乱以来即然。如唐代宗时士人即有"弦诵之地，寂寥无几，函丈之间，殆将不扫"之叹。这一现象之所以出现，从政治上寻找原因，自然与 8 世纪中期以来中国社会的动乱直接有关。但即使在盛唐时期，两汉那种"四海之内，学校如林，庠序盈门"①的盛况，也未能再度出现，这究竟又是什么因素在起作用呢？依我看，学校兴废的问题，正好反映了一定历史时期的文化变迁。

汉、唐两代文化，在北宋以前，虽然并列为儒家传统文化的两个重要代表时期，但前者以章句训诂为主要形态，与儒家经典之学贴得较近，后者以诗赋、文章为主要形式，与经典的关系，相对来说也就远了一点。要而言之，汉儒以传经为职业，传经之学，务需师授；唐人以辞章为学问，辞章之学，贵在自得。务需师授，故学校兴；贵在自得，故师道废。汉代传经，严师弟授受之法，如西汉孟喜从田王孙学《易》，因改师法，遂不得进太学当博士。② 唐

---

①(东汉)班固:《两都赋》，详(梁代)萧统:《昭明文选》，卷一。

②(东汉)班固:《汉书 · 儒林列传》。

代“士大夫之族，曰师、曰弟子云者，则群聚而笑之”①，以称人师为可耻。学校兴废消长系于世运之变，即此可以窥其文化演进之根源。

韩愈曾两度担任过国子博士，他在《师说》中提到的这种情况，在北宋沿袭唐制，重声律、科举之式的初期，依然存在。即如擅长四六之体的杨亿，代人作《转对论太学状》，也以当时朝廷只重视乡试，士大夫子弟率以入国子学为耻的风气为患。② 文辞既适于自学，只要家中有书就行了，而这一点，当时一般士大夫的家庭就已经完全可以做到了（说详下）。

另一方面，孤寒之士要在科场取得同势家子弟角逐的胜利，却迫切需要一个可以提供图籍与师资的读书场所。于是私人学校应运而生。如天圣元年（1023）应知兖州孙奭之聘而成为北宋第一个州学教授的杨光辅，据《宋会要辑稿·崇儒二》之二记载，前此即曾居山聚徒讲学三十余年。南宋学问家吕祖谦说：“国初，斯民新脱五季锋镝之厄，学者尚寡，海内向平，文风日起，儒先往往依山林，即闲旷以讲授，大师多至数十百人，嵩阳、岳麓、睢阳及是洞（白鹿洞）为尤著，今所谓四书院者也。”③可知像这类私人传授的形式，在州县官学兴起之前，已很普遍。最有代表性的即所谓宋初四大书院。《文献通考》卷四十六《学校七》所载略有不同，它们依次是：庐山白鹿洞书院，太平兴国二年赐额；衡阳石鼓

①（唐）韩愈：《韩昌黎文集》，卷一，《师说》。

②《武夷新集》，卷十七，《代人转对论太学状》：“贡部以乡举为先，诸生以两馆为耻。”此处“太学”即指国子监所设弘文、崇文两馆（从唐制），非北宋仁宗庆历之后新兴的以唐代四门学生员为对象的太学。

③（南宋）吕祖谦：《东莱集》，卷六，《白鹿洞书院记》；（南宋）王应麟：《玉海》，卷一百七十六。

书院，太平兴国二年赐额；南京应天府书院，大中祥符二年赐额；潭州岳麓书院，大中祥符八年赐额。主要区别是有“石鼓”而无“嵩阳”。[①] 同书同卷载：“两京嵩阳书院，至道二年(996)赐额。”此外还有：“江宁府茅山书院，天圣二年(1024)赐额。”这些书院有一个共同特点，即除校舍之外，都设有一个规模可观的图书馆，供学习者使用。以应天府书院为例，据《宋史·隐逸上》，宋初处士戚同文尝“筑室聚徒，请益之人不远千里而至”。同文死后，府民曹诚“出家财即同文旧舍建学舍百五十间，聚书千五百余卷”[②]，“博延生徒，讲习甚盛”[③]。像应天府书院这样有名的书院是如此，其他声名稍逊而未列入“宋初四大书院”的如洪州(今江西南昌)华林书院，也是如此。

“华林书院”之称，见于北宋王禹偁《小畜集》卷十《寄题义门胡氏华林书院》诗题，其诗有联云：

力田岁取千箱稻，好事家藏万卷书。

《宋史·孝义·胡仲尧传》载：“胡仲尧，洪州奉新人。累世聚居，至数百口。构学舍于华林山别墅，聚书万卷，大设厨廪，以延四方游学之士。”其言可征。王禹偁寄题华林书院诗作于淳化五年

---

①关于宋初四书院，(南宋)王应麟：《玉海》，卷一百七十六亦有嵩阳而无石鼓，似即据吕祖谦《白鹿洞书院记》。又(南宋)吕中：《宋大事记讲义》，卷十，《州县院》有“五书院”之目，依次作嵩阳书院、石鼓书院、岳麓书院、应天书院、白鹿书院。似兼两说而综合之。

②《宋会要辑稿·崇儒》二之二。

③《长编》，卷七十一，大中祥符二年二月庚戌条。

(994)十月,[①]可知在太宗之朝,已有华林书院之名。“聚书万卷”,规模实不小于应天书院。据《长编》卷十九、《玉海》卷五十二,建隆初,三馆(昭文馆、史馆、集贤院)所藏书仅一万两千余卷。就藏书量言,华林书院一家之蓄,已达到宋初皇家图书馆的水平。

皮锡瑞谈到两汉经学为什么只能采取记诵的方式而形成训诂之学的原因时说:

> 汉人无无师之学,训诂句读皆由口授,非若后世之书,音训备具,可视简而诵也。书皆竹简,得之甚难,若不从师,无从写录,非若后世之书,购买极易,可兼而载也。[②]

近世出土了大量的秦汉简策,这些汉学盛行时代上古中国的书籍形式,是用刀刻在竹片上,再用牛皮绳子捆在一起的,不唯传刻不易,工本极高,而且翻阅、流通、保存也均不方便。一般士人家中,是无法置备的。皮氏此言,洵为的见。由此可知,汉儒所谓幼童守一艺,白首而后能言,并非钻研之深,实缘当时物质条件所限,无法“视简而诵”,而只能依靠口头授受,故进展至慢。至于当时的所谓精舍,从形式上看,似乎已像宋代的书院。其实区别甚大。主要之点便是后者有一个收藏丰富的图书馆可供学生自己阅读并展开讨论,前者则只是教师有书,学生基本上是无书的听众。自己可以直接读书和与同学讨论,故“出以己意”、“好议论”之宋学精神兴。学者无书而仅靠口耳相传,故拘拘于章句、训诂记诵之学而不敢越一家、一经之定见。一经且不能越,要汇通百家,出

---

①详《小畜集》,卷十九,《诸朝贤寄题洪州义门胡氏华林书斋序》。
②《经学历史》,第131页。

以义理，岂不难哉！

到唐代，虽然纸张的使用已很普遍，但书籍的流通，基本上仍靠手工抄写，后来虽然发明了雕板印刷的技术，但未及大规模推广。① 文字传写之不易，书籍购求之困难，直到唐末五代依然存在。景德二年（1005）真宗视察国子监图书馆，问国子祭酒邢昺书板多少，邢昺说：

> 国初不及四千，今十余万，经史正义皆具。臣少时业儒，观学徒能具经疏者百无一二，盖传写不给。今板本大备，士庶家皆有之，斯乃儒者逢时之幸也。②

邢昺（932—1010）生于后唐明宗长兴三年（932），“少时业儒”当指五代。可知雕板印刷虽昉于唐，但到五代时，刻书尚寥寥，文人学子读书仍靠手抄。所谓传写不给，也就是无力承担传写书籍所应付出的巨大劳动和昂贵费用。这是当时知识分子读书少、藏书少的主要原因。

关于抄书的费用与后来雕板印刷工本的差异，缺乏详细的史料证明，但我们仍然可以根据《长编》卷一百零二，仁宗天圣二年十月辛巳条，记当时刑部开始采用摹印（镂版摹印）的方式颁行敕

---

①北宋政和间进士、南宋绍兴时中书舍人朱翌的《猗觉寮杂记》卷下载：“雕印文字，唐以前无之。唐末益州始有墨版。后唐方镂九经，悉收人间所收经史，以镂版为正。见《两朝国史》。”此事可参见（北宋）王溥：《五代会要》，卷八，后唐长兴三年（932）记事；司马光：《资治通鉴》，卷二百九十一，《后周纪二》，后周太祖广顺三年（953）五月记事；（南宋）叶梦得：《石林燕语》，卷八；（南宋）邵博：《邵氏闻见后录》，卷五；（南宋）王应麟：《困学纪闻》，卷八，《经说》。

②《长编》，卷五十九，景德二年五月戊申朔条。

书之事的夹注中找到有关的记载。据《长编》本条引王子融之言云，寇准前此曾建议模印赦书以颁四方，众以为不可而止，至是宰相王曾始用之。“旧制，岁募书写费三百千，今模印，止三十千。”由知手工抄写的工本，与早期雕板印刷相比，犹是后者的十倍，一般家庭自然无力负担。难怪邢昺少年从学之时，生徒能自备教科书（自具经疏）者，百人里头没有一二个。

关于文人学子因为“传写不给”而读书少、藏书少的情况，直到宋初还不同程度地存在着，如前节提到，太宗淳化三年（992）御试礼部所贡士，赋题为《卮言日出》，状元孙何以下皆不知所出，相率叩殿槛乞太宗告诉他们出处后方能下笔。[①] 宋初开国首相赵普，终其生，书箧中仅藏一部《论语》。[②] 这从主观方面固然反映了当时读书的风气尚未形成，但从客观方面讲，书籍工本高，购求之不易，也是一个重要的原因。

上引邢昺这番话是真宗景德二年（1005）五月说的。所谓国初不及四千，今十余万而板本大备，所作的比较，当指赵宋开国之初与真宗朝，其比例是1∶30左右。可知真宗朝乃北宋刻本印书激增之始。这一点我们还可以举出别的史料加以旁证。如《长编》又载有大中祥符三年宋真宗与资政殿大学士向敏中的一段对话：

> （真宗皇帝）谓（向）敏中曰：“今学者易得书籍。”敏中曰：“国初惟张昭家有三史。太祖克定四方，太宗崇尚儒学，继以陛下稽古好文，今三史、《三国志》、《晋书》皆镂板，士大

①（南宋）洪迈：《容斋随笔》，卷三，《进士试题》。

②《宋史·赵普传》。

夫不劳力而家有旧典,此实千龄之盛也。”①

由这段对话,我们不仅可以知道11世纪初期北宋雕板印刷骤盛的一般情况,而且了解到除经书之外,历代史籍也大量刻印,实是汉唐以来千年之中未曾有过的盛事。

到仁宗之世,不仅官家刻书,连民间私人刻书业都很快发展起来,并形成了杭州、开封、成都和闽中等四个中心。作为北宋政治与文化的中心,仁宗时开封聚集了大批从事刻售图书业的商人,其中也包括文人学者。如北宋较早写作古文的穆修(979—1032)天圣间年老多病,向亲友贷款募工镂板,印韩柳文集数百帙,在京师相国寺设肆发售以为生计。② 又如治平年间,程颐兄弟随父珦赴汉州任所,在成都街上碰见一个箍桶匠,发现他随身带有一本《易经》。于是兄弟两人当场便同他讨论起学术问题来。足见到仁、英之际,不仅士大夫不劳力而家有旧典,连一般平民也藏得起经史子集了。洪州胡氏既然有“岁取千箱稻”的财力,其好儒而“家藏万卷书”,也就很容易做到了。

正像真宗大中祥符年间因东南五路特大旱灾而有福建占城稻的大规模推广,水稻产值超过早先一直居于领先地位的小麦而跃居第一,因而促成了11世纪初期中国社会生产力的重大变化,导致北宋中期经济之空前繁荣一样,真、仁之际雕板印刷的大规模推广,对于中国儒家传统文化的复兴和宋学的产生及其发展所带来的影响,远不止于书院之勃兴这一点,也不只限于前文提到的文化传授方式由口耳相传的记诵之学变为讲论学问的义理之

①《长编》,卷七十四,大中祥符三年十一月壬辰条。

②(南宋)朱熹:《五朝名臣言行录》,卷十引(北宋)邵伯温:《易学辨惑》。

学这一方面,其他还有诸如为知识分子的文化创造活动提供了较前代远为丰富的物质条件,以及文化传承形式的多样化发展和文化传播速度的革命性变化等等多方面的现实意义和历史意义,这里暂不展开论述,且就本节的主题继续述论私学自宋初以来的发展。

《宋史·胡仲尧传》提到来华林书院读书的有"四方游学之士"。这一点与州县官学开办初期,只限于以本乡本土的生徒为对象不同(事实上随着学校教育的向纵深发展,官学的这一限制也被打破),它对于促成社会文化的流动,促成宋学自由议论精神的生成,均有一定的积极影响。那么,这些为书院图籍收藏的丰富而被吸收过来的"四方游学之士"究竟是些什么人呢?华林书院因留下的史料太少,无法统计。就应天书院讲,宋学初期的著名文人学者范仲淹、孙复、石介、张方平等青少年时代都在这里读过书。据《范文正公年谱》引范仲淹遗事,范大中祥符年间尝在南都学舍(应天府称南京,故应天府书院别名南都学舍)苦学五年,往往饘粥不充,日晏始食。苏轼《张文定(方平)墓志铭》说,张方平"年十三,入应天府学"①。按:当作入应天府书院。以应天府书院为应天府学,乃在景祐二年(1035)十一月辛巳,详《长编》卷一百十七。张方平(1007—1091)天禧三年(1019)十三岁,其时尚无应天府学,东坡记事偶误。苏轼之铭又说,张方平"家贫无书,尝就人借三史"。石介天圣八年(1030)应举之前,亦曾寄读南都学舍,"其固穷苦学,世无比者"②。而孙复天圣五年来南京索游上谒之时,"老母无以养",因范仲淹的资助和推荐方入书院

①《苏轼文集》,卷十四。

②(南宋)江少虞:《宋朝事实类苑》,卷十二引(北宋)张师正:《倦游杂录》。

就读。[1] 范仲淹原籍江苏吴县(今苏州),石介兖州奉符(今山东泰安)人,孙复晋州平阳(今山西临汾)人,只有张方平为南京应天府(今河南商丘)本籍。这些寄读私人书院的学生,不唯来自四方,而且都是家贫而无力购置图书的下层士庶子弟。这与庆历改制之前,高级官僚子弟有入国子监读书的特权而并不认真去听讲的情况,适成鲜明之对比。

宋初以来书院的兴起,不仅促成了"四方游士"的跨区域流动,体现了社会贫富等级变化所带来的精神文化方面的要求,为新兴的一代知识分子提供了复振儒家传统文化的物质条件,而且也为天圣、景祐年间州县建学热潮的到来开辟了道路。

据《文献通考》卷四十六《学校七》,州县开始建学之后,书院仍不断涌现,"而其田土之赐、教养之规,往往过于州县学"。这大概指的是南宋的情况。就北宋而言,书院大抵只盛于第一次兴学高潮即州郡学盛建之前。州郡官学大成之后,书院或改组或归并,绝大多数成了府学或州学的前身。洪迈所说"庆历中诏诸路州郡皆立学,设官教授,则所谓书院者当合而为一"[2],指的正是这种情况。《长编》卷二百五十二,神宗熙宁七年四月己巳条,还载有朝廷对此的明确规定:

> 诏州学已差教授处,管下有书院并县学旧有钱粮者,并拨入本学,补试生员,选差职掌,余官毋得干预。从国子监请也。

---

①(北宋)魏泰:《东轩笔录》,卷十四;《范文正公集·范文正公尺牍》,卷下,《睢阳戚寺丞》。

②(南宋)洪迈:《容斋随笔·三笔》,卷五。

其实早在熙宁、庆历之前，这种归并就已经在进行了。最有名的例子便是应天府书院于景祐二年(1035)的改作应天府学。

《徂徕石先生文集》卷二十载有《移府学诸生》文，其中概述南京应天府学之校史的一段云：

> 南京学立于故大谏戚公，成于今留守夏公。大谏为建学官，学之有取无不给，唯养士具之未称；留守从天子请田千亩，以食于学，养士之具又称……自大谏至留守三十年矣，而学乃成。

大谏戚公指戚纶，戚纶卒赠左谏议大夫。南京应天府书院最早其实应当从戚纶之父戚同文的岳丈宋城楚丘人杨悫私人办的学舍开始，事详《宋史·隐逸上·戚同文传》。真宗大中祥符二年二月，府民曹诚出资即同文旧宅扩建为书院，并请"以学舍入官"、"召明经艺者讲习"①，得到准许，诏赐额"应天府书院"，而且"仍令本府幕职官提举，以诚为府助教"②。仁宗天圣六年十二月诏免应天府书院地基税钱，③逐步由私学变成半官方性质。景祐二年十一月，仁宗下诏以应天府书院为应天府学，仍给田十顷④，则变为完全的官学了。石介《移府学诸生》所谓成于今留守夏公，指的正是景祐二年南京府学的得到正式批准。夏公即夏竦，北宋王珪《华阳集》卷三《夏文庄公(竦)神道碑》"景祐元年(竦)徙青州，明年徙应天府，兼南京留守"可证。石介所云"请田千亩"，千亩即十

①《宋会要辑稿·崇儒》，二之二。
②《文献通考》，卷四十六，《学校七》。
③《长编》，卷一百零六，天圣六年十二月癸未条。
④《长编》，卷一百十七，景祐二年十一月辛巳条。

顷。据前引《长编》卷一百十七，这一请求得到了批准。当时石介正在南京留守推官任上，并兼任学官。①

综上可知，大中祥符二年(1009)、景祐二年(1035)并是南京学校史中两个有代表意义的重要时期，但只有后者，才是应天府书院变作应天府学即成为州郡官学的标志。南宋吕中《大事记讲义》以及洪迈《容斋随笔·三笔》卷五，皆根据前者以大中祥符二年为北宋州郡置学之始，实混二者而言之。如前所述，这一混淆，自苏轼《张文定(方平)墓志铭》已开始了。

宋初书院之建，不仅为天圣、景祐之间掀起的州郡建学热潮打下了物质基础，而且将民间私人讲学时所积累的"教养之规"带到官办学校的教学组织中来。为了方便起见，仍以石介为例。石介提举南京府学教官之前，不仅曾在它的前身应天府书院寓学，而且前此一年，还有在家乡奉符筹办泰山书院的经验，详《徂徕石先生文集》卷二《赠孙先生》和《乙亥冬，富春先生以老儒醇师，居我东齐，济北张泂明远、楚丘李缊仲渊，皆服道就义，与介同执弟子之礼，北面受其业，因作百八十二言相勉》。石介天圣八年(1030)庚午与欧阳修等同中进士，至乙亥冬，入仕已五年，而景祐元年(1034)孙复依旧是个落第进士，②石介为他构屋泰山，折节拜他为师，其目的已超出了一般投师受业以求仕进的功利考虑，而在于弘扬师道，为重振儒家礼义而以身作则。据当时人王辟之记载：

---

①《徂徕石先生文集》，卷二十，《上南京夏尚书启》："介顷由学官，登于幕府，天与其幸，会公之来。"

②孙复景祐元年下第事，详《范文正公集·范文正公尺牍》卷下《与孙明复书》："正初奉邀，东门之别……至桐庐，闻足下失意。"《长编》，卷一百十三，明道二年十二月丙辰，"诏仲淹知睦州"，是则范仲淹至桐庐(睦州属县)闻孙复下第正在景祐元年。

徂徕石守道(介)常语学者曰:“古之学者急于求师。孔子,大圣人也,犹学礼于老聃,学官于郯子,学琴于师襄,矧其下者乎!后世耻于求师,学者之大蔽也。”乃为《师说》,以喻学者。是时孙明复先生居泰山之阳,道纯德备,深于《春秋》。守道率张〔泂〕北面而师之,访问讲解,日夕不怠。明复行,则从;升降拜起,则执杖屦以侍。二人者,久为鲁人所高,因二人而明复之道愈尊。于是学者始知有师弟子之礼。①

欧阳修尝谓师道废久矣,明道、景祐以来,学者有师,自胡瑗、孙复、石介三人始(详下章所引《居士集》卷二十五《胡先生墓表》)。可知石介景祐元年的这一番举动,在北宋文化史上实有深远之意义。而师道之振作,实由书院开始贯彻到州县学校,逐渐由下而上,进入太学等文化中枢。从后来的影响看,则以善于教学的胡瑗为最巨。据欧阳修《胡先生墓表》,由苏、湖到太学,胡瑗的学生或踞高位,或散在四方,“随其人贤愚,皆循循雅饰。其言谈举止,遇之不问可知为先生弟子”。俨然一个风格相同的学术团体。

自古文人儒士,最喜结成群体,如战国之百家争鸣,东汉之处士横议,魏晋之竹林七贤,中唐之牛李党争。赵宋建国伊始,即禁及第举子呼知举官为恩门、师门及自称门生,②正出于防止党争重演之企图。随着书院、学校之兴而带来的师道重振,使知识分子群体意识大大复苏。政治上,自庆历经元祐,党议迭起,以迄北宋

①(南宋)朱熹:《五朝名臣言行录》,卷十引《渑水燕谈录》,《徂徕石先生文集》附录四《事迹、评论》已收录,今本王辟之《渑水燕谈录》无此条。

②《长编》,卷三,建隆三年九月记事,《宋会要辑稿·选举三》之二;(南宋)罗从彦:《豫章文集》,卷一。

之亡。学术上，从皇祐末嘉祐初胡瑗、孙复"在太学常相避"[①]开始，至靖康元年洛学传人、国子祭酒杨时之请毁王安石配飨之像、劈《三经》版和指苏轼为邪学，以及以中斋叶生为首的"王学之党"和以止善斋沈生为首的"苏氏之党"两者之间的斗争，[②]越演越烈。文学上，自宋初三诗派（白体、昆体、晚唐体）至北宋后期的江西诗派，与前代相比，已有明确的结社意识，等等。这些派别斗争之所以形成，当然有复杂的社会背景，从文化方面考虑，除了佛教的宗派意识之引进等原因外（关于佛教、佛学与宋学的关系，拙稿后文将列专章述论），师道复兴引起的门户之见，恐怕是一个重要的原因。

毫无疑问，学术上的歧异与政治上的纷争，常常会交织在一起而互为表里，但在宋学繁盛之后，政治态度的不同并不能割断学问上的师生之谊。如王学门人陆佃，在王安石当政之时，并不赞成新法，后预修《神宗实录》，仍能据理力争，使安石得免旧党史官之谤。[③] 又如前揭杨时，因同乡的关系，受蔡京提拔官至谏议大夫。蔡京在北宋末年因政争的需要大力提倡王学，杨时却恪守师说而不变。再如前文提到的元祐初年太学生要为王安石致奠而尽师弟子之礼，受到旧党刘挚、王陶等人的同情和宽容。可知到北宋后期，学术上的师承，和宋学家们所提倡的"道统"一起，已逐渐形成了一股某种程度上超越政治权力的文化力量。溯其渊源，则以真、仁之际乡党之学兴而"学者始知有师弟子之礼"为始。程

①《长编》，卷一百八十六，嘉祐二年十一月末记事。
②《文献通考》，卷四十二，《学校三》；《靖康要录》，卷六。
③《长编》，卷二百七十五，熙宁九年十月丙午条；又《宋史・陆佃传》。

朱之徒，念念不忘胡瑗、孙复、石介“三先生”，[1]实有所自。

从书院到州县学校到太学，北宋教育对于宋学的推动，还包括促进了宋学时代精神如议论精神、批判精神、怀疑精神和实用精神等等的形成。上文已经介绍过胡瑗分经义、治事两斋教养学生的做法。治事斋之富于实用精神，由其课程设置（治兵、治民、水利、算数之类）和名称，一望便知。经义斋由其所采取的“论其所学”，讲论经书之义理而即当时政事以折衷的课堂教学法看，与汉学之徒以训诂、记诵为务，亦大异其趣。范仲淹天圣五年所撰的《南京书院题名记》说：“鲁堂章甫如星，缝掖如云。讲议乎经，咏思乎文。经以明道，若太阳之御六合焉；文以通理，若四时之妙万物焉。”[2]《宋史·范仲淹传》介绍范氏在南京应天府书院讲学的情景时说：“每感激论天下事，奋不顾身。”所谓讲议乎经、感激论天下事，与湖学之强调议论与实用，完全一致，而这两者，正是宋学最重要的时代精神。

胡瑗在湖学的教育法，庆历年间是被取为太学法的，范仲淹则是庆历时期教育改革的首席主持人。关于书院与地方学校教学实践中所贯彻的议论精神和实用精神之影响太学，并进而影响到随着太学盛建而进入中央的义理之学，不待言而后明。另外我们还可以举出一个更加直接的例子。从天圣年间应天府书院的学生，到景祐元年提举应天府书院的学官，到景祐二年以南京留守推官而兼任应天府学的教职，到庆历三年升任国子监直讲，庆历四年成为北宋太学初兴的第一任教授，在石介短短的一生中经历了从书院到州学到国子监到太学的全过程，而其前后敢于议

---

①详《朱子语类》，卷一百二十九。

②《范文正公集》，卷七。

论、敢于批判的精神一直不变。

景祐元年，石介初莅南京，即利用职权，在学生中发动了一场去掉佛、老画像，而要求在图书馆（书库）中独供孔子之像的斗争，①而不惜与当时的顶头上司南京留守刘随针锋相对。② 庆历三年，石介供职国子监这当时的全国最高学府期间，“好议都省时事，虽朝之权贵，皆誉訾之”③。而在他的带动下，如来自四川的学生何群，“嗜古学，喜激扬论议”，以公开焚毁平生所为赋八百篇的过激行动向有关当局示威，被同舍目为“白衣御史”，已如上节所述。至于宋学始于应天府书院时期的怀疑精神，则由与石介同时担任国子监直讲的孙复执教太学期间“讲说多异先儒”而带进决定文化导向的全国最高学府。到此，私学、官学，州郡、太学，学校、学术，已融为一体，蔚为富于11世纪时代色彩的宋学之精神。

不过值得指出的是，书院归并于州郡之学以后，宋学家所开创的私人讲学风气，却依然存在，并向学术性更强的方向发展。如仁宗嘉祐初年张载来京师坐虎皮说《易》，听从者甚众，而二程亦与；④英宗治平年间王安石在金陵设帐授徒，讲性命之理；⑤神宗熙宁年间邵雍在洛阳讲演“先天之图”，二程与张载相约去听讲；⑥元丰五年程颐受文彦博馈赠，于伊阙南鸣皋镇得庄田十顷，建伊皋书院（伊川书院），著书讲学其中，“从游之徒，归门甚盛”⑦。可知在

①《徂徕石先生文集》，卷十九，《去二画本记》。

②《徂徕石先生文集》，卷十三，《上刘工部书》。

③（北宋）田况：《儒林公议》，卷上。

④《宋史·张载传》。

⑤（北宋）陆佃：《陶山集》，卷十五，《傅（明孺）府君墓志》。

⑥《朱子语类》，卷一百，《邵子之书》。

⑦详张立文：《宋明理学研究》，第276页，引河南巩县程村现存南宋绍兴丙子（1156）程晟所刻石碑文。

北宋几次兴学之后，官办学校虽已大备，私人讲学仍有很强的吸引力。陆佃回忆治平年间王安石居丧金陵开门授徒的盛况时，曾有“诸生横经饱余论，宛若茂草生陵阿”，“余初闻风裹粮走，愿就秦扁医沉痾”①之句，程颐论学校选择教师之重要时举出来的例子，也是私学：

> 如胡太常瑗、张著作载、邵推官雍之辈，所居之乡，学者不远千里而至，愿一识其面，一闻其言，以为楷模。②

王安石、胡瑗、张载、邵雍，都是一代宋学之大家，显而易见，学生之所以这样不顾一切地寻找上述诸人，乃出于对名师的追求。这种现象，在当时十分普遍。如熙宁元年知制诰宋敏求因转对上言，就将它作为一个亟待解决的问题向朝廷提出。他的分析正是：

> 州县有学舍而无学官，四方之士轻去乡里，以求师也。③

至徽宗朝，这一现象愈益加剧。许多真正有学问的学者纷纷跑到私人的书院中去执教：

> 崇宁以后，舍法加密，由是文具胜而利禄之意多，老师宿儒，尽向之书院。④

---

①《陶山集》，卷一，《依韵和李知刚黄安见示》。

②《河南程氏文集》，卷七，《回礼部取问状》，《二程集》，第564—565页。

③《宋会要辑稿·崇儒》，一之三十，引《山堂考索》。

④（南宋）陈傅良：《止斋文集》，卷三十九，《潭州重修岳麓书院记》。

书院一度冷落之后的重新振起,即与知识社会这种求访名师的价值取向紧密相关。这一价值取向,反映了北宋书院制度和私人讲学风气对于社会流动和文化传播的积极促进,正是一种自然选择的规律在起作用,其结果不仅加强了宋学自由议论之风的发展,而且助长了众多学派的形成和竞争。

下章我们即从宋学的总体出发,分阶段概述一下宋学的历史发展及其时代精神的形成。

第二章　宋学及其发展诸阶段

第一节　宋学概说

宋学是一个十分宽泛的概念，从横的方面讲，它相当于包括哲学、宗教、政治、文学、艺术、史学以及教育等在内的具有划时代意义的赵宋一朝之文化；从纵的方面讲，它是中国儒家传统文化在11世纪初期兴起的一个新流派，一种跨时代的文化模式。前者的用例如明代唐枢的《宋学商求》，该书所列举的“横渠之学”、“明道之学”、“伊川之学”、“金陵之学”和“涑水之学”、“魏公之学”、“乖崖之学”、“安定之学”、“希夷之学”、“云溪之学”等，不仅指现代称之为哲学家的张载、程颢、程颐、王安石，而且将从今天的眼光看来主要是史学家的司马光、政治家的韩琦以及宋初西昆体诗人张咏、教育家胡瑗包括在内，而陈抟（希夷）、种放（云溪）两人，则是被儒者斥为“异学”的道教徒了。后者的用例如《四库全书总目提要》，其书卷一《经部·总叙》说：

国初诸家，其学征实不诬，及其弊也琐。要其归宿，则不过汉学、宋学两家互为胜负。

所谓国初,指清初。汉学指两汉的训诂之学。伍崇曜跋江藩之《宋学渊源记》曰:"汉儒专言训诂,宋儒专言义理,原不可偏废。"可知宋学作为中国封建社会成熟期的文化,上抗传统儒学之全盛时期——汉,下开近代学术革命之前夜——清,正是一种跨越朝代限制的庞大学术体系。不过清人囿于传统的经学立场,把汉、宋两学之争仅仅看成治学方法的分歧,则未免对宋学作为中国文化史上一种划时代的新生事物所具有的博大精深的特点认识不足。

儒家文化,在其初兴之时,本来就具有"包举宇内,囊括天下"的气概。以所谓六经而言,作为早期儒学的代表作,从现代分类法的立场上看,《易》属于哲学,《诗》属于文学,《礼》属于政治制度,《书》、《春秋》属于历史著作,已经亡佚的《乐》属于艺术。可知除了当时还没有兴起的宗教之外,精神文化的主要门类,差不多都包括在内,尽管在先秦时代,儒家仅是诸多学派中的一家。降及汉武帝,定儒术于一尊,实具有文化整合的性质,除了继续保持孔子以来儒学兼涵文史哲各方面内容这一特点之外,又进一步把其他学派如黄老刑名之说融进了儒家传统文化。正如当时的政治局面,儒学仍不乏大一统的气象。《史记》中有"儒学"之称而无"经学"之名。班固修《汉书》,始以"儒学"为"经学",两名通用。儒学的成为经学,是它的大幸,也是大不幸。所谓大幸,是指"经"所具有的神圣地位使儒学在此后的中国文化中长期居于支配地位。所谓大不幸是指紧接着而来的章句训诂、专门之学的兴起使它丧失了原先具有的开放精神,转而成了束缚知识分子思想的枷锁。所以说,儒学的大盛在于西汉,儒学的衰落即从东汉开始。与此同时则有佛教的传入。

随着佛教的传入、佛经的大量翻译，佛学从魏晋以来，在知识分子中间逐步流行。儒学面临着它有史以来最大的一次来自不同民族的异质文化的挑战。关学门人范育为张载的《正蒙》作序时，回顾秦汉以来的儒学发展史说：

> 自孔、孟没，学绝道丧千有余年，处士横议，异端间作，若浮屠、老子之书，天下共传，与六经并行。而其徒侈其说，以为大道精微之理，儒家之所不能谈，必取吾书为正。世之儒者亦自许曰："吾之六经未尝语也，孔、孟未尝及也。"从而信其书，宗其道，天下靡然同风，无敢置疑于其间，况能奋一朝之辩，而与之较是非曲直乎哉！

可知"分文析字，烦言碎辞，学者罢老且不能究其一艺"①的训诂之学，由汉迄唐，一成不变，在越来越强盛的佛学面前，实难成为敌手。于是宋学应运而生，在复兴儒学的同时复苏了儒家旧有的开放精神，完成了中国文化史上最大的一次儒家传统文化对异质文化的融合和吸收。

所谓宋儒专言义理，从治学的门径上说，自然是对汉儒专言训诂的反动，但它的意义却远不止是一场经学史上的革命。"义理"两字，本是从魏晋时代开始佛学用以对付儒门训诂之学的利器，宋儒将它接过之后，引作文化整合的中介，不唯吸掉了佛门的精髓，使佛学蜕变为宋学的一部分，而且渗透到文学、艺术、史学、教育包括自然科学思想等各个文化的层面，蔚为一代民族文化之瑰宝。近人陈寅恪先生为邓广铭先生的《宋史职官志考正》一书作序时说：

①(东汉)刘歆:《移让太常博士书》。

吾国近年之学术，如考古、历史、文艺及思想史等，以世局激荡及外缘熏习之故，咸有显著之变迁。将来所止之境，今固未敢断论，惟一言蔽之曰：宋代学术之复兴，或新宋学之建立是已。

此处“宋学”一词，实兼有前文所谓赵宋一代文化之总和及跨时代文化之模式两义。照陈寅恪先生的预言，宋学不仅是中国文化之“造极”，而且还代表了中国学术的将来。此一预言正确与否尚可讨论，仅就陈先生以治魏晋南北朝隋唐史的专家而推崇天水一朝之文化若此，并屡屡形之于言而论，即颇可发人深思。当前，传统文化与中国现代化的问题越来越引起学术界的注意，将来中国文化是否真像陈寅恪先生所讲的“新宋学之建立是已”且暂置勿论。为着深切了解中国传统文化的特点，对“近代中国之面目为宋人所造就者十之八九”(严复语)的天水一朝之文化加以全面的、比较切合实际的研究，则是一件亟待开展的工作。拙稿试从陈序所使用的“宋学”这一概念开始，对北宋文化作一初步的探索。

要描述赵宋一代的文化，除了“宋学”之外，常会碰到的名称，还有“道学”和“理学”。近人前此多以是二名概指两宋之学术，其实均不免以偏概全之纰漏。欲为宋学正名，先须辨明道学、理学两称。

先说“道学”。

南宋末年周密所著的《癸辛杂识续集》卷下有《道学》之专篇，开首引吴兴老儒沈仲固对他所说的一番话，解释“道学”之得名曰：

“道学”之名，起于元祐，盛于淳熙。

元祐（1086—1094）是北宋哲宗即位的第一个年号，淳熙（1174—1189）则是南宋孝宗的最后一个年号。前者大概指元祐元年程颐任崇政殿说书后于当年六月所进的《上太皇太后书》中的一段话：

臣窃内思，儒者得以道学辅人主，盖非常之遇，使臣自择所处，亦无过于此矣。①

后者则指淳熙十年（1183）监察御史陈贾、吏部尚书郑丙等人的"近世有所谓道学者，欺世盗名，不宜信用"之疏。② 此疏在当时朝野引起了强烈的反响。

其实两篇奏议中的"道学"一词所指不同。先讲前者。先上书太皇太后一年，元丰八年（1085）十月，程颐为其亡兄撰《明道先生墓表》时已明确地提出了倡明"道学"的问题。其表略云：

周公没，圣人之道不行；孟轲死，圣人之学不传。道不行，百世无善治；学不传，千载无真儒。无善治，士犹得以明夫善治之道，以淑诸人，以传诸后；无真儒，天下贸贸焉莫知所之，人欲肆而天理灭矣。先生生千四百年之后，得不传之

---

①《河南程氏文集》，卷六，《二程集》，第542页。

②（南宋）李心传：《道命录》，卷五；（明代）陈邦瞻：《宋史纪事本末》，卷八十，《道学崇黜》。按：《道命录》引作"淳熙十五年上"。考《宋史·朱熹传》，陈贾、郑丙上疏实与淳熙十年"诏以熹累乞奉祠，可差主管台州崇道观"同时之事。又《宋史·孝宗纪》系"监察御史陈贾请禁伪学"于淳熙十年六月戊戌，与本传同。今据改。

学于遗经，志将以斯道觉斯民。①

这里头两句，所谓圣人之道，圣人之学，已隐括“道学”两字在其中了。而其意义，则显然是指所谓周公、孔子以来的儒家传统文化。《上太皇太后书》又曰：

窃以圣人之学不传久矣，臣幸得之于遗经，不自度量，以身任道。天下骇笑者虽多，而近年信从者亦众。方将区区驾其说以示学者，觊能传于后世。不虞天幸之至，得备讲说于人主之侧，使臣得以圣人之学，上沃圣聪，则圣人之道有可行之望，岂特臣之幸哉？

可知此书中所说的“道学”，也就是“圣学”。上引头两句，同程颐为其兄所撰墓表中的评述，口径完全一致，只不过一是用以抬高自己，一是用以赞许亡兄。以振兴孔、孟之后千四百年不传之道学自任，大抵是程颐元祐初年前后的主要思想动态。如此后一年，门人刘绚（1045—1087）、李吁相继亡故，程颐在祭文中也反复宣扬了这一观点。两篇祭文并收入《河南程氏文集》卷十一，紧挨在一起，内容也大同小异。其一曰：

呜呼！圣学不传久矣。吾生百世之后，志将明斯道、兴斯文于既绝，力小任重……方赖子致力以相辅，而不幸遽亡，使吾悲传学之难。②

①《河南程氏文集》，卷十一，《二程集》，第640页。
②《二程集》，第643页。

以上《祭刘质夫(绚)文》。所谓志将明斯道、兴斯文于既绝,与《明道先生墓表》、《上太皇太后书》之言正同。《祭李端伯(吁)文》则曰:

> 呜呼!自予兄弟倡明道学,世方惊疑,能使学者视效而信从,子与刘质夫(绚)为有力矣……而半年之间,相继以亡,使予忧事道者鲜、悲传学之难。

此处"道学"一词与上文"圣学"正可以对看,而同结以"悲传学之难"云云,尤足为证。前之所谓程氏"道学"一名实指周、孔以来之传统儒学,盖无可疑。而上引《上太皇太后书》所谓近年信从者亦众,指的也就是刘、李诸人。类似的提法还见于同卷所收撰写于元祐末年的祭门人朱光庭(1037—1094)文,①不复赘引。

不过,以"道学"两字作为儒学的别称,非自宋人始,东汉已有此目。如王充在《论衡·量知篇》中引述时人之论云:

> 或曰:文吏笔札之能,而治定簿书,考理烦事,虽无道学,筋力材能尽于朝廷,此亦报上之效验也。

本篇论文吏与儒生之优劣,"道学"即儒学、经学的代名词。② 故后文既云"人无道学,仕宦朝廷",又云"吏无经学,曰'吾能治

①详《河南程氏文集》,卷十一,《祭朱公掞(光庭)文》,《二程集》,第644页。

②此外犹有以"道学"为"道教之学"之省称者。如《旧唐书·李德裕传》:"(隐士周)息元至京,帝(按指唐敬宗)馆之于山亭,问以道术……息元山野常人,本无道学,言事诞妄,不近人情。"此处"道术"即神仙之术,"道学"即道教之学。可置而不论。

民’”。名虽异而所指实同。晋许穆之《孔门三子・子思子》云：“忧道学之失传而作也。”并同此义而尤显。

宋人言道学者，亦非自程颐始。南宋陈谦《儒志学业传》说：

> 当庆历、皇祐间，宋兴未百年，经术道微，伊洛先生未作，景山独能研精覃思，发明经蕴，倡鸣道学二字，著之话言。①

景山即王开祖，号儒志先生，永嘉（今浙江温州）人，皇祐五年（1053）进士，应制举黜落，不调而归，讲学乡里，未几卒；年仅32。所谓倡明道学，著之话言，见其遗文《儒志编》末章：

> 或曰：荀、扬之学何如？
>
> 曰：奚以问欤！由孟子以来，道学不明，我欲述尧、舜之道，论文、武之治，杜淫邪之路，辟皇极之门，吾畏诸天者也，吾何敢已哉！

上引文字以问答的形式阐明道学之统，推崇孟子而上承尧、舜、文、武，至少比程颐早三十余年。王开祖生前曾与王安石游，《王文公文集》卷八《答王景山书》即载有二人关于“道与艺”问题的讨论。开祖以欧阳修、尹洙、蔡襄等前辈学者比王安石，安石则介绍开祖与他的朋友李觏、曾巩交往。可知倡明道学，这一批江南名士，实在伊、洛之先。熙宁五年（1072）四月王安石以“人主所务，在于明道术以应人情无方之变”开导神宗②，犹经术之为经学

①（北宋）王开祖：《儒志编・附录》。

②《长编》，卷二百三十二，熙宁五年四月辛未条。

之用，"道术"即见于政务之道学。[①] 张载"朝廷以道学、政术为二事，此正自古之可忧者"[②]云云，即此之谓。苏轼论"自汉以来，道术不出于孔氏，而乱天下者多矣"[③]，所用亦此义。张载是二程的表叔，卒于熙宁十年（1077）。可知早在神宗初期或以前，"道学"一名，已为早于洛学的王学、关学所习用。

据《河南程氏遗书》卷二上《东见录》，二程尝以"道学"二字许洛阳前辈学者邵雍：

> 尧夫豪杰之士，根本不帖帖地。伯淳尝戏以乱世之奸雄中，道学之有所得者，然无礼不恭极甚。[④]

吕大临（与叔）《东见录》撰于元丰二年己未（1079）。由知即使是程颐本人，元祐之前也已在使用道学一称，且用以指人而非专指自己。所谓道学之有所得者，即于孔孟之道、孔孟之学有一定的体会，故"道学"两字有时也可拆开使用，如程颐论汉代人物，曰：

---

①这种意义上的道学概念，汉代也已有之，如东汉班固《汉书·艺文志·诸子略》："仲尼有言：'礼失而求诸野。'方今去圣久远，道术缺废，无所更索，彼九家者，不犹愈于野乎？若能修文艺之术，而观此九家之言，舍短取长，则可以通万方之略矣。"

②《张载集·文集佚存·答范巽之书》。

③《苏轼文集》，卷十，《六一居士集叙》。

④《二程集》，第32页。按：这种意义上的"道学"，也可理解为"道德与学问"之并列组词，为当时所通用。如（北宋）吕本中《童蒙训》卷中："元祐中，荥阳公在经筵，除司谏，姚舍人辉中勔当制，词云：'道学至于无心，立行至于无愧。心若止水，退然渊静。'当时谓之实录。"又如《河南程氏文集》，卷九，《上孙叔曼侍郎求写兄墓志书》："（家兄）功业不得施于时，道学不及传之书。"

“陈平虽不知道，亦知学。”[①]即指在“道学”的“学”这一方面有所得的意思。

要而言之，所谓道学，乃孔、孟以来儒学之通名。欧阳修说：“君子之于学也务为道……其道，周公、孔子、孟轲之徒常履而行之者是也；其文章，则六经所载，至今而取信者是也。”[②]南宋理宗嘉熙三年己亥（1239）李心传撰《道命录·自序》，为道学一词正名曰：

> 夫道学云者，谓以道为学也。其曰“周公殁，圣人之道不行；孟轲死，圣人之学不传”者，谓道衰学废也。近世学者不知其实，因小人立为“道学”之目，以攻善类，遂并其名而自讳之，可胜叹哉！

作为南宋后期喧传一时的道学崇黜之争的总结，李心传这里采用的，正是欧阳修所下的定义。“周公”、“孟轲”二句见前引程颐《明道先生墓表》。后文是：

> 先生生千四百年之后，得不传之学于遗经。……圣人之道，得先生而后明，为功大矣。

把“圣人”之经作为道学传承的中介，正与前引欧阳修之意同。由知道学一名指称孔孟以来的儒家传统文化而非专指宋学，更非特指程氏之学，这一点不仅为北宋学者关于此词的使用与解释所证明，也是程颐本人所承认。乾道四年（1168）朱熹整理《河南程氏

①《河南程氏文集》，卷十七，《二程集》，第177页。
②《居士外集》，卷十六，《与张秀才第二书》。

遗书》成二十五卷并为之跋曰：

> 夫以二先生倡明道学于孔、孟既没千载不传之后，可谓盛矣。①

可知洛学的传人在提到二程之生平事业时，“道学”二字仍指传统儒学而言。“倡明”云云，与前引陈谦《儒志学业传》以及程颐自己的有关提法正同。

因此，淳熙年间陈贾等请摒弃道学之疏传布之后，马上有太学生写了一首打油诗嘲笑他：

> 周公大圣犹遭谤，伊洛名贤亦被讥。堪叹古今两陈贾，如何专把圣贤非？②

按：《孟子·公孙丑下》载齐宣王不听孟子劝告而伐燕，因而感到“甚惭于孟子”。臣下陈贾却说：“王无患焉。”并自请去同孟子辩论。太学生利用同姓名之巧，请出“周公大圣”和贤人孟子为“道学”正名，意谓请禁道学，矛头所指实是“周公大圣”和贤人孟子之道、之学，讥笑陈贾之徒犯了常识性的错误。此处所用“道学”一词的涵义，正本自程颐的《明道先生墓表》。因此，连当时的最高统治者孝宗皇帝，也不得不说：“‘道学’岂不美之名？正恐假托为奸，真伪相乱耳！”为了避免误会，“道学之禁”后来也就成了“伪

---

①（南宋）朱熹：《晦庵集》，卷七十五，《程氏遗书后序》。
②《道命录》，卷五。

学之禁"①。

不过淳熙年间，朱熹的门徒，在事实上是曾经把本派的学术称作"道学"了的。如：

> 某问："已前皆衮缠成风俗。本朝道学之盛，岂是衮缠？"
>
> 先生曰："亦有其渐。自范文正以来已有好议论，如山东有孙明复，徂徕有石守道，湖州有胡安定，到后来遂有周子、程子、张子出……"

这一段对话发生在朱熹和他的学生福建莆田人郑可学之间。由朱熹所开列的由范仲淹和孙复、石介、胡瑗等人开始的，以周敦颐、二程、张载为学统的名单来看，所谓本朝道学，显指程朱学派本身而言。郑可学这段记录编入南宋黎靖德所编《朱子语类》卷一百二十九，该书卷首《朱子语录姓氏》注作"辛亥所闻"。辛亥即南宋光宗绍熙二年(1191)，离淳熙十年(1183)"道学之禁"不满十载。《庆元党禁》说："盖自淳熙之末，绍熙之初也，有因为道学以媒孽之者，然犹未敢加以丑名攻诋。"可知在攻击刚刚开始的时候，朱熹及其门徒一面指出程颐倡明"道学"两字的本来涵义加以反驳，一面也乐其名美而承为本派之自称。这种情况到了公元1225年宋理宗即位对"道学"转而采取备极尊崇的积极态度之后，更是明显。关于南宋后期程朱学派以"道学"自命，不可一世的状况，前揭周密《癸辛杂识续集》作了惟妙惟肖的描绘，是不可多得的第一手材料，兹全引如下：

---

①《宋史纪事本末》，卷八十，《道学崇黜》，《庆元党禁》。

尝闻吴兴老儒沈仲固先生云:"'道学'之名,起于元祐,盛于淳熙。其徒有假其名以欺世者,真可以嘘枯吹生。凡治财赋者,则目为聚敛;开阃捍边者,则目为粗材;读书作文者,则目为玩物丧志;留心政事者,则目为俗吏。其所读者,止《四书》、《近思录》、《通书》、《太极图》、《东西铭》、语录之类,自诡其学为'正心、修身、齐家、治国、平天下',故为之说曰:'为生民立极,为天地立心,为万世开太平,为前圣继绝学。'其为太守、为监司,必须建立书院,立诸贤之祠,或刊注《四书》,衍辑语录,然后号为贤者,则可以钓声名,致膴仕。而士子场屋之文必须引用以为文,则可以擢巍科,为名士,否则立身如温国,文章气节如坡仙,亦非本色也。于是天下竞趋之。稍有议及,其党必挤之为小人,虽时君亦不得而辨之矣。其气焰可畏如此。然夷考其所行,则言行了不相顾,卒皆不近人情之事。异时必将为国家莫大之祸,恐不在典午清谈之下也。"①

所谓凡治财赋者,则目为聚敛,大抵本于程颢。程颢熙宁三年两

①(南宋)周密:《癸辛杂识续集》,卷下,《道学》记载了这段话后说:"余时年甚少,闻其说如此,颇有嘻其甚矣之叹。其后至淳祐间,每见所谓达官朝士者,必愦愦冬烘,弊衣菲食,高巾破履,人望之知为道学君子也,清班要路,莫不如此。然密而索之,则殊有大不然者。然后信仲固之言不为过。盖师宪当国,独握大柄,惟恐有分其执者,故专用此一等人,列之要路,名为尊崇道学,其实幸其不才愦愦,不致掣其肘耳。以致万事不理,丧身亡国,仲固之言,不幸而中。呜呼,尚忍言之哉!"周密(1232—1298)生于理宗绍定五年(1232),淳祐元年(1241)十岁。少年时间老儒沈仲固说时事,长大后亲加验证,信以为真,已是师宪贾似道(1213—1275)当国的南宋末年之事了。

上《谏新法疏》，攻击青苗等新法行“而兴利之臣日进，尚德之风浸衰”①，即同此意。“读书作文者，则目为玩物丧志”，见《河南程氏遗书》卷十八所录程颐答门人“作文害道否”②之问。“为生民立极，为天地立心”等四句，则是张载的名言。而《通书》、《太极图》，则是周敦颐的著作。据淳熙十五年（1188）兵部侍郎林栗弹劾朱熹奏状，以为“熹本无学术，徒窃张载、程颐之绪余，以为浮诞宗主，谓之‘道学’，妄自推尊。所至辄携门生十数人，习为春秋、战国之态，妄希孔、孟历聘之风”③，足见朱熹结党成派并以“道学”自命，自南宋孝宗一朝即然。为了壮大声势，还将本派的队伍构成上溯到北宋周敦颐、张载、程颐诸人。当然，事实上在北宋并不存在着这一派别（如张载另称“关学”，二程另称“洛学”等等，详拙稿下节），“道学”一名，所指也并不相同。

要而言之，在北宋，“道学”之称本指孔、孟以来的传统儒学。在南宋，朱熹一派借其名以自大而包括周、程、张诸人，但充其量也不过是宋儒之一派，绝不能用以概称两宋，尤其是北宋一代之学术。《宋史》编者囿于后世程朱学派的强大影响，特立《道学传》，据朱熹《伊洛渊源录》的口径，列入北宋周敦颐、二程、张载、邵雍、南宋朱熹、张栻，及程、朱门人各数名。原其初衷，实示尊崇之意而并非以“道学”两字涵盖天水一朝学术之全部。其书在卷四百三十《道学四》之后，别有《儒林传》八卷，即可为证。依其本义，道学、儒林，其用实一，并为孔、孟一水之总汇。《宋史》并列两

①《河南程氏文集》，卷一，《二程集》，第458页。

②《二程集》，第239页。

③《道命录》，卷六，《林栗劾晦庵先生奏状》。又（南宋）叶适：《叶适集·水心文集》，卷二，《辩兵部郎官朱元晦状》，《宋史·朱熹传》有转引。

传，本已重出而乖统一之例，后世一误再误，遂以道学一名为程朱学派之特指并进而以偏概全，用以泛称两宋学术之全部，真是差之毫厘，谬以千里。拙稿论宋代文化，用“宋学”之名而不用“道学”，文中言及北宋以前儒学，宁用“儒家传统文化”也不取虽然现成但已含混的“道学”一称，即缘此。

再讲理学。

理学一名，与道学一样，亦非始自赵宋。如东晋宗炳（375—443）的《明佛论》中就已有“理学”之称。其言曰：

> 远和尚澄业庐山……高洁贞厉，理学精妙，固远流也。①

远和尚即慧远（334—416），乃中国佛教早期理论家之一。宗炳是虔诚的佛教信徒，《宋书》本传说他“精于言理”，曾盘桓慧远居地庐山，与他一起“考寻文义”，即讨论佛学之义理。所谓理学，即佛教义理之学。② 慧远理学，大要见其所著《法性论》：“至极以不变为性，得性以体极为宗。”佛教传入中国之后，性理之学得到长足的发展，即从慧远这两句话开始。理学云云，实佛门义理之学与性理之学之简称。

在中国话中，“道”、“理”二字，其义本同，儒家既以“道学”一名而自神其说，佛徒遂另标理学之目以相颉颃。从这个意义上说，道学之为儒学之异称，正犹理学之为佛学之别名。宋人在继承儒家传统文化的形式下融合佛学，建立起自己的学术体系，为

---

①《弘明集》，卷二。

②另如《出三藏记集》，卷六，《人本欲生经序》附释道安之评，亦有“言古文悉，义妙理婉”之语。

了表示区别，在引进“道学”以代替被汉唐人用烂了的“儒学”以指称传统儒学的同时，又引进“理学”以自指。其内涵虽与释氏不尽相同，但在旧有文化之外独树一帜的精神则一。仍以陈谦的《儒志学业传》为例。扩引如下：

当庆历、皇祐间，宋兴未百年，经术道微，伊洛先生未作，景山独能研精覃思，发明经蕴，倡鸣道学二字，著之话言。此永嘉理学开山祖也。不幸有则亡之叹，后四十余年，伊洛儒宗始出，从游诸公还乡转相授受，理学益行，而滥觞亦有自焉。

此处“道学”指传统文化，“理学”指本朝学术体系，一谓儒学之传承，一谓宋学之创造，其义甚明。所谓永嘉理学，即指以薛季宣、陈傅良、叶适等人为代表的永嘉学派。陈谦（1144 年—1216）是陈傅良（1137—1203）的堂弟，年长于叶适（1150—1223）。叶适《陈公（谦）墓志铭》说：“隆兴、乾道中，浙东儒学特盛，以名字擅海内数十人，惟公才最高。”①可知陈谦本人也是永嘉理学的重要成员，而且最有才气。

自称本朝、本派之学为理学，是当时一种通行的做法，如陆九渊（1139—1193）在《与李省干书》（二）中谈到复振师道的问题时说：

秦汉以来，学绝道丧，世不复有师，以至于唐，曰师、曰弟子云者，反以为笑，韩退之、柳子厚犹为之屡叹。惟本朝理学

①《水心文集》，卷二十五。

远过汉唐，始复有师道。①

陆九渊之学，通常称作“心学”。但根据陆九渊自己的意见：“人皆有是心，心皆具是理，心即理也。”②可知所谓心学，也就是理学。上引陆氏自述，尤足为证。

又如朱熹在向学生解答“游(酢)、杨(时)诸公解《中庸》，引书语皆失本意”的问题时说：

> 理学最难。可惜许多印行文字，其间无道理底甚多，虽伊洛门人亦不免如此。如解《中庸》，正说得数句好，下面便有几句走作无道理了，不知是如何。旧尝看《栾城集》，见他文势甚好，近日看，全无道理。如《与刘原父书》说藏巧若拙处，前面说得尽好，后面却说怕人来磨我，且恁地鹘突去，要他不来，便不成说话。又如苏东坡《〔省试刑赏〕忠厚之至论》说“举而归之于仁”，便是不奈他何，只恁地做个鹘突了。二苏说话，多是如此。③

所谓无道理，也就是无义理。“鹘突”即糊涂。如门人余国秀写信向朱熹请教《中庸》“性”、“情”之解，连带附去自己的看法，朱熹表示认可，并答复说：“此说是，但须是实识得其里面义理之体用，乃为有以明之，不可只如此鹘突说过也。”④可知道理、义理并指经

①《陆九渊集》，卷一。
②《陆九渊集》，卷十一，《与李宰书》(二)。
③《朱子语类》，卷六十二，第1485页。
④(南宋)朱熹：《晦庵集》，卷六十二，《答余国秀》。

书的内容,即圣人之本意,两相通用。

全祖望说:“乾、淳诸老既殁,学术之会,总为朱、陆二派,而水心(叶适)断断其间,遂称鼎足。”①南宋学术分为朱学、陆学、永嘉之学三大派,而三派均自称其学为理学。尤其富有意味的是,上引朱子语录除了洛学门人游、杨之外,还提到了苏辙与苏轼。蜀党、洛党,在学术上本是水火不相容的两大派,作为程颐的嫡传,朱熹把两家学问都称作理学。可知理学一名,在宋人自己的理解中,本无分南北,无分派别,乃赵宋一代儒学之通称。正如后世用以特指程朱学派的“道学”,在宋人眼中原是传统儒学之代称,近人以“理学”为程朱学派之专名而排除王学、蜀学、永嘉之学等等在外,并在这种意义上把“道学”与“理学”二词等同起来,显然也不符合实际。

如前所述,理学一名,创自六朝佛学初盛之时,其始本作为性理之学(在这一点上与儒学之强调经世致用相区别)和义理之学(在这一点上与当时之儒学——汉学之专重章句训诂相区别)的简称,而与儒家的道学异辙。作为“表皮上的儒学,骨子里的佛学”(章太炎语),宋人所谓理学,也是在这两种意义上的中国传统文化的变种。

嘉定年间(1208—1224),“伪学之禁”解除,有关人员平反,百官纷纷上书为朱熹等人议谥。如魏了翁嘉定十四年再上为横渠先生请谥状中说:

> 横渠先生(张载)奋乎关中,阐明理学,穷极道奥,遍览而

---

①《宋元学案》,卷五十四,《水心学案》(上)。

独造，兼体而不遗。①

太常博士孔炜嘉定八年上《南轩先生张宣公（栻）谥议》曰：

公，丞相魏国忠献之嗣子，五峰先生胡公之门人也。钟美萃灵，英特迈往，亲承忠孝之传，讲切义理之学。②

同年权考功郎官杨汝明复议曰：

公（张栻）以尧舜君民之心，振一世沉溺，以孔孟性理之学，起一世膏肓。③

在这些议论中，"理学"、"义理之学"、"性理之学"，虽三而实一。

再看南宋程朱学派对洛学的表述。黄震跋尹焞家传而借题发挥说：

本朝之治，远追唐虞，以理学为之根柢也。义理之学独盛本朝，以程（颐）先生为之宗师也。④

林驷论本朝学术源流时说：

---

①《鹤山集》，卷二十三，《申尚书省乞检会元奏赐横渠先生谥状》。
②《道命录》，卷八。
③《道命录》，卷八。
④《黄氏日钞》，卷九十一，《跋尹和靖家传》。

安定之在湖，以体用学也；康节之在洛，以象数学也；明复之在泰山，以经学也；自周而程，自程而张，又以性理之学也。①

在这里，理学、义理之学、性理之学，也是同等意义上可以互换的概念。

作为简称的理学一词，北宋虽未出现，但以性理之学、义理之学为宋朝学术之特称，早在神宗初年就已经出现了。如古灵先生陈襄熙宁十年间在经筵论荐当时担任太子中允、监西京洛河竹木务的程颢时说：

性行端醇，明于义理，可备风宪职司之任。②

此处"义理"两字，其实也就指的是义理之学。二程论当时学校课程设置曰："今之学者，惟有义理以养其心，若威仪辞让以养其体，文章物采以养其目，声音以养其耳，舞蹈以养其血脉，皆所未备。"③"义理"即为"义理之学"的简称。前章所引韩维在熙宁二年所上的《议贡举状》中即用全称：

本设明经举，其所取人数与诸科相通者，亦欲渐诱经生，

①《古今源流至论后集》，卷一，《师道》。

②《古灵集》，卷一，《熙宁经筵论荐司马光等二十三人章稿》。按：《长编》，卷二百八十二，熙宁十年五月庚戌，监西京抽税竹木务、太子中允程颢改太常丞。又同书，卷二百八十五，熙宁十年十月，侍读邓润甫、陈襄迩英阁进读。故知此荐章进于熙宁十年间。

③《河南程氏遗书》，卷二上，《二程集》，第21页。

使习义理之学。

陈襄熙宁经筵论荐之章中其他段落尤足为证。如下面所引陈襄对同时论荐的右司谏、直集贤院孙觉的评价：

素有乡行，明经术、义理之学；端良信厚，可以镇浮厉世。①

这里所用正是“义理之学”的全称。陈襄又存韩维曰：

器质方重，学亦醇正，知尽心、性理之说，得道于内，则可以应物于外矣。②

所谓性理之说，也就是性理之学，因前文已曰“学已醇正”，故易以同义之词——“说”。

由后一例还可以进一步知道，“义理之学”、“性理之学”作为宋代新儒学的代称，在北宋开始出现之时，就是一对在泛指意义上可以互通的相近概念。上述诸人中程颢是洛学的创始者之一，被后世奉为性理之宗师，陈襄荐词却以“明于义理”一言以蔽之，其泛称之义尤为明显。不过细分起来，这两者还是有所区别的。从总体上说，“义理之学”和“性理之学”，作为宋人对本朝学术的概指，从不同的角度概括了宋学的两个基本特点。

南宋末年大儒黄震讲读《论语》的时候，曾将汉、宋两朝学风加以比较，说了两句带总结性的话。一曰：“汉唐老师宿儒泥于训

---

①《古灵集》，卷一，《熙宁经筵论荐司马光等二十三人章稿》。
②同上。

诂，多不精义理。”①一曰：“自本朝讲明理学，脱去诂训。”②这也是北宋学者的基本意见。如程颐批评汉学时说：“汉之经术安用？只是以章句训诂为事。”③王安石手定贡举新制，则云：“务通义理，不须尽用注疏。”④可知“务通义理”和“泥于训诂”，正是宋学和汉学在治学方法上的主要区别。“义理之学”在这一点上准确地概括了两宋学术的基本特点而与两汉的训诂之学相对峙。

宋学的另一个特点是在摆落汉唐“非惟诂训相传，莫敢同异，即篇章字句，亦恪守所闻”之习而“独研义理”⑤的基础上，进一步以前此儒者所罕言的心性问题为主要内容。朱熹说：“伊川‘性即理也’，自孔、孟后，无人见得到此，亦是从古无人敢如此道。”⑥其实关于“性”的问题，孔子也很少提到，如他的高徒即说过：“夫子之言性与天道，不可得而闻也。”⑦孟子则有“性善”之论，但朱熹又说：“孟子只见得是性善，便把才都做善，不知有所谓气禀各不同。”⑧可知把传统儒学变作性理之学，乃是宋儒最重大的创造。把性理之学作为宋学的代称，同样切合赵宋学术的鲜明时代特点。

不过，因为立名的角度不一样，“义理之学”和“性理之学”在涵义上也有所不同。就概念的覆盖面上讲，前者大，后者小；从名

---

①《黄氏日钞》，卷八十二，《讲义·论语·弟子入则孝章》。
②同上书，卷二，《读论语》。
③《河南程氏遗书》，卷十八，《二程集》。
④《长编》，卷二百二十，熙宁四年二月丁巳条。
⑤《四库全书总目》，卷一，《经部总叙》。
⑥《朱子语类》，卷五十九，第1387页。
⑦《论语·公冶长》。
⑧《朱子语类》，卷五十九，第1386页。

称出现的时间看,前者早,后者晚,后者是在前者基础上的深化和发展。下面就依照宋学发展的时间顺序回顾一下这两个名称产生及其演进的历史。

上文说到,宋学虽以赵宋的朝代命名,并以该朝的学术成就为代表。但从纵的方面讲,又是中国文化史上一种跨时代的儒学流派或者说风格之代表。从这一点上讲,只有符合宋学治学精神者方可称之为宋学。并非宋世之人所治皆是宋学,而后世儒者遵循宋学精神治学者,反可称之为宋学(如清代经学即以汉、宋划界)。一般讲,正如宋初文风沿袭唐人之旧一样,宋初学术,也基本上是汉、唐训诂之学和文章之学的延伸。

那么宋学究竟始于何时呢?关于这个问题,《四库全书总目提要》曾提出过一种说法,其书卷三十五《经部·四书类》所载北宋邢昺《论语正义》一书的提要说:

> 是书盖咸平二年诏昺改定旧疏,颁列学官……大抵翦皇(侃)氏之枝蔓,而稍傅以义理。汉学、宋学,兹其转关。

咸平二年(999)乃北宋真宗登极建号的第二年。根据这种意见,汉学和宋学的转折发生在北宋第三个皇帝即位的初期,时间在10世纪末。其标准即是由训诂转为义理。不过从这个标准上说,邢昺等人主持编纂的《论语正义》一书,还有相当的距离,所以《四库全书总目》该条提要紧接着说:

> 是疏出而皇疏微,迨伊洛之说出而是疏又微。故《中兴书目》曰:“其书于章句、训诂、名物之际详矣。”盖微言其未造精微也。

所谓于章句、训诂、名物之际详矣，等于说其书还不符合宋学作为义理之学的基本要求，仍然只是汉学的遗留。《中兴书目》编于南宋初期，去“伊洛之说”（程氏之学）不远，这一意见代表了宋学确立之后学者们关于本朝学术与汉唐区分标准的自我评判。在二程等人看来，符合义理之学标准的早期学术著作，大概只有孙复的《春秋尊王发微》和胡瑗的《周易口义》。关于前者，程颐虽微嫌其不足，但肯定了该书在义理方面最见创造性的“始隐公”之说。①

关于后者，程颐在《与金堂谢君（湜）书》中说：

> 若欲治《易》，先寻绎令熟，只看王弼、胡先生（瑗）、王介甫（安石）三家文字，令通贯。余人《易》说无取，枉费功。②

三国时王弼著《周易略例》，“排击汉儒，自标新学”③，历来被认为是以义理解《易》之宗，故宋诗有“辅嗣《易》行非汉学”④之句（王弼字辅嗣）。王安石的《易解》和《三经义》等著作则集北宋义理之学之大成。程颐在前此许多《易》学著作中独将这三部挑选出来，正是着眼于以义理代替训诂这一角度（关于胡瑗讲说《周易》之义理的例子，详拙稿下章第四节）。

黄震在《黄氏日钞》卷四十五《读诸儒书》末了谈到本朝理学之始的时候说：

---

①详《河南程氏外书》，卷九，《春秋录拾遗》，《二程集》，第402页。
②《河南程氏文集》，卷九，《与金堂谢君书》，《二程集》，第613页。
③《四库全书总目》，卷一，《经部·易类一·周易正义》提要。
④（南宋）赵师秀：《清苑斋集补遗·秋夜偶成》。

宋兴八十年，安定胡先生、泰山孙先生、徂徕石先生，始以其学教授，而安定之徒最盛，继而伊洛之学兴矣。故本朝理学，虽至伊洛而精，实自三先生而始，故晦庵有伊川不敢忘三先生之语。

北宋建国于公元960年，“宋兴八十年”已是11世纪30年代，相当于北宋中期仁宗即位后的头三个年号天圣（1023—1032）、明道（1032—1033）、景祐（1034—1038）之时，欧阳修《胡（瑗）先生墓表》说：

自景祐、明道以来，学者有师惟先生暨泰山孙明复（复）、石守道（介）三人，而先生之徒最盛。①

明道在天圣之后而景祐之前。依文气当作“天圣、明道以来”。而实际上，据拙稿本章第三节所引孙复《上范天章（仲淹）书》，孙、石等人在范仲淹领导之下开赵宋义理之学之先声的疑传活动，在天圣五年范仲淹主持南京（今河南商丘）应天府学期间即已开始。可知黄震所谓“宋兴八十年”，当指仁宗天圣年间。所谓伊川不敢忘三先生之语，即指前面提到的程颐从义理之学的角度赞许胡瑗、孙复等人的著作。黄氏作为当朝人论当朝事，把仁宗即位初期断为北宋义理之学即宋学之始，是为可信。

确认某一时代学风转移的契机，在治学方法上有代表性的著作诚然是一个重要的标志，但引起这一学风转移的动因则还应注意到如下两个更为重要的方面：一、文化传递方式（具体到本题主

①《居士集》，卷二十五。

要是学校教育)的改变;二、科举考试所规定的对士子知识结构的价值取向。黄震论本朝理学自三先生而始,参照上引欧阳修《胡先生墓表》可知,所着眼的正是前一方面。实际上,传统儒学的复兴和义理之学的崛起,同北宋中期从京城到地方所掀起的办学热潮的确有着十分密切的关系。因为在当时,读经治学的主要目的是为了做官,而做官必须通过科举考试,学校的盛建,正是为了适应自宋初太宗以来不断扩大的科举入仕之途的需要。欧阳修《胡先生墓表》说:"礼部贡举岁所得士,先生弟子,十常居四五,其高第者知名当时,或取甲科居显仕。"王安石《寄赠胡(瑗)先生》诗亦云:"高冠大带满门下,奋如百蛰乘云雷。"①学校知识传授的方式对当时处于掌权地位的官僚知识层学风的影响之大,可以想见。除胡瑗之外,宋学初期的几位主要代表,如石介、孙复、李觏均先后担任过太学的教职。而太学的教学法,据《胡先生墓表》,从庆历年间一开始就取法胡瑗先此在湖州(今属浙江)学中的设施。关于胡瑗在苏、湖学中所采用的教学法,据《吕氏家塾记》等书记载,主要是分"经义"、"治事"两斋。② 所谓经义,指的也就是探求经书的义理。程颢说:"学者得识仁体,实有诸己,只要义理栽培。如求经义,皆栽培之意。"③朱熹说"安定胡先生(瑗)只据他所知,说得义理平正明白,无一些玄妙"④。程颐嘉祐初年在太学的同窗吕希哲关于当时他在太学亲受胡瑗先生教授的实况回忆,尤其说明问题。他说,当时太学实行"以类群居,相与讲习"的办法——这当是湖学分斋教育的进一步发展,胡瑗则定期召见:

---

①《王文公文集》,卷四十三。
②详(南宋)朱熹:《五朝名臣言行录》,卷十。
③《河南程氏遗书》,卷二上,《二程集》,第15页。
④《朱子语类》,卷一百二十九,第3091页。

使论其所学，为定其理，或自出一义，使人人以对，为可否之。当时政事，俾之折衷。①

所谓自出一义，为定其理而论其所学，大体上概括了宋学初期义理之学传递的基本过程。

综合吕希哲、朱熹以及上引其他人的一些记载，可知初期宋学大抵有以下几个特点：

一、通过讲论的形式侧重于探求经书的义理。

二、教者“据他所知”自出并为定义理，学者根据个人对义理的体会回答问题。

三、可以结合当时政事自由发挥。

这些做法，与千百年来统治了整个学术界的奉先儒传注为圭臬、不得自出新意的汉学正好是背道而驰，尽管所谓论其所学，仍不离经书里头历来为汉唐注疏派所关心的问题。——这后一层意思也正是宋学草创期的学者既同汉唐儒者有明显区别，又同宋学繁荣期的学者如王安石、张载、二程、苏轼等人不完全一致的原因所在。以欧阳修为例，对后来成为宋学核心课题的性命之理，便采取了“为君子者，修身治人而已，性之善恶不必究”的决绝态度，将它斥为“无用之空言”，其理由也便是“夫性，非学者之所急，而圣人之所罕言也”②。当一位名叫李诩的学生将自己的习作《性诠》三篇送给他的时候，欧阳修接连写了两封回信将他狠狠教训了一顿。信中除了上引这些话语之外，还详细地列举了《春秋》等儒家经典绝少言性，而七十二子也从来不问的统计材料，并明

①《五朝名臣言行录》，卷十引李廌记。

②《居士集》，卷四十七，《答李诩第二书》。

确表示他本人所“学之终身”、“行之终身”的惟“六经之所载，七十二子之所问者”而“不暇乎其他”①。欧阳修的这一态度大抵代表了义理之学初起之时居于宋学初期领导地位的学者们的意见。

把宋学由义理之学推进到以心性义理为主阶段的学者之一是仁、神之际在陕西地方上开门授徒的关学之宗张载。张载(1020—1077)字子厚，人称横渠先生。“横渠”两字，即因他讲学的地方凤翔府郿县横渠镇而得名。张载的代表作有《横渠易说》《正蒙》《经学理窟》等。后者辟有《义理》之专章，前引魏了翁请谥状所谓奋乎关中，阐明理学，大要即在此中。下引是最有代表性的一段：

> 义理之学，亦须深沉方有造，非浅易轻浮之可得也。盖惟深则能通天下之志，只欲说得便似圣人，若此则是释氏之所谓祖师之类也。②

此文中“义理之学”一词，大抵是留存至今的宋学著作中最早见的。张载指出：义理之学必须往深刻沉潜处发展，才能有所创造。而“深沈”的标准便是“能通天下之志”。什么叫“能通天下之志”呢？《正蒙·诚明篇》有一段解释：

> 穷理尽性，则性天德，命天理……所谓天理也者，能悦诸心，能通天下之志之理也。③

①《居士集》，卷四十七，《答李诩第二书》。
②《张载集》，第273页。
③同上书，第23页。

可知在张载看来，义理之学向纵深处发展，也就必须把"穷理尽性"的性命之理当作主要内容，而其最高境界，便是"通天下之志"之理，即"天理"。这一说法，与欧阳修"为君子者以修身治人为急，而不穷性以为言"的观点①，正好南辕北辙。那么，"性"者圣人之所罕言，先儒之所不究，又当作何解释呢？

张载认为，这是因为孔、孟以来儒者传心之言不见于记载了的缘故，而性理问题本是从古就有的学问。他在《经学理窟·义理》中指出：

> 古之学者便立"天理"。孔、孟而后，其心不传，如荀(况)、扬(雄)皆不能知。②

当前学者的任务，便是将这断了线的传心之学接上去，"为去圣继绝学，为万世开太平"③。为此张载提出了一个"心解"的新方法，并以孟子对孔子的创造性继承为例说：

> 若孟子言"不成章不达"及"所性""四体不言而喻"，此非孔子曾言，而孟子言之。此是心解也。④

孔子罕言性，而孟子有"性善"之说，据张载的解释，正得之于"心传"而非"言传"。那么，一千四百多年后的宋学，自然也可以并且应当把心性义理当作探讨的主要问题了。

---

①《居士集》，卷四十七，《答李诩第二书》。
②《张载集》，第273页。
③《张载集·拾遗·近思录拾遗》，第676页。
④《经学理窟·义理》，《张载集》，第275页。

照这么说，孔子本来是言过“性”，而只在书面文字上失传的了？张载正是这样认为。他说：

子贡曰：“夫子之文章，可得而闻也，夫子之言性与天道，不可得而闻也。”子贡曾闻夫子言性与天道，但子贡自不晓，故曰“不可得而闻也”。①

所引子贡之语见《论语·公冶长》，历来是儒者反对“言性”的主要借口。经张载的解释，“不可得而闻”是听不懂、不能理解的意思，而不是没听过的意思。这大概也就是前揭所谓孟子“心解”的根据所在。但如此“心解”，实在是张载强加于前人的。然而张载认为，这种方法正是义理之学取代训诂之学所必至。《经学理窟·义理》给“心解”下的定义便是：

心解则求义自明，不必字字相校。②

字字相校，也就是“分文析字”、“惟诂训相传，莫敢同异”。张载提出的原则是：

学贵心悟，守旧无功。③

又曰：

---

①《张子语录》（上），《张载集》，第307页。
②《张载集》，第276页。
③《张载集》，第274页。

志于道者，能自出义理，则是成器。①

可知“心传”、“心解”、“心悟”的手段，目的还是“自出义理”，只不过其义理主要以圣人所罕言的性命之理为内容罢了。

所谓心传云云，其实来自禅门之“心法”。唐代断际禅师希运（黄檗）的《宛陵录》云：

> 即心是佛，上至诸佛，下至蠢动含灵，皆有佛性，同一心体，所以达摩从西天来，唯传一心法，直指一切众生本来是佛，不假修行。但如今识取自心，见自本性，更莫别求。云何识自心？即如今言语者，正是汝心。

宋儒的由义理之学到性理之学，正是吸收并融合佛学心性义理的结果。但在他们自家，则认为这是与佛学争正统的胜利。如范育在《正蒙序》中慷慨激昂地说了前引一篇话语之后列举张载“独以命世之宏才，旷古之绝识”辟佛老的战绩云：

> 浮屠以心为法，以空为真，故《正蒙》辟之以天理之大。又曰：“知虚空即气，则有无、隐显、神化、性命通一无二。”

如前所述，“天理”之说，正是张载性命之学的核心。

可知到张载手中，宋儒义理之学除了继续发扬它的敢于怀疑、长于议论等精神之外，又发展出兼容异学、心解内求等前所未

---

①《张载集》，第274页。

备的新特点。《正蒙》成书于张载晚年,[①]《经学理窟》据张子《自道》篇"某学来三十年,自来作文字说义理无限",当亦后期设帐授徒之语录。张载卒于神宗熙宁十年(1077),其学问成熟,由义理之学进到性理之学,大约是在仁宗后期至神宗初期。作为北宋中后期儒者学风转移之缩影,这一点还可以由上章介绍过的北宋科举考试内容的改革与宋学之兴起和演变之间的关系来证明。

假如说学校(包括私人书院)是宋学得以酝酿、传播和发展的主要阵地,科举考试便是左右其发展方向的指挥棒。如前章所述,宋初沿袭唐旧,进士以诗赋分等第,明经以帖书、墨义定去留。前者是唐人重文章之风的延伸,后者乃汉学贵记诵之习的遗留。宋初三朝,虽有轰轰烈烈振兴文教之举动,就学术而论,基本上仍是汉代训诂之学和唐代文章之学的混合性延续,原因即在于此。颇有意味的是,北宋中期先后在太学任教官的孙复、胡瑗、李觏等人,本身都是屡举进士不第的科场失利者。如孙复景祐二年给新任国子监直讲范仲淹写信,提出废除以先儒传注作为科举考试的唯一标准,建议国子监重新组织编写经注,[②]即是多年落第之愤慨的发泄;李觏《上叶学士书》,把天圣二年由刘筠始"以策论升降天下士"而擢叶清臣得高第的科举改革尝试作为本朝学风转移之始;[③]欧阳修作《详定贡举条状》,把"有司束以声病,学者专于记诵"[④],作为

---

①详(北宋)吕大临:《横渠先生行状》、(北宋)范育:《正蒙序》,并见《张载集》附。

②《圣宋文选》,卷九,《孙明复文·上范天章书》。

③《李觏集》,卷二十七,《上叶学士书》;《长编》,卷一百零二,天圣二年三月乙巳条;《宋史·刘筠传》;《宋史·叶清臣传》。

④(北宋)欧阳修:《奏议集》,卷九;《长编》,卷一百四十七,庆历四年三月记事。

改革的重要对象，均反映了儒学复兴之时对科举方式的冲击，和考试内容改变对学风趋向的积极推动作用。而仁宗初期的科举改革，正以革除文章之学与训诂之学的流弊为主旨，而与宋学草创时期趋于义理的方向相一致。

到神宗熙宁四年，“务通义理，不须尽用注疏”被作为政府文件的形式肯定下来，而“义理之学”自熙宁六年从宋神宗的口中说出之后，遂成为科举考试项目中与诗赋、帖墨相对的经义策论的代名词而为天下士人之所趋。以下是一篇宋徽宗政和元年(1111)十一月十五日的臣僚奏议，奏议中对神宗以来的科举沿革作了回顾：

> 伏睹神宗皇帝以声律偶对之义，雕虫篆刻，不足以发挥圣人之余蕴，遂罢诗赋、崇经术。元祐中，曲学陋儒，自售其私，请以诗赋取士，仍争为篇章，更相酬唱，欲鼓天下之众而从之。哲宗皇帝深悯其弊，俄即废革，尽复熙、丰科举之法。陛下兴学养士，增光前烈，亲洒宸翰，训迪多方，元祐学术政事悉禁毋曾。然缙绅之徒、庠序之间，尚以诗赋私相传习，或辄投进，仰渎聪聪。盖义理之学高明而难通，声偶之文美丽而易入。喜易而恶难者，世俗之常情也。傥非重行禁约，为之矫拂，恐复流而为元祐之学矣。①

如前章所述，元祐时期虽曾一度恢复诗赋考试，与经义、策论兼行，但义理之学一直占主导地位，宰相司马光至以为“神宗专用经义、论策取士，此乃复先王令典，百王不易之法”。据《宋会要辑

①《宋会要辑稿·选举》，四之七，第4294页上。

稿》记载，上引政和元年臣僚上言之后，徽宗即“诏榜朝堂，委御史台弹劾”。足知这种义理之学占统治地位的状况，在北宋后期，一直受到朝廷的保护。

不过此时所谓义理之学，在内容方面与儒学复兴之初的北宋中期相比，已有所变化。具体地讲，也就是性命之理已由欧阳修的“非学者之所急”①，过渡到司马光所概括的“今之举人，发言秉笔，先论性命”的“众心所趋”。

就在上引政和元年十一月十五日臣僚上言的同一天，另有臣僚奏疏“乞士大夫毋得体释氏之说为文，士子程文有引用佛书或为虚无怪诞之言者皆黜勿取”②。由《宋会要辑稿·选举》四之七所载政和二年正月二十四日臣僚奏论当时科场之风习来看，这种趋势不仅无可挽回，而且发展到“鬻书者以《三经新义》并庄、老之说等作小册刊印，可置掌握，人竞求买，以备场屋检阅之用”。这一情况与仁宗时期的科场风俗适成鲜明对照。当时坊间为场屋所准备的参考资料，大抵是登第举子的成功作品。如天圣二年叶清臣所对策，当年即有刻本流传，③而天圣八年欧阳修国学、礼部考试连中魁首之后，满街叫卖的便是“欧阳省元赋”④。

士备庄、老、佛氏之书，本是为了应副性理之学的需要，议论对策，宣扬性理，即使不用佛、老之书亦可做到。如即在政和元年十一月禁程文用佛书之后，进士唐开祖程文《孟子义》仍有“即水以观性，离水以观性”之论，而被指控为“近佛语”⑤。由“水”取譬

---

①《居士集》，卷四十七，《答李诩第二书》。
②《宋会要辑稿·选举》，四之六。
③《李觏集》，卷二十七，《上叶学士书》。
④（北宋）僧文莹：《湘山野录》，卷下。
⑤《宋会要辑稿·选举》，四之九。

以释“性”，本《孟子·告子上》之警句：“水信无分于东西，无分于上下乎？人性之善也，犹水之就下也。人无有不善，水无有上下。”可知即使全用儒语，也同样可以表达性理。在宋人看来，王安石的《三经新义》，本身就是这一类利用注说的形式阐述儒家经典而为性理之学的著作，如刘挚在元祐初年所上的《论取士并乞复贤良科疏》中说：

> 熙宁初，神宗皇帝崇尚儒学，训发义理。以新人才，谓章句破碎大道，乃罢诗赋，试以经义。士儒一变，皆至于道。夫劝士以经，可谓知本。①

在他看来，改章句、诗赋而为“训发义理”，本是件好事，问题是义理之学的内容：

> 今之治经以应科举，则与古异矣。以阴阳性命为之说，以泛滥荒诞为之辞，专诵熙宁所颁《新经》、《字说》。而佐以庄、列、佛氏之书。

所谓以阴阳性命为之说，即以性理之学为内容，其范本，即熙宁所颁的《三经新义》，据前章所引司马光熙宁二年所撰的《论风俗札子》、苏轼同年五月所上的《议学校贡举状》，这一变化，熙宁初年就已经开始了。以苏轼奏状中“今士大夫至以佛、老为圣人，鬻书于市者，非老、庄之书不售也”等语与政和元年臣僚上言对看，尤足为证。陈瓘的《尊尧集·序》，说的更加全面和透彻：

---

①《忠肃集》，卷四。

臣闻“先王所谓道德者，性命之理而已矣”，此安石之精义也。有《三经》焉，有《字说》焉，有《日录》焉，皆性命之理也。蔡卞、蹇序辰、邓洵武等用心纯一，主行其教，所谓大有为者，亦性命之理而已矣；其所谓继述者，亦性命之理而已矣；其所谓一道德者，亦以性命之理而一之也；其所谓同风俗者，亦以性命之理而同之也。①

与刘挚、司马光等人一样，陈瓘自然是站在反对和清算王安石变法的立场上说这番话的，但宋神宗所谓的“一义理”被他说成“以性命之理而一之也”。可见神宗即位之初，北宋儒者的义理之学已开始进入以性命之说作为深化（即张载所谓沉潜）了的主题的性理之学。前此所谓学校教育和科举考试在知识价值取向上表现出与北宋学风之转移一致的趋势，而以仁、神两朝为义理、性理之界线，于此可得确证。

南宋孝宗淳熙五年（1178），秘书郎赵彦中上疏论科场风俗曰：

科举之文，成式具在，今乃祖性理之说，以游言浮词相高。士之信道自守，以六经圣贤为师可矣，而别为“洛学”，饰怪惊愚。士风日弊，人才日偷。望诏执事，使明知圣朝好恶所在，以变士风。②

此处反对性理之说，矛头所向不是王学而是二程之洛学。宁宗庆

①转引自（南宋）邵博：《邵氏闻见后录》，卷二十三。
②《宋史纪事本末》，卷八十，《道学崇黜》。

元二年(1196),知贡举、吏部尚书叶翥乞变学风以严党禁,程朱语录、《四书注》并在查禁之列,“是科取士,稍涉义理者,悉见黜落”[①]。所谓稍涉义理,也即稍涉性理之说。可知以心性义理为内容,正王学、洛学、关学之所同。庆元党禁,即“伪学之禁”。如前所述,矛头所指乃程朱学派二程之学,尤其是程颐,后期的确有闭门静坐、空谈心性而不切实际、脱离事功的不良倾向,而朱熹益加崇长。故乾、淳前后,曾遭到陈亮言正词厉的痛斥。[②]“道学”平反之后,程朱后学也乐得以“性理”两字以自指,你唱我和。于是“性理之学”及其简称“理学”,同“道学”一样,似乎变成了程朱学派的美名和特称。而排除北宋王学、蜀学,南宋陆学、永嘉之学等宋学重要派别在外。前引黄震《黄氏日钞》论本朝理学自三先生始,除“理学”一词外,其余语句差不多与朱熹论本朝道学之盛亦有其渐一段语录相同(严格地讲,后者乃前者之所本),可知后世以“理学”与“道学”两名相通、交互使用而同指宋儒之程朱学派,并进而概指两宋之儒学,实际上从南宋末年就已经开始了。而始作俑者,则是程朱后学本派之人。

综上所述,道学本是北宋学者概指传统儒学之特称,理学本是两宋儒者自称本朝之学之专名。理学,尤其是当它作为义理之学的简称时,颇可包举两宋新儒学之外延,如性理之学兴起之前不言性的欧阳修等初期宋学家,性理之学兴起之后反对侈言性命之理的司马光、刘挚之朔学,南渡之后激烈排击朱熹空谈性命道德的陈亮永康之学,虽在心性义理这一点上与王安石、张、程、朱、陆等人有异,但在讲求义理这一点上则毫无二致。而作为性理之

①《宋史纪事本末》,卷八十,《道学崇黜》;又《道命录》,卷七上。

②详《陈亮集》,卷十五,《送王仲德序》,《送吴允成运干序》。

学的“理学”，假如不像后世所误解的那样只作为程朱学派之特指，也颇足概括两宋学术之主流和天水一朝的时代精神。因为宋学本在复兴儒家传统文化的旗帜下另辟蹊径，使被后世归类为哲学的儒家学说更富于抽象和思辨的色彩。从而成为在各个文化层面中始终居于支配地位的学术之核心，它的独见创造精神的“义理”和“性理”两途，也就显得特别的重要。本节为宋学正名，之所以要花费大量的笔墨对理学、道学两称加以辨明，正有见及于此。

以下我们就以儒学为中心，回顾一下宋学在南渡之前发生、发展的历史演进全过程，然后以此为线索，概观一下宋儒对于佛学等其他学术的融合和包容，以及宋学精神在北宋社会各文化层面的表现和渗透。

第二节　汉唐训诂、辞章之学的遗留和宋学的准备

宋学在南渡之前，大抵经历了从准备、草创到繁荣三个发展时期。宋初三朝，是汉唐注疏之学和文章之学的遗留期和宋学的准备期。北宋中期，仁、英两朝，是宋学的草创期。从以孙复为代表的疑传派到以欧阳修为代表的疑经派，疑古思潮的形成和发展，开始了儒学复兴的新局面。紧跟着而起的以李觏为代表的议古派使宋学与生俱至的怀疑精神进一步成长并汇归于实用之目的。拟圣派邵雍、周敦颐等人年代较晚，处于宋学草创期与繁荣期的交接阶段，他们在拟经之作中所体现的创造精神，给宋学繁荣期的到来以更加直接的影响。

以王安石为代表的新学（也叫王学），以张载为代表的关学，

以程颢、程颐为代表的洛学(也叫程学),和以苏轼、苏辙为代表的蜀学,包括它们之间的种种交往和斗争,构成了北宋后期宋学的主要内容,标志着义理之学向性理之学的转变和演进。这一转变,由仁宗嘉祐年间肇端,至神宗熙宁时期完成,并蔚为百家争鸣的繁荣局面。就中尤其是王学和洛学,两者的升沉和消长,差不多构成了南渡前后近百年之间的宋学发展史。

通过上面对北宋一朝学术演进概况的简单梳理可以知道,宋学的发生与发展同政治史的段落划分,整整错过了一个时期。在宋初太祖、太宗、真宗三朝约占整个北宋五分之二的时间里,在学术方面占统治地位的仍然是注疏之学和辞章之学。此即前节所谓宋学作为儒家传统文化的一支,是一种跨时代的模式和流派,并非宋人所造皆宋学。不过作为文化史上划时代的学术体系,宋学的产生,并不是靠几个人凑在一起几声大喊大叫,也不是一夕之间突然可以产生的。在11世纪二三十年代儒学的复兴和宋学的开创之前,已有一些先驱者在那里摸索和奋斗,尽管他们往往流于幼稚或不自觉。以疑古为例。从零星的史料来看,个别的初步的疑传、疑经乃至改经、删经,北宋初年就已经出现过了。如《宋史·儒林列传》载太祖朝宿儒王昭素"博通《九经》,兼究《庄》《老》,尤精《诗》《易》,以为王、韩注《易》及孔、马疏义或未尽是,乃著《易论》二十三篇"①,即"疑传"之一例。又据南宋章如愚《群书考索前集》卷九,宋初乐史已谓《仪礼》有五可疑。这是"疑经"

①(南宋)李壁:《王荆文公诗笺注》,朝鲜活字本,卷二十,《寄赠胡先生》诗"先生天下豪杰魁"句注引王安石《题王昭素易论要纂后》佚文曰:"予尝苦王先生《易论》晦而难读,徐徽生删取其略以示予,又取其义可传及虽不是传而犹可观者存之。"王昭素《易论》二十三篇今已散佚,由王安石此文可知其风格大抵与在宋初撰写艰涩难以卒读之古文的柳开诸人接近。

的例子。《宋史·儒林列传》载后周旧臣田敏校《九经》时，已有“改经”和“删经”的实例。[①] 但这些史事却很少为两宋学者所提及。这是因为它们本身在学术上没有多少价值，而在当时和后世均未发生过足以引起学风转移的影响。实际上更早一点，在唐中期已有“《春秋》三传束高阁，独抱遗经究终始”[②]，即舍传求经的风气。如陆淳的《春秋集传辨疑》十卷。此外还有刘知几《史通》外篇第五《惑经》，以《春秋》有所未谕者十二而后人虚美者五。二书均已开宋学疑经惑古之先声，拙稿所谓宋学的准备期，以朝代论，用指北宋初期；依学风言，当将他们也包括在内。

又如议古、拟圣，宋初学者亦已偶尔为之。如太宗、真宗二朝长期担任皇宫讲读的宿儒孙奭，曾“掇五经切治道者为五十篇，号《经典徽言》”[③]，通过编书的形式寄寓政论而切于实用。其说经“议论有根柢，不肯诡随雷同”[④]，又颇近于后世之“自出己意”。当然所谓有根柢，还是强调孙奭训诂方面的学问。一般讲，宋初担任皇家侍读、侍讲之类官职的儒士，仍以章句训诂为正统。如前节提到《论语正义》的编者邢昺，从后来义理之学的立场上看，基本上就不离汉学之范畴。咸平二年奉诏校定《论语》、《尔雅》、《孝经》正义等书，孙奭实与邢昺等同领其事。[⑤] 可知就基本方面

---

①《宋史·儒林列传》之《田敏传》曰：“敏虽笃于经学，亦好为穿凿，所校《九经》，颇以独见自任，如改《尚书·盘庚》‘若网在纲’为‘若纲在纲’，重言‘纲’字。又《尔雅》‘椴，木槿’注曰：‘日及’，改为‘白及’。如此之类甚众，世颇非之。”又《李觉传》：“淳化初，上（太宗）以经书板本有田敏辄删去者数字，命觉与孔维详定。”

②《韩昌黎诗系年》，卷七，《寄卢同》。

③（北宋）司马光：《涑水记闻》，卷四。

④（北宋）司马光：《涑水记闻》，卷四。

⑤（北宋）司马光：《涑水记闻》，卷四；《宋史·儒林一》。

讲,孙奭之学仍沿汉、唐之遗风。

比较敢于破除陈规戒律,把自己摆到与圣人平等位置上的倒是一些在地方官任上的儒士。如真宗朝青州临淄(今属山东)人贾同,“以著书扶道为己任,著《山东野录》七篇,颇类《孟子》”①,已开拟《孟》之风于王安石、张载诸人之前。又如太平兴国三年状元胡旦,“尝谓三代之后,独汉得正统,因四百年行事立褒贬以拟《春秋》”②,撰成《汉春秋编年》。其书“立五始先经、后经,发明凡例之类,切侔圣作”③。

据北宋僧文莹说,柳开知润州时,胡旦任淮南东路转运副使,在金山拿《汉春秋编年》给柳开看。柳开未及展读,一见书名,即拔剑叱之曰:“小子乱常,名教之罪人也!生民以来,未有如夫子者。至若丘明而下,公、穀、邹、郏数子,止取传述而已。尔何辈,辄敢窃圣经之名冠于编首?今日聊赠一剑,以为后世狂斐之戒!”④语讫举剑追杀,胡旦险被砍死。按之柳开《河东先生集》,此事诚不可信,以今人而欲行古圣人之事,柳开实先言之。其自述《补亡先生传》曰:

> 夫六经者,夫子所著之文章也,与今之人无异耳。……王仲淹(通)于河汾间务继孔子以续六经,大出于世,实为圣人矣。⑤

---

①(北宋)王辟之:《渑水燕谈录》,卷一。

②《长编》,卷一百二十,天圣二年二月记事。

③(北宋)释文莹:《玉壶清话》,卷三。

④(北宋)释文莹:《玉壶清话》,卷三。

⑤《河东先生集》,卷二。

这里指出的王通"续六经"、"为圣人"之志,其实正是柳开本人的志向。此传开篇一段可以为证:

> 补亡先生旧号东郊野夫者,既著野史,后大探六经之旨,已而有包括扬、孟之心,乐为文中子王仲淹,齐其述作,遂易名曰开,字曰仲涂。其意谓将开古圣贤之道于时也。……庶几吾欲达于孔子者也。

为了模拟六经而达于孔子,特地改换名字以明其志,可知决心之强。是传撰于开宝五年,①当时柳开26岁,后十年方知润州。"尔何辈,辄敢窃圣经之名冠于编首"之斥,不合柳开勇于拟经、直以圣人之事自任之素志,即此可见。《补亡先生传》又曰:

> 先生又以诸家传、解、笺、注于经者多未达穷其义理,常曰:"吾他日终悉别为注解矣。"

柳开最瞧不起的汉唐注疏是郑玄之《诗》笺,至谓:"若玄之是笺,皆可削去之耳!"(同上)可知柳开不独富于拟圣之雄心,复有因疑传而企图重新遍注六经之壮志。其重在义理之意,已略同于后来之宋学。可惜柳开只有豪言壮语而无实际行动。正像他是宋初较早提倡古文的作家之一,而无值得效法的古文作品可以传世一样。

柳开年十六七时曾取名肩愈,字绍先,以继承韩愈、柳宗元

---

①详《河东先生集》,卷二,《东郊野夫传》,卷五,《答梁拾遗改名书》。

(以同姓故曰先)的古文事业而自任。[1]“肩愈”本是美名,为什么过十余年又改掉呢?这一举动实际上反映了柳开治学思想的变迁。从开宋学之先的角度讲,唐代的王通与韩愈,以及柳宗元、李翱等人,都是重要的人物,但各人的侧重面不同。柳开《答梁拾遗改名书》曰:

> 幼之时所以名者,在于好尚韩之文,故欲肩矣。逮今长而成,所以志者在乎执用先师之道也,故亦将有所易矣。

这里柳开把王通作为“执用先师之道”的象征,韩愈则只是“文”一方面的代表。但这并不是他早先的意思。当柳开的名字还叫肩愈的时候,韩愈在他的眼中,兼有“道统”和“文统”两方面的意义:“吾之道,孔子、孟轲、扬雄、韩愈之道也;吾之文,孔子、孟轲、扬雄、韩愈之文也。”[2]这一提法也是宋初古文家之所同。如王禹偁早年还将韩愈与王通相提并论,一起作为道统和文(言)统的中介:

> 书契以来以文垂教者,首曰孔孟之道。……孟轲氏没,扬雄氏作。……扬雄氏丧,文中子生。……文中子灭,昌黎文公出,师戴圣人之道,述作圣人之言,从而学者有若赵郡李翱、江夏黄颇、安定皇甫湜,固其徒也。[3]

---

①详《河东先生集》,卷五,《答梁拾遗改名书》。

②《河东先生集》,卷一,《应责》。

③《投宋拾遗书》。按:此文《小畜集》、《小畜外集》(残本)均失载,此据《圣宋文选》,卷七,《王禹偁文》。

宋学初期如孙复、石介诸人都接受并宣扬过这一提法。如孙复在《信道堂记》中说："吾之所谓道者，尧、舜、禹、汤、文、武、周公、孔子之道也，孟轲、荀卿、扬雄、王通、韩愈之道也。"①而石介反对佛老与杨亿的目的，也申明是为了使世人目之所见、耳之所闻惟"周公、孔子、孟轲、扬雄、文中子、韩吏部之道"②。至于身兼宋学疑古派首席代表和北宋古文运动之首脑人物的欧阳修，以韩愈氏之再世而见许，就更不必提了。

但宋学繁荣期的大儒却是另一种看法。早在嘉祐元年，欧阳修赠诗王安石，即以"翰林风月三千首，吏部文章二百年"③为期。"吏部"即韩愈。王安石答酬则表达了另一种愿望："他日若能窥孟子，终身何敢望韩公。"④弦外之音，对韩愈的精于文而疏于道，已不无轻视之意。重孟而轻韩，大抵是北宋后期宋学家的共同看法，二程、张载不必说，即便是欧阳修的忠实门徒苏轼，后来也对"韩愈之于圣人之道，盖亦知好其名矣，而未能乐其实"⑤颇有微词。

于是，北宋初、中期古文家那一串合道统、文统为一的从周公、孔子直到韩愈的名单遂被拦腰砍断，在孟子后面直承上去的，成了宋学家自己。

柳开在 26 岁时把自己的名字由"好尚韩之文"的"肩愈"改成

---

①《圣宋文选》，卷九，《孙明复文·信道堂记》。

②《徂徕石先生文集》，卷五，《怪说》(中)。

③《居士外集》，卷七，《赠王介甫》。

④《王文公文集》，卷五十五，《奉酬永叔见赠》。

⑤《应诏集》，卷十，《韩愈论》。又：苏轼门人秦观作《韩愈论》，以昌黎文积众家之长，犹杜子美之于诗，而无一言及其道。(《淮海集》，卷二十二)张耒《韩愈论》则明言："韩愈以为文人则有余，以为知道则不足。"(《柯山集》，卷三十八)

"执用先师之道"的"开"、"仲涂",不仅预示了真、仁之际知识分子从文章型向经术型的转变,而且差不多是北宋中后期所发生的道统与文统逐渐分离之倾向的缩影。更有意思的是,柳开临死时由门人张景笔录的《默书》,开篇即是"夫有命有性有情,得其性理之静"云云,比之唐代李翱的《复性书》,更接近于后来王学兴起之时"为士者非性命之说不谈"的性理之学。可知宋学虽然直到仁宗时期方始勃兴,作为一种社会思潮,早在太宗、真宗之际就已经在个别知识分子中露头,只不过因为当时知识分子群体的队伍还不够壮大,知识分子个体的知识储备还不够充分,植根于北宋社会政治、经济、制度,包括文化本身在内的各种推动宋学产生的积极因素还不够成熟等方面的原因,使宋学变成一朵迟开的花朵。其中最明显的例子,便是见于《长编》卷五十九,景德二年(1005)三月甲寅条所载,并为马端临在《文献通考》卷三十《选举三》中引用的一段史料:

> 上御崇政殿亲试礼部奏名举人,得进士李迪以下二百四十六人……先是,迪与贾边皆有声场屋,及礼部奏名,而两人皆不与,考官取其文观之,迪赋落韵,边论"当仁不让于师",以"师"为"众",与注疏异,特奏令就御试。参知政事王旦议落韵者,失于不详审耳;舍注疏而立异论,辄不可许,恐士子从今放荡无所准的。遂取迪而黜边,当时朝论,大率如此。

"当仁不让于师",乃《论语·卫灵公》一篇的成句,贾边应试以"师"为"众",不为无据,《尔雅·释诂》即作:"师,众也。"但因为他没有照咸平二年诏定的《论语正义》关于此句的训诂立论,即使"有声场屋",终被斥逐。宋初三朝之学风,举此一例,可以概见。

由这个例子可以了解到自太宗太平兴国三年开始，在御试进士之常格诗、赋二题之外加进了适合于发挥个人见解的论题，对宋初青年知识分子已经产生了一定的吸引力，只不过处于掌权地位的，还是重诗赋轻策论（据苏辙《龙川别志》卷上载景德二年御试《当仁不让于师》乃赋题而非论题，可补《长编》、《通考》之失）、“舍注疏而立异论不可辄许”的汉唐训诂之学和文章之学。但一代敢于舍弃注疏、自出议论的青年知识分子正在开始成长和壮大，宋学之在儒学复兴的旗帜下崛起，已经为期不远了。

第三节　从疑传到疑经

以讲明义理而有别于汉唐注疏之学的宋学之开创，始自北宋中期的疑古思潮，这一点朱熹就已经提到过了。《朱子语类》卷八十载：

> 理义大本复明于世，固自周、程，然先此诸儒亦多有助。旧来儒者不越注疏而已，至永叔、原父、孙明复诸公，始自出议论，如李泰伯文字亦自好，此是运数将开，理义渐欲复明于世故也。

所谓不越注疏，即指墨守先儒为经书所作的传注而不敢异议。从这段话看，朱熹只提到了欧阳修等人对传疏的怀疑（疑传）。其实宋学初期的疑古思潮，矛头也指向了封建时代奉若神明的经典本身（疑经）。如北宋司马光在《论风俗札子》中抨击当时科场风气时说：

新进后生，未知臧否，口传耳剽，翕然成风。至有读《易》未识卦爻，已谓《十翼》非孔子之言；读《礼》未知篇数，已谓《周官》为战国之书；读《诗》未尽《周南》、《召南》，已谓毛、郑为章句之学；读《春秋》未知十二公，已谓《三传》可束之高阁。循守注疏者，谓之腐儒；穿凿臆说者，谓之精义。①

司马光此奏撰于熙宁二年（1069），显对王安石变法而发。关于他的政治观点，且暂置勿论，就其奏折中所抨击的“新进后生”，把矛头直指《周易》、《周礼》和《春秋》三传而言，都是疑经的实例。

宋学初期之疑古可区分为疑传、疑经两派。其代表人物是，孙复字明复（992—1057）、欧阳修字永叔（1007—1072）、刘敞字原父（1019—1068）等。孙复年代最早，主要活动于天圣、明道、景祐、庆历年间，是宋学疑传阶段或者说宋学疑传派的代表人物。欧阳修稍晚，主要活动期在庆历、嘉祐年间，是宋学疑经阶段或者说是宋学疑经派的代表。刘敞的年辈最晚，属于疑经派的后起之秀，宋学之疑经思潮到他，已经发展到登峰造极的地步。下面试逐一加以介绍。

先讲疑传派。

如前所述，从北宋太祖至仁宗即位初期，长达六七十年的时间里，就学术而言，基本上沿袭汉、唐以来的注疏之学，即汉学。士人谨守先儒注疏，莫敢异议。

这种情况到了仁宗即位之初，大抵未变，孙复《寄范天章书》（二）说：“国家以王弼、韩康伯之《易》，左氏、公羊、穀梁、杜预、何休、范宁之《春秋》，毛苌、郑康成之《诗》，孔安国之《尚书》，镂版

①《温国文正司马公文集》，卷四十五。

藏于太学，颁于天下。又每岁礼闱设科取士，执为准的。多士较艺之际，有一违戾于注说者，即皆驳放而斥逐之。"①并说，专守先儒之经注，不但未能尽见诸经之义，且使"后之作疏者无所发明，但委曲踵于旧之注说而已。复不佞，游于执事之墙藩者有年矣。执事病注说之乱六经，六经之未明，复亦闻之矣"②。

据《范文正公集》卷末所附《范文正公年谱》，孙复始游范氏之门墙，乃在天圣五年仲淹掌南京应天府学并兼管应天书院期间。应天书院，为宋初四大书院之一。据《范文正公年谱》，仲淹在南京时，"四方从学者辐凑，其后以文学有声名于场屋、朝廷者，多其所教也"。足知范仲淹的疑传态度，在当时发生了较大的影响。

上引《寄范天章书》，可以看作宋学开创之初，在天圣、明道、景祐年间最先登上历史舞台的疑传派学者反对汉学遗风的宣言，范仲淹、孙复等人不惑传注的怀疑精神，不唯代表了这一历史时期年轻一代儒生对传统儒学的大胆挑战，而且为义理之学的开创，打通了前进的道路。

范仲淹虽是一位在宋学初期开风气的领导人物，但其学术著作留传不多，而且平生志业别有所在，而孙复则是专力从事宋学草创的第一人。孙复自四十四岁开始，退居泰山，讲学授徒。③ 庆历二年（1042）因范仲淹之荐任国子监直讲，在经筵"讲说多异先儒"④。平生著述颇多，主要有《易说》六十四篇和《春秋尊王发

---

①《圣宋文选》，卷九。

②同上。

③《居士集》，卷二十七。

④《徂徕石先生文集》，卷二，《乙亥冬，富春先生以老儒醇师，居我东齐，济北张泂明远、楚丘李缊仲渊，皆服道就义，与介同执弟子之礼，北面受其业，因作百八十二言相勉》。

微》十二卷。这些著述，特别强调抓住“心”和“用”两个主要方面来改造和发展传统的儒学，大抵代表了此后宋代新儒学的方向。可惜孙复的《易说》已佚，无法窥知他在心性方面的论旨。《春秋尊王发微》一书则岿然独存，此书不独在《春秋》学，即令在整个宋代经学中，也是开风气的著作。欧阳修在《孙明复先生墓志铭》中说：“先生治《春秋》不惑传注，不为曲说以乱经，其言简易，得于经之本义为多。”①孙复认为自己所“得于经之本义”的乃是《春秋》专为乱世而作，而明时之衰、诸侯大夫之罪。因此，他在《春秋尊王发微》开宗明义就说：“孔子之作《春秋》也，以天下无王而作也，非为隐公而作也。”②他还历数东周之乱政曰：“夫东迁之后，周室微弱，诸侯强大，朝觐之礼不修，贡赋之职不奉；号令之无所束，赏罚之无所加；坏法易纪者有之，变礼乱乐者有之，弑君戕父者有之，攘国窃号者有之。征伐四出，荡然莫禁。”③以两个“不”字，两个“无”字，四个“有之”，对春秋时代的政治局势所作的概括，皆是贬辞而无一褒语。这种观点，同当时朝廷颁行的孔颖达《春秋正义》（杜预注，孔颖达疏）的有褒而无贬，正是背道而驰。对此，《四库全书总目》卷二十六《春秋尊王发微》提要讥之曰：“使二百四十二年中无人非乱臣贼子，则复之说当矣；如不尽乱臣贼子，则圣人亦必有所节取。亦何至由天王以及诸侯大夫，无一人一事不加诛绝者乎？”而《四库简明目录》卷三还认为：“孙复以后说《春秋》者，名为弃传从经，实则强经以从己。”从笃守古训的立场上看，孙复的《春秋》研究，主观的成分的确太多了。所谓强

①《长编》，卷一百四十九，庆历四年五月壬申条。
②《春秋尊王发微》，卷一，（鲁）隐公元年春正月条。
③同上。

经以从己，实即后来宋学大家陆九渊所说的"六经注我"，可知孙复对义理之学的贡献，不独开"不惑传注"、"弃传从经"之风于庐陵未作之先，而且以"强经从己"遥领南宋心学于前。

疑传派以孙复为首，其门人有石介、士建中、张洞等，皆以"不惑传注"，非议汉唐注疏之学著称于当时。如石介尝撰《忧勤非损寿论》驳斥郑玄说：

> 《文王世子》郑康成注曰："文王以勤忧损寿，武王以安乐延年。"余谓忧勤所以延年，非损寿也；安乐所以损寿，非延年也。……且文王享年九十有七，所不至禹、汤者三岁，岂为损寿乎？又谓武王以安乐延年，且武王继父之事，受天之命，顺人之心，与八百诸侯同伐纣，以生万民，以启天下。天下有一夫横行，武王则羞。为安乐乎？康成之妄也如此。①

郑玄乃东汉经学大师，汇今古文两派之所长，"遍注诸经，立言百万，集汉学之大成"②，为儒林北学之宗。他的注疏长期以来与先秦经典同时流行，其地位一度曾与经文本身相上下。所谓"宁道孔圣误，讳言郑、服非"③。石介竟敢以"康成之妄也如此"一言将他彻底骂倒，足见宋学初期的疑传派气势之盛。士建中、张洞的著作均已失传，但由石介对他们所作的评价可以间接了解一二。《徂徕石先生文集》卷十三《上范思远书》论士建中（字熙道）曰"其人能通明经术，不由注疏之说，其心与圣人之心自会，能自诚

---

①《徂徕石先生文集》，卷十一。

②（清）皮锡瑞：《经学历史》，第127页。

③（北宋）晁说之：《嵩山文集》，卷一，《元符三年应诏封事》引古谚。

而明，不由钻学之至，其性与圣人之道自合”。同书卷十四《与张洞进士书》则曰：“明远（张洞）始受业于子望（刘颜），又传道于泰山孙先生，得《春秋》最精。近见所为论十数篇，甚善。出三家之异同而独会于经。”“出三家之异同而独会于经”与“不由注疏之说，其心与圣人之心自会”意思相同，可知本派学风，正以“弃传从经”、“不惑传注”为共同特征。

疑传派学者除了孙复及其弟子之外，值得一提的还有刘颜和周尧卿。《宋史·儒林传二》说：“刘颜字子望，彭城人。少孤，好古，学不专章句……著《儒术通要》、《经济枢言》复数十篇。石介见其书，叹曰：‘恨不在弟子之列。’”可知他的观点，与孙、石等人基本相同。“学不专章句”乃11世纪30年代学界时风之所尚。周尧卿（994—1045）字子俞，道州永明人，著《诗说》、《春秋说》各三十卷，文集二十卷。《宋史》本传载：“为学不专于传注，问辨思索，以通为期。长于毛、郑《诗》及《左氏春秋》。其学《诗》，以孔子所谓‘《诗》三百，一言以蔽之曰思无邪’、《孟子》所谓‘说《诗》者以意逆志，是为得之’考经指归，而见毛、郑之得失。曰：‘毛之传欲简，或寡于义理，非一言以蔽之也。郑之笺欲详，或远于性情，非以意逆志也。是可以无去取乎？’其学《春秋》，由左氏记之详，得经之所以书者。至《三传》之异同，均有所不取。曰：‘圣人之意岂二致耶？’”刘、周两人的著作已久佚，然据此仍可略窥一斑。

上述诸人，活动年代大抵与孙复相近。除周尧卿外，余人与孙复、石介均为师友关系，因学风的一致而结成一个志同道合的学术流派——疑传派。这一学派的共同特征是侧重于疑传而未疑经。前引孙复《上范天章书》（二）所谓“病注说之乱六经，六经之未明”；以及石介在他的《与杨侍讲书》中所说的，诸经“皆圣人之书也，圣人没，七十子散，微言绝，异端出，群子纷纷然，以白黑相渝，是非相淆，学者不知所趋”①等话，都可以互相参证。疑传派对经典权威地位是坚信不移的，而他们对传注的怀疑，实质上正是为了捍卫经典的权威地位。这种态度，与后来兴起的疑经派恰成一鲜明的对照。

下面再讲疑经派。

宋学疑经之风，一般认为是从仁宗庆历年间开始的。南宋王应麟《困学纪闻》卷八《经说》所引陆游的一段言论，是后世论者谈到宋学疑经风气时所常加称引的史料根据，其言曰：“唐及国初，学者不敢议孔安国、郑康成，况圣人乎！自庆历后，诸儒发明经旨，非前人所及，然排《系辞》，毁《周礼》，疑《孟子》，讥《书》之《胤征》、《顾命》，黜《诗》之序，不难于议经，况传注乎！”庆历是仁宗的第六个年号，正当11世纪40年代。陆游这里提到的“疑《孟子》”者系指李觏和司马光，“讥《书》之《胤征》、《顾命》”指苏轼，“排《系辞》”、“毁《周礼》”、“黜《诗》之序”，并出于欧阳修。而诸人之中，年代以欧阳修为最早。

不过，据《欧阳文忠公文集》编年，欧阳修关于《系辞》非孔子所著的怀疑，早在景祐四年(1037)所撰的《易或问三首》中已经提出过了。在后来《易童子问》中，其疑《易》更加系统。该书卷三说：“童子问曰：《系辞》非圣人之作乎？曰：何独《系辞》焉，《文言》、《说卦》而下，皆非圣人之作。而众说淆乱，亦非一人之言也。”②自从司马迁在《史记》中提出关于“孔子晚而喜《易》，序《彖》、《象》、《说卦》、《文言》”的说法以迄11世纪30年代，大约

①《徂徕石先生文集》，卷十三。

②《欧阳文忠公文集》，卷八十。

一千多年中,读书人一直将《系辞》《文言》《说卦》等当作圣经《易》的一部分加以尊奉,而欧阳修竟一概加以否定,这在当时所引起的震动之大,是可想而知的了。据记载,欧阳修好友韩琦,因此而"对欧阳公终身不言《易》"①,以沉默表示反对。欧阳修"排《系辞》"时年方三十一,到晚年持之益坚,而士人亦稍稍以其言为然。② 这不仅是因为欧阳修具有"勇于敢为、决于不疑"的坚强意志,而且是因为他坚持了实事求是的态度和"圣人之经尚在,可以质也"③的正确方法。因此,自从欧阳修提出这个问题之后,越到后来相信的人越来越多。

欧阳修用以论证《系辞》、《文言》、《说卦》等非孔子所撰的根据主要有两个,一是找出比孔子更早的书证以断其伪,二是找出原文的自相矛盾之处以断其非出于一人之手。试以《易·乾卦》的《文言》部分为例。欧阳修在《易或问三首》之一中说:

> 吾尝以譬学者矣。"元者,善之长;亨者,嘉之会;利者,义之和;贞者,事之干。"此所谓《文言》也。方鲁穆姜之道此言也,在襄公之九年,后十有五年而孔子生。左氏之传《春秋》也,固多浮诞之辞,然其用心,亦必欲其书之信后世也。使左氏知《文言》为孔子作也,必不以追附穆姜之说而疑后世。盖左氏者,不意后世以《文言》为孔子作也。④

---

①(清)朱彝尊:《经义考》,卷十八,引方德操语。

②《欧阳文忠公文集》,卷一百三十,《试笔·系辞说》。

③《欧阳文忠公文集》,卷七十八,《易童子问》卷三。

④《居士集》,卷十八,《易或问三首》其一。

左氏生于孔子同时或稍后，其传《春秋》而载孔子生前十五年——鲁襄公九年穆姜之语与后世所传《易·乾卦·文言》八句同，唯一合理的解释就是《文言》为后人伪托，集古语以充之。

在《易童子问》卷三中，欧阳修进一步指出："又有害经而惑世者矣。"《文言》曰"'元者，善之长也；亨者，嘉之会也；利者，义之和也；贞者，事之干也。'是谓《乾》之'四德'。又曰：'乾元者，始而亨者也。利贞者，性情也。'则又非'四德'矣。谓此二说出于一人乎？则殆非人情也。"像这样竞相作伪而至于前后抵牾、漏洞百出，在《系辞》中也比比皆是。《易童子问》列举了不少，此不赘引。对于这种情况，欧阳修解释道："大抵学《易》者莫不欲尊其书，故务为奇说以神之，至其自相乖戾，则曲为牵合而不能通也。"①欧阳修还以《系辞》等与孔门弟子追记孔子言行的《论语》"书其首必以'子曰，者"相比较，指出若《文言》出于孔子自作，则不应自称"子曰"，"又其作于一时，文有次第，何假'子曰'以发之？"②欧阳修认为：《系辞》、《文言》等篇的真正作者，乃是"汉之《易》师"。而"其先言'何谓'，而后言'子曰'者，乃讲师自为答问之言尔"③。

由上述诸例可知，勇断不惑，而又考证详密，既有所破，又有所立，比起前此孙复、石介等疑传派攻之有余，立之不足，欧阳修已向前跨了大大的一步。

欧阳修还对历来作为《诗经》之一部分的《小序》的真伪提出了怀疑。如他在《诗本义》卷二《野有死麇论》中论曰：

---

①《欧阳文忠公文集》，卷七十八，《易童子问》卷三。

②《居士外集》，卷十五，《传易图序》。

③同上。

《诗序》失于《二南》者多矣。孔于曰:“三分天下有其二,以服事殷。”盖言天下服周之盛德者过半尔。说者执文害意,遂云“九州之内,奄有六州”。故毛、郑之说,皆云文王自岐都丰建号称王,行化于六州之内。此皆欲尊文王而反累之尔。就如其说,则纣犹在上,文王之化止能自被其所治。然于《芣苢·序》则曰:“天下和平,妇人乐有子。”于《麟趾·序》则曰:“‘关雎’化行,天下无犯非礼者。”于《驺虞·序》则曰:“天下纯被文王之化。”既曰如此矣,于《行露·序》则反有“强暴之男侵陵贞女而争讼”。于《桃夭》、《摽有梅》序则又云:“婚姻男女得时。”又似不应有讼。据《野有死麕序》,则又云:“天下大乱,强暴相陵,遂成淫风,惟被文王之化者,犹能恶其无礼也。”其前后自相抵牾,无所适从。

所谓互相抵牾,无所适从,与《系辞》、《文言》所暴露的情况正同。《四库全书总目提要》说:“自唐以来,说《诗》者莫敢议毛、郑,虽老师宿儒,亦谨守《小序》。至宋而新义日增,旧说几废。推原所始,实发于修。”①

欧阳修在开疑经之风方面所作出的贡献,不只限于《诗》与《易》,几乎所有古代流传下来的经典,他都曾以怀疑的眼光加以审视和质问。如《居士集》卷四十八所收先后作于庆历、嘉祐年间的进士策十二篇,几乎每篇都以疑经为题。其中对《周礼》质疑说:“夫内设公卿大夫士,下至府史胥徒,以相副贰;外分九服,建五等,差尊卑,以相统理。此《周礼》之大略也。而六官之属,略见于经者五万余人,而里闾县都之长,军师卒伍之徒不与焉。王畿

①《四库全书总目提要》,卷十五,《毛诗本义》。

千里之地,为田几井?容民几家?王官王族之国邑几数?民之贡赋几何?而又容五万人者于其间。其人耕而赋乎?如其不耕而赋,则何以给之?夫为治者,故若是之烦乎!此其一可疑者也。”①六经虽属先秦典籍,其实多出汉人所记诵,口耳相传,伪作窜入的可能性很大。何况六经之中,《周礼》其出最后,但所载周礼乐制度却最详备,欧阳修根据书中记事的悖于情理而提出怀疑,是有道理的。

关于《礼记》的《中庸》,欧阳修提出质疑道:

> 《礼》、《乐》之书散亡,而杂出于诸儒之记,独《中庸》出于子思。子思,圣人之后也,其所传宜得其真。而其说有异乎圣人者,何也?《论语》云:“吾十有五而志于学,三十而立,四十而不惑,五十而知天命。”盖孔子自年十五而学,学十五年而后有立,其道又须十年而一进。孔子之圣,必学而后至,久而后成,而《中庸》曰:“自诚明,谓之性;自明诚,谓之教。”“自诚明”,生而知之也;“自明诚”,学而知之也。若孔子者,可谓学而知之者。孔子必须学,则《中庸》所谓自诚而明、不学而知之者,谁可以当之欤?……故予疑其传之谬也。吾子以为如何?②

上述质疑,不仅指出经文前后的自相抵牾,而且是更进一步,触及经典立论本身的正谬了。类似的议论,如《居士集》卷十八《泰誓论》斥“西伯受命称王十年者”为妄说,《问进士策四首》之一的非

①《居士集》,卷四十八,《问进士策三首》之一。
②《居士集》,卷四十八,《问进士策三首》之三。

《孟子》之以“井田”乃仁政之始等，实已开苏轼讥《尚书》和李觏、司马光疑《孟子》之先声。而《问进士策四首》之二，则抓住《论语》“子不语怪力乱神”一句，遍斥“《书》载‘凤凰之来舜’，《诗》录乙鸟之生商，《易》称河洛出图书，《礼》著龟龙游宫沼”，以及《春秋》六鹢鸜鹆等“于人事而何干”之记载，对“圣人之所书”提出综合性的怀疑。① 六经在封建时代的政治、文化生活中具有至高无上的地位，欧阳修敢于提出如此激烈而又全面的质疑，没有深广的学问根柢和无畏的勇气是不行的。而这两点，正是宋学怀疑精神得以形成和发挥的必要前提。到稍后的刘敞，这两个方面又有了进一步的发展。

刘敞比欧阳修小 12 岁，但学问渊博则过之。敞长于《春秋》，为书四十一卷。包括《春秋传》十五卷、《春秋权衡》十七卷、《春秋说例》二卷、《春秋文权》二卷、《春秋意林》五卷。②《四库全书总目提要》卷二十六《春秋传》说：“北宋以来，出新意解《春秋》者，自孙复与敞始。复沿啖、赵之余波，几于尽废三传。敞则不尽从传，亦不尽废传，故所训释为远胜于复焉。”

“不尽从传，亦不尽废传”，这是刘敞《春秋》学之所以远胜前期疑古派孙复的原因，并标志着宋学疑古的视点由传转入经之后，已从疑传派凡传皆谬、唯经是从的绝对化立场转为唯善是从、非善则经、传皆所不取的灵活态度。刘敞对后世宋学发生重大影响的还有另一部著名之《七经小传》三卷。所谓七经，指《尚书》、《毛诗》、《周礼》、《仪礼》、《礼记》、《公羊传》、《论语》。可知刘敞

---

①《居士集》，卷四十八，《问进士策四首》之二。

②《玉海》，卷四十，《艺文·春秋》；又《居士集》，卷三十五，《集贤院学士刘公（敞）墓志铭》。

除《春秋》之外，对《诗》、《书》、《三礼》等经典也下过一番功夫。作为疑经派后起的重要代表人物，刘敞对宋学的贡献及治学特点大致如下：

其一，自出新意。《七经小传》卷下解《论语》“子曰：道不行，乘桴浮于海，从我者，其由与”一章说：“‘浮于海’，非仲尼意，而仲尼为若言者，盖言己在天下，道不行，则去周流四方，若乘桴之浮海，随波转薄矣。”以《论语》子曰“乘桴浮于海”为“周流四方”的比喻语，前人所未发。刘敞此解，从训诂学上讲，并无依据，自非定论。然就其自出新义之大胆与果断而言，则不乏启发意义。

其二，增字为释。《论语》关于孔子批评宰予昼寝的公案，历来聚讼纷纭。刘敞《七经小传》一空依傍，自标新意曰：“宰予昼寝，子曰‘朽木不可雕也’云云，学者多疑宰予过轻而仲尼贬之重，此弗深考之蔽也。古者君子不昼夜居于内，昼居于内则问其疾，所以异男女之节，厉人伦也。如使宰予废法纵欲，昼夜居于内，所谓乱男女之节，俾昼作夜，《大雅》之刺幽、厉是也。仲尼安得不深贬之？然则‘寝’当读为‘内寝’之‘寝’，而说者盖误为‘眠寝’之‘寝’。”①在“寝”字之前增一“内”字，将原文作动词（“眠寝”）讲的“寝”变作名词（“内寝”），此即训诂学家列为大忌的“增字为释”。但刘敞置之不顾，自行其是。宋学与汉学之别，于此判若水火。

其三，改经就义。《四库全书总目提要》卷二十六评《春秋传》说：“其经文杂用三传，不主一家，每以经、传连书，不复区画，颇病混淆。又好减损三传字句，往往改窜失真。如《左传》‘惜也，越竟乃免’句，后人本疑非孔子之言，敞改为‘讨赋则免’，而仍以

①《七经小传》，卷下，宰予昼寝条。

'孔子曰'三字冠之,殊为舛驳。考黄伯思《东观余论》称考正书武成,实始于敞。则宋代改经之弊,敞实导其先,宜其视改传为固然矣。然论其大致,则得经意者为多。"两宋改经就义之习特盛,且多出大家之手,如二程、朱熹移易《大学》旧文次序,补缀传文;胡宏、汪应辰删改《孝经》旧文;王柏删改《诗》、《书》旧文等。考其渊源,刘敞实导其先。王应麟《困学纪闻》卷八《经说》曰:"自汉儒至于庆历间,谈经者守训故而不凿,《七经小传》出而稍尚新奇矣。至《三经义》行,视汉儒之学若土梗。"此论宋学原始,舍欧阳修以及更早的孙复,将疑古尚新之功独归于刘敞,大抵出于以下两个原因:一、着眼于本人著述的成就;二、着眼于对后世学术的影响。从前一方面讲,刘敞的《七经小传》,特别是关于《春秋》的五种四十一卷著述,无论从质量还是数量上讲,均超过了孙复的同类著作《春秋尊王发微》以及欧阳修的《诗本义》等经学专著。关于《七经小传》对王安石《三经义》(也叫《三经新义》)的启发,南宋吴曾《能改斋漫录》和晁公武《郡斋读书志》所引元祐史官之说,均有类似的记载,而以《三经义》为代表的王安石新说,在两宋之交足足统治了六十多年,足见刘氏之学影响之大。

对历史人物个人来讲,"以成败论英雄"常常有失之片面之嫌。但整个一代学术文化思潮的变迁,没有一定数量和质量的著述问世,是很难造成重大影响的。从这一点上讲,宋学初期的疑古之风,由孙复经由欧阳修再到刘敞,的确已经达到了足以改变一代学术面貌的高峰。

宋学疑经派除了欧阳修和刘敞之外,较有成就的还有永嘉前辈学者王开祖和湖南衡山人廖偁等。王开祖《儒志编》以《易·系辞》因"相传于易师","其间失坠而增加者不能无",而疑其"非圣人之言";廖氏文集《朱陵编》论《洪范》,以为"九畴,圣人之法尔,非有龟书出洛之事”，所见并与欧阳修略同。[①] 王开祖对欧阳修的敬仰已见前章所引《王文公文集》卷八《答王景山书》。据欧阳修《居士集》卷四十三《廖氏文集序》，廖倚的弟弟廖倚是欧阳修三十年的好朋友，但廖偁本人欧阳修并不认识。可知时代风气所至，即使是从来没见过面的人，也能得出不谋而合的结论。故本文所谓流派，也兼涵同一时期观点一致、学风相近的学者。

上文将宋学初期疑古思潮分为疑传、疑经两个互相交叉的阶段，两者在时间发展上虽有先后，侧重面也有所不同，但在反对以“浮碎章句”（《徂徕石先生文集》卷十三《上范思远书》）为特征的训诂之学而建立以“得经之本义”（《居士集》卷二十七《孙明复先生墓志铭》）为目的的义理之学这一点上，则完全是相同的。石介论学之言曰：“读书不取其语辞，直以根本乎圣人之道。”[②]欧阳修论治经之旨曰：“学者当师经，师经必先求其意。”[③]这个“意”和“道”，也便是儒家学问的义理，即内容。不停留在辞句的解释之上，直接以把握经典之整体内容为治学的主要目的，正是有宋义理之学的基本精神。

不过疑传也好，疑经也好，包括删经、改经，均离不开传统经传，只是在先秦著作的真伪和解释中周旋。欧阳修、刘敞、孙复等人，无疑都是具有首创精神的第一流学者。所谓怀疑精神，本身就体现了一定的创造性。但他们的创造性，受到前代文字材料的局限，只能在“疑古”两字上大作文章。比较彻底地摆脱经传限制而自立新说，更进一步体现宋学创造精神的是在疑古基础上形成

---

①详（北宋）欧阳修：《居士集》，卷四十三，《廖氏文集序》引。

②《徂徕石先生文集》，卷二十，《代郓州通判李屯田荐士建中表》。

③《居士外集》，卷十八，《答祖择之书》。

的宋学议古派和拟圣派。

第四节 从议古到拟圣

疑传派与疑经派除了在疑古这一点上具有共同性之外，还表现在著述形式方面有着相同的特点。以朱熹提到的三位代表人物而论，由前节可知，孙复的《春秋尊王发微》、欧阳修的《诗本义》、刘敞的《七经小传》等，并是采用传统的注疏形式以驳正汉唐传注之学。这说明作为汉学统治之终结，宋学开创之伊始，北宋儒学的复兴，在其早期由训诂之学脱胎之时，仍带有旧时代的印记。朱熹追述义理之学之始，谈及“自出议论”时，还提到了“文字亦自好”的李觏。（朱熹之语，见前节开头所引《朱子语类》卷八十）

但李觏的“自出议论”，就著作形式上讲已大不相同。他彻底抛开了以传注为唯一形式的旧传统。今存《李觏集》三十七卷、外集三卷，①收学术著作七种，以《礼》、《易》两经的研究为主，《礼论》七篇，《易论》十三篇，《删定易图序论》六篇，《周礼致太平论》五十一篇，此外三种为《潜书》十五篇，《广潜书》十五篇，《常语》三卷。全部采用论文和语录的形式，而无一传注。其中《周礼致太平论》，李觏曾将它录为十卷，遍赠友好，并在附去的《寄〈周礼致太平论〉上诸公启》中说：

> 世之儒者，以异于注疏为学，以奇其词句为文。而觏此

①据中华书局1981年8月王国轩点校本。

书于注疏则不异,何足谓之学?于词句则不奇,何足谓之文?惟大君子有心于天下国家者,少停左右,观其意义所归,则文学也者,筌蹄而已。①

“《周礼》致太平”,本是汉儒刘向、郑玄的观点,李觏直用之而不疑,并公开申明词句的解释仅仅是“筌蹄而已”,不必斤斤计较,关键在于“观其意义所归”②。

千百年来,人们一直把逐字逐句的解释作为经典研究的传统方式,奉为金科玉律。疑古派作为宋学的先驱出来之后,也只认为前人对经典的注解中有某些不正确的地方,而对以解释为学问这一本身,却未尝提出过怀疑。李觏明确指出应当把“义理”的探究放在第一位,而不必在先儒的注疏、文章的辞句上多下工夫,可谓是一个大胆的主张,与当时一般疑古派即李觏所批评的仅仅“以异于注疏为学”的“世之儒者”相比,李觏朝着义理之学的目标又跨前了一步。

在当时,像李觏这样由疑古进而议古的学者还有“为文辩博,长于议论”的章望之③。望之字表民,建州浦城人,《宋史》本传说:

望之喜议论,宗孟轲言性善,排荀卿、扬雄、韩愈、李翱之说,著《救性》七篇。欧阳修论魏、梁为正统,望之以为非,著《明统》三篇。江南人李觏著《礼论》,谓仁、义、智、信、乐、

①《李觏集》,卷二十六。
②《李觏集》,卷四,《周礼致太平・序》。
③《宋史・文苑传五》。

刑、政皆出于礼,望之订其说,著《礼论》一篇。其议论多有过人者……有歌诗、杂文数百篇,集为三十卷。①

由这里介绍的望之主要学术著作《救性》、《明统》、《礼论》的概况看,他既不疑经,也不注经,所喜欢的只是同人辩论。商榷矛头所向,不仅有荀况、扬雄、韩愈、李翱等古人,而且有欧阳修、李觏等今人。议论的内容,除了宋学初期研究的重点对象《礼》之外,还有疑古派欧阳修等人认为"非学者之所急"的"性"。② 不过从私人关系讲,欧阳修、李觏还都是章望之的朋友。"表民"一字,即庆历三年欧阳修为他所起。③ 嘉祐五年,欧阳修还曾举荐章望之任馆职。④《李觏集》卷二十七载有《与章秘校书》,回忆两人青年时代订交之初亲切交谈而渐至慷慨陈词的情景说:

他日足下顾我于邸舍,气和而言正,其辩说骎骎到义理,愤世疾恶,有大丈夫之芒角,此固不待观文辞而后知其业也。

可知尽管他俩在议论《礼》的问题上有分歧,但以"辩说"的方式讨论古文献之"义理",而不采用传统的经注方式从事著述,却正是志趣相投。从风格上着眼,姑且把他们称为议古派,以与疑古

①章望之《明统》三篇,主要内容是以"霸统"之说辩欧阳修之"正统"说。(北宋)苏轼:《正统辩论》(中)、《正统辩论》(下),及(南宋)郎晔:《经进东坡文集事略》,卷十一两文夹注有详引。

②《居士集》,卷四十七,《答李诩第二书》。按:《公是先生弟子记》卷四尝载刘敞驳欧阳修"学者虽毋言性可也"的言论,虽出于门人所记,但可以视为刘敞晚期的思想。可知疑古派的后起学者已开始注意"性"的研究。

③《居士集》,卷四十一,《章望之字序》;《宋史·文苑传五》。

④《奏议集》,卷十六,《举章望之、曾巩、王回等充馆职状》。

派孙复等人相区别。

章、李两人关于“礼”的争论，详《李觏集》卷二。李觏的主要观点是：

> 言乎礼，则乐、刑、政、仁、义、智、信在其中矣。故曰：夫礼，人道之准，世教之主也。圣人之所以治天下国家，修身正心，无他，一于礼而已矣。①

章望之不同意这种把“礼”从“礼、乐、刑、政”和“仁、义、礼、智、信”的并列结构中单抽出来，强调到正心修身、治国平天下的根本这么一个高度上来。认为这样做的结果会导致人们过分追求献酬揖让、登临俯仰一类繁文缛节而作伪，李觏这种做法是“好怪”，是“率天下之人为乱，不求诸内而竞诸外，人之内不充而惟外之饰焉，终亦必乱而已矣”②。

李觏在驳论中指出，“礼”有两类参差不同的涵义：“言其大则无事不包，言其小则庶事之一耳。”③他把“礼”表述为“人道之准，世教之主”，是言其大者；望之则特言其小：“章子以揖拜为礼，宜乎其不得以兼仁义也。”④在他看来，章望之根本不懂得仁义，也不懂得礼。可知两人在观点方面分歧之大，而在争论之中又是多么针锋相对。（按：《礼记·郊特牲》曰：“礼之所尊，尊其义也。失其义，陈其数，祝史之事也。”所谓陈其数，即陈述礼的节文仪式，故曰祝史之事。可知先儒在制礼的时候，本意也重在“尊其义”，

①《礼论第一》。
②《礼论后语》转引。
③《礼论后语》。
④同上。

即注重各种礼仪的内容,而不停留于献酬揖让之类形式。李觏的见解,要高过章望之一筹。)不过这并不影响他们之间的友谊。由上引《与章秘校书》可知,李觏与章望之经欧阳修介绍而结识之初,便是在关于义理之学的辩说中建立起友情的。在同一封信的末尾,李觏还建议章望之南行时同另一位议古派学者胡瑗认识:

吴越美山水……安定胡先生瑗往来于其地,思古人而不得见,姑从之游可也。

《与章秘校书》撰于庆历二年(1042),[①]同年,李觏还曾给胡瑗写过一封信(详《李觏集》卷二十八《与胡先生书》),而在此之前,胡、李两人已定交多年。景祐四年(1037),范仲淹在给李觏的信中,已提到"苏州掌学胡瑗秘校见《明堂图》,亦甚奉仰"[②]。康定元年(1040),李觏因范仲淹之约赴其越州任所充西席,曾与胡瑗在钱塘相聚。[③]《与胡先生书》作于庆历六年。皇祐二年(1050),李觏因范仲淹之荐为太学助教,嘉祐二年(1057)升说书,嘉祐四年胡瑗请病假时又权同管勾太学,这期间两人同事多年。从个人关系和治学门径看,胡瑗与李觏之间,均胜过他同孙复。言北宋学术而以三先生并称,后世如《宋元学案》引自《黄氏日钞》而实

---

①《长编》,卷一百三十四,庆历元年十二月庚寅,因新修《崇文总目》六十卷成,欧阳修以太子中允、馆阁校勘为集贤校理。又同书,卷一百四十,庆历三年三月癸巳,以太子中允、集贤校理欧阳修为太常丞、知谏院。《与章秘校书》称欧阳修为"欧阳校理",故知撰于是年。

②《范文正公集·尺牍》,卷下,《李泰伯》;《李觏集》,卷二十八,《与胡先生书》。

③同上。

起于朱熹。即上节所引《朱子语录》卷一百二十九：

自范文正以来已有好议论，如山东有孙明复，徂徕有石守道，湖州有胡安定，到后来遂有周子、程子、张子出。故程子平生不敢忘此数公，依旧尊他。

黄震所谓晦庵有伊川不敢忘三先生之语，似即指此。然则朱熹本无"三先生"之并称，①言"数公"者，盖例举之意，故同段语录后文又云：

前辈如李泰伯们议论，只说贵王贱伯，张大其说，欲以劫人之听，却是矫激，然犹有以使人奋起。

同书卷一百三十九又曰：

李泰伯文实得之经中，虽浅，然皆自大处起议论。

---

①朱熹以孙、石、胡三人并提，似本于欧阳修《居士集》，卷二十五，《胡先生墓表》："自景祐(1034—1038)、明道(1032—1033)以来，学者有师惟(胡瑗)先生暨泰山孙明复、石守道三人，而先生之徒最盛。其在湖州之学，弟子去来常数百人。"黄震"三先生"之称，即参两说而并用之。近人又进而衍为"理学先驱'宋初三先生'"之说。然则欧阳修本着眼于学校教育而言，非指当时之学术(理学)，且标明时间"自景祐、明道以来"。故谓之三先生则无不可，"理学先驱"云云，似不应专限于此三人。至若冠以"宋初"二字，则已误赵宋开国(960)八十年之后为北宋初期，今并不取。又刘挚：《忠肃集》，卷七，《劾黄隐》曰："国之教化，出于学校；学之废兴，盖由师长。……祖宗以来，莫不慎其选任，而仁宗庆历中，最号得人。如胡瑗、孙复、石介，实为之首。"亦可为证。

孙复、石介的长处在疑传,就议论言,自然是李觏的好。可知朱熹并无轻视李觏之意。所谓李泰伯文实得之经中,指的正是李觏抛弃了传统的经注的形式,但所议论又不离经的治学特点。而以议经代替疑经,也正是胡瑗的特点。

胡瑗著作流传至今的只有他的学生倪天隐整理的《周易口义》十二卷及《洪范口义》二卷(由《永乐大典》辑出)、《皇祐新乐图记》三卷。另据《宋元学案》等转引,尚有《论语说》、《春秋说》、《中庸议》等。后者由书名便知是上述章望之、李觏《礼论》一类的议古之作。

关于《礼》的研究,胡瑗虽无专著传世,但由《李觏集》卷二十八《与胡先生书》可以间接了解到他的基本观点。庆历六年,李觏到弋阳,有人拿胡瑗的文章送他,内有《原礼篇》,其文略云:

> 民之于礼也,如兽之于囿也,禽之于绁也,鱼之于沼也,岂其所乐哉?勉强而制尔。民之于侈纵奔放也,如兽之于山薮也,禽之于飞翔也,鱼之于江湖也,岂有所使哉?情之自然尔。

胡瑗此说,以礼非出于民之自觉而制之于勉强的观点,既不同于章望之的"以仁、义、礼、智、信为内,犹饥而求食,渴而求饮,饮食非自外来也,发于吾心而已矣"①,即礼出于人之自发要求论;也不同于李觏的"夫礼之初,顺人之性欲而为之节文者也"②,即礼顺应人之本能欲望论。李觏读罢,感到问题十分严重,"大惧此说之

①转引自《李觏集》,卷二,《礼论后语》。

②《李觏集》,卷二,《礼论第一》。

行则先王之道不得复用,天下之人将以圣君贤师为仇敌”,于是急急忙忙写了一封长信加以详细地辩驳,大略正之以“唯礼为能顺人情,岂尝勉强之哉”云。

从汉唐义疏之学到宋学初期的疑古派,传注之作中关于经典某一个词句的理解也可能发生分歧,但注释的对象既已被具体的语言环境所限定,对某一特定的经文来说,正确的答案只能是一个,治经者经过艰苦的考证总可以找到并得到多数人的公认。议古派则不然,虽然他们讨论的是同一个问题,大家引用的也都是古人的权威说法,得出的结论却是那么不一致,而且谁也说服不了谁。寻其根源,主要大概出于议古派“即当时政事俾之折衷”的古为今用和各取所需。如李觏在《周礼致太平论》的序言中就曾经毫不讳言地宣称自己的学术著作“岂徒解经而已哉,惟圣人君子知其有为言之也”①。因此,假如说疑古派作为宋学的先驱为后来的学者从辨章学术、考镜源流方面开拓了道路的话,议古派则在实用方面为义理之学增添了另一个基本精神。前引林駉以胡瑗为体用之学的代表,正是看到议古派在实用方面比较突出的治学特点。所谓体用,即议古以为用。

议古派与疑古派相比,还有一个显著的区别便是著述形式的不同。如前所述,疑古派以疑传、疑经的面目出现,但各家用以自出新意的仍是传统的经传形式,议古派则多是“论”、“议”、“辩”“说”一类,而无注疏之作。即如胡瑗为了教学的需要,有《周易口义》等以解释经义为主的著作,但仍停留在口头讲说之上,事后由学生整理成书。《宋史·孙复传》说:“复与胡瑗不合,在太学常相避。瑗治经不如复,而教养诸生过之。”可知就治经而论,议古派

①《李觏集》,卷五。

不如疑古派。本派的长处,就在于能议论。所谓教养诸生过之,一方面固然与胡瑗教学方法比较先进有关,另一方面也反映了他在讲说方面优于以疑传为特长的孙复。

前揭议古派三人中,现存著作最富者为李觏。李觏之作除论《易》、论《礼》外,值得注意的还有《常语》三卷。《常语》本来大概是一部独立的书,全书分成若干节,如卷上第二节:

> 或问:"伊尹废太甲,有诸?"曰:"是何言欤?君何可废也!……"

不唯一问一答的形式,而且在语气方面,也仿《孟子》,是北宋较早出现的拟圣著作之一。

所谓拟圣,即模仿古代圣人的口气和体例撰写学术著作。此风当自孟子开始。东汉赵岐《孟子题辞》曰:"孟子退自齐梁,述尧舜之道而著作焉,此大贤拟圣而作也。"到北宋,孟子自己也成为被摹拟的准圣人。"拟圣"也叫"拟经",《后汉书·张衡传》曰:"吾观《太玄》,方知子云妙极道数,乃与五经相似。"扬雄拟圣之作还有《法言》。《后汉书·扬雄传》说:"雄以为经莫大于《易》,故作《太玄》;传莫大于《论语》,故作《法言》。"其后隋代王通号称"文中子",拟《论语》而作《中说》,聚徒讲学,①更俨然而有古圣人之气象,对宋儒影响尤著。《四库全书总目提要》卷九十一《子部·儒家类一·中说》提要说:

> 摹拟圣人之语言,自扬雄始,犹未敢冒其名。摹拟圣人

①详《旧唐书·王勃传》。

之事迹，则自（王）通始，乃并名而僭之。后来聚徒讲学，酿为朋党，以至祸延宗社者，通实为之先驱。

宋代知识分子的群体意识与定祖成派思想，与宋学对佛学的吸收也有很大的关系，从孟子到扬雄、王通的拟圣实绩则提供了更为直接的典范。宋学始承韩愈之说，以孟子、扬雄、王通三人为孔子之后儒家道统的中介，后来又以本人直承孟子，即与这种拟圣的经典意识有关。仁宗年间，王安石的少作《杂说》，见者以为《孟子》。（说详下节）苏洵初至京师，欧阳修一见其文，即以为《荀子》。① 张载以“学必如圣人而后已”②为诫，二程“从十四岁时便锐然欲学圣人”③。可知在当时，年青一代摹拟圣人蔚然成风。宋学从崛起的那天开始，便由疑传而肇其端，进而疑经、改经，不难于离传离经而言道，循此前进，甩开传统的注经、解经之形式，直接学习像圣人那样创作自成系统的著述，可谓事势之所必然。

从宋学发展史的立场上看，在宋学草创期与繁荣期的交接阶段，以全副精力，尽心于拟圣之作而对宋学之经典意识和首创精神的形成作出承先启后的重要贡献者，当推年代与李觏等人相接的邵雍和周敦颐。邵雍（1011—1077）字尧夫，谥康节，原籍河北范阳，后长期居住在洛阳，与司马光、二程等人关系密切。关于他的学问，朱熹曾作过极高的评价：“某看康节《易》了，都看别人的不得。”④

---

①（北宋）张方平：《乐全集》，卷三十九，《文安先生墓表》。

②《宋史·张载传》。

③《经学理窟·学大原上》，《张载集》，第280页。

④《朱子语录》，卷一百。

所谓康节《易》，即邵雍的代表作《皇极经世书》。其实它既非传《易》之作，也非论《易》之书，不过是著者借用《易》的一些基本概念，如“太极”、“两仪”、“四象”、“阴阳”、“刚柔”等等，表达自己对世界的看法罢了。这一点黄震已经看出来了。他说：

康节先生才奇学博。探赜造化，又别求《易》于辞书之外，谓今之《易》，后天《易》也，而有先天之《易》焉……若康节所谓先天之说，则《易》之书本无有也。虽据其援《易》者凡二章，亦未见其确然有合者也。①

所谓援《易》者凡二章，其实皆非《易》之正文，其一见《易·系辞》：②

是故《易》有太极，是生两仪，两仪生四象，四象生八卦。

邵雍据此绘制了《伏羲始画八卦图》，然后以此为依据，建立了全书的基本框架，即《经世衍易八卦图》和《经世天地四象图》。尤其是后者，乃邵氏苦心经营所在。

所谓天地四象，即“日”、“月”、“星”、“辰”和“水”、“火”、“土”、“石”，分别与《易》之“八卦”（乾、兑、离、震、坤、艮、坎、巽）相对应。邵雍认为，整个宇宙、大地和人生，便是由这天之四象和地之四象构成的。以天数为例，表列如下③：表中1、2两项，指宇

①《黄氏日钞》，卷六，《论周易》。

②另一章为《易·说卦》之“天地定位，山泽通气”章。

③此表据《经世天地四象图》之附表另绘。

宙,3、4 两项指人身,5、6 两项指社会历史。宇宙、人生、历史,在邵雍的理论构架中,统统被分析为四个基本元素,而与八卦之阴阳一一对应。

	一	二	三	四
	太阳	太阴	少阳	少阴
	乾	兑	离	震
1	日	月	星	辰
2	暑	寒	昼	夜
3	性	情	形	体
4	目	耳	鼻	口
5	元	会	运	世
6	皇	帝	王	霸

例如从"四"出发,邵雍把北宋以前的整部中国历史划分为"皇"、"帝"、"王","霸"四个阶段,比做"春"、"夏""秋"、"冬"一年四季,认为三皇注重"以道化民","故尚自然";五帝注重"以德教民","故尚让";三王注重"以功劝民","故尚无",五霸注重"以力率民","故尚争"。春秋以后,"汉王而不足,晋伯而有余",隋、唐则又次之。总的来看是一代不如一代,等等。

邵雍之学,初看起来似乎十分庞大而神秘,其实只要掌握了他这个遇事分为四截的原则,便可迎刃而解,一览无余。据二程门人谢良佐记程颢之言,邵雍曾有意把自己的象数之学传给他兄弟俩。二程畏难而不敢接受:"某兄弟那得工夫?要学,须是二十年工夫。"①有一天程颢监考,闲着无事,试以平时所闻邵雍之数学

①《上蔡先生语录》,卷下,《程氏外传》,卷十二,《伊洛渊源录》,卷二。

推算之，不觉豁然开朗，出来时对邵雍说："尧夫之数，只是加一倍法，以此知《太玄》都不济事。"邵雍吃惊地拍着程颢的背说："大哥你恁聪明！"原拟须二十年方能习得的学问，一天之内便全会了，其间秘诀便在于掌握了"尧夫之数，只是加一倍法"。《易》数以"二"为基本单位，凡事一分为二，如阴阳、刚柔之类，所谓加一倍法，即在《易》数的基础上翻了一番。程颢这里所窥破的，正是《皇极经世书》拟《易》而作的重要特点。所谓以此知《太玄》都不济事，则是指出邵雍之学与扬雄同属拟《易》而又超过了他。关于这一点，朱熹后来作了更为具体的说明：

> 康节之学似扬子云。《太玄》拟《易》，方、州、部、家皆自三数推之。玄为之首，一以生三为三方，三生九为九州，九生二十七为二十七部，九九乘之，斯为八十一家。首之以八十一，所以准六十四卦，赞之以七百二十有九。所以准三百八十四爻，无非以三数推之。康节之数，则是加倍之法。①

朱熹也认为邵雍的加倍之法"四"远远超过了扬雄的"三"，"康节以'四'起数，叠叠推去，自《易》以后，无人做得一物如何整齐，包括得尽"②。

前此举凡《春秋尊王发微》、《诗本义》、《七经小传》等宋学早期代表著作，虽以疑传或疑经的面目出现，但就其体例而言，仍不能离开经典而有独立存在的价值。议古派李觏、章望之、胡瑗，"其议论多有过人者"，也能"说得义理平正明白"，但缺少系统性

---

①《朱子语类》，卷一百，第 2545 页。
②同上书，第 2546 页。

和独立的个人理论体系。《皇极经世书》则不同,它已经是完全独立的代表个人探讨宇宙、人生奥秘的一部学术著作了。尽管它打着“先天之《易》”、“伏羲氏之《易》”①的旗号,但那不过是为了“托伏羲、文王之说而加之孔子之上”而自神其说罢了。② 到后来,宋学繁荣期王、洛、关、蜀各派甩开前人之注疏,在圣人之所罕言的性命之理上大发议论,可以说正是宋学初期疑古、议古与拟圣各派做法的综合。而其中邵雍的由前两者之“自出议论”、“自出新意”发展到“自成体系”,对后者的启发无疑更来得深刻与直接。

拟圣派除了邵雍的《皇极经世书》之外,具有代表意义的还有周敦颐的《通书》。周敦颐(1017—1073)字茂叔,湖南道县人。晚年曾筑室于庐山下的小溪上,名濂溪书堂,后人遂称之为濂溪先生。《通书》是周敦颐传世的两种著作之一,另一种是《太极图》并《说》。潘兴嗣《濂溪先生墓志铭》说他“深于《易》学,作《太极图》、《易说》、《易通》数十篇”。其实《易说》当作《太极图说》,是周敦颐对自己绘制的《太极图》的说明。《易通》也非为解释《周易》而作,所录乃周敦颐平时论学之语,风格类似《论语》,书名当以《通书》为是,朱熹尝校定并考辨之。③

据邵伯温《易学辨惑》,程颐曾与朱光庭一起访问邵雍,邵留他们吃饭,一边喝酒一边论道,程颐指着面前的桌子说:“此桌安在地上,不知天地安在甚处?”邵雍为极论天地万物之理,以及六合以外。程颐叹道:“平生惟见周茂叔(敦颐)论至此。”④可知邵、

---

①(南宋)详朱熹:《晦庵集》,卷四十五,《答虞士朋书》。

②(清)皮锡瑞:《经学历史》,第229页。

③(南宋)详朱熹:《晦庵集》,卷七十六,《再定太极通书后序》。

④转引自《伊洛渊源录》,卷一,《遗事》。

周两人作为二程的前辈,所关心的问题,正有一致的地方。

周敦颐与邵雍的近似之论,当指他的《太极图》和《太极图说》。《伏羲始画八卦图》又叫《先天图》。据《宋史·道学传》,《先天图》与《太极图》并出宋初道士陈抟之传。关于这点,拙稿后文第四章还要谈到,这里且说《通书》。南宋初期胡宏在《通书序略》中说:

> 此一卷书,皆发端以示人者,宜其度越诸子,直与《诗》、《书》、《易》、《春秋》、《语》、《孟》同流行乎天下。①

汉唐以迄宋初,为儒学者形诸著述不啻汗牛充栋,其上乘者或极传注之能事,但充其量不过六艺之附庸。周敦颐的《通书》在当朝人的眼中居然被看作《诗》、《书》、《易》、《春秋》、《论语》、《孟子》同等地位的著作,可知宋学的自出义理,至此已具有何等的气魄!

《通书》凡四十一章,基本上是模仿圣人的口气写成的,兹引其第八、十四、二十五如下,冀略窥一斑:

> 人之生,不幸,不闻过,大不幸无耻。必有耻,则可教;闻过,则可贤。
>
> ——《幸第八章》
>
> 实胜,善也;名胜,耻也。故君子进德修业,孳孳不息,务实胜也。德业有未著,则恐恐然畏人知,远耻也。小人则伪而已。故君子日休,小人日忧。
>
> ——《务实第十四章》

①引自《周子全书》,卷十一。

道义者，身有之，则贵且尊。人生而蒙，长无师友则愚。是道义由师友有之，而得贵且尊，其义不亦重乎！其聚不亦乐乎！

——《师友下第二十五章》

上引第八章论对待批评的态度，第十四章谈关于名与实的关系，第二十五章论师友之谊，与孔子的“过则勿惮改”（《论语·子罕》），“君子名之必可言也，言之必可行也”（《论语·子路》），“有朋自远方来，不亦乐乎”、“就有道而正焉”等（《论语·学而》），不唯观点相同，而且表述的方式也一样。就内容而言，《通书》的出现，标志着宋学拟圣派所关心的问题，已由宇宙奥秘的探索，转到个人修养的琢磨。这一转移，对后来宋学家发生的影响极其重大。

据二程自述，他俩少年时代曾听周敦颐论道①。《河南程氏遗书》卷二上录二先生语曰：“昔受学于周茂叔，每令寻颜子、仲尼乐处，所乐何事。”同书卷三又录程颢之语曰：“某自再见茂叔后，吟风弄月以归，有‘吾与点也’之意。”“吾与点也”语出《论语·先进》；颜回箪食瓢饮不改其乐，见《论语·雍也》。孔子言志，以“风乎舞雩”为乐，《论语》本已明载；颜回在陋巷，而“不改其乐”，究竟乐的是什么，孔子没说，《论语》也没有记载。既已明载，注释时不必另作说明，孔子没说过的话，训诂之学更毋需回答。但宋学家偏要作如此一问。《通书》第二十三章载有关于颜乐问题的解答：

①详《河南程氏遗书》，卷十一，《明道先生行状》。

颜子“一箪食，一瓢饮，在陋巷，人不堪其忧而不改其乐”。夫富贵，人所爱也；颜子不爱不求，而乐乎贫者，独何心哉？天地间有至贵至爱可求而异乎彼者，见其大而忘其小焉尔。见者大则心泰，心泰则无不足，无不足则富贵贫贱，处之一也。处之一，则能化而齐，故颜子亚圣。

由这一答案看，周敦颐并没有什么了不起的见解。但由他提出的这一问题的本身来看，不仅体现了宋儒重在义理的特点，而且反映了被后来宋学家大大加强了的专在圣人所未发之秘处下工夫的创造性倾向。照周敦颐说，颜回可乐之在“见其大”，那么他所见到的“大”又是何事呢？不仅周氏本人没有解决，就二程早期的有关言论看，他们也没能解决，于是引得后来学者不断地出来发表意见，所谓孔颜之乐，遂成义理之学向性理之学过渡之际宋学家热衷的问题。

第五节　从义理之学到性理之学

经过前期疑古派、议古派和拟圣派的努力，宋学偏重于讲求义理的特点已经确立。

疑古派（包括疑传与疑经）所奠定的怀疑精神，为宋学的创立开拓了“自出议论”的新路子，但孙复、欧阳修、刘敞等人的著述刚从汉学中脱胎而未完全摆脱汉唐注疏拘囿于经文词句的旧格局。议古派接过欧阳修等人手中初步形成的宋学议论精神并加以进一步的发展，抛弃了传统的经注、经解形式而以论文、辨说、讲演（口义）等方式化古于今（或者叫借圣人立言），使宋学偏重义理的特点更加突出，但因过于强调实用而缺乏学术的系统。拟圣派在前两者的基础上，由注经转而拟经，由借圣人立言转向仿圣人立言，表现出宋学在传统儒学之外努力别树一帜的首创精神，但在抽象思维方面尚显得羽毛未丰，缺少宋学进入繁荣期后那种充满思辨力量的内省精神。

所谓内省精神，指的是宋学关于心性义理即性命道德问题的探索和研究（详下章《宋学精神》一节）。前节讲到，宋人所谓理学，本有义理与性理之学两重含义。作为宋学的代称，这两重意义，自然有其共同或者说互相联系的一面，但细而论之，则又有区别。首先是两者的内涵各有所重，义理之学主要是从治学的方法上立名，指出宋学的偏重于从总体上探究和把握儒家经典的内容乃至整个儒家传统文化之精神实质，以与汉唐以来盛行的只以对经典字句的解释为务的训诂之学相区别。性理之学则就宋学所具有的前此传统儒学所未具的新内容而言，指宋学摆落汉唐训诂转向义理之后学者们所共同关心和探讨的基本理论，即道德性命之说。

其次，从外延看，就北宋讲，性理之学特指宋学进入繁荣期以后兴起的王、洛、关、蜀诸派之学说（这一点可由拙著本章第一节以及本节和本书后几章所引诸家议论以及关于诸家学问之评论的材料得到证明）。义理之学则比较宽泛，从方法论和时代风格着眼，不仅王、洛、关、蜀等侧重心性义理之研究的学派可以包括在内，前此疑传、疑经、议古、拟圣诸派，其后在南宋鼎足而三的朱、陆、永嘉之学等等也均可以义理之学统而称之。

第三，从后世的眼光看，义理之学和性理之学作为理学的同义词，似乎是两个平行而可以等值置换的概念，其实弄清了两者在内涵和外延方面的区别之后，我们不仅知道它们在某些特定的场合不可以互换，而且在时间顺序方面，也有个先后出现的问题。要而言之，在性理之学成为宋学之主题以前，义理之学已经形成并基本确立，双方分别代表了南渡之前宋学由草创至繁荣的两个发展阶段。其界线，如前所述，可以定在仁、神之交，即欧阳修与王安石主盟文坛和学坛的替换时期。

以嘉祐、治平、熙宁作为交替时期，纵观北宋新儒学的发展历史，可以发现以下两方面的明显区别。一是欧阳修及其以前，如孙复、石介、胡瑗、李觏等学者，对后来成为宋学之热门话题的“性论”，一概不感兴趣并加以激烈的摈斥。到了王安石和欧阳修的门生苏轼、苏辙、程颢、张载、朱光庭、吕大钧等人手里，则一变为非心性义理不谈，而科场用以取士。二是欧阳、孙、石、胡、李诸人，一概是激烈的排佛者，锋芒所向，不仅限于宗教形式方面，对后来尽为王、程、张、苏等所用的佛学义理，也攘之而不遗余力。而如拙稿后文《宋学与佛老》一章所要详细论列的，宋学繁荣期诸家，虽然对佛教的妨碍社会生产和违背中国传统伦理的许多方面仍然持批判和排斥的立场，但对佛学的心性之说，则尽量取而言之而如同己出。

所谓性理之学，如前所述，在宋学勃起之前，本儒家之所罕及而为佛氏之所独擅。南北朝义学僧、天台宗三祖慧思（515—577）著《大乘止观法门》，释佛学之主旨曰：“佛名为觉，性名为心。”①宋初夏竦景祐四年作《楞严经序》曰：“夫善言佛者，惟性而已矣。”②可知对性命之说的态度，也就是对佛学的态度，两者是一致的。宋学初期欧阳修诸人因对佛学的峻拒而带连剧烈反对学者

---

①《大正藏》，卷四十六，第 791 页。

②《文庄集》，卷二十二。

言“性”，繁荣期王、程、张、苏诸家尽取佛学因而建立起儒门的心性之说，均出于同一种考虑而表现为交互影响的两个方面。然则宋学初期学者们经过艰苦奋斗，既已成功地以义理之学取代了汉唐之辞章与训诂，改变了一代学术之风气，使学者从“只见树木，不见森林”式的繁琐注疏和对经传的盲目迷信中解放出来，繁荣期诸家进而将聪明才智转向心性义理这一越来越引起整个知识社会兴趣的内省问题的研究，虽为前者所始料不及，实亦时势之所必然。这一点可由上文所胪述的疑传、疑经、议古、拟圣诸派中活动年代较晚的周敦颐（1017—1073）、邵雍（1011—1077）两人对佛老之学与性命之论题的态度得到证明。

据邵伯温《河南邵氏闻见录》卷十九载：

> 康节先公（邵雍）于书无所不读，独以六经为本，盖得圣人之深意。平生不为训解之学……以老子为知《易》之体，以孟子为知《易》之用。论文中子，谓佛为西方之圣人，不以为过。于佛老之学，口未尝言，知之而不言也。故有诗曰：“不佞禅伯，不谀方士，不出户庭，直际天地。”

“平生不为训解之学”，是邵氏与欧阳修等早期宋学家相同的地方，但首肯王通“佛为西方之圣人”的提法，则已与宋学初期诸家异。由“于佛老之学，口未尝言，知之而不言也”一节，又知此时宋学家对于援佛入儒，仍不像后世那般可以大模大样地进行。

类似的态度我们还可以从周敦颐的行事中见到。周氏留存下来的著作不多，除《通书》、《太极图》并《说》外，最有名的作品是散文《爱莲说》。其文“莲之出于淤泥而不染，濯清涟而不妖，中通外直，不蔓不枝，香远益清，亭亭净植”等句所塑造的“莲花”意象，即得自佛教之象喻（如《华严经探玄记》卷三等），足见其在援佛入儒方面，已颇同于后来的王、程诸家。但在排佛方面，却又表现出与前期欧阳修诸人同样的态度，包括对韩愈排佛不彻底性的批评（欧阳修等人这方面的态度，详见本书第五章）。如在下引潮州大颠堂屋所题的七绝中，周敦颐即嘲笑韩夫子一面辟佛一面又与大颠和尚交游之往事曰：

> 退之自谓如夫子，原道深排释老非。不识大颠何似者，数书珍重更留衣。①

由这段话看，周敦颐在佛、僧之间所划的界线，是极其严厉而清晰的了。但事实上，周氏本人出于对佛门性理之学的热衷，企图由儒家传统经典中寻找可以互通的理论根据的努力，不唯大大超过韩愈，而且也超过了在宋学之前开援佛入儒之先声的韩门弟子李翱。下录《通书》开宗明义《诚上第一章》可以引来与上揭《爱莲说》之用佛义相映成趣。其辞曰：

> 诚者，圣人之本。“大哉乾元，万物资始”，诚之源也。“乾道变化，各正性命”，诚斯立焉。纯粹至善者也。故曰：“一阴一阳之谓道，继之者善也，成之者性也。”元、亨，诚之通；利、贞，诚之复。大哉《易》也，性命之源乎！

上述文字中三段引文，依次见《周易·乾卦·文言》、《乾卦·彖辞》《周易·系辞上》。末句以《易》为“性命之源”，盖出《周易·

---

①《周濂溪集》，卷八，《按部至潮州题大颠堂壁》。

说卦》的"昔者圣人之作《易》也,将以顺性命之理"和上文的"穷理尽性以至于命"等语。如果说李翱的《复性书》仅仅限于《中庸》之义疏,周敦颐此处已将佛氏心性之理通向了早期儒家的另一重要著作《易传》了。与此同时,邵雍从《易》的研究出发而汇通于佛门之心法,倡"天下之物,莫不有理焉,莫不有性焉,莫不有命焉"之说(《皇极经世书·观物内篇》),则更为大家所熟知的了。这大概是邵氏后人将北宋性理之学创始人的桂冠戴到邵雍头上(详《宋史·邵雍传》)、朱熹排开程颐在太学读书期间的业师胡瑗而硬拉周敦颐作为伊洛渊源之自的原因所在。

不过,从一代学风之转移着眼,真正使义理之学得到确立并过渡到性理之学,在讲求义理的摇篮中哺育出最见宋学之特色的充满思辨力量的内省精神,如本节开头所指出过的,要到繁荣期诸家的登上历史舞台。以周、邵为代表的宋学拟圣一派,只在宋学草创并臻于繁荣的交替时期起到一点过渡作用。从某种意义上说,正如后文所要谈到的,也是受了时代潮流之裹挟所使然。这一关节,由周敦颐嘉祐年间与王安石的交游,邵雍晚年在洛阳与二程的来往,尤其可以看得很清楚。

那么,宋学到繁荣期正式由实用性的议论转向思辨性的内省,从义理之学过渡到进一步以心性问题的探讨为内容的性理之学,究竟应以何人为代表呢?这在北宋,当时就有两种截然不同的说法。

以程颢、程颐为代表的洛学(也叫程学),认为是从他们手里开始的。程颢(1032—1085)字伯淳,世称明道先生;程颐(1033—1107)字正叔,世称伊川先生,兄弟俩并称"二程",是宋学洛派的创始人,"洛学"即因他们的籍贯河南(今洛阳)而得名。程颢死后,程颐在《明道先生行状》中推崇比他大一岁的哥哥说:

（明道）先生为学，自十五六时闻汝南周茂叔论道，遂厌科举之业，慨然有求道之志。未知其要，泛滥于诸家、出入于老、释几十年，退求诸六经而后得之。明于庶物，察于人伦。知尽性至命，必本于孝悌；穷神知化，由通于礼乐。辨异端似是之非，开百代未明之惑。秦汉而下，未有臻斯理也。

所谓开百代未明之惑，秦汉而下未有臻斯理也，与程颐在《明道先生墓表》所说的那一段著名的话，即“先生生千四百年之后，得不传之学于遗经”、“圣人之道得先生而后明”①的意思相同。据程颐在《明道先生门人朋友叙述·序》中说，“以为孟子之后，传圣人之道者”乃其兄程颢“一人而已”，这是大家的共同看法。门人叙述凡四篇，系“取其有补于《行状》之不及者”，其中河间刘立之一篇略云：

（明道）先生幼而有奇质，明慧惊人……及长，豪勇自奋，不溺于流俗。从汝南周茂叔问学，穷性命之理，率性会道，体道成德，出处孔、孟，从容不勉。逾冠，应书京师，声望蔼然，老儒宿学皆自以为不及，莫不造门愿交。②

以此述与《明道行状》对看，知程颢所谓慨然有求道之志，即是有志于“穷性命之理”。据前引行状编年，程颢十五六岁开始有求道的志向，但当时尚“未知其要”，经过大约十年的摸索，到二十五六岁时方“知尽性至命”之理。程颢生于仁宗明道元年（1032），二十

①《河南程氏文集》，卷十一，《二程集》，第640页。

②《河南程氏遗书·附录》，《二程集》，第328页。

六则是嘉祐二年(1057),是年程颢方通过殿试,登进士第。即刘立之所谓"逾冠,应书京师,声望蔼然"。

为什么程颐把嘉祐二年定为本朝理学之始呢?除了本年是其兄程颢登上政治舞台之始以外,另一个更为重要的原因是他本人即在此年发表第一篇学术论文《颜子所好何学论》。"颜子所好何学"和"颜子所乐何事"一样,是仁宗末年学者们所关心的问题。① 据朱熹《伊川先生年谱》载,程颐初入太学读书,正是胡瑗执教,考试题中有《颜子所好何学论》,见到程颐的答卷为之"大惊",即另眼相看,破格提拔担任学职。② 程颐此论今载《河南程氏文集》卷八,主要意思大抵是认为颜子所好乃"学以至圣人之道也"。"道"字本是历来儒者用烂了的名词,胡瑗缘何为之"大惊"呢?原来程颐在文中对此作了当时听起来几乎是全新的解释:"凡学之道,正其心,养其性而已。"程氏从十四五岁闻周敦颐论道,开始思索颜子所乐何事,到二十四五岁在《颜子所好何学论》这个题目下找到答案:乐在正心养性,好在心性义理。作为程颐发表学术见解的第一声,也是宋学从义理之学转向性理之学的重要标志之一。

把嘉祐年间作为有宋一代性理之学开创的时间,而开创者乃是洛学的巨子程颢、程颐,这一点为南宋程朱学派所公认并乐于称道。如南宋高宗绍兴八年,胡安国因《春秋传》成,上奏状曰:

---

①如(北宋)张方平:《乐全集》,卷三十九,《文安先生墓表》:"(苏洵)先生亮直寡合,有倦游之意,独与其子居,非道义不谈,至于名理称会,自有孔颜之乐,一廛一区,侃侃如也。"苏洵倦游,正在仁宗后期。

②(南宋)朱熹:《伊川先生年谱》,系此事为"皇祐二年,年十八",皇祐二年(1050)为嘉祐二年(1057)之误,是年程颐为25岁。《河南程氏文集》,卷八,收此论题下注:"先生始冠,游太学,胡安定以是试诸生。"并误。

本朝自嘉祐以来，西都有邵雍、程颢及弟颐，关中有张载。此四人者，皆道学德行，名于当世；会王安石当路，重以蔡京得政，曲加排抑，故有西山、东国之厄。其道不行，深可惜也。①

又曰：

孔、孟之道不传久矣，自颐兄弟始发明之，而后其道可学而至也。②

邵雍、张载年辈高于二程，学术观点也不同，胡安国硬将两人纳入洛学体系，但以程氏兄弟为嘉祐以来提倡性理之学以承孔、孟之道的“始发明”者，则又依从程颐之言。与此同时他还认为，性理之学之所以未能广泛推行，乃是王安石当路加以反对的结果。

另一种说法与此全然不同。南宋晁公武在《郡斋读书后志》卷二《王氏杂说》十卷条中引北宋蔡卞《王安石传》之言曰：③

自先王泽竭，国异家殊，由汉迄唐，源流浸深。宋兴，文物盛矣，然不知道德性命之理。安石奋乎百世之下，追尧舜

①《河南程氏遗书》，附录《奏状》，《二程集》，第349页。

②《河南程氏遗书》，附录《奏状》，《二程集》，第394页。

③“蔡卞”原文作“蔡京”，蔡卞乃蔡京之弟。《郡斋读书志》，卷四下《王介甫临川集》条引此段话作其婿蔡卞语，文字略异。同书卷一下《字说》引安石晚年闲居金陵著《字说》，亦作蔡卞语。《王安石传》当为当时国史、实录之本传，而《神宗实录》之编修，蔡卞实预其事。疑“京”字为“卞”字之误，今据改。

三代，通乎昼夜阴阳所不能测而入于神。初著《杂说》数万言，世谓其言与孟轲相上下。于是天下之士始原道德之意，窥性命之端。

蔡卞是王安石的女婿兼学生，假如王安石对性理之学持反对态度，或者性理之学是异端，蔡卞是决不会大肆宣扬，把它的"发明权"归到岳父名下，并以溢美之词写进传记的。

下面再看王学在政治上的反对派的说法，《靖康要录》卷五载钦宗靖康元年(1126)四月二十三日臣僚上言略云，

熙宁间王安石执政，改更祖宗之法，附会经典，号为新政，以爵禄招诱轻进冒利之人，使为奥援，挟持新政。期于必行，自比商鞅，天下始被其害矣，以至为士者非性命之说不谈，非庄老之书不读。

把提倡性命之说作为王安石的罪状加以抨击，最早大抵见于熙宁二年(1069)司马光的《论风俗札子》和苏轼的《议学校贡举状》，元祐初又有刘挚的《论取士并乞复贤良科疏》，后来又有陈瓘的《尊尧集·序》，并见前章所引。可知自神宗即位之初至北宋末年以迄南宋前期，关于宋学"非性命之说不谈"之风开自王安石的说法，是支持和反对王安石的人都承认并不断提及的。

这两种意见，究竟哪一种更接近实际呢？我们先不忙着回答这个问题，且就上述各家说法寻找一下它们的共同点。首先是以"性命之说"或"性命之理"作为宋学讲求义理的内容，乃王学、洛学之所同。南北宋之交，王学和洛学，水火不相容地斗争了一百多年，直至理宗(公元1224年即位)时代以程朱之学的胜利而告

终。自那以后,王学被排除在性理之学以外,而后者长期以来成了程朱之学的代名词。通过上述两家说法的比较,给王学也给宋学正了名。作为宋学内部的两个最大派别,王安石新学和二程洛学,在“穷性命之理”或者说“窥性命之端”一点上,原来是一致的。

其次,关于北宋从义理之学向性理之学的过渡发生在嘉祐之际,这一点也为两家之所同。以程颐《颜子所好何学论》为标志的洛派心性义理之学始自嘉祐二年,已如前述。王安石提倡性理之学的时间,由前引蔡卞《王安石传》提到的初著《杂说》一书的问世时间可知。《河南程氏外书》卷十二录祁宽所记《尹和靖语》曰:

> 王介甫为舍人时,有《杂说》行于时,其粹处有曰:“莫大之恶,成于斯须不忍。”又曰:“道义重,不轻王公;志意足,不骄富贵。”有何不可?伊川尝曰:“若使介甫只做到给事中,谁看得破?”

据《长编》卷一百九十三,嘉祐六年六月戊寅,度支判官、刑部员外郎、直集贤院、同修起居注王安石知制诰。由上引尹焞(和靖)之语,知是年前《杂说》已流布于世,其观点与洛学颇为一致。关于两家早期学术见解之一致,还可由《河南程氏遗书》卷十九载程颐之言“荆公旧年说话煞得,后来却自以为不是,晚年尽支离了”①得到证明。

又陆佃《陶山集》卷十五《傅(明孺)府君墓志》:

> 嘉祐、治平间……明孺尚未冠,予亦年少耳,淮之南学士

①《二程集》,第247页。

大夫宗安定先生之学，予独疑焉。及得荆公《淮南杂说》与其《洪范传》，心独谓然。于是愿扫临川先生之门。①

程颐入太学的嘉祐二年（1057），陆佃（1042—1102）十六岁。古人年二十而冠。陆佃读到王安石的《淮南杂说》，当在是年前后。陆佃是王安石的学生，尹焞则是程颐的门人。同前引蔡卞《王安石传》互相参证，可以获得以下三点认识：

一、《杂说》是王安石最早成集的著作，即所谓初著，嘉祐二年前后已大行于世并受到学子的欢迎。

二、《杂说》的全名是《淮南杂说》。

三、当时人对《淮南杂说》的评价是认为它同《孟子》很像，观点方面与略后兴起的洛学大致相同。

以上三点最值得注意的是《杂说》初以"淮南"为名。考《宋史·王安石传》："擢进士上第，签书淮南判官。"是则《淮南杂说》乃以安石初登仕途的任所而得名。王安石中进士乃在庆历二年（1042），时年二十二，在淮南共三年，庆历五年已在京师，②《淮南杂说》疑成书于庆历二年之后、五年之前。

王安石在淮南节度判官厅公事期间，有两个过往十分密切的朋友，一是江南人曾巩（字子固），一是淮南人孙侔（字正之）。③庆历四年，曾巩曾向欧阳修自荐并举荐王安石云：

---

①（北宋）陆佃：《陶山集》，卷十六，《沈（锐）君墓表》："治平三年（1066），今大丞相王（安石）公守金陵，以绪余成学者，而某也实并群英之游。"由知陆佃与傅明孺、沈锐等扫王安石之门即在治平年间。

②详（清）蔡上翔：《王荆公年谱考略》，卷二。

③《王文公文集》，卷三十三，《同学一首别子固》："予在淮南，为正之道子固，正之不予疑也；还江南，为子固道正之，予固亦以为然。"

先生方用于主上，日入谋议天下，日夜待为相，其无意于巩乎？故附所作通论杂文一编，先祖述文一卷以献。……巩之友王安石，文甚古，行甚称文，虽已得科名，居今知安石者尚少也。彼诚自重，不愿知于人，尝与巩言："非先生无足知我。"如此人古今不常有。如今时所急，虽无常人千万不害也，顾如安石不可失也。先生傥言焉，进之于朝廷，其有补于天下。亦书其所为文一编，进左右，幸观之，庶知巩之非妄也。①

上引值得注意的是曾巩在信中提到了献给欧阳修的三本书，第一是自己所作的"通论杂文一编"，"一编"者，多卷也，故其次提到"先祖述文"遂言"一卷"以相区别，最后讲到王安石，则谓"亦书其所为文为一编"，即"亦通论杂文一编"的意思。以下是曾巩在王安石信中转告欧阳修关于这一编通论杂文的评价时所说的一段话：

欧公更欲足下少开廓其文，勿用造语及模拟前人，请相度示及。欧云："孟、韩文虽高，不必似之也，取其自然耳。"余俟到京作书去，不宣。巩再拜。

所谓模拟前人，即模拟孟子与韩愈。此与《王安石传》所谓初著

①《曾巩集》，卷十五，《上欧阳舍人书》。按：同书同卷《再与欧阳舍人书》曰："巩顷尝以王安石之文进左右，而以书论之……书既述，而先生使河北，不复得报，然心未尝忘也。"检《长编》，卷一百五十一，欧阳修出为河北都转运按察使乃在庆历四年八月。又《曾巩集》，卷十五复有《上蔡（襄）学士书》，亦自荐并论荐王安石，各附通论杂文一编与《上欧阳舍人书》同，而其书首称"庆历四年五月"。《上欧阳舍人书》则有"此数者近皆为蔡学士道之"等语，由知曾巩献书欧阳修亦在是月前后。

《杂说》数万言，世谓其言与孟轲相上下的说法正同。由欧阳修此评可知，其所以相似者，乃出于作者的有意仿效。据南宋晁公武《郡斋读书后记》卷二《王安石解〈孟子〉十四卷》条提要载，安石"素喜《孟子》，自为之解"，由喜爱、注解而至于模拟，是很自然的。

庆历二年闰九月，王安石在淮南任所，撰《送孙正之序》略云：

> 时乎杨、墨，已不然者，孟轲氏而已；时乎释、老，已不然者，韩愈氏而已。如孟、韩者，可谓术素修而志素定也，不以时胜道也。……予官于扬，得友曰孙正之。正之行古道，又善为古文，予知其能以孟、韩之心为心而不已者也。

此序名为送人，实亦夫子自道。可知以孟、韩为心，正是王安石当时治学的指导思想，也是庆历四年编成的《淮南杂说》一书的基本特色。

《淮南杂说》今已难睹全璧，但由若干现在可以搜集到的佚文，仍可见其内容倾向，正以拟孟、崇孟为标杆。一个最现成的例子便是前揭《尹和靖语》所引王安石《杂说》两条，其中"道义重，不轻王公；志意足，不骄富贵"，一望便知是孟子道尊于势和富贵不能淫思想的翻版。保存王安石佚文最多的是成书于南北宋之际的《圣宋文选》，该书辑《王介甫文》两卷（卷十、十一），卷十所收论十七篇，见于《临川集》一百卷与宋本《王文公文集》一百卷者唯十一篇，内中《性论》、《性命论》、《名实论》上、中、下，《荀卿论》等六篇均不见于两集，占三分之一强。试略引《性论》如下：

> 古之善言性者莫如仲尼。仲尼，圣之粹者也。仲尼而下，莫如子思。子思，学仲尼者也。其次莫如孟轲。孟轲，学子思者也。仲尼之言载于《语》，子思、孟轲之言著于《中庸》

而明于《七篇》。然而世之学者见一圣二贤“性善”之说终不能一而信之者，何也？岂非惑于《语》所谓上智下愚之说欤？噫！以一圣二贤之心求之，则性归于善而已矣。其所谓愚智不移者，才也，非性也。

文中明确标举《中庸》、《孟子》(《七篇》)，赞同且维护孟子“性善”的说教，并进而论证说：

夫性犹水也，江河之与畎浍小大虽异，而其趋于下同也；性犹木也，楩楠之与樗栎长短虽异而其渐于上同也。智而至于极上，愚而至于极下，其昏明虽异，然其于恻隐羞恶是非辞让之端则同矣。故曰：仲尼、子思、孟轲之言有才性之异而荀卿乱之，扬雄、韩愈惑乎上智下愚之说，混才与性而言之。

《孟子·告子上》批评主张“性无善恶”说的告子时说：“水信无分于东西，无分于上下乎？人性之善也，犹水之就下也。人无有不善，水无有高下。”以此与上引王文“水”、“木”之喻对读，可知早期王安石关于“性”的理论，不唯观点与《孟子》一致，连文字都有点类似，宜乎见者以为《孟子》而欧阳修以不必似孟而取高为诫。

从尊孟出发，必然走向排荀。《荀卿论》即缘力斥荀子“性恶”论而作，①其言辞之激烈，至有攻击后世以荀子名“配孟子，则非所宜矣”之论。这一观点，与收入《王文公文集》卷二十六的《周公》一文反对“后世之士，尊荀卿以为大儒而继孟子者”同。

①《圣宋文选》收王安石《荀卿论》凡二篇。另一篇题下标有“下”字，已见《王文公文集》，卷二十六，题作《荀卿》。

可知后来王安石虽在著名的性论三篇《性情》、《原性》、《性说》中抛弃"性善"论的观点，建立了自己的性学体系（说详下章），但尊孟的态度则保持始终。

综上可知，嘉祐年间大行于世的《淮南杂说》一书，早在庆历二年王安石任淮南判官时已开始创作，庆历四年已成一编并以手抄本的形式在士大夫中间流布。据司马光说，王安石佥判淮南时，韩琦正在知扬州任上，作为长官，"韩公虽重其文学，而不以吏事许之，介甫数以古义争公事，其言迂阔，韩公多不从"①。此说自然出于贬低王安石之意，但所述安石当时以述文学见重，以古义争公事的情况，正可为《杂说》的创作背景提供一个有力的佐证。

庆历四年，程颢兄弟方十二三岁，过两三年才从他父亲的僚属周敦颐那里听到关于"孔颜之乐"一类议论。而王安石完成了"其言与孟轲相上下"的《淮南杂说》十卷的写作，被认为"居今世，行古道，其文章称其行，今之人盖希，古之人固未易有也"②。

嘉祐年间，当程颢刚刚中进士踏上仕途，程颐就读太学写出第一篇学术论文，王安石已是名闻海内，号为通儒了。二程门人邢恕说："王荆公为江东提点刑狱，已号为通儒，茂叔遇之，与语连日夜。"③王安石提点江东刑狱，时在嘉祐三年，④这年前后在王安

---

①《涑水记闻》，卷十六。

②（北宋）曾巩：《怀友》。此文本集失载，转引自（南宋）吴曾：《能改斋漫录》，卷十四，《曾子固怀友寄荆公》。同一观点，屡见于庆历四年曾巩致蔡襄与欧阳修之书中。

③《伊洛渊源录》，卷一，《濂溪先生遗事》。

④（南宋）度正：《周濂溪年谱》，载此事系于嘉祐五年庚子。今考《长编》，卷一百八十七，嘉祐三年（1058）二月丙辰，知常州王安石移提点江南东路刑狱。又同书卷一百八十八，嘉祐三年十月甲子，提点江南东路刑狱王安石为度支判官。是则周敦颐遇王安石必在是年二月至十月间。

石一生中是非常重要的时刻。被梁启超称为千古一大名文的《上仁宗皇帝万言书》即献于嘉祐四年。同年，王安石写出了轰动一时，在北宋文学史上具有划时代意义的《明妃曲二首》。足见嘉祐初期的王安石，在社会思想、学术思想、文学创作诸方面，均已成熟并为社会所公认。另据北宋僧文莹《冷斋夜话》等记载，王安石早岁在江南日，尝与曾巩在一起议论过佛理的评价问题，王安石此时所发表的见解，已与执政之后大规模推行义理之学时的观点相去无几（详拙著后文第四章第二节），而曾巩则持不同意见。从这一点上讲，元代刘埙《隐居通议》所谓曾南丰首明理学于周、程之先，大抵只是从他的生平活动及与王安石交往的年代上论，而这恰恰又可为笔者前面提出的论点提供一个有力的旁证。

正如王安石熙宁时期的一些变法设施，早在庆历、嘉祐年间扬州佥判、鄞县知县、常州知州、江东提刑、江宁知府等地方官任上以丰富的行政履历打下基础，这一时期在学术研究和传播性理之学方面的努力，也是熙宁改革的重要思想准备。

嘉祐八年八月至治平三年三月，王安石居母丧，移住江宁府（今南京市）期间，开门讲学，传业授徒。陆佃即是这段时间成为王安石学生的。前揭陈瓘所引"先王所谓道德者，性命之理而已"一语，即出于治平元年安石在江宁居丧期间所作的《虔州学记》。① 据陆佃回忆，当时从学者甚众："诸生横经饱余论，宛若茂草生陵阿。"而他自己投奔王安石的时候则是："余初闻风裹粮走，愿就秦扁医沉疴。"②可知王学在嘉祐、治平之间影响已相当大。元丰初年，关学门人吕大临因张载之卒，东下就学二程，程氏对他

①《王文公文集》，卷三十四。

②《陶山集》，卷一，《依韵和李知刚黄安见示》。

发了一通感慨，说：

> 如介甫之学，佗便只是去人主心术处加功，故今日靡然而同，无有异者，所谓一正君而国定也。此学极有害。以介甫才辩，遂施之学者，谁能出其右？始则且以利而从其说，久而遂安其学。今天下之新法害事处，但只消一日除了便没事。其学化革了人心，为害最甚，其如之何！①

由治平至元丰初，只有十多年时间，王学居然发展到天下人心所向，“靡然而同，无有异者”的程度。究竟是什么因素在起作用呢？首先二程在这里总结出三个原因。一是熙宁年间王安石与宋神宗的君臣相知，王安石所处的“一道德”而号令天下的政治地位，即所谓去人主（皇帝）心术处加功。王安石变法期间改革科举与学校教育制度对宋学所发生的影响和所作出的贡献，自然十分重要，无疑应当对此而作出充分的估计。但只以某种带强制性的措施推行一种思想行得通吗？王安石在《虔州学记》中指出：

> 先王之道德，出于性命之理，而性命之理，出于人心。《诗》、《书》能循而达之，非能夺其所有而予之以其所无也。

连千百年来已经形成至高无上的权威地位的六经，尚且不可能强迫人接受，光靠行政手段岂能“使人舍己之昭昭，而从我于聋昏”（同上）？可知王学之为天下所靡然向风，正在于性理之学征服了人心。二程慑于王学之“化革了人心”而有“其如之何”之叹，正

---

①《河南程氏遗书》，卷二下，《二程集》，第50页。

以此。作为二程在上引那段语录中所归结的第三个原因，无疑是最重要的。当然，王安石本人谁也不能“出其右”的卓越的“才辩”，即程氏所概括的第二个原因，也具有决定性的作用。

神宗熙宁之时，与王学并存而齐名者尚有洛学、关学、蜀学，莫不以性理之学而自承。吕大临在《横渠先生行状》中概述其师张载治学之大要曰：

学者有问，多告以知礼成性，变化气质之道。

所谓变化气质，即指由气质之性返回天地之性，这是张载性理之学的主要内容（说详下章）。张载死后，张舜民在上神宗乞追赠表中说：

横渠先生张载著书万言，名曰《正蒙》，阴阳变化之端，仁人道德之理，死生性命之分，治乱国家之经，罔不究通。方以前人，其孟轲、扬雄之流乎？①

连早年反对性命之说的司马光，在《子厚先生哀辞》中也称：“先生论性命，指示令知天。”因此而“声光动京师，名卿争荐廷”②。可知张载关学之核心，也在性命之学、道德之理而与王学、洛学同。

蜀学中受王安石影响，对性理之学最重视的是黄庭坚。庭坚曾将《虔州学记》亲手抄了一遍，送给四川眉山人吴季成，并在跋

①《郡斋读书志》，卷三上，《正蒙书十卷》。

②《温国文正司马公文集》，卷五。

语中盛称此记乃“讲明学问之本”①。另据《淮海集》卷三十《答傅彬老简》载，傅曾致函秦观，称苏氏文章绚丽如蜀之锦绮，妙绝天下。这位苏门高足却大不以为然，作书回答道：

> 苏氏之道，最深于性命自得之际。其次则器足以任重，识足以致远。至于议论、文章，乃其与世周旋，至粗者也。阁下论苏氏而其说止于文章，意欲尊苏氏，适卑之耳。

从后世的眼光看，苏氏一门，占唐宋八大家之三，尤其是苏轼，乃诗、词、文、书、画兼擅之大文豪、艺术家，然则苏门弟子却认为“深于性命自得之际”才是蜀学的重点。

苏门对性理之学的热心，大抵从老苏（洵）晚期即已开始。张方平《文安先生墓表》说：“（洵）独与其子居，非道义不谈，至于名理胜会，自有孔颜之乐。”清人蔡上翔《王荆公年谱考略》卷十引此段文字后尝加以辨驳：“熙、丰以前，无此学术。”但由上引秦观、黄庭坚之语可知，至少在熙宁时期，与关、洛诸学一样，苏氏和蜀学门人已开始把性命自得之际作为治学的中心问题了。不过在当时，诸家的成就和影响，均不及王学。

金人赵秉文说：“自王氏之学兴，士大夫非道德性命不谈。”②事实正是这样，自王安石始倡道德性命之学，给北宋中期以来已经复兴的传统儒学进一步注进了新鲜的血液，宋学从此进入了它的繁荣期。心性义理也就成了王学、洛学、关学、蜀学诸家的共同主题。所谓性命之理出于人心，当概指以这四家为代表的整个北

---

①《山谷集》，卷二十五，《跋虔州学记遗吴季成》。

②《滏水集》，卷一，《太学·性道教说》。

宋后期的宋学之繁荣。不过程氏既以化革人心独属安石,说明王学之得人心者仍别有原因所在(如上文提到的政治地位和个人才具等等)。这就要求我们在了解这一时期王、洛、关、蜀各家学说中同的一面之外,进而了解各家之间异的一面,以及围绕这异的一面所展开的论辩和斗争。关于这方面的内容,拟于下章续谈。

第三章　宋学的主题及其精神

第一节　性情、理欲之辨

宋学既以讲求义理为形式，研究性理为内容，它的主题，也便是“性”和“理”。“性”、“理”二词作为宋学的基本范畴，以程颐“性即理也”这一等值交换的判定为标志，划分为两个既相联系又相区别的发展阶段。大体上讲，南渡之前多言“性”，南渡之后多言“理”。这里且说“性”。

“性”字在孔子尚很少言及，直到孟子出来倡“性善”之说，关于“性”的探讨，才成为儒家传统文化中一个占显著地位的问题。宋学以性理之说作为理论体系的核心，溯其学问的根源，自然也就是以孟子为宗师了。程颐说：“孟子所以独出诸儒者，以能明性也。”①可知宋学繁荣期几个主要流派以孟子为宗，对以《孟子》、《中庸》为代表的思孟学派的一致推崇和认同，所着眼的正是这个“性”。

①《河南程氏遗书》，卷十八。

孟子所以受到后世推崇，还有一个重要的原因是他提出过“仁政”主张。而“性善”论则是“仁政”学说的理论基础。“人皆有不忍人之心，先王有不忍人之心，斯有不忍人之政矣。”①所谓不忍人之心，即为善之端。治人者有了它，实行仁政就有了希望；治于人者有了它，就不必担心他们会起来造反。因此秦汉之后，尽管说“性”者层出不穷，一直没有哪种说法可以完全取代它作为千百年来儒家性学理论之基础的权威地位。

但是孟子“性善”之说有一个不小的漏洞，即他只看到人性善的一面，对现实生活中不可否认而又大量存在着的“恶”，却没有做出符合逻辑的解释。因此当时就有人提出反对的意见，最著名的便是荀子的“性恶”论。不过“性恶”论认为人一生下来就是坏心眼的，同样只能推出人性是平等的逻辑。于是后来又有人试图在“性善”、“性恶”两者之间做出调和，如东汉扬雄的“性善恶混”论，王充的“性有善有恶”论，即在孟子和荀子的学说之间选择了折衷。不过后世最流行的则是在不触动孟子“性善”这一权威结论的前提下适当吸收“性恶”说的性情二元论，即“性善情恶”之主张。如《北史》卷六十三《苏绰传》载《六条诏书》论治人之心曰：“人受阴阳之气以生，有情有性，性则为善，情则为恶。”最早提出这一说法的大概是董仲舒。王充《论衡·本性篇》引董仲舒之言曰：

> 董仲舒览孙、孟之书，作情性之说曰：“天之大经，一阴一阳；人之大经，一情一性。性生于阳，情生于阴。阴气鄙，阳气仁。曰性善者，是见其阳也；谓恶者，是见其阴者也。”

①《孟子·公孙丑上》。

所谓性阳情阴，性仁情鄙，与性善情恶，均是一个意思。这一观点被东汉统治集团吸收进《白虎通》而为经今古文派所共同接受。其书《情性篇》曰：

> 情性者何谓也？性者阳之施，情者阴之化也。人禀阴阳气而生，故内怀五性六情。

又引《钩命决》曰：

> 情生于阴，欲以时念也；性生于阳，以理也。阳气者仁，阴气者贪，故情有利欲，性有仁也。

"情"的概念在《孟子》一书中，原是与"性"同义异文的概念。《孟子·告子上》说："乃若其情，则可以为善矣，乃所谓善也。""情""性"可以互易。董仲舒等以阴阳五行之说改造儒家传统文化，倡"性阳情阴"、"性仁情贪"即"性善情恶"之说，用性、情二元论的形式保留了孟子的"性善"说，同时又巧妙地以"情恶"之说弥补了孟子学说在实际应用中的不足。此后直至北宋中期盛行一时的"性善"说，实际上就是这种经过汉儒重新解释而改造过了的"性善情恶"论。如唐代韩愈的"性三品"说，李翱的"复性"说，大体均不离"性善情恶"之旨。《白虎通》关于五性六情，有一段具体的解释：

> 五常（性）者何？谓仁、义、礼、智、信也。
>
> 六情者何谓也？喜、怒、哀、乐、爱、恶谓之情，所以扶成五性。

此即韩愈《原性》以仁、义、礼、智、信为“五性”，以喜、怒、哀、惧、爱、恶、欲为“七情”之所以出。李翱有《复性书》三篇，其上篇首段乃中心论点所在：

人之所以为圣人者，性也；人之所以惑其性者，情也。喜、怒、哀、惧、爱、恶、欲七者，皆情之所为也。情既昏，性斯匿矣。非性之过也。七者循环而交来，故性不能充。水之浑也，其流不清；火之烟也，其光不明。非水火清明之过。沙不浑，流斯清矣；烟不郁，光斯明矣；情不作，性斯充矣。

照李翱看来，人性本来都是善的，人之所以为恶，是“喜、怒、哀、惧、爱、恶、欲”这七种“情”惑、匿的结果，正像泥沙搅浑了清水、黑烟郁塞了火光一样。要改变这种性善情恶的状况，唯一的途径就是“教人忘嗜欲而归性命之道”（同上），即所谓复性。这里使用的七情的概念，以及性圣情昏、性明情暗之说，与韩愈一样，并自汉儒沿袭而来。北宋儒学复兴，义理之学转向以性理之学为内容之初，在太学等文化界占统治地位的群体之间流传的仍是这一汉、唐以来据于儒家之正统的“性善情恶”论。以那篇使程颐名噪太学而发表洛派性学思想第一声的《颜子所好何学论》为例，其文略云：

圣人可学而至欤？曰：然。学之道如何？曰：天地储精，得五行之秀者为人。其本也，真而静，其未发也，五性具焉，曰仁、义、礼、智、信。形既生矣，外物触其形而动于中矣，其中动而七情出焉，曰喜、怒、哀、乐、爱、恶、欲。情既炽而益荡，其性凿矣。是故觉者约其情使合于中，正其心，养其性，故曰性其情。愚者则不知制之，纵其情而至于邪僻，梏其性而亡之，故曰情其性。凡学之道，正其心，养其性而已。

由这段引文看，不唯“五性”、“七情”的提法来自汉、唐诸儒，“情其性”、“性其情”云云，亦与李翱之“情既昏，性斯匿矣”、“情不作，性斯充矣”同出一辙。

性善情恶之说，大抵是早期洛学同人在这个问题上的普遍主张，如邵雍之子、程颐门人邵伯温在续其父作《皇极经世·观物外篇》中说：

以物观物，性也；以我观物，情也。性公而明，情偏而暗。

又说：

任我则情，情则蔽，蔽则昏矣。因物则性，性则神，神则明矣。①

所谓性明情暗，性神情蔽，亦性善情恶之论。假如洛学关于“性”的研究仅仅停留在这个认识水平之上，那么它就没有什么创造性可言了。如前所述，详细论述了性善情恶之说的李翱，本来就是从汉儒那里袭取得来的。二程之于性理之学的贡献，乃在这一观点受到批判之后重新建立了自己的性学新论（详后述）。

北宋嘉祐年间首先起来抵制性善情恶论的是永嘉理学的开山王开祖。其遗著《儒志编》曰：

①《皇极经世书》，卷十四。

学者之言曰："性善也，情恶也。莫善于性，莫恶于情。"此贼夫情之言，不知圣人之统也。

所谓圣人之统，大抵是认为在圣人的观点里性与情是统一的，惜论之未精，语焉不详。予性善情恶论以比较彻底批判的则是王安石的一组论文《性情》、《原性》、《性说》。前章说到，王安石早年在《性论》一文中曾经赞同并宣扬过孟子的"性善"说，《性情》等三篇论文，则代表了成熟时期王安石在这个问题上的看法。在《性情》一文中，王安石开门见山地指出：

性情一也。世有论者曰"性善情恶"，是徒识性情之名而不知性情之实也。喜、怒、哀、乐、好、恶、欲未发于外而存于心，性也；喜、怒、哀、乐、好、恶、欲发于外而见于行，情也。性者情之本，情者性之用，故吾曰性情一也。①

所谓性情一也，即著名的性情一元的思想，比王开祖的"圣人之统"说，显得更加明确而透辟。

从人类思维发展的立场上讲，性情二元论较之早期的性一元论，反映了古人认识能力的提高而趋于细密，只不过论者出于维护孟子和适应等级制度的宣传需要，虽然注意到了"性"、"情"这同一问题的两个方面，但不恰当地、人为地将它们对立起来，同样只能得出片面的结论。王安石的性情一元论，既指出了两者具有不可分割的联系，同时也注意到了"性"、"情"两者之间的区别，即所谓体、用之分，名、实之辨，但这些区分，恰恰是为了说明两者

①《王文公文集》，卷二十七。余两文同，下不再注。

是辩证的统一。从“一元”这一角度看,它并非是性一元论的简单重复;从“性情”这一角度看,它又是在批判“性善情恶”的前提下对性情二元论看问题兼及“性”、“情”两面而比较细密这一优点的吸收。作为这一理论的基础,打破传统的“五常曰性”,而以喜、怒、哀、乐、好、恶、欲七情之“存于心”为性,则是王安石的大胆创造。试看他在这一组论文中是怎样论证这个问题的。

“仁、义、礼、智、信”即所谓五常,是儒家传统文化中最高的道德标准。以五常为性,那么人性也就只有善的因素而绝无恶的成分了。董仲舒、韩愈既以儒家的这五样理想人格作为性的内涵,那么性就是完美的,只有善而无恶了,但他们又倡性上品、性中品、性下品之说。所谓性下品(在董仲舒那里叫“斗筲之性”),实际上便只有恶而无善了,这就陷入了逻辑上的自相矛盾。王安石在《原性》一文中驳斥说:

> 且韩子以仁、义、礼、智、信五者谓之性,而曰天下之性恶焉而已矣。五者之谓性,而恶焉者,岂五者之谓哉?

显然,以五常为性,在理论上是站不住脚的。在《性情》论中,王安石进一步通过人们所熟知的“圣人”用情之例,从事实上论证只有被“性善情恶”论者所鄙弃的“喜、怒、哀、乐、好、恶、欲”才是人所共有的“性”,而所谓情,实际上也就是“接于物而后动”的性:

> 自其所谓情者,莫非喜、怒、哀、乐、好、恶、欲也。舜之圣也,“象喜亦喜”。使舜当喜而不喜,则岂足以为舜乎?文王之圣也,“王赫斯怒”。使文王当怒而不怒,则岂足以为王乎?举此二者而明之,则其余可知矣。如其废情,则性虽善,何以

自明哉？诚如今论者之说，无情者善，则是若木石者尚矣。

人非木石，孰能无情？假如像“性善情恶”论者那样，“求性于君子，求情于小人”，那么圣人舜、文王该是只有“性”而没有喜、怒之类的“情”了。显然，事实绝非如此。正确的结论只有一个，喜、怒、哀、乐、好、恶、欲七者，既是“情”，也是“性”。接着王安石又打了一个比方：“性情之相须，犹弓矢之相待而用。”箭无弓不发，弓无箭不用，性与情之相须相待，正如弓与矢一样，是一物之同体而异用，故曰“性情一也”。

既然如此说，那么性是既可以善、也可以恶的了？是的，王安石正是这样认为的。《性情》以一段关于这个问题的问答作为收尾：

曰：“然则性有恶乎？”曰：“孟子曰：‘养其大体为大人，养其小体为小人’；扬子曰：‘人之性善恶混’，是知性可以恶也。”

既然以喜、怒、哀、乐、好、恶、欲为性，性之有恶，自然也就是题中应有之义了。王安石采取以子之矛陷子之盾的办法，引用《孟子》之言，①以证明即使是“性善”论的最初提出者，也无法否认现实生活中存在着善（“大人”）、恶（“小人”）之分。在《原性》中，王安石还依次批驳了韩愈、孟轲、荀卿的观点，其斥孟的一段如下：

---

①语出《孟子·告子上》：“养其小者为小人，养其大者为大人。”又，“从其大体为大人，从其小体为小人”。

孟子以恻隐之心人皆有之，因以谓人之性无不仁。就所谓性者如其说，必也怨毒忿戾之心人皆无之，然后可以言人之性无不善，而人果皆无之乎？

同情之心和怨恨之心，乃是每个人的心理体验中都曾经历而且不止一次经历过的事实，以此来批驳“性善”之论，无疑是一触即溃。前面说过，“性善情恶”说，从根本上讲乃是“性善”说的修修补补，论者本图以“情恶”一元弥补“性善”说所未能囊括而实际上存在着的“性恶”。“性善”一元既已不能成立，“情恶”云云之捉襟见肘之处，也就不言自明了。

王安石这一组论文，在宋学性情之辨中具有划时代的意义，它不仅标志着早年为了提倡性理之学而宣传过孟子“性善”论的王安石，到此已转向独立思考、一空依傍地解决心性义理之中的这一基本问题，而且代表了北宋性理之学由开始之时的承袭前人，转向富于独创精神的重要时期。

这一时期倡为性理之说而值得一提的还有同样富于首创精神的张载。“性善情恶”论试图弥缝孟子“性善”之说的缺陷却并不能掩盖这一传统理论的矛盾，张载也已经觉察并形之于批评：

孟子之言“性”、“情”，皆一也。亦观其文势如何，情未必为恶。①

所谓孟子言“性”、“情”皆一，见前引《孟子·告子上》。在《孟子》一书中，“性”与“情”既是可以等值交换的同一范畴，所谓性善情

①《张子语录》（中），《张载集》，第323页。

恶，实际上也就等于“性善性恶”，即“性善”论加“性恶”论的大杂糅，这显然不是孟子的原意。张载认为这是因为论者牵于前人用过的现成词汇，而这种比附前言遗说以改铸为己见的做法是不足取的。他为自己规定了一条新路子：

当自立说以明“性”，不可以遗言附会解之。①

从张载对宋学性说的贡献来看，他是足以当得起这二句豪言壮语的。试看他在《正蒙·诚明篇》中所说的下面两句话：

形而后有气质之性，善反之，则天地之性存焉。②

这就是著名的性二元论，它是由张载第一个提出来的。

从语源学的角度看，“天地之性”的提法，已见于先秦典籍。《左传·昭公二十五年》载子大叔语：“哀乐不失，乃能协于天地之性，上古有之。”《孝经》引孔子之言曰：“天地之性人为贵。”但以“天地之性”与“气质之性”连举，表述为同体异源的性二元论，则自张载始。黄震说：“横渠先生精思力践，毅然以圣人之事为己任。凡所议论，率多超常。至于变化气质，谓‘形而后有气质之性，善反之，则天地之性存焉，故气质之性，君子有弗性焉’，此尤自昔圣贤之所未发。警教后学，最为切至者也。”③足见关学贡献最大、对后世影响最大的也是这一点。

---

①《张子语录》(中)，又《经学理窟·义理》，并见《张载集》。
②《张载集》第 23 页。
③《黄氏日抄》，卷三十三。

张载认为，“性”是一个综合的概念，它有两种不同的意义：

> “性”其总也，合两也……湛一，气之本；攻取，气之欲。口腹于饮食，鼻舌于臭味，皆攻取之性也。①

“湛一”即纯一，盖指天地阴阳（详《正蒙·乾称篇》），所谓湛一之性，即天地之性。攻取之性，即气质之性。后者直接在于人本身，反映的是人的本能欲望，如喜欢吃好的食品，喜欢闻香的气味等。前者则与人的形体无关，“天包载万物于内，所感所性，乾坤、阴阳二端而已，无内外之合，无耳目之引取，与人物蕞然异矣。”②但对某一特定的人来说，他却同时具有这两种来源不同的“性”。首先是天地之性，它对每个人都同样无私地给予。《正蒙·诚明篇》说：

> 天性在人，正犹水性之在冰，凝释虽异，为物一也；受光有小大、昏明，其照纳不二也。

天地之性于人，正如世界上一切液体都具有凝固和重新溶化的性质，一切光源都具有照明的特点一样，是人人之所同。其次是气质之性，它是每个人之所以与其他人互不相同的主要原因。

> 人之性虽同，气则有异，天下无两物一般，是以不同。③

---

①《正蒙·诚明篇》，《张载集》，第22页。
②《正蒙·诚明篇》，《张载集》，第63页。
③《张子语录》（下），《张载集》，第330页。

值得注意的是这里所使用的“性”、“气”两词,前者指的天地之性,后者则是气质之性的缩语。作为简称,已经体现了性二元论的主观倾向。不过在张载的理论中,只有“天地之性”才是人所应当具有的“性”,而“气质之性”却只是暂时存在而有待于过渡到天地之性上去的混沌状态——“气”。

> 性未成则善恶混,故亹亹而继善者斯为善矣。恶尽去则善因以成,故舍曰善而曰“成之者性也”。①

“继之者善也,成之者性也”,语出《易·系辞上》。所谓性未成则善恶混,即指气质之性有待去恶从善而达于天地之性。张载认为,获得天地之性,对每个人机会都是一样的,就看你愿意不愿意和善不善于抛弃气质之性而回到“性之本”上来。他说:“持性,反本也。”②“性于人无不善,系其善反不善反而已,过天地之化,不善反者也。”③此处“性”即天地之性的简称,蒙后文“天地之化”而省略。

可知张载虽然承认除了天地之性外,每个人还有其独特的气质之性,但又认为两者是不同层次上的概念。前者是高层次的,后者则是低层次的。而天地之性这一层次,实际上等同于孟子的“成之者性,继之者善也”。天地之性既有善而无恶,人性中恶的一面,主要也就由气质之性来承担了。故在前引《正蒙·诚明篇》表述性二元论之定义的那两句著名的话之后,张载断然说:“气质

---

①《正蒙·诚明篇》,《张载集》,第23页。
②《经学理窟·礼乐》,《张载集》,第264页。
③《正蒙·诚明篇》,《张载集》,第22页。

之性，君子有弗性者焉。”由此进一步知道，张载所谓气质之性，实际上又可等同于性善情恶论的“情”。

但是张载的性二元论绝不是性善情恶论的简单重复。首先是所谓气质之性，据张载解释乃是一种“善恶混”的状态，而不同于性情二元论的情只有恶而无善。其次是以性二元论代替性情二元，避免了性善情恶这一命题带来的种种不能自圆其说的矛盾。再次张载的气质之说实际上已经突破了自孟子以来说性者不离善恶两端的既成格局，而将视线转移到每一特定对象的个体差异，即所谓天下无两物一般，是以不同云。

此外一个更重要的特点是，通过对天地之性和气质之性及其相互关系的阐释，张载之论差不多囊括了前此一切性学研究的不同观点，在性学史上起到了既总其成又以新面目出现的特殊作用，“性善情恶”之与性二元论的一一对应已如前述。即如尖锐对立的孟子“性善”说和荀子“性恶”说，在张载的理论中，也可以找到它们相应的位置。“性善”者，天地之性善也；“性恶”者，气质之性恶也。至于扬雄的“性善恶混”说，在气质之性这一层次中，也作了恰如其分的安排，“性未成、则善恶混”，“恶尽去则善因以成”。甚至王安石的性情一元论，也可以从张载的学说出发作出观点基本一致的解释。如被朱熹誉为颠扑不破的张载“心统性情”论，其言曰：“有形则有体，有性则有情，发于性则见于情，发于情则见于色，以类相应也。”①此说即同王安石“性情一也”，以性为体、以情为用之论。朱熹答门人问，即从王安石《性情》论的这一著名观点出发解释张载的心统性情之说：“性是体，情是用，性

①《性理拾遗》，《张载集》，第374页。

情皆出于心,故心能统之。”①

张载曾说:“一物而两体者,其太极之谓欤!”②“不有两则无一。”③统观上文所引诸家之性说,或两说相对而各一,或一人立论而兼二,均不离“性”“情”、“善”“恶”之两端。张载在诸儒之后,创一性而分二元之说,将其包举无遗,正是这个“一物两体”之辩证法的妙用。难怪性二元论出来之后,二程马上表示赞同并加以发挥道:

> 论“性”不论“气”,不备;论“气”不论“性”,不明。二之,则不是。④

所谓论“性”不论“气”,如“性善”说之仅限在天地之性的范围之内;论“气”不论“性”,如“性恶”说之专以气质之性为对象;二之,如性善恶混说把两者不加分辨地搅和在一起等等。张载同时考虑到“性”与“气”两个矛盾的方面,将它们区别开来,同时又找到了两者之间的联系,然后统一到性二元论这个新命题之下,因而是完备而又比较准确的。

程颐接受了张载的学说之后,还曾经试着以它为出发点,对前人的一些观点作出重新解释。如门人唐棣问:“孔、孟言性不同,如何?”程颐回答说:

> 孟子言性之善,是性之本;孔子言性相近,谓其禀受处不

---

①《朱子语类》,卷九十八,第2513页。

②《横渠易说·说卦传》。

③《正蒙·太和篇》。

④《河南程氏遗书》,卷十八,第204页。

相远也。①

所谓性之本，即天地之性。禀受，即气禀。所谓所禀之性，即气质之性，二程也管它叫生之谓性。下引二段问答可以为证。其一：

问："'性相近也，习相远也'，性一也，何以言相近？"曰："此只是言气质之性。如俗言性急性缓之类。性安有缓急？此言性者，生之谓性也。"②

其二：

"性相近也"，此言所禀之性，不是言性之本。孟子言，便正言性之本。③

"性相近也，习相远也"，见《论语·阳货》。所谓性一也，何以言相近，其实是以孟子的性有善而无恶为视点来限量孔子之说。反过来，假如从孔子的性相近之说出发来看孟子的性无差别论，同样是不能成立的。如何解释孔孟关于同一问题的不同说法，历来是言性者所碰到的最大难题。程颐运用张载的性二元论加以区别，在天地之性与气质之性两个不同的层次中为它们找到了各自适用的场所，这个问题也就迎刃而解了。

性二元论之妙用若此，难怪"天地之性"与"气质之性"的概

①《河南程氏遗书》，卷二十二上，第 291 页。
②《河南程氏遗书》，卷十八，第 207 页。
③《河南程氏遗书》，卷十九，第 252 页。

念自张载提出之后，得到后世大多数思想家的赞同和采纳。性理大师朱熹尤其推崇备至：

> 气质之说，起于张、程，极有功于圣门，有补于后学，前人未经说到，故张、程之说立，则诸子之说泯矣。①

朱熹这段话是站在后世的立场上说的，就当时言，一些有影响的人物在性论方面仍然采用先儒之说者仍不乏其例，不过一般取扬雄的“性善恶混”说。如司马光《善恶混辨》、苏轼《扬雄论》，并以扬氏之说为权舆。司马光之辨曰：

> 扬子以谓“人之性，善恶混”，混者，善恶杂处于身之谓也，顾人择而修之何如耳。“修其善则为善人，修其恶则为恶人”，斯理也，岂不晓然明白矣哉！②

这段话又见司马光《法言注》卷二《修身》，此论实以解释扬雄旧说的形式发展己见。扬雄性善恶混论，只看到人性具有两方面不同表现，并没有指出这两种互相矛盾的人性表现之所以产生并且可以同时存在于某一特定的个体之上的原因，因而在逻辑性和思辨精神方面远不及张载的性二元论。但作为性二重论的首倡者，扬雄兼容善、恶两端而避开荀、孟性一元论的片面，已颇类于天地之性和气质之性的二分法。司马光、苏轼等人选择并祖述此说，在“一物两体”方面，正体现了与张载同样的时代精神。只不过借

---

①《张子全书》，卷二，《正蒙·诚明篇》夹注引朱熹语。

②《温国文正司马公集》，卷七十二，《善恶混辨》。

助前言遗说以立论，无法跟张载的“自立说以明性”相匹敌罢了。

苏轼比较著名的性论著作还有《苏氏易传》、《韩愈论》等。《韩愈论》批评《原性》之以五常为性说曰：

> 儒者之患，患在于论性，以为喜、怒、哀、乐皆出于情，而非性之所有。①

《苏氏易传》卷一《乾卦》彖传又进而批评性善情恶论曰：

> 情者，性之动也。……性之与情，非有善恶之别也，方其散而有为，则谓之情耳。

前者以喜、怒、哀、乐并出于情与性，后者以性之动为情。这两层意思，恰恰是王安石“性情一也”论的主要观点。足见在性论方面，除了后起的二程之外，王安石加上张载，已代表了当时所达到的最高水平。

从文化传承的角度看，王安石的“性情一也”，在用语方面虽与传统性论无异，仍旧沿用“性”、“情”一类旧有名词，但得出的结论却是前人所无；张载的“天地之性”、“气质之性”，虽是孔、孟所未曾言，但所发挥的思想，却并不与孔、孟异辙。这既是王、张两人持论互不相同却又各见首创精神的原因之一，也是朱熹一再赞扬张载之性说，而于王安石则无一语道及的根源所在。

不过二程虽然赞同并宣传过性二元论，但并不像前引朱熹在《正蒙》注中所说的那样，认为气质之说是他们和张载一起创造

---

①《苏轼文集》，卷四。

的。张、程二家是表亲，三人经常在一起讲论学问。据程颐回忆，程颐"尝与子厚（张载）在兴国寺，曾讲论终日，而曰：'不知旧日曾有甚人于此处讲此事'"①。可知欲发前人之所未发，乃张、程之所同。在性论方面二程的创造性劳动乃在以天理、人欲之辨代替传统的性情之说，而与张载异曲同工。程颢曾经踌躇满志地说：

吾学虽有所受，"天理"二字，却是自家体贴出来。②

同一段话，朱熹又引作程颐之语。什么叫"体贴"呢？朱熹解释"体"字之义曰："此是置心在物中，究见其理，如格物、致知之义。"学生问："是将自家这身入那事物里面去体认否？"朱熹回答道：

然。犹云"体群臣"也。伊川曰："'天理'二字，却是自家体贴出来。"是这样"体"字。③

程颐解释"致知在格物"的时候说："格物之理，不若察之于身，其得尤切。"④朱熹之解说，深得二程之原意。可知在二程看来，"天理"之说，正是他们自家"察之于身"的创造。这样说虽不免自夸之嫌，但在性论方面，二程于张载之后以"天理"之说独见自得之功则是事实。

---

①《河南程氏遗书》，卷二上，《二程集》，第 26 页。
②《河南程氏外书》，卷十二引《上蔡语录》，《二程集》，第 424 页。
③《朱子语类》，卷九十八，第 2518 页。
④《河南程氏遗书》，卷十七，《二程集》，第 175 页。

"天理"作为一个复词,先秦两汉已经定型,如《庄子·天运篇》:"夫至乐者,先应之以人事,顺之以天理。"《礼记·乐记》:"人化物也者,灭天理而穷人欲者也。"前一种意义上"天理"与"人事"对举,指自然之规律;后一种意义上的"天理"与"人欲"对举指道义方面的要求。这两种意义在二程前辈张载的著作中都已使用过,前者见《正蒙·诚明篇》:"所谓天理也者,能悦诸心,能通天下之志之理也。"后者见《经学理窟》,其书《义理篇》曰:"今之人灭天理而穷人欲,今复反归其天理。"显然,这后一种意义已开后来宋学理欲之辨之先声。不过张载关于"天理"这一范畴的体认,与二程相比,在以下两个主要问题上存在着差别。如前揭,《正蒙·诚明篇》正是张载提出"天地之性"这一基本范畴的地方,上引"天理"一词与之并见而不相通,可知张载并没有把两者看成同一意义的概念,此其一。《经学理窟》"今复反归其天理"云云,已颇似"善反之则天地之性存焉",但同书《学大原下》又说:"只为天理常在,身与物均见,则自不私。"可知正如张载论性,以为"性者万物之一源,非有我之得私也"①一样,他所说的"天理",也非人类所特有。此其二。

最先把"天理"与"天地之性"等同起来并作为人所特有的道德伦理范畴而与动物严格区别开来的则是二程。《河南程氏遗书》卷十八载:

---

①《正蒙·诚明篇》,《张载集》,第 21 页。此一观点,张载著作中常见,如《正蒙·乾称篇》:"天地之帅,吾其性,民吾同胞,物吾与也。"(《张载集》,第 62 页)《张载集·性理拾遗》:"天下凡谓之性者,如言金性刚,火性热,牛之性,马之性也,莫非固有。凡物莫不有是性,由通蔽开塞,所以有人物之别,由蔽有厚薄,故有智愚之别。"(《张载集》,第 374 页)

问："孟子曰：'人之所以异于禽兽者几希。庶民去之，君子存之。'且人与禽兽甚悬绝矣，孟子言此者，莫是只在'去之'、'存之'上有不同处？"曰："固是。人只有个天理，却不能存得，更做甚人也？泰山孙明复有诗云：'人亦天地一物耳，饥食渴饮无休时。若非道义充其腹，何异鸟兽安须眉？'上面说人与万物皆生于天地底意思，下面二句如此。"①

人之异于禽兽者究竟在哪里呢？《孟子·离娄下》一篇中提出了这个十分重要的问题，但没有正面回答。《荀子·王制》篇有一段详细分析：

水火有气而无生，草木有生而无知，禽兽有知而无义。人有气、有生、有知，亦且有义，故最为天下贵也。

孙复"若非道义充其腹，何异鸟兽安须眉"之诗，即用此意。二程又引孙诗以释孟子之言。所谓道义即天理。可知以天理作为人与动物的基本判别标准，本是儒家的传统思想。他们认为，饥则求食，渴则思饮，这些本能欲望，人与动物本无区别，所不同者乃在有无人所特具的伦理道德准则：天理，或者说道义。

二程的贡献还在于，不仅从古籍中把"天理"与"人欲"这一对概念重新"体贴"出来，而且将它们引进性学领域，用以取代张载的"天地之性"与"气质之性"，从而使宋学在这个基本问题的论述方面更加趋向思辨和富于人伦的意味。试看二程是如何置换这两对概念的。

---

①《二程集》，第214页。

《河南程氏遗书》卷十八载程颐之言曰：

在天为命，在义为理，在人为性，主于身为心，其实一也。

在这里，义理作为天命与人性的中介，已取得了与两者“其实一也”的涵义。同书卷二十二又进一步提出：

性即理也，所谓理，性是也。天下之理，原其所自，未有不善。

到此“天理”与“天地之性”已成为完全等值的定义。再看同书卷二上：

天理云者，这一个道理，更有甚穷已？不为尧存，不为桀亡。人得之者，故大行不加，穷居不损。

“不为尧存，不为桀亡”者，天命也，语出《荀子·天论》篇。“人得之者”即所谓在人为性。“天地之性”在二程的语汇中又作“天命之性”。这段话中的“天理”一词，完全可以用“天地之性”来置换了。

前面讲到，“天理”在先秦两汉本有两种不同的含义。程颐所谓天理，与人欲相对，自然用的是它作为道德范畴的意义。关于这一点程颐曾有具体的说明。他解释道：

人伦者，天理也。①

①《河南程氏外书》，卷七，《二程集》，第394页。

又说：

> 圣人，人伦之至。伦，理也。既通人理之极，更不可以有加。①

可知天理，也便是人理，即人伦之理，指儒家伦理道德方面更不可以有加的最高准则，其具体内涵便是君仁、臣忠、父慈、子孝之类的纲常义理：

> 父子君臣，天下之定理，无所逃于天地之间。②

基于这一点，二程把“天理”作为人禽之别的试金石：“人之所以为人者，以有天理也，天理之不存，则与禽兽何异矣。”③假如没有“天理”，人剩下的也便只有与动物一般无二的物质欲望了：“昏于天理者，嗜欲乱之耳。”④嗜欲即物欲，相当于张载的“气质之性”。

“气质之性”张载又作“攻取之性”，用指“口腹于饮食，鼻舌于臭味”等欲望，二程进一步将它解释为与生俱至的秉受之常，即“生之谓性”、“气秉之性”（说见前）。《河南程氏遗书》卷十九曰：

> 口目耳鼻四支之欲，性也。⑤

---

①《河南程氏遗书》，卷十八，《二程集》，第182页。
②《河南程氏遗书》，卷五，《二程集》，第77页。
③《河南程氏粹言》，卷二，《二程集》，第1272页。
④《河南程氏粹言》，卷一，《二程集》，第1194页。
⑤《二程集》，第257页。

《河南程氏粹言》卷一《论道篇》说得更加具体：

> 子曰：佛之所谓世网者，圣人所谓秉彝也。尽去其秉彝，然后为道，佛之所谓至教也，而秉彝终不可得而去也。耳闻目见，饮食男女之欲，喜怒哀乐之变，皆其性之自然。①

"秉彝"即秉常，"性之自然"即生之谓性。这样，"气质之性"也就完全与"人欲"等同起来了。

在张载的学说里，气质之性与天地之性相比，处于低级层次，所谓气质之性，君子有弗性者，即指仅仅停留在气质阶段是不可能成为君子而言。但张载并不认为人的气质之性是完全坏的，而只是认为它尚处于"善恶混"的状态，并且认为一些人的正常生理欲望是不可能消灭的："饮食男女皆性也，是乌可灭？"②二程则不同。他们所讲的"人欲"，只有恶的成分，是人之所以为不善的原因所在：

> 甚矣，欲之害人也。人之为不善，欲诱之也。诱之而弗知，则至于天理灭而不知反。故目则欲色，耳则欲声，以至鼻则欲香，口则欲味，体则欲安，此皆有以使之也。③

色、香、声、味等等，对人类来说，乃维持生存的必备物质条件，原无善恶可言，二程将它们一概斥为"私欲"，而与他们认为"无往而

①《二程集》，第1180页。

②《正蒙·乾称篇》。

③《河南程氏遗书》，卷二十五，《二程集》，第319页。

不善”的“天理”相对，从这里出发建立了以善恶为两极、理欲之辨为中心的性学新论。二程其他有关的伦理方面的主张，基本上便是从这一理论推导出来。如封建社会后期长期套在中国妇女头上最大最残酷的枷锁“寡妇不许再嫁”的律条，最先便是程颐提出来的。《河南程氏遗书》卷二十二下记录了程颐关于孀妇于理不可娶的主张之后，接着又载一段答问：

又问：“或有孤孀贫穷无托者，可再嫁否？”

曰：“只是后世怕寒饿死，故有是说。然饿死事极小，失节事极大。”①

寡妇改嫁，本是十分合理而又自然之事。因为衣食无着而改嫁，更是无可非议，饮食男女皆性也，是乌可灭！但程颐却认为，为了维护“天理”这一最高原则，只要是人欲，都要加以消灭，两者决不能和平共处，所有的只是不可调和的矛盾和斗争：

不是天理，便是私欲，人虽有意于为善，亦是非礼。

无人欲即皆天理。②

怎样才能做到无人欲而皆天理呢？二程认为唯一的办法便是消灭前者、保存后者。《伊川易传》卷三《损卦传》提出：

先王制其本者，天理也；后人流于末者，人欲也。《损》之

---

①《二程集》，第 301 页。

②《河南程氏遗书》，卷十五，《二程集》，第 144 页。

义，损人欲以复天理而已。

《河南程氏遗书》卷二十四则借解释《中庸》义指出：

人心，私欲，故危殆；道心，天理，故精微。灭私欲则天理明矣。

灭人欲、复天理的口号，自二程提出之后，再经朱熹之宣扬，遂成后来宋学对后世影响最大的性学主张。朱熹谈到程颐对儒家传统文化的贡献时曾充分肯定了以“天理”取代“天地之性”之举在儒学发展史上的作用：

“性即理也”一语，直自孔子后惟是伊川说得尽，这一句便是千万世说“性”之根基。①

这一揄扬，实际上把程颐置于性善论的创始者孟子之上了。千万世云云，亦失之于夸张。这些且不论它。从宋学发展的角度来看，程氏理欲之辨，的确在南渡前后的两宋性理之学中起了承前启后的作用。正如本章开头已经指出过的，程颐之前，王安石、张载诸人多言“性”，程颐之后，始转为以“理”的探讨为主。到南宋张、朱之时，“性学”遂被“理学”所代替，“存天理、灭人欲”，成了理学家尤其是程朱学派的金科玉律。从这种意义上说，所谓性理之学，在南宋可以简作“理学”，在北宋，则可简称“性学”。程颐的“性即理也”，则是“性学”通向“理学”的桥梁。

---

①《朱子语类》，卷九十三。

从形式上看，由言“性”到言“理”，使儒家性论从旧概念中解脱出来，代之以更加抽象的名词术语。作为北宋性理之学的开山，王安石倡性情一元之论，力斥汉唐以来居于主导地位的性善情恶论，诚然具有积极的批判精神。但他使用的是改铸孔孟之言以为己说的委曲之法。这在性理之学草创之初，自不失为一个避免惊世骇俗的好主意。就一种新学说的建立言，沿用旧名词则不利于新思想的充分表达和开展。张载的性二元论，开始挖掘了“天地之性”、“气质之性”这一对前人所未曾用过的新名词，但仍不离两个“性”字。二程的理欲之辨，以“天理”取代“天地之性”（或传统所谓性），以“人欲”取代“气质之性”（或传统所谓情），彻底抛掉了“性”、“情”等等传统性学的陈旧概念，从而使宋学更加趋于抽象的思辨而富于人伦的色彩。

从内容上看，二程的理欲之辨似乎很像张载的性二元论，其“复天理”之说，亦颇类于张氏的“反本”。但张载的“善反之则天地之性存焉”乃以“变化气质”①，即通过气质内部美恶的自我调整过渡到性善这样一种比较温和的方式来进行。二程这种以“灭人欲”为前提的“存天理”，其于善、恶两端之绝对化的程度，实质上就是他们早期所坚持过的性善情恶论的翻版。“原其所自，未有不善”之“天理”，即无不善之“性”；“与禽兽无异”之“人欲”，即无不恶之“情”；所谓天理为嗜欲所昏，即性为情所蔽等等。从这种意义上说，北宋性论，从“性善情恶”到“性情一也”到“性二元”再到“存天理，灭人欲”，经过了一个由离到合的圆圈，重新回到性情二元论上来。黑格尔在《哲学史讲演录》中曾经描绘了人类认识水平按螺旋式发展的过程：

---

①《经学理窟·气质》，《张载集》，第265页。

> 我认为:历史上的那些哲学系统的次序,与理念里的那些概念规定的逻辑推演的次序是相同的。我认为,如果我们能够对哲学史里面出现的各个系统的基本概念,完全剥掉它们的外在形态和特殊应用,我们就可以得到理念自身发展的各个不同的阶段的逻辑概念了。①

这段话告诉我们,人类思想发展就其实质而言,常常会出现阶段式的重复。即一个以全新的形态出现的概念,常常在内容上是旧概念的复归。但这种复归已不再是简单的重复,它往往标志着人类的认识水平在螺旋式上升的过程中借助新形式得到了提高。换言之,概念形式的革命,既使某些适用旧名词无法说清的问题得到了合理的解释,也使旧思想中某些适于继续生存的东西在新形式下得到了存续和发展。就性论而言,孟子的"性善"之说明明有严重违背历史事实的地方,但他主张"人皆可以为尧舜",给每个企求走向圣贤之路的人发放了具有权威意味的通行证,这是统治阶级和被统治阶级无论哪一方都不愿意轻易放弃的东西。"性善情恶"论作为对孟子学说的补充,不仅保留了"性善"论中适应世人口味的积极因素,同时又避免了它所产生的导致人人平等这一为统治者所不乐于接受的副作用,在等级社会中,它的适于生存,自不待言。

据介绍,20 世纪西方流行的一种叫新托马斯主义的人性论,作为中世纪宗教禁欲主义伦理学在近代的复活,它的理论基础,也是所谓两重人性学说。新托马斯主义者把人分为"个体"与"个性"两部分,并把它们看作构成人的有机体的两个独立的实体,前

①《哲学史讲演录》,第一卷《导言》。

者属于物质世界，后者属于精神世界，而人性善与人性恶这两种对立的现象之所以产生，就是由于：

> 人被放在两个极端之中，一个是物质的极端，它实际上并不关涉到真正的个人，倒不如说关涉到个性的影子或在严格的意义上我们称作“个体性”这个东西；而另一个则是灵性的极端，它关涉到“真正的个性”。①

所谓物质的极端——个体，相当于二程的“人欲”，所谓灵性的极端——个性，则与“天理”相类。

主张禁欲的托马斯主义在中世纪欧洲的产生及其变种新托马斯主义在近代以新形式的复活，自然是西方资本主义兴起之初和近代西方世界物欲暴涨所造成的人的心理平衡失控的产物。北宋中期，商品经济得到了长足的发展，社会等级差别在新形势下得到了大幅度的调整和加剧，传统性论中这一适应统治阶级需要的学说趋于成熟并通过更精致的形式表现出来，也就不难理解了。

关于理欲之辨比性善情恶论之更富于思辨，由程颐本人治学的发展过程即可见其一端。比如颜乐问题，乃是二程从小开始一直思索着的问题。十几岁时从周敦颐那里听来的答案是“安贫乐道”。二十几岁时反映在程颐《颜子所好何学论》中的是“正其心，养其性而已”。居陋巷、劣饮食才能正心养性，生活在比较优裕的环境中就不可能通向性善之路了吗？有道可乐方能安贫，“有道”不也是一种欲望的表示吗？关于旧说的这些矛盾之处，二

①［美国］马利坦：《个人与公益》，转引自《二十世纪西方伦理学》，第450页。

程也已经意识到了。如程颐晚年，鲜于侁曾经问他：“颜子在陋巷，不改其乐，不知所乐者何事？”程颐随即反问：“寻常道颜子所乐者何？”侁曰：“不过是说颜子所乐者道。”程颐回答：“若说有道可乐，便不是颜子。”此事见朱熹《伊洛渊源录》卷四引《胡文定公集》，又见《河南程氏外书》卷七《胡氏本拾遗》。据胡安国记载，程氏这一回答使鲜于侁十分满意，至有“以此知伊川见处极高”之赞语。究竟程颐当时如何展开论证，惜鲜于氏语焉不详。据程门嫡传理学大师朱熹揣摩，伊川先生当时乃从理欲之辨出发，成功地解决了这悬之已久的难题。下列一段朱熹与学生的对话引自《周濂溪集》（正谊堂本）卷六所辑朱子语：

问：颜子之说，程子答鲜于侁之问，其意何也？

曰：程子盖曰颜子之心无少私欲，天理浑然，是以日用动静之间，从容自得而无适不乐，不待以道为可乐然后乐也。

把箪食瓢饮，回也不改其乐看成是孔子赞扬颜回的遏欲行为，比起其他说法来，确要切近一些。《孟子·尽心下》说：“养心莫善于寡欲。”二程以“性即理也”为纽带，把儒家传统性论加以重新组结，概括为理欲之辨。节欲之说，的确比原先的“养心正性”更进了一层。

第二节　君子、小人和义利之辨

“理学”作为 11 世纪儒学复兴的产物，在近世被弄得玄之又玄。通过上节粗略的介绍，可知所谓理、欲问题，本是性情之辨这一传统题目的延伸和再起，而所谓理学，实质上也就是性学，或者说性学的延续，并没有什么特别玄乎的内容。本节还将证明，宋学家关于心性义理的种种歧义和纷争，也不是故作高深的玄谈，而是他们的社会政治思想和价值意识的理论基础。

性善论和性恶论提出之初，本与孟子的仁政学说和荀子的法治主张密切相关。人皆有为善之心，乃推行仁政之群众基础；人皆有为恶之念，故为天下者必绳以法。此不待言而后明。事实上汉代董仲舒的性善情恶论与扬雄的性善恶混论，一方面固然可以理解为指导修身养性的学问，另一方面却又是董、扬两人观察世界、据以划分社会群体的伦理标准。如董仲舒论“王道”之“大本”，即由性善情恶论出发“别上下之争”，其言曰：

> 天令之谓命，命非圣人不行；质朴谓之性，性非教化不成；人欲谓之情，情非度制不节。是故王者上谨于承天意，以顺命也；下务明教化民，以成性也；正法度之宜，别上下之序，以防欲也。①

扬雄即由性善恶混论推导出“修其善则为善人，修其恶则为恶人”这社会群体之两极，②复以此为基础，将世人判为众人、贤人、圣人凡三等。即所谓三好、三检、三门。

> 天下有三好，众人好己从，贤人好己正，圣人好己师。天下有三检，众人用家检，贤人用国检，圣人用天下检。天下有

①《汉书·董仲舒传》，录《贤良对策三》。
②（西汉）扬雄：《法言·修身》。

三门，由于情欲，入自禽门；由于礼义，入自人门；由于独智，入自圣门。①

对后世发生过较大影响的韩愈“性三品”说，即参用董、扬两说而总其成。所谓三品、三门，原其初旨，不外性、情、理、欲之善、恶两极，其最为通行之称谓，则是宋学家在区分社会群体之理论中普遍使用的“君子”与“小人”。如王安石说：

道德性命，其宗一也。道有君子小人，德有吉有凶，则命有逆有顺，性有善有恶，固其理也。②

根据王安石的观点，“道有君子小人”，根源即在“性有善有恶”。这段话，既可以理解为“性情一元”论的理论依据，又可以理解为王安石性命之理在社会政治思想中的运用。

一个最富对照意义的例子是，政治观点与王安石截然相反的司马光，以性之善恶分君子、小人的思想方法，居然与前者全同。在上节揭示过的《善恶混辨》一文中，司马光曾从“夫性者，人之所受于天以生者也，善与恶必兼有之”的前提出发，将社会群体划分为圣人、中人、愚人三个部分，圣人善胜于恶，愚人恶胜于善，中人则善恶相兼。这一思想贯彻到《资治通鉴》一书的编撰之中，便形成了如下理论：

臣光曰：智伯之亡也，才胜德也……是故才德全尽谓之

①（西汉）扬雄：《法言·修身》。

②《王文公文集》，卷七，《答王深甫书（二）》。

> "圣人",才德兼亡谓之"愚人";德胜才谓之"君子",才胜德谓之"小人"。凡取人之术,苟不得圣人、君子而与之,与其得小人,不若得愚人。何则?君子挟才以为善,小人挟才以为恶。挟才以为善者,善无不至矣;挟才以为恶者,恶亦无不至矣。愚者虽欲为不善,智不能周,力不能胜,譬如乳狗搏人,人得而制之。小人智足以遂其奸,勇足以决其暴,是虎而翼者也,其为害岂不多哉!①

《资治通鉴》记事从三家分晋开始,以治乱为主线而贯串战国至五代的全部历史。这段议论通过分析智伯灭亡原因所体现的司马光的历史观,便是贯通全书的基本观点之一。所谓德,也就是善,圣人、愚人之外又有君子、小人之分,这四大类之区别,所依据的即是伦理道德的标准。此由下文论"与其得小人,不若得愚人",以善、恶作为取舍的原则即可得知。不过在现实生活中,作为儒家完美道德的化身,圣人是不多见的,愚人倒是大量存在,但在政治斗争只是作为一种"乳狗搏人"式的陪衬。因此,归根结蒂,决定社会发展方向的,还是君子与小人这两种力量的消长。恩格斯在谈到历史发展的动力以及行动者的动机时指出:

> 旧唯物主义从来没有给自己提出过这样的问题。因此,它的历史观——如果它有某种历史观的话——本质上也是实用主义的,它按照行动的动机来判断一切,把历史人物分为君子和小人,并且照例认为君子是受骗者,而小人是得胜者。②

---

①《资治通鉴》,卷一,第15页。

②[德]恩格斯:《路德维希·费尔巴哈和德国古典哲学的终结》,《马克思恩格斯选集》,第四卷,第244页。

不过宋学家的君子、小人之辨，不只是用以解释历史，更重要的还在于指导现实。如熙宁二年程颢上《论王霸札子》，用以区分现实生活中社会群体的原则，也是所谓圣人（圣贤）、愚人（庸人）和小人、君子的四分法。其言曰：

> 盖小人之事，君子所不能同，岂圣贤之事而庸人可参之哉！欲为圣贤之事而使庸人参之，则其命乱矣；既任君子之谋，而又入小人之议，则聪明不专而志意惑矣。今将救千古深锢之弊，为生民长久之计，非夫极听览之明，尽正邪之辨，致一而不二，其能胜之乎？①

只不过程颢认为庸人与小人一样，并属性邪之列而不可以乱正人，并据此攻击王安石变法尽用小人而使“善类”憔悴：

> 自古治乱相承，亦常事。君子多而小人少，则治；小人多而君子少，则乱。然在古，亦须朝廷之中君子小人杂进，不似今日剪裁得直是齐整，不惟不得进用，更直憔悴善类。②

这里上文用“君子”，下文用“善类”，两词同义而可以互易，其由性命之理推之于社会群体划分理论之迹甚明。下面再举二程的前辈朋友邵雍、同辈对头苏轼的有关议论，以证从性善恶论出发区分小人、君子，乃宋学各家之所同。邵雍在性学方面，与二程早期相同，持性善情恶论，其诗《性情吟》曰：

---

①《河南程氏文集》，卷一，《二程集》，第450页。

②《河南程氏遗书》，卷二上，《二程集》，第51页。

君子任性，小人任情。任性则近，任情则远。①

以“性”归君子，以“情”属小人，即性善、情恶之意。此由下引《君子吟》之一可知。

君子乐善，小人乐恶。乐恶恶至，乐善善归。②

苏轼在性论方面与司马光同持善恶混之说，《苏氏易传》卷一《乾卦》曰：

古之君子患性之难见也，故以可见者言性。夫以可见者言性，皆性之似也。君子日修其善，以消其不善，不善者日消，有不可得而消者焉。小人日修其不善，以消其善，善者日消，亦有不可得而消者焉。夫不可得而消者，尧、舜不能加焉，桀、纣不能亡焉，是岂非性也哉！

这里论君子、小人之别，举例时却提到了尧、舜二圣人。可知细分起来，虽有圣人、君子、小人、愚人四种，大而言之，却不外君子、小人两大类。前引王安石“性有善有恶”、“道有君子小人”云云，最为简括而直捷。

有趣的是，在上述诸家中，王安石与司马光因熙宁变法相对，势不两立；苏轼与程颐缘洛、蜀之争而在元祐年间形同水火，从性善恶出发区分君子与小人的理论主张却一般无二。南宋吕中在

①《伊川击壤集》，卷十八。
②《伊川击壤集》，卷十六。

《大事记讲义》卷二十论元祐党争时指出：

> 自古朋党多矣，未有若元祐之党〔为〕难辨也，盖以小人而攻君子，此其〔党〕易辨也。以君子而攻小人，此其党亦易辨也。惟以君子而攻君子，则识之也难。①

照这一说法，元祐时期以苏轼为代表的蜀党，以程颐为代表的洛党，以刘挚为代表的朔党，互相之间的纠纷便只是君子内部的斗争，而熙宁时期司马光等人反对王安石变法，则是君子与小人之争了。事实上，无论是被吕中称为君子的一方，还是小人的一方，抑或是都称为君子的双方，在互相攻击时，都称对方是小人，而以君子自居。如范纯仁弹劾王安石，罪名便是“任用小人，专兴财利”②，王安石亲自修改定稿的范镇贬词，即以“朋比阿谀，力引小人”③为辞。元祐二年，左谏议大夫、蜀党孔文仲上书斥“崇政殿说书程颐，人物纤污，天资怜巧，贪騃请求，元无乡曲之行”④，“至市井目为五鬼之魁”⑤，是个十足的小人。文仲之奏又劾程颐曰：“上德无有嗜好，而常启以无近酒色；上意未有信向，而常开以勿用小人。”⑥程颐在哲宗面前攻击的小人，自然是蜀党苏、孔之徒。其所谓同我者君子，逆我者小人，不是东风压倒西风，就是西风压

---

①“为”、“党”两字据《长编》，卷四百七十一，哲宗元祐七年三月丁亥记事及《宋史全文》，卷十三补。

②《范忠宣集》，附《奏议》卷上，《论新法乞责降第二状》（熙宁二年七月）。

③《长编》，卷二百十六，熙宁三年十月记事。

④《河南程氏外书》，卷十二附录，《二程集》，第445页。

⑤（南宋）朱熹：《伊川先生年谱》，据（南宋）李心传《道命录》考证，此句为张商英奏疏中语。

⑥《河南程氏外书》，卷十二附录，《二程集》，第445页。

倒东风。

为什么会产生这种情况呢？这只要我们了解到宋学家虽性论种种各异，但无论是性善情恶论，性情一元论，性二元论，还是存天理、灭人欲之论，以善、恶为两极则是各家之所同。“盖善者，恶之对也，有善则必有其恶。”①从这种理论出发来看社会，君子、小人之辨自然也就成了宋学家用以指导政治斗争的共同武器了。

既然如此，君子、小人不就成了一对可以随意认定的群体范畴了吗？事实上，当事人虽自认“君子”而以“小人”斥人，但作为第三者，还是有一定的道德标准加以判定的。标准之一便是所谓义与利这一对儒家传统文化中的价值观念。前引吕中之所以断言元祐党争是君子之争，而有别于前之小人、君子之争，根据的便是这一标准。不过早在神宗初年，这一观点便已经被提出来了。如刘挚在熙宁四年六月所上的《论用人书》中便说过这样的话：

> 臣窃以为为治之道，惟知人为难。盖善恶者，君子、小人之分，其实义、利而已。然君子为善，非有心于善，而惟义所在；小人为恶，颇能依真以售其伪而欲与善者淆。故善与恶虽为君子、小人之辨，而常至于不明，世之人徒见其须臾而不能覆其久也。故君子常难进，而小人常可以得志，此不可不察也。②

刘挚承认性之善、恶乃君子、小人所由分，但他又认为善、恶本是

---

①（北宋）王安石：《老子注》，转引自（元代）刘惟永：《道德真经集义》卷七，第16页。

②《长编》，卷二百二十四，熙宁四年六月记事；《忠肃集》，卷三，《论用人书》。

两个笼统而容易导致真伪混淆的概念，必须另外制定一个具体而又易于辨识的标准，这个标准便是“义、利而已”。

刘挚这段奏疏，乃缘王安石的助役等新法而发。他认为，变法派之所以是小人，“非必皆其才之罪，特其心之所向者，不在乎义而已。欲赏之志，每在事先；急公之心，每在私后”①。在义与利的交战中，君子、小人势必明显地表现出来：

> 畏义者以并进为可耻，嗜利者以守道为无能。二势如此，事无归趋。②

“并进”为恶，“守道”为善。盖善、恶，君子、小人之所由分，而表现于行动的动机，则是义和利。换句话说，君子、小人作为社会群体的划分，义、利作为这一划分的标准而体现为社会成员的价值观念，在性善恶这一理论基础之上，被统一起来了。

关于这个问题，司马光和程颐等人都曾经作过理论上的说明。司马光《集注太玄经》卷一解“神战于玄，其陈阴阳，测曰神战于玄，善恶并也”一条说：

> 神者，心之用也。人以心腹为玄，阴主恶，阳主善，二在思虑之中，而当夜其心不能纯正，见利则欲为恶，顾义则欲为善。狐疑犹豫，未知适从。

①《长编》，卷二百二十四，熙宁四年六月记事；《忠肃集》，卷三，《论用人书》。

②同上。

夜深人静之时，义与利之交战在每个人的心中激烈地进行，这是司马光对性善恶混说的形象说明。“见利则欲为恶，顾义则欲为善”，这种一一对应的关系，与前引刘挚之说正同。

程颐这方面的言论可以他对邢恕的批评为例。邢恕本在二程早期的门人中居上席，后来做谏官时却跟在朝廷大臣后面打击程颐。有弟子批评邢恕前后不一，“想都无知识”，程颐说：

> 谓之全无知则不可，只是义理不能胜利欲之心，便至如此也。①

此处以“义”和“理”、“利”和“欲”分别组成同义复词而两两相对，其意更为显明。程氏又曰：

> 阴为小人，利为不善，不可一概论。夫阴助阳以成物者君子也，其害阳者小人也。夫利和义者善也，其害义者不善也。②

阴、阳，善、恶（不善），义、利，君子，小人，在这里统统被串连起来了。

把义、利作为君子、小人之辨的判定标准，孔子就已经提出过了。《论语·里仁》：“子曰：君子喻于义，小人喻于利。”这是儒家传统文化把“义”、“利”作为一双对立的价值观念提出之始。首先把“义”、“利”同性之“善”、“恶”联系起来的是孟子。《孟子·

①《河南程氏遗书》，卷十九，《二程集》，第261页。
②同上，第249页。

告子上》曰：

乃若其情，则可以为善矣，乃所谓善也。若夫为不善，非才之罪也。恻隐之心，人皆有之；羞恶之心，人皆有之；恭敬之心，人皆有之；是非之心，人皆有之。恻隐之心，仁也；羞恶之心，义也；恭敬之心，礼也；是非之心，智也。仁、义、礼、智，非由外铄我也，我固有之也，弗思耳矣。

由这段论述可知孟子所谓性善，即以仁、义、礼、智等为具体内容。这一说法后来即成为儒门性理之学的经典依据。而孟子所谓仁义，又与"利"相对立。《孟子·梁慧王上》曰：

孟子见梁慧王，王曰："叟，不远千里而来，亦将有以利吾国乎?"孟子对曰："王何必曰利? 亦有仁义而已矣! 王曰何以利吾国，大夫曰何以利吾家，士庶人曰何以利吾身。上下交征利，而国危矣。万乘之国，弑其君者，必千乘之家；千乘之国，弑其君者，必百乘之家。万取千焉，千取百焉，不为不多矣。苟为后义而先利，不夺不餍。未有仁而遗其亲者也，未有义而后其君者也。"

弑君危国、不夺不餍，既是曰利的后果，也是性恶的表现。而"仁义而已，何必曰利"两句后来即成司马光等反对王安石变法的主要理论武器。下面所引是熙宁三年司马光写给王安石信中的一段：

光昔从介甫游，(介甫)于诸书无不观，而特好孟子与老子之言,今得君得位而行其道,是宜先其所美,必不先其所不美也。孟子曰:"仁义而已矣,何必曰利!"①

关于王安石之特好《孟子》,前章述之已备。司马光尝撰《疑孟》一书,独不疑仁义之说,就是因为它符合宣扬义利之辨的政治需要。但孟子所谓何必曰利,乃指国君之利,指一国财赋之利,即所谓利吾国,推而广之则是利吾家、利吾身,并是一己之利。正如孟子并不反对一切人的欲望,而只是反对不可欲之欲,以"可欲之为善"的态度对待人类的合理要求一样,②他所认为不必讲求的"利",只是私利,只是聚敛,而非一切之利。恰恰相反,孔、孟之徒反对统治阶级的"上下交征利",正是有感于"庖有肥肉"而"野有饿莩",因而在鞭挞"率兽而食人"③者的同时,主张"因民之所利而利之"④。

司马光则不然,他所提倡的义利之辨,包括一切富国强民的经济利益和措施在内。试看他在《与王介甫书》中说的另一段话:

更立制置三司条例司,聚文章之士及晓财制之人,使之讲利。孔子曰:"君子喻于义,小人喻于利。"樊须请学稼,孔子犹鄙之,以为不如礼义信,况讲商贾之末利乎!

孔子鄙薄学生学习农耕技术之事,见《论语·子路》:"樊迟请学

①《温国文正司马公文集》,卷六十,《与王介甫书》。
②详(南宋)彭耜:《道德真经集注》,卷一,引王安石《老子注》"世之言欲者有二焉"条。
③《孟子·滕文公下》。
④《论语·尧曰》。

稼。子曰:‘吾不如老农。’”请学为稼,属于利国利民、解决吃饭问题的头等大事,与孟子所谓仁义而已,何必曰利,根本不是一回事,司马光却把它同“礼义信”对立起来,并斥为不必讲求之“利”。这种思想到了二程及其门人手中,更进一步发展为一切言利之事皆在反对之列的地步。如谢良佐论君子儒与小人儒之别曰:

> 君子、小人之分,义与利之间而已。然所谓利者,岂必殖货财之谓?以私灭公,适己自便,凡可以害天理者皆利也。①

此言义、利之辨,以“利”兼涵物质利益(殖货财者)与精神利益(害天理者),实又通向天理、人欲之辨,比前引诸家以君子、小人之分源于性之善恶又更进了一步。而谢氏此论,盖本其师说。程颐曰:

> 所谓利者,一而已,“财利”之“利”与“利害”之“利”,实无二义,以其可利,故谓之“利”。②

又曰:

> 不独财利之利,凡有利心,便不可。如作一事,须寻自家稳便处,皆利心也。③

---

①(南宋)朱熹:《四书集注·论语·雍也》,“女为君子儒,无为小人儒”注引。
②《河南程氏外书》,卷七,《胡氏本拾遗》。
③《河南程氏遗书》,卷十六,《二程集》,第173页。

所谓财利，仅从物质上讲，"利害"，"利心"，即所谓害天理者，纯指精神、道德、政治方面的得失，包括尚停留在意识深处的利己念头。所以程颐又说：

> 义与利，只是个公与私也。才出义，便以利言也。只那计较，便是为有利害；若无利害，何用计较？[①]

所谓利害之计较，也便是前引司马光注《太玄》时所说的善恶、义利二战于心中，"狐疑犹豫，未知适从"。程颢说得更绝："大凡出义则入利，出利则入义。天下之事，惟义利而已。"[②]到此为止，义利之辨也就与二程的"存天理、灭人欲"之说统一起来，成为宋学洛派及其同盟者判断是非的社会价值观。

马克思主义指出，人的立场、观点，包括价值观念，都是由他所处的经济地位决定的。宋人这种以君子小人划分群体，从善恶、义利、理欲之辨出发来判别君子小人的思想方法，有其深刻的经济根源。事实上，义利之辨的缘起，即因王安石变法触及某些人的利益，"治道之兴，邪人不利，一兴异论，群聋和之，意不在于法也"[③]，王安石在《答曾公立书》中所批评的专兴异论、意不在法的邪人，指的自然是司马光、二程以及与他们观点相同的人。在这批人中，邵雍以洛阳布衣自崇，要算是最超脱的了，其论义利之分曰：

> 君子喻于义，贤人也；小人喻于利而已。义利兼高者，唯

①《河南程氏遗书》，卷十七，《二程集》，第176页。
②《河南程氏遗书》，卷十一，《二程集》，第124页。
③《王文公文集》，卷八，《答曾公立书》。

圣人能之。①

这里把社会群体分为圣人、贤人（即君子）、小人三类，按照对义利的态度讲，喻于义的君子，尚不如义利两忘的圣人，大抵前者用以许司马光等人，后者用以自指。难道他们真的一点利也不讲吗？事实并非如此。试看邵诗《无酒吟》：

自从新法行，尝苦樽无酒。每有宾朋至，尽日闲相守。心欲丐于人，交见自无有。心欲典衣买，焉能得长久。②

邵雍一生不仕，在洛阳生活在旧派官僚文彦博、富弼、王拱辰、司马光等人的社交圈子里，依靠他们提供天津桥边的豪华住宅和优厚物质待遇，新法的推行使这批人的利益受到了限制，"交见自无有"，自然要弄得他经常连酒也喝不到了。北宋后期围绕着王安石变法的党派之争，有其政治、社会、文化（如派别意识）等多方面的原因，个人经济利益的得失是一个重要的方面，邵雍这首诗歌形象而又真实地反映了这一点。

再看这个圈子之外的蜀党，如苏辙曾经攻击新法说：

王介甫，小丈夫也。不忍贫民而深疾富民，志欲破富民以惠贫民，不知其不可也。方其未得志也，为《兼并》之诗……及其得志，专以此为事，设青苗法以夺富民之利。民无贫富，两税之外，皆重出息十二。吏缘为奸，至倍息，公私

①《皇极经世书·现物内篇》。
②《伊川击壤集》，卷七。

皆病矣！①

原来这批以君子自居的“俗儒”（王安石《兼并》诗，“俗儒不知变，兼并可无摧”）口中虽然“仁义”、“道德”刺刺不休，实际上许多人从某种程度上说却是因为新法所制定的一系列抑兼并政策，如“设青苗法以夺富民之利”等等，触犯了他们的自身利益，故转弯抹角地抬出先儒来加以抵制和反对。

在商品经济得到长足发展，社会生产力不断提高的刺激下，知识分子从政或不在位而论天下事的时候，自觉或不自觉地考虑到个人的经济地位和利益，本属难免，“口不言利”实际上是做不到的。问题是对“利”要有一个正确的理解和分析。这里首先牵涉到对《孟子》“仁义而已，何必曰利”二语的解释。司马光在写给王安石的另一封信里曾经断言自己的理解是完全正确的。他说：

光虽未甚晓《孟子》，至于义利之说，殊为明白。介甫或更有佗解，亦恐似用心太过也。②

从这段话看，司马光也料到王安石必有另外的解说，但他又断言，王安石的解释必定是错误的。然而王安石只给司马光回过一封信，并且信中根本不予置辨。不过我们从王安石写给曾公立的信中，仍然可以了解到他这方面的意见。王安石指出：

①《栾城第三集》，卷八，《诗病五事》。

②《司马温国文正集》，卷十，《与王介甫第二书》。

> 孟子所言利者，为利吾国，如曲防遏籴，利吾身耳。至狗彘食人食则检之，野有饿莩则发之，是所谓政事。所以理财，理对乃所谓义也。一部《周礼》，理财居其半，周公岂为利哉？奸人者因名实之近，而欲乱之，眩惑上下，其如民心之愿何？始以为不请，而请者不可遏；终以为不纳，而纳者不可却。盖因民之所利而利之，不得不然也。①

正像王安石论“欲”的时候，把“欲”分为“可欲”和“不可欲”两类，并引孟子“可欲之谓善”为证一样，②在这里他又把“利”析为层次、不同的三种：一、“利吾国”，“国”指诸侯封国，相当于今天讲的小集团利益；二、“利吾身”，指利禄等方面的个人利益；三、“民之所利”，近似于今天讲的人民利益，老百姓的利益。王安石指出，孟子所反对讲求的“利”，乃是前二种而非第三种。至于老百姓的“利”，儒家学说的创始人不仅不反对，而且要加以提倡和保护。而新法，如青苗钱等等，不仅与孟子的学说不矛盾，而且正符合自周公、孔子以来“因民之所利而利之”的理财之大义。王安石关于孟子所言利的分析，无疑是正确的。这一分析，与他在性论问题上由初期推崇性善之说而改为性情一元论，提倡对性、情作具体分析的精神正相一致。《性情》之论曰：

> 盖君子养性之善，故情亦善；小人养性之恶，故情亦恶。

---

①《王文公文集》，卷八，《答曾公立书》。

②（北宋）王安石：《老子·不尚贤章第三》，“不见可欲，使民心不乱”。注：“世之言欲若有二焉，有可欲之欲，有不可欲之欲。若孟子谓‘可欲之谓善’。若目之于色，耳之于声，鼻之于臭，是不可欲之欲也。”（见南宋彭耜：《道德真经集注》卷一转引）

故君子之所以为君子，莫非情也；小人之所以为小人，莫非情也。彼论之失者，以其求性于君子，求情于小人耳。①

如前所述，程颐等人倡义善、利恶之说以为君子小人之辨，实导源于性善情恶之论以及后来的变相形式理欲之辨。王安石由性情统一的观点出发，力斥"求性于君子，求情于小人"之失，可谓抓住了性善情恶之谬的要害所在。在王安石看来，性同情一样，指的是人的喜、怒、哀、乐、好、恶、欲，其本身无所谓善恶，所谓善恶，乃就其在社会实践活动中的表现即"情之发于外者为外物之所累而遂入于恶也"②而言。"利"也是这样，本身无所谓善恶，"利吾国"、"利吾身"或许可以视为恶，但因民之利而利之，则显然是一种善了。

关于"利"的这一特点，张载也曾经指出过。他说：

利，利于民则可谓利，利于身利于国皆非利也。利之言利，犹言善之为美，利诚难言，不可一概而言。③

这里所采用的"利于民"、"利于身"、'利于国"的三分法，与王安石之说正同。张载在提出性二元论之前，也是所谓性善情恶论的反对者，以《周礼》致治的想法，与王安石亦颇多近似之处。关于"利"的这一看法，大抵是张载对王安石变法的态度，与二程，司马光等人有所不同的原因。至于王安石的同乡忘年之交李觏，在这

---

①《王文公文集》，卷二十七，《性情》。
②《王文公文集》，卷二十七，《性情》。
③《张子语录》（中），《张载集》，第 323 页。

方面的观点,更是相近:

> 利可言乎?曰:人非利不生,曷为不可言?欲可言乎?曰:欲者人之情,曷为不可言?言而不以礼,是贪与淫,罪矣。不贪不淫,而曰不可言,无乃贼人之生,反人之情?世俗之不喜儒,以此。孟子谓何必曰利,激也。焉有仁义而不利者乎?①

贪,即利之恶者;不贪而曰利,不仅是人生之所必需,而且是利之善者。这样来提出问题,实际上已认为"利"与"义"一样,占有合法的地位。

根据王安石的观点,他所谋求的"利",即是这种为人生之所必需的利之善者。从这一点出发,他对儒家"利者义之和"的传统说法,作了重新解释:

> 利者,义之和。义固所为利也。

此语见《长编》卷二百十九,熙宁四年正月壬辰条所载王安石与另一位宰相曾公亮争议关于推广青苗法的对话。"利者,义之和也"二句出《易·文言》,传统的解释是以义为"利之本",如《吕氏春秋·元义》篇"故义者,百事之始也,万利之本也"即注引《易》传此句为释。程颐《易传》卷一注此句曰:"利者,和合于义也。"以"义"为"利之本",以"利"须"合于义",其贵义而贱利之意,一望便知。王安石的"义固所为利也",刚好把程颐关于"义"、"利"关

---

①《李觏集》,卷二十九,《原文》。

系的表述倒了个个儿。其前提当然是以“民之所利”而为利。因此当曾公亮以“亦有利于公家不利百姓者,不可谓之义”等语反驳的时候,王安石随即斩钉截铁地回答:“若然,亦非人主所谓利也。”《长编》在结束这场争论之后记载道:“于是卒从安石议。”王安石关于义利之辨的正确意见,在当时终于得到贯彻执行,“利”的名誉也因之得到恢复,取得了与“义”并起并坐的权利。

到熙宁八年五月,当左相韩绛旧调重弹,责备新法执行者提举市易务吕嘉问“小人喻于利,不可用”的时候,王安石便理直气壮地反驳道:

> 市易务若不喻于利,如何勾当?且今不喻于义,又不喻于利,然尚居住自如,况喻于利如何可废?①

为民谋利,为国理财,本是财政官员的职责所在。与以政治教化为主的其他行政官员,只是分工的不同,缘何贱此而贵彼?在这里,王安石把“喻于义”、“喻于利”并列为官场的不同岗位,并且指出,以“君子喻于义,小人喻于利”为借口攻击理财者,其实正是那些贪图禄利而尸位素食,什么也干不好的庸人。这些人表面上说得冠冕堂皇,做出一副重义轻利的样子,骨子里却是最讲究私利的真正的小人。

然则王安石既不同意简单地以义、利为君子、小人之辨的观点,而君子与小人的分别,又是王安石也承认并加以使用的理论,那么他用以区分的标准又是什么呢?关于这个问题,王安石曾经作过明确的回答:

---

①《长编》,卷二百六十四,熙宁八年五月乙亥条。

君子、小人情状亦易考。但诞谩无义理，前言不复于后，后言不掩于前，即是小人；忠信有义理，言可复，即是君子。若果是君子，即须同心。①

这段话乃是熙宁五年九月王安石与文彦博在神宗面前辩论朋党之事时说的。差不多的意思，同年十月王安石奏事时又同神宗议论了一番。所谓前言不复于后，后言不掩于前，即指某些反对派明明计较个人得失，却偏要振振有词地用义利之辨来装饰自己、打击他人，在王安石看来，这种“诞谩无义理”的行径，才是“小人”的主要特征。

义利之辨，自北宋后期开始成为体现宋学社会价值观的热门问题，南渡之后，经洛学传人朱熹的进一步提倡，遂与理欲之辨一起，取代性善恶之说而成为区分君子、小人的主要标准。朱熹论学曰：“学者须是革尽人欲，复尽天理，方始是学。”②又曰：“义利之说，乃儒者第一义。”③自此之后，二程、司马光等人的贵义贱利之说，遂成宋学之主要价值取向。但在当时，王安石的利分三揆、民之所利与义并重的价值观，曾长时间居于统治地位，兹述之如上。

第三节　上智、下愚和真、善、美之辨

性理之说作为宋学的核心理论，反映到认知范围里面，则有

①《长编》，卷二百三十八，熙宁五年九月记事。

②《朱子语类》，卷十三。

③（南宋）朱熹：《晦庵集》，卷二十四，《与延平李先生书》。

上智、下愚能否改变和真、善、美的价值序列问题。在社会价值观方面，前节侧重介绍了宋学诸派歧异的地方。在认识价值观上，各派也存在着一些差别，但主要表现却在相同的一面。本节且论其同。

"唯上智与下愚不移"的命题，始见于《论语·阳货》。性虽孔子所罕言，然而他提出的上智、下愚之辨，却成为后世儒者特别是宋学家性说中的重要问题。人的聪明或者愚笨，属于智力方面的差异，与性之善恶本无一定的关系，但孟子性善论也好，荀子性恶论也好，均认为人性是由先天决定的。而孔子的"惟上智与下愚不移"，正好在命定这一点上与孟、荀的性说有着共同的联系：上智而不移者，性善也；下愚而不移者，性恶也。后世调和孟、荀的性二重论，性情二元论、性二元论，并从这里开始建立起他们的学说，即如主张"性情一也"的王安石，也曾经有过下面的议论：

> 孔子所谓"中人以上可以语上，中人以下不可以语上"，"惟上智与下愚不移"，何说也？曰：习于善而已矣，所谓上智者；习于恶而已矣，所谓下愚者；一习于善，一习于恶，所谓中人者。上智也，下愚也，中人也，其卒也命之而已矣。有人于此，未始为不善也，谓之上智可也；其卒也去而为不善，然后谓之中人可也。有人于此，未始为善也，谓之下愚可也；其卒也去而为善，然后谓之中人可也。惟其不移，然后谓之下愚，皆于其卒也命之，夫非生而不可移也。①

在这里，作者即以性之善、恶解释上智、下愚形成之原因及其区

①《王文公文集》，卷二十七，《性说》。

别。“中人以上可以语上,中人以下不可以语上”两句,见《论语·雍也》。所谓上,即“上智”,下即“下愚”。所谓上智与下愚不移,指的是人一生下来或智或愚就已经决定而不能改变呢,还是指从最后的结果看,因人的主观努力不够,致使其处于下愚的地位不能朝上智的方向改变?如前所述,后世一般都是从前一种考虑来理解孔子的这个命题。但从《论语》有关段落的文字表述看,孔子本人并没有下过明确的论断。王安石正从这里抓住了可以利用的空隙,引进孔子在别的地方使用过的“习”的概念:“孔子曰:‘性相近也,习相远也。’吾是以与孔子也。”①在弥合这一缝隙的基础上,王安石进一步附会圣人之说以为己意,提出了人的智愚、善恶,均就其最后表现而言,皆即“于其卒也命之”,并非生而不可移也的光辉命题。

根据这一论点,一个人即使开始是善的,但后来表现不好了,就不能算作“上智”。假若一开始有不善的行为,最后变好了,就不能认为是下愚。唯有那些主观不努力,即不愿意移的人,才可以叫作下愚。而所谓上智,也不是一生下来就是善的,只是“习于善而已矣”。总之,上智、下愚、性善、性恶,都不是一生下来就定下来了,全取决于后天的“习”。

王安石认为,前此孟、荀、扬、韩诸子,论性之所以未惬,其通病在于“犹未出乎以习而言性也”②。因此他一再引用孔子之言以强调自己的意见。“孔子曰:‘性相近也,习相远也。’吾之言如此。”③借先圣之言以塞众人之口,本是宋学家惯用的曲解继承的

①《王文公文集》,卷二十七,《性论》。
②《王文公文集》,卷二十七,《原性》。
③同上。

手段。以“习”论性，重视后天的社会实践对人类认知活动的决定作用，自然是王安石的一大创造。

实际上，王安石自己从早期的醉心于孟子的性本善之说转向以习言性，重视后天的努力，本身就是一种实践的结果。王安石小时候即认识家乡的一名神童方仲永，此人五岁即能“指物作诗立就，其文理皆有可观者”。邑人奇其才，经常邀请他父亲带着他去做客，纷纷进钱币给他。方父贪图赏赠，便天天拉着小仲永，让他在众人面前表演即席赋诗的技术，却没有让他入学。仲永约与安石同年。明道中，王安石随父还乡，在舅父家中见到他时，两人都还是十二三岁的孩子，发现仲永作诗，已“不能称前时之闻”①。又过了七年，王安石举进士任职淮南，从扬州回乡探亲，复至舅家，问起仲永，已“泯然众人矣”②，即变成了一个普通人。王安石叹惜之余，特地作了一首《伤仲永》，在本章末尾，发表了如下的感想：

> 仲永之通悟，受之天也。其受之天也，贤于材人远矣。卒之为众人，则其受于人者不至也。彼其受之天也，如此其贤也，不受之人，且为众人。③

从天分（“受之天”）讲，仲永可以算得上“上智”的了，但因为他不重视“习”（开始时是他家里没给他提供上学的条件），不重视后天对知识的获得和追求（“受之人”），卒而只能变成同普通人一

①《王文公文集》，卷三十三，《伤仲永》。
②同上。
③同上。

样。“有人于此，未始为不善也。谓之上智可也，其卒也去而为不善，然后谓之中人可也。”方仲永由神童而沦为众人，正属于这种情况。此一事实，有力地证明了王安石以“习”论性之说的正确性。换言之，正是这类生活中亲眼所见的实例的教育，使青年时代的王安石由孟子“性善”论的信徒，转变为尊重实际、独立思考，终于在“性”的问题上提出了前无古人的新学说。

正如王安石通过“性情一也”与“以习言性”两个相辅相成的方面构成了他的整个性论一样，张载也为他的性二元论设计了“变化气质”一说。《经学理窟》有论“气质”之专章，开宗明义便是：

> 变化气质。孟子曰：“居移气，养移体”，“况居天下之广居者乎！”居仁由义，自然心和而体正，更要约时，但拂去旧日所为，使动作皆中礼，则气质自然全好。

“移”也就是变的意思。故本篇论及通过学习改变气质，也作“气质恶者，学即能移”，并断言：“今人所以多为气所使而不得为贤者，盖为不知学。”所谓气质恶者，即下愚；贤者，即上智；为气所使，即安于所执，“学即能移”，也即通过学习使下愚变为中人或上智的意思。故张载又说：

> “上智下愚不移。”充其德性则为“上智”，安于见闻则为“下愚”。不移者，安于所执而不移也。①

①《张子语录》上，《张载集》，第307页。

“德性之知”和“见闻之知”是张载关于人的知识的分类，并是通过修养而获得的对象，说详后文。张载在这里认为，所谓上智下愚不移的根本原因，不在命定，而在于不知学，或不愿学，故曰“安于所执而不移也”。那么，假如斯人肯学，其结果又将如何呢？程颐的一段话正好可以作为这个问题的补充答案：

> 又问：“愚可变否？”曰：“可。孔子谓上智与下愚不移，然亦有可移之理，惟自暴自弃者则不移也。”曰：“下愚所以自暴弃者，才乎？”曰：“固是也，然却道佗不可移不得。性只一般，岂不可移？却被他自暴自弃，不肯去学，故移不得。使肯学时，亦有可移之理。”①

王安石的“皆于其卒也命之，夫非生而不可移也”是从“习”的结果指出人的智愚、善恶通过后天努力可以改变的事实，张载的“不移者，安于所执而不移也”，已从肯学（“学即能移”）与不肯学（“安于所执”）的差别上向王学松动了一步。程颐的“使肯学时，亦有可移之理”，则进一步指出了由“下愚”通向“上智”的可能性（“可移之理”）和普遍性（“性只一般，岂不可移”）。由前引王安石《性说》得知，王学所谓可移，不仅指“下愚”向“上智”的转变，也包括“上智”向“下愚”以及“中人”的迁移，是一种多层次的双向流动。张、程之说，则仅指由下而上的单向靠拢。尽管如此，通过洛学的沟通，宋学繁荣期三个主要流派，在以习言性这一问题上，基本上走向了统一。实际上，主张人性可以通过后天的努力加以改变，乃是南渡之前宋学家差不多一致的意见。如李觏也认为：

①《河南程氏遗书》，卷十八，《二程集》，第204页。

性不能自贤，必有习也；事不能自知，必有见也。习之是，而见之广，君子所以有成也。①

所谓见之广，已将书本之外的社会实践活动明确包括在内了。司马光在《善恶混辨》一文中引用了孔子"惟上智下愚不移"这句名言后也委婉地提出反驳说：

虽然，不学则善日消，而恶日滋，学焉则恶日消而善日滋。……必曰圣人无恶，则安用学矣；必曰愚人无善，则安用教矣。

这样说来，所谓生而知之的圣人，不是也要学的了？宋学家们正是这样认为的。

程颐指出，世界上真正不待学而后知的只有生物的自然本能即"良能"。他说："万物皆有良能，如每常禽鸟中，做得窠子，极有巧妙处，是他良能，不待学也。"②人也是这样："人初生，只有吃乳一事不是学，其他皆是学。"③因此，当门人提道："生而知之要学否？"程颐马上回答："生而知之固不待学，然圣人必须学。"④这里把"生而知之"这个儒家传统文化授予创始人孔子的特权贬低到只是局限于婴儿吃乳一类固不待学的生物本能，而明确指出圣人至高无上的地位也是通过学习获得的，无疑是一种大胆的否定和决心自立说以当开山祖的宣言。张载说："二程从十四岁时便锐

①《李觏集》，卷三，《易论第四》。
②《河南程氏遗书》，第十九，《二程集》，第256页。
③同上书。
④同上书，第253页。

然欲学圣人。"①二程说：

> 人皆可以为圣人，而君子之学必至圣人而后已。不至于圣人而后已者，皆自弃也。②

类似的思想，也屡见于王安石、张载等人之笔端。正是这种争当圣人的雄心壮志，促成了宋学家对后天努力和创造性劳动的重视，促成了在中国文化史上独树一帜的宋学的诞生。

"人皆可以为尧舜"，本是孟子的观点。但孟子没有指出普通人通向圣贤之路的前提和条件，故容易引起误解和导致精神生活方面人人平等这一封建统治阶级所不乐意接受的结果。二程在总结、吸收张载、王安石等人研究成果的基础上，明确提出人之成为圣人必须以"学"为前提，从而使孟子的这一命题更加适应封建统治阶级的需要。洛学在后世逐渐兼并关学，取代王学，成为南宋后期的主导思想，这恐怕也是原因之一。

与性理之学有关的认知理论，还有通过真、善、美的序列表现出来的价值观取向。真、善、美，是古希腊哲学中的重要命题。类似的提法在我国先秦时代孔子、孟子都涉及过。如《论语·八佾》曰：

> 子谓《韶》："尽美矣，又尽善也。"谓《武》："尽美矣，未尽善也。"

这里评论的是音乐。善，指乐曲的内容；美，指乐曲的形式。重内

①《经学理窟·学大原上》，《张载集》，第280页。

②《河南程氏粹言》，卷一，《论学篇》。

容而轻形式，美、善并提而善在美前，大抵是此后儒家文化的基本价值取向。关于“真”的问题，《孟子·尽心下》有一段著名的论述：

> 浩生不害问曰：“乐正子何人也？”孟子曰：“善人也，信人也。”“何谓善？何谓信？”曰：“可欲之谓善，有诸己之谓信，充实之谓美，充实而有光辉之谓大，大而化之之谓圣，圣而不可知之之谓神。”

这段对话提到了人物评价的六项标准，其中与认知价值有关的主要是前三项：善、信、美。所谓信，是“实”的意思，也就是“真”①。为什么不说信（真）、善、美，而说善、信（真）、美呢？因为在孟子看来，“善”在三者之中是最基本的，因而也是最重要的。《孟子·告子下》关于乐正子的另一则评价可以参证。据记载，鲁国打算让乐正子执政，孟子听到这个消息，高兴得睡不着觉。门人公孙丑一连提了三个问题：“乐正子强乎？”“有知虑乎？”“多闻识乎？”回答都是否定的。那么为什么这样高兴呢？孟子解释道：“其为人也好善。”可知在孟子的心目中，“善”是第一要紧的。对于一个人来说，“善”也就是“德”，而“有知虑”、“多闻识”等等只是“才”，属于“有诸己之谓信，充实之谓美”的范畴。“善”与“信”比，“善”在“信”前；德与才比，德在才先。这本是先秦儒家关于人物评价的标准，宋学家接过之后，又进一步将它贯彻到认知的领域之中。如张载在《正蒙·大心》篇中说：

---

①《老子》，第八十一章：“信言不美，美言不信；善者不辨，辨者不善。”关于《老子》一书的年代，至今未有确论，但由所引这四句可证，至少在战国时代，“信”、“美”、“善”的提法已较常见，而“信”即“真”之义。

世人之心，止于闻见之狭。圣人尽性，不以见闻梏其心。……见闻之知，乃物交而知，非德性所知；德性所知，不萌于见闻。

这里将人类的知识归纳为“德性所知”、“见闻之知”两大类，前者属于圣人，即所谓善，后者属于世人，未必符合善的标准，但既是耳闻目见、交物而知，则符合诚实即信（真）的要求。正如张载把性区分为天地之性与气质之性一样，德性所知和见闻之知，也是两个层次高低不同的认知范畴，所体现的价值序列，即是善在前，信（真）在后。在《正蒙·中正》篇中，张载关于善、信（真）、美三者的排列顺序，连文字都与前引《孟子·尽心下》相同：

可欲之谓善，志仁则无恶也。诚善于心之谓信，充内形外之谓美，塞乎天地之谓大，大能成性之谓圣，天地同流、阴阳不测之谓神。

所谓志仁之“善”，当然是德性所知了，具体到文学作品来说，也便是思想性原则；诚善于心之“信”，即是见闻之知，表现为真实性原则；充内形外之“美”，便是形式服从于内容的艺术性原则了。宋学之所以由经世致用之学越来越朝着伦理化的方向发展，入宋之后本已蓬勃成长的自然科学后来之所以得不到充分的重视，宋代文艺理论之所以由周敦颐的“文所以载道”之说进一步滑向程颐的“作文害道”论，[①]均与宋学家这种善、信（真）、美的价值序列直

①分别见《通书·文辞》，第二十八章，《河南程氏遗书》，卷十八，《二程集》，第239页。

接有关。

伦理学以求善为主，科学以求真为主，文艺以求美为主，这本是人类精神生活多方面的需要所决定。张载一概以“善”为先。同样的精神还表现在宋学家关于这几门学科的排列顺序。以前章已经引用过的一段二程语录为例：

> 古之学者一，今之学者三，异端不与焉。一曰文章之学，二曰训诂之学，三曰儒者之学。欲趋道，舍儒者之学不可。①

撇开这三种学问所代表的时代不论，就学科本身讲，文章之学重在艺术，追求“美”的价值；训诂之学重在考信，追求“真”的价值；儒者之学重在传道，追求“善”的价值，所谓“明夫善治之道，以淑诸人，以传诸后”②。极而言之，在二程等人的心目中，只有儒学才算学问。文章之学和训诂之学，不过是“求于外”、“求于末”的俳优之技。③ 在另一处，程颐甚至将文章、训诂和异端相提并论，合称为“今之学者有三弊”④。

据邵伯温《易学辨惑》，程颐某年春天与张峋（子坚）同访邵雍，邵雍带他们一起去天门街看花。程颐以“平生未尝看花”为辞。邵雍作了如下解释后程颐才同意去：“庸何伤乎？物物皆有至理，吾侪看花，异于常人，自可以观造化之妙。”所谓至理，也便是善。《伊川击壤集》卷六载张峋之兄张峄（子望）随邵雍看花时所赋唱和诗一组。张诗《观洛城花呈先生》曰：

---

①《河南程氏遗书》，卷十八，《二程集》，第 187 页。

②《河南程氏文集》，卷十一，《明道先生墓表》。

③《河南程氏遗书》，卷二十五，《二程集》，第 319 页。

④《河南程氏遗书》，卷十八，《二程集》，第 187 页。

平生自是爱花人，到处寻芳不遇真。只道人间无正色，今朝初见洛阳春。

邵雍《和张子望洛城观花》曰：

造化从来不负人，万般红紫见天真。满城车马空撩乱，未必逢春便得春。

所谓天真（真），也便是邵氏对程颐说的“至理”。爱花本出爱美之心，这一点他们在口头上却不承认。其实假如不是为了求美，连诗也不必做的，如程颐陪了半天，就没有咏花之诗相酬，因为诗本身便是美文学的一种形式。程颐曾经指名批评入宋后取得“诗圣”这一至高无上称号的唐诗人杜甫的《曲江》之作“穿花蛱蝶深深见，点水蜻蜓款款飞”，以为“如此闲言语，道出做甚”①。但六经之一的《诗》，又当作何解释？二程说：

夫子言“兴于《诗》”，观其言，是兴起人善意，汪洋浩大，皆是此意。②

经他们这么一解释，《诗三百》的作者们，也都是“性善”论者而同孟子一样了。古人作诗是为了“兴起善意”，今之作诗已变为消闲的工具，故程颐骄傲地宣称：“某所以不常作诗。”③

①《河南程氏遗书》，卷十八，《二程集》，第239页。
②《河南程氏遗书》，卷二上，《二程集》，第41页。
③《河南程氏遗书》，卷十八，《二程集》，第239页。

二程门人还有以作文之旨为“兴起善意”的。如朱长文致书伊川先生，论文之语即有“使后人见之，犹庶几曰不忘乎善也”①云云。

在善、信（真）、美的价值序列指导下，宋人从唯善主义的价值观出发重性理而轻辞章，不独程颐等偏重理学而不长于诗文的儒者为然，以文学专长者也是如此。有宋文章，当推苏轼为第一。且看苏轼在下引一段话中通过评价朋友文同的创作成就所表露出来的价值取向：

> 与可之文，其德之糟粕。与可之诗，其文之毫末。诗不能尽，溢而为书，变而为画，皆诗之余。②

道德修养来自心性义理之学，文章是它的渣滓；诗歌与文章相比，更是末技；至于书法、绘画则又是诗之余事。苏轼《题张子野诗集后》又说：“张子野诗笔老妙，歌词乃其余技耳。”③词曲同书法、绘画，从现代分类学的眼光看，都属于艺术一类。可知在苏轼的眼中，艺术不如文学；文学之中，比较接近于艺术的诗又不如散文；文学整个来讲，则不如修身养性的理学。这大抵是当时一般知识分子的共同价值取向。如欧阳修薄晏殊之为人，品评之曰；“晏公小词最佳，诗次之，文又次于诗，其为人又次于文也。”④石介反对君豫习画，其理由是：“与其丹青草木，岂若丹青乃身，烨有文藻；

①详《河南程氏文集》，卷九，《答朱长文书》。

②《苏轼文集》，卷六十八，《题跋》。

③《苏轼文集》，卷二十一，《文与可画墨竹屏风赞》。

④《永乐大典》，卷 18222 引（北宋）魏泰：《东轩笔录》。

与其丹青马牛，岂若丹青尔德，倬为骞、由。”①等等。

第四节　宋学精神

一　议论精神

讲到宋学精神，首先想起的自然是议论。前章所引“宋人议论未定，金兵已渡河”之语，当然是对北宋一部分脱离实际的士大夫空谈误国的讥评，但“议论”二字，确实道着了宋代知识分子治国和从政的基本特点。喜欢议论，从政治上讲，是知识分子参与意识踊跃的表现。如范仲淹作《灵乌赋》，即有“宁鸣而死，不默而生”②的豪言；欧阳修《镇阳读书》诗，则有“开口揽时事，论议争煌煌”③之壮语。从学术上讲，议论便是讲求义理的基本手段。王安石门人陈祥道著《论语详解》开门见山便是：

> 言理则谓之论，言义则谓之议。

义理、议论两词交叉成文，互藏其义。后世评价汉宋两学之得失，如元代郝经《陵川集》卷十九《经史》亦云：“训诂者，或至于穿凿；议论者，或至于高远。”此处“议论”一词，指的也是与汉唐训诂之学相对的义理之学，在同一文中，郝经把它称为“议论之学”，可知

---

①《徂徕石先生文集》，卷七，《画箴贻君豫》。
②《范文正公集》，卷一。
③《居士集》，卷二。

在他看来,"义理之学"也就是"议论之学"。

义理之学作为一种偏重理论阐释和主观判断的学问,也表现在它所采取的著述形式主要是一些便于议论的文体,如论文、书信、语录、口义、讲义等等,而与传统的经传之作明显有别。

论文作为普遍采用的体裁,本是北宋古文运动和科举改革的产物,宋学家正好接了过去,用作传道授业解惑的有力工具。如本章第一节所引王安石性说,即通过《原性》等一组论文来表述,而程门性理之学的开山之作,即是《颜子所好何学》之论。更早一些如李觏的《礼论》七篇,欧阳修有《本论》上下篇等等。可知从疑古派和议古派等刚刚由汉学脱胎出来的早期宋学家开始,在形式方面即已以寄义理于议论,同传统的寓训诂于注相区别。这一点宋人自己已经指出过了。如苏轼自称"少时好议论古人"①,苏辙论科场考试,主张"所对经义,兼取注疏及诸家议论"②;朱熹论本朝学术,以为"自范文正(仲淹)以来已有好议论","旧来儒者不越注疏而已,至(欧阳)永叔、(刘)原父、孙明复诸公始自出议论";叶适以"欧阳(修)氏为本朝议论之宗"③,等等。"议论"两字,正是随宋学开创而俱至的基本精神。

宋人不唯好议,而且好辩。不但与古人辩,而且与今人辩,前者如欧阳修,后者如李觏。书信(用于书面)与语录(记录口话)是辩论的主要文体,如二程与张载讨论性理问题,既有往复于两地的一组《定性书》,又有门人记录的《洛阳议论》等语录之文。还有一种常见的著述形式是"口义"。

---

①《苏轼文集》,卷四十九,《与王庠书》。
②《栾城集》,卷三十七,《言科场事状》。
③《习学记言序目》,卷三十九,《唐书二》,第585页。

以口义为宋学的著述形式，大抵自胡瑗始。如前章所引，胡瑗教授学生采用的是“以类群居，相与讲习”，并“时召之使论其所学，为定其理，或自出一义使人人以对，为可否之；当时政事俾之折衷”①。所谓讲习和折衷，作为经书的讲解方式，也就是议论，记录下来，便成了口义。如前揭《周易口义》，即门人倪天隐所记。下面且以皇祐、至和年间在太学听过胡瑗讲说《易》义的王得臣的一段回忆为例，看看当时义理之学讲论的实况：

> 安定胡翼之，皇祐、至和间国子直讲，朝廷命主太学。时千余士，日讲《易》，予执经在诸生列。先生每引当世之事明之。至《小畜》，以谓：“畜，止也，以刚止君也。”已乃言及中令赵普相艺祖日，上令择一谏臣，中令具名以闻，上却之弗用。异日又问，中令复上前札子，亦却之。如此者三，乃碎其奏，掷于地。中令辄怀归。它日复问，中令仍补所碎札子呈于上。上乃大悟，卒用其人。②

强谏，是北宋知识分子议论朝政的重要途径。赵普此事，屡见于宋学家之称引和笔录，如欧阳修《上杜中丞论举官书》（《居士集》卷四十七）、司马光《涑水记闻》卷一等。拿它来讲解经义，则是胡瑗的首创。此例除了议论精神外，还反映了宋学其他方面的精神，如实用精神和在疑传的基础上发挥出来的创造精神。

《易·乾卦·小畜》，《彖》曰：“柔得位而上下应之曰‘小畜’。”《象》曰：“风行天上，小畜，君子以懿文德。”王弼传曰：“未

①（南宋）朱熹：《五朝名臣言行录》，卷十引李廌记。
②《麈史》，卷上，《忠说》。

能行其施者;故可以懿文德而已。”即君子道穷,未能行施自己的政治主张,退而著书立说以传世的意思。宋初文学家王禹偁自题其诗文集曰《小畜集》,即用此义。其自序云:“禹偁位不能行道,文可以饰身也,集曰《小畜》,不其然乎?”可以为证。可知在胡瑗之前,注说《易》卦《小畜》,初无“以刚止君”之义。胡瑗生当台谏权盛、“许以风闻”的仁宗之世,从当时政事出发理解《易义》,将传统的“藏身”之象解释为“进取”之义,实本于“六经注我”的宋学实用精神。所谓先生每引当世之事明之,便是“当时政事俾之折衷”。可知当宋儒为着经世济时的目的讲论学问时,跟议论政事几乎没有严格的区分,均带有强烈的时代感和针对性。此例还证明了,胡瑗治经虽史称不如孙复,但不囿于汉唐注疏而自出议论,则与孙、石、欧阳诸人同。

宋人之自出议论,有时虽然不以辩论或驳论的形式出现,但努力建立个人的见解则同。仍以《易》学为例,胡瑗作为程颐的老师,深受后者的爱戴。前章讲过,程颐在前此众多的《易》学著作中,独推王弼、王安石与胡瑗三家。但程氏本人所撰的《易传》关于《乾卦·小畜》的注释,却并不袭用胡氏之义,其文曰:

> 《小畜》,《序卦》:“比必有所畜,故受之以小畜。”物相比附则为聚,聚,畜也。又相亲比,则志相畜,小畜所以次比也。畜,止也,止则聚矣。①

程颐也同意释“畜”为“止”,但他认为“止”的意思是“聚”。而“聚”又有二层意思,一是“物相比附则为聚”,二是“相亲比则志

---

①《周易程氏传》,卷一,《二程集》,第743页。

相畜”。由第一点出发他解释“君子以懿文德”的《小畜》之象曰：

> 畜聚为蕴畜之义。君子所蕴畜者，大则道德经纶之业，小则文章才艺。君子观小畜之象，以懿美其文德，文德方之道义为小也。①

道义之聚，《小畜》之象初无此义，程颐将自家重道轻文的观点硬派给圣人，已是对《易经》的曲解。再看他从第二点出发来解释“聚”的“相亲比则志相畜”之义：

> 小畜，众阳为阴所畜之时也。……君子为小人所困，正人为群邪所厄，则在下者必攀挽于上，期于同进，在上者必援引于下，与之戮力，非独推己力以及人也，固资在下之助以成其力耳。②

假如遮去删节号前面两句，光看下文，很难辨别作者究竟是在说《易》还是在自撰政论文章，写一篇针对性与时代感都很强的《朋党论》。同书卷一《泰卦·初九》“拔茅茹，以其汇征”之传尤足为证：

> 时之否，则君子退而穷处；时既泰，则志在上进也。君子之进，必与其朋类相牵援，如茅之根然，拔其一则牵连而起矣。茹，根之相连者，故以为象。汇，类也。贤者以其类进同

①《周易程氏传》，卷一，《二程集》，第745页。
②同上书，第747页。

志以行其道，是以吉也。君子之进，必以其类，不唯志在相先，乐于与善，实乃相赖以济。故君子小人，未有能独立不赖朋类之助者也。自古君子得位，则天下之贤萃于朝廷，同志协力，以成天下之泰；小人在位，则不肖者并进，然后其党胜而天下否矣，盖各从其类也。①

兹将庆历党争期间新政一方关于朋党问题的议论略引如下，以资比较。石介《庆历圣德颂》喜范仲淹、韩琦、富弼之擢参大政曰："皇帝明圣，忠邪辨别，举擢俊良，扫除妖魃。众贤之进，如茅斯拔；大奸之去，如距斯脱。"②欧阳修《朋党论》曰："大凡君子与君子，以同道为朋；小人与小人，以同利为朋。此自然之理也。……故为人君者，但当退小人之伪朋，用君子之真朋，则天下治矣。"③蔡襄《上仁宗论用韩琦范仲淹不宜使后有谗间不尽所长》疏曰："盖以一邪退则其类退，一贤进则其类进。众邪并退而众贤并进，而天下不泰者，无有也！"④上引种种，石是诗，蔡、欧阳是文，且以"论"为题，不妨开口即煌煌争议。《周易程氏传》用的是传注形式，写来却如《朋党论》等文一般激浊扬清，议论风发，甚至连措辞设喻，都十分相似。

据朱熹《伊川先生年谱》，程颐《易传》成于哲宗元符二年，当时正是新旧党争最激烈的时刻，旧党之间又分为洛党、蜀党、朔党三派。作为洛党的首领，程颐时常处在朋党斗争的夹击之中，形

①《二程集》，第754—755页。
②《徂徕石先生文集》，卷一。
③《居士集》，卷十七；《长编》，卷一百四十八，庆历四年四月戊戌条。
④《蔡忠慧公集》，卷二十三；《诸臣奏议》，卷十三，《君道门》；《宋史·本传》。

诸著述，产生如同欧阳修写作《朋党论》时渴望从理论上证明本派存在的必要性和正确性的心情，本无足怪。然则文是文，传注是传注，经传作为著述的形式，基本任务在于逐词逐句注释古人的原意并加以串讲，与一般文章可以针对当世之务，自己立论，随意发挥不同。明人屠隆说："宋人多好以诗议论，夫以诗议论，即奚不为文而为诗哉？"①诗与文并为中国古代文体的两大样式，尚且不好互串，何况是以章句训诂为传统的经传之作？可知从文体学的立场上看，议论是散文的专擅，非注释之体所宜。宋人以义理之学取代汉唐注疏之学，虽然仍然保留了传注的形式，但其基本方法已由章句训诂改为议论。从怀疑精神、创造精神和实用精神来看，比前之所引胡瑗讲《易》之口义，有过之无不及。

二　怀疑精神

议论之外，怀疑、创造与实用之成为宋学精神，差不多也是各个时期、各个不同派别之宋儒所共有之特征。议古派而能疑古者，李觏比胡瑗更典型。《李觏集》卷三十二至三十四收《常语》上中下三卷，是北宋疑孟的代表作，据南宋陈振孙《直斋书录解题》卷十七载：

> 泰伯（李觏）不喜孟子，《常语》专辨之，尝举茂材不中。世传阁试论题有全不记所出者，曰："此必《孟子注》也。"掷笔而出。

此事后世或疑为"小说家言"，表示不相信，并引《常语》中间有崇

①《由拳集》，卷二十三，《文论》。

孟之言以证之。[1] 李觏文集现存以明成化本为最早(是本由《四部丛刊》影印),《常语》作了较大的删节。如宋人余允文《尊孟辨》所录李觏《常语》,即有十六条不见于《李觏集》者,[2]大抵删去者皆过甚激烈之辞,如"孙、吴之智,苏、张之诈,孟子之仁义,其原不同,其所以乱天下,一也"等等,陈直斋所谓李觏不喜孟子,不为无据。李觏又以《礼记·儒行篇》"非孔子言也"[3],《周礼》"谓'礼不下庶人'者,抑述《曲礼》者之妄也"[4]。其怀疑精神实不下于同时疑经派欧阳修、刘敞诸人。

前章提到,李觏试制科不第乃在庆历二年秋七月。次年即有庆历新政科场改革之举。据《长编》卷一百六十四,庆历八年四月丙子条,载范仲淹改革失败之后,礼部贡院上言攻击庆历科举新制,有"兼闻举人举经史疑义可以出策论题目凡数千条,谓之《经史质疑》"云云,可知在欧阳修等人主持庆历科举考试改革之时,疑传、疑经的风气也随之进入科场。事实上,就欧阳修个人而论,早在他应天圣七年国学试的时候,即在对策中陈述了以下充满着疑古精神的意见:

> 若乃《诗》、《书》之可疑,圣贤之异行,《乐》所以导和而率俗,《官》所以共治而建中,此皆圣师之所谈,明问之至要。敢陈臆见,用备询求。[5]

---

①详(明代)杨慎:《升庵集》,卷四十八。

②中华书局 1981 年 8 月出版王国轩点校本《李觏集》已辑附。

③《李觏集》,卷二十九,《读儒行》。

④《李觏集》,卷二,《礼论第六》。

⑤《居士外集》,卷二十五,《国学试策三道》之一。

到嘉祐年间,欧阳修主盟文坛,即进一步利用知贡举的机会提倡义理之学,先后撰策问三道(礼部试)和四道(殿试),①多以疑经、疑传之题为问目,几乎遍及所有儒家之经典,疑古派显然已左右科场。治平年间,王安石在金陵设帐,撰《策问》十道,即为学生应举而拟,其中多条涉及疑经(说详后)。他如熙宁年间程颐《为家君作试汉州学策问》三道,其二"《礼记》杂出于汉诸儒所传,谬乱多矣,考之完合于圣人者,其篇有几"②之问,也是为选拔生徒、进一步应礼部试的准备。后来程颐教育门人,更以怀疑精神为治学的先决条件,说:"学者要先会疑。"③

《河南程氏粹言》卷一《论书篇》曰:

> 子曰:《礼记》之文多谬误者。《儒行》、《经解》、非圣人之言也。夏后氏郊鲧之篇,皆未可据也。

这大抵可视为汉州策问的标准答案,用的是排除法。程颐又进一步怀疑"《周礼》之书多讹阙",如:"孟子言三代学制,与《王制》所记不同。《王制》有汉儒之说矣。"(同上)并批评汉儒曰:

> 孟子之时,去先王为未远,其学比后世为尤详,又载籍未经秦火,然而班爵禄之制,已不闻其详。今之礼书,皆掇拾于煨烬之余,而多出于汉儒一时之傅会,奈何欲尽信而句为之解乎?④

---

①《居士集》,卷四十八。

②《河南程氏文集》,卷八,《二程集》,第580页。

③《河南程氏外书》,卷十一,《二程集》,第413页。

④《河南程氏遗书》,卷四,《二程集》,第70页。又《河南程氏粹言》,卷一,《论书篇》,同上,第1206页。

张载虽由《周礼》之书汲取不少政治设施方面的养料，但于其书之作者，也献疑曰：

> 《周礼》是的当之书，然其间必有末世添入者，如盟诅之属，必非周公之意。①

并且提出判别标准说："求之书，合者即是圣言，不合者则后儒添入也。"②根据这一标准，"学者信书，且须信《论语》、《孟子》"。《礼记》除《大学》、《中庸》外，"则是诸儒杂记"③。

程颐又疑《尚书》曰："《尚书》文颠倒处有。如《金縢》尤不可，信。"④苏辙撰《诗经传》，则以《诗》之《小序》重复繁衍，类非一人之词，疑出卫宏之手，而仅取其首句，其余一并删去。又疑《周礼》，以为"秦汉诸儒以意损益者众矣，非周公之完书也"⑤。

关于《诗经》、《尚书》、《三礼》的怀疑，前此疑经派已提出过。如刘敞《公是集》卷四十六有《疑礼》之专文，以为"今之《礼》非醇经也"。《诗》、《书》之疑自欧阳修，前章述之已详。繁荣期王、洛、关、蜀诸家继承了这一精神并有所发展。最见成就的发展是把怀疑的矛头由作者及经文的真伪之考辨转向了经文内容之辨正。细按宋学初期诸派疑古之方式，从大处说，不外驳正传注、考辨作者、订补经文等数种。锋芒所向，主要是汉唐训诂之学。欧阳修、孙复等疑经、疑传派不待言，即如曾经对《孟子》一书从内容

---

①《经学理窟·周礼》;《张载集》，第248页。

②《经学理窟·义理》。

③同上。

④《河南程氏遗书》，卷二十二上，《二程集》，第290页。

⑤《文献通考》，卷一百八十，《经籍考七》。

上加以批判的李觏，自言其学，亦谓“周公之作、孔子之述，盖多得其根本；汉以来诸儒曲见芜说。颇或击去”①，而不敢直指周、孔。《孟子》一书，宋真宗时虽已颁行学官，但正式取得与六经并列的地位，乃在王安石推崇，特别是程朱《四书》并称之后。故司马光一面在《上风俗札子》中激烈抨击科场疑古之习，一面却有《疑孟》之作。

王、张、程、苏诸人则不同。如王安石所撰《策问》十道，所疑多是《诗》、《书》、《礼》、《易》等经典中记事或议论的谬误。兹举二例如下，先看其一：

> 尧举鲧，于《书》详矣，尧知其不可，然且试之邪，抑不知之也？不知，非所以为圣也；知其不可，然且试之，则九载之民其为病也亦永矣。……圣人之所以然，愚不能释，吾子无隐焉耳。②

按照儒家的传统观点，生而知之、纯一无疵叫圣人。尧起用禹的父亲鲧治水失败，究竟是明知其不可而用之呢，还是事先并不知道？如果是后一种情况，与圣人“生而知之”矛盾；如果是前一种情况是尧用人失策，也就证明圣人并不是完美无缺的了。王安石对《尚书》关于“尧举鲧”记载的怀疑，实际上已经导向了对儒家传统圣人观的怀疑和批判。再看其九：

> 问：《易》曰：“黄帝、尧、舜垂衣裳而天下治，盖取诸乾

---

①《李觏集》，卷二十七，《上江职方书》。

②《王文公文集》，卷三十。

坤。”说者曰:“垂衣裳以辨贵贱;乾坤,尊卑之义也。”夫垂衣裳以辨贵贱,自何世始?始于黄帝,独曰黄帝可也,于尧舜,曰尧曰舜可也,兼三世而言之,吾疑焉。二三子姑为之解。①

黄帝、尧、舜之事,本属子虚乌有。从现代的眼光看,只是一些人类文明早期的神话传说。儒家为了宣扬自己的政治主张,炮制了许多关于上古圣君的美谈,作为理想政治加以推广,其虚饰之处,自然漏洞百出。与前引《策问》第一道相同,本条也从《周易》记事的谬误起疑,把矛头直接指向了经典本身。

王安石疑经还有“以《春秋》为残缺不可读,废其学”②,而有“断烂朝报”之嘲,此事虽不一定属实,③但关于王安石“以《春秋》自《鲁史》亡。其义不可考,故未置学官”一事,见之史书所录,④而王安石治平元年所撰《答韩求仁书》,则明斥《春秋》三传为“不足信”⑤。熙宁八年,欧阳修的门生黎錞(希声)知眉州,苏轼在密州以诗寄之,有“治经方笑《春秋》学,好士今无六一贤”⑥之句,即缘安石而发。可知类似的言行还是有的。

张载这方面的例子如《经学理窟·丧纪》:

《礼》称:“母为长子斩三年。”“此理未安,父存子为母期,母如何却服斩?

---

①《王文公文集》,卷三十。

②《长编》,卷四百零八,元祐三年春正月癸巳注引《吕公著旧传》。

③详(南宋)周麟之:《海陵集》,卷二十二,《跋先君讲春秋序后》。

④《长编》,卷二百四十七,熙宁六年九月辛未条神宗语。

⑤《王文公文集》,卷七。

⑥《苏轼诗集》,卷十四,《寄黎眉州》。

同书《祭祀》篇批评"《诗序》有言:'灵星之尸',此说似不可取",并公开提出"天地山川之类非人鬼者,恐皆难有尸"的相反观点。

程颐也曾就《尚书·说命(中)》"知之非艰,行之惟艰"的观点提出批评说:

> 故人力行,先须要知。非特行难,知亦难也。《书》曰:"知之非艰,行之惟艰。"此固是也,然知之亦自艰……以此见知之亦难也。①

"知之亦难"与"知之非艰",正好是针锋相对的不同意见。"行难知亦难",后来竟取代《尚书》,成为儒家传统文化关于知行观方面的一个有代表性的重要观点。

苏轼平生疑经的实绩不算卓著,如以"武王非圣人",辟孟子"诛独夫"之说,②观点无足取。然文思泉涌,不择地而出。引经据典,信口而出,如"三宥"之典近于杜撰(说详拙稿第五章第一节)。其视圣人如常人,实亦疑古之一大节次。如《春秋论》曰:

> 圣人岂有以异乎人哉?不知其好恶之情,而不求其言之喜怒,是所谓大惑也。……愚故曰《春秋》者,亦人之言而已,而人之言,亦观其辞气之所向而已矣。③

像这样完全把自己摆到圣人的平等位置上发议论,对于千百年来

---

①《河南程氏遗书》,卷十八,《二程集》,第187页。
②《苏轼文集》,卷二,《论武王》。
③《苏轼文集》,卷二。

奉先秦典籍若神明的汉唐注疏之学，不啻振聋发聩之当头棒喝。

前章论台谏制度对北宋文化的影响时已经指出，11 世纪中国知识分子在学术上所表现出的怀疑精神，正与他们在政治生活中受到最高统治者鼓励的“许以风闻，而无官长，风采所系，不问尊卑，言及乘舆，则天子改容，事关廊庙，则宰相待罪”的“言必中当世之过”的批判精神有关。同样的，这种由政治生活中的批判精神发展而来的学术研究中的批判精神，这种对圣人所取的平等态度，与知识分子群体挟道自重的社会深层意识，即所谓道尊于势的观念也有密切的关系。而所谓道尊于势，原其所自，即是早期儒家知识分子对待社会政治的基本态度。如孟子对此就曾身体力行并留下不少经典性的论述。以下文字引自《孟子·尽心上》：

> 古之贤王好善而忘势，古之贤士何独不然？乐其道而忘人之势，故王公不致敬尽礼，则不得亟见之。见且由不得亟，而况得而臣之乎？

这里“道”，指的是儒家之学问；“势”，即权势，指君王的政治地位和权力。所谓乐其道而忘人之势，也就是道尊于势。基于这一认识，孟子到处把自己摆到与王公大人平等的位置上进行游说：“说大人则藐之，勿视其巍巍然。”①

这种知识分子挟道自重，藐视王权的做法，在战国时代的确存在过，一般也没有引起生命危险以及其他严重的麻烦。但自秦始皇焚书坑儒，迭经汉末党锢之禁，知识分子这种“召而不往”，以

①《孟子·尽心下》。

宾师自居的美好理想,基本上便只存在于可以充分发挥想象力的诗歌作品之中了。如唐代大诗人李白即有“如逢渭川猎,犹可斋王师”①之句。唐末五代干戈纷纷,文人书生救死尚且不暇,这类为帝王师友的好梦,便更难光顾了。

赵宋则不然。在不杀士大夫这一既定方针的保证下,孟子道尊于势的精神真正得到了复苏而为宋学家们所津津乐道。下引一段语录自《王文公文集》卷二所收《与龚舍人书》:

> 某读《孟子》,至于“不见诸侯”,然后知士虽厄穷贫贱,而道不少屈于当世,其自信之笃,自待之重也如此。……某尝守此言,退而甘自处于为贱,夜思昼学,以待当世之求,而未尝怀一刺,吐一言,以干公卿大夫之间,至于今十年矣。

所谓道不少屈于世,即道尊于势。关于孟子“不见诸侯”,事见《孟子·公孙丑下》“孟子将朝王”章。某次齐王尝召见孟子,孟子托疾拒绝之,次日却公开出吊于东郭氏,充分体现了道尊于势的精神。《与龚舍人书》不一定是王安石的作品,②但上引文字中所体现的,则是王安石在别的许多场合所表现的思想,如《长编》所不断记载的王安石屡召不赴的事实以及对战国时代楚才晋用习俗的首肯之言论等等。

从下引程、苏诸家的言论我们还可以知道,对孟子这一思想

---

①见《李太白全集》,卷十二,《赠钱征君少阳》,“渭川猎”用周文王猎于渭水之阳而遇太公吕望事,典出《楚辞》“吕望之鼓刀兮,遭周文而得举”王逸注。

②详《中国史研究》,1982年第三期,张希清:《王安石的赈济思想与〈与龚舍人书〉的真伪》。

的推崇实是当时宋学家们之所同，而非只王安石是如此。如程颐在《上太皇太后书》中即说：

> 召而不往，惟子思、孟轲则可。盖二人者，处宾师之位，不往所以规其君也。①

苏轼在《应制举上两制书》中也说：

> 昔者子思、孟轲之徒，不见诸侯而耕于野，比闾小吏一呼于其门，则摄衣而从之。

难怪梅尧臣初见苏轼，即"爱其文，以为有孟轲之风"②。王学、洛学、蜀学，在学术上互相对立，对"不见诸侯"、道尊于势这个问题的看法，却毫无二致，足见时代精神所及，在知识分子的深层意识中，存在着某些价值取向一致的东西。同样的事实还可举出王、程两家对汉初谋略家张良的评价。王安石有咏张良绝句一首，见《王文公文集》卷七十三。其诗曰：

> 汉业存亡俯仰中，留侯当此每从容。固陵始议韩、彭地，复道方图雍齿封。

这首诗以汉初谋士张良和武将韩信、彭越对比，通过赞扬前者对政治权势的超然态度，表现作者愿为帝王师友的志向，实与《与龚

---

①《河南程氏文集》，卷六，《二程集》，第 542 页。

②《苏轼文集》，卷四十八，《上梅直讲书》。

舍人书》守孟子“不见诸侯”之豪气以自重的情趣相投。

程颐不仅在政治态度、学术观点等方面与王安石持相反或相左的立场，而且平生最反对作诗，以为“害道”、“丧志”（详拙著第五章第二节《宋学与宋诗》），但对王安石的《张良》诗，却备极推崇。他说：

> 王介甫（安石）咏张良诗，最好。曰：“汉业存亡俯仰中，留侯当此每从容。”人言高祖用张良，非也，张良用高祖尔。……（张）良岂愿为高祖臣哉？无其势也。及天下既平，乃从赤松子游，是不愿为其臣可知矣。①

这里所欣赏的，正是“不愿为其臣”的道尊于势精神。所谓张良用高祖，即是把张良摆到刘邦之师友的位置上加以评价。在这一点上，王、程两家的看法完全相同。

王安石与程颐两人都做过名义上充当皇帝之老师的经筵官。熙宁元年四月，王安石以翰林学士兼侍讲。元祐元年三月，程颐以布衣擢崇政殿说书。有趣的是，两人上任伊始，提出的第一个问题便是必须坐着讲课，②通过与皇帝迭为宾主的办法，体现儒家道尊于势的精神。早在治平元年（1064）所撰的《虔州学记》中，王安石就提出过这一思想：

> 若夫道隆而德骏者，又不止此，虽天子北面而问焉，而与

①《河南程氏遗书》，卷十八，《二程集》，第233页，

②（南宋）杨仲良：《续资治通鉴纪事本末》，卷五十二，叶梦得：《石林燕语》，卷一，《国朝经筵讲读官旧皆坐》条；《河南程氏文集》，卷六，《论经筵第三札子》，《二程集》，第539页。

之迭为宾主。①

而程颐则借给哲宗皇帝讲课的机会，抬出儒家的宗师以自尊，其言曰：

虽使孔子复生，为陛下陈说，不过如此。

并以教训的口吻，强调当今天子必须记住他的话："伏望陛下燕闲之余，深思臣之说，无忘臣之论。"②据朱熹《伊川先生年谱》引马永卿所编《刘谏议语录》，哲宗某日在课余凭栏休息，戏折柳枝，程颐当场教训他："方春发生，不可无故摧折。"折柳为戏，自然是因为哲宗当时年纪尚幼。但即令是长君，对儒臣一些有犯上之嫌的言语也颇能容忍。如前面提到的"乌台诗案"，苏轼系大理狱中，宰相曾举出《桧》诗的"根到九泉无曲处，世间唯有蛰龙知"两句，言苏轼"有不臣之意"，理由是"飞龙在天"为皇帝之象，"轼以为不知己，而求之地下之蛰龙，非不臣而何"。神宗回答说："诗人之词，安可如此论？彼自咏桧，何预朕事！"③终不深罪。据《苕溪渔隐丛话后集》卷三十《东坡五》记载，苏轼在狱中，狱吏曾举此诗问他："有无讥讽？"轼答云："王安石诗：'天下苍生待霖雨，不知龙向此中蟠。'此'龙'是也。"吏亦为之哑然失笑。王安石《金山寺五首》之二有句："孤根万丈泡波底，除却蛟龙世不知。"中心意象也是"蛰龙"。

①《王文公文集》，卷三十四。
②《河南程氏外书》，卷十二，附孔文仲劾状所转引，《二程集》，第 445 页。
③（南宋）叶梦得：《石林诗话》，卷上。

其实何止苏、王，写诗不多的程颢，《赠司马君实》之作亦云：

二龙闲卧洛波清，今日都门独饯行。愿得贤人均出处，始知深意在苍生。①

此诗以“卧龙”之象喻指司马光与文彦博，现实针对性更加明确。宋人议论之随便，于此可见。

了解这一背景后再来看王安石《明妃曲》中被南宋初年范冲指责为“无君无父”的“汉恩自浅胡自深，人生乐在相知心”两句，在嘉祐年间问世之初，不仅没有引起麻烦，而且驰名一时，不少政界权要、文坛名流皆有和作。如欧阳修即有《和明妃曲》，其中“耳目所及尚如此，万里安能制夷狄”两句，同样把讥刺的矛头直接指向皇帝，也就不奇怪了。

假如说“不见诸侯”的浩然之气导致了先秦儒士的“不治而议论”，那么，儒家“道不少屈于当世”的传统观念，正是造成宋儒从政之日，“感激论天下事”，“风采所系，不问尊卑”，治学之时，“言必中当世之过”，“有合吾心者，则樵牧之言犹不废，言而无理，周孔所不敢从”②的思想基础。

从一定时期社会文化的深层心理结构来分析，宋代知识分子这种治学的怀疑精神，不仅与他们的批判意识相表里，而且也与著书立说、期于久远的垂芳意识有关。欧阳修谈到自己黜伪说之乱经而不怕一时孤立的决心时说：

①《河南程氏文集》，卷三，《二程集》，第485页。

②（北宋）释慧洪：《冷斋夜话》，卷六引王安石语。

余以谓孔子没至今二千岁之间，有一欧阳修者为是说矣。又二千岁焉知无一人焉与修同其说也？又二千岁将复有一人焉。然则同者至于三，则后之人不待千岁而有也。同予说者既众，则众人之所溺者可胜而夺也。……余之有待于后者远矣，非汲汲有求于今世也。①

这种前无古人和坚信后必有来者的思想，从另一个方面讲，也是宋学继往圣之绝学以自立说的创造精神、开万世太平而为祖师的开拓精神的流露。

三　创造精神和开拓精神

北宋知识分子中，最富创造精神的，当推发动并主持了熙宁变法的王安石。苏轼奉诏所撰的《王安石赠太傅制》中谈到王安石的学术，曾做过如下的概括和评价：

少学孔、孟，晚师瞿、聃。网罗六艺之遗文，断以己意；糠秕百家之陈迹，作新斯人。②

当时站在变法派反对立场上的苏轼，于此文措辞之间，自然不少贬意，“少学孔、孟，晚师瞿（佛）、聃（老）”，即旨在攻击王安石“叛去前日所学”，与程颐所谓王安石“晚年尽支离”的说法一致③。但正好说明宋学具有以孔、孟之道为主干，融合佛、老学说之所长的

①《居士集》，卷四十三，《廖氏文集序》。
②《经进东坡文集事略》，卷三十九。
③《河南程氏遗书》，卷十九，《二程集》，第247页。

兼容精神(说详后)。“断以己意”和“作新斯人”理解成褒语,则恰好总结了宋学创造精神的两个方面:自得和创造。兹分述如次。

宋学之强调自得和反对雷同,于孙复等疑传派屏弃先儒传注,以己意解经的主张中已先见之。议古派李觏进而明确提出反对以古人之是非为是非的雷同作风。他说:

> 学者大抵雷同,古之所是则谓之是,古之所非则谓之非。诘其所以是非之状,或不能知。①

古人之是非既不能简单地代替自己的意见,今人之是非更是宋学家们所不屑于附和的了。而宋人重独得的创造精神,也就是表现为不与古人同和不与他人同两个方面。前者植根于批判意识,后者则导源于个体意识。以欧阳修为例,前引《孙明复先生墓志铭》,曾经盛赞过孙复的《春秋》研究,但欧阳修自己关于《春秋》的观点,与孙复却并不相同。如“始隐(公)”问题,是孙复有贬无褒说的基点,欧阳修之见则全异。他在景祐四年所撰的《春秋论》(中)一文里提出:

> 隐实为摄,则孔子决不书曰“公”,孔子书为“公”,则隐决非摄。②

连以鲁隐公为“摄”都不同意,更遑论贬了。两人之见孰是孰非且暂置勿论,孙复的勇断不惑、不迷信古人,和欧阳修的出以己意、

①《李觏集》,卷二十九,《原文》。
②《居士集》,卷十八。

不阿同今人，正从各自的方面体现了贵在自得，即宋学的创造精神。

这一精神甚至表现在师生之间，如苏轼是最受欧阳修赏识的了，但在学术问题上，仍敢于提出和这位提携过自己、备受自己尊敬的前辈不同的见解。仍以《春秋》的"始隐"为例。在《隐公论》上篇中，苏轼引用了欧阳修的观点后反驳道：

> 苏子曰：《春秋》，信史也。隐摄而桓弑，著于史也详矣。周公摄而克复子者也，以周公薨，故不称王。隐公摄而不克复子者也，以鲁公薨，故称公。史有谥，国有庙，《春秋》独得不称公乎？①

苏轼的论点是同意《左传·鲁隐公元年》的解释："不书即位，摄也。"正好与欧阳修之说针锋相对。

这种人自一说，以异于注疏、异于他人为荣的独得意识，在汉学时代简直无法想象。朱熹谈到《诗经》研究的时候说：

> 唐初诸儒作为疏义，因为踵陋，百千万言，而不能有以出乎二氏（指毛、郑）之区域。至于本朝，刘侍读（敞）、欧阳公（修）、王丞相（安石）、苏（轼）、黄（庭坚）与河南程氏、横渠张氏，始于己意，有所发明。②

在宋学繁荣期，出于己意而有所发明，乃是学者们普遍采用的治

---

①《经进东坡文集事略》，卷十二，《隐公论》（上）。

②转引自《吕氏家塾读诗记》。

学原则，王安石《答韩求仁书》说：

> 某尝学《易》矣，读而思之，自以为如此，则书以待知《易》者质其义。①

王安石在“自以为如此”的思想指导下写成的这部《易》学著作，即《郡斋读书志》卷一上著录的《易义》二十卷。晁氏谓“介甫《三经义》皆颁学官，独《易解》自谓少作未善，不专以取士”②，而程颐用以与王弼、胡瑗之撰并列，规定为学《易》三部必读书之一的，却正是它。自汉儒以来，治《易》之著不啻汗牛充栋，程颐何独欣赏他在政治上拼命加以反对、学术观点上视为敌人的王安石之作？他看中的，正是王安石在《易义》一书中体现的“自以为如此”的精神。实际上，元祐时期新法一一被罢，王学的一些主要著作却并没有遭禁。刘挚在《论取士疏》中说：“其解经应许通用先儒传注，或己之说，而禁不得引用《字解》及释典。”③《字解》即《字说》，是王安石的晚年作品，只有它被元祐大臣列为该禁之书。解经可以用己之说，正是王安石“自以为如此”精神的延续。

自以为如此，在二程的语汇中也叫“自得”和“独见”。《河南程氏粹言》卷一录二先生之语：“义有至精，理有至奥，能自得之，可谓善学矣。”又说：

---

①《王文公文集》，卷七。

②（南宋）晁公武：《郡斋读书志》，卷一上。

③《忠肃集》，卷四，《论取士并乞复贤良科疏》，原文疑有脱误。马端临：《文献通考》，卷三十一，《选举四》引此文作：“其解经通用先儒传注及自己之说，禁用《字解》释典，以救文弊。”

> 思索经义，不能于简策之外脱然有独见，资之何由深？居之何由安？非特误己，亦且误人也。

可知在二程看来，“自得”或者说“独见”，即自己的独特创造，乃义理之学有所发明的首要条件。这一说法，实不下于张载所谓当自立说以明性，不可以遗言附会解之的气概。张载论学之言曰：

> 须是自求，己能寻见义理，则自有旨趣，自得之则居之安矣。①
>
> 志于道者，能自出义理，则是成器。②

以此与前引王、程之言相参，不唯看法一致，连造语也颇相同，足见强调自得，鄙薄雷同，乃南渡之前宋学诸多流派之间共同的价值取向和治学精神，是北宋知识分子心理深处个体意识在学术上的反映。

宋人治学既重“自得”与“独见”，由此再往前进一步也就是求“新”。王安石变法当时称为“新法”，王安石之学被后世称为“荆公新学”，他所主持编定的《三经义》又叫《三经新义》，其“新”字与苏轼、王安石赠太傅制词“作新斯人”的评语一样，在当时多少含有一点贬义，但在学术上反对守旧而求新意，乃当时与王学鼎足而立的关学、洛学之所同。张载之言曰：“学贵心悟，守旧无功”③，“义理有疑，则濯去旧见以来新意”④。程颐论学亦云：

---

①《经学理窟·义理》。

②同上。

③同上。

④《经学理窟·学大原下》。

君子之学必日新，日新者日进也，不日新者必日退也，未有不进而不退者。①

可知程、张之徒，与王安石虽然持有不同的政治立场，但在学术方面注重创新则与他完全一致。

这种贵在自得和出新意的创造精神，还进一步形成宋学的开拓精神，即争当开山祖的独立思想。疑古派在汉唐注疏之外另立山头，如欧阳修立志发前人所未发之覆而期同志于二千年后之宏愿，标志着宋学从一开始便置于开拓精神的指导之下了。张载继去圣之绝学、开万世之太平的口号，则将这一精神发展到极致。

宋学家之所以不止停留在个别、局部问题的学术创造之上，而把开辟数千年乃至万世之事业当作自己的奋斗目标，与李唐以还达到全盛的佛老之学传宗立嗣思想的刺激有相当密切的关系。这一来自异学的影响，于拟圣派的实践活动中已见之。如周敦颐、邵雍两人一方面模拟圣人，仿造经典，一方面又模仿佛门传衣之事，于儒家先师之外另找一个在学术方面并没有什么地位的道士陈抟作为学问传承原始，两人后学争称其“先天图”或“太极图”来自陈抟之转相授受，即是一例（说详拙稿第四章第五节《宋儒与老氏之学》）。

不过从儒家传统文化的立场上看，早期儒学创造之始，本不乏一代祖师所应具有的开拓精神。宋学家对孟子特别推崇，即因其具有这方面的象征意义。这种推崇，首先表现为以孟子的直接继承人自命。前章说到，宋学初期本以汉之扬雄、隋之王通、唐之

①《河南程氏遗书》，卷二十五，《二程集》，第325页。

韩愈为儒家道统的中介。至繁荣期二程等人,遂将他们一笔勾销。周公殁,圣人之道不行;孟子死,圣人之学不传。于是,宋学各派宗主的名字也就同孔、孟排到了一起。而从他们的本意看,实际上是让自己来充当圣人的,因为从逻辑上推导,旧学既已灭绝了千五百年,新兴之学,自然是另起炉灶了,尽管他们为了某种需要不得不打出"绍述"之类的旗号。如二程十四岁便学做圣人;①张载批评前人,以为"求为贤人而不求为圣人,此秦汉以来学者大蔽也",而要求自己的学生"学必如圣人而后已"②;王安石二十出头写作的《淮南杂说》一书,"世谓其言与孟轲相上下";苏轼被梅尧臣推许为"有孟轲之风"③而引以为荣,均可为证。而事实上《三经义》颁行后,王安石在学子的心目中,已受尊奉而与圣人等。④

宋学家推崇孟子的另一个原因是孟子不仅最先提出性善论的主张,而且因为他"言必称尧舜"⑤。孟子本是孔门嫡传,自述其学却强调来自并不以学术名世的传说人物尧舜,实际上已经在将自己摆到与孔子相同的地位上了,故有"尽信《书》不如无《书》"和"人皆可以为尧舜"之豪语,前者为宋学疑古精神提供了样板,后者之为二程诸人所津津乐道,也便因为它给经典意识和开拓精神提供了理论依据。

四　实用精神

关于宋学的实用精神,大抵有两层意思。一是重视实际从政

---

①(北宋)张载:《经学理窟·学大原上》,《张载集》,第280页。
②《宋史·张载传》。
③《苏轼文集》,卷四十八,《上梅直讲书》。
④详《皇朝文鉴》,卷六十一,吕陶:《请罢国子司业黄隐职任》。
⑤《孟子·滕文公上》:"孟子道性善,言必称尧舜。"

能力的培养，二是重视从经典中寻找治世的依据。前章关于胡瑗教学法的分析，即涵盖了两个方面的内容。宋神宗从实用出发改造和建设官僚队伍，所念念不忘的也便是这种"经义、治事，以适士用"①的做法。

二程对张载夸奖关学之学风时说：

> 关中之士，语学而及政，论政而及礼乐兵刑之学，庶几善学者。②

说的就是实际从政能力方面的"学贵于有用"③。王安石《三经义·周礼义》之序言略云：

> 其人足以任官，其官足以行法，莫盛乎成周之时；其法可施于后世，其文有见于载籍，莫具乎《周官》之书。④

这里发挥的也便是从经典中寻找变法依据的学以致用精神。

这前一方面，在汉代本是儒生所不屑为的文吏之能，后一方面则略同于汉代今文学派的通经致用，宋学将两者有机地结合起来了。《郡斋读书志》卷一上《新经周礼义》的按语说：

> 熙宁中设经义局，介甫自为《周官义》十余万言，不解《考工记》。按：秦火之后，《周礼》比他经最后出，论者不

---

①宋神宗：《胡瑗先生像赞》，转引自《宋元学案》，卷一，《安定学案》。
②《河南程氏粹言》，卷一，《论学篇》，《二程集》，第1196页。
③《河南程氏粹言》，卷一，《论学篇》，《二程集》，第1196页。
④《王文公文集》，卷三十六。

一。……离去人情远甚，施于文则可观，措于事则难行。……介甫以其书理财者居半爱之，如行青苗之类，皆稽焉。所以自释其义者，盖以其所创新法，尽傅著经义，务塞异议者之口。

《四库全书总目提要》卷十九《周官新义》对此作了进一步的发挥：

《周礼》之不可行于后世，微特人人知之，安石亦未尝不知也。安石之意，本以宋当积弱之后，而欲济之以富强，又惧富强之说必为儒者排击，于是附会经义以钳儒者之口，实非真信《周礼》为可行。

以《周礼》之不可行于后世为宋时人所周知，并不符合事实，自疑传派石介等人开始，宋学家多推崇《周礼》，并认为可施行于当世。石介以《周礼》、《春秋》为二大典，其论曰："《周礼》明王制，《春秋》明王道，可谓尽矣。执二大典以兴尧、舜、三代之治，如运诸掌。"①又如李觏著《周礼致太平论》十卷五十一篇，依次析《周礼》之义为"内治"、"国用"、"军卫"、"刑禁"，"官人"、"教道"等六个方面，并在序中点明这样的意图说：

噫，岂徒解经而已哉！唯圣人、君子知其有为言之也。

"圣人"指皇帝，"君子"指在上位者，"有为"云云，即可以有所施为于今之世。李觏另有《平土书》、《礼论》等著作，目的也是通过

---

①《徂徕石先生文集》，卷七，《二大典》。

解释《周礼》中的井田等古法，为现实中的统治集团提供理想政治的蓝本。

又如张载，《经学理窟》论义理之学诸事，开篇就是《周礼》。文中所言，则是关于井田的种种意见，其中心思想乃“治天下不由井地，终无由得平，周道止是均平”。具体做法是：

> 井田至易行，但朝廷出一令，可以不笞一人而定。盖人无敢据土者，又须使民悦从，其多有田者，使不失其为富。借如大臣有据土千顷者，不过封与五十里之国，则已过其所有；其他随土多少与一官，使有租税人不失故物。治天下之术，必自此始。

据吕大临《横渠先生行状》记载，张氏曾有意将这一设想付诸实施，拟集资合买一处土地，划为数井，在保证支付国家赋税的基础上，私正经界，分宅里，立敛法，广储蓄，兴学校，成礼俗，救灾恤患，敦本抑末。目的是“推先王之遗法，明当今之可行”。

这一乌托邦式的计划，得到过二程的赞同。如洛阳议论，言及“正经界”之法，程颢附和说：“井田今取民田使贫富均，则愿者众，不愿者寡。”①程颐推崇《周礼》之书“富国之术存焉”，并为张载打气说：“（井田）不行于当时，行于后世，一也。”②这是熙宁十年之事。早在熙宁二年，程颢上《论十事札子》即以行“周礼”、复井田为先务，其中如“古者政教始乎乡里，其法起于比闾族党，州乡酂遂”、“古者四民各有常职”、“古者冠婚丧祭，车服器用，等差

---

①《河南程氏遗书》，卷十，《二程集》，第111页。

②同上。

分别，莫敢逾僭”等数事，并出于《周礼》。其第三事则专论井田：

> 天生蒸民，立之君使司牧之，必制其恒产，使之厚生，则经界不可不正，井地不可不均。此为治大本也。唐尚能有口分授田之制，今则荡然无法，富者跨州县莫之止，贫者流离饿莩而莫之恤。幸民虽多，而衣食不足者，盖无纪极。生齿日益繁，而不为之制，则衣食日蹙，转死日多。此乃治乱之机也，岂可不渐图其制之之道哉？此亦非有古今之异者也。①

“富者跨州县而莫之止，贫者流离饿莩而莫之恤”二句，与李觏《平土书序》“法制不立，土田不均，富者日长，贫者日削”②等语，不唯意思相同，措辞也极相似。以“正经界”与“均井地”为“为治之大本”，与张载“治天下之术必自此始”的提法也相类。另据《长编》卷二百十三，熙宁三年程颐还向神宗提出过“须限民田，令如古井田”的建议。可见其以《周礼》为可行之后世的坚定信念，不减于张载与李觏。

不过四库馆臣关于王安石“实非真信《周礼》为可行”的说法，也是符合事实的。一个最明显的证据便是熙宁三年七月，王安石与神宗议事，曾针对前面提到的程颐关于通过限民田的方式推行井田制于当世的主张，说了下引这段话：

> 今朝廷治农事未有法，又非古备建农官大防圩埠之类，播种收获，补助不足，待兼并有力之人而后全具者甚众，如何可遽

---

①《河南程氏文集》，卷一，《二程集》，第453页。

②《李觏集》，卷十九。

夺其田以赋贫民？此其势固不可行，纵可行，亦未为利。①

反对兼并和“愿见井地平”②，本是王安石在别的场合也宣传过的理想政治，但一接触到实际情况，深明治经术必须通世务的实干家王安石，自然马上意识到“夺人已有之田为制限”，实为“致乱之道”③，而《周礼》关于井田等等设置，“离去人情远甚，施于文则可观，措于事则难行”了。这正是王学高过其他学派的地方。

既如此说，为什么在熙宁八年颁布的《三经义》之《周礼义序》中，王安石又有“其法可施于后世”的提法呢？唯一的解释只能是“附会经义以钳儒者之口”。这一点，其实王安石自己就已经指出过了。如早在嘉祐四年的《上仁宗皇帝万言书》中，就有“法先王之意”的提法。其言曰：

> 夫以今之世去先王之世远，所遭之变、所遇之势不一，而欲一二修先王之政，虽甚愚者犹知其难也；然臣以谓今之失，患在不法先王之政者，以谓当法其意而已。……法其意，则吾所改易更革不至乎倾骇天下之耳目，嚣天下之口，而固已合乎先王之政矣。④

可知“先王之政”之难行于后世，王安石心中早已有数。所谓不至乎倾骇天下之耳目，嚣天下之口，即晁公武所说“务塞异议者之

①《长编》，卷二百十三，熙宁三年七月癸丑条记事。
②《临川集》，卷十二，《发廪》，另见卷八十三，《慈溪县学记》。
③《长编》，卷二百十三，熙宁三年七月癸丑条记事录神宗语。
④《王文公文集》，卷一。

口”。而所谓法其意，也就是“以其所创新法，尽傅著经义”。

综上所述，在通经致用这一方面，宋学家又有两种不同的措置。一是像程颐那样，真以为古制能行于当世；一是像王安石那样，从经书中寻找根据无非是为了托古改制。从实际事功的结果看，两者之高下优劣不待言而后明，但为解决现实问题而引经据典的实用精神则一。

所谓托古改制，其实也就是宋学初期疑传派孙复释《春秋》“强经以从己”做法的延伸（详拙著前文第二章第三节），其目的带有强烈的现实感和功利性。关于这方面的例子，除《周礼》之外，还可举王安石关于《周易》研究的成果为证。

王氏《易义》二十卷，今已散佚，南宋王应麟《困学纪闻》卷一收有一段《易》“荆公解”，是王安石对《易·井之九三》条的义释，其全文如下：

> 求王明。孔子所谓异乎人之求也。君子之于君也，以不求求之；其于民也，以不取取之；其于天也，以不祷祷之；其于命也，以不知知之。井之道，无求也，以不求求之而已。

关于这段《易》注，王应麟给以极高的评价，以为“文意精妙，诸儒所不及”。清代全祖望为此写了一段评语，其言曰：

> 荆公学术略具于此。所谓不求求之者，即其初年屡征不赴之术也；以不取取之者，即其不加赋而国用足之说也；以不祷祷之者，一变而遂为天变不足畏之妄谈矣。①

①《翁注困学纪闻》，卷一，《易·井之九三》条。

这里提到的“屡征不赴”，是王安石得专大政的前奏；“不加赋而国用足之说”，是王安石新法关于理财的基本方针，“天变不足畏”，是王安石变法的主要理论根据之一，而这一切，全由对《易》义之串解中引申出来。宋儒之通经致用，宋学之实用精神，至此而呈现出极其灵活的姿态。

宋学精神，除了议论、怀疑、批判、创造、开拓和实用之外，比较重要的还有内求和兼容。

五 内求精神

所谓内求，指偏重于心性义理的探索和内省的修养工夫。宋学家们认为，这是本朝之学与汉唐文化的重要区别之一。如程颐说：

> 学也者，使人求于内也。不求于内而求于外，非圣人之学也。何谓不求于内而求于外？以文为主者是也。学也者，使人求于本也。不求于本而求于末，非圣人之学也。何谓不求于本而求于末？考详略、采同异者是也。是二者皆无益于身，君子弗学。①

文章之学求于外，训诂之学求于末，不若圣人之学之求于内和求于本。所谓本，也就是内。程、张以天地之性为本，其心性义理之学，实即返本之学，也即“使人求于内”之学。故程氏又说：“孟子言性善，皆由内出……学者须是将敬以直内，涵养此意，直内

①《河南程氏遗书》，卷二十五，《二程集》，第319页。

是本。”①

关于这个问题，二程的学生中，大概只有吕大临回答得最好，吕氏有诗云：

学如元凯方成癖，文似相如始类俳。独立孔门无一事，只输颜氏得心斋。②

所谓心斋，即指人的内心世界。得心斋的方法也就是内求。以颜回为孔门内求之学的模范，并引为宋学之榜样，乃程氏一再强调的思想。当程颐还做学生的时候，便在《颜子所好何学论》的答卷中写上“正其心，养其性而已”，而使老辈宋学家胡瑗赞叹不已（说已见前）。到他代父起草《试汉州学策问》，又从此类题目考诸生曰：

后之儒者莫不以为文章、治经术为务。文章则华靡其词，新奇其意，取悦人耳目而已。经术则解释辞训，较先儒短长，立异说以为己工而已。如是之学，果可至于道乎？仲尼之门，独称颜子为好学，则曰“不迁怒，不贰过”也。与今之学，不其异乎？③

这里以颜子所好学与文章、辞训对比，引导学生得出的答案，正是前面提到的“不求于内而求于外，非圣人之学也”，“不求于本而求

①《河南程氏遗书》，卷十五，《二程集》，第149页。

②《河南程氏遗书》，卷十八，《二程集》，第239页。

③《河南程氏文集》，卷八，《二程集》，第580页。

于末，非圣人之学也”，和“只输颜氏得心斋”的内求精神。故程颐称赞吕大临说：“此诗甚好，古之学者，惟务养情性，其它则不学。”①

吕氏原是关学门人，张载死后复过二程之堂。可知以内求为学问的最高境界，乃关、洛两学之所同。由下引王安石关于“颜乐”问题的意见可以进一步了解到，连作为洛学的对立面而大用于世的王学也是如此：

> 颜回之于身，箪食瓢饮以独乐于陋巷之间，视天下之乱若无见者，此亦可谓为己矣。②

所谓为己，也即自求于内的意思，故王氏又曰：“为己，学者之本也。”③是则“为己”复具“求于本”之义。安石又曰：“学者之事必先为己，其为己有余而天下之势可以为人矣。”④这与程氏“须先为己，方能及人，初学只是为己”⑤的观点，亦复一致。又如王安石曾在《礼乐论》中论颜渊之“四勿”，以为是圣人之学与世人之学的根本区别所在：“圣人内求，世人外求，内求者乐得其性，外求者乐得其欲”，“圣人之门，惟颜子可以当斯语矣。”而汉唐之学所以必须摒弃，也就是因为只知外求而不能内求：“章句之文胜质，传注之博溺心，此淫辞诐行之所由昌，而妙道至言之所为隐。”⑥这些

①《河南程氏遗书》，卷十八，《二程集》，第239页。

②《王文公文集》，卷二十六，《杨墨》。

③同上。

④同上。

⑤《河南程氏遗书》，卷十九，《二程集》，第247页。

⑥《王文公文集》，卷十八，《谢除左仆射表》。

言论，与前引二程语录亦如出一辙，足知内求精神，乃宋学繁荣期各家之所同。明代薛瑄（敬轩）曰：

> 伊川经筵疏，皆格心之论。三代以下，为人臣者但论政事、人才而已，未有直从本原，如程子之论也。①

所谓格心之论，即内求之学。薛瑄指出宋学以内求精神施于朝廷政事与前代不同诚是，但以此自伊川始，则不确。《长编》卷二百三十二，熙宁五年四月辛未条，载王安石对神宗论小人之洗心革面曰：

> 陛下以道揆事，则岂患人不革面？若陛下未能以道揆事，即未革面之人日夕窥伺圣心，乘隙罅为奸私，臣不能保其不乱政也，陛下于刑名、度数、薄书丛脞之事，可谓悉矣。然人主所务在于明道术，以应人情无方之变，刑名、度数、簿书之间，不足以了此。

所谓以道揆事、明道术以应人情无方之变，比之程颐元祐经筵进格心之论，要早了十多年。以熙宁五年为界，观王安石与神宗的历次谈话，前此大抵重在政事、理财，各种变法措施因之大体就绪，此后即经常劝谏皇帝重视内求之学，以道术治理天下，并认为后者是更带根本性的大事。前章所引程颐攻击王安石之言有云：

> 介甫之学，他便只是去人主心术处加功，故今日靡然而

①《宋元学案》，卷十六，《伊川学案》下附录。

同，无有异者。所谓一正君而国定也。①

所谓心术处加功，即格心之论。程颐施格心之术于经筵，正是王安石正君定国之法的模仿性运用。

格心之论偏重于心性义理的探求，后学或流于空谈，与前文提到的宋学实用精神互相矛盾。但在当时，二者是统一的。程颐说："读书将以穷理，将以致用也。今或滞心于章句之末，则无所用也。"②"滞心"即无所用，"格心"而"穷理"，则是学以致用。上揭安石熙宁之政与伊川元祐经筵，即可为证。据邵伯温《邵氏闻见录》卷十五载：

> 一日，二程先生侍太中公访康节于天津之庐，康节携酒饮月陂上，欢甚，语其平生学术出处之大。明日，怅然谓门生周纯明曰："昨从尧夫先生游，听其论议，振古之豪杰也。惜其老矣，无所用于世。"纯明曰："所言何如？"明道曰："内圣外王之道也。"

"内圣外王"四字十分形象地概括了宋学既重内求，又贵实用，看似矛盾，实则统一的重要特点。

宋学所谓内求，不唯指自我内心修养的追求，也指对经书内在思想体认。他们将此叫作"心解"，即以意解之。如张载举《孟子》为例说：

---

①《河南程氏遗书》，卷二下，《二程集》，第50页。
②《河南程氏粹言》，卷一，《二程集》，第1187页。

若孟子言“不成章不达”及“所性”、“四体不言而喻”，此非孔子曾言而孟子言之。此是心解也。①

又说：

心解则求义自明，不必字字相校。②

“字字相校”自然是指传统的训诂之学。宋学家们认为，汉唐注疏之学注重逐字逐句地训释字义，恰恰忘记了一项重要的任务：“观书必总其言而求作者之意。”③所谓总其言，也就是把全书当作一个整体来看，在这个基础上求得作者寄寓于作品之中的内在意义。由张载所举孟子对待孔子的灵活态度看，宋学家所重视的乃是那些经书已提及但未曾展开详细论述的命题。例如拙稿一再引述过的“颜乐”问题，以及二程对《大学》“格物致知”一义的补充解释。

今传《四书集注》本《大学》第五章《格物致知》，比《礼记》释原文多134字，系朱熹所补。但朱熹申明，这是二程的意思，他不过“间尝窃取程子之意以补之”④。程子之意是什么呢？《河南程氏遗书》卷二十五曰：

格犹穷也，物犹理也，犹曰穷其理而已也。

又曰：

①《经学理窟·义理》。
②同上。
③同上。
④《四书集注·大学章句》。

“致知在格物”,非由外铄我也,我固有之也。因物有迁,迷而不知,则天理灭矣,故圣人欲格之。

这两段话也便是朱熹所补文字的中心思想。

“格物致知”,从字面上理解,很像是讲通过对外在物质世界的研究获得知识。这自然与讲求心性义理、重视主观精神世界研究的宋学内求精神背道而驰。好在《礼记》原作者没有展开论述,“穷其意而明之”,给宋学家留下了“盖可以意得而不可以言传也”①的余地,正好能够自由发挥。

程颐说:“心即性也”②,“性即理也”③,此处又以“物犹理也”。于是,格物之说,也就变作体现宋学内求精神的格心之论了。“穷理”和“非由外铄我也”,本是《易・说卦》和《孟子・告子上》曾提出过的命题。前者说:“穷理尽性以至于命。”后者说:“仁、义、礼、智,非由外铄我也,我固有之,弗思耳。”但《礼记・大学》则未作如是言。二程观其书而“总其言”,将三书串在一起,用以求解作者所未曾明言之义,正如王安石之以“《诗》、《礼》足以相解”④,和《易义》之“自以为如此”,充分体现了宋学注重心解、以意为之的内求精神。这在坚持“无征不信”、奉师法为金科玉律的汉学家看来,简直不可思议。但宋人这种以意为主的内求精神,却从儒学开始,贯彻到社会文化的各个层面,如文学创作的重意不重象、绘画艺术的以神不以形、科学研究的唯理不唯物等等。拙稿将于第五章再作详细介绍。

---

①《河南程氏遗书》,卷二十五,《二程集》,第316页。

②同上书,卷十八,《二程集》,第204页。

③同上书,卷二十二上,《二程集》,292页。

④《王文公文集》,卷七,《答吴子经书》。

六　兼容精神

根据上述几章我们知道，宋学外部有几个主要的敌人，如训诂、文章之学和佛、道异端等等。内部又分为若干派别，如草创期的疑古派、议古派和拟圣派，繁荣期的王学、洛学和关学等等。宋学家与异学（从某种意义上讲，不同派也是异学），在某些时候常常发展为政治上对立的斗争，如前期之排佛，后期之王、洛学争，但从学术上说，基本上可以兼容，包括治学精神的互相影响，也包括学术观点方面的互相吸收。

北宋仁宗朝，疑古派孙复、石介，议古派胡瑗、李觏，均曾供职国子监，孙、胡两人还是嘉祐年间太学的同事，但人际关系并不好，在学校中经常互相回避。然而这并不妨碍两人在治学精神方面的互相吸收。如胡瑗《论语说》论子贡"夫子不可及"之言曰："子贡之言，甚而言之也。孔子固学于人而后为孔子。"①此说不仅驳斥了子贡，而且与所谓孔子"生而知之"的观点相左，表现了与疑古派同样的怀疑精神。而孙复的代表作《春秋尊王发微》虽仍沿用汉学章句训释的体例，但从写法上讲，以"发微"为名而自出新意，实同于议古派之侧重议论。

在学术观点方面，对立最尖锐的莫过于洛学与王学了。熙宁变法时期，程颐不仅在神宗面前攻击过"王安石之学不是"②，而且当面斥责"参政之学如捉风"③，甚至认为王安石新学是比佛、道异端更为可怕的大患，但在治学的过程中，则也尽可能地吸收

---

①《宋元学案》，卷一，《安定学案》引。

②《伊洛渊源录》，卷二，《明道遗事》；《河南程氏遗书》，卷二上。

③《河南程氏遗书》，卷十九，《二程集》，第 255 页。

王学之优秀成果。以《易》学为例,从拟圣派周敦颐、邵雍开始,通过治《易》或拟《易》的形式发表自己的见解,乃是南渡之前宋学的重大课题。王安石、张载、程颐等人均有《易说》或《易传》、《易义》一类的著作。从个人关系讲,二程与周、邵、张,一个尝从学,一个是世交,一个是表叔,其交谊之密切和融洽可想而知。但程颐指导门人读《易》,指定的参考书却是王弼、胡瑗、王安石三家,而周、邵、张不与。三家之中,王安石还受到特别的重视。据邵雍之孙邵博说,他曾亲眼见过程颐从弟程颖"出伊川之书盈轴,必勉以熟读王介甫《易说》云云跋下方"①。《河南程氏文集》卷九《与金堂谢君书》也有类似的议论。足见只要学术上有可取之处,宋学家绝不因人废言而加以兼容。

由保存下来的二程语录看,除王氏《易义》(即《易说》)外,王安石的一系列著作,学生们都是可以看的,并且允许提问。《河南程氏遗书》卷二十二上、《河南程氏粹言》卷一《论道篇》等均有记载。由下引一段对话看,学生不仅可以提问,而且可以当着二程的面讲王氏之说善,程氏也不以为忤。如:

> 或问:"变与化何别?王氏谓因形移易谓之变,离形顿革谓之化,疑其说之善也。"子曰:"非也。变,未离其体也,化,则旧迹尽亡,自然而已矣。故曰'动则变,变则化,惟天下至诚为能化。'"②

这在后世严王学、洛学之辨形同水火者,简直不敢想象。其实,公

①《邵氏闻见后录》,卷五。

②《河南程氏粹言》,卷一,《论道篇》,《二程集》,第1181页。

开赞扬和引用王安石之学,二程本人也不乏其例。如:

介甫言律是八分书,是他见得。①

又如:

王介甫曰:"因物之性而生之,直内之敬也;成物之形而不可易,方外之义也。"子曰:"信斯言也,是物先有性,然后坤因而生之,则可乎?"②

在《禘说》一文中,程颐称赞王安石说:

本朝以太祖配于圜丘,从称配于明堂,自介甫此议方正。……介甫所见,终是高于世俗之儒。③

此外还赞扬王安石的史识与文学:

王介甫咏张良诗,最好。④

这一兼容精神,也表现在后起的朔党和蜀党这两个与洛党对立但又同是王安石变法反对派的群体中。朔派刘挚兼容王安石《字说》之外的著作已见前揭,再举蜀派吕陶之言如下:

①《河南程氏外书》,卷十,《二程集》,第406页。
②《河南程氏粹言》,卷二,《心性篇》,《二程集》,第1255页。
③《河南程氏文集》,附《遗文》,《二程集》,第670页。
④《河南程氏遗书》,卷十八,《二程集》,第233页。

经义之说，盖无古今新旧，惟贵其当。先儒传注，既未全是；王氏之解，亦未必尽非。①

“惟贵其当”，作为宋学兼容精神的判定标准，本身就来自王安石的“善学者读其书，惟理之求”，“苟合于理，虽鬼神异趣要无以易”的开放精神。（说详下章）

所谓开放精神，指宋学对儒家传统文化以外的学说主要是佛老之学的兼容和吸收。如上文所引程颢评论邵雍之道时使用的“内圣外王之道”的提法，即来自道家的政治主张。见《庄子·天下篇》：“是故内圣外王之道，闇而不明，郁而不发，天下之人，各为其所欲焉，以自为方。”程氏即由此吸收并加以发展。北宋后期文人黄裳在其所著《演山集》卷三十五《书自然子书后》自述治学之宗旨时说：

尝谓道家之徒蔽于说气，儒家之徒蔽于说理，释氏之徒蔽于说性……予之为书，泛观而旁采，有可述者，皆其是非有理，取舍有义，本于自然之道。

儒、释、道三家兼容并蓄而统一到性理之学的轨道上来，正是北宋后期学术文化的特点，而这一特点的形成，即与宋学的开放精神有关。拙稿下章《宋学与佛老》对此将作比较详细的介绍，本节不赘。

江海不捐细流，故能成其大。宋学之所以在汉学之外独树一帜，取得了超越前古并为元、明、清诸世所不能及的成就，宋学家

①《皇朝文鉴》，卷六十一，《请罢国子司业黄隐职任》。

这种涵盖一切的兼容精神和开放精神起了重要的作用。在造成宋学这彬彬之盛的一代奇观的各种时代精神中，怀疑是动力，议论是手段，实用是前提，内求是方式，创造和开拓是目的，而兼容和开放，则是一切的基础。

不过必须指出，宋学的兼容和开放，还是有一定限度的。司马光在《迂书·兼容》一章中以设为问答的形式自明其志说：

> 或曰："甚矣，子道之隘也，奚容之不兼？"迂夫曰："沱潜之于江也，榛楛之于山也，兼容焉，可也。莠之于苗也，冰之于火也，欲兼，得乎哉！"①

文中对迂夫所发的责备"奚容之不兼"，虽出于作者的虚拟，但也代表了当时知识分子的一般价值取向：以兼包并蓄为贵。迂夫的回答则反映了宋学兼容和开放精神的原则，是有选择、有条件的。也就是说有的可以包容，有的则不可以，须分清主次，以对我有用为前提。即吸收可以利用的观点和方法融化到我们自己的文化体系之中，犹如小河、地下水汇流入大江，小树长在高山上。没用甚至有害的则应抛弃并加以批判。由拙稿后文将要介绍的宋儒在排佛的形式之下，如何吸收佛学，化为己有，从而坚守儒家传统文化立场，造成宋学独尊局面的过程。读者将可以看到这一原则的具体运用。

①《温国文正司马公集》，卷七十四。

第四章　宋学和佛老

关于宋儒和佛老的关系，有截然相反的两种说法。一是认为儒学与佛老水火不相容，宋学是在同佛老之学的论辩和斗争中建立起来的，而这种斗争和辩论则是不可避免的。如关学门人范育为张载的《正蒙》作序时说：

> 子张子独以命世之宏才，旷古之绝识，参之以博闻强记之学，质之以稽天穷地之思，与尧、舜、孔、孟合德乎数千载之间。闵乎道之不明，斯人之迷且病，天下之理泯然其将灭也，故为此言与浮屠、老子辩，夫岂好异乎哉？盖不得已也。

范育的这一说法，符合其师的治学实践并见诸张载之自述。《皇朝文鉴》卷一百十九著录张载与吕大防（微仲）辟"浮屠明鬼"书一通。其末云：

> 自古诐、淫、邪、遁之词，翕然并兴，一出于佛氏之门者千五百年，向非独立不惧、精一自信、有大过人之才，何以正立其间，与之较是非，计得失！来简见发狂言，当为浩叹，所恨不如佛氏之著明也。

把佛教的兴盛作为孔、孟之道中衰的主要原因，把攻斥佛门邪说、力挽狂澜的巨大决心和实际行动跟继往圣之绝学等同起来，视为舍我其谁的伟大事功，乃宋学家的普遍认识。如程颐论及其兄程颢得不传之学于孔、孟之死千四百年后的具体过程时说：

道之不明也久矣。先生出，倡圣学以示人，辨异端，辟邪说，开历古之沉迷，圣人之道得先生而后明，为功大矣。①

所谓异端邪说，即指佛老，主要便是"一出于佛氏之门"的"诐、淫、邪、遁之词"。类似的提法见于王安石的则有：

呜呼，礼乐之意不传久矣！天下之言养生修性者，归于浮屠、老子而已。浮屠、老子之说行，而天下为礼乐者独以顺流俗而已。夫使天下之人驱礼乐之文以顺流俗为事，欲成治其国家者，此梁、晋之君所以取败之祸也。②

作为政治家，王安石在指出释、道之徒垄断"养生修性"之学使儒家传统的"礼乐之意"不得而传的同时，又引梁、晋佞佛亡国的历史教训攻斥佛老在政治上的危险性。可知在宋学家们看来，他们所从事的，乃是一项与佛老之说势不两立，并且以消灭佛老为前提的、捍卫和继承儒家传统文化的神圣事业。

在后世学者的眼中，却完全是另一回事。如明代儒生黄绾说：

---

①《河南程氏文集》，卷十一，《明道先生墓表》，《二程集》，第640页。
②《王文公文集》，卷二十九，《礼乐论》。

宋儒之学，其入门皆由于禅。濂溪、明道、横渠、象山则由于上乘；伊川、晦庵则由于下乘。①

清代颜元说：

论宋儒，谓是集汉、晋释、道之大成者则可，谓是尧、舜、周、孔之正派则不可。②

近人胡适也说：

理学挂着儒家的招牌，其实是禅家、道家、道教、儒教的混合产品。③

上述两种说法，一出于宋人之自述，一出后人之概括，究竟哪一种比较接近实际呢？旁观者清、当局者迷的情况常常会有的，但我认为就这个问题来说，两者都符合宋学的实际。这岂不是互相矛盾了吗？是的，宋儒与佛老的关系正是一种矛盾的统一。前述两种说法都只强调了矛盾的一个方面，忽视或者有意遗漏了另一面。二者之间，假如一定要用几句简单的话加以概括，完整的说法应该是：崇儒排佛和援佛入儒的统一。或者像章太炎先生所讲的"里面也取佛法，外面却攻佛法"。不过这一层意思早在南宋时代就被叶适揭示过了。《习学记言序目》卷五十《皇朝文鉴四》论

①（明）黄绾：《明道篇》一。
②（清）颜元：《习斋记余》，卷三，《上太仓陆桴亭先生书》。
③胡适：《几个反理学思想家》。

程、张之学曰：

> 按：程氏答张载论"定性"："动亦定，静亦定，无将迎，无内外"；"当〔其〕在外时，何者为〔在〕内"，"天地普万物而无心"；"圣人顺万事而无情"；"(扩)〔廓〕然而大公，物来而顺应"；"有为为应迹"，"明觉为自然"；"内外〔之〕两忘"，"无事则定，定则明"；"喜怒不系于心而系于物"，皆老、佛、庄、列常语也。程、张攻斥老、佛至深，然尽用其学而不自知者，以《易·大传》误之，而又自于《易》误解也。①

程颢答张载论"定性"书，即《河南程氏文集》卷二《答横渠张子厚先生书》。所引"动亦定，静亦定，无将迎，无内外"等语，并见是书。

稽之坟典，儒家言性，如孟子曰性善，荀子曰性恶，未见曰定。以"定"论性，盖出佛氏之书。故程颐说性之别曰："释氏多言定，圣人便言止。"②今按：《坛经》载惠能答神秀门人志诚之问曰：

> 心地无非自性戒，心地无乱自性定，心地无痴自性慧。③

所谓戒、定、慧，即佛学的三个组成部分，"定性"说是其中关键的一环。从这个意义上说，程、张以"定性"作为讨论的题目，本身就是从佛徒那里借来的了。

---

①据《河南程氏文集》，卷二，《答横渠张子厚先生书》校正。

②《河南程氏遗书》，卷十八，《二程集》，第201页。

③《坛经》，第四十一节。

但要判定一种思想是另一种思想的吸收和融合，主要依据不在语言形式的类同，而在于作品内容的相通。前者只是形似，后者才是真正的神似。事实证明，更多的宋儒著作，并没有借用佛老之语，但同样表达了与佛老相似的思想内容。程、张论“定性”书尽用佛学的关键之点，正在于内容方面与佛说的相通。下引一段是程颢关于这一问题的主要观点，也是信中所要表达的核心意思：

> 与其非外而是内，不若内外之两忘也。两忘则澄然无事矣。无事则定，定则明，明则尚何应物之为累哉？

张载的原信久佚，但主要观点尚见于程颢答书开首所转述：

> 定性未能不动，犹累于外物。

上引程颢之言，便是以对这一提法的批评作为答复。程、张两人的分歧，颇类于禅宗南能北秀的“顿”、“渐”之辨。据《坛经》记载，就在惠能告诉志诚南宗关于“戒、定、慧”的解释之前，后者曾向前者说过北宗对同一问题的理解：

> 诸恶莫作名为戒，诸善奉行名为定，自净其心名为慧。

正如五祖传衣之时惠能与神秀两人所作的偈子一样，在“定性”问题上双方存在着“顿悟”和“渐修”的分歧。大抵北宗以“诸善奉行”为“定”，犹倚重于克服外来物欲引诱的“渐修”，故有“时时勤拂拭，莫使有尘埃”[①]，即“非外而是内”之累；南宗之“心地无乱自性定”，立足于“内外之两忘”的“顿悟”，已入“菩提本无树，明镜亦非台，佛性常清净，何处染尘埃”[②]，即“澄然无事”之境界。而张载所论“定性未能不动，犹累于外物”和程颢之“无事则定”、“尚何应物之为累哉”的争论，正是禅宗南北顿、渐之辨引入儒学之后在宋学家内部的继续。

关于程学之主“顿悟”、关学之主“渐修”，直到熙宁十年张载力疾告归经过洛阳，与二程讨论性命之理时犹针锋相对，未曾调和。《洛阳议论》，由先后出入两家的门人苏昞笔录，内载二程解“穷理尽性以至于命”，认为“只穷理便是至于命”[③]。在别的地方他又具体解释道：

> 穷理、尽性、至命，只是一事。才穷理，便尽性；才尽性，便至命。[④]

这同惠能“于忍和尚处，一闻言下大悟，顿见真如本性”[⑤]，以及志诚一朝听惠能说戒、定、慧，翻然而悟，立地由奸细变作忠实信徒的说教，简直一模一样。事实上，二程性理之学的核心，所谓心即性也，性即理也，“其实只是一个道”的理论[⑥]，也与禅宗南宗的教义同出一辙。如神会弟子大照（李慧光）在《大乘开心显性顿悟真

---

①《坛经》，第六节。

②同上。

③《河南程氏遗书》，卷十，《二程集》，第 115 页。

④同上书，卷十八，第 193 页。

⑤《坛经》，第三十一节。

⑥《河南程氏遗书》，卷十八，《二程集》，第 204 页。

宗论》中说：

> 问曰："云何是道？云何是理？云何是心？"答曰："心是道，心是理，则是心外无理，理外无心。心能平等，名之为理；理照能明，名之为心。"

这段对话稍作修饰，简直可以乱二程语录之真。

张载反对二程的意见，认为这么说"失于太快"，他的观点是必须循序渐进：

> 此义尽有次序。须是穷理，便能尽得己之性，则推类又尽人之性；既尽得人之性，须是并万物之性一齐尽得，如此然后至于天道也。其间煞有事，岂有当下理会了？学者须是穷理为先，如此则方有学。今言知命与至于命，尽有近远，岂可以知便谓之至也。①

张载对二程的批评，颇似当年北宗禅师志德反驳神会"今教众生，唯令顿悟"之说时所讲的："何故不从小乘而引渐修"，"未有升九层之台，不由阶渐而登者也。"②

"穷理尽性以至于命"，本是《易・说卦》提出的一个命题，张、程之争，即由此而展开。张载《横渠易说》解此句云："穷理亦当有渐，见物多，穷理多，从此就约，尽人之性，尽物之性……然后至于命。"以《易》传通于佛说而与前见同。《易・说卦》又云："昔

①《河南程氏遗书》，卷十，《二程集》，第115页。
②《荷泽神会禅师语录》引。

者圣人之作《易》也，将以顺性命之理。”宋人倡性理之说，即以此为先河。由知纯用儒家经典之熟语，亦可通向佛理。故叶适论程、张之用佛学，“以《易·大传》误之，而又自于《易》误解也”。是则前之所谓宋学之用佛说，不在是否用其常语，而更在于用其理论内核，即此可证。

根据上述分析，宋儒之通于佛学，就叶适所举程、张论“定性”书而言，实连佛老常语与思想而尽用之。既然如此，为什么程、张之徒又有本章开头所引那些“攻斥老、佛至深”的激烈言论呢？已在“尽用其学”，缘何又“不自知”呢？下文试以这两个问题为线索，探讨宋学家在攘斥佛老和融合佛老之间左右逢源，有所得，从而达到“宋儒为本”，自始至终保持儒家传统文化旧面孔而使宋学独尊目的之种种。先说佛。

第一节　宋学初期的排佛斗争

宋学之创，既自中唐已启其端，宋学初期之排佛斗争，实乃韩愈辟佛运动之延伸。作为儒学的对立面，“佛”的具体含义究竟是什么呢？

唐宋人为文立名，喜用简称、代称和并称，含义常失之于宽泛和含混。在佛（释）、老（道）这一对并称中。“佛”（佛陀、佛图、浮屠、浮图）或“释”（释迦牟尼）作为“佛教”的简称和代指，就是这样一个笼统的概念。有时它指宗教意义上的“佛”（狭义的佛教），有时又指学术意义上的“佛”（佛学）。前者包括佛、法、僧（即“三宝”）及与之相关的信仰、政教、礼俗等社会实体；后者则特指戒、定、慧（慧）三个方面所包含的佛教理论与实践，如心性义理、持律参禅等。佛教传入中国之初，引起反响最大的是前者；后来慢慢融合进儒学的，却主要是后者。这一层意思至关重要，必须首先提出来说明。

根据这一界定，韩愈之排佛老，其所力辟者，实是佛教而非佛学。如《原道》攻斥释氏：

> 今也欲治其心，而外天下国家，灭其天常。子焉而不父其父，臣焉而不君其君，民焉而不事其事。……举夷狄之法，而加之先王之教之上，几何其不胥而为夷也？①

这一段是全文的中心所在，共列举佛氏三个方面的祸害："举夷狄之法，而加之先王之教之上"，是从华夷之辨这一儒家传统的政治立场上说的；"子焉而不父其父，臣焉而不君其君"，是从社会伦理的角度讲的；"民焉而不事其事"，则指僧徒的不事生产、佛寺的蠹坏财政。这三方面全属于"佛教"的范畴，言佛学者仅开首句"今也欲治其心"，提到了佛门义性义理之学，但只是虚晃一枪，马上就岔开了。

韩愈在排佛问题上所表现的矛盾，在当时就已经被柳宗元看出来了。柳宗元是韩愈的好朋友，对释氏的看法却与他不同。韩愈曾数次写信，以"不斥浮图"为言，柳氏借撰《送僧浩初序》的机会申辩道：

> 浮图诚有不可斥者，往往与《易》、《论语》合。诚乐之。其于性情奭然，不与孔子异道。……吾之所取者，与《易》、

①《韩昌黎文集》，卷一。

《论语》合，虽圣人复生不可得而斥也。退之所罪者，其迹也，曰髡而缁，无夫妇父子，不为耕农蚕桑而活乎人。若是，虽吾亦不乐也。退之忿其外而遗其中，是知石而不知韫玉也。①

“曰髡而缁”，即“胥而为夷”；“无夫妇父子”，即“灭其天常”；“不为耕农蚕桑”，即“民焉而不事其事”。可知在韩愈辟佛的三个主要问题上，柳宗元均无异词。换言之，从“天下国家”出发，他也是反对的——假如浮图仅仅限于这三方面的内容的话。恰恰相反，柳氏认为：佛氏的精华部分不在这三点，而在于“性情奭然，不与孔子异道”，即佛学的合理内核。除了“往往与《易》、《论语》合”之外，柳宗元还在《曹溪第六祖赐谥大鉴禅师碑》中概括佛学的内容曰：

其教人，始以性善，终以性善，不假耘锄，本其静矣。②

“人性善”本是孟子的主张，“人生而静”见于《礼记》。在柳宗元看来，释氏之道与孔孟之道，在本质上是一样的，韩愈所罪，只是“迹”即表面现象而已。因此他反过来批评这位排佛的朋友是“忿其外而遗其中，是知石而不知韫玉也”。韩愈是否认为佛门性命之学是“韫玉”且暂置毋论，只反佛教不反佛学，没有将排佛的精神贯彻到底则是事实。

这一情况到韩愈的学生李翱有所改变，后者在《与本使杨尚书请停修寺观钱状》中说：

①《柳河东集》，卷二十五。
②《柳河东集》，卷六。

天下之人，以佛理证心者寡矣，惟土木铜铁周于四海，残害生人，为逋逃之薮泽。①

这里已将佛学（佛理证心）和佛教（土木铜铁）作了明确的区分。从文章的语气来看，所反对的是后者，而不是前者。

实际上，佛教之盛，与佛学的长于“证心”有一定的因果关系。唐德宗贞元十四年（798），刘禹锡为神会弟子乘广禅师撰碑，曾将儒、佛加以比较，指出六朝以来释氏逐渐兴盛而儒家终于中衰的原因是：

儒以中道御群生，罕言性命，故世衰而浸息。佛以大悲救诸苦，广启因业，故劫浊而益尊。自白马东来而人知象教，佛衣始传而人知心法。②

所谓心法，即指禅宗“识心见性，自成佛道”之学。刘氏认为，儒学作为传统文化之所以败给外来的佛教和新起的禅宗，正是因为性命之学的缺乏。不过这一观点早在南朝刘宋初期，谢灵运就已经有了。据元嘉十二年（435）侍中何尚之答宋文帝问：

范泰、谢灵运每云：六经典文，本在济俗为治耳。必求性灵真奥，岂得不以佛经为指南耶？③

①《李文公文集》，卷十。
②《刘禹锡集》，卷四。
③《弘明集》，卷十一。

足见释氏作为外来文化之所以能在中国这块土地上站住脚，除了统治者的欣赏和提倡之外，佛学关于心性义理的探求，比之东汉以后已经变得刻板枯燥的儒学，对知识分子更加具有吸引力，是一个十分重要的原因。这一点即便是以“牴排异端”为己任的韩愈也不能免。前章讲到，北宋性理之学的崛起，韩愈《原性》、李翱《复性书》已遥领其端。然而韩愈的七情三品之说，实通释典《阴持入经》之“身有六情，情有五阴”①，李翱之“情既昏，性斯匿矣”，更同于禅宗六祖《坛经》之“妄念浮云盖覆，自性不能明”②。前之所谓韩、李辟佛重在佛教而不及佛学，盖事出有因。

要而言之，排佛者（以韩愈为首）矛头所向，乃在佛教之有“殊俗之弊”，对佛学之心性义理，则表现为暧昧和容忍；嗜佛者（以柳宗元为代表）所好之处，乃在佛学可资“修身养性”，对佛教之“耗蠹国风”，也表示不乐，但反对不力。北宋之前知识分子对释氏的态度，主要就是这两种。

北宋儒者以复兴传统文化为己任，在对待佛氏的态度上，多是韩而非柳。如宋初柳开以肩愈为名，绍先为字，认柳宗元为自己的祖先。但当有人问到韩、柳优劣，则曰：“文近而道不同。”又曰：“吾祖多释氏，于以不追韩也。”③欧阳修还曾公开反对“韩柳”并称：

子厚与退之皆以文章知名一时，而后世称为韩柳者，盖

---

①（南宋）陈善：《扪虱新话》下集，卷三：“愈之《原性》，以为喜怒哀乐皆出乎情而非性，则流入于佛老矣。”

②《坛经》，第二十节，又《朱文公文集》，卷三十五，《答刘子澄书》：“李习之（翱）《复性书》已有禅了。”

③《河东先生集》，卷二，《东郊野夫传》。

流俗之相传也。其为道不同，犹夷夏也。[①]

甚且说："柳岂韩之徒哉，真韩门之罪人也！"[②]不仅不能并称，连降为门人的资格都不够。以上两语均见于欧阳修跋柳宗元为佛寺所撰之碑文，触景生情，由辟佛迁怒于评文，故有"罪人"之愤愤。苏舜钦序李翱集亦云："唐之文章称韩柳，翱文虽辞不逮韩，而理过于柳。"[③]

在反佛和崇韩这一点上，以疑传派为代表的早期宋学家大致与古文家的意见相同。南宋叶梦得《避暑录话》卷上说：

石介守道与欧文忠同年进士，名相连，皆第一甲。国初，诸儒以经术行义闻者，但守传注，以笃厚谨修表乡里。自孙明复为《春秋发微》，稍自出己意。守道师之，始唱为辟佛老之说，行之天下。文忠初未有是意，而守道力论其然，遂相与协力，盖同出韩退之。

以宋学之"辟佛老之说，行之天下"始自孙复、石介、欧阳修诸人，并同承韩愈氏而来，大致不差。细分起来，孙、石与欧阳，包括欧阳与韩，具体做法上又略有不同。

从总体上看，孙复、石介在排佛方面虽然起步较早而又异常激烈，但基本上是重复韩愈的观点而没有新的进展。孙著《儒辱》之论可以作为代表。文章说：

---

①《集古录跋尾》，卷八，《唐柳宗元般舟和尚碑》。
②同上，《唐南岳弥陀和尚碑》。
③转引自《郡斋读书志》，卷十七。

噫！儒者之辱，始于战国，杨朱、墨翟乱之于前，申不害、韩非杂之于后。汉魏而下，则又甚焉。佛、老之徒，横乎中国，彼以死生、祸福、虚无、报应为事，千万其端，绐我生民，绝灭仁义以塞天下之耳，屏弃礼乐以涂天下之目。……于是其教与儒齐驱并驾，峙而为三。吁！可怪也！①

接着又说：

噫！圣人不生，怪乱不平。故杨、墨起而孟子辟之，申、韩出而扬雄距之，佛、老盛而韩文公（愈）排之。微三子，则天下之人胥而为夷狄矣。

以释、道与儒三教鼎立而并存的局面为"儒者之辱"，为"可怪"，号召当代儒者起来重振韩愈攘斥佛、老的事业以复兴儒家传统文化，是孙复这篇论文的中心。由他所举辟佛的理由看，也同《原道》一样，主要侧重于佛教的灭弃仁义、礼乐等中国传统的人伦道德，其以韩愈事业的继承人自居，正与以"排去佛、老，然后吏部（指韩愈）之道行也"为奋斗目标的石介同。② 难怪景祐元年（1034）四月，石介在应天府与孙复初次见面，便以"韩、孟兹遂生矣"相许③。就在孙复作客南京之时，石介发动了一场清除佛老画像的斗争（详前章），将反对三教并存的主张付诸实际行动。

景祐元年在南京留守任上的是工部员外郎刘随，石介初来之

---

①《孙明复小集》，卷三，辑自《皇朝文鉴》，卷一百二十五。

②《徂徕石先生文集》，卷十六，《与范思远书》。

③同上，《与裴员外书》。

时以幕僚兼任应天府学官，下车伊始，就同长官发生矛盾。起因是他陪同刘随视察府学书库时，发现佛、老的画像同孔子等儒家先圣先贤摆在一起。刘随对佛氏画像特别欣赏，还边看边发议论，认为佛祖与老聃跟孔子并尊，释、道、儒三教可以共奉。这对以孔门的奴仆自居的石介来说，①感情抵触之大，也就可想而知了。因此虽然碍于上司情面，没有当场顶撞起来，事后石介还是按捺不住，写了一封信责备他，措辞十分激烈：

> 夫自伏羲、神农、黄帝、尧、舜、禹、汤、文、武、周公、孔子至于今，天下一君也，中国一教也，无他道也。今谓吾圣人与佛、老为三教，谓佛、老与伏羲、神农、黄帝、尧、舜俱为圣人，斯不亦骇矣！介不晓公之旨，何为而为是言也？②

以此与前引孙复《儒辱》对读，可知宋学建立之初，北宋儒者正是以猛烈攻击异质文化的方式来复兴传统文化，并进而建立起自身学术之体系的。

这次争论后不久，石介即利用职权，擅自去掉库藏《三教画本》中佛与老氏二教的画像，独留孔子等儒家圣像“朝夕令学者拜事之，庶几知吾师之尊，吾教之一，吾道之正”，并书石以告后任。事详《徂徕石先生文集》卷十九《去二画本记》。可知宋学初期疑传派，在排佛问题上，不唯观点与韩愈一致，连“人其人，火其书，庐其居”的做法也与之相同。

---

①《徂徕石先生文集》，卷五，《怪说》：“吾学圣人之道，有攻我圣人之道者，吾不可不反攻彼也。盗入主人家，奴尚为主人拔戈持矛以逐盗，反为盗所击而至于死且不避。”

②《徂徕石先生文集》，卷十三，《上刘工部书》。

作为疑经派的代表，欧阳修在排佛的目标上同石介等人基本一致，但他不同意火其书、庐其居这类简单的做法，认为这样做不能解决根本问题，根本问题在于思想上的战胜。于是撰《本论》二篇以明其志。欧阳修认为，佛教从形式上讲，因与中国传统的伦理观念相差太远，原不利于在老百姓中间传播，其之所以深入人心，是因为有一套劝人为善的理论：

> 彼为佛者，弃其父子，绝其夫妇，于人之性甚戾，又有蚕食虫蠹之弊，然而民皆相率而归焉者，以佛有为善之说故也。①

“为善之说”，即佛学传入中国之后得到长足发展的心性义理之学。在欧阳修看来，这才是辟佛的核心所在，只有从这一点上战胜释氏，才能从根本上解决问题。至于具体措施，欧阳修提出，必须通过传统文化的宣传，让老百姓懂得只有儒家礼义才是通向“为善”的正确途径，“使吾民晓然知礼义之为善，则安知不相率而从哉?”②他把这种方法叫作“修其本以胜之”③，得鲧禹治水堵塞不如开导之意和《左传·庄公二十二年》“物莫能两大”之理，而远胜韩愈氏之说：

> 今尧舜三代之政，其说尚传，其具皆在，诚能讲而修之，行之以勤而浸之以渐，使民皆乐而趣焉，则无行乎天下，而佛

①《居士集》，卷十七，《本论(下)》。
②同上。
③同上。

无所施矣。传曰："物莫能两大。"自然之势也。奚必曰"火其书"而"庐其居"哉！①

由陈善《扪虱新话》下集卷四欧阳修"此论一出，而《原道》之语几废"的记载来看，《本论》的观点在当时的影响颇大。

要而言之，"人其人，火其书，庐其居"，即使实现了，也只能解决形式上的问题，只有针对佛教得以昌盛的根本因素——佛学的深入人心战而胜之，才能奏效。欧阳修的"修其本以胜之"的说法，可谓抓住了要害，在识见方面确要高过韩愈及其追随者孙复、石介一筹。假如欧阳修从这一点出发，真能找到一种可以取代佛家性命之趣而更能吸引民众的理论，也的确有从根本上战胜之的希望。可惜他用以修本、资以破敌的，却是陈旧得不能再陈旧的"王政"、"礼义"之说。

儒家之仁义礼乐，对于治国治人，有其优越的一面，故为历代封建统治者所持守。至于治心，佛学从理论到实践有一套比较精密、细致的办法，使儒学相形见绌。这一点由上述韩愈辟佛限于佛教之迹而无法触及佛学之心，李翱试图从理论上建立儒家的复性理论而不得不取资于禅宗二例即可证明。儒学要对佛学采取攻势，"修其本以胜之"，正确的做法是应当正视自己的这一弱点，加强心性理论方面的建设，逐步吃掉对方——由后文可知，这一点被宋学繁荣期王、关、洛、蜀诸学做到了——从《本论》以及欧阳修的其他文章、书信中所发表的意见来看，他的做法恰恰相反。

欧阳修认为，依靠儒家传统的一套已经足够了，前此佛法之所以乘虚而入，是因为三代之衰，"王政阙"而"礼义废"，当今学

①《居士集》，卷十七，《本论（下）》。

者之患在于对此宣传不够,热衷于性命之理的讨论。如在《答李诩第二书》中,他借审阅对方送来的新作《性诠》三篇的机会抨击时弊曰:

> 今之学者于古圣贤所皇皇汲汲者,学之行之,或未至其一二,而好为"性说"以穷圣贤之所罕言而不究者,执后儒之偏说,事无用之空言,此予之所不暇也。①

在这封信中,欧阳修还以《六经》和《论语》为例,指出孔子言及性者,只有"性相近,习相远也"一处,反复强调关于"性"的讨论,"圣人之所罕言",而"非学者之所急"。同样的意思又见《居士外集》卷二十三《读李翱文》,以韩门《复性》之书为"不作可焉"。

"非所急"、"不作可"云云,也即与修身治人无关的意思。孔子既重治人,遂轻治心之学而"罕言性",这是儒家学说创始人的缺憾而非优点。欧阳修因《六经》和《论语》没有提到而拒绝研究这个在佛学的刺激下变得越来越引起学者兴趣的问题,决定了他虽然把辟佛的战线从佛教扩大到佛学,但终于未能深入下去,而只是像他所非议过的韩愈"火其书,庐其居"的简单化做法一样,大骂一顿性命之学乃"无用之空言"而已。

不过欧阳修将儒释之争朝着学术领域开拓的这一步在宋学发展史上仍然具有启迪性的意义。前此我们观察宋学从初期义理之学向性理之学的过渡,发现庆历、嘉祐之交是一条重要的界线。这之前,学者罕言性;这之后,非性命之理不谈。现在从宋学和佛学的关系来看,庆历、嘉祐,仍具有时代区别的意义。宋学草

---

①《居士集》,卷四十七。

创期,既反佛教又反佛学;宋学繁荣期,在攻斥佛、老甚深的同时,却又尽用其学。上引欧阳修的言论给我们一个重要的启示:儒学与佛学之间,意识到必须互相排斥或者吃掉对方的同时,也便是互相融合和吸收的开始。

宋学初期,以辟佛名扬于时而对后来宋学家有所启发的还有议古派代表人物李觏。李觏对佛、老的严峻态度,可由宝元二年(1039)所撰的《富国策十首》之五见之,但所论"缁黄存则其害有十",如"男不知耕"、"坐逃徭役"、"国用以耗"、"亲老莫养"等,①同早在至道三年(997)五月王禹偁向真宗皇帝上《应诏言事疏》反对僧尼不蚕而衣、不耕而食、祸国蠹民,而提出"沙汰僧尼,使疲民无耗"②的主张一样,主要侧重于佛教对社会经济的破坏,并没超出前人之所曾言。值得注意的是,文中对韩愈的"人其人,火其书,庐其居"之说也提出了异议。

《富国策十首》是为了应举所作的练习,在拟题部分作为对立面提出的一些说法,正可借以了解当时学术界在排佛问题上的另一种意见。仍以第五首为例,其问目云:

> 或曰:释老之弊酷,排者多矣。然以修心养真,化人以善,或有益于世,故圣贤相因,重其改作。今欲驱缁黄而归之,无乃已甚乎?

以此题与《白居易集》卷六《策林第六十七·议释教》"或曰足以耗蠹国风,又云足以辅助王化"之假拟相比,沿袭之迹十分明显,

---

①《李觏集》,卷十六。

②《皇朝文鉴》,卷四十二。

但“修心养真(性),化人以善”云云,较白氏“辅助王化”等浮泛的提法,显得直截而贴切。足见宋人承唐之后,对佛学本质的认识,已更具体而清楚。同欧阳修一样,李觏也主张在攘斥佛教的同时反对佛学,其根本措施则是恢复古之教民之法:

> 民之欲善,盖其天性。古之儒者用于世,必有以教导之。民之耳目鼻口心知,百体皆有所主,其于异端何暇及哉!①

从这段话看,所谓教民之法,与欧阳修《本论》从“物莫能两大”的逻辑出发,坚持以疏导为主的原则,强调“修其本以胜之”的主张基本相同。所不同者,乃在对性命之学的看法。李觏认为,释氏养性修心,化人以善之说,并没有什么了不起,我儒家经典中早已有了。某些儒者“欲闻性命之趣,不知吾儒自有至要,反从释氏而求之”②,是因为他们对自家的学问钻研不够。他谈自己的读书体会说:

> 释之行固久,始吾闻之疑,及味其言,有可爱者,盖不出吾《易·系辞》、《乐记》、《中庸》数句间。③

这段话见庆历七年十月李觏所撰《邵武军学置庄田记》,文中没有具体指明究竟是哪几句。由同年同月所撰之《建昌军景德寺置修大殿并造弥陀阁记》提到佛门“心法”时比附儒、释而曰“空、假、

---

①《李觏集》,卷二十八,《答黄著作书》。
②《李觏集》,卷二十三,《邵武军学置庄田记》。
③同上。

中则道、器之云，戒、定、慧则明诚之别”云云①，可知是指《易·系辞上》的“形而上者谓之道，形而下者谓之器”，《礼记·乐记》的“人生而静”，《礼记·中庸》的“自诚明，谓之性；自明诚，谓之教”等。据疑经派欧阳修等人考证，《系辞》、《礼记》并出汉人之手（详拙稿第二章第三节），儒家论“性”，当以《孟子》“性善”为最早，李觏出于对孟子的成见，没有提及，但《系辞上》解释“道”的含义时说：“一阴一阳之谓道，继之者善也，成之者性也”，大致也差不多了。

宋初刻《大藏经》，成六千六百余卷，李觏以数千卷佛书，可取者不出儒家数句，其轻重之间，已饱含对佛学的贬抑和批判。不过由“始吾闻之疑”到承认佛门心性义理之学“有可爱者”，其于排佛转向融佛方面给后来宋学家的启迪，比欧阳修又大大地进了一步。至于从儒家的著作中寻找与佛学暗合的文句，以图吃掉佛学精华部分的做法之开宋学中期援佛弘儒之先声，由李觏身上更可以看出宋学由草创期的义理之学向繁荣期的性理之学演进之轨迹。

第二节　排佛斗争的胜利和儒佛融合的成功

宋学进入繁荣期以后，儒者在对待佛学的态度上发生了三个方面的明显变化，一是知识分子嗜读佛典蔚为风气，二是从一般的反对佛教转向从学术上对释氏进行批判，三是大规模吸取佛学以改造和充实儒学。三者并始于此时。作为这三大变化的直接

---

①《李觏集》，卷二十四。

结果是前章重点论述过的宋学发展史上在庆历、嘉祐之交发生的划时代变化：从义理之学到性理之学。

前面还说到，佛教传入中国之后，僧徒从学术上傲视传统儒学，最得意的资本便是心性义理之学。有关议论见于佛徒者如活动年代与韩愈（768—824）相仿的华严宗五祖宗密（780—841），他一方面承认"孔、老、释迦皆是至圣"①，一方面又不无骄傲地宣称：

> 策万行，惩恶劝善，同归于治，则三教皆可遵行；推万法，穷理尽性，至于本源，则佛教方为决了。②

这种情况到了北宋仁宗时代仍是如此。如年代与欧阳修同时的僧契嵩用以抵制当时排佛锋芒的便是：

> 儒、佛者，圣人之教也。其所出虽不同，而同归乎治。儒者，圣人之大有为者也；佛者，圣人之大无为者也。有为者以治世，无为者以治心。……故治世者，非儒不可也；治出世，非佛亦不可也。③

言外之意也便是儒家之学长于治世，短于治心；欲治心者，非佛不可。对于这一挑战，如前所述，当时居于宋学首席地位的欧阳修是无法作出令人信服的答复的。

---

①《华严原人论·序》。
②同上。
③《镡津文集》，卷八，《寂子解》。

曾几何时，到了王安石、张载、二程的时代，心性义理再也不是佛者的专利，而反过来成为儒学的主要内容。佛学的精华，几被吸收殆尽。释氏在学术上的地位从此一蹶不振，被长于修心养性的宋学改造之后而复兴的儒家传统文化，再度取得了独尊天下的地位。

下面就来叙述这一重大转变的过程。

先说庆历之后知识分子竞读佛书热潮的兴起。庆历时期及此之前，宋儒处于儒学复兴之初，出于朴素的民族感情，对佛书一般采取拒绝阅读的态度。连谈性命之学都要加以反对的欧阳修且不说，即如承认佛氏修心养真之说为“有可爱者”的李觏也提出“苟不得已，尚不如学老、庄”①的主张，意思是一定要通过阅读儒家之外的书来进一步了解性命之趣，也不必读佛书。万不得已可以读点老、庄的书，尚不失于本国先哲之遗言。这一说法，代表了当时儒家知识分子的一般观点。如欧阳修的学生兼好友曾巩在排佛名文《说非异》中也曾经建议，“出于中计”，不妨以读老子书来代替佛书进而达到灭佛的最终目的。具体做法是“冠而隶籍。五百髡其一人，为老子学”②。也就是这个曾巩，当王安石劝他读经的时候，随即回信，疑安石“所谓经者，佛经也，而教之以佛经之乱俗”③。强烈反对把佛书称作“经”，并坚决拒绝阅读。

青年时代的王安石则是另外一种态度，据北宋僧慧洪《冷斋夜话》卷六载，王安石早年与曾巩在江南交往时，便已喜读佛典，曾巩欲讽之，一时找不到机会。某日在南昌会面，潘延之也在场，

---

①《李觏集》，卷二十八，《答黄著作书》。
②《曾巩集》，卷五十一。
③《临川集》，卷七十三，《答曾子固书》。

王安石同他谈论禅学,曾巩乘机进谏,王安石正色拒绝,并反过来教训他说:

> 善学者读其书,惟理之求。有合吾心者,则樵牧之言犹不废,言而无理,周、孔所不敢从。

这里提出的“惟理之求”的读书原则,其对象,即等释典与周、孔之书而言之。考王安石后来的言行,《冷斋夜话》的这一记载大抵可信。如《长编》卷二百三十三,熙宁五年五月甲午条载王安石与神宗论佛书的对话如下:

> 安石曰:“……臣观佛书,乃与经合,盖理如此,则虽相去远,其合犹符节也。”
>
> 上曰:“佛,西域人,言语即异,道理何缘异?”
>
> 安石曰:“臣愚以为:苟合于理,虽鬼神异趣,要无以易。”
>
> 上曰:“诚如此。”

“苟合于理,虽鬼神异趣要无以易”云云,与前所引王安石论“善学者读其书,惟理之求”,精神基本相同,是王安石对待佛学的基本态度。因此,当曾巩复信指责他以佛经为经的时候,王安石不仅不否认自己所说的“经”包括佛经在内,还向他作了一番恳切的解释:

> 世之不见全经久矣,读经而已,则不足以知经。故某自百家诸子之书,至于《难经》、《素问》、《本草》、诸小说无所不读,农夫、女工无所不问,然后于经为能知其大体而无疑。盖

后世学者与先王之时异矣，不如是不足以尽圣人故也。①

在这里王安石陈述了他所以主张读佛书的两个理由：一、所谓中国圣人之经，后世看到的已非“全经”；二、如今面临的时代与六经初撰之时已大不相同，仅靠圣人之经无法适应发展了的形势。接着他又以扬雄对异学的去取为例说：“扬雄虽为不好非圣人之书，然于墨、晏、邹、庄、申、韩，亦何所不读？彼致其知而后读，以有所去取，故异学不能乱也。惟其不能乱，故能有所去取者，所以明吾道而已。”

“世之不见全经久矣”。正是宋学初期疑古派得出的结论。关于六经的作者，关于经文的真伪，既然都存在着程度不等的可疑之处，凭什么非要求千百年之后的学者匍匐在地，不敢越雷池一步呢？孙复、欧阳修等人本以复兴儒学为号召，从恢复和捍卫儒家经典之真面目的立场上来疑经、疑传，实践的结果，却使儒学在同佛学的激烈竞争中丧失了持以闭关自守的最后一块阵地：《六经》的神圣化和权威性。这一点虽为初期宋学家所始料不及，但怀疑精神的进一步深入，导致对传统文化作某种程度上的否定和改造，实事势之所必然。对于一种理论的检验和修正，时间乃是无情的标准和无可抗拒的原动力。此其一。

从孟子所在的战国时代（公元前四五世纪）到 11 世纪的北宋，时间过去了将近千五百年，儒家的学问基本上还是不离先秦载籍的那一套，所增加的只是一些训诂和疏释，在这期间，佛教却从无到有，从小到大，一步一步在中国站住了脚跟，并进而发展到“天下靡然同风”。这是另一个值得思考的问题。王安石与曾巩

---

①《临川集》，卷七十三，《答曾子固书》。

关于读佛书的这一场辩论，代表了宋学进入繁荣期前后，学者们对传统文化的反思和从根本上提出的批判。“读经而已，则不足以知经”。要发展儒家文化，必须兼采百家包括佛氏之长，过去那种仅仅停留于从六经到六经的做法，已经不行了。“盖后世学者与先王之时异矣，不如是不足以尽圣人故也。”此其二。据此可知，王安石在《答曾子固书》中提出的两个理由都是可以成立的，由此而得出的结论，无疑也是正确的。

由对传统儒学的不满足而扩大阅读范围，试图从佛家典籍中开拓学问的疆域，实乃宋学进入繁荣期后崛起的王学、关学、洛学、蜀学各派代表人物青年时代求学所走的共同道路。苏轼说王安石“少学孔孟，晚师瞿聃”。苏辙为其兄撰墓志铭，则将这一评价送给了苏轼自己：

> （苏轼）初好贾谊、陆贽书，论古今治乱，不为空言。既而读《庄子》，喟然叹息曰：“吾昔有见于中，口未能言；今见《庄子》，得吾心矣！”……后读释氏书，深悟实相，参之孔墨，博辩无碍，浩然不见其涯也。①

由儒而庄，由庄而释，十分形象而准确地概括了苏轼读书的生涯。有趣的是程颐为其兄颢撰《明道先生行状》，也说了一段类似的话：

> 先生为学……泛滥于诸家，出入于老、释者几十年，返求

①（北宋）苏辙：《栾城后集》，卷二十二，《亡兄子瞻端明墓志铭》。

诸《六经》而后得之。①

尤其典型的是"其学更先从杂博中过来"的张载,吕大临《横渠先生行状》说他:

> 当康定用兵时,年十八,慨然以功名自许,上书谒范文正公。公一见知其远器,欲成就之,乃责之曰:"儒者自有名教,何事于兵!"因劝读《中庸》。先生读其书,虽爱之,犹未以为足也,于是又访诸释、老之书,累年尽究其说,知无所得,反而求之《六经》。

所谓访诸释、老之书,反而求之《六经》,路数完全与二程之自述同。

范仲淹由知越州起知永兴军,再擢为陕西经略安抚副使,乃在康定元年(1040)。② 张载生于真宗天禧四年(1020),"年十八"为"年二十一"之误。值得注意的是这一年李觏正在范仲淹任所充西席(详拙稿第二章第四节),张、李两人是否会面虽不得确考,但作为宋学前辈,李觏所谓佛氏性命之学不出儒家《中庸》等书数句之间的思想,至少通过范仲淹,给这位即将为两宋性理之学的建设作出开拓性贡献的青年以积极的启发和影响。

综上可知,从《六经》开始,将阅读的范围推广到老、释,在大量阅读佛书的基础上再回到儒家经典中来,乃是宋学繁荣期各家

---

①《河南程氏文集》,卷十一,《二程集》,第638页。

②详《长编》,卷一百二十六,仁宗康定元年三月记事;又《长编》,卷一百二十七,仁宗康定元年五月己卯条。

知识结构之所同。以此与前章所引司马光抨击的熙宁初期科场“发言秉笔,先论性命”,“纵虚无之谈,骋荒唐之辞”,“众心所趋,如水赴壑,不可禁遏”的风气对参,足见此前和此后,宋儒对佛学的看法是多么地不同,弄到后来,竟然出现了“今人不学则已,如学焉,未有不归于禅也”①的局面。连辟佛最坚决的司马光后来作诗称赞邵雍,也说:

近来朝野客,无坐不谈禅。顾我何为者,逢人独懵然。羡君诗既好,说佛众谁先。只恐前身是,东都白乐天。②

由上引首联可知佛家典籍和禅门性理对北宋后期知识分子的吸引力之大,而苏轼熙宁二年五月《议学校贡举状》所谓“今士大夫至以佛、老为圣人,鬻书于市者,非庄、老之书不售也”③,与此正可对看。

《河南程氏遗书》卷十八载门人问:“佛当敬否?”程颐毫不犹豫地回答说:“佛亦是胡人之贤智者,安可慢也。”④以此与宋学初期石介在南京应天府下车伊始便发动清除佛、老画像的斗争相比,足知伴随着这种竞读佛书之趋向,宋学繁荣期学者们对佛氏看法的转变。而作为这种知识分子嗜读佛典之风的一个积极结果,便是促使宋学家们开始从学术上对佛教文化进行比较客观的具体的分析,并由此而对东汉以来文人士大夫要么佞佛,要么攘佛这两种极端的态度进行反思。在这一方面,苏辙的议论比较典

①《河南程氏遗书》,卷十八。

②《司马温国文正公集》,卷十二,《戏呈尧夫》。

③《苏轼文集》,卷二十五;《国朝诸臣奏议》,卷七十九。

④《二程集》,第211页。

型。他说：

> 东汉以来，佛法始入中国，其道与《老子》相出入，皆《易》所谓形而上者。而汉世士大夫不能明也，魏晋以后，略知之矣。好之笃者，则欲施之以世；疾之深者，则欲绝之于世。二者皆非也。老、佛之道与吾道同而欲绝之，老、佛之教与吾教异而欲行之，皆失之矣。①

这一看法，无疑是正确而有益的。因为只有真正看到了佛学与儒家传统文化的不同之处，方能从一般的反对佛教转向从学术上进行批判。而看到了“与吾道同”的地方，则为援佛入儒提供了可能，指明了方向。反过来又进一步推动了熟读佛经、博道禅理的热潮。

佛书既经熟读，从中吸取养分来丰富自己，也就是很自然的了。由上引程颢、张载两人的《行状》来看，宋儒对自家学问的要求，不仅不以多读佛书为非，反而以熟谙释典为荣。作为典范，则是钻得进去又能跳得出来，即由佛籍禅理复归到儒家正统的立场上来，所谓出入于释、老，返求诸《六经》。但这一复归，对儒家经典的理解，与原先已大不相同。如张载由读《中庸》而对“天命之谓性”一类问题发生兴趣，转而穷究佛书，最后又回到《中庸》，其价值取向实际上已经起了重大的变化，这一变化首先也就表现在儒家经典的选择和重新理解，已经是以佛学作为参照系数了。

《中庸》成为沟通儒学与佛学的桥梁，始自六朝著名佞佛君主梁武帝萧衍。萧衍在著《涅槃》诸经义记的同时尝撰《中庸讲

①《栾城后集》，卷十，《历代论四·梁武帝》。

疏》，今已不传。唐代知识分子对佛学发生兴趣，《中庸》在其间也充当了中介。如刘禹锡谈到自己少读《中庸》、晚习佛书的经历时说："余知窔奥于《中庸》，启键关于内典。"①而李翱的《复性书》，欧阳修读后即一言以蔽之："此《中庸》之义疏尔！"②

张载对于《中庸》的重视，可由《经学理窟》及《正蒙》等书见之。张载治经，颇能继承宋学初期的疑古精神，如认为"《礼记》则是诸儒杂记"③，即与欧阳修等人所见同。但独不疑此书的《大学》、《中庸》两篇，以为"《中庸》、《大学》出于圣门，无可疑者"④。这一观点与后来程朱学派把《大学》、《中庸》独立出来，与《论语》、《孟子》合称《四书》的做法颇为一致。张载性学，以"天地之性"、"气质之性"的二元论代替传统的一元论，首见开创之功，此说即发表于《正蒙·诚明》之篇。篇中说："'自明诚'，由穷理而尽性也；'自诚明'，由尽性而穷理也。""诚明"两字，隐括《中庸》全篇之义，其演进之迹尤明。由此可知，所谓访诸释、老之书，返而求之《六经》，主要仍是回到早年根据范仲淹建议熟读的《中庸》上来。故张载自述其学曰：

> 某观《中庸》义二十年，每观每有义，已长得一格。⑤

自二十一岁开始读《中庸》，又二十年，已四十多岁了，正是张载"自立说以明性"的关键时期。

---

①《刘禹锡集》，卷二十九，《赠别君素上人序》。

②《居士外集》，卷二十三，《读李翱文》。

③《经学理窟·义理》，《张载集》，第277页。

④同上。

⑤同上。

从《中庸》出发汇通儒、释两家之性说，实关、洛、蜀诸学之所同。如苏辙《老子解》，以佛解老而又通于儒，统合三家，其实是以老子之学为中介，汇通儒、佛之说。其自序有云：

> 僧道全与予谈道，予曰：子所谈者，予于儒书已得之矣。《中庸》曰："喜怒哀乐之未发谓之中，发而皆中节，谓之和。"此非佛法而何？六祖所谓不思善、不思恶，则喜怒哀乐之未发也。盖中也者，佛性之异名；而和者，六度万行之总名也。

六祖即惠能，佛法即心法。以《中庸》通于禅门之心法，亦见于二程。朱熹《中庸章句序》引程子之言曰：

> 不偏之谓中，不易之谓庸。中者天下之正道，庸者天下之定理。此篇乃孔门传授心法，子思恐其久而差也，故笔之于书，以授孟子。

《中庸》本是《礼记》的一篇，连作者的名字都不能确知，宋儒居然将它抬到孔、孟之道授受之渊源这么一个高度，其事本身便证明了儒学对佛学的吸收，或者说，宋儒参照佛学而改铸了传统儒学。前引程、张论"定性"书，表面上看起来是对思孟学派微言大义的发挥，骨子里却是佛门心法的禅定之义，便是一个绝好的证明。

然而宋儒对佛学的吸收，不只限于禅宗一系，其关于"心法"的沟通，也不止《中庸》一书。以王安石为例，《宋史》本传说他"晚居金陵，又作《字说》，多穿凿傅会，其流入于佛、老。"《字说》今不可见，由零星保存的一些资料看，王氏所涉猎的佛书面甚广。如陈善《扪虱新话》上集卷三《荆公字说多用佛经语》举"空"、

“追”两字的解说为例，其中“空”字曰：

> 荆公《字说》多用佛经语，初作“空”字云：“工能穴土，则实者‘空’矣，故‘空’从‘穴’从‘工’。”后用佛语改云：“无土以为穴，则空无相；无工以穴之，则空无作。无相无作，则空名不立。”此语比旧为胜。《维摩诘经》曰：“空即无相，无相即无作，无相无作，即心意识。”《法华经》曰：“但念空无作。”《楞严经》曰：“但除器方，空体无方。”荆公盖用此意。

解一字而用三经之意，足见所取实非一宗一典。据《宋史·艺文志四》，王安石著有《维摩诘经注》三卷，①又《郡斋读书志》卷五上著录王安石《楞严经解》十卷，②由知王氏对两经曾下过工夫，《字说》所引，非出浮泛之见。

除《字说》外，王安石著作中涉及佛学的还很多。如《三经义》，晁说之等人即攻之曰“援释、老诞慢之说以为高”③，“多以佛书证六经，至全用天竺语以相高”④。这自然是站在反对派的立场上说，但所指出的王安石《三经》之学多用佛语、援释入儒的特点则诚是。在王学所吸收的佛学义理中除了天台宗(《法华经》即天台宗宗经)、禅宗外，属于中国化的佛教宗派还有华严宗。据苏轼

---

①据《王文公文集》，卷二十，《进二经札子》，知王安石除注《维摩诘经》外，尚注《金刚经》，并同时奏进于宋神宗。

②据《艺苑掇英》等十五期刊王安石《楞严经旨要》手书，卷末题记落款日期为元丰八年四月十一日，知安石注佛经与撰《字说》，并系晚年退居钟山所为。

③《嵩山文集》，卷三，《宋元学案》卷九十八。

④《长编》，卷四百零八，元祐三年二月癸巳条注引《吕公著旧传》。

说,安石曾为华严宗的代表作《华严经》作注。[1] 而在他写给朋友及门人的信中,又表示了对恪守印度佛教教义的唯识宗(法相宗)的浓厚兴趣。下引是王安石同蔡肇论讨"同生基"这一佛学理论问题的信中的一段:

> 得书说,同生基以色立,诚如是也。所谓犹如野马熠熠清扰者,日光入隙所见是也。众生以识、精、水合此而成身。众生为想所阴,不依日光,则不能见。想阴既尽,心光发宣,则不假日光,了了见此。此即所谓见同生基也。[2]

这里使用了两个佛学的基本概念:"色"和"识"。所谓色,即物质的意思。《阿毗达磨品类足论》卷一曰:"色云何?谓诸所有色,一切四大种所造色。"[3]"四大种"即地、水、火、风四大类构成物质现象的元素(种子),简称"四大",是生命的物质基础。所谓识,指精神活动,是心法的基本构成方面,小乘佛教有六识:眼、耳、鼻、舌、身、意,大乘佛教再增加第七末那识和第八阿赖耶识,通称八识。六识说者,以第六识"意"为统率;八识说者,以第八识为根本。阿赖耶意译是"藏"的意思,故又称藏识、本识。唯识宗最重视这个识,认为它是生命的共同基础,即同生基。王安石由《庄子·逍遥游》"野马也,尘埃也,生物之以息相吹也"取喻,提出识、精、水是合成生命的根源,所取正是唯识宗的这一观点。类似的说法还见于《王文公文集》卷七《答蒋颖叔书》:

---

①详《苏轼文集》,卷六十六《跋王氏华严经解》。

②《临川集》,卷七十三,《答蔡天启书》。

③转引自方立天:《佛教哲学》,第127页。

所谓性者，若“四大”是也。所谓无性者，若“如来藏”是也。虽无性而非断绝，故曰一性所谓无性。曰一性所谓无性，则其实非有非无，此可以意通，难以言了也。惟无性，故能变。若有性，则火不可以为水，水不可以为地，地不可以为风矣。

所谓有性者，即色，故曰“若‘四大’是也”；无性者，即识。“如来藏”即藏识、阿赖耶识。此处所涉及的，也是佛学的基本问题，即物质与精神的关系问题。

王安石从“唯识缘起”的观点出发，从相传为儒家最古老的经典《尚书》中找到了所谓孔门授受的“心法”。在著名的《书〈洪范传〉后》一文中，王安石指出：

古之学者，虽问以口，而其传以心；虽听以耳，而其受者意。①

这一描述，与后来程朱学派由《礼记·中庸》一篇发掘出来的虞廷传心之说，完全一致，只不过王安石认为，“圣人独见之理，传心之言”，乃见于《尚书·洪范》一篇。其言曰：

《书》言天人之道，莫大于《洪范》，《洪范》之言天人之道，莫大于貌、言、视、听、思。大哉，圣人独见之理、传心之言乎，储精晦思而通神明！②

---

①《王文公文集》，卷三十三。
②《王文公文集》，卷二十九，《礼乐论》。

貌、言、视、听、思,《洪范》作"五事",用以分别指称人的领有相应精神活动的五种感觉器官,及其所产生的五种精神状态:"貌曰恭,言曰从,视曰明,听曰聪,思曰睿。"这五事,大致与佛学中的六识相对应,如"眼"与"视"、"耳"与"听"等等。特别是第五事"思"与第六识"意",不唯含义差似,连排列的次序以及所给定的在各种精神活动中的地位也相同。"意"在佛学"六识"中称"独头意识"(其余五识则又合称"五根"),对心法的其他五个方面有统率的作用。至于儒家"五事"中的"思",王安石《洪范传》说:

> 五事以思为主。……思者,事之所成终而所成始也,思所以作圣也。既圣矣,则虽无思也,无为也,寂然不动,感而遂通天下之故可也。①

所谓感而遂通天下之故的"圣",也就是前引《礼乐论》所讲的"储精晦思而通神明"的"圣人"。在释子的语言中,就叫"佛"。在"五事"处于主导地位的"思",也就相当于第六识"意"。基于这一认识,王安石得出了如下的结论:

> 五事,人所以继天道而成性者也。……人君所以修其心、治其身者也。②

六识之说,本于小乘,大乘八识,犹以阿赖耶识为高于一切的生命渊源。《尚书·洪范》没有相应的概念加以发明,于是王安石在

---

①《王文公文集》,卷二十五。

②《王文公文集》,卷二十五,《洪范传》。

《礼乐论》中又拈出了一个儒家心法的最高范畴——“精”。他说：

> 故古人之言道者，莫先于天地；言天地者，莫先乎身；言身者，莫先乎性；言性者，莫先乎精。精者，天之所以高，地之所以厚，圣人所以配之。①

天地之所以存在，世界万物之所以显示出这样或那样的变化，其根本源泉全在于“精”。类似提法见于《洪范传》的则有“天一生水；其于物为精，精者，一之所生也”，以及“精、神、魂、魄具而后有意”等，故《礼乐论》又云“储精晦思而通神明”，皆以“精”为“意”及“思”的渊源。这同法相宗“唯识缘起”，以阿赖耶识为世界万物包括人本身的种子的说法如出一辙。

明白了这一点再来看前引《答蔡天启书》中提出的“众生以识、精、水合此而成身”的命题，以及“野马”之喻，也就迎刃而解了。“识”和“水”是佛学的专名，前者属于“心法”（精神），后者属于“色法”（物质）。“精”是王安石以儒家传统用语中拈出的概念，“野马”又是《庄子》之语。儒、道、释三家，释中之大、小乘两家，在这里统统被王安石给杂糅在一起了。难怪北宋晚期以精通佛理自居的江西诗人黄庭坚，批评王安石的学佛说：“荆公学佛，所谓吾以为龙又无角，吾以为蛇又有足者也。”②出入于佛老而不拘囿于庄、禅，统合儒、释、道而又不失儒家之本位，王安石的可贵之处却正在这里。而这一特点，也正是“访诸释、老之书”，“返求诸六经而后得之”的张、程、苏诸人之所共有的时代精神：兼容和开放。

---

①《王文公文集》，卷二十九，《礼乐论》。

②《山谷集》，卷三十，《跋王荆公禅简》。

换句话说，王、洛、关、蜀诸学，虽然引进佛学的侧重面不同（洛学所援又有华严宗之学，说详后），援佛门性说以建立自己的性理之学的门径路数则一。心性义理，这本是宋学进入繁荣期后的主要内容，拙稿第二章指出过，“理学”一名，本身即从佛说借来，叶适所谓程、张之徒尽用佛学，正好指出了北宋理学的共性。

下文再说“攻斥老、佛至深”的一面。

前节说到，宋学初期的排佛斗争，经过了一个从“人其人，火其书，庐其居”到“修其本以胜之”的发展过程，前者侧重在从形式上反对佛教，后者则已连佛教与佛学一并反之。但真正对佛学作出理论上的比较深刻的批评的，则是繁荣期诸家。如张载在《正蒙·诚明篇》的末尾指出：

> 释氏妄意天性而不知范围天用，反以六根之微因缘天地。明不能尽，则诬天、地、日、月为幻妄，蔽其用于一身之小，溺其志于虚空之大，所以语大语小，流遁失中。其过于大也，尘芥六合；其蔽于小也，梦幻人世。谓之穷理可乎？不知穷理而谓尽性可乎？

所谓六根，即六识，是佛门心法的具体内容，故“以六根之微因缘天地”，同篇之中又作“以心法起灭天地”。张载理学，既由禅宗心法借取性命之学，这里为什么又批判起心法来了呢？原来张氏认为，禅门心法作为一种思考问题的方式是可取的，但它的前提，它的“梦幻人生”、“以天、地、日、月为幻妄”，即佛氏的世界观的基本方面——空，则是错误的。它所以错误，是因为只考虑到个人的修心养性、得道成佛，不知穷理而只知尽性，“妄意天性而不知范围天用”,“蔽其用于一身之小”,弃世界万物、国家大事于不顾。

根据这一认识,张载在同书《中正篇》中进一步将儒、释两家作了比较,指出:

> 儒者穷理,故率性可以谓之道。浮图不知穷理而自谓之性,故其说不可推而行。

“梦幻人生”和“其说不可推而行”,都是说佛学的根本出发点不是为现世所用。

在这一方面,王学、洛学的观点也大略相同。如王安石在《礼乐论》中将儒家之道同老、佛作了一番比较,其言亦云:

> 礼乐之意大而难知,老子之言近而易晓。圣人之道得诸己,从容人事之间而不离其类焉;浮屠直空虚穷苦,绝山林之间,然后足以善其身而已。由是观之,圣人之与释、老,其远近难易可知也。

佛徒既以“空”作为指导思想,其修心养性的目的,也就完全是为了个人,与国计民生毫无关涉。“独善其身”诚有,“兼济天下”则无。这在参与意识异常强烈的北宋知识分子看来,乃是最不可容忍的对天下对国家对百姓不负责任的异端行为。

关于佛学的不问世事,僧人的遁迹山林,程颐也曾经提出过严厉的批评:

> 彼释氏之学,于“敬以直内”则有之矣,“义以方外”则未之有也,故滞固者入于枯槁,疏通者归于肆恣,此佛之教所以

为隘也。吾道则不然,率性而已。①

"敬以直内",是指修心养性方面的内求;"义以方外",则是从治国平天下一面讲的。佛学与儒学相比,前者有余而后者不足。程氏抓住了对方的弱点,毫不放松地展开了攻势:"学佛者多要忘是非,是非安可忘得?"②"今之学禅者,平居高谈性命之际,至于世事,往往直有都不晓者,此只是实无所得也。"③据洛学门人唐棣记载,程颐某次同一官员、一僧人相会,那官员对他们谈了一通公牍条文("条贯")。官员走后,程颐问和尚:"晓之否邪?"那和尚说:"吾释子不知条贯。"于是程颐便乘机把他奚落了一顿。④

在宋学进入繁荣期以前,佛徒原有性理之学方面的优势可以骄傲,其不晓世事的弱点也就被掩盖住了。如今心性义理方面的精髓既已被王、关、洛,蜀诸学吸取殆尽,释氏也便只剩下佛教的奢侈形式、迷信内容和不问世事的缺点,⑤两相比较,自然要相形见绌了。自韩愈在唐代中期发动排佛斗争以来,儒者日思夜想的重新独霸天下的局面,至此终于出现。但这一胜利的获得,并不是"人其人,火其书,庐其居"式的表面化斗争的结果,也不是"修其本以胜之"的空洞复古的产物,而是采用孙悟空钻进铁扇公主的肚皮里面,吃空对手的全部内脏,然后使她的躯壳一推即倒的

---

①《河南程氏遗书》,卷四,《二程集》,第 74 页。

②同上书,卷十九,第 263 页。

③同上书,卷十八,《二程集》,第 196 页。

④同上书,卷二十二上,《二程集》,第 293 页。

⑤关于佛教鬼神迷信方面,也是宋学繁荣期从学术的角度来批判释氏的重要内容,如张载《正蒙·乾称篇》以及二程的许多语录,包括吕希哲《吕氏杂记》卷下关于司马光对"释氏戒妄语"而昌言"在理必无"之"神道变化之事"的揭露。囿于篇幅,暂从略。

办法而取得的。

平心而论,佛学有它的长处,也有它的短处。假如避开人家的长处,专攻短处,或者拿过人家的长处当作自己的武器去攻打对方的短处,那自然是稳操胜券了。宋学繁荣期把排佛斗争扩大到佛学领域之后之所以能够取得最后的胜利,不仅在于使用了前者,而且在于同时使用了后一种手段。以洛学为例,据《河南程氏遗书》卷十八记载,某学生读《华严经》,发现华严宗的"三观","第一真空绝相观,第二事理无碍观,第三事事无碍观",与其师"包含万象,无有穷尽"的学问极相似,便问:"此理如何?"程氏回答说:

> 只为释氏要周遮,一言以蔽之,不过曰:"万理归于一理也。"

这"万理归于一理",是宋代性理之学中一个十分重要的命题,程颐从张载《西铭》中总结出来的"理一而分殊"①,王安石的"物变极万殊,心通才一曲"②,以及程颐本人的"一物之理,即万物之理"③,并从此出。足见华严宗教义对北宋性理之学的建立,影响至大。因此当学生又问道:"未知所以破他处?"程颐脱口而出:"亦未得道他不是。"但他马上又改口曰:

> 百家诸子个个谈仁谈义,只为他(按:指佛教)归宿处不是,只是个自私。

①《河南程氏文集》,卷九,《答杨时论西铭书》。
②《王文公文集》,卷四十三,《寄吴冲卿》。
③《河南程氏遗书》,卷二上,《二程集》,第3页。

所谓自私,也就是“蔽其用于一身之小”和“足以善其身而已”。程氏接着举例说明道:“且指甚浅近处,只烧一文香,便道我有无穷福利,怀却这个心,怎生事神明?”

这等于说,虽然宋学家讲“穷理”,华严宗也讲“事理”,正如“诸子百家个个谈仁谈义”,也不能说他不对。(注意:这里程颐轻轻地撇开了一个至关重要的问题,即“理”的观念究竟是谁先引入修心养性之学的)但他的目的却是错的。而之所以错误,是因为他的理论虽好,却不是像宋儒那样为着救国救民,而只是为了谋取佛徒个人自身生前死后的无穷福利。于是问题又回到了前头我们反复引述过的王、关、洛、蜀诸学“攻斥老、佛至深”的种种言论。

上面提到的排佛方式,大抵是宋学繁荣期宋儒惯用的固定方式,程门讲学问答之际,尤其常见。据洛学传人谢良佐回忆,他也曾历举佛说与儒学相同者多处去请教伊川先生,程颐却笼统地回答他说:

> 凭地同处虽多,只是本领不是,一齐差却。①

所谓本领不是,即动机不纯,“归宿处不是”的意思,可知程氏对佛学的批判,颠来倒去只是这个“目的一错,全盘皆错”的逻辑武器。因为二程深知,他们那一套原本就是从佛学那里照搬过来的,经不起仔细比较,最好的办法是置之不理,专揭对方的短处:

> 释氏之学,更不消对圣人之学比较,要之必不同,便可置之。今穷其说,未必能穷得他,比至穷得,自家已化而为释氏

---

①《河南程氏外书》,卷十二,《上蔡语录》,《二程集》,第425页。

矣。今且以迹上观之,佛逃父出家,便绝人伦,只为自家独处于山林,人乡里岂容有此物?……至如言理性,亦只是为死生,其情本怖死爱生,是利也。①

一只手从你的口袋里拿走了巨额的存折,另一只手马上重重地打你一拳,这是什么逻辑!这一比喻似乎有点过于尖刻,但从儒、佛二学的消长来看这一场斗争的最后结果,事实告诉我们,儒家传统文化之所以能在北宋后期取得决定性的胜利,主要之点恰恰表现于南渡之前宋学家敢于一面继续打着攘斥佛老的旗号,一面钻进佛学的腹地,吸掉它的精髓,将它改铸成儒家面目的思想而嬗变为传统文化的崭新形式。"释氏之学,又不可道他不知,亦尽极乎高深,然要之卒归乎自私自利之规模。"②承认佛学之"极乎高深",故"尽用其学";"卒归乎自私自利之规模",即所谓"攻斥老、佛至深"。探寻宋学辟佛、融佛之轨迹,成功之处,正在这里。

既然如此,叶适为什么又说宋学家之于老、佛,"尽用其学"而又"不自知"呢?为着弄清这个问题,我们不妨把视线转移一下,看看儒佛双方的另一边——佛学方面的情况。

第三节　佛教的世俗化、禅宗的文字化和佛学的儒学化

宋学之所以能够在"宗儒为本"的前提下完成"援佛入儒"的

---

①《河南程氏遗书》,卷十五,《二程集》,第149、152页。
②同上。

历史使命，成为中国封建社会后期占统治地位的学术思想，除了儒者一面的努力之外，同释氏入宋之后自身所发生的变化有很大的关系。清代陈澧说：

> 自唐以后，不独儒者混于佛，佛者亦混于儒。……大约自唐以后，儒者自疑其学之粗浅而骛于精微，佛者自知其学之偏驳而依于纯正。譬之西方之人向东行，东方之人向西行，势必相遇于途。①

这种与儒者排佛、“儒者混于佛”同时发生的“佛者亦混于儒”的现象，大致可分三个方面。一是佛教进一步朝世俗化的方向发展，二是唐代已取得长足发展但以“不立文字”为宗旨的禅宗入宋后向文字化的演变，三是佛徒著作的儒学化。兹胪述如后。

一　佛教的世俗化

佛教进入中国之初，除了不养父母、不娶妻生子、不事农桑、不蓄头发等方式与中国传统习俗发生矛盾之外，最骇人听闻的便是不拜君父，反倒要求君父拜和尚。后秦姚兴弘始三年(401)译成的佛典《梵网经》卷下明确规定：

> 出家人法：不向国王礼拜，不向父母礼拜。六亲不敬，鬼神不礼，但解法师语。

佛教的这一律条，是它传入中国之后在三教并立的激烈斗争中得

①《东塾读书记》，卷四。

以维护自身的独立和尊严的一个重要法宝，但同时对于佛教的博得统治者欢心和顺利传布又极为不利。在皇权高于一切的中国封建时代，任何凌驾于万乘之上的举动都是不能容许的。魏晋南北朝时期，围绕沙门拜不拜皇上的问题曾经展开过激烈的辩论。一些狡黠的中国僧徒，如北魏法果，为了讨好皇帝，不惜牺牲佛门原则而常致拜于太祖拓跋珪，以换取朝廷对他的支持。大多数僧人，例如东晋释慧远等，则坚持沙门不拜王者的原则，与权臣庾冰、桓玄等往复抗辩，并撰《沙门不敬王者论》五篇以明其事。[①]在佞佛的士大夫何充、王谧等人的支持下，主张不拜者终于占了上风。即使是屈服于皇权的僧人如法果，也不得不自我辩解说："太祖明睿好道，即是当今如来！""能弘道者，人主也；我非拜天子，乃是礼佛耳！"[②]

此后沙门不拜王者，遂相沿而成规矩。暴虐如隋炀帝杨广，大业三年曾下敕，令僧道先须致敬，方可有所陈请。但释子彦琮以下，仍坚执不拜，并著《福田论》以抗之，[③]杨广也无可奈何。

禅宗自初祖达磨开始，即以王者之师自居。《坛经》载：

> 达磨大师化梁武帝，帝问达磨："朕一生已来，造寺布施供养，有功德否？"达磨答言："并无功德。"武帝惆怅，遂遣达磨出境。[④]

梁武帝是佞佛出名的君主，禅宗初祖尚且以"并无功德"一言以蔽

---

①《弘明集》，卷五。

②《魏书·释老志》。

③《广弘明集》，卷二十五，《福田论·序》。

④敦煌本《坛经》，第三十四节。

之，其傲视世俗的沙门优越感，可以想见。相传六祖惠能以武则天之阴骘暴烈而屡召不起，正是佛徒这种不拜王者的传统意识的表现。因此当韶州刺史韦璩问到前引达磨轶事时，惠能断然回答："武帝实无功德，使君勿疑达磨大师言。"①

终唐之世，佛教这种敢同至尊抗衡的态度基本不变。据《资治通鉴》卷一百九十三，唐太宗贞观五年春正月，尝诏僧、尼、道士致拜父母，但到了唐高宗龙朔二年（662）四月十五日，又发布《制沙门等致拜君亲敕》，可知前诏未果行。过不了两个月，龙朔二年六月八日，高宗之诏又宣告作废，另颁《停沙门拜君诏》以表示妥协。② 足见佛教气势之盛。

入宋之后，这种佛与王者分庭抗礼的情况起了根本性的变化。下引一则轶事见欧阳修《归田录》卷一的头条：

> 太祖皇帝初幸相国寺，至佛象前烧香，问当拜与不拜，僧录赞宁奏曰："不拜。"问其何故，对曰："见在佛不拜过去佛。"赞宁者，颇知书，有口辩，其语虽类俳优，然适会上意，故微笑而颔之，遂以为定制。至今行幸焚香，皆不拜也。议者以为得礼。

"见在佛"即法果所谓当今如来。关于沙门不拜王者，前此虽曾有过争执；但王者礼拜如来佛象，则从无异议。从沙门不拜王者，到王者可以不拜佛象，其间的变化有多大！

关于北宋僧人之趋炎附势，在两宋载籍中，常可见到，即便是

---

①敦煌本《坛经》，第三十四节。

②《广弘明集》，卷二十五。

佛徒著述,也不乏其例。如《古尊宿语录》卷十九《后住潭州云盖山海会寺语录》载释方会(992—1049)之法语云:

> 师于兴化寺开堂……遂升座,拈香云:"此一瓣香,祝延今上皇帝圣寿无穷。"又拈香云:"此一瓣香,奉为知府龙图,驾部诸官,伏愿常居禄位。"复拈香云:"……奉酬石霜山慈明禅师法乳之恩。"

这就是通常所说的佛门仪式"三瓣香"。第一瓣香的祝愿献给皇帝,第二瓣香奉承当地官僚,第三瓣香才轮到培养他的禅门法师。比之赞宁的面谀,方会这出自内心的逻辑顺序,要来得更加肉麻和自觉。方会是禅宗在北宋新形成的两大支派中最重要的一支临济宗杨歧方会派的创始人,其地位与影响均在赞宁之上。足知佛教的更加趋于世俗化,更加积极地为王朝政治服务,乃宋代禅宗的自觉追求。

作为这种追求的报答,是封建统治者对佛教更加热心的提倡和推崇。《长编》卷七,太祖乾德四年三月记事:"僧行勤等一百五十人请游西域,诏许之,仍赐钱三万遣行。"像这样大规模地派游学僧西行,在中国佛教史上,并不多见。我国历史上第一部官刻的大藏经《开宝藏》,便是从太祖开宝四年(971)付梓,到太宗太平兴国八年(983)而完成的。① 太平兴国七年,又就太平兴国寺建译经院,开始自唐元和以来中断了的佛经翻译事业。② 至仁宗景祐三年(1036),共译出经论564卷。雍熙二年(985),太宗还以御

---

①吕澂:《中国佛教源流略讲》,附录《宋代佛教》。

②《长编》,卷二十三,太平兴国七年六月条。

制的名义，颁《新译三藏圣教序》。咸平二年（999），真宗即位伊始，便撰《释氏论》，以为“释氏戒律之书，与周、孔、荀、孟迹异道同”①。在此后大事铺张的祥符天书、东封泰山的闹剧中，佛教徒更是受到了空前的重视而乘机大显身手。大中祥符六年十一月，玉清昭应宫太初明庆殿（道教庙宇）报称有舍利（佛徒尸骨）出，其一事不伦不类，本属可疑，真宗却因此作《感应论》以著其事，借机宣扬了一通儒、释、道三教合一的论调：

> 三教之设，其旨一也，大抵皆劝人为善，惟达识者能总贯之。滞情偏见，触目分别，则于道远矣。②

“三教虽异，善归一揆”③，本是唐高祖武德七年二月兴学诏中已经提出过的观点，其时已有“沙门事佛，灵宇相望，朝贤宗儒，辟雍顿废，公王以下，宁得不惭”之叹。但到会昌五年（845）唐武宗灭佛时统计，全国僧、尼还只有 260500 人。④ 到宋真宗末年（1021，天禧五年），中国虽又经历了一次后周世宗限佛的斗争，僧尼之众却已达 458854 人之多，⑤远远超过唐代佛教全盛时期。难怪石介模仿韩愈《原道》，撰《怪说》之文，要发出“髡发左衽，不士不农，不工不商，为夷者半中国，可怪也”的惊呼。而景祐初年他在南京应天府所发动的那场反对留守刘随“三教一也”之说，清

①《长编》，卷四十五，咸平二年八月丙子条。

②《长编》，卷六十一，大中祥符六年十一月记事。

③《册府元龟》，卷五十，《帝王部・崇儒术第二》。

④《旧唐书・武宗记》；《资治通鉴》，卷二百四十八，唐武宗会昌五年五月记事。

⑤《宋会要辑稿・道释》一之十三；（北宋）李攸：《宋朝事实》，卷七，《道释》。

除佛、老画像的斗争，正可视为北宋建国以来儒、释、道三家之争的缩影。

值得注意的是，宋初三朝的最高统治者对佛教的重视，有一个共同的倾向便是为了治国平天下的需要。如太平兴国八年，太宗以新译经五卷示宰相，并对他们说："浮屠氏之教，有裨政治……朕于此道，微究宗旨。"①即如前揭真宗之推崇释典，主要也因为它在戒律等方面的规定与孔、孟之道同。要而言之，在中国这块土地上，儒家学说作为传统的文化，与统治阶级有着千丝万缕的关系。即使在佛教处于全盛时期的李唐，与知识分子晋身有关的科举制度，乃至整个官僚体制，外来文化也从未取代过以儒家文化为本位的传统模式。北宋自太祖开始实行重用文官的国策，太宗又以振兴文教为天下一统的号召，儒生政治地位远在僧人之上。对此，宋初佛徒自然有目共睹，心领神会。如智圆(976—1022)就曾经批评那些不重视儒学的释子说：

> 世有滞于释氏者，自张大于己学，往往以儒为戏。岂知夫非仲尼之徒则国无以治，家无以宁，身无以安……国不治，家不宁，身不安，释氏之道何由而行哉？②

这等于从理论上承认了在整个统治集团的统治思想中儒学的地位高于佛学。释氏之道依托于政治才能生存，其由与现实政治离得较近的儒学汲取积极因素以改造自己，充实自己，使之适应世俗的需要，也就是事有必至的了。

---

①《长编》，卷二十四，太平兴国八年十月记事。
②《闲居编》，卷十九，《中庸子传(上)》。

二　禅宗的文字化

北宋佛学向儒学的积极靠拢，另一个重要的标志便是禅宗的文字化。

禅宗自称“教外别传”，在北宋以前，一直以“直指心源，不立文字”为特征。[①] 其理论依据是“达磨从西天来，唯传一心法，直指一切众生本来是佛，不假修行，但如今识取自心，见自本性，更莫别求”[②]。六祖惠能改革佛教，提出“如欲修行，在家也得”，即以此为基础。

禅宗的这一特点，对于它的普及极有好处。封建时代的广大民众，不识字的占绝大多数，且受土地束缚。禅宗修行方法简易，不须念经，不出家也可成佛，何乐而不为？惠能开创的南宗在唐中期以后风靡天下，成为中国封建社会后期佛教的主要派别，其原因就在这里。但“不立文字”也有它的弱点，最致命的便是学术上无法同异学作书面上的论辩和抗争。如本书引言所引张方平对王安石论儒门淡薄，所举禅宗法嗣江西马大师（道一）、汾阳无业、雪蜂、岩头、丹霞、云门等，均无佛学方面可称著作的文字传世。契嵩编排禅宗世系，列传法正宗定祖凡三十四位，[③]除六祖惠能有一部由别人记录整理而成的仅万余字的《坛经》之外，余人在著述方面皆无可称，尤足为证。

作为禅宗的传人尚且如此，普通僧徒更不用说了。据江少虞《皇朝事实类苑》卷四十四引《云斋新说》，北宋僧慧圆，俗姓干

---

①《苏轼文集》，卷六十二，《齐州请确长老疏》。

②（唐）僧黄檗：《宛陵录》。

③《镡津文集》，卷十二，《传法正宗定祖国叙》；《大正藏》，第五十一卷，《史传部》三《传法正宗记》。

氏，开封酸枣人，本田家子，从小出家，但不知禅宗为何物，一天偷偷地向同伴打听："如何是禅？"同伴也说不出个所以然，顺口说："树间鸣者，乃禅也。"盖用"蝉"、"禅"之同音。慧圆却认真起来，"面壁深思，至于骨立"。

对禅宗的文字化作出了重大贡献的是那些根据在家修行的原则成为禅宋信徒的官场知识分子。如宋初著名诗人、骈文家杨亿便是临济宗的在家弟子。与他同时而友善的宰相王旦，也是一个狂热的佛教信徒。据北宋吴处厚《青箱杂志》卷一，杨亿谪官汝州时，与王旦通信，不及他事，唯谈论佛学真谛而已。又同书卷十录杨亿以下"深达性理，精悟禅观者"多人，如王随、曹修睦、张方平、陈尧佐、富弼等，均是真、仁之际著名的士大夫。其中陈尧佐、张方平等与杨亿一样，并以文学而驰名一时。南宋陈振孙《直斋书录解题》说：

> （禅宗）本初自谓直指人心，不立文字。今《四灯》总一百二十卷，数千万言，乃正不离文字耳。①

《四灯》指《景德传灯录》、《天圣广灯录》等，以《景德传灯录》三十卷为最早，其书定稿即出于杨亿之手。《广灯录》三十卷，则成于杨亿的诗友、驸马都尉李遵勖。所谓灯录，也就是历代禅师言论的记录，即语录，也有直名语录者如赜藏主《古尊宿语录》。语录作为禅宗的主要著述形式（入宋之后，禅宗的著作方式还有颂古、评唱、拈古、击节等，并由此派生而出），唐代已甚流行，如拙稿前文所引的《荷泽神会禅师语录》，以及唐释慧海《大珠禅师语录》

①《直斋书录解题》，卷十二，《嘉泰普灯录》三十卷按语。

等。宋学家自刘敞门人所录《公是先生弟子录》开始，也多以语录的形式传道，著名者如《二程语录》、《朱子语录》等。清代江藩说："儒生辟佛，其来久矣，至宋儒，辟之尤力。然禅门有语录，宋儒也有语录；禅宗语录用委巷语，宋儒语录亦用委巷语。夫既辟之，而又效之，何也？盖宋儒言心性，禅门亦言心性；其言相似，易于混同，儒者亦不自知而流入彼法矣。"这里从宋学的主题和著述形式着眼，分析宋儒于佛法"既辟之，而又效之"现象之成因，其言甚是，然微嫌缺乏历史发展的眼光。如前节所述，宋学之以心性义理为主题，本来自佛学，而语录之作为文化的传播方式，即自孔门之《论语》始。《论语》一书系孔子弟子记其师言谈，都为一集，所取即语录之形式，行文则用当时之口语，而禅门效之，而有语录之体。可知禅宗的文字化，一开始便带有儒学化的色彩，其由初期的"不立文字"转为"不离文字"，当发端于真宗即位后不久的11世纪初叶，在这一转化的过程中杨亿一类在家修行的知识分子起了一定的促进作用。

一些并非佛教信徒的方外知识分子同禅僧的频繁交往，对禅宗的文字化也起了不少的促进作用。如据苏轼晚年自述，"吴越多名僧，与予善者常十九"。[①] 黄庭坚因与禅宗黄龙一支过往密切，竟被列名灯录，定为传人。程颐"少时，多与禅客语"[②]。王安石与僧交游，过往甚密，至舍宅为寺，等等。甚且排佛态度最为激烈的欧阳修，后来与沙门交往也十分频繁，晚年自号"六一居士"，名其集曰《居士集》，佛门称在家修行之信徒为"居士"（受"三归"、"五戒"），如《维摩诘经》称，维摩诘居家学道，号称维摩居

---

①《东坡志林》，卷二，《付僧慧诚游吴中代书十二》。

②《河南程氏遗书》，卷三，《二程集》，第63页。

士。“居士”云云，取佛家之常语甚明。上述诸人乃北宋知识分子队伍中的佼佼者，足知与禅僧交游，乃当时官场与文坛之时髦风尚。

知识分子与佛徒的交往，一方面加快了禅宗文字化的进程，一方面也使这种文字化更加自觉地通向儒学化的途径。为什么这样说呢？因为首先佛学的传播既然依靠知识分子提供著述方面的帮助，正如苏轼所说：“释迦以文教，其译于中国，必托于儒之能言者，然后传远。”①作为中国知识分子文化传统的儒家本位思想，也就必然影响到佛学中来。其次是士大夫在与僧人交往的过程中，自然要以自己的爱好影响空门中之朋友，如欧阳修、石延年（曼卿）与杭州僧惟俨为友，看中的便是对方“虽学于佛而通儒术，喜为辞章”②。而王禹偁的激赏僧赞宁，也是因为他能“尊崇儒术为佛事”③。

真、仁之际，释子以能文而著称者，当推智圆、契嵩两人。智圆（976—1022），钱塘（今浙江杭州）人，据《佛祖统记》卷十八，智圆有著述二十四部，凡一百二十九卷。其自序文集《闲居编》曰：“予讲佛经外，好读周、孔、扬、孟书，往往学为古文，以宗其道。”契嵩（1007—1072），镡津（今广西藤县）人，代表作有《镡津文集》二十二卷，也自称治佛学外，“又喜习儒，习儒之书，甚而乐为文词”④。

赞宁、智圆、契嵩，可以作为北宋太宗、真宗、仁宗三朝沙门知识分子的代表，由他们三人的治学经历可以看出，在禅宗文字化

①《东坡后集》，卷六十六，《书柳子厚大鉴禅师碑后》。

②《居士集》，卷四十一，《释惟俨文集序》。

③（北宋）吴处厚：《青箱杂记》，卷六。

④《镡津文集》，卷八，《寂子解》。

的过程中,有一个带普遍性的倾向,便是习儒术,读儒书,学为古文。而这种倾向之所以产生,则与世俗知识分子排佛斗争的刺激有关。开始是出于儒者的压力,到后来则受到他们的鼓励。如王禹偁一方面上书皇帝,力言浮图之蠹国害民,一方面又为赞宁文集作序,激赏这位左街僧录之能文,①即是一例。

到真、仁之际,这一倾向在僧徒内部甚至发展到崇儒非佛的程度。如智圆《闲居编》卷二十八《师韩议》曰:

> 吾门中有为文者,反斥本教以尊儒术,乃曰师韩愈之为人也,师韩愈之为文也,则于佛不得不斥,于儒不得不尊,理固然也。

智圆表面上批评了这种过于偏激的提法,但实际上,身为僧徒因慕韩愈之义而师其为人,终而"反斥本教以尊儒术",智圆本人就是一个典型。智圆在《闲居编》卷四十九《湖居感伤》一诗中描绘自己的形象说:

> 礼乐师周孔,虚无学老庄。躁嫌成器晚,心竞寸阴忙。翼翼修天爵,孜孜耻面墙。内藏儒志气,外假佛衣裳。每恶销金口,时劳疾恶肠。

"内藏儒志气,外假佛衣裳"两句,诚是禅宗实现文字化的初期自觉向儒家传统文化靠拢的真实写照。

假如说北宋初期,禅宗的文字化主要表现为向儒家学习的意

---

①《小畜集》,卷二十,《左街僧录通慧大师文集序》。

向,到北宋中期,这种意向已化为敢于在文词方面同新起的儒学复兴潮流相抵抗的勇气和行动。陈舜俞熙宁八年所撰《明教大师(契嵩)行业记》提到契嵩从文之事业时说:

> 当是时,天下之士,学为古文,慕韩退之排佛而尊孔子。东南有章表民(望之)、黄聱隅(晞)、李泰伯(觏),尤为雄杰,学者宗之。仲灵独居,作《原教》、《孝论》十余篇,明儒、释之道一贯,以抗其说。诸君读之,既爱其文,又畏其理之胜而莫之能夺也,因与之游。遇士大夫之恶佛者,仲灵无不恳恳为言之。由是排者浸止,而后有好之甚者,仲灵唱之也。①

从这段话可以知道,契嵩在文词方面的成就,在当时已引起方外知识分子的重视和佩服,而他之所以学习写作古文的目的,乃在借此同当时风靡天下的儒学复兴运动同盟军古文家的尊韩排佛相颉颃。据北宋释慧洪《石门文字禅》卷二十三《嘉祐集序》载,有一天,韩琦曾把契嵩的文章拿给当时执文柄的欧阳修看,欧阳修看后说:"不意僧中有此郎邪,黎明当一识之。"次日遂偕韩琦同访契嵩,与语终日,相接甚欢。契嵩因此名振海内。此事当发生在嘉祐六年契嵩献书阙下之时。②《嘉祐集》即《镡津文集》,是书卷十有《上欧阳侍郎书》,其文略云:

> 今以其书奏之天子,因而得幸下风,阁下不即斥去,引之

①《大正藏》,卷五十二,又《镡津文集》卷首附。

②详(北宋)僧文莹:《湘山野录》卷下"吾友契嵩师"条;《镡津文集》,卷九,《万言书上仁宗皇帝》附录;《宋会要辑稿·道释》一之七。

与语，温然，乃以其读书为文而见问。此特大君子与人为善，诱之，欲其至之耳。

据知契嵩也曾去拜会欧阳修，时间也在献书之时。嘉祐二年欧阳修主持礼部试，拔苏、曾诸人于多士之中，至此已执文坛之牛耳多年，天下之士以登其门犹“龙门”①。对一介僧人，如此礼遇，足见契嵩当时影响确实不小。

从今天留存的《镡津文集》看，契嵩的文章，不仅在表现技巧方面足以同当时一般古文家相抗衡，即从内容方面讲，实亦颇近于儒者。以该书卷八《西山移文》为例，下面一段文字如不注明，很难叫人相信出于佛徒之手：

康定初，朝廷求儒于草泽，知己者将以道进于天子，自然子引去不顾，余于自然子有故也，闻且惑之，谓自然子贤者，不宜不见几，念方当远别，不得与语，故文以谕之。

文中最精彩的几句是：

与其道在于山林，曷若道在于天下？与其乐与猿猱麋鹿，曷若乐与君臣父子？

就文章的形式讲，散中见骈，错落中见整齐，正是北宋古文运动所建立的基本风格，从内容说，所谓道在天下、乐与君臣父子，正是典型的儒家思想，而契嵩言之。到此为止，禅宗的文字化已臻于

①《镡津文集》，卷九，《上欧阳侍郎书》。

成熟，并同时以儒学化的面目堂而皇之地活跃于政界之中和文坛之上。

三　佛学的儒学化

佛学进入中国之后，在与儒学融合的过程中，有两个问题长期得不到很好的解决。一是以佛为圣人而与中国传统的以孔子为圣人相悖，一是提倡夷人之伦理道德而有悖于儒家的仁义礼乐。如前所述，宋学崛起之初，孙复、石介等人继承韩愈《原道》的精神发动排佛斗争，主要抓住的也就是这两点。曾几何时，到了二程的时代，这两个问题却得到了双方都认为满意的解决。如当有人问道："佛当敬否?"程颐当场就回答道："佛亦是胡人之贤智者，安可慢也。"①贤人比圣人虽然要差一等，但毕竟这位理学大师已经承认佛亦"当敬"。又据吕本中《吕氏童蒙训》，程颐曾到某禅寺，正好碰上开饭，"见趋进揖逊之盛"，叹曰："三代威仪，尽在是矣!"恢复上古三代的礼乐，是后世儒者所梦寐以求的目标。程氏居然在佛寺中找到了它!

作为历史的渐进过程，佛学的儒学化之所以得以在北宋时代趋于完成，与前节所讲的禅宗的文字化以及在这种文字化的过程中所产生的崇儒倾向，以及世俗知识分子的介入均有一定的关系，但其中贡献最大的，不能不归功于沙门中自身涌现的知识分子如契嵩等人的努力。

契嵩在《镡津文集》卷十一《与石门月禅师》一文中曾经宣称，他平生志在《原教》而行在《孝论》、《原教》(包括《广原教》二十六篇)与《孝论》十二章，是两组论文，合称《辅教编》，收入《镡

①《河南程氏遗书》，卷十八，《二程集》，第216页。

津文集》卷一至卷三，是契嵩最重要的作品，集中反映了他关于上面提到的教义和伦理两方面儒释融合的思想。先讲《孝论》。

《孝论》以“孝道”为主题，实际上讨论的是儒、佛两家伦理学上相通的问题，主要观点是佛之“五戒”通于儒之“五常”。如《戒孝章第七》说：

> 五戒，始一曰不杀，次二曰不盗，次三曰不邪淫，次四曰不妄言，次五曰不饮酒。夫不杀，仁也；不盗，义也；不邪淫，礼也；不饮酒，智也；不妄言，信也。①

以“五戒”附会“五常”，早在南北朝时就有人做过了，如颜之推《归心篇》曰：“内典初门，设五种之禁，与外书仁义、五常符同。”②“五禁”即“五戒”。《魏书·释老志》亦云：“（五戒）大意与仁、义、礼、智、信同。名为异耳。”契嵩的贡献是不仅指出两者乃“异号而一体”③，而且从中进一步挖掘出“孝”的底蕴。上引《戒孝章》一段紧接着说：

> 是以五者修，则成其人，显其亲，不亦孝乎！

“五常”作为儒家的伦理原则，与体现忠、孝、节、义的君臣、父子、夫妇三纲本是不可分割的两个部分。后者是从纵的方面强调社会网络中以等级关系的形式规定下来的人伦秩序，前者则是从横

---

①《镡津文集》，卷三。
②《广弘明集》，卷三。
③《镡津文集》，卷一，《原教》。

的方面讲特定个人在社交活动中必须遵循的道德规范。两者交相为用,是一个完整的闭合系统。如在“君道”里面体现了“仁”的原则,“臣道”里面贯彻了“义”的精神等等。佛之“五戒”即便与“五常”足以相抵,仍然没有近似于三纲的律条可以相应。因此前之论者解释佛之孝义,常常曲解为师道,将“法师”变通为释子的双亲。契嵩则将它同佛徒世俗意义上的生身父母直接挂起钩来,解释为“成其人,显其亲”。这无疑是一个大胆的突破。不仅如此,契嵩还就佛家教义创造了与“三纲”对应的范畴——“三本”。《孝论·孝本章第二》曰:

> 天下之有为者,莫盛于生也。吾资父母以生,故先于父母也。天下之明德者,莫善于教也。吾资师以教,故先于师也。天下之妙事者,莫妙于道也。吾资道以用,故先于道也。夫道也者,神用之本也;师也者,教诰之本也;父母也者,形生之本也。是三本者,天下之大本也。白刃可冒也,饮食可无也,此不可忘也。①

佛氏原有“三宝”之说,“三宝”即“佛”、“法”、“僧”。“佛”可以理解为“师”,“法”可通释为“道”。唯“父母”一本,实传统佛家教义之所不言。在《孝论》中,契嵩还举佛始祖释迦牟尼葬其父净饭王,禅宗六祖惠能卖柴养其生母(其事实无,系契嵩臆造,说详下),这两个实例以证明自己的观点,使儒、释两家的伦理道德在以儒家传统文化为本位的前提下尽量一致起来。

下面再说契嵩通过《原教》等一系列文章在教义方面所作的

①《镡津文集》,卷三。

使佛学儒学化的努力。《原教》(包括《广原教》)的中心思想,即陈舜俞在《明教大师行业记》中已经归结过的"明儒、释之道一贯"。其言略云:

> 古之有圣人焉,曰佛,曰儒,曰百家,心则一,其迹则异。夫一焉者,其皆欲人为善者也;异焉者,分家而各为其教者也。①

从"欲人为善"这一点出发统合儒、释,也非自契嵩始。前引唐高祖、柳宗元诸论已先言之。再往远一点推,六朝时也已经有了。如刘宋初年宗炳(375—443)在《明佛论》中说:"孔、老、如来,虽三训殊路,而习善共辙也。"②北周名僧道安《二教论》亦云:"三教虽殊,劝善义一,涂迹虽异,理会实同。"③往近处说,大中祥符六年(1013),宋真宗作《感应论》,如前所述,也已经发表过三教一旨,"大抵皆劝人为善,惟达识者能总贯之"的意见。契嵩正是这样一位能总贯三教之旨的"达识者"。但他的可贵之处,不在于重复了前人一再提到的"劝善一旨"的观点,而在于进一步接过前此儒者李翱、李觏等人以《中庸》沟通儒释的茬子:从佛学一方高举起这面旗帜,为宋学汲取禅趣而从义理之学进到性理之学铺平了道路。契嵩在将《辅教编》呈给仁宗的时候,曾写了许多干谒之信求助于当朝权贵,他在《上富相公(弼)书》中解释《原教》之大旨曰:

---

①《镡津文集》,卷二,《广原教》卒章。

②《弘明集》,卷二。

③《广弘明集》,卷八,《二教论·归宗显本一》。

夫《中庸》者，乃圣人与性命之造端也；《道德》者，是圣人与性命之指深也；吾道者，其圣人与性命尽其圆极也。造端，圣人欲人知性命也；指深，圣人欲人诣性命也；圆极，圣人欲人究其性命，会于天地万物，古今变化，无不妙于性命也。①

《道德》即老子《道德经》。此处以儒、道、释三教会于“性命”之“造端”、“指深”与“圆极”，比三教皆归于“欲人为善”的提法又进了一步。“为善”是说三者的社会功用，“性命”则是三者作为学问的共同理论基础。较之前人，认识已大大深了一层。

以释子而重视儒家经典《中庸》，宋初早于契嵩者有智圆。智圆尝自号“中庸子”，《闲居编》卷十九有《中庸子传》，即其自述。但智圆所谓中庸，实取中道之义，为自己折衷儒、释，表里两家寻找理论依据。以《中庸》为性命之学的发端而广推效于老、佛的提法，实自契嵩始。这无疑是一个十分大胆而富有开拓精神的提法。由此出发，整个儒、释、道三家在心性义理这一点上，被彻底打通了。

基于这一认识，契嵩对《中庸》作了深入细致的研究，尝撰《中庸解》五篇，载《镡津文集》卷四，自称“以《中庸》几于吾道，故窃而言之”。在《万言书上仁宗皇帝》中，则将《中庸》之义开列出来，用佛学一一加以比附，如：

若《中庸》曰：“自诚明谓之性，自明诚谓之教。”是岂不与经所谓“实性一相”者似乎？……又曰：“惟天下至诚能尽其性，能尽其性则能尽人之性，尽人之性则尽物之性，以至与天地参耳。”是盖明乎天地人物其性通也。岂不与佛教所谓

---

①《镡津文集》，卷十。

“万物同一真性”者似乎？……①

从《中庸》等出发，用儒家经典习用的语言和表达方式将佛门性命之学一一加以附会和阐释，乃后来宋学繁荣期诸家一无例外的招数，生当欧阳修同一时代而在北宋中期发明儒门性理之学者，不是儒者而是佛徒，契嵩一生混佛于儒，又通儒于佛的事业，为宋学繁荣期诸家的出入释、老，尽用其学铺平了道路。

契嵩引儒术以治佛学，值得一提的还有以下两点。一是至和元年(1054)契嵩受郎烨之托，重新编定惠能《坛经》成《六祖法宝记》三卷，伪托曹溪古本，②实开后世禅门改易佛祖经文风气之先，而与同时欧阳修、刘敞等宋学家疑经、删经、改经之迹同。

二是《孝论·孝行章第十一》以佛门往圣之孝行为例证时说：

> 惠能始鬻薪以养其母。将从师，患无以为母储，殆欲为佣以取资。及还而其母已殂，慨不得以道见之，遂寺其家以善之，终亦归死于是也。故曰叶落归根，能公至人也。③

惠能鬻薪养母、归死旧宅之事，不见于《坛经》，前此亦未见他人道及，契嵩以孝行为佛之本，既已离经叛道，此处欲借六祖之往事以钳众人之口，已通于宋学之曲解《六经》附会新说，其自造禅门典故，则与嘉祐二年苏轼应试《刑赏忠厚之至论》之杜撰皋陶三杀尧三宥之事同。(事详下章)

---

①《镡津文集》，卷九。

②即《六祖大师法宝坛经》，详《镡津文集》，卷十二附郎烨：《六祖法宝记叙》。

③《镡津文集》，卷三。

上述两事，出于禅林而并同于宋学之精神，可知以契嵩为代表的北宋禅宗学人，在实现佛学儒学化的过程中，已从当代的新儒学中汲取养分。由此还可以进一步知道，禅宗与宋儒，在同一股社会潮流和时代精神的冲荡下，互相吸收而交相为用，正乃时势之所趋。

第四节　宗儒为本，宋学独尊

大凡引进一种新思想、新事物，在立名问题上大抵不离这样两种形式：一是根据旧思想去理解新名词，一是借用旧名词去附会新思想。根据本章前两节的介绍，宋学繁荣期宋儒对佛学的吸收，以禅宗为代表的佛学在实现文字化、儒学化的过程中，无论是援佛入儒，还是引儒释佛，均不离这两套路数。如张、程之论“定性”，属于前一种；契嵩之以《中庸》为“性命之造端”，则属于后一种。但旧思想、旧名词既属儒家传统文化之所原有，这样做的结果，也就容易使人产生一种错觉，似乎新来的或外来的东西，本来就是中国所固有的。一个最明显的例子便是“体”、“用”这一对范畴，以经义为“体”，以治世为“用”，一直被当作儒家的传统教条所使用，如胡瑗门人所引以自豪的便是其师“经义”、“治道”两斋而倡“明体达用”之学。① 但是据北宋晁说之《儒言·体用》篇，“体用”之学，正乃从释氏常语中来。他说：

经言体而不及用，其言用则不及乎体，是今人之所急者，

①详《五朝名臣言行录》卷十，引刘彝语。

古人之所缓也，究其所自，乃本乎释氏体用事理之学，今儒者迷于释氏而不自知者，岂一端哉。①

这样的例子，的确远不止一端，难怪二程一面“尽用其学”，一面却仍可标榜自己“不好佛语了”②。据门人游酢记载，有人看出了二程的这一矛盾，猜测着问，是否就因为“佛之道是也，其迹非也?”这里的“道”，当指思想内容，而“迹”，则指语言表达。程氏驳斥说：

所谓迹者，果不出于道乎？然吾所攻，其迹耳；其道，则吾不知也。使其道不合于先王，固不愿学也。如其合于先王，则求之六经足矣，奚须佛！③

所谓迹，便是名；所谓道，便是实。迹、道之判，即所谓内容与形式的区别，二程在这段话中，把佛学的概念分成名与实两个部分，然后指出，那些从形式到内容都不合儒家传统文化的，本来就不必理会，至于那些在内容方面可以取来补充和发展先王之道的，也应当尽量采用儒家经典中旧有的语词，何必一定要用佛语呢！程氏和其他一些宋儒在阐发性命之理的时候，从表面上看起来，似乎是在对《易》传与《中庸》进行解释，实际上却借自佛学或老庄的思想，奥秘正在这里。二程曾经不无得意地宣称，这是一个处理异学问题最简便而且最佳的方法：

---

①《景迂生集》，卷十三。

②《河南程氏遗书》，卷四，《二程集》，第69页。

③《河南程氏遗书》，卷十五，《二程集》，第155页。

释氏之说……其言有合处，则吾道固已有；有不合者，固所不取。如是立定，却省易。①

这等于说：凡是佛学中正确的部分（其标准乃是否与我“有合处”），都是我儒家传统文化中早已有了的，不正确的，则本来就是我所不要的。这一标准后来成为某些守旧派抱残守阙，拒绝吸收外来文化的借口，但从某种意义上说在传统文化吸收外来文化、融合外来文化之初，却在一定程度上有助于民族自信心的树立，有助于在保存旧有文化精华的基础上最大限度地引进新文化而不致惊世骇俗、不致失去长期形成并为群众所熟闻习见的民族形式。从这一点上说，宋儒一面高喊打倒浮屠，一面又尽可能多地汲取佛学，汲取之后又将它统统说成本来就是自己的，否认援佛入儒之事实，“尽用其学而不自知”，虽然不免有强词夺理之嫌，但在当时，对形成宋学独尊的局面，却起到了不小的作用。

二程既然认为他们的学说中凡是带有佛学味道的都是儒家传统文化中本来就具备了的，并公开宣称自己“不好佛语”，那么，仅前文提到的论“定性”一书，即被叶适挑出了那么多“老、佛、庄、列常语”，如“明觉为自然”等，又该作何解释呢？

对老氏之学来说，这事并不难。因为道、儒两家，本来都是用汉语作为表达工具，语词之间，原初即有相通之处。以上文所引“自然”一词为例，《老子》曰：“人法地，地法天，天法道，道法自然。”这个比“道”更高的“自然”，用宋学的语言来表达，叫“天地之性”，也就是关学性论所谓反本的“本”。王安石说：“本者，出

①《河南程氏遗书》，卷十五，《二程集》，第155页。

之自然，故不假乎人力而万物以生也。"[①]这样辗转解释，语义、语用基本不变，理解起来也就不是很困难的了。宋学家自然可以说，这一概念我们儒家先辈早已有了。

佛学本自印度传入东土，语言迥异，如"自然"之义"不假乎人力而万物以生也"，在彼方指的也就是"佛"。"佛"系梵语音译，是无论如何不能证明"吾道固已有"之的了。但儒者仍然可以找出证据来说明这"佛"的概念也是中国自先秦以来就有的。

佛经翻译之初，因语言差别太大，仅凭音译，是无法推广的。要使佛家教义被中国信徒了解，必须借助汉语旧有的语言外壳。如"佛"，本是佛教中相当于儒家之"圣人"的概念。为着使中国人理解，在早期即意译为"觉"，取《孟子·万章上》引伊尹之言"使先知觉后知，使先觉觉后觉"的"先觉"之义。如东晋初年著名文学家孙绰在《喻道论》中释"佛"之义曰：

> 佛者梵语，晋训"觉"也。"觉"之为义，悟物之谓。犹孟轲以圣人为"先觉"，其旨一也。[②]

以"觉"训"佛"，大抵是魏晋南北朝间通用之语，如北周名僧道安设为问答而引时人之语曰："西域名佛，此方云觉。"[③]以"佛"等于"觉"，同义相训，又如东晋僧肇（384—414）《维摩经注·观众生品第七》曰：

---

①《临川集》，卷六十二，《老子》。

②《弘明集》，卷三。又（东晋）袁宏：《后汉记》卷十，永平十三年记："西域天竺国有佛道焉。佛者，汉言'觉'也，将以觉悟群生也。"

③《广弘明集》，卷八，《孔老非佛七》。

自觉觉彼，谓之佛也。慈能自悟，又能觉彼，可名为佛也。

又曰：

大乘之道，无师而成，谓之自然。

同书《见阿閦佛品第十二》则云：

佛者何也？盖穷理尽性大觉之称也。

在这里，除了《孟子》“先觉”之外，《易·系辞》的“穷理尽性”、《老子》的“自然”，全用上了。故道安在设问语中一言以蔽之曰：“准此斯义，则孔、老是佛，无为大道，先已有之？”①

这种翻译，本身就体现了以儒家传统文化为本位的中国知识分子基于固有观念对外来文化的过滤和类比性改造，即所谓“借此方之称，翻彼域之宗”的“寄名谈实”式引进和消化，②可知所谓佛学的儒学化，实际上从一开始引进便马上进行了。降及唐初，围绕玄奘取经所展开的佛教派别斗争，从本质看，正是佛学内部进行的儒学化和反儒学化的斗争。赞宁《高僧传》卷一《译经篇第一》借《义净传》附论译事曰：

译之言“易”也，谓以所有易所无也，譬诸枳橘焉，由易土

①《广弘明集》，卷八，《孔老非佛七》。
②同上。

而殖，橘化为枳。枳、橘之呼虽殊，而辛芳干叶无异。

此以《晏子》"橘化枳"的著名故事为喻，论佛经翻译之名同而实异，可谓作者之言。但也正因为此，为中国式佛教——禅宗的崛起和宋学的化佛为儒，留下了充分回旋的余地。

禅宗把"悟"字作为成佛的第一要义，即由"佛"训"觉"而得其中之奥秘。《坛经》云：

> 一念心开，出现于世。心开何物？开佛知见。佛犹觉也，分为四门：开觉知见，示觉知见，悟觉知见，入觉知见。开、示、悟、入，从一处入，即觉知见。见自本性，即得出世。①

惠能在这段经典性的话里，明确把"佛犹觉也"的提法肯定下来，并细分为"开觉"、"示觉"、"悟觉"、"入觉"四门，为广大信徒指示了见性成佛的广阔途径。而他自身所谓"我于忍和尚处，一闻言下大悟，顿现真如本性"②，其弟子永嘉名僧玄觉以"一宿觉"而获得成为六祖之后的惠能的"印可"③，便是具体例子。北宋儒生习佛，最感兴趣的往往也就在于这一类事例。下引一段对话即发生在程门师生之间：

> 问："释氏有'一宿觉'、'言下觉'之说，如何？"
>
> 曰："何必浮图，孟子尝言'觉'字矣。曰'以先知觉后

---

①《坛经》，第四十二节。

②《坛经》，第三十一节。

③（北宋）杨亿：《无相大师行状》，释玄觉：《永嘉集》附。

知，以先觉觉后觉’，知是知此事，觉是觉此理。古人云：‘共君一夜话，胜读十年书。’若于言下即悟，何啻读十年书？”①

照这么一解释，佛学的基本教义，也成了自儒家经典借用甚或是抄袭而去的了。二程甚至认为，释氏之“觉”虽然取自儒学，但在基本精神和基本方法方面，均未得儒家之真谛。其言曰：

伊尹曰：“天之生斯民也，使先知觉后知，使先觉觉后觉，予天民之先觉者也，予将以斯道觉斯民也。”释氏之云“觉”，甚底是“觉斯道”？甚底是“觉斯民”？②

儒家之言“觉”，通过“先觉”来带动“后觉”，是为了救国救民；佛门之言“觉”，完全是为了个人的精神解脱。两者目的既然不同，其优劣也自分明。这一批判，当归于“攻斥老、佛至深”一类，但基本上没有超过本章第二节所述宋学繁荣期诸家批判佛学的主要招式。

又曰：

释氏尊宿者，自言觉悟，是既已达道，又却须要印证，则是未知也，得他人道是，然后无疑。则是信人言语，不可言自信。若果自信，则虽甚人言语，亦不听。③

到此为止，儒学之于佛学，在宋学家手中已经转到了反守为攻的

①《河南程氏遗书》，卷十八，《二程集》，第196页。
②《河南程氏遗书》，卷十四，《二程集》，第142页。
③《河南程氏遗书》，卷十五，《二程集》，151页。

主导地位，释氏传入东土之后长期以来辛辛苦苦经营起来的性理之学，被一股脑儿地搬到了宋学之中，反过来很快落到了自惭形秽的下风。究其根源，这自然是前节所反复提到的王、关、洛、蜀诸学同人访诸释、老之书，反求诸六经以及本节开头所引“其言有合处，则吾道固已有，有不合者，固所不取”之法的妙用。前节所引王安石《答曾子固书》论致其知而后读非儒家圣人之书，“以有所去取，故异学不能乱也，惟其不能乱，故能有所去取者，所以明吾道而已”，正同此意。关于这点，程门学侣韩维在《程伯淳墓志铭》中作过一段更加概括而直截的说明：

> 先生于书无所不读，自浮屠、老子、庄、列莫不思索究极，以知其义，而卒宅于吾圣人之道。

所谓以浮屠、老子、庄，列之义而“卒宅于吾圣人之道”，十分准确地指出了宋学家在辟佛与融佛之间坚守以儒家传统文化为本位的原则立场，通过援佛入儒，取我所需的方法最后达到宗儒为本，独尊宋学之目的的基本特点。

特别富有意味的是，宋学家这种“求之《六经》足矣”的论调，居然得到了当时沙门知识分子的同步之响应。而“宗儒为本”的提法，最先便出于以释子而口不离周、孔的佛徒智圆之口。① 契嵩则在《万言书上仁宗皇帝》中胪列《中庸》与佛学相通之理多处之后公开宣称：

> 而如此数说者，皆造其端于儒，而广推效于佛。

①详《闲居编》，卷二十二，《谢吴寺丞撰〈闲居编序〉书》。

如前所述,《中庸》作为《礼记》的一篇,并非先秦儒家所撰,更非其代表思想,“性理”之说,也非该篇的中心所在。《中庸》的受到空前的重视,《中庸》之重新被作了哲学上的解释,乃是佛学冲击和交融的结果。宋学家包括开宋学之先声的唐代古文家韩、李诸人将这一事实颠倒过来,乃出于在三教并立、儒门式微的情况下保护传统文化所处的正统地位的需要。这一说法竟然为佛徒所自觉接受并上升为“宗儒为本”的原则,说明宋学进入繁荣期之后,儒家知识分子所梦寐以求的重新恢复两汉儒学独尊于天下的局面,已经出现。不过这种儒学,已非复旧日经过汉代知识分子改装的孔学,而是在传统文化的旧形式下溶进——并不是物理的混合,而是化学的结合——大量佛学义理的新儒学。

关于儒、佛的这种关系,北宋僧人和儒者均打过一些很好的比方,如宋初智圆曾把他的折衷儒、释说成“儒乎?释乎?其共为表里乎!”①他的“内藏儒志气,外假佛衣裳”启发了后来的宋学家钻进释氏的肚子里,吃光佛学中的全部精华。据刘绚记载,程颐某次曾带着一批学生去看程颢的坟墓,门人请教“佛、儒之辨”。程颐指着坟围说:

> 吾儒从里面做,岂有不见?佛氏只从墙外见了,却不肯入来做,不可谓佛氏无见处。②

这里承认了佛氏有见处。但又骄傲地指出,吾儒比它高明,敢于并善于从里面下功夫。所谓里面,指的也就是心性义理等等。这

①《闲居编》,卷十九,《中庸子传》(上)。

②《河南程氏遗书》,卷十二,《二程集》,第427页。

本来是佛学的看家本领，但到此时，差不多已转变为宋学的专利，释氏主要也就只剩下一些外部的东西如宗教迷信、不蓄头发、不婚不育、不事生产等徒具形式的域外习俗而引人注目，在学问方面，反要甘拜儒者之下风了。

北宋后期比较著名的沙门知识分子是慧洪（觉范），慧洪关于儒、释之辨有一个十分生动的比喻：

> 吾道比孔子，譬如掌和拳，展握故有异，要之手则然。[①]

慧洪这几句话是站在契嵩的塔坟前说的。拳掌之譬，形象而准确地表达了进入宋学繁荣期之后，佛学被同化于以传统儒家文化为本位而定于一尊的北宋儒家新文化——宋学之中，与儒学结成一体的特点。

第五节　宋学与老氏之学

老氏之学在宋代有各种相关的名称，如黄老之学、老庄之学、道家、道教、道学等。在先秦，只有老子学派、庄子学派而无道家。道家之名，始于西汉，道教则直到东汉末年才建立。“道学”之名，就管见所及，始于隋唐。[②] 它们之间有联系，但又不是同等的概念，但道家溯其源流，以黄、老并称，而道教也以老子作为始祖，道

①《镡津文集》，卷十九，引（北宋）慧洪：《礼嵩禅师塔铭》。

②《隋书·经籍志三》：“汉时，曹参始荐盖公能言黄、老，文帝宗之，自是相传，道学众矣。”又唐玄宗时设有“道举”。

学又是以道教为研究对象的学问，通称老氏之学，大抵可以囊而括之。正如“佛老”并称，“佛”（释氏）是一个笼统的术语，“老”（老氏）也是含义宽泛的名词。

北宋对老氏的重视，不在释氏之下，尤以太宗、真宗、徽宗三朝为甚，据邵博《邵氏闻见后录》卷一引《太宗实录》和《国史·释道志》，开宝七年，太祖召凤翔府道士张守真，令降神，神有“晋王有仁心”等语，第二天太祖即死，太宗（即晋王）登极。① 此事自然属于伪托，但由此反映了宋太宗利用道教为政治斗争服务的意向和具体行动。太宗即位后对老氏之学的倚重更是史不绝书。如淳化四年（993）太宗对近臣说：“清静致治，黄、老之深旨也。夫万务自有为以至于无为，无为之道，朕当力行之。”②又说：“伯阳（按：老子字伯阳）五千言，读之甚有益，治身治国，并在其内。”③皇帝既喜老氏之学，宰臣如吕端之辈也就随声附和，以黄、老之道而临政。

真宗得继大统，据《东轩笔录》、《邵氏闻见录》等书记载，曾得到过道士陈抟的助力，即位之后尊奉老子，利用道教为巩固政权服务比乃父有过之无不及。如大中祥符元年（1008）正月开场的“天书”下凡闹剧，即由真宗利用道教迷信亲自导演而成。早在景德三年（1006），真宗即下诏崇道：“老氏之言，实宗于众妙，能仁（按：“能仁”即“佛佗”的另一意译，详《魏书·释老志》）垂教，盖诱夫群迷，用广化枢，式资善利。”④以老子与释迦牟尼相提并论，

---

①此事又见《长编》，卷十七，开宝七年十月记事，引《国史·符瑞志》。

②《长编》，卷三十四，淳化四年闰十月丙午条。

③（南宋）李攸：《宋朝事实》，卷三，江少虞：《皇朝事实类苑》，卷二。

④《宋朝事实》，卷七，《道释》。又《长编》，卷六十三，景德三年八月乙酉条录，真宗语“道、释二门，有助世教”云云，与此略同。

与前节所引祥符《感应论》三教并尊之意并同。此外，在作《崇儒论》、《释氏论》的同时，真宗还为《道德经集注》撰序，以为“《道》、《德》二经，治世之要道”。从大中祥符五年开始的《道藏》整理，至天禧三年(1019)编成《大宋天宫宝藏》七藏，即是在真宗的支持下实现的。大中祥符八年正月，真宗还曾诏赐信州道士张正随为虚静先生，即后来名扬海内的江西张天师。宋徽宗的迷恋道教，大兴宫观，自号“教主道君皇帝”，立“道学”以培养专门人材，①则更不用说了。

李唐时代，释、道两教介入宫廷斗争，互不相能，形同水火，入宋之后则颇能相安。如大中祥符六年五月，自建安军奉迎玉皇、圣祖(即所谓赵氏之始祖轩辕黄帝)、太祖、太宗四像至玉清昭应宫，所过州县，“官吏出城十里，具道、释威仪、音乐迎拜”②。和尚、道士混在一起，相安无事。至少在统治者的心目中，佛、老两氏，在政治上的作用是一样的。

但在一般知识分子看来，老氏比之释氏，要离得儒家传统文化近一点。如契嵩说：

> 夫析老氏为之道家者，其始起于司马氏之书，而班固重之。若老子者，其实古之儒人也。③

先秦时代，儒家自称为儒，墨家自称为墨，老、庄之徒均未尝自称道家，但其学说，与孔、孟异辙。契嵩从佛家的立场上看待两者，

---

①详(南宋)杨仲良:《通鉴长编纪事本末》，二百十七，《道学》，重和元年九月乙亥条；又《宋史·选举志三》。

②《长编》，卷八十。

③《镡津文集》，卷十七，《非韩子第一》。

居然可以混而为一。无独有偶，宋初道徒种放站在道教的立场上攻击佛氏，撰《嗣禹说》称赞韩愈的排佛有大禹治水之功，①正是从民族意识出发，对儒家表示文化的认同。这种认同，也表现在儒家知识分子中，如王禹偁一再主张沙汰僧尼，但对老氏却视为知己，经常穿道士装，②读《老子》书，并作诗曰："子美集开诗世界，伯阳书见道根源"③，可知儒、释、道三家的知识分子对这个问题的看法是一致的。

这种关于佛、老亲疏不同的认识，在宋学形成过程中对待异学的态度上产生了如下两方面的影响，一是儒家吸收异学，先由道始而次及于佛；二是开始吸收佛学时，往往打着老氏之学的旗号而进行。这方面的实例如已提及的李觏与曾巩，均主张苟不得已，出于中计，可以通过改读老、庄之书的办法逐步代替直到消灭佛氏，其理由便是"何必去吾儒而师事戎狄哉！"④意思是老、庄虽与释迦牟尼一样，都是异端，但前者是中国人，与来自夷狄的后者有情节上的轻重不同。

最能说明问题的例子还是所谓先天图和太极图的授受。作为宋学拟圣派的代表，邵雍和周敦颐的主要著作中，都附有一张起关键作用的图。前者为"先天图"，后者即"太极图"，据朱震绍兴五年(1135)写给宋高宗的《进〈周易〉表》，最先创造了这两张图的不是邵、周本人，而是宋初道士陈抟。其授受关系是：先由陈抟传给另一位道徒种放，种放传给穆修。穆修以下分为两支，一以传李之才，李之才再传给邵雍，一以传周敦颐，再传二程。故邵

①详(北宋)僧智圆：《闲居编》，卷二十八，《驳嗣禹说》。
②《小畜集》，卷八，《道服》。
③《小畜集》，卷九，《日长简仲咸》。
④《李觏集》，卷二十八，《答黄著作书》。

雍有《皇极经世书》，而周敦颐有《通书》。① 此说其实可疑。

疑点之一，关于周敦颐师事穆修并传图予二程之事，朱震之前，绝不见记载。二程治《易》，除零散语录外，有《伊川易传》，无论是观点还是形式，均与周敦颐《太极图说》无师承和授受关系。朱说之出于臆测，即此可见。事实上直到南宋末年朱熹门人陈淳论"师友渊源"，提到周敦颐时仍说：

> 濂溪不由师传，独得于天，提纲启钥，其妙具在"太极"一图，而《通书》四十章，又以发图之所未尽。②

如陈抟辗转传授之说实有，陈淳绝不会明确提出"濂溪不由师传"，因周敦颐的学问根底，据陈淳认为"其妙具在'太极'一图"。

疑点之二，关于邵雍的师承，程颢受邵雍委托撰《邵尧夫先生墓志铭》，只说：

> 独先生之学为有传也。先生得之于李挺之（子才），挺之得之于穆伯长（修），推其源流，远有端绪。今穆、李之言及其行事，概可见矣。而先生淳一不杂，汪洋浩大，乃其所自得者多矣。③

当时人述当时事，并没提到"图"的授受关系，也没有说起陈抟、种

①（宋）朱震：《汉上易解》，卷首；又《宋史·儒林传》，本传。

②《北溪字义》，附《严陵讲义·师友渊源》。

③《河南程氏文集》，卷四，又邵雍门人所撰《邵尧夫先生行状》（《邵子全书》附）所述与此略同。

放一线。朱震生当北宋末年、南宋初年，追述此事，反倒更加详细。

疑点之三，作为两图授受的共同中介，穆修既非道徒，亦非以研究学问见长，只以古文见称于当时。《宋史·本传》说穆修死后，“庆历中，祖无择访得所著诗、书、序、记、志等数十首，集为三卷。”此集即今传《穆参军集》，既无先天、太极两图，也并无道及陈抟及图书授受之事，连可以称得上学术的文字也没有。因此，朱熹虽然并不否认陈氏传授之说，也不得不说：“此图自陈希夷（抟）传来，如穆、李，想只收得，未必知晓。康节自思量出来。”①

认为周、邵两图出于“独得”和“自思量出来”，但在创造的过程中受到道家包括陈抟的影响，比较可靠。《道藏》有《真元妙经图》，②绘自唐代，又名《先天太极图》，③似即两图之所本。明末黄宗炎《太极图辨》、清代毛奇龄《西河合集·太极图说遗议》尝将《道藏》之图与朱震所进周敦颐《太极图》仔细比较，以为“两图踪迹，合若一辙”，“周子《太极图》，创自河上公（按：指道家）”。由知在宋学初期发展史上着实热闹了一阵的先天、太极之图，陈抟辗转传承之说虽不可靠，但初出于道教之文献，盖无可怀疑。

然而周、邵两图虽受过《道藏》启发，其思想主干，却大不相同。试比较三图的文字说明。《太极先天图》曰：

> 粤有太易之神，太始之气，太初之精，太素之形，太极之道，无古无今，无始无终也。……

---

①《朱子语类》，卷六十五，第1618页。
②《道藏》，一百九十六册，《洞玄郎·灵图类·上方大洞真元妙经图》。
③详（清）胡渭：《易图明辨》，卷三，《论二用三五》。

周敦颐《太极图说》云：

> 自无极而为太极。太极动而生阳，动极而静；静而生阴，静极复动。一动一静，互为其根。分阴分阳，两仪立焉。……

邵雍《皇极经世书·经世衍易八卦图》则云：

> 天之大，阴阳尽之矣；地之大，刚柔尽之矣。天生于动者也，地生于静者也。一动一静交而天地之道尽之矣。……

通过对比可以明显看出，后两者倒颇有相似之处，但前者则自成一格。前者所使用的概念，主要是“太易”、“太始”、“太初”、“太素”、“无极”等道家常用的术语。后两者用的则显然是从《易·系辞上》“易有太极，是生两仪”和《易·说卦》“立天之道曰阴与阳，立地之道曰柔与刚”等文字中衍化出来的儒家《易》学惯用范畴“阴阳”、“刚柔”、“动静”、“两仪”等等。这一点由周敦颐的《太极图说》又名《易说》，邵雍名其先天之图曰《衍易》，即可明了。虽然如此，后两者吸收前者的思想以糅进己说，还是可以通过语词的对比探寻出蛛丝马迹的。如《太极先天图》之“神”、“气”、“精”、“形”、“道”等概念，以及“太极”无古无今、无始无终的观点，在周敦颐的《太极图》中，已被吸收而融溶。周氏之言曰：“无极之真，二五之精，妙合而凝，乾道成男，坤道成女，二气交感，化生万物，万物生生而变化无穷焉”。上引老氏之图说，即明显地贯串进来了。

邵雍所吸收的，更多的却是佛家的思想。关于这一点，《四库全书总目提要》谈到《皇极经世书》时已经指出过了：

> 十二万九千余年之说，近于释氏之劫数，水、火、土、石，本于释氏之地、水、火、风。

水、火、土、石，即佛学所谓四大，属于“色法”。不过邵雍先天之学对佛氏的汲取，关键还在于“心法”，此义邵伯温续其父作《皇极经世书》的《观物外篇》时已经一针见血地指出过了：

> 先天之学，心法也，故图皆自中起，万化万事生乎心也。

关于宋学进入繁荣期后各家对禅门心法之热衷，前节论之已详。邵伯温发挥其父之学，赋以后起的时髦理义，虽不无掠美之嫌，但作为处在宋学草创期与繁荣期过渡阶段的学者，邵雍的确已在把佛学的基本手段，尝试着引入自己的学说之中，如他在《皇极经世书》所自撰的《观物内篇》部分发挥过这样的思想：

> 夫所以谓之观物者，非以目观之也，非观之以目而观之以心也，非观之以心而观之以理也。天下之物，莫不有理焉，莫不有性焉，莫不有命焉。

此处论“理”、“性”、“命”已触及宋学进入性理阶段的主题。所谓观之以心，即观心之说，本来就是禅宗宣扬心法的看家理论，如神秀即有《观心论》之作，其大旨谓“心者，万法之根本也。一切诸法，唯心所生。若能了心，万习具备”。作为邵氏先天之学的基础——观心理论，即从此出。

为什么汲取佛门心法作为自己的基本观点，却在口头上并不承认这一点，反而自称得自远古的伏羲氏和与佛氏并称异端的老氏呢？这就牵涉到上文提出的，苟不得已，取之老庄，反映出儒学复兴初期对异学加以区分对待的民族文化认同心理。《朱子语类》卷一百《邵子之书》著录了朱熹论邵雍之学的一段十分中肯的话：

康节之学，近似释氏，但却又挨傍消息盈虚者言之。

他所举出的证据，便是《伊川击壤集序》中的“以心观心，以心观身”等语，也即上文揭示的“观之以心”。所谓挨傍消息盈虚者言之，即指出了邵氏内底汲取佛学，表面上打着《易》学以及老氏之学的旗号的行径。这一点连邵雍之子伯温也不得不承认。《邵氏闻见录》卷十九谈到康节与佛、老的关系时说他：

论文中子谓佛为西方之圣人，不以为过，于佛老之学未尝言，知之而不言也。

所谓知之而不言，也即表面上不承认。实质上，对佛氏能在孔门之外自树立为圣人的事业，已大动羡慕之心了。

相传为陈抟所作的《麻衣道者正易心法》一书中说：“学《易》者，当于羲皇心地中驰骋，无于周、孔语下拘挛。”假如说邵雍在开创先天之学的过程中得到过陈抟的启发的话，这两句话便足以概括他从陈抟的著作中所汲取的全部精神。关于邵雍拟经之假托伏羲而自神其说，拙稿前章论之已详。这里只想指出，在拟圣派身上开始充分显示出来的宋学开拓精神，溯其渊源，实与佛门自创其说为圣人，以及老氏之学取资佛学而自成体系，“无于周、孔语下拘挛”的成功实践的刺激有一定的关系。禅宗自称其学为释氏“教外之别传”，朱熹论邵学，也说他得“《易》外之别传”。图书授受之说，适足证明佛以“道”为中介对宋学拟圣派所发生的重大影响。或者说宋儒从意识到必须向异学开放，吸收异学来充实和发展自己的开始，这种吸收，便是取儒、道、释三者兼容并蓄、交互融合的姿态。

老、庄之学，在先秦虽与儒家同属诸子百家，后世道徒所引与佛学、儒学相对抗而发展起来的老氏之学，在理论上却没有太多的创造，远不如佛学那样在哲学方面有比较精致的一套，足使儒学不得不另眼相看。因此到后来，道徒也就开始不断地从佛学中汲取养料以武装自己。邵雍等早期宋学家之所以可以通过老氏之学而间接掠取禅理，原因也便在这里。到后来的二程，索性踢开老氏之学而直接广引佛学以治儒学，也就是很自然的了。《河南程氏遗书》卷二上说：

> 今异教之害，道家之说则更没可辟，唯释氏之说衍蔓迷溺至深。今日是释氏盛而道家萧索。

对老氏之学公开表示了轻视。又《河南程氏外书》卷十二载：

> 问庄周与佛如何？伊川曰：“周安得比他佛？佛说直有高妙处，庄周气象大，故浅近。如人睡初觉时，乍见上下东西，指天说地，怎消得恁地？只是家常茶饭，夸逞个甚底？”

与佛学的心性义理之高深相比，老、庄自然要显得浅近了。

重佛而轻道，大抵是进入宋学繁荣期后儒者的共同态度，但这不妨碍他们在某些问题上对老氏之学的吸收。如奠定了宋学性论基础的张载性二元论，便从前代道书及本朝道徒那里借取“天地之性”和“气质之性”这两个带关键意义的语词外壳。前者如东汉末年《太平经》：

> 夫天地之性，半阳半阴，阳为善，主赏赐，阴为恶，恶者为刑罚，主奸伪。……天地之性，半善半恶，故君子上善以闭奸。兴善者得善，兴恶者得恶。

后者如生年略早于张载的北宋道教大师张伯端（987—1082）。伯端之《炼丹诀》略云：

> 形而后有气质之性，善反之则天地之性存焉。自为气质之性所蔽之后，如云掩月，气质之性虽定，先天之性则无有。然元性微而质性彰，如君臣之不明而小人用事以蠹国也。①

论“性”而以“如云掩月”为喻，本出《坛经》第二十节：

> 自性常清净，日月常明，只为云覆盖，上明下暗，不能了见日月星辰。

以君子、小人论“性”，则儒者之常语。伯端之撰，充分说明了道教

①《道藏》，第八册，《洞真部·方法类·玉清金笥青华秘文金室内炼丹诀》，卷上。

在理论上的贫乏而需借重外学的特点。然则“形而后有气质之性,善反之则天地之性存焉”数句,实已全同于张载《正蒙·诚明篇》之说。

在宋学几位大家中,对《老子》一书的喜欢,当首推王安石。据《郡斋读书志》著录,安石尝有《老子注》二卷,今已散佚。据后世各种《道德经》注本所转引的若干条文来看,其融合儒、道的具体做法大抵有三。

一是引儒以解老,如《老子·道生一章第四十二》:“万物负阴而抱阳,冲气以为和。”王安石注:

> 一阴一阳之谓道,而阴阳之中有冲气。①

作为中国哲学史上著名的唯物论范畴,“冲气”概念的提出,以《老子》此章为最早。王安石这里引《易·系辞上》“一阴一阳之谓道”以串解,实为援老入儒打下了基础。

二是引老以解儒,如《洪范传》曰:“土者,阴阳冲气之所生也。”即引前揭《老子·道生一章》以为注。

在这两种做法的基础上,王安石进而走出了特具创造精神的第三步:交糅儒、道之论以为己说。《洪范传》曰:

> 道立于两,成于三,变于五,而天地之数具。

这一观点实系兼融下列两说以成之。《老子·道生一章》:“道生一,一生二,二生三,三生万物。”《周易·系辞上》:“天数五,地数

---

①转引自(南宋)彭耜:《道德真经集注》,卷十三。

五，五位相得而各有合。天数二十有五，地数三十，凡天地之数五十有五，此所以成变化而行鬼神也。”

从这一认识出发，王安石对老子的“无为”之说这一核心命题，作了儒学化——更确切一点说是宋学化的解释，如他解释《老子·为学日益章第四十八》“为学日益，为道日损，损之又损之，以至于无为”说：

> 为学者，穷理也。为道者，尽性也。性在物谓之理，则天下之理无不得，故曰“日益”。天下之理，宜存之于无，故曰“日损”。穷理尽性必至于复命，故“损之又损之，以至于无为”者，复命也。

这里引《易·说卦》“穷理尽性以至于命”释《老子》之“无为”，是从理论上把老氏之学解释为宋学家可以接受并同化之的性理之学。

在《王文公文集》卷二十七《老子》一文中，王安石还从社会政治的角度分析了老子的“无为”思想。他承认老氏此说是对客观规律的正确认识（“道法自然”），但认识了世界（“出之自然”）不等于已经获得了结果，要完成改造世界的任务（“涉乎形器”），“必待于人之言也，人之为也”。文章以《老子·三十辐章第十一》为例驳斥说，“三十辐共一毂，当其无有，车之用”，轮毂之以无（空）为用，这是出之自然的规律，但要制造它，却须靠“工之削”，“如其知无为用而不治毂辐，则为车之术固已疏矣”。最后，王安石下结论说：

> 今知无之为车用，无之为天下用，然不知所以为用也。

故无之所以为用者，以有毂辐也；无之所以为天下用者，以有礼乐刑政也。如其废毂辐于车，废礼乐刑政于天下，而坐求其无之为用也，则亦近于愚矣。

这样一发挥，“无为”不仅通于佛学之心性义理，而且通于儒家传统之“礼乐刑政”了。

由下面将要谈到的蜀学关于老氏之学的阐释可以知道，这种熔儒、道、佛三家于一炉的做法，正是北宋后期宋学诸家之所同。如前节所引苏辙《东坡先生墓志铭》所誉乃兄由儒而庄、由庄而释的治学路线，其实也是苏辙本人的夫子自道，苏辙生平学术著作，当以《老子新解》着力最多。当他把这部书寄给苏轼的时候，后者就曾经把类似的评价赠给他的弟弟：

> 子由寄《老子新解》，使战国时有此书，则无商鞅、韩非；使汉初有此书，则孔、老为一；晋、宋间有此书，则佛、老不为二。①

而后来朱熹也曾指出：“苏侍郎（辙）晚为是书，合吾儒于老子以为未足，又并释氏而弥缝之。”②可知无论赞赏者还是不满者，均肯定苏辙此书儒、释、道三者兼容而杂糅的特点。此特点由下引苏辙解《老子·不出户章第四十七》的一段文字即可略窥一斑：

> 性之为体，充遍宇宙，无远近古今之异。古之圣人，其所以不出户牖而无所不知者，特其性全故耳。世之人为物所

①《仇池笔记》，卷上，《老子解》。
②《朱子大全》，卷七十二，《杂学辨·苏黄门〈老子解〉》。

> 蔽，性分于耳目，内为身心之所纷乱，外为山河之所障塞，见不出视，闻不出听，户牖之微能蔽而绝之，不知圣人复性而足，乃欲出而求之，是以弥远而弥少也。

“不出户牖而无所不知者，特其性全故耳”，是由“不出户，知天下；不窥牖，知天道”出发发掘老子思想中的性论之蕴。“世之人为物所蔽，性分于耳目，内为身心之所纷乱”数句，是前文已经引用过的而为我们所熟知的禅宗思想。“圣人复性而足”之出于唐代儒者李翱之《复性书》，更不待言。

由此还可进一步知道，抓住性命之学这一核心问题来统合儒、释、道三家，不仅是入宋之后禅门义学僧人的主张（详前节所引契嵩《上富相公书》），而且也是宋儒的共同努力方向。由下引张伯端《悟真篇·序》中的话还可以了解，这一方向，同样是道门学者之所从趋：

> 老、释以性命学开方便门，教人修积以逃生死……《周易》有穷理、尽性、至命之解，《鲁语》有毋意、必、固、我之说，此又仲尼极臻乎性命之奥也。

孔、释、道三教之合流，儒、佛、老三学之交融，乃北宋中期之后中国思想学术界之大趋势。“仲尼极臻于性命之奥”（即以圣人为性命之造端），一出于僧人契嵩之口，再见诸道徒张伯端之笔下，由知“宗儒为本”，也为二家所共同接受。宋学正是在这样一种历史趋势下，以排斥佛、老，尽用其学，定儒家于一尊的姿态吸收异质文化，捍卫和发展传统文化，造成了在整个中国封建社会后期占主导地位的新文化。

第五章　宋学和北宋其他文化层面

第一节　宋学与宋文

在北宋文化史的各个层面中，与儒家学派关系最密切的是宋代的散文，即古文。古文是宋学传播与传承的主要工具，北宋古文运动是儒学复兴运动最亲密的伙伴。无论草创期还是繁荣期，站在儒学最重要位置上的学者，往往也是古文方面最有成就的作家，前者如欧阳修，后者如王安石。

欧阳修活跃于天圣、明道、景祐、庆历、嘉祐各个时期，既是宋学初期疑古思潮的代表，又是北宋古文运动的领袖人物，两方面的骨干分子前者如孙复、石介，后者如尹洙、苏舜钦，均以他为依归。据《邵氏闻见后录》记载，欧阳修曾对苏洵说："吾阅文士多矣，独喜尹师鲁、石守道，然意犹有所未足，今见子之文，吾意足矣。"①从成就和特长看，尹洙（字师鲁）侧重在古文，石介（字守道）侧重在儒学，两人年龄稍长于欧阳修，相互之间没有横的联

①（南宋）邵博：《邵氏闻见后录》，卷十五。

系，但都是欧阳修的好朋友，各自在所擅长的领域里从事着与欧阳修同样的事业，但均只能得其一面而不能兼优。故欧阳修对他们虽然喜欢，"然意犹有所未足"。苏洵治学，兼重经术和文辞，正好符合欧阳修的理想，难怪要当面表示满意了。

大体与北宋知识分子这种在知识结构方面趋于全能的价值取向以及后来产生的角色意识一致，北宋古文运动和儒学复兴，有过一段亲密合作的时期，最后则导向分裂甚至对立。下面试分三个阶段加以综述。

第一，合作时期。

仁宗天圣年间，儒学复兴之初，古文运动几乎同时揭开了序幕。这一时期宋学家与古文家有两个共同的地方。一是都以佛、老和骈文作为自己的敌人，一是在文化传承上均对韩愈的道统说表示认同。如石介复兴儒学的著名檄文《怪说》，"上篇言佛、老，下篇言杨亿"①。他所以要反对佛、老和杨亿，便是因为前者"以妖妄怪诞之教"坏乱了"道"，后者"以淫巧浮伪之言"破碎了"道"。所谓淫巧浮伪之言，也就是四六声律之文即骈文。杨亿不仅是宋初骈文家的首席代表，而且是禅宗的忠实信徒，石介对杨亿的敌忾，可谓是"双份"。

古文即以骈文为对立面，古文家对杨亿为代表的华靡文风之不满自不待言，但尹洙、苏舜钦等人提倡古文，反对骈文，本是唐代古文运动的继续，其所高举的旗帜，因此也就同样是把佛、老作为敌人的从周、孔直到韩愈的"道"。这一点宋初古文运动的先驱柳开已先言之。他说："吾之道，孔子、孟轲、扬雄、韩愈之道；吾之

---

①《徂徕石先生文集》，卷五，《怪说》（下）。

文，孔子、孟轲、扬雄、韩愈之文也。"①欧阳修的说法则更加直截了当："我所谓文，必与道俱。"②文学形式的革命出于内容表达的需要，韩愈提倡模仿先秦儒家的口气写作奇句单行的散文，正是为了辟佛尊儒而原道的需要。北宋古文作家从柳开、王禹偁到穆修、尹洙、欧阳修、苏舜钦，尽管对佛学的了解有深有浅，高举排佛的旗帜则一。如前章所述，甚至连身在沙门而学做古文的智圆，也说"师韩愈之为文也，则于佛不得不斥，于儒不得不尊"③。

尊儒就必须排佛，非此即彼，有你无我，这一点容易理解。只是为什么尊儒就必须提倡古文，斥佛、老就要连带反对骈文呢？这个问题前此没有引起研究者的注意。从文化史的角度，顾及儒、佛两学的斗争和散、骈两体的消长的全部历史，并将它们放到一起来考虑，就会发现一个简单但是重要的现象，那便是佛教在中国的盛传与骈文的兴起，大致是同一个时间即魏晋南北朝之间的事情。清人李兆洛在《骈体文钞》的序中说：

> 自唐以来，始有古文之目，而目六朝之文为骈俪，而为其学者，亦自以为与古文殊路。

可知"古文"与"骈文"，乃唐人用以区别前朝文体的名称，其分界线便在六朝。从总体上讲，古文既起于儒学，也就习惯于用来反映孔、孟的思想。骈文句式整齐，讲究声律谐和，读来琅琅上口，便于记忆和口头传播，适宜于佛经的文字组织和翻译，以东晋时

①《柳河东先生集》，卷一，《应责》。

②《苏轼文集》，卷六十三，《颍州祭欧阳文忠公夫人文》。

③（北宋）僧智圆：《闲居编》，卷十八，《师韩议》。

平阳沙门释法显翻译的《大般涅槃经》为例，以下引自该书卷中：

> 尔时世尊，与诸比丘，从座而起，趣鸠娑村。到彼村已，与比丘众，前后围绕，坐一树下。时彼村中，诸婆罗门，长者居士，闻佛至已，皆悉驰竞，来诣佛所。头面礼足，却坐一面，而白佛言："世尊今者，与诸比丘，故事此村，别有余趣?"于是如来，即答之言："我却后三月，当般涅槃，从毗耶离城，遍历村邑，次第到此。"尔时诸人，闻佛此语，悲泣懊侬，闷绝躄地，举手拍头，捶胸大叫，唱如是言："呜呼苦哉！世间眼灭，我等不久，失所归导。"①

全书三卷，基本上就以四字句为基本句式，从所引这段的内容看，讲的是佛教始祖释迦牟尼行将"圆寂"之时率众比丘趋鸠娑村与信徒们告别的情况，乃记叙之笔，其所以取骈俪的形式，正是为了好念好记。可知佛经翻译之初采用骈文，主要出于实用的需要，故文字也朴实，不像后来骈文专业作家那么穷讲究。

这一时期，汉人撰写佛学文章，如"序"、"论"、"赞"、"颂"、"节"等，也清一色是用骈文做的。如释道安的《安般注序》、慧琳的《白黑论》、支道林的《释迦文佛像赞》、慧远的《晋襄阳丈六金象颂》、僧肇的《鸠摩罗什法师诔》、沈约的《答陶华阳》和周颙的《答张长史书》等。这些文章抒写的是中国信徒自己对于佛氏教义的理解，内容比较灵活，文字上也就可以讲究了。于是有所谓四声八病之说，即创于沈约、周颙等人。沈括在《梦溪笔谈》卷十五，《艺文》二说：

①《大正藏》，卷七。

古人文章，自应律度，未以音韵为主。自沈约增崇韵学，其论文则曰：“欲使宫羽相变，低昂殊节。若前有浮声，则后须切响。一简之内，音韵尽殊；两句之中，轻重悉异。妙达此旨，始可言文。”自后浮巧之语，体制渐多，如傍犯、蹉对、假对、双声、叠韵之类。

汉语的声韵和对偶等规律，本来就存在于古人的文章之中，但将它作为一种专门的学问加以研究，作为写文章应当主要考虑的形式加以追求，则始于沈约，而与连带佛经一起引进的印度音韵之学的刺激或者说启发有关。故沈括又曰：“切韵之学，本出于西域，汉人训字，止曰‘读如某字’，未用反切……自沈约为四声，音韵愈密。”（同上）“音韵之学，自沈约为四声，及天竺梵学入中国，其术渐密。”（同上卷十四）

骈文与释氏的这种密切联系，一直延续到宋初。如杨亿一方面是四六文宗，一面又多次充当译经润文使，替皇家把佛经翻译之文字关，即是一个很好的例证。北宋之后，宋学吃掉佛学，确立了从此在中国封建社会后期的统治地位。与此同时，古文也开始代替一蹶不振的骈文，成为其后明清诸朝文章的主要样式，这种正好与六朝相反的双起双落现象，由此也可得到比较合理的解释。

要而言之，在与佛、老和骈文的共同斗争中，儒学复兴需要以古文作为载道的工具，古文运动需要儒学给以新鲜的内容，两者交相为用，相辅相成，一开始便建立了亲密的合作关系。以孙复、石介等为代表的儒学家队伍，和以尹洙、苏舜钦等为代表的古文家队伍，正是两支目标一致、互相依靠、共同战斗的同盟军，而且连主帅也是同一个欧阳修。欧阳修又是庆历新政的主角范仲淹的副手，上述诸人与范仲淹的关系也极密切，并都是新政的积极参与者。从这种意义上讲，古文运动和儒学复兴，又是11世纪40年代政治革新运动在文化领域里的两个不可或缺的侧翼。

在复兴儒学的同时提倡古文，也是宋学初期其他派别的共同特点。如范仲淹的另一个朋友、议古派李觏，论为学之旨，也自称“诵古书，为古文，不敢稍逗挠”①。而拟古派周敦颐，不仅以古文名篇《爱莲说》为北宋文苑增添光彩，在北宋古文运动中喧传一时的“文以载道”之说，也便是他在《通书·文辞第二十八章》中最先提出的。

但正是这个“文以载道”的主张，围绕着“文”与“道”的位置应当如何摆的问题，使儒学家和古文家这两支本来友好合作的同盟军进入了第二时期：分裂时期。

第二，分裂时期。

分裂的爆发点是嘉祐二年的礼部考试。

据《四朝国史·欧阳修传》，欧阳修知嘉祐二年贡举，时士子尚为险怪奇涩之文，号“太学体”。欧阳修痛加排抑，凡写作这类文章的人一概不取，对于苏轼等“长于草野，不学时文，词语甚朴，无所藻饰”②的青年古文作家，则毅然拔擢，置于前列。发榜之后，“向之嚣薄者伺修出，聚噪于马首，街逻不能制”③。但士林文风，自此为之一变。嘉祐二年的省试，在北宋科举史上是一次值得大书特书的考试，历来称道科考，大抵以某榜登第几人后来为显仕论荣光。本次由欧阳修主持、北宋著名诗人梅尧臣等为考官的礼

---

①《李觏集》，卷二十七，《上李舍人书》。

②《苏轼文集》，卷四十九，《谢梅龙图书》。

③转引自《欧阳文忠公文集》附录，卷四。

部试，主要贡献却在文化史上。如拙稿首章论科举改革与宋学之关系时所揭，不仅唐宋八大家的后三家苏轼、苏辙、曾巩并出于此榜，后来成为关学宗师的张载和洛学巨子程颢，也均于是届得出身。作为初期宋学的开山和北宋文坛的泰斗，欧阳修以其非凡的眼力和宏大的气魄，把分别以这五个人为代表的北宋后期儒学和文学的青年生力军推向历史舞台。但从庆历以来就植下了根的老一辈儒学家和古文家关于文学理论方面的分歧，却也以这次考试为契机而公开化。

欧阳修所痛加排抑的“太学体”，其实是古文的一个变种，它形成于庆历初期，以当时的最高学府太学为基地，始作俑者即三先生中最早进入国子监任讲官的石介。庆历六年(1046)，张方平权同知贡举，在《贡院请诫励天下举人文章》一疏中说：

> 尔来文格，日失其旧，各出新意，相胜为奇。至太学之建，直讲石介课诸生，试所业，因其好尚，而遂成风，以怪诞诋讪为高，以流荡猥琐为赡，逾越规矩，惑误后学。①

张方平论文主扬亿，由《乐全集》卷二《题杨大年集后》称赞杨亿之作“典纯追古昔，雅正合《周南》”可知。本疏显然是站在骈文的立场上攻击石介，但所指出的相胜好奇而以怪诞诋讪为高，即《四朝国史》所说的“士子尚为险怪奇涩之文”。足见进入北宋中期之后，骈文家并不一般地抵制古文，而只是反对那些奇涩险怪的偏激文风，正像后来欧阳修等人并不笼统地斥责骈文，而只是

①(北宋)张方平：《乐全集》，卷二十；《长编》，卷一百五十八，庆历六年二月末。

反对片面追求词藻堆砌和华丽，而在不少地方反而积极吸收骈偶形式合理的一面一样。在排抑迂僻奇怪之文风这一点上，两者则是一致的。早在景祐二年（1035），欧阳修在写给石介的两封信中，已劝告他不要“好怪”，不要“好异以取高”①。可惜石介没有听从这位年轻朋友的意见，②一意孤行，在庆历之际，利用担任教官的机会，通过课试之业以提倡好高务奇的“太学体”。欧阳修嘉祐元年所上的《议学状》在回忆起这段往事的时候，仍沉痛地总结了如下的教训：

> 夫人之材行……苟欲异众，则必为迂僻奇怪以取德行之名，而高谈虚论以求材识之誉。前日庆历之学，其弊是也。③

所谓庆历之学，主要便是针对石介、孙复等人这段时间在太学之所为。

北宋之世，照例以文章之士（一般是现任翰林学士等高级馆职人员）知贡举，以经术之士居讲席。前者如张方平、欧阳修，后者如石介、孙复、胡瑗、李觏等人。科场（主试官聚集之地是馆阁）和太学（最高级的形式是经筵），无形中也就成了两个左右当代文风的重要阵地。科举考试题目和太学讲官的课试作业，对士子来说，同样是决定前途和命运的指挥棒。方平之奏所谓因其好尚，而遂成风，指的正是这种情况。

所谓古文家，用现代的名词称呼，也便是散文家，属文学家之

---

①《居士外集》，卷十六，《与石推官第一书》。

②详《徂徕石先生文集》，卷十五，《答欧阳永叔书》。

③《奏议集》，卷十六，

一支;而儒学家,大致可称之为哲学家。在文学家看来,文章虽然以表达一定的思想内容为目的,但表现形式不能不讲究,否则就不能称之为文学。但在哲学家的眼中,一切文字材料无非是思想的再现,是语录和讲义,文采之有无,实在是无关紧要的。所以同样的"文以载道"的原则,在石介那里便是:

> 读书不取其语辞,直以根本乎圣人之道;为文不尚其浮华,直以宗树乎圣人之教。①

孙复也说:"文者,道之生也;道者,教之本也。"②孔子曰:"言之无文,行而不远","文质彬彬,然后君子。"说明儒家的创始人本兼重内容(质)和言辞(文)两个方面,故留存下来的先秦古文,至今仍具有艺术的魅力。韩愈、柳宗元等唐代古文家固以传道为己任,但心中所倾慕于上古的,很大程度上也包括了这一方面。这已由他们传世的许多古文作品所证明。孙、石之徒以文为道所生,读书为文"不取其语辞,直以根本乎圣人之道",实际上把"文"这一方面的要求放弃了。在这种以质木无华为美的文论主张指导下写出来的,也只能是"求深者或至于迂,务奇者怪僻而不可读"③的东西了。

欧阳修关于文、道关系的看法基本上与唐代韩愈等古文家一致,他引用孔子"言之无文,行而不远"的语录加以发挥说:

---

①《徂徕石先生文集》,卷二十,《代郓州通判李屯田荐士建中表》。
②《孙明复小集》,卷一,《答张洞书》。
③《苏轼文集》,卷四十九,《谢欧阳内翰书》。

甚矣,言之难行也。事信矣,须文。文至矣,而系其所恃之大小,以见其行远不远也。①

这是说,行的远不远靠"所恃之大小"即"道"的高下,但决定着能不能行的基本条件却是"文"。所以说"事信矣,须文"。"文至矣"之后,才是"其行远不远"的问题。这实际上是一种文道并重的观点。怎样才算做到了这一点呢?欧阳修提出的标准是:

其道易知而可法,其言易明而可行。②

以这种文论主张作指导,对险怪奇涩的"太学体"自然是非反不可的了。据《长编》等记载,嘉祐二年的科场改革,引起的斗争异常激烈。"群嘲而聚骂者,动满千百",某些落第举子甚至作《祭欧阳修文》,偷偷地投到欧阳修家中,恨之而欲其速死。③ 但古文运动经过欧阳修这一番努力,毕竟得以顺利发展,取得了决定性的胜利。

第三,分立时期。

作为北宋古文运动的重要领导人,欧阳修在北宋文化史上所处的地位是非常微妙的,如上所述,儒学家和古文家在合作时期,双方都是他的亲密朋友。到分裂期,他又领导古文家战胜了经术之士企图把古文运动导向艰涩奇险的不良倾向。更富于意味的是,在北宋后期关于文学的意见处于对立两极上的洛学和蜀学,

---

①《居士外集》,卷十七,《代人上王枢密求集序书》。

②《居士外集》,卷十六,《与张秀才第二书》。

③详《长编》卷一百八十五,嘉祐二年正月癸未条;《苏轼文集》,卷四十九,《谢欧阳内翰书》;叶梦得:《石林诗话》,卷下。

其创始人二程和二苏，也并是欧阳修的门生。据前引曾巩与欧阳修及王安石书，得知王安石庆历时期也曾因曾巩之荐，得游欧阳修之门墙。欧阳修一方面激赏王文，一方面委婉地提出批评。所谓造语和模拟前人的缺点，颇近于好奇与艰涩，可知青年时代的王安石，因致力于儒学，也颇受当时流行的"太学体"的影响，后来王安石为文别具一格，兼具儒学家和古文家的优点，而与程、苏两家各不相同，与早期受欧阳修的推挽和指导，也有一定的关系。

王、程、苏三家关于古文艺术的分歧，是宋学繁荣期新学、洛学（包括关学）、蜀学分立并导致相争的重要原因和主要内容之一。所谓分立时期，指的就是这三家出于角色意识的互相斗争。

论学术，王安石、二程、二苏均可称之为儒学家；论古文，三家也均能积极推行、熟练运用而体现了嘉祐之后定古文于一尊的时代特点。但具体成就可就有参差了。从角色意识上讲，二程主要是儒学家而算不上古文家，二苏以文章擅名而在儒学方面贡献不大。只有王安石堪称儒学大家而又兼古文大家。这种情况同他们对古文艺术的认识有关。其核心问题仍然是"文"与"道"这对关系的处理。王安石这方面的观点可以下引《上人书》中的一段话为代表：

> 且自谓文者，务为有补于世而已矣。所谓辞者，犹器之有刻镂绘画也。诚使巧且华，不必适用，诚使适用，亦不必巧且华。要之以适用为本，以刻镂绘画为之容而已。不适用，非所以为器也。不为之容，其亦若是乎？否也。然容亦未可已也，勿先之，其可也。①

---

①《王文公文集》，卷三。

这段话反映了王安石古文理论的两个重要方面:(1)为文必须强调对现实政治有用:“务为有补于世而已矣”;(2)以“适用为本”,修辞“为之容”,即形式为内容服务。所谓适用,是“道”的具体化和操作化,贯彻到文章之中也就是“理”,故安石论文之言又曰:

某尝患近世之文,辞弗顾于理,理弗顾于事,以襞积故实为有学,以雕绘语句为精新,譬之撷奇花之英,积而玩之,虽光华馨采,鲜缛可爱,求其根底济用,则蔑如也。①

所谓辞与理的关系,也就是文与道的关系。可知王安石总的观点是:道(理)在文(辞)之先,两不偏废。基于这一认识,王安石提出了“治教政令,圣人之所谓文也”②的命题,执政之后,又实施过重经义、策论而罢诗赋“声病对偶之文”的科举改革。

王安石的这些理论,从实用着眼,更多体现的其实是政治家的主张,而非纯文学家或哲学家的意见。换句话说,在哲学家重“道”、文学家重“文”两者之间,他贵在“适用”而兼顾“辞”与“理”,走了中间。这当然要引起两者的同时反对了。在二程看来,王安石既讲求辞章,就不能算知“道”:

介甫之言道,以文焉耳矣。言道如此,己则不能然,是己与道二也。夫有道者不矜于文学之门,启口容声,皆至德也。③

---

①《王文公文集》,卷三,《上邵学士书》。
②《王文公文集》,卷五,《与祖择之书》。
③《河南程氏粹言》,卷一,《论道篇》,《二程集》,第1176页。

可知在二程的理论中，“文”与“道”是水火不能相容的关系。写文章、讲话，除了“道”之外，别的什么也不能考虑，因为注意了文章的表现形式，就会影响思想内容的表达，在他们看来，这叫“玩物丧志”，“作文害道”①。关于作文害道的观点，除了语录之外，又见程颐给门人的书信，如《河南程氏文集》卷九《答朱长文书》：

> 圣贤之言，不得已也。……后之人始执卷，则以文章为先，平生所为，动多于圣人。然有之无所补，无之靡所阙，乃无用之赘言也。不止赘而已，既不得其要，则离真失正，反害于道必矣。

从这段话来看，凡是喜欢作文章的人，都是对“道”有妨碍的了。二程这种唯道主义的文学观，比儒学复兴初期石介的“不取语辞”的道本说，又进了一步。

苏轼则从另一个方面向王安石发起了进攻。如前章所引，他在熙宁二年五月所上的《议学校贡举状》中反对罢试诗赋的新法，在石介与杨亿两者之间，宁取后者而不取前者。与二程相比，他正好走了另一个极端。

从程颐一派唯道主义的文论主张出发看王安石的文章，只是一些“以文焉耳矣”而“不知道”的东西，但在苏门文章之士看来，却又嫌他偏重经学而疏于文艺。如陈师道说：

> 王荆公改科举，暮年乃觉其失，曰：“欲变学究为秀才，不

---

①《河南程氏遗书》，卷十八，《二程集》，第239页。

谓变秀才为学究也。"董举子专诵王氏章句而不解义,正如学究诵注疏尔。教坊杂戏亦曰:"学《诗》于陆农师,学《易》于龚深之。"盖讥士之寡闻也。①

陆农师佃、龚深之原,皆是王安石的弟子,推行《三经义》为有力。所谓变秀才为学究,也就是变文士为经生的意思。关于"举子专诵王氏章句而不解义"的批评,即苏轼在《答张文潜书》中所攻击的王安石之文"好使人同己"而造成一时"文字之衰"之意。类似的意思,熙宁中试进士不第,即绝意进取,以灌园终其身的吕南公说得更清楚:

窃有所疑者:当今文与经家分党之际,未知秘校所取何等之文耳?若尧、舜以来,杨、马以前与夫韩、柳之作,此某所谓文者。若乃场屋诡伪劫剽、穿凿猥冗之文,则某之所耻者。②

所谓文与经家分党,即拙稿所说的宋文与宋学的分立,其要害,也便是关于"文"与"道"的看法不同。

在宋学蜀派看来,从欧阳修开始便是只重文统而不重道统的。如在《六一居士集叙》中,苏轼曾把欧阳修作为韩愈的遗嘱执行人加以推崇:"愈之后二百有余年,而后得欧阳子,其学推韩愈、孟子以达于孔氏。"③并全面评价其成就说:

①(北宋)陈师道:《后山集》,卷十八,《谈丛》。
②(北宋)吕南公,《灌园集》,卷十一,《与汪秘校论文书》。
③《苏轼文集》,卷十。

欧阳子论大道似韩愈，论事似陆贽，记事似司马迁，诗赋似李白。此非余言也，天下之言也。①

在宋人的眼中，韩愈是古文的倡率者，陆贽是骈文的成功者，这两句是说欧阳修的散文，兼有古文与骈文的优点（详下文）。记事似司马迁，是赞扬欧阳修的史笔，诗赋似李白，则是夸奖他的韵文水平。这三个方面，全指欧阳修的文学成就，而无一涉及其经学方面的贡献。可知在苏轼眼中，欧阳修之所以是伟人，就是因为他的能文。在《颍州祭欧阳文忠公夫人文》中，苏轼又以自己为欧阳修的当然继承人自居，并引自己初见欧阳修时，后者对他的亲口许愿为证："此我辈人，余子莫群，我老将休，付子斯文。"②在这个类似禅门传衣的故事中，被欧、苏作为法统传承的，主要仍是"文"。尽管在同一篇祭文中，苏轼随后引用了欧阳修的另一句话加以补充："我所谓文，必与道俱。"③

总之，在"文"与"道"的关系上，以"文"传"道"，自宋初古文家王禹偁等人提出之后，④大抵是欧阳修以来古文家和儒学家都能够接受的文论主张。只不过古文运动的领导者文与道俱、文道兼重的原则，到王安石那里变成了道先文后，到苏轼那里变成了道后文先，而程颐则是作文害道了。这一差异在他们关于韩愈的评价中表现得特别明显和直捷。如欧阳修赠诗王安石，以"翰林风月三千首，吏部文章二百年"为期，安石答诗则曰："他日若能窥孟子，终身何敢望韩公。"明确表示把"道"放在第一位，而"文"则

①《苏轼文集》，卷十。

②《苏轼文集》，卷六十三。

③同上。

④《小畜集》，卷十八，《答张扶书》："夫文，传道而明心也。"

在其次。从“道”这方面讲,韩愈自然不如孔子的嫡传孟轲了。而苏轼论韩愈“文起八代之衰,而道济天下之溺”①,则显然是把“文”放在“道”的前面了。而程颐的看法则是:“学本是修德,有德然后有言,退之却是倒学了。”②意思是韩愈颠倒了“道”与“文”的关系,启后世古文家玩物丧志之弊窦。

欧阳修文、道并重,不分先后,故古文运动初期,与儒学家尚能和睦相处,王、程、苏三人排列先后,因观点分歧而导致分道扬镳。但在三家之中,对立最甚者则数程、苏两家。王安石失势之后,尤其是元祐年间,洛、蜀两党形同水火,比他们当年与王安石的纷争更要来劲,从文化上寻根源,对文道关系所见之不同,是一个重要的因素。

苏辙论文章之创作,有“文者,气之所形”③之著名观点。苏轼亦云:“夫学以明礼,文以述志。思以通其学,气以达其文。”④皆不及于“道”而强调之。故元祐六年(1091)二月,以苏辙为尚书右丞,右司谏杨康国激烈反对,理由即是:“辙之兄弟,谓其无文学则非也,蹈道则未也。”⑤朱熹《伊川先生年谱》叙及程颐在经筵时,谓“同朝之士有以文章名世者,疾之如仇”。以文章之士而名于元祐之世者,显指苏轼兄弟而言。“文章”两字正抓住了洛、蜀

①《苏轼文集》,卷十七,《潮州韩文公庙碑》。

②《河南程氏遗书》,卷十八,《二程集》,第232页。按:据(南宋)吴曾:《能改斋漫录》,卷八,《沿袭》“韩退之学文而及道”条,程颐此语,本吴子经《法语》:“古之人好道而及文,韩退之学文而及道。”子经名孝宗,欧阳修《居士集》卷七《送吴生南归》诗,即赠其人。又王安石《王文公文集》卷七有《答吴子经书》。

③(北宋)苏辙:《栾城集》,卷二十二,《上枢密韩太尉书》。

④《苏轼文集》,卷十,《送人序》。

⑤(明)陈邦瞻:《宋史纪事本末》,卷四十五,《洛蜀党议》。

两党之争的要害所在。二程不仅以文章与训诂、异端并列为学者之“三弊”，而且将它与少年登高科、恃父兄得美官同视为“人生三不幸”之一，骂为“俳优之事”。其实正有所指。而苏轼于文章，一则曰：“吾文如万斛泉源，不择地而出，在平地滔滔汩汩，虽一日千里无难”①，再则曰：“某平生无快意事，惟作文章。”②两家关于文章的看法之不同如此，难怪提起对方时，咬牙切齿而绝少宽容的余地，反不及他们反对王安石的政治设施的同时，对王学和王文，各自能做部分肯定甚至赞扬。至于两家的末流，程门大抵专以儒为业而绝少文采，苏门则多以文章称于世，儒学家与文学家的矛盾，遂愈益壁垒森严，绝无调和的余地。

宋儒与宋文由合作而分裂而对立的曲折过程既已述之如上，下面再由古文创作的实际谈谈宋学精神在其中的渗透和体现。北宋古文的成就，以最后互相分立的时期最见辉煌。所谓唐宋八大家，半出于此时，即二苏、王安石、曾巩。二程虽不能挤进古文大家的行列，但也创作了不少清新可读的名篇，如《论王霸札子》、《养鱼记》等。作为一定时期的文学趋于成熟的标志，便是不同风格的建立和流派的形成。与北宋后期宋学的繁荣同时出现的古文创作高潮，正是如此。陈善《扪虱诗话上集》卷三说：

> 唐文章三变，本朝文章亦三变矣。荆公以经术，东坡以议论，程氏以性理，三者要各自立门户，不相蹈袭。

所谓各立门户，不相蹈袭，既是这一时期古文家与儒学家由分裂

①《经进东坡文集事略》，卷五十七，《文说》。
②（宋）何薳：《春渚纪闻》，卷六，《文章快意》。

走向对立的特点，也是文章个性形成的标志。所谓经术、议论、性理，其实都包含在宋学之内，经术是从传统文化的角度讲的，议论指它的表现形式，性理则指宋代儒学的特定内容。可知古文运动在宋代，特别是北宋后期，受宋学的影响之大，无论是采用哪一种风格，无论是通过哪一种途径，都离不开它。下文且分五个方面谈谈北宋古文中所体现的宋学精神。

首先是议论精神。宋人好议论，本是这时代的突出特点。“开口揽时事，论议争煌煌。”形之于书面，也便是古文。刘勰《文心雕龙·议对篇》谈到议论文的写作时说：“文以辨洁为能，不以繁缛为巧；事以明核为美，不以深隐为奇。”以繁缛为巧，深隐为奇，正是擅长于铺排和抒情的骈文的长处，而雄辩、简洁、明确、核实，最适合的形式便是古文。韩愈、柳宗元革新文体，运用古文体裁写出了不少抒情和写景的名篇，如《送孟东野序》和《永州八记》等。但古文的主要功能，还在于议论。宋人对这一点特别强调。如在宋初开欧、苏文论先声的王禹偁，对古文所下的定义便是“夫文，传道而明心也”。蔡襄论石介以文得罪权贵的原因是“好议论当时人物”①。而苏氏“自比贾谊”②，王安石与其他一些人又比之为战国纵横者流。③ 叶适以欧阳修为“本朝议论之宗”④，苏轼为“古今议论之杰”⑤。朱熹以“李泰伯（觏）文实得之于经中，虽浅，然皆自大处起议论”⑥，以“曾南丰（巩）议论平正，

---

①（北宋）蔡襄：《端明集》，卷二十七，《答赵内翰书》。
②（南宋）叶适：《习学记言序目》，卷五十，《皇朝文鉴》四。
③《朱子语类》，卷一百三十，引王安石语。
④《习学记言序目》，卷三十九，《唐书》二。
⑤（南宋）叶适：《习学记言序目》，卷五十，《皇朝文鉴》四。
⑥《朱子语类》，卷一百三十九，第3307页。

耐点检"[①]，苏辙"议论极好，程、张以后文人无有及之者"[②]，所着眼的都是本朝文章重议论这一方面的特点。

我们知道，所谓宋学，本是一种义理之学。所谓文以载道，这个"道"，也便是"义理"的核心内容，而"义理"，也便是"道"的具体运用。如李覯之言曰："为学必欲见根本，为文必欲先义理。"[③]故元丰二年得进士出身的关学传人李复论文，既有"夫文犹器也，必欲济于用"[④]之说，又有"先须讲求义理的当，中心涣然，乃可作文"[⑤]之言。"义理"又简称为"理"，如前引王安石《上邵学士书》患近世之文，即以"辞弗顾于理"为言。而在黄庭坚的文论主张中，则径以"文以理为主"代替了传统的载道之说。其言曰：

> 好作奇语，自是文章病，但当以理为主，理得而辞顺，文章自然出群拔萃。[⑥]

黄氏所谓以理为主，即李复的"先须讲义理的当"。义理需讲而明，讲明义理，也便是议论。在"议论"这一鲜明的时代精神之下，宋学和宋文得到了和谐与统一。北宋古文运动之成为宋学的同盟军，宋文之作为宋学的工具，于此可以在更加广泛的意义上找到根源。

以撰写古文的形式来发议论，韩愈等人在中唐时代就已经尝

---

①《朱子语类》，卷一百三十，第3117页。
②同上。
③《李覯集》，卷二十七，《上叶学士书》。
④《潏水集》，卷五，《答人论文书》。
⑤《潏水集》，卷四，《答耀州诸进士书》。
⑥《豫章黄先生文集》，卷十九，《与王观复书》。

试过了。《原道》、《讳辨》等名篇即是这方面有代表性的作品。但这些论文大都短小，常常摆明作者观点即止，没有展开充分的论证。宋人则不同，鸿篇巨制，洋洋万言，屡见不鲜。如王安石的著名政论《上仁宗皇帝言事书》、僧契嵩的《万言书上仁宗皇帝》、程颐的《为家君应诏上英宗皇帝书》、苏轼的《上神宗皇帝书》等，无论在论述的广度还是深度方面，均远远超过前人的同类作品。

为了突破古文篇幅以短小为传统的限制，宋人还常常采用分上下篇或一组数篇的方式展开充分的论证。如石介的《怪论》上中下三篇，欧阳修的《本论》上下篇、《正统论》三篇、《春秋论》三篇，苏轼的《中庸论》三篇、《正统论》三篇、《大臣论》二篇等。有些文章虽然没有注明篇与篇之间的联系，但事实上是系统表达作者意见的一组文章，如苏轼的史论，从《伊尹论》、《周公论》到《诸葛亮论》、《韩愈论》，便是作者通过古文形式所作的一组历史人物论。

北宋古文之长于议论，还表现在那些本来不属于议论文范围的文章中，也常常要借记叙或写景的间隙，发挥一些人生哲理。如山水游记，本是唐代古文家如柳宗元的拿手好戏，但柳氏采用的基本上是客观叙述、寄情于景的手法。宋人接过之后，即添加了不少主观议论的色彩。如范仲淹的《岳阳楼记》，本以记叙洞庭湖新建岳阳楼为题旨，但流传于今，最脍炙人口的关键句子，却是与岳阳楼没有直接联系的作者自明其志的格言："先天下之忧而忧，后天下之乐而乐。"另如王安石《游褒禅山记》，作者详细描写褒禅山的雄奇景色和交代自己一行游山的经过，目的却在说明"世之奇伟、瑰怪、非常之观，常在于险远而人之所罕至焉，故非有志者不能至也"①这么一个大道理。文章以《游褒禅山记》为题，

①《王文公文集》，卷三十五。

当是一篇游记，但从实际效果看，无异是一篇说理文，或者说是一篇以游记形式写成的论文。他如欧阳修的《伐树记》通过官署东园之杏华茂因而不忍伐之一事，发“凡物幸之与不幸，视其处之而已”①之论；苏轼《石钟山记》记述实地考察石钟山，弄清它的命名来由的经过，提出了一个发人深省的命题：“事不目见耳闻而臆断其有无，可乎？”②以及蔡襄的《杭州清暑堂记》通过清暑堂的记叙以议民政等等。

宋文之议论，还有现实感特强的特点。这也与宋学的影响直接有关。儒学之复兴本出于民族危机感的刺激和忧患意识的推动，修身、齐家、治国、平天下从一开始便成为北宋知识分子做人处世的指导思想，义理之学的一项重要内容便是评议时事与政治，即所谓以当时政事俾之折衷。就文论主张而言，王安石的“务为有补于世”和苏轼的“言必中当世之过”③，均体现了宋学实用精神之于宋文的影响。一些奏议、书序、论说等本来就是针对某一现实问题而发的不必说，即全是谈论历史问题，也带有强烈的时代感，正如一些记叙写景之文也被宋人用来发议论一样。陈寅恪先生说：

> 苏子瞻之史论，北宋之政论也④。

这里指出的，正是北宋古文受同时儒学之影响而表现出来的实用精神。一个最明显不过的例子便是南宋郎晔在《经进东坡文集事

①《居士外集》，卷十三。
②《苏轼文集》，卷十一，《石钟山记》。
③《苏轼文集》，卷十，《凫绎先生诗集叙》。
④《金明馆丛稿二编·冯友兰〈中国哲学史〉上册审查报告》。

略》卷十四的解题中就已经特别提到过的《论商鞅》之为新法而发。

郎晔之言曰：

> 公因读《战国策》，论商君功罪，有言："后之君子有商君之罪而无商君之功，飨商君之福而未受商君之祸者，吾为之惧矣。"观此，则知此论亦为荆公发也。

今读苏轼《论商鞅》，以"论商鞅、桑弘羊之功"为司马迁之两大罪，并引司马光"天地所生财货百物，止有此数，不在民则在官"，驳斥《史记》的"不加赋而上用足"①之理财观，其以商鞅隐指王安石之意甚明。

所谓实用精神，不仅指以古文为现实政治服务，也指古文家引用材料时所表现的取我所需。仍以苏轼用"三宥"之典为例，南宋杨万里《诚斋诗话》所载与叶梦得《石林诗话》不同。其事曰：

> 欧阳公作省试知举，得东坡之文惊喜，欲取为第一人，又疑其是门人曾子固之文，恐招物议，抑为第二。坡来谢，欧阳问坡所作《刑赏忠厚之至论》，有"皋陶曰杀之三，尧曰宥之三"，此见何书，坡曰："事在《三国志·孔融传》注。"欧退而阅之，无有。他日再问坡，坡云："曹操灭袁绍，以袁熙妻赐其子丕。孔融曰：'昔武王伐纣，以妲己赐周公。'操惊问何经见，融曰：'以今日之事观之，意其如此。'尧皋陶之事，某亦意其如此。"欧退而大惊曰："此人可谓善读书，善用书，他日文

①《苏轼文集》，卷五，《论商鞅》。

章，必独步天下。”

孔融杜撰武王以妲己赐周公的故事进谏曹操，颇近似于宋代政坛言事之“许以风闻”。“以今日之事观之，意其如此”，也就是从我所要论证的观点出发到史书中去找论据，找不到合适的也可以造一个出来。同后来魏晋玄谈家们的种种怪论一样，孔融的不经之谈，本来就是以荒诞的形式借古讽今，无足为奇。苏轼则是认真地作文，作一篇决定前途命运的应试文章，却也信手拈来，不问出处，并将它总结为作文的方法堂而皇之地回答考官的询问，主考不以为忤，反而加以夸奖，说他“善读书，善用书”。宋文之重意不重实，举此一例，可以概见。

不过苏轼《刑赏忠厚之至论》的这一典故，并非全无出处。《礼记·文王世子第八》云：

> 公族无宫刑，狱成，谳于公……其死罪，则曰：“某之罪在大辟。”其刑罪，则曰：“某之罪在小辟。”公曰：“宥之”。有司又曰：“在辟。”公又曰：“宥之。”有司又曰：“在辟。”及三宥，不对，走出，致刑于甸人。

试与下引苏轼之文比较：

> 当尧之时，皋陶为士，将杀人。皋陶曰“杀之”，三；尧曰“宥之”，三。故天下畏皋陶执法之坚，而乐尧用刑之宽。①

①《苏轼文集》，卷二十一，《省试刑赏忠厚之至论》。

除了《礼记》中用以泛指的“公”和“有司”改换成尧和皋陶之外，其事还是有的。那末是不是苏轼不知道此一典故的确切出处呢？不是的。且不说进士考试，应举者必须熟读《礼记》等经文，苏轼另一文章《论始皇汉宣李斯》尝引“古者公族有罪，三宥然后置刑”①即可为证。是不是主考欧阳修一时忘了这个典故呢？也不是的。早在天圣八年欧阳修本人南省试策五道，其中第二道问“古者纠邦禁”之法，欧阳修对曰“议狱缓死，羲《易》之明文；眚灾肆赦，帝《典》之奥训。《周官》有“三宥”，新国用轻典，皆所以宽民之谓也”②云云。《周礼注疏》卷三十六《司刺》条：“掌三刺、三宥、三赦之法，以赞司寇听狱讼。”即《周官》“三宥”之典。然亦无尧与皋陶之事，可见苏轼在论文中以尧、皋陶取代笼统称呼“公”、“有司”，完全是有意而为之。大抵换上两个具有权威意义的特指人名之后，文章就更显得具体、形象而富有说服力吧。但不管怎样，从逻辑上推导，《礼记》原文既笼统地说“古者”之事，“公”自然包括尧在内，“有司”当然也就是皋陶了。即使《尚书》没有明确记载，但也不能就说必无其事了。此即苏轼所说的“意其如此”。难怪以一代经师、博学之士欧阳修也要称赞他“善读书，善用书”了。同样的做法，苏轼集中并不仅见，如《应制举上两制书》论古代知识分子道尊于势的精神时，引思孟学派之行事为例证曰：

> 昔者子思、孟轲之徒，不见诸侯而耕于野，比闾小吏一呼于其门，则摄衣而从之。至于齐、鲁千乘之君，操币执贽，因

①《苏轼文集》，卷五。

②《居士外集》，卷二十五，《南省试策五道》。

门人以愿交于下风，则闭门而不纳。此非苟以为异而已，将以明乎圣贤之分，而不参于贵贱之际。①

齐、鲁之君礼遇孟轲之事，见于《孟子·公孙丑下》。子思、孟轲之徒不见诸侯而愿交比闾小吏，一呼其门，摄衣而从之事，史所未载。苏轼"意其如此"，当由前者推出后者，在细节方面虽有出入，但基本精神还是符合的。

某些宋人的文章，也有全出于臆测的。如石介的排佛名文《中国论》，为了将民族意识与崇儒意识完全等同起来，在论述了佛"自西来入我中国"之后紧接着说：

有庞眉名曰"聃"，自胡来入我中国，各以其人易中国之人，以其道易中国之道，以其俗易中国之俗。②

《史记·老子韩非列传》尝载老聃西游之事，东汉时由此衍化出《老子化胡经》之书。言老子"自胡来入我中国"者，前此未见，纯出于石介之臆造。南宋黄震已经指出过这一点："老氏于传则自中国西入胡，今云自胡入中国，亦未知何据也。"③

据南宋初沈作喆《寓简》卷十记载，徽宗政和中，堂试以《禁宵行者》为题，某生的卷子里写道：

宵行之为患也大矣。凡盗贼奸淫群饮为过恶者，白昼不

①《苏轼文集》，卷四十八。

②《徂徕文集》，卷十。

③《黄氏日钞》，卷四十五，《读石徂徕文集》。

敢显行也，必昏夜合徒窃发，踪迹幽暗，虽欲捕治，不可物色。故先王命官曰司寤氏，而立法以禁之，有犯无赦，宜矣！不然则宰予昼寝，何以得罪于夫子。

学官见了大喜，称赞该文“议论有理”。只是不懂为什么用“宰予昼寝”一事作为论据。于是把他叫来，问曰：“此何理也？”生员回答说：“昼非寝时也，今宰予正昼而熟寐，其意必待夜间出来胡行乱走耳。”学官听了大笑不止。

《论语》中孔子批评宰予昼寝之事，后世颇觉费解。此类题目，正是宋学大显身手的地方。自韩愈与李翱的《论语笔解》提出“昼”字为“画”字之误到刘敞的“寝”字当读如“内寝”之“寝”说，历来异议纷纷，但均无持此生所解者。答案虽嫌幼稚可笑，但也说明了宋人为文之“意其如此”，正如宋学之不拘泥于名物训诂与考据，重在理解经典的精神。

上文谈到宋人的古文理论，曾提到过黄庭坚所归结的“文以理为主”。所谓以理为主，实际上也就是以意为主。作为北宋古文理论的一种基本主张，它与苏轼提出的“意其如此”，正合若符契。据《容斋随笔》卷十一《东坡诲葛延之》条，苏轼教人作文，尝云：“天下事散在经、子、史中，不可徒使，必得一物以摄之，然后为己用。所谓一物者，意是也。”以意摄之云云，也就是以意为主，意其如此的意思。作为苏门高足，黄庭坚可谓得其师之真传。

以上举的都是论说文的例子，宋人为文之以意为主、重意不重实，甚至表现在本来就以纪实为宗旨的墓志铭等记叙文体裁中。如欧阳修一生为人作了不少墓志、墓表、神道碑之类，其中最为后世传诵的要推《尹师鲁墓志铭》、《湖州长史苏君（舜钦）墓志铭》等。前者连欧阳修自己也矜为得意之笔，曾因之总结出一套墓志铭写作的基本原则(详《居士外集》卷二十三《论尹师鲁墓志》)。但二铭在记事方面却有一个共同的缺漏,即墓主的生卒年都弄错了。[①] 尹、苏两人年纪与欧阳修相仿,据《论尹师鲁墓志》可知,尹洙家人还为这篇墓志铭太简单而向欧阳修提过意见。然则作者想到的是如何使自己写的这篇文章不朽,只在“意其如此”方面下工夫;死者家属想到的是如何使死者声名不灭,也只从“以意为主”的标准出发要求作者多说好话,对与墓主生平事关重大的年岁的误记,却一概没有注意,以致后世费心考证。

第三,创造精神。以意为主,关键在于出新意。宋文重意,再往前一步,也便有了以新为主。义理之学在传统经学之外独树一帜,本身便是一种标新立异。受其影响,北宋古文作家在创作方面也以竞出新意为议论文章的追求方向。所谓标新立异,一是同周围的人不一样。欧阳修借古人之行事教训后学说:

古人之学者非一家,其为道虽同,言语文章,未尝相似。[②]

长于议论,以意为主,这是从北宋古文同的一面着眼来概括,具体到每个作家来说,对于每个具体问题的看法以及文章的风格又各不相同。如欧阳修文的平易舒畅,王安石文的峭拔峻刻,苏轼文的汪洋恣肆,均各极其致而其异如面。宋文之所以蓬勃发展终而至于大备于时,在各个方面都为后世提供典范,道同而文章不必相似的创新精神是一个重要的原因。

二是与古人不同。宋学初期,李觏批评义疏派缺少创造性

---

①详拙作《苏舜钦生卒籍贯考》,《苏州大学学报》,1985年第一期。

②《居士外集》,卷十九,《与乐秀才第一书》。

时说：

> 学者大抵雷同，古之所是则谓之是，古之所非则谓之非，诘其所以是非之状，或不能知。①

值得注意的是，李觏这番话是谈论古文作法时说的，文章的题目就叫《原文》。可知宋学的反传统精神，从一开始便输入同时兴起的古文运动。北宋古文家之反对雷同，注重别创新说、超越前人而成绩斐然者，当以王安石为第一人。《王文公文集》卷三十三《读孟尝君传》可以作为代表。全文只有九十个字。头三句概括了前人在这个问题上的定论："世皆称孟尝君能得士，士以故归之，而卒赖其力以脱于虎豹之秦。"此论自《史记·孟尝君列传》以来，已成定说。王安石却提出了完全相反的意见："嗟乎！孟尝君特鸡鸣狗盗之雄耳，岂足以言得士？"在群雄逐鹿之际唯以得善于脱身之计而自夸，格调本已低下，何况孟尝君所得之士，根本没有治国平天下所需的栋梁之材，"不然，擅齐之强，得一士焉，宜可以南面而制秦，尚何取鸡鸣狗盗之力哉？"王安石认为，世所称孟尝君之"能得士"，恰恰是他不能真正得士的原因所在："夫鸡鸣狗盗之出其门，此士之所以不至也。"

安石此文，以尺幅寓万里，而又层层深入，成一波三折之势，前此论文者，每每为之倾倒。但《读孟尝君传》一文之所以具有一往无前的气概，关键还在于作者高人数等的卓越见识。北宋知识分子以全能型知识结构为理想模式，集政治家、思想家、文学家于一身，秉笔为文，又富于议论精神而以意为主，其在立意方面超越

---

①《李觏集》，卷二十九，《原文》。

前古而有所创获,这是一个根本的原因。至于那些本来就用以发挥宋学义理的学术论文之富于创见,如王安石的一系列性论之作和欧阳修的《本论》等等,前章述之已备,不复赘引。

胡瑗的学生徐积之言曰:“凡作文必须自立,令前不见古人,后不容来者乃善。”①从今天的立场上来看,正如宋学做出了不少空前绝后的巨大贡献,北宋一些古文名篇像欧阳修的《醉翁亭记》、《五代史伶官传序》,苏轼的《赤壁赋》、《日喻》以及上面提到的王安石的作品,足可以当得起这一宣言而成为千古绝唱。不过宋文之寓于创造精神,不只是表现在思想内容方面的有独到之见,语言形式的以简易明白代替艰辛奇崛,也是一个重要的方面,故徐积又云:“凡人为文必出诸己而简易乃为佳耳。”②朱熹论及北宋古文的优点时,指出的也是:

> 欧公文章及三苏文好,说只是平易说道理,初不曾使差异底字换却那寻常底字。③

古文,顾名思义与古文字联系在一起,因此当唐代古文运动初起之时,韩愈及其后学,曾自觉与不自觉地表现出追求奇字、难字,即朱熹所谓差异底字,以奇崛艰深为美的不良倾向。此风一直影响到宋初柳开直至中期石介、李淑、宋祁等人。欧阳修纠正了这一倾向,专力提倡平易,形成了北宋古文以流畅自然著称的鲜明特点。关于欧阳修通过反对怪僻以端正古文运动的方向,除了上

①《节孝语录》。

②同上。

③《朱子语类》,卷一百三十九,第3309页。

文提到的排抑太学体以及“其道易知”、“其言易明”的主张之外，还可以他同宋祁一起编修《新唐书》，用“宵寐匪祯，札闼洪庥”（夜眠不祥，书门大吉）讽谏后者勿用奇字为例得到了解。

朱熹这段话还告诉我们，宋文之所以尚“平易”，与他们作文的目的是为了“说道理”有关。所谓说道理，一是阐明政治主张，一是讲明学问义理，前者是为了说服他人，后者则以普及教化为目的，文辞自然都以简易、畅达、一读就懂为妙。吴充《欧阳公行状》说他“于经术务究大本，其所发明，简易明白”①，论其为文，又曰“务求平淡典要”而革“为文以新奇相尚”②之弊。韩琦《欧阳公墓志铭》论其为人，则曰“天资刚劲，见义敢为，襟怀洞然”③。可见坦夷明白，乃是欧阳修做人、治学与为文的共同特点，也是北宋知识分子比较普遍的时代风貌和共同追求。王禹偁论文以“句易道”、“义易晓”④为准则；苏洵论文以“容与闲易，无艰难劳苦之态”⑤为理想；徐积所谓“为文正如为人，若有辛苦态度，便不自然”⑥；苏轼所谓“大略如行云流水，初无定质，但常行于所当行，常止于所不可不止，文理自然，姿态横生”⑦，并是此意。大抵北宋重文轻武，优待士大夫，宋学兴起之后，又以自由议论为宗旨，知识分子既从唐末以来沉重的压抑感中摆脱出来，又从繁复琐细的汉唐义疏中解放出来，仿佛一下子从里闾狭巷走上了坦途。其治

---

①《欧阳文忠公文集》，附录卷一。

②同上。

③同上书，附录卷二。

④《小畜集》，卷十八，《答张扶书》。

⑤《嘉祐集》，卷十一，《上欧阳内翰第一书》。

⑥《节孝语录》。

⑦《苏轼文集》，卷十四，《答谢民师推官书》。

学风格之简易明白、为文体式之流畅自然的得以形成，实在是水到而渠成。

从宋学精神之于宋文的影响来寻找平易文风之所以形成的原因，还在于宋人之能兼容。

第四，兼容精神。以现代人的眼光看，古文符合自然语气，比骈文易懂。但对北宋中期的人来讲，则不是这样。如欧阳修在《内制集·序》中解释自己既然提倡古文，为什么又不断地作骈文的原因时说，为皇帝起草诏书，“取便于宣读，常拘于世俗所谓四六之文”，这是一般的通例，他自己也不能免，虽然明知“其屑屑应用，拘牵常格，卑弱不振，宜可羞也”。可知在当时，骈文与古文相比，倒反有“便于宣读”而适于“应用”的优点。又据北宋李畋《该闻录》载，林逋隐居西湖，祥符间朝廷命杭州知州王济体访。林逋听说后投贽一启，“其文皆俪偶声律之流”，为王济所轻。济之言曰：

> 草泽之士，文须稽古，不友王侯；文学之士，则修辞立诚，俟时致用，今林逋两失之。①

可知在当时一般人眼中，骈文比古文实用，故又称“四六应用之文”。

骈文作为齐梁以来盛行的文体，最大的缺点是讲究形式，拘束于对偶与韵律，最大的优点却也正在它的句式工整，便于成诵。前者之所以是缺点，因为它容易流于空洞与浮艳；后者之所以是优点，因为运用得好便显示出汉语音节的和谐与流畅之美。古文

---

①《说郛》，上海涵芬楼本，卷三引《该闻录》。

家高举反对骈文的旗帜,真正应当抛弃的只是前者。而后者,在某种意义上说却比古文运动初期的作品更占有读者群。如中唐陆贽那些"运单成复"①、引散入骈而写作的四六诏令奏议,在当时的影响就不见得比同时代的古文家韩愈、柳宗元之文差。据《新唐书·陆贽传》,陆贽在奉天代德宗"所下制书,虽武人悍卒无不感动流涕"。代天子草诏书,例用四六。陆贽的骈文,能使多数不识字的军人听懂并为之感泣,可知切近易晓,便于宣读,正是它的长处。同时稍后白居易、刘禹锡等人为文,也有类似的特点。

与此相反,宋初仿效韩愈而创作的古文(实际上也包括唐代古文运动的末流),倒是偏于晦涩、难于读诵的。沈括《梦溪笔谈》卷十四说:

> 往岁士人多尚对偶为文,穆修、张景辈始为平文,当时谓之"古文"。穆、张尝同造朝,待旦于东华门外,方论文次,适见有奔马践死一犬,二人各记其事,以较工拙。穆修曰:"马逸有黄犬遇蹄而毙。"张景曰:"有犬死奔马之下。"时文体新变,二人之语皆拙涩,当时已谓之工,传之至今。

张景是柳开的弟子,穆修是苏舜钦兄弟的先辈朋友,由两人的当场表演来看,北宋早期古文,的确难以上口。正如叶适批评"柳开、穆修、张景、刘敓,当时号能古文"时所指出的:"古人文字固极天下之丽巧矣,彼怪迂钝朴、用功不深,才得其腐败粗涩而已。"②而造成怪迂、粗涩的原因,乃在"时以偶俪工巧为尚,而我以断散

---

①(清末)王闿运:《王志》。

②《习学记言序目》,卷四十九,《皇朝文鉴》三。

拙鄙为高”[1]的片面倾向。叶适这里卓有见识地指出了北宋散文发展史上至关重要的一个问题：古文运动要真正取得胜利，必须在继承前代古文传统的同时，吸收骈文形式中有生命力的成分来补充和发展自己。换句话说，正如宋学之于佛、老，在攻弃其糟粕的同时尽量汲取其精华，北宋古文之于骈文，也应取兼容的态度。

关于援佛入儒，王安石提出过“苟合于理，虽鬼神要无以易”的著名原则，古文对骈文的开放，也有“偶俪之文，苟合于理，未必为非，故不是此而非彼也”[2]的提法，而首先把它作为指导思想而形之于言的，却是对佛教和佛学均持峻拒态度的欧阳修。欧阳修这番话是写在《论尹师鲁墓志》一文中，作为对尹洙家属提出关于他为什么没有在《尹师鲁墓志铭》中强调本朝古文自师鲁始这一质问的答复而发的议论。原文作：

> 若作古文自师鲁始，则前有穆修、郑条辈，及有大宋先达甚多，不敢断自师鲁始也。偶俪之文，苟合于理，未必为非，故不是此而非彼也。

可知在欧阳修看来，尹洙的古文不过像穆修等人一样，只是在奇句单行即叶适所谓断散拙鄙这一点上为北宋古文运动开了个头。真正要建立起宋代古文的独特面目，则在汲取骈文的合理成分而形成骈散结合的新格局之后，而要担负起这一任务，非兼具古文与骈文两方面均过人一等的写作能力不可。纵观北宋一代，凡是被后世目为古文名家，创作出一定数量的古文名篇的作家如欧阳

---

①《习学记言序目》，卷四十九，《皇朝文鉴》三。

②(北宋)欧阳修：《居士外集》，卷二十三，《论尹师鲁墓志》。

修本人及其学生苏轼、苏辙、曾巩，还有王安石等，骈文和诗歌也都作得很好。反之，虽有提倡古文于欧、苏未作以前之功，但并无典范作品传世的柳开、穆修、张景、尹洙等人，则骈文一概作不好，也缺少吟诗作赋的才能。欧阳修《论尹师鲁墓志》中的这一分析，无疑是正确的。

不过在欧、苏之前兼擅骈、散之美而创作了被王安石、黄庭坚誉为“胜欧阳公《醉翁亭记》”①的《黄冈竹楼记》的王禹偁，以及千古名文《岳阳楼记》的作者范仲淹，已经在实践中表现出后来成为北宋古文之特色的骈中见散、散中有骈的艺术倾向。不独实践，作为欧阳修的同志和先辈，类似的主张也已形之于范仲淹的言论。如天圣三年，范氏在《奏上时务书》中谈到文风问题时就已经提出了“文质相救”的明确主张。其言曰：

> 文弊则救之以质，质弊则救之以文。质弊而不救，则晦而不彰；文弊而不救，则华而将落。②

由《奏上时务书》后文可知，所谓质，指的是“追三代之高”，即古文；文，指的是“尚六朝之细”，即骈文。足见在骈、散两者之间，范仲淹已能兼容并蓄，两取所长。由他本人的创作实践来看，骈文、古文都作得很好，如《范文正公集》卷十六《遗表》，通篇为骈，声情并茂；同书卷五《近名论》，全文是散，文势沛然，均不失为佳作。

前面提到，宋人宗唐，分别以韩愈和陆贽作为古文家和骈文家成功的典型。苏轼论欧阳修，即指出他兼具两人之长的特点。

---

①《豫章黄先生文集》，卷二十六。

②《范文正公集》，卷七。

作为一种时代的风尚，这实际上也是苏轼的夫子自道。这不仅见于他的论文之言既以韩愈有“文起八代之衰”的功劳，复有“文人之盛，莫如近世，然私所敬慕者，独陆宣公（贽）一人”①之盛誉，而且为他那些散中含骈、骈散结合，大势磅礴而又流畅自然的不朽之作所证明。

有宋之文，可以欧、苏为代表，而欧、苏古文之基本风格，欧、苏文论之基本主张，已由领导疑古派开宋学之始的范仲淹先见之。足知宋学之兼容精神，从儒学复兴伊始，就已经传给了与它差不多同时发轫的古文运动，相与发明，蔚为 11 世纪文化史上的时代精神。

最后，第五，怀疑精神。关于宋学怀疑精神之波及宋文，最典型的例子便是苏轼对《文选》的批评。见《苏轼文集》卷四十九《答刘沔都曹书》。其言略云：

> 梁萧统集《文选》，世以为工。以轼观之，拙于文而陋于识者，莫统若也。宋玉赋《高唐》、《神女》，其初略陈所梦之因，如子虚、亡是公等相与问答，皆赋矣。而统谓之叙，此与儿童之见何异？李陵、苏武赠别长安，而诗有“江汉”之语。及陵与武书，词句儇浅，正齐、梁间小儿所拟作，决非西汉文，而统不悟。

这里除了对《文选》本身表示不迷信之外，还对前此认定为西汉李陵、苏武所作的河梁赠别之诗提出了证据确凿的怀疑。在同一文中，苏轼还对东汉蔡琰的《胡笳十八拍》等两首诗，以及唐代李白、

---

①《苏轼文集》，卷五十九，《答虔倅俞括一首》。

韩愈、白居易“为庸俗所乱”的一些作品提出了去伪存真的正确意见。这些意见对后世文学史研究者，均富于很好的启发意义。不过本节专论宋学和宋文，这里已兼及于诗。关于宋诗和宋学的关系，且详下节。

第二节　宋学与宋诗

北宋之前，中国古代文学样式例以诗文为正宗，宋人论文章，当兼诗歌而言。如欧阳修《苏氏文集序》追溯古文运动的经过时说：

> 子美之齿少于予，而予学古文反在其后。天圣之间，予举进士于有司。见时学者务以言语声偶摘裂，号为时文，以相习尚，而子美独与其兄才翁及穆参军伯长，作为古歌诗杂文。时人颇共非笑之，而子美不顾也。①

所谓古歌诗杂文，即并指古体诗和各类古文。可知欧阳修等人在儒学复兴的同时发起古文运动，正以同样的精神领导诗体的复古。欧阳修、苏舜钦这种诗文并重的精神后来被王安石、苏轼所继承，蔚为宋诗发展史上复古与创新两个辉煌的时期。

在上述引文提到的人名中，穆参军伯长即穆修。穆修（979—1032）在北宋文学史上，主要以较早为古文而得名，而诗名不著。在北宋中期诗人中，与欧阳修、苏舜钦齐名者还有梅尧臣（字圣

---

①《居士集》，卷四十一。

俞)，而梅尧臣的主要成就则在诗而不在文，这在北宋文学家中又是一类人物的代表。南宋曾季貍曰：

> 东莱《江西宗派序》所论本朝古文，始于穆伯长，成于欧阳公，此论诚当。但论诗不及梅圣俞，似可恨也。诗之有圣俞，犹文之有穆伯长也。①

此以穆修为北宋古文之始，自是吕本中一家之言。不过侧重于以诗、文之专门立论，分别举梅尧臣和穆修作为代表，得出的结论，则与上揭欧阳修《苏氏文集序》同。

关于北宋中期前后的诗歌发展，即近人所谓北宋诗文革新运动，分为复古与创新两期，拙作《宋诗的分期及其标准》已有详述，②这里立足于北宋文化史的大背景，还可以发现这么一个重要的事实：以仁宗嘉祐时期作为宋诗复古与创新的分界线，正好与宋学从草创到繁荣的阶段划分相一致，也与以嘉祐二年贡举为标志的北宋古文家和儒学家从合作走向分裂并导致创作繁荣的转折相一致。

前章讲到，宋学之草创，实际上是以儒学复兴的面目而出现。所谓复兴，其实也就是复古，受此影响，北宋中期的其他文化层面，特别是与儒学离得最近的诗与文，带有类似的复古性质，也就不难理解了。比如古文家既以复上古三代之文为号召，与以上承周公、孔子之道，复兴儒家传统文化为己任的宋儒在这一时期得以亲密合作，由此即可得到合理的解释。古文运动后来与儒学的

---

①《艇斋诗话》，见近人丁福保《历代诗话续编》。

②这是拙著《宋代文学研究》的一章，单篇已刊《文学遗产》，1986 年第 4 期。

分道扬镳,从表面上看起来似乎是文学挣脱了儒学的束缚,实际上却是前者从后者的创造精神中汲取了更多的营养而意识到自身的特质,得到更加蓬勃的发展(这一点已为前节的叙述所证明)。宋诗也一样,紧接着"复古"而带来的"创新",实质上也就是从宋学那里受到更多的启发,同它一起走向繁荣。

北宋儒学家除个别(如程颐)之外,例能吟诗,如程颢留下文集四卷,就有一卷是诗,占了四分之一。从质量方面讲,也不乏佳作,如《偶成》(云淡风轻近午天)曾被选入《千家诗》为压卷之作。清人吴乔鄙薄宋诗,以苏轼、黄庭坚、陆游皆无足取,唯一称赞的便是程颢五言律诗《陈公廙园修禊事席上赋》的末联"未须愁日暮,天际是轻阴"①,以为"忠厚和平,不减义山之'夕阳无限好,只是近黄昏'矣"②。邵雍传世的诗作更多,光《伊川击壤集》二十卷,就收有一千五百余首,可以算得上一个多产的诗人。后世因程颐有批评杜甫《曲江》诗"穿花蛱蝶深深见,点水蜻蜓款款飞"一联"如此闲言语,道出做甚"③之论,遂以儒学与宋诗纯是敌对的关系,其实不是这样。由上揭两例可知,宋儒,至少是南渡以前的儒学家,对宋诗还是作出了不少的贡献。连最瞧不起本朝诗歌的南宋末年诗人兼诗论家刘克庄,在批评"近世贵理学而贱诗",以为"嘲弄风月污人行止"的谬论时,举出的反面例证也便是:"然康节、明道于风月花柳未尝不赏好,不害其为大儒。"④

洛学门人邢恕所撰《康节先生伊川击壤集后序》说:

---

①见《河南程氏文集》,卷三,《二程集》,第486页。

②《答万季野诗问》。

③《河南程氏遗书》,卷十八,《二程集》,第239页。

④《后村先生大全集》,卷一百十一,《题跋·恕斋诗存稿》。

先生之学以先天地为宗，以皇极经世为业，揭而为图，萃而成书。其论世尚友，乃直以尧舜之事而为之师，其发为文章者，盖特先生之遗余。至于形于咏歌，声而成诗者，又其文章之余。

这段话关于邵雍之学之文之诗的序列，自然逃不出北宋知识分子在知识价值观方面的取向之常式，但由此我们正好可以了解到本节所要着重加以论述的宋学、宋文、宋诗之关系。

提起宋学与宋诗之关系，人们马上想起的，恐怕都会是所谓以议论为诗。议论，本是宋学最基本的精神，也是宋文最基本的特点，故"以议论为诗"，又叫"以文为诗"。可知"议论"两字，实是贯串宋学包括宋文、宋诗之关键。在宋学初期，不仅通过"议论"这一时代精神沟通了宋儒与宋诗两者，而且在对诗歌功能的基本认识方面，宋代儒学家也与宋诗人同。梅尧臣论诗，尝以"辞虽浅陋颇刻苦，未到《二雅》未忍捐"①为期。这不仅是复古派诗人欧阳修、苏舜钦、蔡襄等人的共同战斗纲领，如范仲淹的《尹师鲁河南集序》、蔡襄的《四贤一不肖诗》均有类似的提法，而且是北宋中期整个文坛的共同追求。如本人并不是诗人的范雍，仁宗初年序寇准诗集，亦云："公之为诗，必本风、骚之旨。"②在这一点上，儒学家自然更是所见略同，如邵雍论诗诗即云：

爱君难得似当时，曲尽人情莫若诗。无《雅》岂明王教

①《宛陵文集》，卷二十五，《答裴送序意》。
②《忠愍诗集》，卷首。

化，有《风》方识国兴衰。①

明先王之教化、兴赵氏之国运，正是当时的两大政治任务，可知在邵雍看来，“诗”与“学”的目标是一致的。

11世纪初期，诗坛上流行的主要是以雕章丽句为美的西昆体，正所谓“尔来道颇丧，有作言皆空，烟云写形象，葩卉咏青红”②。梅尧臣诸人高举起六经之一《诗经》之《风》、《雅》的旗帜号召诗界复古，从某种意义上说，正是儒学复兴运动在韵文领域的一个分支，但宋儒利用诗歌是为了宣扬儒学之讲义，宋诗人重视诗歌创作的恢复《风》、《雅》传统，旨在反映民间疾苦，用以寄托自己的政治主张和社会理想，两者侧重面不同。前此人们研究宋诗议论化问题时，撮其精华，大抵举梅尧臣的《田家语》、《汝坟贫女》，苏舜钦的《庆州败》，欧阳修的《食糟民》等反映国计民生这一类作品为例证，其实要说议论化，出于宋儒之手的一些诗歌，要更加来得典型。例如前章引述过的孙复之诗：

人亦天地一物耳，饥食渴饮无休时。若非道义充其腹，何异鸟兽安须眉。

又如李觏的七绝《自遣》：

富贵浮云毕竟空，大都仁义最无穷。一千八百周时国，

①《伊川击壤集》，卷十五，《观物吟》。
②《宛陵文集》，卷二十七，《答韩三子华韩五持国韩六玉汝见赠述诗》。

谁及颜回陋巷中。[1]

假如把这两首诗改成散文的形式,放到周敦颐《通书》、张载《正蒙》、二程《遗书》之类著作中去,简直可以乱真。刘克庄批评理学诗,以谓"间有篇咏,率是语录、讲义之押韵耳"[2],实乃不刊之论。

宋学家之诗,最有代表性的当然还是邵雍那些"以诗人比兴之体,发圣人之义理之秘"[3]的理学诗。如《邵子全书》卷二十《乐物吟》:

> 日月星辰天之明,耳目口鼻人之灵。皇王帝霸由之生,天意不远人之情。飞走草木类既别,士农工商品自成。安得岁丰时长平,乐与万物同其荣。

本诗首句讲天象,次句讲人身,三句讲历史,五句讲地上的动植,六句讲社会的构成,七句讲人生的理想,四句、八句一开一合,综讲自然与人生的和谐与共荣,全篇概括了《皇极经世书》的基本思想而又显得简单明白、易诵易记。朱熹论"康节之学,其骨髓在《皇极经世书》,其花草便是诗"[4],可谓一语道破。同样的题材,同样的构思,同样的手法,在《伊川击壤集》中屡见不鲜。如《观物咏》:

> 一气才分,两仪已备。圆者为天,方者为地。变化生成,

---

①《李觏集》,卷三十六。

②《后村先生大全集》,卷一百十一,《题跋·恕斋诗存稿》。

③(南宋)真德秀:《真文忠公文集》,卷二十七,《咏古诗序》。

④《朱子语类》,卷一百,《邵子全书》。

动植类起。人在其间，最灵最贵。①

周敦颐《太极图说》曰：“二气交感，化生万物，万物生生而变化无穷焉，唯人也得其秀而最灵。”邵雍《观物吟》正是这一段讲义的韵语形式。

某些景物本是作诗的传统好题材，如清风。到了邵雍的笔下则是：

宇宙中和气，清冷无比方。与时蠲疾病，为岁造丰穰。……②

又如垂柳，原是赠别的象征。在《伊川击壤集》中则有：

垂柳有两种，有长有短垂。唯兹长一种，偏与静相宜。……③

“静”是宋学义理的一个重要范畴，所谓人生而静，乃是性善论的哲学基础，邵诗竟把它同垂柳的形象挂起钩来，从意象经营的角度讲，这是一种创造，可惜失之太露。不过铺陈直言，本是宋诗议论化之常格，比如被刘克庄称为“皆经义、策论之有韵者尔”的另一类出于宋诗人之手的政治诗、社会诗，如上文提到的梅尧臣《汝坟贫女》之类关心国计民生的作品，也以直说为特点。其他一些

①《伊川击壤集》，卷二。
②同上书，卷六，《清风长吟》。
③同上书，卷六，《垂柳长吟》。

与政治斗争直接有关的诗歌，如在景祐党争和庆历党争中发生过重大影响的蔡襄《四贤一不肖诗》，石介《庆历圣德诗》，欧阳修两《读徂徕集》诗，梅尧臣的《杂兴》、《送苏子美》等，的确可视同有韵的《朋党论》。至于经义之有韵者，可以范仲淹的《四民诗》为代表。“四民”本是《周礼》中关于社会阶层分析的政治概念，仲淹这一组诗，则是它的注解和说明，当然也结合进作者所处时代的背景材料和他个人的理解。如第四首《商》：

> 尝闻商者云：转货赖斯民。远近日中合，有无天下均。上以利吾国，下以藩吾身。《周官》有常籍，岂云逐末人？天意亦何事，狼虎生贪秦。经界变阡陌，吾商苦悲辛。四民无常籍，茫茫伪与真。……此弊已千载，千载犹因循。桑柘不成林，荆棘有余春。吾商则何罪，君子耻为邻。上有尧舜主，下有周召臣。琴瑟愿更张，使我歌良辰。何日用此言，皇天岂不仁！①

全诗正同一篇“即当时政事以折衷”的经义之文。他如复古派诗人一些直接议论政治时事的诗作，像欧阳修的《奉答子华学士安抚江南见寄》（《居士集》卷五）便如一篇关于江南社会问题的调查报告，《答朱寀捕蝗诗》（《居士外集》卷三）则是一篇关于蝗虫灾情的奏草，等等。

由下引事例可以知道，以“折衷政事”的实用精神指导诗歌，不仅是宋学家们对自我创作的要求，而且是一个希望所有从事诗歌创作的人都这样做的文学主张。康定元年（1040），石介的学生

①《范文正公集》，卷一。

杜默跑到欧阳修那里去干谒，临别之时欧阳修送给他一首诗，①其中有句云：

> 京东聚群盗，河北点新兵。饥荒与愁苦，道路日以盈。子盍引其吭，发声通下情。上闻天子聪，次使宰相听。

所谓京东聚群盗，当然是站在封建统治者的立场上诬蔑农民起义之类社会暴动，但将此归结为“饥荒与愁苦”所致，并与“河北点新兵”相提并论，足见作者对“下情”还是充满着关切与同情的。连年灾荒，再加上内乱与边患，一直是北宋仁宗前期的社会问题。要求青年作家们拿起笔来，去反映这些现实问题，推动政治改革，正是宋学实用精神在文艺创作领域中的渗透和贯彻。这一渗透自宋学初期欧阳修等人开始提倡之后，经过王安石、苏轼等人的努力，进而贯彻到社会政治、经济生活的每一个方面，贯串到南渡前后所有学者、诗人的文化创造活动之中。清人翁方纲《石洲诗话》卷四说：

> 唐诗妙境在虚处，宋诗妙境在实处。……盛唐诸公，全在境象超诣，所以司空表圣《二十四品》及严仪卿以禅喻诗之说，诚为后人读唐诗之准的。若夫宋诗，则迟更二三百年，天地之精英，风月之态度，山川之气象，物类之神致，俱已为唐贤占尽，即有能者，不过次第翻新，无中生有，而其精诣，则固别有在者。宋人之学，全在研理日精，观书日富，因而论事日密。如熙宁、元祐一切用人行政，往往有史传所不及载，而于

①《居士集》，卷一，《赠杜默》。

诸公赠答议论之章，略见其概。至如茶马、盐法、河渠、市货，一一皆可推析。南渡而后，如武林之遗事，汴土之旧闻，故老名臣之言行、学术，师承之绪论、渊源，莫不借诗以资考据。而其言之是非得失，与其声之贞淫正变，亦从可互按焉。

此处从唐诗与宋诗的区别归结宋诗创作之特征而指出其在实用与议论方面的成就，无疑是正确的，而宋诗的这一时代特征，宋诗的这些成就，正得之于作为社会文化主导层面的宋学之精神。如上所述，这一影响自宋学初期和宋诗复古时期即已开始了。

欧阳修、范仲淹、苏舜钦这一伙人，本是庆历新政主持者一方的重要成员，又是儒学复兴和古文运动的主将，一身而兼数重社会角色，其为政之时，以经术施之治事；治学之时，又以当世之务折衷经义；为文为诗之时，用文艺的形式激扬政事、辨章学术，也便是很自然的了。欧阳修在《读〈徂徕集〉》中写到石介生平治学的一段，可以作为他的自我写照：

宦学三十年，六经老研摩。问胡所专心，仁义丘与轲。扬雄、韩愈氏，此外岂知他。尤勇攻佛老，奋笔如挥戈。①

《镇阳读书》自叙往日之文学创作时又说：

平生事笔砚，自可娱文章。开口揽时事，论议争煌煌。②

---

①《居士集》，卷三。
②同上书，卷二。

谈到新政失败之后的彷徨时则云：

> 不能虽欲止，恍若失其方。却欲寻旧学，旧学已榛荒。有类邯郸步，两失皆茫茫。①

由读书、治学走向从政，通过为文来议论时事，从政失败之后又转向读书、治学，以诗的形式来抒发心中之愤愤，并再度期希望于著作的永久留存。集官僚、学者、作家、诗人于一身的北宋知识分子，无处不浸透着论议争煌煌的时代精神。

宋学议论精神渗透到诗歌创作之中，使某些从题材上看起来并不直接以时政为对象的作品，也表现出强烈的政治色彩和时代气息。如欧阳修的七律《唐崇徽公主手痕和韩内翰》，从形式上讲是唱和，从内容上分类，属于咏史，但原联"玉颜自古为身累，肉食何人与国谋"②，显然是针对现实所发的愤世嫉俗之议论。朱熹曾叹为观止，称赞道："以诗言之，是第一等好诗；以议论言之，是第一等议论！"③说它是第一等议论，当无异词；第一等好诗，则后世肯定会有反对意见。从形象思维的角度讲，这首诗即便在欧阳修本人的全部作品中，也算不了上乘之作，跟中国诗歌史上前此不少同一题材的作品相比，它更谈不上增加了多少新的形象。这首诗之所以受到理学大师的高度赞赏，原因就在于它符合宋儒重议论的治学标准。

朱熹的这一思想，即来自洛学的宗师程颐。拙稿第三章第四

---

①《居士集》，卷二。

②《居士集》，卷十三。

③《朱子语类》，卷一百三十九，第 3308 页。

节论宋学之批判精神时所引程颐对王安石咏张良诗的高度评价便是一个很明显的证明。程氏从义理之学重议论之精深的角度出发评品诗歌创作,在当时即受到文艺批评家的首肯并加以运用。如江西诗人曾季貍在《艇斋诗话》中说:

> 荆公咏史诗,最于义理精深。如《留侯》诗,伊川谓说得留侯极是。予谓《武侯》诗,说得武侯亦出。又如《范增》诗云:"有道吊民天即助,不知何用牧羊儿。"又:"谁合军中称亚父,直须推让外黄儿。"咏史诗有如此等议论,它人所不能及。

此处所引《范增》诗凡两首,见《王文公文集》卷七十三,皆是七绝。《诸葛武侯》诗见同书卷三十八,五言古诗一首。三诗从艺术上讲,在王安石诗集中均不算上乘之作,而《艇斋诗话》备赏之。其所使用的原则,如上所引,正在"义理"与"议论"之精深。

类似的评论,屡见于宋人之诗话中。而所谓诗话,本身就是一种以宋学之议论指挥宋诗创作的新文体,创始者即欧阳修本人。纵观两宋诗坛,北宋自欧阳修开始新创"诗话"之体,旋即风行,宋学通过类似的评论方式推动宋诗创作朝着议论化的方向发展的作用之大,可以想见。

不过以议论为诗,并不是不能写出好作品,上文所列举的一些宋诗复古派作者的代表作自不必说。即令以抽象思维见长的邵雍、李觏等宋学家,也写出了不少清新可读、诗味十足的诗篇。前者如《题黄河》:

> 谁言为利多于害,我谓长浑未始清。西至昆仑东至海,

其间多少不平声！①

后者如《乡思》：

人言落日是天涯，望极天涯不见家。已恨碧山相阻隔，碧山还被暮云遮。②

邵诗中“黄河”的意象与“昆仑”、“东海”组合，展现了一个宏大开阔的空间，以如此阔大之空间容纳世间不平之声，作者愤世嫉邪之意，有多么强烈。可知这位隐居天津桥畔的洛阳布衣，于世事实一刻未尝忘怀。李诗“落日”、“天涯”、“碧山”、“暮云”，均是唐诗中抒写乡思的特定意象。作者顺手调遣，组合成篇，无刻板说教之态而有生动形象之感，既不失宋诗喜欢议论之本色，又富于唐人七绝之韵味。可惜这样的作品在宋学初期并不多见，即使求之复古派诗人集中，亦属凤毛麟角。但少则少，它毕竟代表着宋诗朝议论化发展中的正确方向。尽管这一方向到后来宋诗创新期的代表作家王安石、苏轼等人手中才变为大量的实践。

从文化史的发展历程看，一种新文化的产生方式，革故鼎新者有之，以复古代替创新者亦有之。从后一种意义上说，宋诗受儒学复兴的影响，在它开始提出复古口号的那一天，便已迈出了创新的一步。假如这“新”，只是指宋诗在唐诗之外另辟蹊径，建立以议论为诗的独特面目的话。但实际上议论化作为诗歌的一种变调，早在中唐时期已见于韩愈等人的实践，只不过在唐诗的

①《伊川击壤集》，卷二。
②《李觏集》，卷三十六。

王国里面，它是一个不起眼的小镇罢了。更远一点说，六朝时代的“玄言诗”也已经尝试过了。宋诗之所以能够同唐诗的辉煌成就并峙为二，成为中国古典诗歌跨朝代的风格之一种，主要贡献不在破坏了自《诗三百》以来中国古代诗歌以形象思维见长的创作方式，代之以抽象的议论，而在于它既保留了自《诗经》以来诗歌重在形象思维的艺术规律，又发挥了本时代的宋学议论精神。唯其如此，宋诗才得以在强大的唐诗之后别树一帜，得到后世的公认。“宋人生唐后，开辟真难为。”从这个意义上说，宋诗复古派只不过为宋诗的创新并走向繁荣开辟了一条道路，正如嘉祐之前，宋学侧重在复兴传统的儒学；嘉祐之后，义理之学才以崭新的内容——心性义理之学取代旧儒学而成为新儒学一样。

在欧、梅、苏之前，宋初七八十年里，虽有以王禹偁为代表的白居易体，林逋、魏野为代表的晚唐体，杨亿、刘筠、钱惟演为代表的西昆体（宗李商隐），成就也互有高低，但总的来讲，仍不脱唐诗之樊篱。尤其是11世纪初期崛起并独霸了诗坛的杨、刘昆体，以华丽的词藻文饰空虚贫乏的内容，正与当时朝廷装点升平、迷恋佛老的政治空气相一致。宋诗复古派在这种特定的文化背景下登上历史舞台，从根本上说，正是儒学复兴运动推动的结果。它从后者那里得到的，除了议论精神和以回到《风》、《雅》的时代为宗旨之外，还在下列两个方面体现了复古的性质。

首先是形式上通过提倡古体以反对近体。白体、昆体、晚唐体，宋初三诗派，风格各自不同，但作为这一特定历史时期的诗风，又有其共同的地方。除了前面提到的均不离沿袭唐人这一点之外，还有一个突出的特点，即所用诗歌体裁均以五七言近体为主而绝少古体（个别作家如王禹偁除外），后起的晚唐体、西昆体尤甚。本节开头所引欧阳修在《苏学士文集序》中反对的所谓时文，与“古歌诗杂文”相对，当兼指与古体诗相对的近体诗而言。其实，即令欧阳修此序中提到的早期古文作家穆修(979—1032)，其诗歌创作为时俗所囿，仍重声偶之辞，如《烛》：

一箔珠帘掩映垂，房栊清染麝香枝。佳人盼影横哀柱，狎客分光缀艳诗。禁锁翠明初唱漏，官窗红短尚围棋。长宵且秉欢游去，无限风情见古辞。

这与石介从儒学复兴的立场上批评杨亿的“穷妍极态，缀风月，弄花草，淫巧侈丽，浮华纂组”①，梅尧臣从宋诗复古的角度批评西昆体的“烟云写形象，葩卉咏青红”，没有什么两样。

早在大中祥符四年(1011)，庐州人姚铉(968—1020)编《唐文粹》，序称：“止以古雅为命，不以雕篆为工，故侈言曼辞，率皆不取。”而其集文、赋惟收古体，四六之文不录；诗歌也只收古体，五、七言近体不取，这已在将近体诗和骈文一并当作“侈言曼辞”加以反对。但真正将这一原则贯彻到诗歌创作实践中去的，则是欧、梅、苏诸人。今传欧阳修《居士集》五十卷、《居士外集》二十五卷，共收诗二十一卷，凡八百五十四首，其中古诗十三卷三百六十五首，近体八卷四百八十九首。以篇数计，比例已是四比五。以字数论，比例是十三比八。《苏舜钦集》十六卷，有诗八卷，古诗五卷九十六首，近体三卷一百一十六首，比例与欧阳修的也差不多。梅尧臣《宛陵先生文集》六十卷，基本上是诗，其中作于天圣九年至明道二年的诗凡一百二十五首，②含古体六十八首，近体五十七

①《徂徕石先生文集》，卷五，《怪说》(中)。

②据朱东润：《梅尧臣诗集编年笺注》统计。

首，仅依篇数计，古体即已多于近体。而此前宋初诗人中，倡古体诗之作于欧、梅未起之先的王禹偁，《小畜集》共收诗五百三十三首，其中古体九十六首，仅占六分之一。可知重古体而轻近体，乃宋诗复古期欧、梅、苏等人的共同好尚和创作特点。

诗之古、近体之争，唐已有之。如初唐格律新创，沈、宋之徒多热衷此道。陈子昂标举“汉魏风骨”，所作则以古风为主，走了两个极端。盛唐以后，一些大家基本上做到了古、近体并重。早期如李白，以“《大雅》久不作”为己责，创作了大量古体。稍后如杜甫，似乎倾向于近体，尤其是“老去渐于诗律细”。但作为一代巨匠，他们在两方面都写出了足以流传千古的名篇。然细按各家之集可以发现，凡反映时事与政治，多采用抒写自由、容量较大的古体。如杜甫的《三吏》、《三别》，李白的《古风》五十九首，中唐白居易的新乐府，韩愈的政治诗，也莫不如此。反之，工丽语、重雕饰的晚唐温、李一派和取思于月夜马背之上、灞桥风雪之中的苦吟诗人贾、姚之流，则多采用篇幅短小、格律齐整的近体。在欧、梅之前笼罩诗坛的西昆体和晚唐体，正是这一倾向在宋初的延伸和发展。留存至今的晚唐体诗人林逋、魏野、寇准等人的集子，差不多全是五七言近体。而《西昆酬唱集》二百五十首，没有一首不是格律诗。

宋诗复古派采用提倡盛唐李白、中唐韩愈来抵制和反对当时笼罩诗坛的晚唐诗风（昆体所宗李商隐，亦晚唐诗人），从根本上说，就是提倡古体以反对近体。一般说来，近体诗讲究对偶、声律，与骈文比较接近。古体诗在句式、韵律方面没有严格的限制，则接近古文。从产生和流行的年代讲，也基本上两两一致。韩愈将古文的写法引进诗歌创作，首先就是通向它的近邻——古体诗。欧阳修等人以韩愈的异代继承人相勉，效法韩愈古文的同时取资于他的古体诗自不待论，关于北宋中期诗坛将李白作为古体诗的代表，可举僧契嵩《书李翰林集后》为证。其言曰：

> 余读《李翰林集》，见其乐府诗百余篇，其意尊国家、正人伦，卓然有周诗之风，非徒吟咏情性，咄呕苟自适而已。①

所谓周诗之风，也就是此序后文“可参《二雅》，宜与《国风》传之无穷”的意思，而所举出的作品例子《远别离》、《蜀道难》等十首，全是古体。而欧阳修本人着眼于李白之豪放，作《李白杜甫诗优劣说》，所举二例“落日欲没岘山西，倒着接篱花下迷”、“清风明月不用一钱买，玉山自倒非人推”，也都是古体诗。苏轼《居士集叙》所谓欧阳公诗赋似李白，指的主要也就是推重古体诗的创作精神。

其次是创作风格上追求古淡。诗到唐代，该有的意象差不多全有了，好用的意象差不多全用过了。“惜哉幽胜事，尽落唐贤手。唯余旧时月，团团照山口。”②王禹偁此诗代表了宋初诗人面对包罗万象的唐诗所发出的慨叹。白体、晚唐体、西昆体匍匐在唐人遗风之下，尤其是西昆体，只以撷取唐诗的现成意象连缀成篇，难怪后世要以顺熟、雕琢为讥了。复古派诗人为了矫正这一流弊，转而提倡洗净铅华、不落俗套的平淡和古硬。前者见于梅尧臣对诗歌所作的自我评价：“因吟适情性，稍欲到平淡。”后者见于欧阳修的《水谷夜行寄子美圣俞》诗：“譬如妖韶女，老自有余

①《镡津文集》，卷十六。
②《小畜集》，卷五，《明月溪》。

态。近诗尤古硬,咀嚼苦难嘬。”①“古硬”有的本子即作“古淡”。可知这种古硬而平淡,即古淡的风格,正是复古派诗人所要寻求的理想境界。以梅尧臣的七律《东溪》为例,此诗作于至和二年(1055)作者五十四岁之时,是复古派诗歌成熟期的代表:

> 行到东溪看水时,坐临孤屿发船迟。野凫眠岸有闲意,老树著花无丑枝。短短蒲茸齐似翦,平平沙石净于筛。情虽不厌住不得,薄暮归来车马疲。

本篇以轻淡、清净的诗境写作者自甘淡泊的薄暮之感,全诗也就像一颗“著花无丑枝”的“老树”。正如欧阳修将梅尧臣的诗比作“老自有余态”的“妖韶女”一样,“老树著花无丑枝”一句,实在是宋诗复古派“古淡”风格最形象而恰当不过的比况,尽管他们的精力前期主要集中在“丑枝”之上而较少地注意“著花”。

复古期诗人偏爱古体而轻近体,提倡古淡反对浓艳的艺术趣味,在儒学复兴初期,有效地制止了西昆体浮靡诗风的蔓延,对于宋学的开创和古文运动的胜利,无疑都起到了积极的支配作用,其于北宋文化史上的贡献不容低估。但是,“桃之夭夭,灼灼其华”,不害《诗经》之雅正;“穿花蛱蝶深深见”,无损于杜甫之为“诗圣”。西昆体的不成器不在“葩卉咏青红”,而在“有作皆言空”。复古派因此而尽量避免唐诗充分使用意象的成功经验,实在有点像人们嘲笑的,从这间屋子里出来,又走进了另一间屋子里。正如因噎废食会损害人的健康成长,片面追求古体和古淡,影响了宋诗的创新和发展。这一点欧、梅诸人自己也感觉到了。

①《居士集》,卷二。

据《六一诗话》载，梅尧臣某次与欧阳修讨论到怎样才算好诗的时候提到了如下的标准：

若意新语工，得前人所未道者，斯为善也。

具体的要求则是：

必能状难写之景，如在目前；含不尽之意，见于言外，然后为至矣。

对复古派诗人来说，要做到这样，实在是太难了。因为要“语工”，光靠古体而排斥近体，是不行的；要“意新”，仅靠古淡的老树而不努力着新花，也是不行的。要“状难写之景如在目前”，只有议论化一着是做不到的；而“含不尽之意见于言外”，也是贵在直说的“以文为诗”所无法胜任的。梅尧臣的这一主张，无异于对前此的诗歌复古理论来了个自我否定。因此，当欧阳修问到“状难写之景，含不尽之意，何诗为然”的时候，梅氏所举例证，没有一首是宋人的作品。如严维的“柳塘春水漫，花坞夕阳迟”、温庭筠的“鸡声茅店月，人迹板桥霜”、贾岛的“怪禽啼旷野，落日恐行人”等，一概是唐诗，而且清一色是专工近体的晚唐诗人的五言律。

在这种情况下，如何在提倡复古和议论化的基础上进一步完成宋诗的创新任务，也便提到了后起的诗家王安石、苏轼等人面前。

王安石、苏轼既是古文家，又是诗人，在儒学方面，又各自是宋学繁荣期一派的宗主。正如宋学在他们手里（尤其是王安石的手里）开始走向创新和繁荣，宋诗也同样因他们把宋学的兼容精神和创造精神贯彻进来之后，达到了足以与唐诗媲美的第一个高峰（另一高峰以陆游等南宋中兴四大诗人为代表，此不赘）。

所谓兼容，指的是宋诗创新期在继承复古期注重古体诗创作的基础上积极吸收近体。近体诗起于初盛唐，以讲究格律为特征，前节讲到，声韵之学创自六朝，与佛教的传入紧密相关，因此儒学复兴之初，讲究声律的骈文，连同近体诗，跟佛、老一起受到猛烈的攻击。平心而论，诗文的韵律和谐之美，本来就存在于古汉语之中，王禹偁《答张扶书》即已指出"《诗》三百篇，皆俪其句，谐其音，可以播管弦"①。只不过那时候属于不自觉的运用，沈约等人把它总结出来罢了。杜甫等唐代诗人在此基础上创造并使之臻于纯熟的近体诗形式的出现，应当说是韵文史上的一大进步。宋诗复古派初期盲目反对近体提倡古体虽然有助于儒学复兴和古文运动的开展，但作为诗歌艺术，只是一种自讨苦吃。这一偏向到创新期被王安石等人所及时纠正。《王文公文集》一百卷，有诗四十四卷，其中古体诗十五卷三百八十九首，近体诗二十九卷一千余首。古近体的比例是四比十，近体超过古体一倍以上，与复古派诗人正好倒过来了。北宋后期诗人，早年曾经被契嵩称为"小李白"的郭祥正，②在《赠陈师道》诗中说："自从梅老死，诗言失平淡。我欲回众航，力弱不可揽。"③可知不仅古体诗的优势已经失去，复古派诗人相继谢世之后，连与复兴古体相联系的平淡诗风，也为"众航"所转舵，转向了在诗歌意象方面与唐人一比高低的新的追求。

---

①《小畜集》，卷十八。

②《镡津文集》，卷十三，《郭功甫诗序》。

③《青山续集》，卷二。

所谓宋学创造精神在宋诗中的体现，主要也就指的是意象的创新。从创新期诗人的实践活动看，主要分为以下三个方面。

一　注重立象以尽意

《易·系辞上》说："圣人立象以尽意。"在诗歌中通过形象的描写表达一定的思想，本与儒家的传统说教不矛盾。宋学摆脱训诂、注释之学的束缚以后，知识分子能够更多地从活生生的事物出发思考问题。如周敦颐不除窗前草，程颢小时候问他，他说："与自家意思一般。"①"草"是春天的特指意象，它含有生生不息的象征意义，故曰与自家意思一般。据《河南程氏遗书》卷三同条夹注，张载听驴叫，也说过同样的话。草长、驴鸣，这些自然界常见的生物现象，宋学家可以它说明深奥的哲学道理，而不受传统经注形式的束缚，这一点启示了宋诗创作在发挥以议论为诗的特长的同时注意借助形象的手段阐明哲理。

如王安石的七绝《元日》：

> 爆竹声中一岁除，东风送暖入屠苏。千门万户曈曈日，总把新桃换旧符。②

这首诗歌抓住农历除夕到大年初一之间换岁的常见景象如"爆竹"、"屠苏"、"桃符"等，从动态中描写了元日的热闹场面，但作者所要说明的却是新陈代谢的改革永远是自强不息的人们的盛大节日这么一个大道理。王安石《字说》释"除"字之义曰："新旧

---

①《河南程氏遗书》，卷三，《二程集》，第60页。
②《王文公文集》，卷二十七。

相除。”[①]这首诗实际上就是王学“新旧相除”之义理的形象化表现。安石另有诗《次韵冲卿除日立春》:“物以终为始,人从故得新。”[②]仍是枯燥的说理,而《元日》诗则充分体现了诗歌意象的艺术美。这大概是王安石《字说》的“除”字之义很少为人所知,但“爆竹声中一岁除”之诗却传遍千门万户、历世讽咏不衰,而末两句“千门万户曈曈日,总把新桃换旧符”甚至成为人们口头常说之成语的原因所在。

同样的典型诗例还可举出苏轼的《题西林壁》:

> 横看成岭侧成峰,远近高低总不同。不识庐山真面目,只缘身在此山中。[③]

本诗由登山观景取象,说明了一番生活中的大道理:旁观者清,当局者迷。像这类本是说理之诗,读来却使人首先沉浸于作者所塑造的境界之美,然后才从美的享受中领悟到思想的深邃,代表了宋诗议论的最高成就。

以上揭两诗与前引邵雍《观物吟》、《乐物吟》等对看,足见即使是宣扬宋儒自身治学的心得或一般哲理,在宋诗创新期,照样能通过意象经营,写出无愧于唐韵的好诗,其关键就在于不是从议论到议论,或者说从意到意,而是从意到象,由象写意,创造出体现宋学精神的诗歌意象新世界来。

同样的手法使用到社会诗、政治诗的创作中,也使宋诗创新期

---

①《杨龟山先生集·字说辨》引。

②《王文公文集》,卷五十四。

③《苏轼诗集》,卷二十三。

作者写出不同于复古期那样一般只停留在刻板说教和抽象议论的作品来。例如一样是反对皇家的横征暴敛,在欧阳修的文集中是:

> 嗟彼官吏者,其职称长民。衣食不蚕耕,所学义与仁。仁当养人义适宜,言可闻达力可施。上不能宽国之利,下不能饱尔之饥。①

假如不特地标明出处,人们可能更愿意把这段文字当作欧阳修的古文,而不把它当作诗。再看苏轼的笔下:

> 十里一置飞尘灰,五里一堠兵火催。颠坑仆谷相枕藉,知是荔支龙眼来。飞车跨山鹘横海,风枝露叶如新采。宫中美人一破颜,惊尘溅血流千载。②

这是东坡长诗《荔枝叹》的头八句,作者的目的也是从赋敛的角度批评封建官吏的助桀为虐,因为借用了唐代历史上著名的杨贵妃爱吃鲜荔枝的故事,写来形象鲜明而又生动,同样使我们沉浸于诗歌意象的世界。"一骑红尘妃子笑,无人知是荔支来"本是唐代诗人杜牧《过华清宫》绝句给中国古代诗歌意象宝库增添的一分财富。苏轼在这里将反问的句式改换成肯定型的意象组合,已略近于下面要谈到的创新期宋诗意象经营的第二种创造方式。

二　注重意象中出新意

梅尧臣的"状难写之景"和"含不尽之意",实际上给宋诗意

---

①《居士集》,卷四,《食糟民》。
②《苏轼诗后集》,卷三十九,《荔支叹》。

象的创新提出了两方面的任务。关于立象以尽意即“语工”和写景方面,已如前述,这里再讲“意新”。

王安石曾经慨叹:“世间好语言,已被老杜道尽;世间俗言语,已被乐天道尽。”①这同前引王禹偁认为一切可以入诗的景象尽落唐人手、梅尧臣所谓诗家虽率意而造语亦难的感叹一样,指出了宋人在浩瀚的诗歌海洋之中,想寻找出未被唐人采用过的意象已经是很难了。于是一些聪明人便想出了一个意象翻新的巧妙办法,即利用前人创造的现成意象,取其语言外壳(即与一定的事象对应的语词),赋以新的涵义,表达作者在特定生活环境中的特殊感情或新颖的哲理。用宋诗创新期的另一代表作家黄庭坚的话来说,叫作“以故为新”②,即后来为江西诗派所自诩的所谓活法。南宋俞成《萤雪丛说》卷上说:

> 文章一技,要自有活法;若胶古人之陈迹,而不能点化其句语,此乃谓之死法。死法专祖蹈袭,则不能生于吾言之外;活法夺胎换骨,则不能毙于吾言之内。毙吾言者,生吾言也,故为活法。伊川先生尝说《中庸》:“‘鸢飞戾天’,须知天上者更有天;‘鱼跃于渊’,须知渊中更有地。会得这个道理,便活泼泼地。”

所谓不胶着于古人之陈迹而点化其句语,实际上也就是利用前人之意象翻空出奇。据上引可知,江西诗人的“夺胎换骨”,实来自二程之洛学。关于《中庸》这两句话的灵活领会,屡见于二程之语

①(南宋)胡仔:《苕溪渔隐丛话前集》,卷十四引,《陈辅之诗话》。
②《山谷内集》,卷十二,《再次韵(杨明叔)·引》。

录，如程颢也说：

> “鸢飞戾天，鱼跃于渊，言其上下察也。”此一段子思吃紧为人处，与“必有事焉而勿正心”之意同，活泼泼地。会得时，活泼泼地；不会得时，只是弄精神。①

这种努力赋前人陈言以新意的活泼泼之法，正来自宋学家所共有之内求和创造的精神，如张载也提出过不少类似的主张：“学者观书，每见每知新意，则学进矣”；“义理有碍，则濯去旧见以来新意”②等等。

以杰出的宋学家而身充宋诗创新期的代表之一王安石，运用宋学这一精神于诗歌创作的如传诵一时的名作《登飞来峰》：

> 飞来山上千寻塔，闻说鸡鸣见日升。不畏浮云遮望眼，自缘身在最高层。③

本篇通过登飞来峰有关的传说和自身的亲切感受，揭示了一个重要的生活哲理：只要自身所取的立足点高了，就不怕流俗的蒙蔽。同上文所引苏诗《题西林壁》一样，既不乏宋诗以议论见长的本色，又具有唐诗以意象擅胜的韵味，但当作者组织诗中写得最好的，也是这首绝句的中心所在的后两句时，却碰到了一个宋人在诗歌创作中经常会碰到的问题：“浮云遮望眼”和“身在最高层”

---

①《河南程氏遗书》，卷三，《二程集》，第59页。
②《张子语录》（中），《张载集》，第321页。
③《王文公文集》，卷六十七。按：此飞来峰在越州。

都是唐诗中曾经出现过的现成意象，前者如最著名的诗人之一李白的“总为浮云能蔽日，长安不见使人愁”①，后者如最著名的唐人绝句之一王之涣《登鹳雀楼》的“欲穷千里目，更上一层楼”。在一般人，即便是抄袭成癖，也是不敢下笔的了。但王安石不怕，他以远过于王、李两人的卓越见识和魄力，将两者融合在一起，赋予新义，创造了一组全新的意象：“不畏浮云遮望眼，自缘身在最高层。”在这里，不仅李白的思君不见之愁要黯然失色；王之涣的“欲穷”和“更上”，也要显得境界偏小了。清人贺裳《载酒园诗话》所谓“惟王介甫诗，能令人寻绎于语言之外，当其绝诣，实自可兴可观，特推为宋人第一”，指的正是这一类作品。

类似的手法还见于王安石的咏史诗《明妃曲》，其中“意态由来画不成，当时枉杀毛延寿”②两句，历来被人称为翻案之名作，实际上以此诗与前引欧阳修“玉颜自古为身累，肉食何人与国谋”相比，在“象”这一方面同样没有增加多少新的内容，它的成功之处，正在于从古人陈迹中翻出了新意。

苏轼这方面的代表作也不在少数，如经常被人引到的《琴》诗：

若言琴上有琴声，放在匣中何不鸣？若言声在指头上，何不于君指上听？

像这类诗歌，包括上引《题西林壁》以及王诗《元日》、《登飞来峰》，就是后世所盛称的宋学理趣诗。柏拉图说：“哲学和诗歌，自古有两不相能之势。”但在这一些宋学家兼诗人的作品里，义理与

①《李太白全集》，卷二十一，《登金陵凤凰台》。

②《王文公文集》，卷四十，《明妃曲二首》其一。

韵语，却在艺术的标准意义上得到了统一。

在宋学占据了文化领域之统治地位的北宋后期，文学创作的讲求“理趣”，是被作为法令颁行于学宫与场屋的，如《宋史·选举志一》载大观四年臣僚言：

场屋之文，专尚偶丽，题虽无两意必欲釐而为二，以就对偶；其超诣理趣者，反指以为淡泊。请择考官而戒饬之，取其有理致而黜其强为对偶者。庶几稍救文弊。

在这里，“理趣”被看作儒学复兴时期儒家之经义一样重要的内容加以强调。实际上，所谓理趣，与其说来自儒学之义理，毋宁说导源于佛门之禅机。如前揭苏轼《琴》诗，即显由释典《楞严经》“譬如琴瑟琵琶，虽有妙音，若无妙指，终不能发”一段化出。同样的例子还可举出苏诗《次韵法芝举旧诗一首》：

春来何处不归鸿，非复羸牛踏旧踪。但愿老师心似月，谁家瓮里不相逢。①

此诗不唯比喻妙，事理也妙，水月之譬，揭示了真理普含于一切事物之中的生活规律。但清代冯应榴在《苏文忠诗合注》卷四十五此诗末句按语中引任注《山谷集》，即已指出它得自《高僧传》所载醋头和尚颂：“揭起醋瓮见天下，天下元来在瓮中，瓮中元来有天下。”水月之喻，佛籍中常见，如朱熹曾经称引的唐禅僧玄觉《永嘉证道歌》之一：“一性圆通一切性，一法偏含一切法，一月普现一

①《苏轼诗集》，卷四十五。

切水，一切水月一月摄。”清代刘熙载《艺概》卷二《诗概》说：

> 东坡诗善于空诸所有，又善于无中生有，机括实自禅悟中来。

所谓机括实自禅悟中来，指的就是这一类诗。从这种意义说，所谓宋诗之理趣，其实是一种禅趣。

同样的手法还可举其他宋学家的诗歌创作为例。如张载的绝句《芭蕉》：

> 芭蕉心尽展新枝，新卷新心暗已随。愿学新心养新德，旋随新叶起新知。①

《经学理窟·学大原下》曰：“义理有疑，则濯去旧见以来新意。”（本条又见前引《张子语录》）此诗所譬，也正是这一层意思。但由于借用了芭蕉叶心不断舒卷、新陈相易的形象，与邵雍那些语录、讲义式的韵文相比，虽然不外“新知”、“新德”之类的理学说教，但已经算是真正意义上的诗了。不过芭蕉之喻，实取自佛门之熟典，如唐玄奘译《大般若波罗蜜多经》云：“如实知如芭蕉树，叶叶析除，实不可得。”叶适所谓张、程之徒攻斥老、佛甚深，尽用其学而不自知，于此又得一证。

上面举了两方面的例子，一是由前人的诗歌意象中翻新，二是向佛典禅语借取新意象。这第二种情况实际上不止是象中出新意。对中国传统诗歌来说，连“象”也是新的了。这已经是下面

---

①《张载集·文集佚存》，《张载集》，第 369 页。

要专门加以论列的宋诗意象创新的第三条途径。

三　兼容佛、老，创造诗歌新意象

宋诗受宋学兼容精神的启发和推动，引进佛、老以打开诗歌创作的新天地，是多方面的。如北宋后期江西诗人之结社，本身就是受佛教宗派思想之影响，此由下引关于江西诗派成立的纲领性文件《宗派图》编撰的始末记载即可见之：

> 吕居仁近时以诗得名，自言传衣江西，尝作《宗派图》。自豫章以阵，列陈师道……合二十五人，以为法嗣，谓其源流皆出自豫章也。

“传衣”、“法嗣”，皆禅门传宗正法之常用语。

在创作方法方面，前面提到的宋诗由禅悟获得理趣，最早可能直接由佛门的“偈语”创作受到启发。吴处厚《青箱杂记》卷十即载有杨亿、王随、陈尧佐、富弼等多人写作的悟理之偈，其中如张方平的一首：

> 自从无始千千劫，万法本来无一法。祖师来意我不知，一夜西风扫黄叶。

这类韵语颇类绝句，但其禅理初不拘泥于词句的训释，全靠读者反复吟哦加以体会，正是佛门心法的形象体现。江西诗人赵蕃学诗诗曰：“学诗浑似学参禅，要保心传与耳传。”北宋文化各个层面中，讲究洞彻性理之顿悟，主张口耳相传之即可，在方法论方面最有相通之处的，要算是诗之于禅了。程颢教学生读诗，“浑不曾章解句释，但优游玩味，吟哦上下，便使人有得处”[1]，可知也是一个行家。

事实上，前文所谓活法，江西诗人自称得之伊川先生，其实二程最初还是由禅宗那里截取而来的。就连两人语录中反复使用的“活泼泼地”一词，也是临济宗僧徒的常用语。如《临济录》：

你若欲得生死去住，脱著自由，即今识取听法底人。无形无相，无根无本，无住处，活泼泼地。

所谓脱著自由的活法，和离一切形相而得的心法，正与诗歌的意象经营相吻合。而“精悟禅观”[2]的偈语，包括禅宗五祖凭一首五言绝句把传法袈裟交给慧能的做法，本由中国古代诗歌尤其是唐诗中猎取，然后传给宋儒，再由宋儒传回诗歌创作，大似现代所谓之出口转内销。可知宋诗之趋于创新与繁荣，与宋学之由义理过渡到性理，两者步调一致，实乃天作之合。

不过宋诗之向异学开放，获益最多，也最直接的是意象的创新。江西诗人韩驹说：

古人作诗，多用方言；今人作诗，复用禅语。盖是厌尘旧而欲新好也。[3]

在一切好言语、俗言语都被唐人用完的情况下，宋诗之转而从禅语中寻找意象，可以说是事有必至。韩驹把参用禅语作为当时作

---

①《河南程氏外书》，卷十二，引《上蔡语录》，《二程集》，第 425 页。
②《青箱杂记》，卷十。
③《诗人玉屑》，卷六，引《陵阳先生室中语》。

诗之特点并视为创新之一途，不为无见。

宋诗由佛典借取意象，最典型的例子还是前引张载诗中的“芭蕉”，芭蕉本是中国本土就出产的树，唐人诗中咏及芭蕉的也不少，但一般是作为乡思和春愁的象征，如张说《戏草树》：“戏问芭蕉叶，何愁心不开？”①钱翊《未展芭蕉》：

冷烛无烟绿蜡干，芳心犹卷怯春寒。一缄书札藏何事，会被东风暗拆看。

张载《芭蕉》则全用佛义而出以宋学之新意。“芭蕉”在佛典中还作为肉身的象喻，如六朝梵僧鸠摩罗什译《禅秘要法经》（中）：“先自现身，使皮皮相裹，犹如芭蕉，然后安心。”宋人引进此义的如苏轼《书赠邵道士》：

身如芭蕉，心如莲花，百节疏通，万窍玲珑。来时一，去时八万四千。此义出《楞严》，世未有知之者也。②

这里与“芭蕉”之身并列的“莲花”之象，释典用作象教，更所常见。如《妙法莲华经》，即以“莲花（华）”命名，而佛殿中与佛像在一起的，更多莲花之坐垫。《华严经探玄记》卷三解释莲花的象喻意义时说：

大莲华者，梁摄论中有四义：一、如世莲华，在泥不染，譬

①《张说之集》，卷九。

②《苏轼文集》，卷六十六。

法界真知，在世不为世法所污。二、如莲华自性开发，譬真如自性开悟，众生若证，则自性开发。三、如莲华为群蜂所采，譬真如为众圣所用。四，如莲华有四德：一香、二净、三柔软、四可爱，譬真如四德，谓常乐我净。

这里列举的四义，是莲花成为释氏之教花的主要原因。宋代诗人笔下的“莲花”意象即依此而展开。如苏轼答王定国诗：

淤泥生莲花，粪壤出菌芝。赖此善知识，使我枯生荑。①

此处首句，即用“在尘不染”之第一义，尤富意味的是，末句“枯生荑”，出《易·大过》之“枯杨生荑”。苏轼此诗，正如北宋性理之学，乃儒、释之合璧。

黄庭坚以“莲花”的意象入咏而成理趣的作品更多，如《次韵答斌老病起独游东园》：

莲花生淤泥，可见嗔喜性。小立近幽香，心与晚色静。

第一句咏净，第二句咏可爱，第三句咏香，第四句咏柔软，即所谓真如（佛性）之四德、《华严经探玄记》总结的四义，全用上了。

本诗全篇共八句，这里所引的是下半首，上半首四句“万事同一机，多虑乃禅病。排闷有新诗，忘蹄出兔径”，首句出《列子·天瑞》：“万物皆出于机，皆入于机。”次句“多虑”出《传灯录》所载僧

---

①《苏轼诗集》，卷三十四，《韩退之〈孟郊墓铭〉云：以昌其诗。举此问王定国，当昌其身耶，抑昌其诗也？来诗下语未契，作此答之》。

亡名《息心铭》:“多虑多失,不如守一。”四句“忘蹄”出《庄子·外物》:“蹄者所以在兔,得兔而忘蹄;言者所以在意,得意而忘言。”“兔径”出东晋僧肇《维摩经注》:“曷回龙象于兔径。”杂用佛氏、庄、列之言而出以己意。

从老庄之学中汲取作诗的意象,还可以黄庭坚的另一首诗《寂住阁》为例:

庄周梦为胡蝶,胡蝶不知庄周。当处出生随意,急流水上不流。

上引第三句用《楞伽经》“一切浮尘,诸幻化相,当处出生,随处灭尽”之义,与首句得自《庄子》的“胡蝶”的意象并置,是一个和谐的组合。另诗《蚁蝶图》又由“胡蝶”套出唐人传奇《南柯太守传》的故事:

胡蝶双飞得意,偶然毕命网罗。群蚁争收堕翼,策勋归去南柯。

以传统文化的形式糅融老、佛,是宋学的基本特色,也是黄庭坚此诗的艺术追求。所谓“夺胎换骨”,“点铁成金”①,在这些作品中,的确有化腐朽为神奇的功效。

类似的实例,亦屡见于王安石的诗集中。如《苕溪渔隐丛话前集》卷三十六载胡仔自撰诗话云:

---

①《豫章黄先生文集》,卷十九,《答洪驹父书》。

荆公诗:“客舍黄粱今始熟,鸟残红柿昔曾分。”事见《传灯录》:“沩山与仰山游,行次,鸟衔一红柿落前,祐将与仰山,仰山接得,以水洗了,却与祐,祐曰:‘什么处得来?’寂曰:‘此是和尚道德所感。’祐曰:‘不得空然。’即分半与寂。”

此处所引,乃王安石《示宝觉三首》的第三首,原诗是一首绝句,这是后二句。上句“黄粱”出唐人沈既济传奇《枕中记》,同上引黄诗“南柯”一样,皆由庄子“蝶梦”的意象化来,与下句“红柿”对衬,鲜明地表现了庄、禅之理趣,但作为典故来说,后者稍觉冷僻。另如绝句《草堂怀古》“周颙宅作阿兰若,娄约身归窣堵波”,“阿兰若”即“兰若”(佛寺的音译),“窣堵波”即“浮屠”(佛塔的音译),亦用佛语,组成工对。

宋诗的意象创新之作,最成功的当然是那些一不套用典故,二不借助禅语,但表现了一定理趣或者干脆叫作禅趣的作品,如苏轼七律《和子由渑池怀旧》的头两联:

人生到处知何似?应似飞鸿踏雪泥,泥上偶然留指爪,鸿飞那复计东西。①

“雪泥”、“鸿爪”之意象,出于苏轼之首创。但宇宙之大,人生之渺小,不过星际一行客,出没在浩瀚无边的太空,这意思却来自庄、禅之玄理。宋学作为11世纪中国文化大整合的产物,宋诗不仅从宋儒那里受到影响,而且直接从佛学那里汲取养料,并将两者糅合在一起。上举各诗,便是明显的例子,而《和子由渑池怀

①《苏轼诗集》,卷三。

旧》即最上乘者。要从宋人作品中寻找“第一等好诗”，无疑在这里。苏轼论诗之言曰：

> 夫诗者，不可以言语求而得，必将深观其意焉。①

以意为主，深观其意。立象以尽意，象中求新意。兼收并蓄，融合儒、佛，创造新意象，将议论化的精神贯彻到底。这便是宋诗从同时代的宋学那里获得的一份厚礼。

宋学通过宋文以及直接给予宋诗的影响，还包括创造精神方面的强调“自得”和反对雷同，以及表现实用精神的语言之尚平易，前者如苏舜钦，据北宋魏泰《临汉隐居诗话》载：“（苏）子美尝自叹曰：‘平生作诗被人比梅尧臣，写字比周越，良可笑也。’”在宋诗复古派中，苏、梅并称，而不苟同如此，个体意识之强，与他所从事宋学著述时同。后者如《雪浪斋日记》所引子和评欧阳修诗，以“六一诗只欲平易”②为重要特点等。此外，从消极影响方面讲，即便是宋诗创新期，宋学的偏重于抽象思维，也给它的伙伴带来一些与艺术思维背道而驰的流弊，如平直、浅易、枯燥、刻板等等。此不具论。

第三节　宋学与宋词

从一种文化样式自身发展、盛衰的历史来看，宋词和宋代的儒学，有两个比较重要的共同点。第一，当人们想寻找一个最能

①《苏轼文集》，卷二，《既醉备五福论》。
②《诗人玉屑》，卷十七引。

体现赵宋时代特征的文化专名而加以概括时,除了“宋学”之外,首先想到的便是“宋词”。南宋陈郁《藏一话腴》甲集卷上曰:

三代而降,典谟训诰之后,有董、贾、司马迁、扬雄、二班之文莫可继,曰:“文止于汉。”八分、大隶之余,钟、卫、二王之书莫可肩,曰:“书止于晋。”《三百篇》往矣,五字律兴焉。有杜工部出入古今,衣被天下,蔼然忠义之气,后之作者未之有加,曰:“诗止于唐。”本朝文不如汉,书不如晋,诗不如唐,惟道学大明,自孟子而下,历汉、晋、唐皆未有,能为天地立心,为生民立极,为万世继绝学、开太平者也。

这里将宋儒继承孟子为弘扬儒家传统文化(“道学”)所作的努力,和汉代在文章方面、晋代在书法方面、唐代在诗歌方面所取得的成就相提并论,显然是从广义的文化范畴着眼来推崇宋代儒学成就的。

明人胡应麟《诗薮·内编》卷一曰:

骚盛于楚,衰于汉,而亡于魏;赋盛于汉,衰于魏,而亡于唐。

又曰:

诗至于唐而格备,至于绝而体穷。故宋人不得不变而之词,元人不得不变而之曲。词胜而诗亡矣,曲胜而词亦亡矣。

此处楚骚(楚辞)、汉赋、唐诗、宋词、元曲连举,则限于文学艺术这一自成系统的历史文化层面。

再说着眼点有大有小,致力于把握时代的特征而努力寻求一个最能体现赵宋文化之突出成就的名称则一,前者找出的代表是宋学,后者则是宋词。这大抵是南宋以还学术界大体一致的意见,如近人陈寅恪先生以宋学为华夏民族文化之造极(详拙著前言所引《邓广铭〈宋史·职官志考证〉序》),王国维以"汉赋、唐诗、宋词、元曲"各领"一代之胜"(《宋元戏曲考·序》),即分别类同于前引二说。

第二,词产生于唐朝中期,至五代时已十分风行,赵宋建国之后,长期归于寂寞,作者甚少,到 11 世纪二三十年代柳永、晏殊、欧阳修等人手里,骤然转盛,达到"有井水处即能歌柳词"的地步(南宋初年叶梦得《避暑录话》卷三),在时间上,与宋代儒学的勃兴恰好又是一致。

那么,能否根据以上两点,便可作出宋学的繁荣推动了宋词的发展之结论,抑或说它们只是一种时间上的偶合呢?这个问题,恐怕不是几句简单的话所可回答的。

关于宋代儒学与词曲创作均在真、仁之际崛起,其中自然有许多共同的原因,诸如社会的安定使士子可以更多地把注意力转向文化的创造和继承,物质生产的发展使大众对精神文化的需求不断增长等等。而"词",作为一种配乐演唱的歌辞,就其本义来说,原先便是儒学的附庸,即所谓雅乐,如保留在《诗经》中的《雅》和《颂》,便是上古的乐章。沈括《梦溪笔谈》卷五《乐律一》曰:

> 自唐天宝十三载(754),始诏法曲与胡部合奏,自此乐奏全失古法,以先王之乐为雅乐,前世新声为清乐,合胡部者为宴乐。

“宴乐”也作“燕乐”，指的便是这种酒席（宴、燕）间配乐演唱而昉于唐、盛于宋的词曲，而“先王之乐”——“雅乐”，即是它的前身，它无疑是儒家礼乐制度的一个组成部分，而为后世朝廷正式宴集的场合所沿用。

南宋初年江少虞《皇朝事实类苑》卷二十引《国朝事始》曰：

> 乾德四年(966)，诏太常寺，大朝会复用二舞。先是，晋天福末，戎虏乱华，中朝多事，遂废之，至是始复。是岁冬至，御乾元殿，始用雅乐登歌。

五代时期，战乱频仍，中原地区的生产遭到极大破坏，“衣食足然后知礼义”，一国之中，从上到下，救死扶伤尚且难以遍顾，对于离物质生活更远一点的文学艺术活动，自然更无暇讲究的了。连朝廷用以宣扬儒家礼义的“雅乐”都久废而不用，那种中唐以来主要用以游燕佐觞而配合宴乐（燕乐）演唱的歌词创作之中辍，也就可想而知了。

南宋初李攸《国朝事实》卷三记宋太宗对皇属言：“即位以来，十三年矣，朕持俭素，外绝游田之乐，内鄙声色之娱，真实之言，固无虚饰。”这种适应国初经济状况而与俭素持国方针相表里的“鄙声色之娱”的做法，大抵是宋初三朝奉行而不改的既定国策。像欧阳修《减字木兰花》词中所描写的“樱唇玉齿，天上仙音心下事，留住行云，满座迷魂酒中醺”这样的士大夫公余游燕生活，到 11 世纪中期的仁宗朝十分普遍。在宋初，则只是极少数作为解去兵权的交换条件而获得“歌儿舞女，以养天年”之殊遇的高级将领如石守信、高怀德等人才有可能（详北宋王曾《沂公笔录》、《宋史·石守信传》等）。

不过宋初词坛之寂寥,更为重要的原因乃与政治方面吸取南唐、西蜀亡国的教训有关。东晋以来,地处中国北方的中原,因传统上是政治中心的所在地,故多战乱,长江以南相对来说比较安定,经济、文化的重心逐渐南移。就词曲的创作来说,最初是从唐代的政治中心长安开始的,后来逐渐传至南方,但仍然需由集结在京城的文人乐师供给创作好的歌辞和曲子,唐诗"乐工不识长安道,尽是书中寄曲来"(方干《江南闻新曲》),反映的正是当时南北文化交流的实际情况。安史之乱,被称为"梨园班首"的风流天子唐玄宗避入巴蜀,原先长安教坊中的乐师也纷纷流落江南一带。杜甫七绝名篇《江南逢李龟年》中提到的李龟年,即其中最著名的一人。五代之时,与北方武夫跋扈、逐鹿中原的混乱局面相比,有长江天险与蜀道之难可恃的南唐和西蜀,还算比较稳定。喜欢过太平日子,相对来说较少冒险精神的文人纷纷迁到这两个地方。再加上江南国主李氏父子(璟、煜),蜀主王(建)、孟(昶),均好声色之娱而鼓励词曲创作,从而形成了南唐与西蜀两个词坛的中心,北方在这一方面也就相应归于沉寂。

10世纪六七十年代,后蜀、南唐相继为北宋所灭,经济上、文化上先进的南方败于相对落后的北方(南宋王称《东都事略》卷二十三载宋太祖语:"中国自五代已来,兵连祸结,帑藏空虚,必先取巴蜀,次及江南、广南,则国用饶矣。"),而使赵宋完成统一南北的大业,最根本的原因恐怕只能从军事方面的南北传统差异中去找。但宋人往往认为是南方的浮靡文风造成了国力的贫弱。北宋蔡絛《西清诗话》载太祖语:"李煜若以作诗工夫治国家,岂为吾所俘也?"此语未详所本,但反映的思想足以代表北宋当权者的看法。下引一段太祖论后蜀灭亡原因的话则见于正史记载。据《宋史·蜀世家》,为《花间集》作序的欧阳炯,尝仕前蜀王衍为中书舍人，事后蜀孟昶则由翰林学士而官至宰相，是两蜀最受宠信的宫廷词臣之一。入宋后仍居禁林。一天，欧阳炯被太祖召去，令奏长笛数曲。御史中丞刘温叟听到这个消息后进谏说："禁署之职，典司诰命，不可作伶人之事。"太祖回答说：

朕尝闻孟昶君臣，溺于声乐，炯至宰司，尚习此伎，故为我所擒。所以召炯，欲验言之不诬也。

直到仁宗朝，田况撰《儒林公议》，仍念念不忘地批评道：

伪蜀欧阳炯，尝应命作宫词，淫靡甚于韩偓。江南李坦，时为近臣，私以艳藻之词闻于主听。盖将亡之兆也，君臣之间，其礼先亡矣！①

可知宋兴百年之后，朝臣提起南唐、西蜀的淫靡之音，仍令人有毛骨悚然之感。唐末五代繁盛一时的词坛，至宋初而归于消歇，及其在士大夫心灵中造成的深刻影响，于此可见。

由上引欧阳炯事我们还可以进一步窥知宋初南方文臣入宋后受歧视的情况。关于北宋初期统治者重北人轻南士的记载，相传有所谓太祖刻石禁中，令"后世子孙无用南士作相"之事（详《邵氏闻见录》卷一"祖宗开国所用将相皆北人"条，又《道山清话》作艺祖御笔"南人不得坐吾此堂"，刻石政事堂上）。但这同邵雍天津桥上闻杜鹃而预言"上用南士（按：指王安石）为相，多引南人，事务变更，天下自此多事矣"一样（《邵氏闻见录》卷十九），

①《儒林公议》，卷下。

并出于邵伯温的捏造。不过北宋初期北方官僚排斥南方士人的现象,以及其中所表现出来的最高统治者提防南人的意向,是存在的。除了上面谈到的例子之外,我们还可以举出太宗淳化二年(991)因尼道安告讦而动轩然大波的李煜旧臣徐铉的桃色事件。[1] 这种现象至真宗初期仍然存在。据《长编》卷六十,景德二年(1005)五月条载,是岁贡举,抚州(今属江西)进士晏殊年十四,大名府(今属河北)姜盖年十二,皆以俊秀闻,特召试。晏殊才思敏捷,为文典赡,深得真宗叹赏。宰相寇准(陕西人)因晏殊是江南人,便欲抑之而进姜盖。寇准以一代名相,尚且如此,余人也就可想而知了。不过寇准的这一意图,后来并没有实现,反对这样做的则是当时的皇帝宋真宗。理由为:"朝廷取士,惟才是求,四海一家,岂限遐迩?"[2]这几句话反映了进入11世纪初叶之后北宋统治者在用人的南北问题上决策的变化,其中所传达出来的信息无疑是十分值得注意的。从时间上讲,赵氏建国之初,太祖、太宗所用南方文士,多南唐、西蜀、吴越归附之人,其不以重任付之且加以猜忌、打击,乃自然之势,到真宗时,北宋有国,南北混一已半个世纪,人虽南产,材实宋出,其界限从政治上说,已经近乎弥合了。事实上,当时与寇准先后相继或同时为相的王钦若(原籍江西)、丁谓(原籍今江苏)以及签书枢密院事陈尧叟(原籍四川),并是南方人。澶渊之盟签订之前,曾有过迁都金陵(今南京市)、成都之议,即与上述数人有关。足知11世纪初年,南方籍的官僚,已进入最高决策机关而与北人同执宰辅大权。晏殊到仁宗朝也登两府,范仲淹的受重用,最初就出于他的拔擢。

---

①《宋史·文苑·徐铉传》、《宋史·文苑·宋白传》、《宋史·王禹偁传》。
②《长编》,卷六十,景德二年五月记事。

关于真、仁之际北宋统治者用人问题上的这一变化，南宋诗人陆游曾在他的《论选用西北士大夫札子》一文中作过回顾，并以之与此前和此后进行对比说：

> 臣伏闻天圣以前，选用人才，多取北人，寇准持之尤力，故南方士大夫沈抑者多。仁宗皇帝照知其弊，公听并视，兼收博采，无南北之异。于是范仲淹起于吴，欧阳修起于楚，蔡襄起于闽，杜衍起于会稽，余靖起于岭南，皆一时名臣，号称圣宋得人之盛。及绍圣、崇宁间，取南人更多，而北方士大夫复有沈抑之叹。①

此处论北宋初期、中期和后期在南北用人问题上由“多取北人”到“无南北之异”，到“取南人更多”的变化，与拙著前文所作的分析基本相同。

以上侧重在政治方面。学术文化方面，南宋永嘉学派陈傅良曾有一段精彩的论述，他说：

> 宋兴，士大夫之学亡虑三变：起建隆至天圣、明道间，一洗五季之陋，知乡方矣。而守故蹈常之习未化。范子始与其徒抗之以名节，天下靡然从之，人人耻无以自见也。欧阳子出，而议论、文章，粹然尔雅，轶乎魏晋之上。久而周子出，又落其华，一本于六艺，学者经术遂庶几于三代。何其盛哉！则本朝人物之所由众多也。余掌求其故，三君子皆萃于东

---

①《渭南文集》，卷三。

南，若相次第然，殆有天意云云。①

此论11世纪中期儒家传统文化复兴之时南方学者所起的关键作用，所提到的东南，除江东、江西、两浙之外，还包括湖南（周敦颐湖南道州营道人）。实际上，如果放眼整个南方，把四川和福建等统统包括在内，纵观整部北宋发展史，可以发现，除了10世纪后半叶，即太祖、太宗时期，北宋草创之初文坛盟主由北方籍的白体诗人李昉（河北人）、王禹偁（山东人）先后充任之外，从11世纪初期开始，便一概由南人来承担，如真宗朝独步一时的西昆体诗人杨亿（原籍福建），仁宗初年的晏殊，紧接着是欧阳修，其后则有王安石（原籍江西）、苏轼（原籍四川）以及江西诗人黄庭坚。

由真、仁之际开始的这种南方人士进入政治、文化中心的趋势，对于南北文化的交流和融合，无疑是一巨大的推动。所谓南北融合，如前所述，从政治上讲，是北方征服了南方；从文化上讲，则是南方占领了北方。关于南方文化的高于北方，由宋代科举考试取人的情况可以看得很清楚。大抵从太宗朝开始，每岁放榜，“所得率江南之秀”（王明清《挥麈录》），至仁宗朝及其以后，尤是如此。欧阳修解释这种现象时曾经很委婉地指出：

东南之俗好文，故进士多而经学少；西北之人尚质，故进士少而经学多。②

苏轼则不客气地说：

---

①（南宋）陈傅良：《止斋先生文集》，卷三十九，《温州淹补学田记》。

②（北宋）欧阳修：《奏议集》，卷十七，《论逐路取人札子》。治平元年（1064）作。

河北、河东进士，初改声律，恐未甚工，然其经义文词，亦自比他路为拙，非独诗赋也。①

苏轼此奏，撰于再度守杭任上，由前文知，“他路”云云，主要即指“江浙福建”，亦即欧阳修所说的“东南”。奏状中提到的“及出守东南，亲历十郡”，盖指江南西路、江南东路、两浙路、福建路等东南四路，即今天的江西、江苏、浙江、上海、福建及安徽省的一部分，赵宋混一南北之前，这里是江南（南唐）、吴越、闽三国的疆域，属五代时期相对稳定而文化比较发达的地区。所谓北不如南的“南方文化”，主要也就指这四路而言。

两宋东南四路文化精英在全国所占比重统计表

类别 / 数据 / 项目	儒 学派	学家 学者	诗人	词人	书画家	藏书家
比率%	66.3	72	69.7	71.4	57.7	43.9
东南四路	53	3427	2657	623	123	204
两宋总数	80	4678	3812	873	213	465
所据统计资料	《宋元学案》	《宋元学案》	《宋诗纪事》	《全宋词》（有籍贯可考者）	《中国藏书家考略》、《江浙藏书家史略》等	《宣和画谱》、《南宋院画录》、《书史会要》等

欧阳修的札子，如上所引，还只是就文学方面进行比较。苏轼的奏状，则进一步指出了在文词、经义、声律等一切学术文化方面，东南诸路均较北方为胜。根据有关史料以及近人整理编纂的

①《苏轼文集》，卷二十九，《乞诗赋经义各以分数取人将来只许诗赋兼经状》。元祐四年（1089）十月作。

各种资料所作的统计,有力地证明了苏轼的这一论断。详上表。

由于缺乏《全宋文》、《全宋文纪事》一类现成的资料,理应包括在文学家之中的散文作家,未列入上表,然即此数项,已足以证明东南文化在两宋文化中所占的比重。也就是说,在宋学这中国文化史上辉煌的一段中,约四分之三的精英,出在地偏一隅的东南五路。也许有人会产生这样的疑问:“两宋”包括南宋,而南宋的都城即在浙江临安(今杭州市),临安在当时即是江南西路、江南东路、浙江西路、浙江东路、福建路等东南五路的中心,又是全国政治中心的所在地,东南人材的偏多是否与此有关?下表可以进一步说明这一问题。

北宋初、中期(960—1068)东南、西北、河朔文化精英比较表

类别 / 数据 / 项目	儒学家	诗人	词人	书画家	藏书家	合计
东南	223	400	37	35	28	723
关中	34	31	5	14	4	88
河朔	56	51	3	12	6	128

上述统计对象的年代,限于宋神宋熙宁元年(1068)以前,按拙著的北宋之期划分法,它正好属于北宋初、中期,与欧阳修、苏轼两奏的时间断限大体一致。用以与东南相比较的两个地区,关中,包括秦凤、永兴两路,相当于今天的陕西、甘肃、宁夏以及山西、河南的西部,在唐代,是全国政治、文化中心的所在地,文化精英的密集化程度,一直居于领先地位。欧阳修上奏所谓西北,主要即指关中。河朔,包括今天河北省、天津市,以及山东、河南两省黄河以北大部,北宋时分河东、河北东路、河北西路三路,在唐

代则为河东、河北两道，文化方面原仅次于关中，分居第二和第四。① 上引苏轼奏议所谓河北、河东，即用旧称，本表复简作“河朔”。

由上表可知，早在王安石变法之前，东南四路已是学术文化人材辈出之地，从各类精英的总数上讲（部分精英，兼属不同角色，如欧阳修，既是学者，又是诗人、词家，上述三地区知识分子均有此类现象，并复计在内），是关中地区的8.2倍（723∶88），河朔地区的5.65倍（723∶128），后两个地区即便加在一起计算，亦仅及东南四路的四分之一强（216∶723）。

这还只是就知识分子文化创造的成果而言，假如仅考虑他们的功名，如欧、苏两奏所着眼的进士出身，南北之间的差异就更加悬殊。据昌彼得、王德毅《宋人传记资料索引》所载宋人小传等资料统计，熙宁元年以前北宋所取进士（包括及第与同出身），占籍关中者55人，河朔85人，而东南四路有628人，是关中的11.4倍，河朔的7.4倍。到北宋后期，南北、东西之间的距离就拉得更大，取进士数的比率分别是东南（1146）∶关中（17）为67.4∶1，东南:河北（41）为28∶1。这一统计结果，与前引陆游等人的结论，完全一致，足证东南四路成为赵宋时代全国的文化重心所在，自北宋开国不久即是如此，至北宋后期，南北、东西之间的差距越益明显。而作为这一转化之枢机的真、仁之际，随着南方士人不断地进入中央权要之地，五代时期在南唐与西蜀形成了中心的具有南方性质的词曲创作逐渐引入当时的文化中心开封，与11世

①从近人史念海:《两唐书列传人物籍贯的地理分布》，油印本。按:该地区的文化发达时期，主要在“安史之乱”以前，其后即因武人统治而遭到严重破坏。《新唐书·史孝章传》:“天下指河朔若夷狄然。”指的就是后一时期。

纪初期因北方生产的复苏而形成的中原城市经济相结合,开始变得繁荣起来,也便是很自然的了。其先驱就是仁宗朝两代之文宗、跻身两府而执大柄的晏殊、欧阳修。

近人冯煦《宋六十家词选例言》曰:

> 文忠(欧阳修)家庐陵,而元献(晏殊)家临川,词家遂有西江一派。其词与元献同出南唐,而深致则过之。

这段话一针见血地指出了北宋词坛初期发展的脉络和传承关系。将晏、欧两人的词作同南唐词的代表作家冯延巳、李煜,乃至晚唐温庭筠等人的作品进行比较,可以很清楚地了解这一点。南宋陈振孙《直斋书录解题》卷二十一,欧阳修《六一词》提要云:

> 其间多有与《阳春》、《花间》相混者,亦有猥亵之语一二厕其中,当是仇人无名子所为也。

《阳春集》即南唐冯延巳的词集,《花间集》为温庭筠以下唐末五代词家十八人的结集,两者风格大抵相类。

晏殊之集有《珠玉词》一卷,其间与《阳春集》、《六一词》互见的亦不少,如《醉桃源》(欧集作《阮郎归》,冯集同):

> 东风吹水日衔山,春来长是闲。林花狼籍酒阑珊,笙歌醉梦间。　　春睡觉,晚妆残,无人整翠鬟。留连光景惜朱颜,黄昏独倚阑。

本篇即并见于三人词集中。《直斋书录解题》所谓猥亵之语一二厕其中，盖指这一类作品。在程朱“道学”占据宋学之主导地位以后的读书人看来，作为宋学的前驱，欧阳修乃一代正人，不该有杯酒光景、依红偎翠而似南唐冯、李之作，殊不知在宋学繁荣期苏轼等人改变词风之前，词曲作为一种适应配合宴乐演唱的歌词创作，初不离酒宴、歌妓而以后者的活动为传统题材，白居易自述词曲创作，亦不离“小妓携桃叶，新歌踏柳枝”（《杨柳枝二十韵》），“舞看新翻曲，歌听自作词”云云（《残酌晚餐》）。可知自中唐词作为一种新诗体兴起之初，即已如此，不独南唐为然。欧阳修的词集中反映出这方面的内容，正好说明了他的词曲创作乃是南唐词风在一定程度上的复振。晏殊的作品尤足为证。

北宋刘攽《中山诗话》曰：

> 晏元献尤喜江南冯延巳歌词，其所自作，亦不减延巳。①

按之于《珠玉词》，此评甚惬晏殊词曲创作之实况。如“鬓亸欲迎眉际月，酒红初上脸边霞，一场春梦日西斜”（《浣溪沙》），“绿杨芳草长亭路，年少抛人容易去”（《玉楼春·春恨》），虽未重出于《阳春集》中，然从情调上看，实与冯延巳的代表作品《蝶恋花》“泪眼倚楼频独语，双燕来时，陌上相逢否？撩乱春愁如柳絮，悠悠梦里无寻处”之类无异。“年少抛人容易去”的“年少”，即指妇人。这大概是晏殊艳曲中的名句，当时即常被人提到，如北宋范温《潜溪诗眼》，南宋赵与时《宾退录》卷一等。然温庭筠集中亦有《玉楼春》词，与此全同。《玉楼春》全篇凡八句，上引是头两句。其中三四句“楼头残梦五更钟，花底离情三月雨”，颇同于李

①（清）何文焕辑：《历代诗话》，中华书局1981年版，上册，第292页。

璟的“细雨梦回鸡塞远,小楼吹彻玉笙寒”(《山花子》)。末两句“天涯地角有穷时,只有相思无尽处”,立意与李煜的“问君能有几多愁,恰似一江春水向东流”亦相类。

据上引冯煦的分析,欧阳修、晏殊词风之所以是南唐的嗣响,与他们同是江西人有关(江西即江南西路,五代时属南唐疆域,已见前述)。这大体上是不错的。中国疆域自古以来非常广阔,因而形成了若干自成特色的区域文化,而生活在同一地理环境中的作家,因审美趣向和情感表现方式的接近,常常会形成大体相同的艺术风格。上面提到的是晏殊、欧阳修这两位相继执北宋中期文坛之牛耳的江西人的情况,下引一段对话则发生于两位在北宋后期执文柄的江西籍大家王安石、黄庭坚之间:

> 荆公(王安石封荆国公)问山谷(黄庭坚自号山谷道人)云:“作小词曾看李后主词否?”云:“曾看。”荆公云:“何处最好?”山谷以“一江春水向东流”为对。荆公云:“未若‘细雨梦回鸡塞远,小楼吹彻玉笙寒’,又,‘细雨湿流光’最好。”①

至北宋后期,南唐词风早已过时,王、黄两家平生志业与文学亦均别有所成,但作为江西人,对南唐中、后两主自成一代风流的词曲名作,仍心往神驰而不绝于口,“词家遂有西江一派”云云,不为虚拟。

在南方,除了南唐旧地江西之外,本属吴越疆域的浙江,入宋之后,词曲亦甚流行。北宋释文莹《湘山野录》卷中载:

①(南宋)胡仔:《苕溪渔隐丛话前集》,卷五十九,引《雪浪斋日记》。

范文正公谪睦州，过严陵祠下，会吴俗岁祀，里巫迎神，但歌《满江红》，有“桐江好，烟漠漠，波似染，山如削。绕严陵滩畔，鹭飞鱼跃”之句。公曰：“吾不善音律，撰一绝送神，曰：‘汉包六合网英豪，一个冥鸿惜羽毛。世祖功臣三十六，云台争似钓台高。’”吴俗至今歌之。

范仲淹原籍苏州吴县，幼孤，随母改嫁淄州长山（今属山东省）。睦州相当于今天浙江省桐庐、建德、淳安三县，范知睦州乃在景祐元年（1034）上半年。① 这是他第一次到江浙一带做宫，而前此长期在北方生活（范仲淹对南方文化的认同，大抵即自睦州、苏州等地方官任上渐次强烈）。由这一记载可知，仁宗初期，北方词曲尚未普遍引起知识分子的兴趣，而南方已深入民间，成为士庶皆所乐闻的文艺形式并施之于实用。

睦州迎神时所唱的《满江红》，乃柳永的早期作品，见于他的词集《乐章集》。据北宋陈师道、南宋叶梦得等人记载，本朝词曲创作在当时的文化中心开封的流行，便发轫于柳永。陈师道《后山诗话》云：

柳三变（永）游东都南、北二巷，作新乐府，骫骳从俗，天下咏之。

叶梦得《避暑录话》卷下云：

①详《长编》，卷一百十三，明道二年十二月记事；卷一百十五，景祐元年九月记事。

柳永字耆卿，为举子时，多游狭邪，善为歌辞。教坊乐工每得新腔，必求永为辞，始行于世，于是声传一时。

柳永景祐元年登进士第，[①]为举子游东京开封府，当在此年之前，足知在范仲淹知睦州之时，词曲在京畿地区的民间和教坊已开始流行，只是士大夫阶层中尚未普遍而已。

景祐元年，晏殊尚未入枢府，欧阳修则刚刚登上仕途，词曲在他们的倡导下波及知识分子，时间大抵比此略晚，但至迟也不会超过庆历时期。这由下引记载可以得到进一步的佐证：

古人重歌诗，自隋以前，南北旧曲颇似古，如《公莫舞》、《丁督护》，亦自简淡。唐来是等曲又不复入听矣。近世乐府为繁声加重叠，谓之缠声，促数尤甚，固不容一倡三叹也。胡(瑗)先生许太学诸生鼓琴吹箫，及以方响代磬，所奏唯《采蘋》、《鹿鸣》数章而已，故稍曼延，傍迩郑、卫声。或问之，曰："无他，直缠声《鹿鸣》、《采蘋》尔。"

上文引自北宋刘攽《中山诗话》，"近世乐府"即前引陈师道所论柳永的"新乐府"，叶梦得所谓的"新腔"，皆宋词的别称，一般称之为"新声"。如欧阳修《西湖念语》自述词曲创作云：

因翻旧阕之辞，写以新声之调，敢陈薄伎，聊佐清欢。[②]

---

①《长编》，卷一百十六，景祐二年六月丁巳条。
②《欧阳公近世乐府》，卷一。

所谓新声，也便是“近世乐府”，《六一词》编入《欧阳文忠公文集》时，即名《欧阳公近世乐府》。刘攽《中山诗话》上引一则，江少虞摘编于《宋朝事实类苑》卷十九《歌舞》（题作《刘贡父诗话》），文字稍详，其中多出的部分有“自新变声作，日益繁靡，欲令人强置繁声，以《三百篇》为欢，何可得也”云云（按，拙著上引《中山诗话》，据清代何文焕辑《历代诗话》本，似有脱误）。柳永新乐府，李清照《词论》作“变旧声作新声”，皆可为证。

太学是全国文化教育的中心，知识分子高度密集和频繁流动的场所，词曲新声之进入太学而为青年学子所喜爱，其在知识阶层中影响之大，也就可想而知了。胡瑗来太学执教虽自皇祐年间始，但庆历四年太学盛建之初，即下湖州取胡瑗在湖学的教育方法以为太学法。据张载《横渠策问》载，胡瑗在苏、湘间执教地方学校之初，即已将音乐列入课堂：

> 湖州学兴，窃意遗声寓之埙篇，固择取《二南》、《小雅》数十篇，使学者朝夕咏歌。①

可见把词曲新声之调引进儒学教育，本来也是从南方开始，随后进入当时设在北方的政治中心开封的国家教育和宋学传授的最高机关——太学，而时间正在庆历之年，成其事者则是泰州（今属江苏）籍的学者胡瑗。

关于胡瑗在宋学的开创与传承中所起的重要作用，前章述之已备。此处提到的胡瑗在复兴儒学的同时将“新声”引入大学课堂这一事实，则进一步证明了随着宋学的勃兴，与宋学同具新文

---

①《横渠策问》今佚，此据（南宋）王应麟：《困学纪闻》，卷三引。

化之性质的南方文学，也开始进入并很快占领了国家的政治文化中心；同时也证明了宋词新声之调作为知识分子（特别是青年学者）感情生活的一个重要方面，与宋学的创造和传播，一开始就具有互相补充、互相促进的共存关系。

北宋末年，晁说之在《儒言》论“南北之学”一节中说：

> 南方之学异乎北方之学，古人辨之屡矣。……师先儒者，北方之学也；主新说者，南方之学也。

王安石的学术，被称为“荆公新学”；范仲淹的改革，被称为“庆历新政”；欧阳修、晏殊、柳永等人的词曲，称为“新声”。数人者，皆南方之杰，足知北宋中期词坛的勃兴和宋学的崛起，作为中国历史上一次划时代的文化更新，均具有“主新说”的“南方之学”战胜“师先儒”的“北方之学”并取而代之的性质。从这一意义上说，作为学林魁首、文坛盟主的欧阳修一面以“勇断不惑”的精神疑传疑经而打破前此“师先儒者”拘守旧说的传统，一面又以“翻旧阕之辞，写以新声之调”的实践将词曲创作引进士林，正是具有逻辑联系的两个统一的表现。

正如宋学作为新儒学很快蔚为一代文化学术之占主导地位的社会思潮一样，宋词作为新声，在当时也倍受士庶之欢迎。所谓“相君未识陈三面，儿女多知柳七名”（南宋刘克庄诗），即此之谓。南宋初年郑樵在《通志》卷四十九论乐府新声，谈到它之所以受欢迎的原因时说：

> 今都邑有新声，巷陌竞歌之，岂为其辞之美哉，直为其声新耳！

类似的意见,也见于前引李清照在《词论》中所作关于柳永词的评价:

> 乐府声诗并著,最盛于唐……逮至本朝,礼乐文武大备,又涵养百余年,始有柳屯田永者,变旧声作新声,出《乐章集》,大得声称于世。虽协音律,而词语尘下。①

自北宋开国的建隆元年(960)至庆历年间(1041—1048)将近百年,此处所论宋词新声风行的开始时间,与前引《后山诗话》、《避暑录话》正同。此外,李氏《词论》在指出"新声"因其"声"(音律)之"新"而受称于世的同时,又指出了它在内容方面的鄙俗,即"词语尘下"。假如说前一点因与宋学同具"新"的特点而相与合于时代之潮流,故使两者得以共存并兴,这后一点,则显然表现为严重的矛盾。

所谓词语尘下,即指柳词多写男女欢情,而往往又表现得十分露骨。如《玉蝴蝶》其四曰:

> 误入平康小巷,画檐深处,珠箔微褰。罗绮丛中,偶认旧识婵娟。翠眉开、娇横远岫,绿鬓亸、浓染春烟。忆情牵。粉墙曾恁,窥宋三年。　　迁延。珊瑚筵上,亲持犀管,旋叠香笺。要索新词,殢人含笑立尊前。按新声、珠喉渐稳,想旧意、波脸增妍,苦留连。凤衾鸳枕,忍负良天。

似此类产生于"罗绮丛中",与"翠眉"、"绿鬓"、"凤衾鸳枕"连在一起的"新声"、"新词",与以儒家传统伦理为本位的宋学之格格

①《李清照集校注》,卷三。

不入，也就可想而知了。诚然，这类产生于“邪游”的“艳曲”，在柳永《乐章集》中俯拾皆是，如“绸缪凤枕鸳被。深深处、琼枝玉树相倚。困极欢余，芙蓉帐暖，别是恼人情味”（《尉迟杯》），“红茵翠被。当时事、一一堪垂泪。怎生得依前，似恁偎香倚暖，抱著日高犹睡”（《慢卷䌷》），“旋暖熏炉温斗帐。玉树琼枝，迤逦相偎傍。酒力渐浓春思荡，鸳鸯绣被翻红浪”（《凤栖梧·其三》），等等，较上引《玉蝴蝶》，犹过之而无不及。但由上文所引晏殊《浣溪沙》、《玉楼春》，欧阳修《阮郎归》的内容来看，似这类以艳情为题材的作品，《六一词》与《珠玉词》中也不少。正如南北宋之际的人整理欧阳修文集时所已经发生的疑问：如此猥亵之词，缘何竟出在宋学复兴儒家传统伦理学说之先驱欧阳修的笔下？他们的解释是：“当时小人，或作艳曲，谬为公词”（南宋曾慥《乐府雅词·序》）。如前所述，这样的解释并不符合欧阳修词曲创作的实际情况。那么这一明显的矛盾，又将作何解释呢？我想，这同宋学初期一般知识分子对词曲作为一种新兴的文艺样式的功能之理解有关。

从后世的眼光看，诗、词、文，并属中国古典文学的三种主要形式，各有千秋而不可轩轾。在宋人的心目里，其实不然。即以欧阳修为例，作为北宋中期的文坛泰斗，这三方面不仅都拿得起来，而且都取得了很大的成就。但关于三者功能的看法，却大不相同。其论文，有曰：“君子之学，或施之事业，或见于文章……穷者之言易工也。”①其论诗，则曰：“盖世所传诗者，多出于古穷人之辞也。”②所谓穷人（穷者），也就是有志之士的意思，即儒家传

---

①《居士集》，卷四十四，《薛简肃公文集序》。

②《居士集》，卷四十二，《梅圣俞诗集序》。

统的“诗以言志”、“文以传道”的意思。谈到词曲创作的时候，如前所引，即明言是为了“聊佐清欢”，也便是以词配乐而宴间演唱的意思，不过游戏笔墨，消遣为之而已，这与其对诗、文创作的态度迥然不同。这一鲜明对比，从《归田录》卷二欧阳修关于钱惟演读书习惯的记载也可以清楚地看出。其言曰：

> 钱思公虽生长富贵，而少所嗜好。在西洛时，尝语僚属言：“平生惟好读书，坐则读经史，卧则读小说，上厕则阅小辞，盖未尝顷刻释卷也。”

“小词”即曲词，侧重指词曲的歌辞部分。经典文章，可以大模大样地摆在书房里坐着阅读，小词，则只能躲在厕所里自个儿欣赏。这种态度，正是北宋士大夫公、私生活不同的典型表现。北宋末年，胡寅作《向芗林〈酒边集〉后序》，说北宋歌词创作热潮初起之时，“方之曲艺，犹不逮焉”，“然文章豪放之士，鲜不寄意于此者，随亦自扫其迹，曰：‘谑浪游戏而已也。’”可知在以诗文为正宗的文学观念指导下的北宋知识分子，对词的创作，大抵均持这种公余消遣即“谑浪游戏”的态度。

这一点我们还可以北宋词坛的另一位代表作家晏殊为例。叶梦得《避暑录话》卷上载：

> 晏元献公虽早富贵，而奉养极约，惟喜宾客，未尝一日不燕饮，而盘馔皆不预办，客至旋营之。顷有苏丞相子容，尝在公幕府，见每有嘉客必留，但人设一空案、一杯，既命酒，果实蔬茹渐至。亦必以歌乐相佐，谈笑杂出，数行之后，案上已灿然矣。稍阑，即罢遣歌乐，曰：“汝曹呈艺已遍，吾当呈艺。”乃

具笔札，相与赋诗，率以为常。前辈风流，未之有比。

上引轶事，生动地记载了北宋中期士大夫公余生活的一个侧面。它清楚地告诉我们，“歌乐”（词）与“赋诗”两者是严格分开的。前者只是为了娱乐的需要，绝不能同文人传统的诗歌创作活动混在一起进行，尽管歌伎们所唱的曲辞，许多就是文人们包括晏殊自己写作的。

了解北宋知识分子自宋学初兴以来所持对待诗、词的这一不同态度十分重要。现在我们读宋人的集子，正如前此一些研究者已经指出过的，词曲之什中还有许多由《诗经》、六朝民歌以及唐诗中一脉相承得来的描写爱情的篇章，古近体诗歌部分则绝难见到，原因即在这里。换句话说，宋代诗人并不是像后世所想象的那样在感情生活方面突然变得麻木而无所追求，只不过这一方面的内容不再通过传统的诗歌形式，而是通过新兴的词曲来表现。关于诗的功能，中国古代最权威的解释是《尚书·尧典》的“诗言志”，六朝陆机则提出过修正的意见叫“诗缘情”（《文赋》），其实“诗言志”本身就包括了诗歌是人类感情生活的记录这一方面的重要功能。这一层意思《诗大序》的作者早就阐述过了：“诗者，志之所之也。在心为志，发言为诗，情动于中而形于言。”故清人焦循论唐宋以来言情文学之嬗变曰：

……晚唐以后，始尽其词而情不足，于是诗文相乱，而诗之本失矣。然而性情不能已者，不可遏抑而不宣，乃分而为词，谓之诗余。诗亡于宋而遁于词，词亡于元而遁于曲。①

①（清）焦循：《雕菰集》，卷十四，《与欧阳制美论诗书》。

所谓吟咏性情,本是一个相当宽泛的概念,自然不只限于男女情爱方面,但也无可否认后者是一个十分重要的方面。清人对宋诗的批评,固然别有旨趣所在,但我们从后者作为传统诗歌题材之有无这一点上来理解焦理堂的这句话,无疑会更加感到明白而贴切。而宋代文学创作中的这一巨大变化,正从欧阳修的时代即宋学初期开始,并不像前此论者所解释的受北宋后期才出现的程学(包括后来的朱学)一派之影响。

不过程学对于北宋言情文学所施加的窒息性影响,仍然是划时代性的。要而言之,欧阳修等人虽然在诗歌复古运动中从儒学复振的需要出发取消了五七言诗传统的主题之一——表达情爱,但仍然将它撤退到词曲中去加以表现。二程,特别是程颐对北宋文学的干涉,乃在于进一步将这一影响施加到词,企图夺走言情文学所转移的这最后一块阵地(自然这只是就文人的创作而言,通俗文学如民间新起的话本等形式,则另当别论)。

北宋儒学家从教化的角度意识到词曲与传统文化的矛盾而对"新声"提出批评者,大抵以处于宋学草创期向繁荣期过渡阶段的周敦颐为最早。周敦颐祖籍道州营道(今湖南省道县),但从小寄居舅父陈留(今属河南省开封市)郑向家,治学风格基本上偏重于北方体系。朱熹作《伊洛渊源录》,即以周氏为程学渊源所自。下录一段见《通书·乐上第十七章》:

> 后世礼法不修……代变新声,妖淫愁怨,导欲增悲,不能自止。故有贼君弃父,轻生败伦,不可禁者矣。呜呼!乐者,古以平心,今以助欲;古以宣化,今以长怨。不复古礼,不变今乐,而欲至治者远矣。

此处对“新声”的激烈抨击，大抵代表了以后来二程洛学为核心的北方之学对待宋词的基本态度。程颢关于词曲所发的直接议论不见留传，间接的意见还是可以找到的，如《河南程氏遗书》卷三即载有程颢关于舞蹈的看法，其言曰：

舞蹈本要长袖，欲以舒其性情。某尝观舞正乐，其袖往必反，有盈而反之意。今之舞者，反收拾袖子结在一处。

如前所述，词本来就是供给宴席间歌女演唱用的，而歌、舞则密不可分，此处对“今之舞者”的批评，当亦代表了程颐对“今之歌者”即“新声”的意见。

程颐的意见更加严厉。据《伊洛渊源录》卷四转载《涪陵记善录》纪实，文彦博任河南尹的时候，谯定（号涪陵居士）判西京国子监，某次府中宴会，乐人呈上乐语曲词，请谯氏审定，谯感到奇怪，问为什么这样郑重其事。乐人回答说：“昨日得（文）太师钧旨，明日请程侍讲（颐），词曲并要严谨依礼法，故先来呈。”据邵伯温说，文彦博庆历中以枢密直学士知成都府时，即以喜歌妓、多宴集而出名，仁宗曾派御史何郯去伺察，也被他巧妙地应付过去（详《邵氏闻见录》卷十）。但对程颐的到来，竟是如此的谨慎，足见后者的严厉之处。

据《河南程氏外书》卷十二引《震泽语录》记载：

一日，偶见秦少游，问：“‘天若知也和天瘦，是公词否？”少游意伊川称赏之，拱手逊谢。伊川云：“上穹尊严，安得易而侮之？”少游面色骍然。①

①《二程集》，第442页。

以“天”的意象充作诗语，唐人集中常见，如李贺即有诗题《梦天》，而“天若有情天亦老”（《金铜仙人辞汉歌》）之句尤著，秦观之句即本此。程颐之责，不免强词夺理，而洛学于词曲文艺的严峻态度，即此可见。

不过，据《邵氏闻见后录》卷十九载，程颐闻晏几道“梦魂惯得无拘检，又踏杨花过谢桥”长短句，笑曰：“鬼语也。”邵雍认为，这里程颐欣赏晏词的意思，并解释其原因曰：“程晏三（二?）家有连云。”即是看在亲戚面上的意思。如果这种解释可以成立的话，反映的也是程颐公、私场合态度的不同，这在宋代士大夫阶层，是很常见的。兹录以备考。

程颐在男女问题如寡妇再嫁问题上，持“饿死事极小，失节事极大”①之苛论，在文学创作方面，基本态度是“作文害道”，连被王安石等人视为儒者道德之楷模的杜甫的诗歌都加以反对，宋词运用文艺形式表现男女情爱，在他更是要视若洪水猛兽而加以激烈摈斥的了。如欧阳修诗：“笑杀颍阴常处士，十年骑马听朝鸡。”程颐批评道：“夙兴趋朝，非可笑之事，不必如此说。”②也是“如此闲言语，道出作甚”的意思。对欧阳修那些“月上柳梢头，人约黄昏后”的词句，其严厉之处，更是可想而知了。由此既可以看出宋学初期和繁荣期，也可以看出南方之学与北方之学在这个问题上的不同态度。

宋学进入繁荣期之后，作为南方之学的代表，以王安石为首的新学以及苏轼等人的蜀学，在这个问题上的态度与二程洛学仍不相同。据北宋魏泰《东轩笔录》卷五载，王安石初为参知政事时，某日闲暇而阅晏殊小词。笑曰：“为宰相而作小词，可乎?”言

①《河南程氏遗书》，卷二十二下，《二程集》，第301页。

②《河南程氏遗书》，卷十，《二程集》，第112页。

外之意似是不可。然而王安石本人写作的小词,数量却不小,今传《王文公文集》即载有一卷(卷八十),其余流散的还有。如吴曾《能改斋漫录》卷十六《乐府》即收其元丰间"梦中"所得乐章两阕,其一《生查子》:

雨打江南树,一夜花开无数。绿叶渐成阴,下有游人归路。　　与君相逢处,不道春将暮。把酒祝东风,且莫恁匆匆去。

其二《谒金门》:

春又老,南陌酒香梅小。遍地落花浑不扫,梦回情意悄。　　红笺寄与添烦恼,细写相思多少。醉后几行书带草,泪痕都揾了。

这般作品,虽不似柳永那些"闲拈针线伴伊坐"(《定风波》)的"浅斟低唱"那么浅近鄙俗,但无疑也是"缘情而绮靡"的作品,而出于一代政治家、思想家之手。

在宋学几个较大流派的主要代表人物中,苏轼是大量作词而仅次于宋词专业作家柳永的人,但平生最鄙薄柳永的花间柳下之词。据南宋初年曾慥《高斋诗话》载,苏门弟子秦观自会稽(今浙江绍兴)入都见东坡,东坡曰:"不意别后公却学柳七作词?"少游曰:"某虽无学,亦不如是。"东坡曰:"'销魂当此际',非柳七语乎?"①所引见秦观《淮海词》卷上《满庭芳》(山抹微云):

①郭绍虞:《宋诗话辑佚》,下册,第497页。

销魂，当此际，香囊暗解，罗带轻分。谩赢得青楼、薄幸名存。

似这类以细腻而直露的笔触铺写男欢女爱之镜头，的确是柳永歌词的基本特色。秦观一面步柳永之后尘创作这类以"香消梦觉"为主题的艳词，一面又矢口否认自己的词风与后者有类似的地方，正是拙稿上文引用胡寅《向芗林〈酒边集〉后序》指出的一边"鲜不寄意于此者"，一边"随亦自扫其迹"的双重心理。

不过类似的作品在苏轼的词中也可以见到，如《雨中花慢》：

嫩脸羞娥，因甚化作行云，却返巫阳。但有寒灯孤枕，皓月空床。长记当初，乍谐云雨，便学鸾凰。又岂料，正好三春桃李，一夜风霜。　　丹青□画，无言无笑，看了漫结愁肠。襟袖上，犹存残黛，渐减余香。一自醉中忘了，奈何酒后思量。算应负你，枕前珠泪，万点千行。

其中"乍谐云雨，便学鸾凰"、襟上残黛、"枕前珠泪"等句，亦正"销魂当此际"之意。他如《南乡子》（裙带石榴红）的"愿作龙香双凤拨，轻拢，长在环儿白雪胸"，《洞仙歌》（冰肌玉骨）的"人未寝，攲枕钗横鬓乱"，《江城子》（腻红匀脸衬檀唇）的"一自绿窗偷见后，便憔悴，到如今"等等，也与"柳七语"相差无几。

在宋人的心目中，王安石、苏轼无疑是恪守儒家传统道德的本朝士大夫的典型，尤其是王安石，连夫人为其买妾都却之而不受，私生活方面极其严谨，这一点连不惜以造谣的手段攻击他的邵伯温也不得不承认。[①] 可知现实生活中对待两性问题的严肃态度，宋学繁荣期对立的各派，并无原则性的分歧，所不同者乃在对待文艺创作的态度。

从今天的立场上看，人的内心世界本来就是丰富多彩而有各个不同方面的表现。七情六欲，乃人人之所皆同。政治上符合正人君子的标准——当然这个标准在不同的时代有不同的含义——并不妨碍写作出以发泄爱情为内容的文艺作品。如宋初西昆体诗人杨亿、张咏两人，前者因写作了"宣曲更衣宠，高堂荐枕荣"(《西昆酬唱集》卷上《宣曲》，两句用汉武帝昼幸卫子夫事)，被作为浮靡诗风的代表加以严谴，[②]后者则有"肤如红玉初碾成，眼似秋波双脸横"(《乖崖集》卷一《席上赠官妓小英歌》)之类狎妓之艳曲，但从政治上说，在祥符、天禧年间的两大政治事件即抵制伪造"天书"和反对刘后临朝的斗争中，张氏上书直谏真宗，请斩权相丁谓之头，杨氏拒绝草制而坚定地站在寇准等太子党一边，均以忠正鲠亮立朝而备受士大夫尊敬。在私生活方面，两人也均极严谨而无鲜芥细行。[③]

关于这层意思，宋人曾经认识到，并已指出过了，如北宋吴处厚《青箱杂记》卷八开宗明义便说：

> 文章纯古，不害其为邪；文章艳丽，亦不害其为正。然世或见人文章铺陈仁义道德，便谓之正人君子；若言及花草月

①(北宋)邵伯温:《河南邵氏闻见录》，卷十一。

②详《长编》，卷七十一，真宗大中祥符二年春正月记事。

③(北宋)魏泰:《东轩笔录》，卷十，尝载张咏在成都，因家属不在身边，不得已"买一婢以侍巾帻"，四年任满归阙，"呼婢父母，出赀以嫁之，仍处女也。"

露，便谓之邪人，兹亦不尽也。

文中所举本朝实例，除张咏的《席上赠官妓小英歌》外，还有韩琦的小词《点绛唇》和司马光的小词《阮郎归》、《西江月》、《锦堂春》。当然，我们还可以举出韩琦的老搭档范仲淹，作为北宋一代知识分子公认的士大夫模范，从前差不多被当作完人加以推戴，但后期也写有“真珠帘卷玉楼空”，“残灯明灭枕头攲”（《御街行》）一类充满了脂粉气的作品。与前揭杨亿、张咏等人不同的只是，宋初诗人用诗，而此时的文人则用词来表达。如前所述，这一点正与宋学初期文学观念的变化有关，也就是说，在儒学复兴热潮的推动下，随着诗文复古运动的开展，原先也由诗来表现的艳情，全部被赶到词里面去了。前述王安石、苏轼等人的写作艳词，可以视为宋学草创期这一显著变化的继续。

不过，宋学在它的繁荣期与宋词的关系远不只限于这一点。以洛学巨子程颐为代表的“北方之学”且不论（除司马光等个别人的个别作品之外，北方学人即使不乏诗文佳什，也倒不作小词），仅就王学、蜀学而言，从振兴儒学的立场出发，对宋词即产生过下列三方面的重要影响。

首先，扩大词的题材。宋学繁荣期，苏、王等人对宋词最主要的贡献是改变了前此“词为艳科”的传统观念，使它同诗、文一样，具有反映广阔的社会生活和儒家传统文学“言志”与“传道”的功能。

北宋末年徐度论本朝词风之变曰：

柳永耆卿，以歌词显名于仁宗朝。官为屯田员外郎，故世号柳屯田。其词虽极工致，然多杂以鄙语，故流俗人尤喜道之。其后欧、苏诸公继出，文格一变，至为歌词，体制高雅。柳氏之作，殆不复称于文士之口，然流俗好之自若也。[①]

这里指出在宋词由俗变雅的过程中，北宋学林与文坛的领袖人物欧阳修、苏轼等人在其中所起的关键作用，无疑是对的。当然，根据拙稿前文所述，“欧（阳修）公”改作“（王）荆公”才算确切。同时照上引文末“然流俗好之自若也”一句的意思，这一划时代的词风变化，似仅限于“文士”即知识分子阶层。而这种变化的实质，也便是把“词”这种新起的文体，摆到与“诗”与“文”同等重要的位置上来。南宋词人兼词论家刘辰翁撰《辛稼轩词序》曰：

词至东坡，倾荡磊落，如诗如文，如天地奇观，岂与群儿雌声学语较工拙。[②]

“如诗如文”数语，正指出了宋学繁荣期由俗变雅的实质。

如前章所述，宋诗自仁宗初期欧阳修、梅尧臣等人高举复古的大旗，以“未到二《雅》未忍捐”相号召以来，已以反映社会现实、歌唱政治怀抱为主要题材而一洗西昆体雕琢绮靡之气。到此时，则由王安石、苏轼等繁荣期宋学南方一系的儒者进一步扩大而贯彻到词体中。

先举王安石革新词体的实例，如：

伊、吕两衰翁，历遍穷通，一为钓叟一耕佣。若使当时身

①《却扫编》，卷下。
②《须溪集》，卷六。

不遇，老了英雄。　　汤、武偶相逢，风虎云龙，兴王只在笑谈中。直至如今千载后，谁与争功？

本首调寄《浪淘沙令》是王安石的作品，全篇以商、周君臣际会史为题材，抒发了深沉的人生感慨。从风格上看，我们感到仿佛在读一首意味深长的咏史诗。从内容上看，又似乎是一篇短小精悍的《人才论》，作者采用的却是词的形式。而如此严肃的题材，在以前通常是不以词为体裁加以表现的。联想到王安石在宋神宗一朝的际遇，读者自可进一步体会到，本词咏唱的虽是历史，但表现的却是北宋政治史上一个十分重大的主题，作者在历史转折关头的高尚志趣和非凡襟抱，溢于言表。类似的词作，还可以举出王安石一首经常被人提到的《桂枝香》：

登临送目，正故国晚秋，天气初肃。千里澄江似练，翠峰如簇。归帆去棹残阳里，背西风、酒旗斜矗。彩舟云淡，星河鹭起，画图难足。　　念往昔、繁华竞逐，叹门外楼头，悲恨相续。千古凭高，对此谩嗟荣辱。六朝旧事随流水，但寒烟、芳草凝绿。至今商女，时时犹歌，《后庭》遗曲。

王安石定居的金陵，在六朝时期，乃中国（*尤其是汉族政权*）政治与文化的重心，即所谓王气所在之地。此处以辽阔的自然和悠久的历史为背景，展示了在现实生活中这位政治家高瞻远瞩的目光和无限深长的慨叹。词人对国家命运和前途的深沉思考与莫大关切，已经代替了初期宋词那种“寒蝉凄切，对长亭晚”的情场离合和个人感伤。从基调看虽依然以悲凉为主，但读之已令人神往，而不沦于伤感。

苏轼作为革新词风的主要旗手，开拓词境的方面更是众多。像王安石那样将咏史的形式由诗引入词体的如《念奴娇·赤壁怀古》：

大江东去，浪淘尽、千古风流人物。故垒西边，人道是、三国周郎赤壁。乱石穿空，惊涛拍岸，卷起千堆雪。江山如画，一时多少豪杰。　　遥想公瑾当年，小乔初嫁了，雄姿英发，羽扇纶巾，谈笑间、强虏灰飞烟灭。故国神游，多情应笑我，早生华发。人间如梦，一樽还酹江月。

这是一篇历来脍炙人口的作品，前人指出，词中曲“周郎”，乃苏轼戏以“自况”，并推为“乐府绝唱”①。这一评论，一针见血地指出了宋学繁荣期将“诗言志”的儒家传统文学观推广至词曲的时代特点。这首《念奴娇》在北宋词坛乃至整部中国文学史上的贡献，正在于以非凡的艺术成就证明了“以诗为词”的可行性，因而为宋词“指出向上一路，新天下耳目，弄笔者始知自振”②。据南宋俞文豹《吹剑继录》记载，苏轼对此十分自负，下引即是这一则有名的轶事：

东坡在玉堂，有幕士善讴，因问：“我词比柳（永）词何如?”对曰：“柳郎中词，只好十七八女孩儿，执红牙拍板唱‘杨柳岸、晓风残月’。学士词，须关西大汉，执铁板唱‘大江东

①（金）元好问：《遗山集》，卷四十，《题闲闲书〈赤壁赋〉后》。
②（南宋）王灼：《碧鸡漫志》，卷二。

去’。”公为之绝倒。①

“杨柳岸、晓风残月”，是柳永《雨霖铃》词中的名句，“大江东去”即指苏轼这首《念奴娇·赤壁怀古》。

由下引一段东坡书札，可知这种对柳永词风的反对和别成一家的努力，乃出于苏轼的有意追求：

所索拙诗，岂敢措手？然不可不作，特未暇耳。近却颇作小词，虽无柳七郎风味，亦自是一家。呵呵。数日前猎于郊外，所获颇多。作得一阕，令东州壮士抵掌顿足而歌之，吹笛击鼓以为节，颇壮观也。写呈取笑。②

鲜于侁向苏轼索句，苏轼寄去的不是他所要的诗，而是小词一阕。足知词与诗，在苏轼眼中，已近为一体。这首词即《江城子·密州出猎》：

老夫聊发少年狂，左牵黄，右擎苍，锦帽貂裘，千骑卷平冈。为报倾城随太守，亲射虎，看孙郎。　酒酣胸胆尚开张，鬓微霜，又何妨，持节云中，何日遣冯唐。会挽雕弓如满月，西北望，射天狼。

与前一类借古讽今的咏史题材相比，这首词的现实性更加强烈而直接。“西北”当指仁宗初期以来一直成为边患的西夏。弃笔从

①《说郛》，卷二十四引。
②《苏轼文集》，卷五十三，《与鲜于子骏三首》之二。

戎，为国排忧，是苏轼自青年时代起便经常在诗歌中表现的主题，如嘉祐七年(1062)所作七律《九月二十日微雪怀子由弟二首》其一，末联即抒发过"近买貂裘堪出塞，忽思乘传问西琛"的豪情壮志。类似的表现，我们在北宋其他士人如石介、尹洙等人的诗文中也可经常见到。苏轼最敬仰的前辈范仲淹即曾以边塞生活为题材创作有《渔家傲·秋思》之词。其辞曰：

> 塞下秋来风景异，衡阳雁去无留意。四面边声连角起。千嶂里，长烟落日孤城闭。　　浊酒一杯家万里，燕然未勒归无计。羌管悠悠霜满地。人不寐，将军白发征夫泪。

在宋词中继承唐人边塞诗的传统而描写战地风情，当以本篇为最早，但基调上仍微嫌低沉。以高亢的调子抒写爱国情怀而开有宋一代豪放词之新风，则自苏轼的前引一类词作开始。

除了咏史、言志、抒发个人之怀抱以外，苏轼还将儒家古诗"劳者歌其事，饥者歌其食"的传统引进词曲的创作之中，如《浣溪沙·徐门石潭谢雨道上作》组词五首，实开两宋农村词之先声。兹录其三：

> 麻叶层层檾叶光，谁家煮茧一村香，隔篱娇语络丝娘。
> 垂白杖藜抬醉眼，捋青捣麨软饥肠，问言豆叶几时黄？

本篇上半阕咏"衣"，是写乐景。繁密的麻叶与檾(qǐng 即苘，麻的同类植物)叶在阳光下熠熠发光。蚕丝收获的季节，在煮茧的芳香中，从篱笆后面传来缫丝女子("络丝娘")的阵阵娇语。下半阕咏"食"，是写哀景。白发老农因乏食而不得不采集尚未成熟的麦炒成干粮来充饥，并一个劲儿地问人，亟盼豆叶变黄而可以收获。全词真实而具体地反映了晚春青黄不接时节的农村生活，读来倍觉亲切感人。像这类健康清新的作品，颇似传统的以反映社会现实、关心民间疾苦为主题的乐府诗，也是前此被视为“艳科”的小词中所没有的。

王安石的田园词也写得挺好，如《浣溪沙》：

> 百亩中庭半是苔，门前白道水萦回，爱闲能有几人来？
> 小院回廊春寂寂，山桃溪杏两三栽，为谁零落为谁开？

以此与王安石晚年退居金陵时所作的七言绝句等近体诗相比，无论从风格方面，还是从内容方面，均极难截然分开。除了格律之外，诗与词的区别，在宋学繁荣期出现的这些作品中，几近于泯灭。

其次，宋学繁荣期学者对宋词的改造，还包括净化词曲的传统题材，使之符合儒家传统文化振兴的需要。

所谓词曲的传统题材，诸如花间柳下、歌台舞榭，如前所述，本是宋学勃兴之初，欧阳修等人在肃正诗风的同时给词留出的一席之地，王安石、苏轼等人续有所作。但王、苏等人对这类题材的处理，则与前期词家如“多游狭邪”①的柳永，以及与柳永同时而齐名、“多为官妓作词”②的张先，还有晏殊、欧阳修等人不同，这一点由拙稿本章上文所引王安石托言梦中所作的《生查子》、《谒金门》两词可以见之。即如苏轼，上文所引艳曲数阕，在全部东坡

①(南宋)叶梦得:《避暑录话》，卷三。

②(北宋)陈师道:《后山诗话》。

词作中，也是仅此而见的几例，金代元好问在《新轩乐府引》中说：

自东坡一出，情性之外，不知有文字，真有"一洗万古凡马空"气象。虽时作宫体，亦岂可以宫体概之。①

就苏轼词中绝大部分以女性为主要描写对象的作品来说，这一评价无疑是十分中肯的。如《定风波·南海归赠王定国侍人寓娘》

常羡人间琢玉郎，天应乞与点酥娘。尽道清歌传皓齿，风起，雪飞炎海变清凉。　　万里归来颜愈少，微笑，笑时犹带岭梅香。试问岭南应不好，却道，此心安处是吾乡。

王定国是苏轼的朋友，在新旧党争的夹击中受苏轼的牵连，远贬岭南五年（详《苏轼文集》卷十《王定国诗集叙》），寓娘是王定国的私家歌妓，姓宇文，又名柔奴，据南宋吴曾《能改斋漫录》卷八《此心安处便是吾乡》条记载，这首《定风波》还有一篇序，其文云：

王定国歌儿曰柔奴，姓宇文氏。定国南迁归，余问柔："广南风土，应是不好？"柔对曰："此心安处，便是吾乡。"因用其语缀词云："试问岭南应不好，却道'此心安处是吾乡'。"

据知作为本词点睛之笔的结句，原是这首词所赠对象歌妓寓娘的一句口头语。然吴曾在本条记载下面加按语道：

①（金）元好问：《追山集》，卷三十六。

余以此语本出于白乐天，东坡偶忘之到。白《吾土》诗云："身心安处为吾土，岂限长安与洛阳。"又《出城留别》诗云："我生本无乡，心安是归处。"又《重题》诗云："心泰身宁是归处，故乡独可在长安。"又《种桃杏》诗云："无论海角与天涯，大抵心安即是家。"

从苏轼之序看，"此心安处是吾乡"一语，似是侍女寓娘所初发，而如昊曾之按，则乃白居易诗中之熟典。这样便存在着两种可能，一是寓娘（柔奴）读熟了唐人白居易的诗歌，脱口而出，如同己撰；一是寓娘本未读过白居易诗的有关篇章，但说出了与白诗意思、辞句均所相同的话语。不管属于哪种情况，在苏轼笔下的歌妓，已具有同士大夫一般的爱好，近于相同的思想境界，则从中可以得到充分的证明。

如前所述，《定风波·南海归赠王定国侍人寓娘》，乃东坡写实之笔。足知专力描写艳情的词曲题材与内容至宋学繁荣期之所以能够净化，一反前此的"玉人檀口"①、"浅斟低唱"②、"新声巧笑于柳陌花衢"③，正与儒家传统文化复振之后士大夫生活态度的改变有关。而白居易诗中表现达观思想的句子被原封不动地组织进词曲而视同己出，又足证苏轼以诗为词的手法，至此已臻于顺熟并获得成功。

类似的例子我们还可举出苏轼描写春情的名作《蝶恋花·春景》：

---

①（北宋）李廌《品令》："唱歌须是，玉人檀口，皓齿冰肤。"（南宋王灼《碧鸡漫志》卷一引）

②（北宋）柳永：《鹤冲天》："忍把浮名，换了浅斟低唱。"（《乐章集》卷下）

③（南宋）孟元老：《东京梦华录·序》。

花褪残红青杏小。燕子飞时，绿水人家绕。枝上柳绵吹又少，天涯何处无芳草。　　墙里秋千墙外道。墙外行人，墙里佳人笑。笑渐不闻声渐杳，多情却被无情恼。

本篇上半阕“残红”（落花）、“燕子”、“柳绵”、“芳草”，皆是唐诗中抒写春怨的典型意象，被苏轼组合到词中，也显得颇为自然、和谐。尤富意味的是，作者通过下半阕“墙里佳人”荡秋千时纵情而无邪的笑闹声的传神描写，将传统的春愁闺思一股脑儿抛给墙外的异性，变化为多情游人之烦恼，使全词显得轻松、活泼，自出新意而又生气勃勃。

清代王士禛评此词曰：“‘枝上柳绵’，恐屯田（柳永尝官屯田员外郎）缘情绮靡，未必能过，孰谓东坡但解作‘大江东去’耶？”（《花草蒙拾》）此评失当。如上所述，东坡词中此类作品，虽然也以男女之情为描写对象，但雅而不俗，健康清新，足以给人一种乐观向上的力量，与柳永那些“恁偎红翠，风流事，平生畅”（《鹤冲天》）的歌词相比，格调之高下，实有天壤之别。

这种以健康向上的豪气代替黯然销魂之感伤，在苏轼的赠别之作中表现得更加突出。赠别，本是由汉及唐古近体诗中历久不衰的主要题材，柳永已稍稍引之入词，如上文引用的《雨霖铃》，即以送别为主题。唯数量不多，且格调偏低。大量写作赠别词而使它像在诗歌中一样成为词曲的主要功能之一，则自苏轼始。下引一首《临江仙·辛未离杭至润别张弼秉道》：

我劝髯张归去好，从来自己忘情。尘心消尽道心平。江南与塞北，何处不堪行？　　俎豆庚桑真过矣，凭君说与南荣。愿闻吴越报丰登。君王如有问，结袜赖王生。

"髯张"即张弼(字秉道)。末句"结袜赖王生"用《史记·张释之传》处士王生令廷尉张释之为其结袜而蔑视权势事。苏轼《赠李兕威秀才》诗有句:"酒酣聊复说平生,结袜犹堪一再鼓。弃书捐剑学万人,纨袴儒冠皆误身。"(《苏轼诗集》卷四十三)亦用此典。本词抒发的是北宋儒学觉醒之后知识分子从其宗师孟子那里继承而来的"道尊于势"的自豪感,即上半阕所说的"尘心消尽道心平"。过片"江南与塞北,何处不堪行"两句,境界绝似前揭白居易诗"无论海角与天涯,大抵心安即是家",但豪放之慨,有以过之。它使我们想起后来辛弃疾发出的南宋爱国词的最强音:"平生塞北江南。"

这种令人振奋的力量,我们从苏轼的赠别词中经常可以感受得到。如下引《南乡子·赠行》:

> 旌旆满江湖,诏发楼船万舳舻。投笔将军因笑我,迂儒。帕首腰刀是丈夫。

这里引的是上半阕,过片"帕首腰刀是丈夫",即"男儿何不带吴钩"(李贺《南园》)之意,与前引《赠李兕威秀才》诗"弃书捐剑学万人"略同,它又可使我们想起辛弃疾的"壮岁旌旗拥万夫,锦襜突骑渡江初"(《鹧鸪天》)和"汉家组练十万,列舰耸层楼"(《水调歌头》)等"豪气词"(南宋张炎《词源》)。

清代周济《介存斋论词杂著》说:"北宋有无谓之词以应歌,南宋有无谓之词以应社。"此言虽缘"无谓之词"而发,"应歌"、"应社"之区分,实已尽括全部两宋词曲之社会功用。所谓应歌,即配合宴乐演唱;所谓应社,即适应社交如友朋之间赠酬的需要。前者本是词曲的原始功能，后者原先则是由诗歌担任的。① 以词"应社"，从内容上讲，无疑大大扩展了词曲创作的题材范围，从写法上讲，则为"以诗为词"打开了方便之门。

翻阅宋初至苏轼的词集（包括一些零星词作），大家都可以获得这样一个印象，东坡词牌下面，常常另有一个题目，甚至长长的一篇序，如：《江城子·湖上与张先同赋》、《诉衷情·送述古迓元素》、《定风波·十月九日，孟亨之置酒秋香亭，有拒霜独向君猷而开，坐客喜笑，以为非使君莫可当此花，故作是词》。这在前此晏、欧、张、柳诸人是很少见的。这类特标的题目，即出于以词"应社"的需要。据近人朱孝臧为东坡词所作编年，苏轼词曲创作活动自熙宁五年（1072）第一次左迁杭州通判任上开始。东坡在杭三年，共作词五十首，其中"应社"者三十九首，约占百分之八十。如上揭《江城子》、《诉衷情》及前引《临江仙·辛未离杭至润别张弼秉道》等词即是这段时间的作品。足见苏轼从一开始创作词曲，即援诗入词而打破了后者历来只用以"应歌"的传统，使词曲从狭巷中解放出来，走上同诗歌一样成为公私社交场合均能接受的康庄大道。从宋词自身发展史的立场上讲，苏轼开"以词应社"而"援诗入词"之先声，无疑是两宋词坛上的一大转折。从北宋后期这一特定历史阶段的整体文化来讲，这一转折，无疑标志着宋学在其繁荣期对文学艺术的一次巨大而且成功的冲击。

此外，与"以诗为词"相连的词风改革还有所谓以文为词，如前引刘辰翁《辛稼轩词序》所评"词至东坡"云云，即以"如诗如文"而连举。然则宋人之诗，本已如文。如诗之词，除了在题材方面兼有前者原初之专门之外，将宋诗由宋文那里汲取的议论化特

---

①详拙作《试论王禹偁与宋初诗风》，《中国社会科学》，1982年第2期。

点进一步引入词曲创作,也便是很自然的了。夏承焘先生曾指出“杜、韩以议论为诗,宋人推其波以及词”,最早即出于东坡之手。① 这是极有见地的。试以《沁园春·赴密州早行马上寄子由》为例。全词如下:

> 孤馆灯青,野店鸡号,旅枕梦残。渐月华收练,晨霜耿耿,云山摛锦,朝露漙漙。世路无穷,劳生有限,似此区区长鲜欢。微吟罢,凭征鞍无语,往事千端。　　当时共客长安。似二陆、初来俱少年。有笔头千字,胸中万卷,致君尧舜,此事何难?用舍由时,行藏在我,袖手何妨闲处看。身长健,但优游卒岁,且斗尊前。

本篇上半阕“世路无穷,劳生有限,似此区区长鲜欢”等句,如果离开《沁园春》词牌所限定的整齐的格律,仅就长短不齐的句式而言,实在酷肖一段探讨人生哲学问题的论文。至于下半阕“有笔头千字,胸中万卷,致君尧舜,此事何难”及“用舍由时,行藏在我,袖手何妨闲处看”等句,指点江山,表明心志,已是将传统上限于表现男女艳情的词曲加以彻底改造,而引进了宋学初期主要由诗、文承担的议论政治的行列。本篇作于苏轼杭州任满改知密州赴任的途中,时在熙宁七年十月(详清代王文诰《苏文忠公诗编注集成总案》卷十二)。全词毫无儿女之态,从内容上看,“胸中万卷,致君尧舜”,无疑是儒家知识分子衣钵相传的政治思想,“世路无穷,劳生有限”,则是佛、老哲学中关于人生观的基本命题。而这两者,正是以儒家传统文化复兴的形式糅合佛、老性理之说而

①详《东坡乐府笺序》,《月轮山词论集》,第 132 页。

成的宋学的核心理论。即此可知,宋学到繁荣期不仅以它的“好议论”的时代精神由政治、学术而至诗、文,并进而影响到词,扩展而至文学形式的一切领域,而且使它的具有鲜明时代特点的性理之学的核心思想,成为后者的重要题材和内容。

在留存至今的三百五十来首东坡词中,还有许多直接宣扬性理之学的作品,如前引《临江仙》别张弼词的“尘心消尽道心平”的“道心”,即是宋学义理中一个重要的概念。见于蜀学之外的其他几个主要学派者如:

> “人心”,私欲也;“道心”,正心也。“危”言不安,“微”言精微。惟其如此,所以要精一。“惟精惟一”者,专要“精”、“一”之也。“精”之,“一”之,始能“允执厥中”。“中”是极至处。
>
> 或云:“介甫说以‘一’守,以‘中’行。”只为要事事分作两处。①

这段话见于二程语录,乃程颐对《中庸》“人心惟危,道心惟微,惟精惟一,允执厥中”即宋儒所谓虞廷传心十六字诀的解释。苏轼《临江仙》词中的“道心”,即“正心”。而“尘心”,亦即“人心”,即“私欲”的意思。由这段语录还可以间接了解到,对“道心”、“人心”的阐述,也是王安石所关心的问题。所谓事事分作两处,乃程颐批评王安石哲学时常提的话头。

所谓尘心消尽道心平,在二程的语录中,叫作“灭私欲则天理明”。其言如下:

---

①《河南程氏遗书》,卷十九,《二程集》,第256页。

"人心",私欲,故危殆。"道心",天理,故精微,灭私欲则天理明矣。①

这一点观点,便是后来程朱学派奉若金科玉律的"存天理灭人欲",乃两宋哲学对后世影响极深的一个重要命题。

在苏轼词中,杂用庄、禅之语的地方也不少。如《哨遍》(为米折腰)有云:

念寓形宇内复几时,不自觉皇皇欲何之?委吾心,去留谁计,神仙知在何处,富贵非吾志。

《庄子·外篇·知北游》:"吾身非吾有也,孰有之哉?曰:'是天地之委形也……'","本来无迹,其往无崖,无门无房,四达之皇皇也。"显为坡词之所本。又《临江仙》(夜饮东坡醒复醉)下半阕:

长恨此身非我有,何时忘却营营?夜阑风静縠纹平。小舟从此逝,江海寄余生。

《庄子·杂篇·庚桑楚》庚桑教南荣之言曰:"全汝形,抱汝生,勿使汝思虑营营。"苏轼即用此语。他如《水龙吟》:

古来云海茫茫,道山绛阙知何处?人间自有,赤城君士,龙蟠凤举。清净无为,坐忘遗照,八篇奇语。向玉霄东望,蓬莱晻霭,有云驾、骖风驭。　行尽九州四海,笑纷纷,落花

①《河南程氏遗书》,卷二十四,《二程集》,第312页。

飞絮。临江一见，谪仙风采，无言心许。八表神游，浩然相对，酒酣箕踞。待垂天赋就，骑鲸路稳，约相将去。

其中“赤城居士”，“清净无为”，“云驾”、“风驭”，“八表神游”等等之出于道教常语，更是一望而可知。至于“忘机”（如《八声甘州》“不用思量古今，仰俯昔人非，谁似东坡老，白首忘机?”）、“如梦”（如《江山月》“世事一场大梦”，《南乡子·重九》“万事到头都是梦”，《西江月》“休言万事转头空，未转头时皆梦”，《浪淘沙·赤壁怀古》“人间如梦，一樽还酹江月”，《永遇乐》“古今如梦，何曾梦觉”，等等），这一类宣扬老庄思想的典型语汇，在苏轼词集中，更是俯拾皆是。

禅语如“菩提本无树，明镜亦非台，佛性常清净，何处有尘埃。”①这是六祖慧能夺得禅门衣钵的著名佛偈。苏轼夺胎换骨，仿之而作《如梦令》词二首，以洗澡为喻，其一曰：

水垢何曾相受，细看两俱无有。寄语揩背人，尽日劳君挥肘。轻手，轻手，居士本来无垢。

如禅宗著作中许多话头一样，本词取譬不甚雅训，然就所表现的主题来看，则不乏脱凡越俗之想。而邵博在《邵氏闻见后录》卷十九也曾指出：“东坡《赤壁词》‘灰飞烟灭’之句，《圆觉经》中佛语也。”《赤壁词》即《念奴娇·赤壁怀古》。释典《圆觉经》，苏轼曾亲手抄写其下卷，事详《苏轼文集》卷四十九《答李琮书》。

另如本节上文所引《定风波·南海归赠王定国侍人寓娘》的

---

①《坛经》，第八节。

结句“此心安处是吾乡”,虽有白诗在前,然溯其本源,则亦出于禅宗之常语“随所住处恒安乐”,以及庄老之“顺其自然”,随遇而安,“燕处超然”。类似的境界亦见于东坡的另一首《定风波》(沙河道中遇雨):

> 莫听穿林打叶声,何妨吟啸且徐行。竹杖芒鞋轻胜马,谁怕?一蓑烟雨任平生。　　料峭春风吹酒醒,微冷。山头斜照却相迎。回首向来萧瑟处,归去,也无风雨也无晴。

本篇作于苏轼谪宦黄州期间,时在元丰五年(1082)。“一蓑烟雨任平生”作为自我形象的描绘,亦即“此心安处是吾乡”的意思。

同一境界,也见诸熙宁七年苏轼由杭州移知密州后所作的《超然台记》。“超然台”云者,即取《老子》第二十六章“虽有荣观,燕处超然”而不累于物之意(详苏辙《栾城集》卷十七《超然台赋并叙》),苏轼在《超然台记》文末解释这一意思说:

> 以见余之无所往而不乐者,盖游于物之外也。①

“无所往而不乐”亦即“一蓑风雨任平生”和“此心安处是吾乡”的意思,只不过一是词,一是文而已。

苏轼一生中所受贬谪之最严厉者,莫甚于海南,下引四句是左迁海南岛之时写作的七言古诗《独觉》之末段:

> 翛然独觉午窗明,欲觉犹闻醉鼾声。回首向来萧瑟处,

①《苏轼文集》,卷十一。

也无风雨也无晴。

由最后两句看,本诗不仅在意境方面,而且连词句也与上引《临江仙》词相同。

上揭《临江仙》词和《超然台记》、《独觉》诗三例,不唯证明了“随缘自适”的佛老思想作为苏轼世界观的一个重要组成部分经常形诸笔端,而且充分说明了诗、词、文三者在苏轼手中几已融为一体。

正像苏轼的一些理趣诗能够做到形象与哲理的有机结合而避免别的许多宋代诗人写作的理学诗枯燥鄙浅之弊病一样,苏轼的理趣词也大抵能体现诗歌以形象思维见长的特点。如著名的《水调歌头》(明月几时有)中被清人王闿运称扬为“三语掾”的“人有悲欢离合,月有阴晴圆缺,此事古难全”,以及《蝶恋花》(花褪残红青杏小)的“枝上柳绵吹又少,天涯何处无芳草”等等,无疑都是宋人议论中之珍品而充分体现了宋学进入性理之学阶段后兼融佛、老而富于思辨精神的时代特点。

王安石这方面的词作可以《诉衷情·和俞秀老鹤词》五首及《雨霖铃》(孜孜矻矻)为代表。俞秀老名紫芝,浙江金华人,少有高行,不娶不仕,得禅门心法,见重于王安石。《全宋词》录俞词三首,《鹤》词今已不传。由王安石的和词看,大抵作出世之言,下录其五:

莫言普化只颠狂,真解作津梁。蓦然打个筋斗,直跳过羲皇。　　临济处,德山行,果承当。将他建立,认作心诚,也是寻香。

“普化”、“真解”、“心诚”、“寻香”皆佛门之常语,“羲皇”、“临济”、“德山”,亦道释人物、地域之专名,全词意趣所在,可以说是一望便知。以下引王安石的《雨霖铃》与柳永的同题之作相参,更是饶有趣味:

孜孜矻矻,向无明里,强作窠窟。浮名浮利何济?堪留恋处,轮回仓卒。幸有明空妙觉,可弹指超出。缘底事抛了全潮,认一浮沤作瀛渤。　　本源自性天真佛,只些些、妄想中埋没。贪他眼花阳艳,信道本来无物。一旦芒(茫)然,终被阎罗老子相屈。便纵有千种机筹,怎免伊唐突!

柳词中描写情人依依惜别场景的那无限缠绵的瞬间:“都门帐饮无绪,留恋处,兰舟催发”,在王词中变成了无常索命的可怕场面:“浮名浮利何济?堪留恋处,轮回仓卒。”“轮回”乃佛学由古印度婆罗门教所沿袭并加以发展了的关于生死循环观的著名教义。柳词终篇关于别后思念之遐想的无限韵味:“此去经年,应是良辰好景虚设,便纵有千种风情,更与何人说”,则变作声色俱厉的警世钟:“一旦芒然,终被阎罗老子相屈,便纵有千种机筹,怎免伊唐突!”

以上我们主要就欧阳修、王安石、苏轼等宋学大家与宋词的关系作了比较详细的介绍。北宋末期,承王安石、苏轼之后,将宋学义理纳入词曲创作者不乏其人。如著有《演山文集》六十卷、仕至端明殿学士而又素喜道家玄秘之书、自号紫玄翁的黄裳(1044—1130),像下引《瑶池月·烟波行》这般直接宣扬性理之学的词作,即不在少数:

扁舟寓兴，江湖上、无人知道名姓。忘机对景，咫尺群鸥相认。烟雨急、一片篷声碎，醉眼看山还醒。晴云断，狂风信。寒蟾倒，远山影。谁听，横琴数曲，瑶池夜冷。　　这些子、名利休问。况是物、都归幻境。须臾百年梦，出来无定。向婵娟、留住青春，笑世上、风流多病。蒹葭渚，芙蓉径。放侯印，趁渔艇。争甚？须知九鼎，金砂如圣。

本词上半阕的中心意象“忘机”，下半阕的中心意象“幻境”，充满了庄、禅之学的情趣，而前者的“群鸥”、“横琴”、“瑶池”，后者的“渔艇”、“九鼎”、“金砂”等等，并是宣扬性义命理的典型意象。全篇在写法上，也体现了思想与艺术和谐、理窟与形象兼具的特点，当亦北宋宋词进入繁荣期之后臻于成熟之时作家们所创作的理趣词的成功代表。

继承王、苏传统，在写诗的同时大量创作词曲而能融诗、文、词和宋学义理于一炉者当以苏门首座弟子黄庭坚为最杰出，如《渔家傲·江宁江口阻风戏效宝宁勇禅师作》四首其一：

万水千山来此土，本提心印传梁武。对朕者谁浑不顾，成死语。江头暗折长芦渡。　　面壁九年看二祖，一花五叶亲分付。只履提归葱岭去，君知否？分明忘却来时路。

本篇以禅宗始祖达磨见梁武帝以及“一花五叶”、“面壁九年”和六祖慧能传得衣钵回岭南的故事为题材，类似前文所列举的王、苏咏史词，只不过这里咏唱的是佛氏宗派史，宣扬的是禅门之教义罢了。

由中国古典诗歌的传统题材翻新以宣扬性命义理之学而表

现了理趣的代表作品如《清平乐》:

> 休推小户,看即风光暮。荑粉菊英浮盌醑,报答风光有处。　几回笑口能开,少年不肯重来。借问牛山戏马,今为谁姓池台?

唐末诗人杜牧《九日齐山登高》诗有联:"尘世难逢开口笑,菊花须插满头归";"古往今来只如此,牛山何必独沾衣"。庭坚此词下半阕即化用此意。"牛山"典出《晏子春秋·内篇·谏上》"(齐)景公游于牛山,北临其国城而流涕"事。杜牧《九日齐山登高》诗,后来朱熹亦曾据以隐括,敷为《水调歌头》一词,用意与黄庭坚正同。足知诗与词的相通,宋学义理与诗歌形象的结合,乃是宋学进入繁荣期之后知识分子的共同选择和时代的必然趋势。

诚然,假如把上引以及与上引类似的表现理趣的词作放到整个北宋后期的词集中,自然只占一个不大的比重,甚至不免曲高和寡,但它们无疑代表了宋词在经过王安石、苏轼等人大刀阔斧的改革之后继续朝着与宋学结合的方向前进的时代趋向。换言之,作为11世纪中国文化的精华之一,宋词同宋学、宋文、宋诗一样,贯串了具有鲜明特征的北宋时代精神。

第四节　宋学与宋画

北宋绘画,从大处分,可以区别为两类,一是院画,一是文人画。

院画又叫院体画,代表宫廷画院的风格。以画工充待诏,始于唐代，但当时尚无专门图画院之设，仅隶翰林院中。五代时南唐、西蜀始专立翰林图画院，简称画院。北宋是画院的鼎盛时期，院体画在中国美术史上占有重要的地位。北宋画院作为统治者的御用机构，初期大抵沿五代之旧，以装饰宫殿寺院墙壁的宗教画和花鸟画为主。如太祖修开宝寺、太宗重修相国寺、真宗建造玉清昭应宫，都聚集了大批画师制作壁画，绘制佛、老人物和故事。由前章所引石介《三教画本记》，当时官府图书馆收藏有释、道人物的画像，这些画像，大抵也出于画院职业画师之手。如宋仁宗即曾亲自“画龙树菩萨，命待诏传模镂板印施”①。

宋初宗教人物画大抵模仿唐人，极少创举，成就较大的倒是以黄居宷为代表的花鸟画。花鸟画在画院中的功用，与宗教画相同，主要也是为了装饰宫壁，为统治者“讨吉祥”。其特点以“写生”、“象真”为尚，重在形似。

释氏重像教，在唐代佛教全盛时期，绘画成为宗教宣传的工具，本不足怪。花鸟画既用于皇宫、寺宇的装饰，只要形似象真也就够了。但这两点对北宋中期复兴的儒家传统文化来说，则格格不入。因此宋学家一登上历史舞台，便积极从如下两个方面干预当时的画风。一是如同石介在南京府学所发动的清除佛老画本的斗争中表现出来的，对宗教人物画表示明确抵制和反对；二是如同他们反对西昆体的“烟云写形象，葩卉咏青红”那样，以古文运动和复古诗风的重意精神，反对院画的追求形似。下引一段见于阳修《试笔》的《鉴画》：

萧条淡泊，此难画之意，画者得之，览者未必识也。故飞

①(北宋)郭若虛：《图画见闻志》，卷三。

走迟速，意浅之物易见，而闲和严静，趣远之心难形。若乃高下向背，远近重复，此画工之艺尔，非精鉴者之事也。①

所谓飞走迟速、高下向背、远近重复，即形似；萧条淡泊、闲和严静，即神似。欧阳修认为，前者“意浅之物易见”，不过“画工之艺尔”，后者“趣远之心难形”，方是画家所当务。前引《六一诗话》与梅尧臣论诗，以“状难写之景如在目前，含不尽之意见于言外”作为理想标准时说：“作者得于心，览者会以意，殆难指陈以言也。”此处论画，又有“萧条淡泊，此难画之意，画者得之，览者未必识也”云云，足见初期宋学家对绘画的要求，亦以意为主，而与他们的诗论、文论相通。

欧阳修本人不是画家，他的这一则《鉴画》，只是站在批评者、鉴赏者的立场上表达儒学复兴之后对绘画所持的美学观点。首先起来响应并实践宋学家这一主张的是北宋熙、丰之际勃兴的文人画，其代表人物便是欧阳修的得意门生苏轼。苏轼既是杰出的散文家，又是优秀的诗人，在宋学这个领域，虽不似王、程诸人膺赫赫称，但也不失为繁荣期之一派蜀学的代表。更重要的他本人又是一名出色的画家，画史上称他“作墨竹师文与可，枯木奇石，时出新意，木枝干虬屈无端，石皴老硬，大抵写意，不求形似”②。苏轼不仅通过自身的绘画实践，而且提出一系列意见来推进这一主张。如《书鄢陵王主簿所画折枝二首》之一：

论画以形似，见与儿童邻。赋诗必此诗，定非知诗人。

①《欧阳文忠公文集》，卷一百三十。

②（元）夏文彦：《图绘宝鉴》，卷三，《宋》。

诗画本一律，天工与清新。边鸾雀写生，赵昌花传神。何如此两幅，疏淡含精匀。谁言一点红，解寄无边春？①

苏轼这里从“诗画本一律”的认识出发，提倡“传神”，反对“形似”，把后者贬为与儿童一般见识，比欧阳修又进了一步。

不过“传神”也好，“画意”也好，都是前人曾经提出过的主张。如六朝时谢赫论画有六法，已以“气韵生动”②为第一，顾恺之已长于通过画眼睛达到使人物传神的目的，③唐代张彦远也提出过“以气韵求其画，则形似在其间矣”④的明确意见。故欧阳修在《盘车图》诗中作为样板提出的也是“古画画意不画形”。不过，欧、苏等人在北宋中期针对当时贵真尚似的画风，重提前代画论中的这一主张，除了复古的意义之外（这一点与儒学复兴、古文运动、宋诗复古所带有的复古色彩正同），还有另一层重要的意思。晋、唐间画家讲气韵，讲传神，侧重在画中人物，侧重在传达作者所要塑造的人物形象的生动神态。如张彦远在《历代名画记》卷六《陆探微》条论谢赫之六法时引同朝人张怀瓘之言曰：

夫象人风骨，张（僧繇）亚于顾（恺之）、陆（探微）也。张得其肉，陆得其骨，顾得其神，神妙无方，以顾为最。

---

①《苏轼诗集》，卷二十九。

②《古画品录》。

③（南朝宋）刘义庆：《世说新语·巧艺第二十一》：“顾长康画人，或数年不点目睛。人问其故。顾曰：‘四体妍媸，本无关于妙处，传神写照，正在阿堵中。’”

④《历代名画记》，卷一。

“神”与“骨肉”相对，即指人物的精神世界而言。所谓传神，也就是在形似的基础上再表现出人物的神情、气质，其目的还是为了“像”，即所谓以气韵求其画，则形似在其间矣。这一原则也适用于以自然为描绘对象的创作活动。如南宋初邓椿发挥北宋神宗朝院体画之代表郭若虚论画之旨曰：

> 世徒知人之有神，而不知物之有神，此若虚深鄙众工，谓虽曰画而非画者，盖止能传其形不能传其神也。故书法以气韵生动为第一，而若虚独归于轩冕、岩穴有以哉。①

所谓众工，即普通画工；轩冕、岩穴指士大夫和画院外的在野画师。此处批评画工之尚形似，赞扬文人画之“能传其神”，正是郭若虚《图画见闻志》卷一《叙论》中的观点。可知到熙宁之际，在理论上，院画与文人画已逐渐趋于一致。

传神之说的这一层意思，在苏轼的画论中叫“常理”。他在《净因院画记》中借批评文与可的竹石枯木画发表意见说：

> 余尝论画，以为人禽宫室器用皆有常形。至于山石竹木，水波烟云，虽无常形，而有常理。常形之失，人皆知之，常理之不当，虽晓画者有不知。②

这里“常形”与“常理”对举，讲的也是形似和神似之别。

但苏轼关于传神，还有一层更为重要的含义，他以宋汉杰画

---

①《画继》，卷九，《杂说·论远》。

②《苏轼文集》，卷十一。

山为例较文人画(士人画)与画工画的优劣曰:

观士人画,如阅天下马,取其意气所到。乃若画工,往往只取鞭策、皮毛、槽枥、刍秣,无一点俊发,看数尺许便倦。①

所谓意气所到,已是在讲画家本人的精神状态,而非指画中人的神韵和物的常理了。把诗歌作为表达作者个人内心世界的工具,古已有之,如著名的“诗言志”说和“诗缘情”说等等。把绘画作为画家的自我表现,而且作为一种艺术主张明确地提出,前此还不多见。不过苏轼既持“诗画本一律”之论,把诗之功能视为与画同有,也便是很自然的了。苏轼对郭祥正谈到自己“平生好诗仍好画,书墙涴壁长遭骂”②,但仍按捺不住,在郭家墙壁上作画的创作冲动时说:

空肠得酒芒角出,肝肺槎牙生竹石。森然欲作不可回,吐向君家雪色壁。③

所谓空肠、肝肺,即指作者的自我内心世界,这种“森然欲作不可回”的创作冲动,即苏轼在另一首论画诗中谈到的“当其下手风雨快,笔所未到气已吞”④。在苏轼看来,艺术作品的最高理想,也就

①《苏轼文集》,卷七十,《又跋(宋)汉杰画山二首》之二。
②《苏轼诗集》,卷二十三,《郭祥正家,醉画竹石壁上,郭作诗为谢,且遗二古铜剑》。
③《苏轼诗集》,卷二十三,《郭祥正家,醉画竹石壁上,郭作诗为谢,且遗二古铜剑》。
④同上书,卷三,《王维吴道子画》。

莫过于这种把作者的自我身世寄托到艺术形象之中的作品了。其例证便是他最欣赏的文与可之竹画：

> 与可画竹时，见竹不见人。岂独不见人，嗒然遗其身。其身与竹化，无穷出清新。庄周世无有，谁知此疑神。[①]

而黄庭坚称赞苏轼本人的作品《枯木》，也以为"胸中元自有丘壑，故作老木蟠风霜"[②]。竹子、怪石，枯树，历来被封建时代自命清高的知识分子用作自我内心世界的象征，"竹"的意象常与名节联系在一起，"石"的意象则表示坚定，"枯树"则常常是不良遭遇的象征。如庾信的《枯树赋》。像这类画面，展现在读者面前的与其说是三根两根之竹，一块半块之石，倒不如说是作者自己。

把客观世界看成是人的主观意念外化的产物，这是佛学的一个重要观点，张载站在儒学的立场上批判了这一观点（详前章所引《正蒙·大心篇》）。但他并不否认人与大自然是一个统一的整体。《正蒙·乾称篇》说：

> 乾称父，坤称母，予兹藐焉，乃混然中处。故天地之塞吾其体，无地之帅吾其性。民吾同胞，物吾与也。

二程也说："仁者以天地万物为一体，莫非我也。"[③]"自家心便是草木鸟兽之心也。"[④]故周敦颐不除窗前草，以为"与自家意思一

---

①《苏轼诗集》，卷二十九，《书晁补之所藏与可画竹三首》。
②《豫章黄先生文集》，卷五，《题子瞻〈枯木〉》。
③《河南程氏粹言》，卷一，《论道篇》，《二程集》，第1179页。
④《河南程氏遗书》，卷一，《二程集》，第4页。

般”。由外求转向内求，作为宋学的一种基本精神，可知也贯串到绘画理论之中，使六朝以来注重绘画对象表现在画面之上的形似或神似，开始转向以创作者一方的精神世界为视点来评判一幅画是否达到了传神的要求。

这一转变对北宋绘画创作的影响极其深远，除了它本身就使画家和批评家树立了一幅画就是创作者本人的自我表现这么一种艺术观之外，还影响到绘画题材、创作方法、审美情趣等多方面的观念变革。成书于神宗时期的郭若虚《图画见闻志》，卷一《叙论》论古今优劣曰：

> 佛道人物，士女牛马，近不及古。水石山林，花竹禽鸟，古不及近。

宋初画院，沿袭六朝、隋唐画界之旧，重视佛道人物，山水画家地位不高，李成、范宽、董源、巨然等都被排斥在画院之外。但从艺术成就上讲，前者却不如后者。宋学的崛起，使原先主要为宗教人物画服务的神韵之说转向传大自然之神韵并进而转向重视表现创作者的内心世界，与郭若虚这一通过他当时所能见到的绘画作品的对比得出的结论，在时间方面基本上是一致的。大约就是儒学复兴并终于战胜佛学在北宋思想界据于独尊地位的熙宁年间，山水画也终于取代宗教画占领了皇家画院，其代表人物便是熙宁元年入朝，后来担任翰林图画院待诏直长而“独步一时”①的著名山水画家郭熙（1023—?）。据《林泉高致集·画记》、《石林燕语》卷四等载，元丰官制改革之时，尚书省及六曹以《周官》书

---

①《宣和画谱》，卷十一，《郭熙》条。

壁，中书省、门下省、枢密院、学士院则一律饰以郭熙之画，学士院壁上的春山图，即苏轼诗所咏“玉堂昼掩春日闲，中有郭熙画春山”①，乃神宗特传圣旨令郭熙着意画成。重《周官》乃王安石新学的主要思想，可知画史所称“神宗好熙笔，一殿专背熙作”②，与当时天下皆趋义理之学的形势正相一致。

就人物画而言，儒家传统的入世精神逐渐成为画家的指导思想，一些面向现实的题材如田家、樵户、渔猎、放牧、村童、商旅以及社会风俗种种，统统都得到了表现。代表作如表现农村小商品交易和儿童生活的《货郎担》（作者苏汉臣）；反映了当时农民一面被迫向官府和地主缴纳租税，另一面家中“索饭儿叫怒”之惨痛生活的《服田图》（作者李嵩）；以及著名的描绘北宋末年都城开封繁华景的《清明上河图》（作者张择端）等。在人物画方面开反映现实生活风气之先的是熙宁二年（1069）登进士第的文人画家李公麟（1049—1106）。李公麟青年时代即与王安石、苏轼等有交往，为王安石作过《王荆公骑驴图》；又取苏轼、黄庭坚、米芾等人公余作诗、绘画、谈禅、论道等活动成《西园雅集图》，颇能抓住典型场面反映当时知识分子的精神面貌。郭若虚在《图画见闻志》卷一《叙论》谈到人物形象的刻画时说：

> 今之画者，但贵其姱丽之容，是取悦于众目，不达画之理趣也，观者察之。

---

①《苏轼诗集》，卷二十八，《郭熙画秋山平远》。按：此画《石林燕语》卷四、《蔡宽夫诗话》均作《春江晓景》，《避暑录话》卷上作《春江晚景》，苏轼诗中又有“离离短轴开平远，漠漠疏林寄秋晚”之句，与《秋山平远》切题。今从《林泉高致集·画记》作《春山图》。

②（宋）邓椿：《画继》，卷十，《杂说·论近》。

“理趣”本是宋诗创新期将宋学议论精神同诗歌意象经营相结合的艺术追求，应用于绘画，就不仅要求传达画中人物的神韵，而且要努力透过画面表达一定的思想。郭熙论诗之画意曾曰：“诗是无形画，画是有形诗。”①在北宋后期，苏轼“诗画本一律”的主张不唯被职业画家所接受，而且由山水花鸟扩大到以人物为题材的绘画。从上面举出的作品实例看，李公麟的画在表现理趣这一方面，足可作为宋画的代表。《宣和画谱》卷七《李公麟》条载：

> 公麟以立意为先，布置缘饰为次，其成染精致俗工或可学焉，至率略简易处则终不近也。盖深得杜甫作诗体制而移于画。如甫作《缚鸡行》，不在鸡虫之得失，乃在于“注目寒江倚山阁”之时，公麟画《陶潜归去来兮图》，不在于田园松菊，乃在于临清流处。

以陶渊明归隐田里为题材，把“临流清处”作为画面的焦点，而不取“田园松菊”，显然更符合宋人所追求的理趣。因为“田园松菊”的向往，说明归隐者还有所待，即所谓犹累于外物，“临流清处”则已进入我与物皆忘的境界。正如杜甫陷于“鸡虫得失无了时”的矛盾之时，忽然意识到“天下皆可作虫鸡观，我心何必存虫鸡见也”（《杜诗阐》），而作“注目寒江倚山阁”冷漠之态。李公麟画《陶潜归去来兮图》，妙就妙在通过剪裁的手段，借古人之事表现了作者自我以及和他处于同样遭际中的当时知识分子在出处问题上旷然置之的神态。

同样的手法还表现于李公麟取材于唐代郭子仪泾阳免胄见

---

①《林泉高致集·画意》。

回纥,从而化敌为友故事的名画《免胄图》。借历史故事以讽时事,乃宋诗议论之一重要方面,但就理趣言,作为“有形诗”的画,《免胄图》恐怕要高出一筹。

关于理趣的追求,实际已经触及创作方法的问题。除了人物画、山水画之外,在创作方法上,花鸟画在熙宁前后发生的变化也十分显著。《宣和画谱》卷十八《花鸟四·崔白》条载:

> 崔白,字子西……熙宁初被遇神考,乃命白与艾宣、丁贶、葛守昌共画垂拱御扆夹竹海棠鹤图,独白为诸人之冠,即补为图画院艺学……祖宗以来图画院之较艺者,必以黄筌父子笔法为程式,自白及吴元瑜出,其格遂变。

黄筌之子即黄居寀。黄筌父子原仕孟蜀为翰林待诏,工花竹毛羽,以“凡所操笔,皆近于真”①为特点。据说后蜀广政十六年(953),筌画野雉于八卦殿,有五方使呈鹰于陛殿之下,那鹰误以为活雉,掣臂者数四。② 画翎毛逼真到如此程度,光靠形似恐怕还不行,黄氏父子之笔,大抵已兼有气韵生动的特点,只不过主要是在“像”这一点上做工夫罢了。

熙宁之际画院笔法的变格,主要是向追寻理趣的方向发展,而不只是一般地提倡传神。以熙宁年间与其兄同变院体程式的崔悫为例③,《宣和画谱》卷十八《花鸟四》说他:

---

①(宋)刘道醇:《圣朝名画评》,卷一,《人物门·妙品》。

②《宣和画谱》,卷十六,《花鸟二》。

③同上书,卷十八,《花鸟四》:“翰林图画院中较艺优劣,必以黄筌父子之笔法为程,自悫及其兄白之出,而画格乃变。”

作花竹，多在于水边沙外之趣，至于写芦汀苇岸，风鸳雪雁，有未起先改之意，殆有得于地偏无人之态也。

苏轼画雁诗：

野雁见人时，未起意先改。君从何处看，得此无人态。无乃槁木形，人禽两自在。①

上引关于崔悫雁画的评论，即用苏诗前四句之意，崔画构图的具体情况不得而知。苏轼所咏雁画，出高邮陈直躬之手，画面上除了雁之外，还有人。苏诗“君从何处看，得此无人态”的设问，即缘此而发。就是说，野雁看到了人，即使不马上飞走，也会表示出受惊的样子，而你这幅画上却是“人禽两自在”，这是从哪儿看到的呢？在有人的场合野雁仍悠闲自得，这在生活中是不可能存在的。从象真的立场上讲，这幅画自然是失败的。但从理趣的要求出发，它又是十分高明的。它的高明就在于成功地通过“幽人”与“孤鸿”这两个意象的组合，表达了那个时代讲究名节的知识分子清高、闲洁，超然物外的内心世界。这一组合，在苏轼的诗词中经常出现，如“谁见幽人独往来，缥缈孤鸿影”（《卜算子·黄州定慧院寓居作》）。而就在前引题陈直躬画雁诗的第二首，头四句即是：

众禽事纷争，野雁独闲洁。徐行意自得，俯仰若有节。

①《苏轼诗集》，卷二十四，《高邮陈直躬处士画雁二首》其一。

这里所揭示的也就是这幅雁画的理趣。《宣和画谱》评崔画，所谓水边沙外之趣，未起先改之意，地偏无人之态，指的也就是这样一类理趣。同书卷十九《花鸟五 · 吴元瑜》条又说：

> 武臣吴元瑜，字公器……善画，师崔白，能变世俗之气，所谓院体者。而素为院体之人，亦因元瑜，革去故态，稍稍放笔画以出胸臆。画手之盛，追踪前辈，盖元瑜之力也。

“院体”即指以黄家父子“凡所操笔，皆迫于真”为权舆的院画体，“放笔墨以出胸臆”即指以意为主，表现理趣。吴元瑜是士大夫，前面提到的陈直躬是处士，两人即郭若虚所谓轩冕、岩穴之流，崔白、崔悫兄弟则待诏画院，这与上揭画院待诏直长郭熙、文臣李公麟之并驾齐驱，正可相映成趣，可知熙宁宋画之变格，乃是院体画与文人画合流，两家并力战斗的结果。

作为熙宁之际院体画与文人画合流的主要代表，郭熙不仅有丰富的创作实践，以山水写意画的优势压倒了传统画院中占统治地位的宗教人物画，而且有理论上的独到之见。如下引的山水画论，自郭熙提出之后，遂成后世山水画家之经典教训：

> 春山淡艳而如笑，夏山苍翠而如滴，秋山明净而如妆，冬山惨淡而如睡。

此论初见于郭熙之子郭思整理的《林泉高致集》一书的《山水训》，《宣和画谱》卷十一、《画鉴》等均有著录。这种把山之四时与人的表情分别等同起来的观点，正是上文提到的宋学家融自然与人生为一的理论的具体运用。程颢《秋日偶成》诗曰：

万物静观皆自得，四时佳兴与人同。①

郭熙之论，似即从此所出。可知熙宁前后所发生的这一场以山水画代替宗教画而转向现世，以写意代替象真而追求理趣的变格，正是宋画在宋学战胜并融进佛、老，独霸思想文化阵地的形势影响和支配之下所必然要发生的改革。

这一改革，也伴随着审美情趣的转移。宋人曾将本朝宫廷环境布置与唐代进行比较，得出一个十分有意思的结论：

杜甫《紫宸退朝》诗云："香飘合殿春风转，花覆千官淑景移。"又《晚出左掖》云："退朝花底散，归院柳边迷。"乃知唐朝殿亦种花柳。今殿庭唯对植槐楸，郁郁然有严毅之气也。②

追求青苍、严毅而不取色彩鲜艳，大抵是宋学家中占主导地位的审美趣味，如胡瑗的学生徐积论本朝文章曰：

近世孙明复、石徂徕公之文，虽不若欧阳之丰富新美，然自严毅可畏。③

这种以单色、浓重为艺术美之最高境界的价值取向，大抵与宋学家从儒学复兴初期就以复古为理想的意识有关，影响到宋画审美价值观念，最先标举出来的便是前引欧阳修《鉴画》的"萧条淡

①《河南程氏文集》，卷三，《二程集》，第482页。

②（北宋）庞元英：《文昌杂录》，卷四；又见《朱子语类》，卷一百二十八，第3063页，文字略异。

③《节孝语录》。

泊”画意论。

宋人所揭示的唐宋两朝艺术趣味的差异,还可以由陶瓷方面唐代以交错使用各种釉色的“唐三彩”为代表,而宋代则以单色釉主要是青、白瓷的贡献最大的事实得到说明。这一趣味表现于画风的转移,最明显的便是“墨竹”的崛起。《宣和画谱》卷二十《墨竹叙论》说:

> 绘事之求形似,舍丹青朱黄铅粉则失之,是岂知画之贵乎有笔,不在夫丹青、朱黄、铅粉之工也。故有以淡墨挥扫,整整斜斜,不专于形似而独得于象外者。往往不出于画史而多出于词人墨卿之所作。盖胸中所得固已吞云梦之八九,而文章翰墨形容所不逮,故一寄于毫楮。

这里指出了三点:一、绘画的追求色彩,与形似的观念联系在一起。李白《当涂赵炎少府粉图山水歌》曰:“名工绎思挥彩笔,驱山走海置眼前。”使用丹青朱黄铅粉的确可以使图画特别是山水、人物、花鸟取得逼真的效果。所谓黄筌父子笔法,在很大程度上就得力于色彩的运用。二、淡墨挥扫,最适宜于表现理趣而独得于象外。三、墨竹多出于文人画家之手。

据《宣和画谱》,墨竹始于五代时南唐人李颇,及北宋而大盛,成就最大的是苏轼的好友四川梓州人文同(1018—1079,字与可)。据苏轼说,对墨竹之创格贡献最大的技法“以墨深为面,淡为背”,即始自与可。① 竹子作为中国古代文人的自我形象,自《诗经》、《楚辞》起即不断形诸笔端,最著名的如阮籍等以“竹林

①详(北宋)米芾:《画史》。

七贤”为号，以及王徽之的“何可一日无此君”。北宋文人喜欢画竹，不仅是因为它那青绿独色、轮廓分明的外形符合他们的审美情趣，而且也因为它的潇洒、高雅、清逸、劲节的品格适合于知识分子的自我表现。苏轼因文与可作“墨君堂”供竹而为之记曰：

> 稚壮枯老之容，披折偃仰之势。风雪凌厉以观其操，崖石荦确以致其节，得志遂茂而不骄，不得志瘁瘠而不辱，群居不倚，独立不惧，与可之于君，可谓得其情而尽其性矣。①

文与可贬官陵州，苏轼赠诗亦云：

> 壁上墨君不解语，见之尚可消百忧。而况我友似君者，素节凛凛欺霜秋。②

这些说法，与上引题文与可画竹诗论“其身与竹化”一样，都是把画家笔下的墨竹当作自我化身来歌颂的，这一点也是文同自己的意思。他说：

> 吾乃者学道未至，意有所不适而无所遗之，故一发于墨竹，是病也。③

可知义理之学成为北宋知识分子学道之所归趋之后，其从事艺术

---

①《苏轼文集》，卷六十一，《墨君堂记》。
②《苏轼诗集》，卷二，《送文与可守陵州》。
③《苏轼文集》，卷七十，《跋文与可墨竹》。

活动，自然要把由宋学那里得来的审美情趣带到自己的作品之中。

文同墨竹的真迹传世者极少，《中国绘画史图录》上册收有目前大陆上硕果仅存的一种，与苏轼的一幅枯木怪石图同裱一轴。文同之作是一小横披，整个画面只有一竹枝，自右上角横斜而下，到末梢转而朝上，作龙尾收卷之势，用墨浓而圆润，笔锋坚挺有力。从这幅墨竹看，其披折偃仰，素节凛凛，的确有风雪凌厉、独立不惧之慨，亦无愧于"此竹数尺耳，而有万尺之势"①。与它同裱的东坡之作，全幅画面只有一块磷蹭奇兀的巨石和并排而生的秃树。那秃树既不画鳞斑条纹，也不显示明暗对比，只是从平面的形状上看去像一棵树而已，充分体现了文人画不重形似的特点，而怪石与枯木的并置，如前所述，正是与墨竹一样表现知识分子苏世独立之节操的意象组合。从艺术趣味方面讲，也正与墨竹之浓重、青苍、严毅可畏相协调。

将苏、文这两幅幸存的希世之宝装裱在一起，据说是元人的主意。而本节所谓宋学崛起之后，在题材选择、创作方法、审美情趣方面对宋画发生的影响，却正好可以这联袂传世的双璧来作代表。

第五节　宋学与科技

英国李约瑟博士在他的巨著《中国科学技术史》一书中指出：

①《苏轼文集》，卷三十二，《文与可画〈筼筜谷偃竹记〉》引文同语。

> 每当人们在中国的文献中查考任何一种具体的科技史料时，往往会发现它的主焦点就在宋代。不管在应用科学方面或在纯粹科学方面都是如此。①

所谓应用科学，大致等同于技术；纯粹科学，即指与“技术”一词并称时纯粹意义上的“科学”。故两者又合称科技。李约瑟在中国文献中查找科技史料时大抵偏重于前者，拙稿本节谈宋学在自然科学思想方面的表现，不妨就从后者入手。

宋代近似于今天“科学”一词的概念，有“物理之学”，简称物理。邵伯温《易学辨惑》述其父从学李之才，后者一连提了三个问题，一是“科举之外，有义理之学，子知之乎？”二是“义理之外，有物理之学，子知之乎？”三是“物理之外，有性命之学，子知之乎？”邵雍都说自己未听说过，表示“愿受教”。如前章所述，义理之学、性命之学，并指宋学，前者依形式立名，后者从内容取义。就文气推，物理之学，当亦宋学之某一角度的别称。可知宋代之科学（物理之学），本是宋学家所同时涉及的领域。程颐答门人唐棣“初学如何”之问，以为“入德之门，无如《大学》”②。《大学》有所谓八条目，格物、致知、诚意、正心、修身、齐家、治国、平天下，“格物”是第一条。唐棣又问：“如何是格物？”程颐回答说：

> 格，至也，言穷至物理也。③

---

①《中国科学技术史》，第一卷，第六章，第287页。
②《河南程氏遗书》，卷二十二上，《二程集》，第277页。
③《河南程氏遗书》，卷二十二上，《二程集》，第277页。

又说：

> 物理须是要穷。若言天地之所以高深，鬼神之所以幽显。若只言天只是高，地只是深，只是已辞，更有甚？①

关于天之所以高、地之所以深，正是方今天体物理学和地球物理学所要探讨的问题。近代以“格致”意译西方“科学”一词，正有见及于此。将“格物致知”缩成“格致”一词，用作物理之学的代称，早在元代就有人这样做了，如元代医学家朱震亨医学著作之一便叫《格致余论》。其书自序曰：

> 古人以医为吾儒格物致知之一事，故特以名书。

其后明代胡文焕辑西晋张华《博物志》等为《格致丛书》，清代陈元龙解释博物起源及内容的《格致镜原》，晚清王仁俊的《格致古微》、徐建寅的《格致启蒙》，并用此义。

二程关于“天地之所以高深”的物理研究，可举吕大临《东见二先生语》所录程颢的一段话为例。其关于天体物理的部分说：

> 今人所定天体，只是且以眼定，视所极处不见，遂以为尽。然向曾有于海上见南极下有大星十，则今所见天体盖未定。虽似不可穷，然以土圭之法验之，日月升降不过三万里中，故以尺五之表测之，每一寸当一千里。然而中国只到鄯

①《河南程氏遗书》，卷十五，《二程集》，第 157 页。

善、莎车，已是一万五千里。若就彼观日，尚只是三万里中也。①

“极”指北极星，古人以为北极乃天之正中。“土圭之法”、“尺五之表”，古人用以正日影而定地之中，程颢认为“天地之中，理必相直”②，今人“只是且以眼定”，“遂以为尽”，其实“所见天体盖未定”。所以他又说：

假使言日升降于三万里，不可道三万里外更无物。又如言天地升降于八万里中，不可道八万里外天地尽。③

这一看法，无疑是正确的。在《附东见录后》的记载中，接着又谈到了地球物理：

天下之或寒或暖，只缘地形高下。如屋阴则寒，屋阳则燠，不可言于此所寒矣，屋之西北又益寒。伯淳在泽州，尝三次食韭黄，始食怀州韭，次食泽州，又次食并州，则知数百里间气候争三月矣。若都以此差之，则须争半岁。如是，则有在此冬至，在彼夏至者。虽然，又没此事，只是一般为冬为夏而已。④

地势高下与气温冷暖之间的辩证关系，在今天已是普通的常识问

①《河南程氏遗书》，卷二下，《二程集》，第 57 页。
②同上，第 55 页。
③同上书，卷十五，《二程集》，第 148 页。
④同上书，卷二下，《二程集》，第 49 页。

题了。但程颢通过在泽州三个月中先后三次吃到临近三个地方出产的韭黄这一亲身体验，从植物生长成熟期与气温的关系来论证这个问题，在只重文献，不重实证的当时，还是不容易的。

从上文所举关于天高地深的研究中所体现的怀疑精神来看，宋学的开创，对于物理之学在北宋时代的发展，无疑起过一定的促进作用。怀疑，本是宋学创造精神的动力，对于自然科学的发明和创造（无论是应用科学还是理论科学），就显得更加重要了。此外我们还可以注意到，宋儒在从事性理之学研究时所不重视的实证精神，在同时代著名的自然科学家沈括的著作中，却得到了突出的表现。为了便于对照，仍从关于植物生长期问题的讨论开始。《梦溪笔谈》卷二十六《药议》有论草药之采摘“不可限以时月”一条，以下是沈括的分析：

> 如平地三月花者，深山中则四月花。白乐天《游大林寺》诗云：“人间四月芳菲尽，山寺桃花始盛开。”盖常理也。此地势高下之不同也。

药材的成熟期随地而宜，因或生于平地，或长于深山，地势高下有异同。此论与程颢所见全同。所谓常理，即物之常理，或曰物理之常。《梦溪笔谈》卷七《象数一》有云：

> 大凡物理有常、有变。运气所主者，常也；异夫所主者，皆变也。……其造微之妙，间不容发，推此而求，自臻至理。

“物理有常”，也就是物理有一定的规律，这规律就叫“常理”。程颢所谓天地之中，理必相直，天下之或寒或暖，只缘地形高下；白居易诗“人间四月芳菲尽,山寺桃花始盛开”,说的都是常理。用今天的话来表达,也便是关于地球物理方面的客观规律,如地势高下与气温冷暖成正比等等。但沈括认为,影响植物生长成熟期长短的因素不只是一个方面,在上引《梦溪笔谈》卷二十六《药议》的同一段议论中,他又另外列举了三方面的理由。其一:

> 如筀竹笋,有二月生者,有三四月生者,有五月方生者谓以晚筀。稻有七月熟者,有八九月熟者,有十月熟者,谓之晚稻。一物同一畦之间,自有早晚,此物性之不同也。

这里从“物性”着眼,指出即使是同类植物,不同品种的成熟期也有所不同。其二:

> 岭峤微草,凌冬不凋;并、汾乔木,望秋先陨。诸越则桃李冬实,朔漠则桃李夏荣。此地气之不同也。

这是从“地气”着眼,分析南北纬度差异的悬殊所引起的不同。岭峤,指五岭,这里泛指南方。并,并州,即今山西太原市;汾,汾州,在今山西汾阳一带,这里泛指北方。与下文“诸越”、“朔漠”对。

最后,沈括还指出“人力”即田间管理之优劣也可引起作物成熟时间的先后:

> 一亩之稼,则粪溉者先芽;一丘之禾,则后种者晚实。此人力之不同也。岂可一切拘以定月哉!

客观世界是千差万别的,同一事物的发生与发展,常常受到各种因素的牵制和影响。沈括这些分析,无疑都是对的。与程颢关于不同产区韭黄生长期差异的原因分析相比,无论在逻辑的严密性还是看问题的全面性方面,均高过一着,虽然沈括并不以哲学名家。

通过上述关于沈括这条笔记与程颢有关语录的比较,我们不仅可以了解到作为同一时代的两种文化现象,儒学与科学有其关心的共同问题,而且还可以注意到如下一个重要的事实:宋儒对自然科学的特定称谓"物理之学",也为当时的科学家所采纳并用以表述、记载自己或他人及前人的研究成果。正像二程等人把"理"的追求作为儒学复兴的根本日的一样,沈括在科学研究中,也把"理"作为自己的终极目标。根据李约瑟和近人夏鼐等人拿现代科学分类对照分析,《梦溪笔谈》一书涉及自然科学几乎所有的门类,从宋学的角度看起来,沈括用以贯串这一切方面的却有一条主线,那便是"理"。

在数学方面,沈括曾经创造出一种新颖的几何方法——圆法。《梦溪笔谈》卷七记录此法时说:

> 此圆法之微,古之言算者,有所未知也。以日衰生日积,反生日衰,终始相求,迭为宾主。顺循之以索日变,衡别之求去极之度,合散无迹,泯如运规。非深知造算之理者,不能与其微也。

所谓造算之理,翻译成白话,即数学原理。可知数学已是当时物理之学的一个分支。在同一条记载中沈括描绘"圆法"之创造过程时说:"其术可以心得,不可以言喻。"这种境界,与宋儒探寻义理之精微、传心之奥语正复相似。

在物理学方面,《梦溪笔谈》卷十九记载我国古代铜制透光镜时说:

> 世有透光鉴,鉴背有铭文,凡二十字,字极古,莫能读,以鉴承日光,则背文及二十字,皆透在屋壁上,了了分明。人有原其理,以为铸时薄处先冷,唯背文上差厚,后冷而铜缩多,文虽在背,而鉴面隐然有迹,所以于光中现,予观之,理诚如是。

所谓原其理,也就是研究透光镜的科学道理。关于此镜的光学原理,本是前人得出的结论,沈括又亲自验证了一番,然后肯定"理诚如是",可知其注重实事求是之科学精神之一斑。

同书卷六记载了沈括本人的声学研究,曰:

> 予友人家有一琵琶,置之虚室,以管色奏双调,琵琶弦辄有声应之,奏他调则不应,宝之以为异物,殊不知此乃常理。二十八调但有声同者即应,若遍二十八调而不应,则是逸调声也。……此声学至要妙处也。今人不知此理,故不能极天地至和之声。

这里使用的"声学"一名,已是近代作为物理学一个分支的"声学"之意义。沈氏发现的"二十八调但有声同者即应"的"常理",即物理学上有名的谐振原理。另据《补笔谈》卷一《乐律》记载,沈括在研究谐振时,曾经剪纸成人形,粘在弦上,然后拨动应弦(相差八度音为应弦),使纸人跃动,以验证只有相差八度音的琴弦才发生共鸣,而他弦不动。这一演示,比欧洲类似的实验早了六百余年。

在化学方面,《梦溪笔谈》卷三有关于我国历史最悠久的盐池——解州盐池的研究。解州盐泽中有甘泉(淡水),其北边则有巫咸河(浊水),"大卤之水,不得甘泉和之,不能成盐,唯巫咸水入,则盐不复结"。这里面有什么科学道理呢?沈括分析道:

> 原其理,盖巫咸乃浊水,入卤中,则淤淀卤脉,盐遂不成,非有他异也。

所谓浊水,用现代的化学名词来说,主要成分是胶体溶液,它对盐池的结晶有破坏作用。沈括在当时已掌握了这一科学原理,颇不简单。这是化学方面的"理"。

在天文学方面,沈括曾提举司天监,其"理"更十分在行。如关于夏冬刻漏位置的变化,人们往往把它归之于水的热冷差异,想尽办法,总不能得到完满的解决。沈括根据太阳在黄道上的视运动规律推求之,得到了"冬至日行速"、"夏至日行迟"的结论。《梦溪笔谈》卷七记其事曰:

> 下漏家常患冬月水涩,夏日水利,以为水性如此。又疑冰澌所壅。万方理之,终不应法。予以理求之,冬至日行速,天运未期,而日已过表,故百刻而有余;夏至日行迟,天运未期,而日已未至表,故不及百刻,既得此数,然后复求晷景漏刻,莫不吻合,此古人之所未知也。①

这里从已知的"理"(规律、常理)出发推之其他,发现新的"理"并

①从(清)张文虎:《舒艺室杂著》甲编校文改。

验证之的例子,即所谓予以理求之,而冬夏之日差也便成为可以解释的天文学方面的“理”。

《梦溪笔谈》一书在记载某项科研成果时,往往同时将推理的过程笔录下来,使人有身临其境的感觉而不得不赞叹于作者求理的实证精神。下面再从地学方面的研究为例,其书卷二十四载:

> 予奉使河北,遵太行而北,山崖之间,往往衔螺蚌壳及石子如鸟卵者,横贯石壁如带。此乃昔之海滨,今东距海已近千里。所谓大陆者,皆浊泥所湮耳。尧殛鲧于羽山,旧说在东海中,今乃在平陆。凡大河、漳水、滹沱、涿水、桑乾之类,悉是浊流,今关、陕以西,水行地中,不减百余尺,其泥岁东流,皆为大陆之土,此理必然。

“所谓大陆者,皆浊泥所湮耳”二句,乃沈括发现的常理,是本节的中心。前此数句,是关于这一物理所作的科学探索,是海陆变迁之理得以成立的事实根据。后此二句部分,乃是从这一事理出发,推导出华北大平原是由黄河等泥沙冲积而成的结论。然后以末句“此理必然”收结全文。

综上可知,上至天文,下至地学,包括数、理、化等在内诸多门类的科学研究,“理”(“物理”、“物之常理”)不仅是沈括探求的基本目标,而且是他从事科学研究的指导思想。

不过宋学家与北宋科学家虽然共用“物理之学”这一名词以指称当时的自然科学研究,但对物理之学的地位和作用自宋学初期开始就存在着截然不同的看法。嘉祐年间,沈括上书当时担任参知政事的欧阳修,提请他注意在倡率文学的同时兼顾可补圣人之缺的技巧器械之事,其书略云:

观昔古至治之时，法度文章，大备极盛，后世无不取法。至于技巧器械，大小尺寸，黑黄苍赤，岂能尽出于圣人？百工、群有司、市井、田野之人莫不预焉，其卒使天下之材不遗而至于大备极盛，后世无不取法，在所用之何如耳。①

这段文字与下引欧阳修《笔说·物有常理说》对看，简直可以视为针对后者的驳论：

凡物有常理，而推之不可知者，圣人之所不言也。磁石引针，蝍蛆甘带，松化虎魄。②

由这里列举的磁石引针等三个实例看，有属物理学，有属生物学，有属有机化学，可知所谓物有常理，与《梦溪笔谈》所指没有什么两样，但一曰“圣人之所不言也”，一曰“岂能尽出于圣人”，态度迥然不同。在同书《博物说》一条中，欧阳修更加直截了当地表示了自己对自然科学的意见。其文略云：

蟪蛄是何弃物，草木虫鱼。诗家自为一学。博物尤难，然非学者本务。

孔子论《诗》，曾说过“多识于鸟兽草木之名”③的话，即欧阳修此说所本。由欧阳修此说可知，在儒者的眼中，博物顶多只能作为

---

①《长兴集》，卷七，《上欧阳参政书》。
②《欧阳文忠公文集》，卷一百二十五。
③《论语·阳货》。

儒学的附庸,绝非学者之本务。

在宋儒中,最精于物理之学的要算邵雍,二程曾经不无佩服地说:"邵尧夫于物理上尽说得。"①邵伯温概述其父《皇极经世书》之大旨也说:

> 穷日、月、星、辰、飞、走、动、植之数以尽天地万物之理。述皇、帝、王、霸之事以明大中至正之道。阴阳之消长,古今之治乱,较然可见矣。故书谓之《皇极经世》,篇谓之《观物》焉。②

将"天地万物之理"同"大中至正之道"对举,于物理之学是够重视的了。所谓观物,不仅《皇极经世书》用以名篇,《伊川击壤集》中还收有题作《观物吟》的诗歌好几首。下引卷十四五言古诗一首:

> 地以静而方,天以动而圆。既正方圆体,还明聊静权。静久必成润,动极遂成然。润则水体具,热则火用全。水体以器受,火用以薪传。体在天地后,用起天地先。

这类议论,与其说是在用社会科学思想去观察自然、阐明物理,倒不如说是借助自然科学的某些方法剪裁社会历史。由天地、动静等两极再变化出日月星辰、草木飞走、皇帝王霸、《易》、《书》、《诗》、《春秋》等等,以四分法为基本框架,即所谓象与数,安排整

①《河南程氏遗书》,卷二上,《二程集》,第42页。
②《邵子全书》,卷一。

个社会、自然和数千年的文明史,正是邵雍对于物理之学的运用。其结论既不产生于自然科学研究的末尾,也不形成于历史研究的结果,宜乎当时便有"邵尧夫犹空中楼阁"①之讥。将自然科学的研究方法引进社会科学,在某些技术性的工作方面(如资料的收集、鉴别与整理等),诚有帮助,但试图依靠某一自然科学理论建立一套数学公式般整齐的社会框架,则难以通行。邵雍从"物理之学"中借取倍数和图象的方式开始建立自己的理论体系,其结论却无法根据科学的实证精神加以检验,便是一个显例。不过邵雍的这一尝试,至少证明了北宋儒学复兴时期,自然科学虽处在儒学的支配之下,但科学家在物理方面所取得的成就,如数学在宋代的长足发展,又反过来给义理之学以积极的影响,尽管在邵雍的理论体系中,物理之学不过是一个可以随意安排和支使的附庸。

把自然科学作为义理之学的附庸和低级形态,这一观点在二程的治学实践中表现得更加明显。如张载的"闻见之知"和"德性之知"到了二程那里则进一步变作:

> 闻见之知,非德性之知。物交物则知之,非内也,今之所谓博物多能者是也。德性之知,不假闻见。②

所谓德性,根据二程的解释即"性善",如程颢说:"德性者,言性之可贵,与言性善,其实一也"③,可知"德性之知"属于性理之学,

---

①《河南程氏遗书》,卷七,《二程集》,第 97 页。
②《河南程氏遗书》,卷二十五,《二程集》,第 317 页。
③同上书,卷十一,《二程集》,第 125 页。

"见闻之知"则属物理之学。前者至于尽性,后者上于交物。交物者外求,囿于闻见之狭;尽性者内求,不必假于闻见。一个是通向圣人的途径,一个至多只能做"博物多能者"。足见在二程的心目中,物理之学的地位,远在性理之学之后。而这一序列,正是前章所说的宋学家从传统儒学那里承继得来的善、信(真)、美,以善为主的价值观的反映。从这一价值序列出发,二程发了许多轻视天文地理与工技之事的议论。如《河南程氏粹言》卷一《论道篇》批评王安石时说:

> 如止云通天文地理,虽不能之,何害为儒?

程颐《为家君作试汉州学策问》则云:

> 士之所以贵乎人伦者,以明道也。若止于治声律,为禄利而已,则与夫工技之事,将何异乎!

技巧器械、百工之事,在沈括看来,几乎可与圣人之学相埒,程颐却将它同他视为俳优之事的声律相提并论,足见科技在他的心目里,连儒者之末务也算不上。

到后期,程颐这种轻视自然科学的倾向越来越严重。前面说到,元丰初年,吕大临刚由关中来投奔二程,问到"格物致知",二程对"物理"的解释还颇近于从外物为研究对象的自然科学。到元符前后,提到类似问题时则是:

> 问:"格物是外物,是性分中物?"曰:"不拘。凡眼前无非是物,物物皆有理。如火之所以热,水之所以寒,至于君臣父

子间皆是理。”①

这里虽然仍不否认“物”也包括“火之所以热，水之所以寒”等自然科学的对象，但重心已移向人伦关系即“君臣父子间”的“性分中物”了。什么叫“性分中物”呢？照二程的解释，所谓性分中物，也就是那些对理解儒家伦理原则有帮助的事物，如“蜂蚁知卫其君，豺獭知祭”②之类象征性的自然现象。不过这已经不是从客观物质现象出发来求得物理，而是从“理”也即人所特有的“天理”出发来“格物”求理了。故二程教训他的门人说：

天下物皆可以理照，有物必有则，一物须有一理。③

又说：

观物理以察己，既能烛理，则无往而不识。④

不仅从既定的“理”出发来照理，而且从“己”出发来烛理，这样，天下的学问也就只剩穷理尽性，而且只是带有洛程印记的一门了。

研究科学技术史者，把《梦溪笔谈》的问世，看作 11 世纪文化史上的奇迹，把它视为中国科技史的坐标。但与沈括同时的许多不乏聪明才智的知识分子，却并不是把自己的才华贡献给自然科

①《河南程氏遗书》，卷十九，《二程集》，第 247 页。
②《河南程氏遗书》，卷十八，《二程集》，第 180 页。
③同上书，第 193 页。
④同上。

学，而只是竞相为心性义理之学的构筑耗费精力，与二程以及其他一些宋儒在宋学繁荣的后期不断把学术往内求和人伦化的方向上拉这一流弊，有着极其重要的关系。

结　语

以上我们从北宋的政治、军事、经济、制度（台谏、科举、教育）等时代背景出发，通过南渡以前宋学发展的分阶段描述，再现了由疑传到疑经、议古到拟圣、义理之学到性理之学的历史全过程，从中归纳出宋学的若干重大主题和精神，如议论精神、怀疑精神、批判精神、创造精神、开拓精神、实用精神、内求精神、兼容精神等等，其中最重要的则是带有鲜明时代特点的议论精神。并由此出发，我们进而论述了宋学和北宋文化的其他层面，如宗教哲学（佛、老之学）、文学艺术（诗、词、文、画），以及科学技术等等的相互关系，指出作为11世纪中国文化史上的硕果，作为赵宋文化的象征性代表，宋学及其时代精神，实支配并贯串了社会文化的每一个层面。

作为中国封建时代历史发展的一个重大关节点，赵宋文化是涵盖多个领域，包含多重层次的极其宽泛的文化整合，并不仅仅限于拙稿第四、五两章所列举的内容。笔者之所以选择佛、老之学，宋文、宋诗、宋词、宋画等等加以重点述论，是因为考虑到宋学作为传统儒学在11世纪的新生，除了仍保留有先秦以来儒者以文（艺）与学（术）为不可分割的特点之外，又加进了带有富于思辨意味的哲学的内容，尤其是宋学进入繁荣期即性理之学阶段以后，而要弄清儒家传统文化到宋代所发生的这一历史性变化，考察宋学与东汉以来进入中国并得到长足发展而哲学意味较浓的佛学，以及受佛教外事文化的刺激而率先宗教化、哲学化了的老氏之学之间既互相矛盾又互相吸收的关系，就显得特别重要。宋学援佛入儒而以心性义理这一富于思辨意味的内省性探究为主题之后，首先即对原先中国传统文化中与儒学关系最密切的文学艺术如诗、文等老伙伴，以及入宋之后得到长足发展的词曲和绘画，发生最为直接而重大的影响。它们之间支配与被支配、影响与反影响的关系，自然也就成了本书所要花费大量笔墨加以论述的主要内容。

至于科技，一般被认为是在文化领域中离作为人文科学的义理之学与性理之学较远的一个层面，也是笔者现有知识储备中最为薄弱的一部分。邓广铭先生常说，要写一部北宋文化史，沈括是最合适的人选。你看《梦溪笔谈》，从哲学到文学，从文学到艺术（包括音乐、绘画），从人文科学到自然科学（上至天文，下至地理），无一不包。说了这番话后，邓先生照例要感叹道，现在专业分工太细，像沈括这样的人才，已甚罕见，实在可惜。对这一番师训，作为及门弟子，笔者自惭之余，常常作发愤之想，并期之于今后。目前奉献给读者的这一部分，只能作为学习《梦溪笔谈》一书的点滴心得，远不能囊括北宋一代之科技史，但仅此已可证明，即使离人文科学较远的科技，作为11世纪中国文化的一部分，也受到当时宋学的强烈影响并交相为用。

上面提到的本书第四、五章各节，论宋学与其他文化层面的相互关系，仅仅是举例性质。就前者对后者的支配与渗透讲，实是贯串到北宋社会文化的一切方面。如魏晋南北朝时期即已与儒学、文学分家（当时还有玄学），及宋而得到长足发展的史学，即渗透了宋学的时代精神，如议论精神、实用精神等等。

且以欧阳修为例。作为11世纪中国趋于综合型的知识分子的理想代表，欧阳修除了身兼初期宋学的开山与北宋中期文坛之盟主以外，还是北宋史学的泰斗。在二十四史中，他一人即占其二，《新唐书》与《新五代史》。后者还是个人独力完成的作品。

欧阳修史笔的重要特点，表现为文字比前人简省，议论却较前人为多，且每篇之前皆以"呜呼"开头，充满了感情。如《新五代史》卷三十五《唐六臣传》附论：

> 呜呼！始为朋党之论者谁欤？甚乎作俑者也，真可谓不仁之人哉！
>
> 予尝至繁城读《魏受禅碑》，见汉之群臣称魏功德，而大书深刻，自列其姓名，以夸耀于世。又读《梁实录》，见文蔚等所为如此，未尝不为之流涕也。夫以国予人而自夸耀，及遂相之，此非小人，孰能为也？
>
> 汉、唐之末，举其朝皆小人也，而其君子者何在哉！当汉之亡也，先以朋党禁锢天下贤人君子，而立其朝者，皆小人也，然后汉从而亡。及唐之世也，又先以朋党尽杀朝廷之士，而其余存者，皆庸懦不肖倾险之人也，然后唐从而亡。
>
> 夫欲空人之国而去其君子者，必进朋党之说；欲孤人主之势而蔽其耳目者，必进朋党之说；欲夺国而与人者，必进朋党之说。夫为君子者，故尝寡过，小人欲加之罪，则有可诬者，有不可诬者，不能遍及也。至欲举天下之善，求其类而尽去之，惟指以为朋党耳。故其亲戚故旧，谓之朋党可也；交游执友，谓之朋党可也；宦学相同，谓之朋党可也；门生故吏，谓

之朋党可也。是数者，皆其类也，皆善人也。故曰：欲空人之国而去其君子者，惟以朋党罪之，则无免者矣。

夫善善之相乐，以其类同，此自然之理也。故闻善者必相称誉，称誉则谓之朋党；得善者必相荐引，荐引则谓之朋党。使人闻善不敢称誉，人主之耳不闻有善于下矣；见善不敢荐，则人主之目不得见善人矣。善人日远，而小人日进，则为人主者，伥伥然谁与之图治安之计哉？故曰：欲孤人主之势而蔽其耳目者，必用朋党之说也。

一君子存，群小人虽众，必有所忌，而有所不敢为，惟空国而无君子，然后小人得肆志于无所不为，则汉魏、梁唐之际是也。故曰：可夺国而予人者，由其国无君子；空国而无君子，由以朋党而去之也。

呜呼！朋党之说，人主可不察哉？传曰"一言可以丧邦"者，其是之谓与？可不鉴哉！可不戒哉！

这段议论，缘本传开篇所述"白马之祸"，李唐宰相裴枢等被朱温所杀、张文蔚等六臣降梁之事而发，针对的却是北宋中期的政界之现实问题。庆历四年，欧阳修上书仁宗，尝作《朋党论》（拙稿第三章第四节曾引用其中一部分，全文载《居士集》卷十七，读者可以参看）。在当时围绕庆历新政的党争中，起了一定的现实作用。这篇附于《新五代史·唐六臣传》文末的史评，无疑又是一篇《朋党》之论，而措辞之强硬，感情色彩之浓烈，有过之而无不及。就中我们可以十分鲜明地感受到"当时政事俾之折衷"而有明确现实针对性的宋学议论精神与实用精神。

欧阳修之前，中国传统史学侧重在"实录"，而以"其文直，其事核，不虚美，不隐恶”①为原则，间或也仿司马迁《史记》的“太史公曰”，而不时附论于传后，但往往装饰的成分多，阐明大义的成分少，联系实际的更加不多。欧阳修则不然，其议论文字之富于实用意义，仅由上录《唐六臣传》论与前章所引《新五代史·冯道传》即可窥其大端。《河南程氏遗书》卷十八载程颐论史之言曰：

> 凡读史，不徒要记事迹，须要识治乱安危、兴废存亡之理。且如读高帝一纪，便须识得汉家四百年终始治乱当如何？是亦学也。②

同书卷二十四又曰：

> 看史必观治乱之由，及圣贤修己处事之美。③

假如说前者把史论放在史实之上，还不失“以史为鉴”之传统精神而有偏面强调“论”之微嫌（所谓治乱安危、兴废存亡之理），后者则已是把史当作说教（观“圣贤修己处事之美”）的工具了。根据这两个标准，欧阳修的《新五代史》无疑是宋儒史学之一典范。

以史为鉴，本是中国古代史学家修史的传统目的，但如前所述，一般的做法是坚持实录的精神，认为只要把事实写清楚了，鉴戒也就在其中了。或者说，为治世垂戒的，主要是历史事实本身，而非修史者外加的议论。宋代史学之强调“以论带史”和“借史说

---

①（东汉）班固：《汉书·司马迁传》。

②《二程集》，第232页。

③同上书，第313页。

教”，显然是出于宋学重建儒家纲常伦理和振兴传统文化的需要。这一矛盾，至司马光才有了此较妥当的处理。

司马光修《资治通鉴》时，程颐正好也在洛阳，据《河南程氏外书》卷十二载，元祐中，有人到程颐家中，看到桌子上没有别的书，只有雕印的《唐鉴》一部。程颐对客人说：

> 近方见此书，三代以后，无此议论。①

范祖禹是司马光修《资治通鉴》的助手，《唐鉴》一书，今有传本，拙稿首章，引有数处。由体例看，与其说是一部唐史纲要，毋宁说是一部唐代史论。从上引程颐之赞语看，他所看重的，正是此书的“议论”。据《河南程氏外书》卷十二所载《尹和靖语》（吕坚中记），程颐之赞赏《唐鉴》的“三代以后，无此议论”，还在于其议论多与他本人的意见同。尹焞之言曰：

> 伊川使人抄范纯夫（祖禹）《唐鉴》。先生问曰：“此书如何？”伊川曰：“足以垂世。”《唐鉴》议论，多与伊川同（如中宗在房陵事之类）。②

由此处所举的例子“中宗在房陵事之类”看，宋学家所重视的史论，主要当在儒家传统文化之本位的伦理方面。如拙稿首章所述，类似的做法，欧阳修的同年兼好友石介的同名著作《唐鉴》已先用之。

---

①《二程集》，第 443 页。
②同上书，第 439 页。

从这一观念出发，程颐对司马光主持编撰的通史巨著《资治通鉴》也不无微词。《河南程氏外书》卷十二引祁宽所记《尹和靖语》曰：

> 司马温公修《通鉴》，伊川一日问："修至何代？"温公曰："唐初也。"伊川曰："太宗、肃宗端的如何？"温公曰："皆篡也。"伊川曰："此复何疑？"伊川曰："魏徵如何？"温公曰："管仲，孔子与之。某于魏徵亦然。"伊川曰："管仲知非而反正，忍死以成功业，此圣人所取其反正也。魏徵只是事仇，何所取耶？"然温公竟如旧说。（管仲虽初有过，善补者也。魏徵初实无过者也，功业虽多，何足法乎？）①

这里所论，也是唐史，与上揭《唐鉴》正可对看。据此例可知，作为司马迁以后中国古代最杰出的史家，司马光编纂《资治通鉴》之时，对于史料不仅持实录的态度，在剪裁体现前人史观的史书时，如无十分必要，也是忠实于古来之公论的。但这并不是说，司马光在史学宋学化的当时，是一个例外。恰恰相反，在《资治通鉴》叙述到历史上一些重大事件，而与北宋的现实政治有所关联时，宋学之议论精神与实用精神，同样得到充分的发挥。其形式，主要便是全书中作为点睛之笔安排的许多"臣光曰"。典型例子，除了本书第三章第二节论君子、小人之辨时引用的《资治通鉴》卷一"智伯之亡"条所下的"臣光曰"以外，还可举出同书卷二百四十五《唐纪》六十一评论牛李党争的一段，全文如下：

①《二程集》，第438页。

> 臣光曰：夫君子小人之不相容，犹冰炭之不可同器而处也。故君子得位则斥小人，小人得势则排君子，此自然之理也。然君子进贤退不肖，其处心也公，其指事也实；小人誉其所好，毁其所恶，其处心也私，其指事也诬。公且实者为之正直，私且诬者谓之朋党，在人主所以辨之耳。是以明主在上：度德而叙位，量能而授官；有功者赏，有罪者刑；奸不能惑，佞不能移。夫如是，则朋党何自而生哉！被昏主则不然：明不能烛，强不能断；邪正并进，毁誉交至；取舍不在于己，威福潜移于人。于是谗慝得志而朋党之议兴矣。
>
> 夫木腐而蠹生，醯酸而蚋集，故朝廷有朋党，则人主当自咎而不当以咎群臣也。文宗苟患群臣之朋党，何不察其所毁誉者为实，为诬？所进退者为贤，为不肖？其心为公，为私？其人为君子，为小人？苟实也，贤也，公也，君子也，匪徒用其言，又当进之；诬也，不肖也，私也，小人也，匪徒弃其言，又当刑之。如是，虽驱之使为朋党，孰敢哉！释是不为，乃怨群臣之难治，是犹不种不芸而怨田之芜也。朝中之党且不能去，况河北贼乎！①

以这段文字与上引欧阳修《新五代史·唐六臣传》论相比，是很难从内容上看出两者之间的区别来的，只不过欧论缘庆历新政所引起的党议而发，“臣光曰”如胡三省所注，显然是围绕着王安石变法而“为熙(宁)、(元)丰发也”。

《资治通鉴》中通过“臣光曰”的形式借古讽今的例子，最为大家所熟知的还是其书卷二百四十七《唐纪》六十三论维州之弃

①《资治通鉴》，第7899页。

取的一段，其言曰：

> 论者多疑维州之取舍，不能决牛、李之是非。臣以为昔荀吴围鼓，鼓人或请以城叛，吴弗许，曰："或以吾城叛，吾所甚恶也，人以城来，吾独何好焉！吾不可以欲城而迩奸。"使鼓人杀叛者而缮守备。是时唐新与吐蕃修好而纳其维州，以利言之，则维州小而信大；以害言之，则维州缓而关中急。然则为唐计者，宜何先乎？悉怛谋在唐则为向化，在吐蕃不免为叛臣，其受诛也又何矜焉！且德裕所言者利也，僧孺所言者义也，匹夫徇利而忘义犹耻之，况天子乎！譬如邻人有牛，逸而入于家，或劝其兄归之，或劝其弟攘之。劝归者曰："攘之不义也，且致讼。"劝攘者曰："彼尝攘吾羊矣，何义之拘！牛，大畜也，鬻之可以富家。"以是观之，牛、李之是非，端可见矣。①

唐文宗太和五年(831)，李德裕任西川节度使时，曾力主接受吐蕃将领悉怛谋之来降，以收回被吐蕃占领的维州。宰相牛僧孺极力反对，朝廷因此命令李德裕把维州城还给吐蕃，执悉怛谋就戮于吐蕃境上，事极迂腐而惨酷。在当初，"事下尚书省，集百官议"时，即"皆请如德裕策"②。从今天的立场上看，牛、李党争之是非且暂置而勿论，在这个问题上，李德裕无疑是正确的。牛僧孺的主张，则是宋襄公式的愚蠢逻辑。司马光之所以下此片面而武断的结论，与其说是为了替"牛、李之是非"翻案，毋宁说是针对北宋

---

①《资治通鉴》，第 7978 页。

②《资治通鉴》，卷二百四十四《唐纪》六十，第 7878 页。

后期的军事政治。这一点胡三省注文中早已指出过了:“元祐之初,弃米脂等四寨以与西夏,盖当时国论,大指如此。”所谓当时国论,即出于司马光的首倡。哲宗元祐元年(1086)司马光上《论西夏札子》,主张主动放弃神宗元丰年间沈括、种谔等人从西夏手中夺取的米脂、浮图、葭芦、安疆等四个军寨,下引是这篇奏议中驳斥反对意见的一段:

> 议者或曰:“先帝兴师动众,所费亿万,仅得数寨,今复无故弃之,此中国之耻也。”昔汉元帝弃朱崖,诏曰:“朕日夜惟思议者之言,羞威不行,则欲诛之;通于时变,则忧万民。夫万民之饥饿,与远蛮之不讨,危孰大焉?”遂弃之。此乃帝王之大度,仁人之用心,如天地之覆焘,父母之慈爱,盛德之事,何耻之有?国家方制万里,今此寻丈之地惜而不与……借使虏有一言不逊而还之,伤威毁重,固已多矣。故不若今日与之之为愈也。①

这一段论北宋之边事,上引一段论唐代之历史,所持的道德标准正相一致。② 足见借古讽今,乃是宋学议论精神和实用精神的集中体现。

如前章所述,宋学家针对时事发议论时,本善以经典和史实为论据,即以刚才所引的司马光《论西夏札子》为例,便引有汉元帝关于弃朱崖的诏书。因此,当他们在修史的时候,反过来将议

①《司马光奏议》,卷三十五。

②《长编》,卷三百八十二,元祐元年七月癸亥记中书省与枢密院之上言犹有“如穷人之财,既为人所执,犹不与之,可乎”云云,与《通鉴》之论亦同。

论精神与实用精神引入史学著作，也便是极自然的了。至于上章所论苏轼之史论，实即北宋之政论，作为介于“史”与“论”之间的文体，更可问而知了。

除了议论、实用两大精神之外，宋学予北宋史学以积极影响者，值得特别指出的还有疑古精神。宋学初期的疑古思潮，原分疑传与疑经两个方面，所谓疑传，主要是对汉、唐注疏关于经典文义解释的怀疑并进而提出不同的注说。疑经，矛头所向则是经典本身。而所谓经典，许多本身便具有史书性质，如清代章学诚《文史通义》便有“六经皆史”之说。宋学疑古精神之由经学而进入史学，同样是很自然的。仍以欧阳修为例，以下引自庆历二年《问进士策》三首之一：

> 自秦之焚书，六经尽矣，至汉而出者，皆其残脱颠倒。或传之先师昏耄之说，或取之冢墓屋壁之间。是以学者不明，异说纷起。况乎《周礼》，其出最后，然其为书备矣。其天地万物之统，制礼作乐，建国君民，养生事死，禁非道善，所以为治之法，皆有条理。三代之政美矣，而周之治迹，所以比二代而尤详见于后世者，《周礼》著之故也。……
>
> 然今考之，实有可疑者。夫内设公卿、大夫、士，下至府史胥徒，以相副贰；外分九服，建五等，差尊卑，以相统理。此《周礼》之大略也。而六官之属略见于经者五万余人，而里闾县鄙之长、军师卒伍之徒不与焉。王畿千里之地，为田几井？容民几家？王官王族之国邑几数？民之贡赋几何？而又容五万人者于其间。其人耕而赋乎？如其不耕而赋，则何以给之？夫为治者，故若是之烦乎？此其一可疑者也。
>
> 秦既诽古，尽去古制。自汉以后，帝王称号，官府制度，

皆袭秦故，以至于今。虽有因有革，然大抵皆秦制也，未尝有意于《周礼》者，岂其体大而难行乎？其果不可行乎？夫立法垂制，将以遗后也，使难行而万世莫能行，与不可行等尔。然则反秦制之不若也。脱有行者，亦莫能兴，或因以取乱，王莽后周是也。则其不可用决矣。此又可疑也。①

在这篇代表宋学初期疑古思潮入主学坛的著名策试问目中，欧阳修从两个方面对儒家传统的权威经典《周礼》提出了怀疑：一、《周礼》职官设置之数目与上古户籍、贡赋、可耕地等等的不能相称的矛盾；二、自汉开始，皆袭秦制而《周礼》之法不行，或有行者，则不切实用。这里第一点从国家的上层建筑和经济基础出发，第二点从历史发展的宏观角度着眼，皆得益于史学，而非眷眷于字词章句的训释与微言大义的阐发之间。从六经皆史的观念上说，这里显然是将宋学之疑古推广到史学的研究领域之中。

将宋学的疑古精神应用于史学，还在北宋史家中形成了两种后来成为史学之重要分支的学问，一是金石考据之学，一是史实考异之法，后者以司马光的《资治通鉴考异》为代表，前者即始于欧阳修以下。先论金石之学。

自汉以来，郡国往往于山川得钟鼎，多载铭文。石刻碑文，出土更多。司马晋将作大匠陈勰、萧梁元帝等尝注意收集这些金石铭刻。② 但那时只是用来赏玩，真正将它们作为研究对象，而用以考补史籍的讹阙，则自欧阳修与另一宋学疑经派学者刘敞始。从庆历五年(1045)至嘉祐七年(1062)，欧阳修编成《集古录》一千

①《居士集》，卷四十八，《问进士策三首》。
②《隋书·经籍志》，《四库全书》，卷八十六，《集古录》条。

卷（其中唐代碑帖占70%—80%），并撰《集古录跋尾》十卷，是为我国金石考证之学的开山。关于收集金石铭文的目的，由欧阳修致刘敞的信函中可以看得很清楚：

愚家所藏《集古录》，尝得故许子春为余言，集聚多且久，无不散亡，此物理也，不若举取其要，著为一书，谓可传久。余深以其言为然。昨在汝阴居闲，遂为《集古录目》，方得八九十篇。不徒如许之说，又因得与史传相参验，证见史家阙失甚多。①

类似的话，还见于《集古录跋尾》的一些碑帖记跋之中，如其书卷五《唐孔颖达碑》：

右孔颖达碑，于志宁撰，其文磨灭，然尚可读，今以其可见者质于《唐书·列传》。传所阙者，不载颖达卒时年寿，其与魏郑公奉敕共修《隋书》亦不著。又其字不同。传云"字仲达"，碑云"字冲远"。碑字多残缺，惟其名字特完，可以正传之缪，不疑以冲远为仲达。以此知文字转易，失其真者，何可胜数。幸而因余集录所得以正其讹舛者，亦不为少也。乃知余家所藏，非徒玩好而已。

这篇跋文提到的以《孔颖达碑》所刻的"字冲远"正《旧唐书·孔颖达传》"字仲达"之误，和以碑文补史传关于孔颖达卒时年寿与预修《隋书》行实之阙，即欧阳修通过金石考证以正讹谬，补阙失

①（北宋）欧阳修：《书简》，卷五，《与刘侍读（原父）》。

之例。类似的例子，还可举出《集古录跋尾》卷九《唐张九龄碑》的正史传张九龄寿六十八之误为六十三，卷三《后汉俞乡侯季子碑》的以“天皇大帝之语，自汉以来有矣”的考证补《后汉书》之重大阙漏，等等。

碑文作为第一手材料，对于研究历史，特别是撰写人物传记，无疑是极有参考价值的。但其中也不免谀墓而失实之词。对此欧阳修也有清醒的认识。他说：

> 余所集录，与史传不同者多，其功过难以碑碣为正者，铭、志所称，有褒有讳，疑其不实。至于世系、子孙、官封、名字，无情增损，故每据碑以正史。①

由这段话看，欧阳修不独疑史，而且疑碑，宋学之怀疑精神，得到了一体化的贯彻。近人王国维曾经批评某些与他同时之人不难乎疑古而独不疑已立论之根据的弊病，欧阳修作为近千年前的学者，却能避免这一偏颇，着实可贵。金石学的创立，遥开近世乾嘉之学和现代考古学的先河，宋学疑古精神之于史学的影响，越到后来越大，均与欧阳修将这一首先从经学开始的疑古精神落实到史学研究，从而使之在勇于疑古的同时兼具扎实可靠之史料功底的努力息息相关。

除了鼎彝铭刻、石碑文帖之类新材料之外，北宋图书印刷、古籍整理事业的发达，也使史书的编修有了大量可资比勘、决疑、考补的资料。于是有司马光的史实考异之法。汉魏镌刻石经，尝取

---

①（北宋）欧阳修：《集古录跋尾》，卷九，《唐孔府君神道碑》。

会注考定之法。① 到两晋南北朝间,佛门用之,而有所谓合本子注,即以同本异译之经典相参校之体式,如支愍度的《合维摩诘经》、支道林的《大小品对比要钞》等,皆取此体,而裴松之《三国志注》、郦道元《水经注》等皆沿用之。不过前此大体只是采取长编的形式搜集当时所可见及之史料,罗列于有关记载之下。博采众说,排比种种异闻而加以独断,成一家之言,而又另别为《考异》一书,辨正谬、考同异,以明去取之故,则自司马光始。

近人张煦侯说:

> 北宋之时,刘敞、欧阳修于治经方面,稍开疑古之风,至温公乃大用之于《资治通鉴》。《考异》也者,因众说之可疑,而务求其信者也。尝观温公此书,固无在而非应用考证方法,其求是之精神,乃有非渔仲、伯厚之辈所可望者。②

此论指出《通鉴》考异之法来自宋学疑古精神,洵为的见。张氏在他的专著中,还将司马光的史实考异法细分为六类:

> 其一,参取众书而从长者;
> 其二,两存者;
> 其三,两弃者;
> 其四,两疑而节取其要者;
> 其五,存疑者;
> 其六,兼存或说于《考异》中者。

---

①王国维:《观堂集林》,卷二十,《魏石经考》。

②《通鉴学》,第70页,安徽教育出版社,1982年10月第1版。

按之司马光的《资治通鉴考异》一书,这样的分类虽然粗了一点,但大致已可概括之。统观此六法,皆不离宋学疑古之精神,则显而易见。

关于宋学之于北宋史学的影响,还可以举出其他一些,如《资治通鉴》对前代帝王奢侈、淫逸的有闻必录和尖锐批评,《新五代史》之于"五代之乱,君不君,臣不臣,父不父,子不子,至于兄弟夫妇人伦之际,无不大坏,而天理几乎其灭矣"①的揭露,充分体现了宋学批判精神之影响等等,囿于篇幅,不复详述。此外,除开拙著列有专节述论的领域和这里提到的史学之外,在北宋文化诸层面中,还有道德伦理、风俗习惯、法律思想、新闻传播等等,与宋学之间,在不同程度上都有一种支配与被支配,影响并交互渗透的密切关系,这里也不再一一论列。然仅此数种,已足以证明宋学时代精神之无所不在,宋学在当时社会生活中影响之大。

以上我们以史学与宋学的关系为例,以验证的形式总结了全书所阐述的思想,作为书稿的结束,似乎言犹未尽。那便是照惯例,一般总要在著作的末了概括性地分析一下论述对象所包含的积极因素和消极因素两个方面,然后强调一下前者在历史上的作用,批判一下后者对后世的不良影响。这些问题,实际上各有关章节的论述中均已或多或少地涉及了。不过在这里再作一简单概括的说明也无妨。

关于理学(主要指程朱学派)的流弊,前人之说已备,尤其是"五四"以来,人们有感于中国大大落后于世界列强的屈辱地位,而将此归罪于传统文化,大声疾呼"打倒孔家店",矛头所向,主要便是以孔子面目出现而在近代占据着思想界统治地位的"理学",

---

①《新五代史·一行传·序》。

并进而指斥创立了“理学”之思想体系的赵宋一代之学术。人们的指责，总括起来，主要有以下几个方面。

一、“理学”以“天理”之说扼杀了人性自由，以更加精致的形式论证了三纲五常这一作为封建社会对人民实行专制统治的思想基础的合理性，为统治阶级提供了“以理杀人”的武器。这是从社会功效上指出它的消极作用。

二、“理学”以“道统”之说扼杀了个人的创造力和学术自由。“理学”的内容是对腐朽的儒家传统思想的改头换面的重复，毫无创造性可言。这是从学术本身分析它的消极因素。

三、“理学”以“崇儒”之说阻止了对不同文化的吸收，宋儒将外来文化视为异端并加以坚决的排斥，使中国文化进入历史上最封闭、最保守的时代，以迄近世。这是从文化的历史发展的角度清算它的消极影响。

从后世的立场上看，理学的这些消极影响，无疑都是存在的。但假如尝试像拙著在各个章节所曾经做过的那样，把看问题的视野暂时断限在11世纪，就会发现，这些元、明、清诸世所充分表现出来的理学的消极面，在当时并没有成为矛盾的主要方面。换句话说，这些消极因素的大量产生，只是朱子学派占据南宋后期思想界的统治地位，宋学蜕变为狭义的程朱理学或者说“道学”之后的事。《宋史·道学传序》曰：

> 道学盛于宋，宋弗究于用，甚至有厉禁焉。

如前所述，这里的“道学”，即“理学”。所谓弗究于用，自然也包括了前面所列举的在元、明、清以迄近代成为理学之主导方面的种种消极因素在两宋当时未发生作用。在这里，笔者无意于为宋学辩护，只是想指出，封建时期某些禁锢人们思想的行为和律条，虽经宋人强调而在后世产生了很大的影响，但在有宋当时，包括北宋和南宋的大部分时间里，却并非如此。

比方说“以理杀人”，是清代著名学者戴震提出来的对理学的严厉批评。他说：

> 酷吏以法杀人，后儒以理杀人，浸浸乎舍法而论理，死矣，更无可救矣！①

这里所讲的“后儒”，并没有特指哪一个时代。但经过一番考察我们仍然可以知道，在“理欲之辨”中用指“天理”的“理”的概念，虽是宋儒提出来的，但用以“杀人”的，则主要是南宋晚期以后的封建统治集团包括御用儒者。试以拙稿第三章论性情、理欲之辨时所举出过的封建社会后期无数女子身罹其害的妇女再嫁问题为例。

在孀妇改嫁问题上，后世奉为律条的“饿死事极小，失节事极大”，虽然是程颐最先提出来的，但类似的思想，在中国古代早已有了。如《周易》的《恒卦·六五》的象辞中，便有“妇人贞吉，从一而终”的主张。即使在被认为礼法较疏的唐代，也有“不践二廷，妇人之常”②，“一女事一夫，安可再移天”③等等说教。但正像前代虽有“从一而终”的道德说教，而并未得到普遍实行一样，“失节事极大”云云，在宋代也只停留在口头上。北宋名儒的情况最

---

①《戴东原集》，卷九，《与某书》。

②《新唐书·列女传》引。

③（唐）孟郊：《弃妇诗》。

能说明问题。如开宋学之先声的范仲淹，幼年丧父后，其母谢氏便改嫁淄州长山朱氏。① 而由他亲手制定的《范氏义庄规矩》，便明文规定族内妇女再嫁者可得二十贯嫁资，②此规矩一直沿用到南宋。庆历时期支持范仲淹新政的宰相杜衍，少年丧父，其母也曾改适河阳薛氏。③ 另据北宋魏泰《东轩笔录》卷七，王安石也曾因其子王雱精神失常而为其媳庞氏择婿而嫁之。更有说服力的是程颐本人，不唯默许其兄程颢的儿媳改适，④而且对表姐的再嫁表示公开的赞同。⑤ 南宋周密《齐东野语》卷十六《潘陈同母》条，还载有"一母生两名儒"的佳话。潘良贵与陈了翁，异父而同母，而他们共同的母亲改嫁之后，仍"往来两家"如常。这是北宋末年的事。而著名女词人李清照的再醮张汝舟，⑥岳飞前妻刘氏因失散而另嫁他人，⑦陆游发妻唐婉的被逼改嫁，⑧则都是南宋之间的事了。

以上是社会上层的情况，至于一般庶民，女子再嫁者，则"天下不知凡几"⑨。这一方面当然是经济地位的低下所造成的，在繁重的赋役之下，"饿死事极小"，自然只是一句废话。如李觏便曾经在一首记述穷家子不得已让六十岁老母改嫁的诗中作不平之鸣曰：

---

①《范文正公集》，附《范文正公年谱》。

②同上书，附《建立义庄规矩》。

③（南宋）朱熹：《五朝名臣言行录》，卷七。

④《河南程氏外书》，卷十一，《二程集》，第413页。

⑤《河南程氏文集》，卷十二，《先公太中公家传》，同上，第651页。

⑥（南宋）胡仔：《苕溪渔隐丛话》前集，卷六十。

⑦（南宋）李心传：《建炎以来系年要录》，卷一百二十，绍兴八年六月丙寅条。

⑧（南宋）周密：《齐东野语》，卷一。

⑨（明）黄淮、杨士奇：《历代名臣奏议》，卷一百十六，《风俗》，北宋刘泾《论夫亡改适愿归者许其母子复合》。

徭役及下户，财产无所输。异籍幸可免，嫁母乃良图！①

这类情况，据《宋史》（如《食货志·役法上》）、《长编》（如《长编》卷四百八十一，元祐八年二月己酉条）等记载，绝非一时一地之事。

关于两宋妇女再嫁的普遍性，我们还可以由当时的法律条文规定得到了解。据《宋史》等载籍保留的材料，可以知道在宋代，下至无田少地的贫民，上至百官和皇族宗室，女子再嫁，皆是得到法律允许的。如宋英宗、宋神宗均下过准许“宗室女再嫁”的诏令。② 元丰元年（1078）的诏令，还规定了宗室女再嫁之后，“其后夫已有官者，转一官”的优待。③ 至于士俗贫民，《宋会要辑稿·食货》六九之六八即载有“凡为客户身故而其妻愿改嫁者，听其自便”。直到南宋后期，法律仍然认可：“已成婚而夫移乡编管，其妻愿离者听；夫出外三年不归，亦听改嫁。”④

此外，从社会舆论所作的道德评价来看，宋代也并不以女子再嫁为非，反之，对于不准女子再嫁，倒是“众则非之，以为无行”⑤，以为“非人情”⑥，“诚为迂阔”⑦的。而尽孝于嫁母则受到上至朝廷，下至公众舆论的赞扬。

如北宋熙宁年间，朝官朱寿昌经过千辛万苦，在陕州找到

---

①（北宋）李觏：《李觏集》，卷三十五，《哀老妇》。

②《宋史·礼志》十八。

③《长编》，卷二百八十九，元丰甲午年四月记事。

④《名公书判清明集·户婚门·离》。

⑤（北宋）司马光：《训子孙文》。

⑥《长编》，卷一百九十，嘉祐四年十一月庚子条。

⑦《朱文公文集》，卷二十六，《与陈师中书》。

再嫁的母亲,"士大夫嘉其孝节,多以歌诗美之,苏子瞻为作诗序"①,知永兴军钱明逸"表其孝节",而神宗"诏寿昌赴阙朝见"②。

又如南宋乾道年间,单夔和耿延年(再嫁所生)争葬其母,孝宗得知之后,深为两臣孝心所动,特地决定由朝廷代替他们举行葬礼,直至南宋末年,士大夫间仍传为美谈。③

综上可知,迄两宋之世,女子再嫁问题,虽有程颐及其传人宁"饿死"而不"失节"事二夫的说教,实际上并无成为社会各阶层所遵守的道德准则。这一事实,与后世关于这个问题的臆断和想象,恰恰相反。

正如开创于赵宋的理学(主要是程朱学派)到元、明之际在思想界确定了不可动摇的统治地位——或者说随着这一地位的确定,关于妇女再嫁的道德说教才雷厉风行地成为禁令而贯彻到士庶的实际生活之中。其标志是元武宗至大四年(1311)八月颁布的"命妇夫死不许改嫁"的法规。④ 其后明朝统治者因之而变本加厉,遂演成近代女子比之男子在两根封建压迫之绳索(皇权、族权)之上又增加的第三根血迹斑斑的粗绳子(夫权)。

将《宋史·列女传》与《明史·列女传》加以比较,前者仅得四十三人,而后者多达二百七十六人,并且还只是"存其什一"⑤,足可充分地说明这个问题。

以上我们从社会功用方面论证了理学的消极影响,主要产生

---

①《东轩笔录》,卷十。

②《长编》,卷二百十二,熙宁三年六月记事。

③(南宋)张端义:《贵耳集》,卷下。

④《元典章》,卷十八,《户部四·婚姻·官民婚》。

⑤《明史·列女传序》。

在南宋末期之后，并且主要限于程朱一派，这既是拙稿正文部分的各章论证所得出的结论，也说明了笔者概述两宋文化而首先以南渡之前为断限，正有利于历史地、实事求是地还宋学（包括义理之学与性理之学）以真面目。至于宋学之富于创造精神、经典意识、开拓精神和兼容精神，宋学对传统文化的改造和对外来文化的积极吸收，非如上述对理学的第二点、第三点所指责的那样，拙稿有关章节论之已详，这里毋须饶舌了。

那么，人们为什么一提起理学，总是认为它钳制了人性发展，扼杀了自由创造，桎梏了人的思想呢？我想这同明太祖朱元璋颁定朱熹的《四书集注》和宋儒注释的《五经》作为科场取士的官书，明成祖朱棣敕胡广等辑成《性理大全》之后，理学在明、清时期所取得的“万口一词”、“千年一律”的独尊地位有关。明末清初学者顾炎武谈到这种情况时指出：

> 惟国家以经术取士，自《五经》、《四书》、《二十一史》、《通鉴》、《性理》诸书而外，不列于学官。而经书传注，又以宋儒所订者为准。此即古人罢黜百家，独尊孔氏之旨。①

这里所说的“宋儒”，当然是指程朱学派。后人因此而概指两宋儒者，以程朱理学囊括整个宋学，又进而将理学在明、清诸世的“独尊”地位推之于两宋当时，其误以为理学自产生之日起，便全无创造性可言，也便是很自然的了。

不过假如说理学桎梏人们之思想，初发于独尊天下之努力，那末，除了统治阶级的利用之外，宋学巨儒们“使天下义理定于

---

①《日知录》，卷十八。

一”的思想，恐怕也已经为此扎下了根。如前所述，“一义理”的主张作为熙宁变法的一部分，始于王安石。而苏轼在《答张文潜县丞书》中批评“王氏之文”的“患在于好使人同己”时曾经打过一个著名的比方：

> 地之美者，同于生物，不同于所生，惟荒瘠斥卤之地，弥望皆黄茅白苇，此则王氏之同也。①

将这一譬喻移来形容明、清诸世的理学独霸天下之状况，倒十分恰当。有趣的是，处处站在程学立场上批评王学的朱熹，在这一点上独独为王安石说话。他说：

> 陈后山说：“人为荆公学，唤作‘转般仓，模画手，致无赢余，但有亏欠’。”东坡云：“荆公之学，未尝不善，只是不合要人同己。”此皆说得未是。若荆公之学是，使人人同己，俱入于是，何不可之有？今却说：“未尝不善，而不合要人同。”成何说话！若使弥望者黍稷，都无稂莠，亦何不可？只为荆公之学自有未是处耳。②

这就是说，我不同意王安石的理论体系，但赞成他的“使人人同己”的做法。所谓弥望者黍稷，与“弥望皆黄茅白苇”相对，自然是朱熹关于本派理学的自指，是他的一己之见。足见撇开谁是谁非的问题不论，在“一义理”这一点上，作为南、北宋学坛上执牛耳的

①《苏轼文集》，卷四十九。

②《朱子语类》，卷一百三十，第3099—3100页。

人物，朱熹与王安石是一致的。如前所述，就北宋而言，这也是洛学、关学、蜀学诸家之所同。从当时来说，这无疑是宋学家经典意识的表现到极致，从后世的立场上看，它正好为元、明、清以迄近代的统治者从思想体系方面提供了进一步实行专制主义的基础。这一点是我们考察北宋文化特别是探讨它对后世的影响时所必须注意的。

此外在吸收外来文化以发展本民族文化的问题上，宋学对后世的不良影响，除了它那种宗儒为本，什么好的东西都是我儒家文化原先就有了的盲目自大和故步自封的态度之外，儒家传统文化那种经由宋学强化了的道德至上主义和鄙视讲利的思想，也是一个重要方面。试看下引《苏轼文集》卷二十五《上神宗皇帝书》中的一段：

> 夫国家之所以存亡者，在道德之浅深，不在乎强与弱，历数之所以长短者，在风俗之厚薄，不在乎富与贫。道德诚深，风俗诚厚，虽贫且弱，不害于长而存。道德诚浅，风俗诚薄，虽强且富，不救于短而亡。……智者观人之国，亦以此而察之。

再看一段八百余年后作为满清政府的使者刘锡鸿到当时最强大的资本主义国家英国跑了一趟后所写的“观人之国”的笔记：

> 外洋以富为富，中国以不贪得为富；外洋以强为强，中国以不好胜为强，此其理非可骤语而明。究其禁奇技以防乱萌，揭仁义以立治本，道固万世而不可易。彼之以为无用者，

殆无用之大用也夫!①

读了这两段话后我们可以惊异地发现,宋儒在“义利之辨”中所表现的那些腐朽思想,居然被原封不动地保留了八九百年!

中国之所以出现这样的悲剧,一方面,作为始作俑者,宋儒包括他们的祖师爷孔子,自然要负责任,但作为后来人,明、清诸世的大多数学者,为利禄所诱使,自甘匍匐于封建统治阶级的思想桎梏之下,没有或者说不敢创造出适合大大发展了的世界形势和社会历史的新思想、新体系,难道不是要负更大的责任吗?

《河南程氏遗书》卷十载二程与张载在洛阳聚会时的议论,其中谈到张载在关中作关于推行井田制的试验得不到响应的情况时,程颐居然说:“不行于当时,行于后世,一也!”②在北宋当时已被社会历史所抛弃的东西,硬要拿来构筑到自己的思想体系之中,并期希望于后世,岂不荒唐透顶! 由程颐此语可以知道后来为朱熹所一脉相传的程朱理学在两宋即不合时宜而遭到抵制的实况,同时遗憾的是,程颐此话不幸言中,理学中某些落后的因素,到后世居然真的得到推行,宋学家那些处于开创时期的积极精神,反而得不到发扬。有鉴于此,特以宋学为核心,概论北宋文化于上,以期引起同好者注意和作更进一步的研究,并希望得到前辈专家们的指正。

①(清)刘锡鸿:《英轺私记·观电学有感》,湖南人民出版社1981年版。

②《二程集》,第111页。

引用书目

（以引用顺序先后排列）

书名	作者	版本
周易正义	（魏）王弼 （晋）韩康伯　注 （唐）孔颖达　疏	《十三经注疏》中华书局缩影本
史记	（西汉）司马迁	中华书局校点本
汉书	（东汉）班固	中华书局校点本
河南程氏遗书	（北宋）程颢、程颐	《二程集》中华书局校点本
扪虱新话	（南宋）陈善	《儒学警悟》民国十一年（1922）武进陶氏刊本
唐大诏令集	（北宋）宋敏求	中华书局标点本
镡津文集	（北宋）僧契嵩	《四库全书》文渊阁本
王文公文集	（北宋）王安石	中华书局标点本
张载集	（北宋）张载	中华书局校点本
仪顾堂集	（清）陆心源	清同治十三年（1874）福州刊本，收入《潜园总集》
金明馆丛稿二编	陈寅恪	上海古籍出版社 1980 年 10 月第一版

宋史职官志考正	邓广铭	《历史语言研究所集刊》1943年3月第10本
宋学商求	（明）唐枢	《木钟台全集》初集清咸丰六年（1856）唐氏书院刊本
河南程氏文集	（北宋）程颢、程颐	《二程集》中华书局校点本
国朝汉学师承记	（清）江藩	《粤雅堂丛书》二编第十八集
国朝宋学渊源记	同上	
中国哲学史	冯友兰	中华书局1961年版
隐居通议	（元）刘埙	《四库全书》文渊阁本
却扫编	（南宋）徐度	《丛书集成》初编本
云麓漫抄	（南宋）赵彦卫	《四库全书》文渊阁本
龟山集	（南宋）杨时	《四库全书》文渊阁本
直斋书录解题	（南宋）陈振孙	《四库全书》文渊阁本
邵氏闻见录	（北宋）邵伯温	中华书局校点本
宋元学案	（清）黄宗羲　著 （清）全祖望　补	中华书局校点本
宋史研究论文集	邓广铭、徐规主编	浙江人民出版社1987年版
毛泽东诗词	毛泽东	人民文学出版社1976年版
春秋公羊传注疏	（汉）何休注	《十三经注疏》中华书局缩影本
孟子	（战国）孟轲	《四书集注》岳麓书社校点本
贞观政要	（唐）吴兢	《四部丛刊》续编本
全唐文	（清）董浩等编	中华书局1983年印本
苏轼文集	（北宋）苏轼	中华书局校点本
徂徕石先生文集	（北宋）石介	中华书局校点本

欧阳文忠公文集	(北宋)欧阳修	《四部丛刊》初编本
居士集	(北宋)欧阳修	《欧阳修全集》世界书局 1936 年标点本,中国书店影印
唐鉴	(北宋)范祖禹	《丛书集成》初编本
宋文选	(北宋)无名氏　编	《四库全书》文渊阁本
孙明复小集	(北宋)孙复	《孙氏山渊阁丛刊》本
皇朝文鉴	(南宋)吕祖谦	《四部丛刊》初编本
续资治通鉴长编	(北宋)李焘	中华书局校点本
文献通考	(元)马端临	中华书局影印本
说苑	(西汉)刘向	《四部丛刊》初编本
涑水记闻	(北宋)司马光	中华书局校点本
朱子语类	(南宋)黎清德　编	中华书局校点本
范太史集	(北宋)范祖禹	《四库全书》珍本初集本
宋史	(元)脱脱等	中华书局校点本
春秋尊王发微	(北宋)孙复	《四库全书》文渊阁本
玉海	(南宋)王应麟	元刊明修清康熙补刊本
论衡	(西汉)王充	上海人民出版社标点本
后汉书	(刘宋)范晔	中华书局校点本
唐摭言	(五代)王定保	《中国文学参考资料小丛书》第一辑
庄子集释	(清)郭庆藩　辑	中华书局标点本
容斋随笔	(南宋)洪迈	中华书局标点本
忠愍公诗集	(北宋)寇准	《四部丛刊》三编本
五朝名臣言行录	(南宋)朱熹	《四部丛刊》初编本

日知录集释	(清)顾炎武　著 (清)黄汝成　集释	《四部备要》本
新五代史	(北宋)欧阳修	中华书局校点本
资治通鉴	(北宋)司马光	中华书局校点本
五代史补	(北宋)陶岳	《四库全书》文渊阁本
旧五代史	(北宋)薛居正等	中华书局校点本
论语译注	杨伯峻	中华书局 1980 年 12 月第二版
管子	北京大学中文系古典文献专业　整理	油印校点本
范文正公集	(北宋)范仲淹	《四部丛刊》初编本
栾城后集	(北宋)苏辙	《栾城集》中华书局标点本
曾巩集	(北宋)曾巩	中华书局校点本
温国文正司马公文集	(北宋)司马光	《四部丛刊》初编本
范文正公年谱		《范文正公集》后附
能改斋漫录	(南宋)吴曾	中华书局标点本
奏议集	(北宋)欧阳修	《欧阳修全集》本
经进东坡文集事略	(南宋)郎晔	中华书局标点本
春秋左传正义	(战国)左丘明　传 (西晋)杜预　注 (唐)孔颖达　疏	《十三经注疏》中华书局缩影本
二程粹言	(南宋)杨时　订定 (南宋)张栻　编次	《二程集》中华书局校点本
春秋传	(北宋)胡安国	《四库全书》文渊阁本
苏舜钦集	(北宋)苏舜钦	上海古籍出版社校点本
河南程氏外书	(北宋)程颢、程颐	《二程集》中华书局校点本

韩昌黎文集校注	(唐)韩愈　撰 马其昶　校注 马茂元　整理	上海古籍出版社 1986 年 12 月第一版
辽史	(元)脱脱等	中华书局校点本
论再生缘	陈寅恪	《金明馆丛稿一编》本
大唐六典	(唐)唐玄宗　撰 (唐)李林甫等　注	日本広池学园事业部刊行本
唐会要	(北宋)王溥	《丛书集成》初编本
新唐书	(北宋)欧阳修、宋祁等	中华书局校点本
太宗皇帝实录(残本)	(北宋)钱若水等	《四部丛刊》三编本
小畜集	(北宋)王禹偁	《四部丛刊》初编本
宋会要辑稿	(清)徐松　辑	中华书局影印本
简明古代职官辞典	孙永都、孟昭星	书目文献出版社 1987 年版
燕翼诒谋录	(南宋)王栐	中华书局校点本
刘禹锡集	(唐)刘禹锡	上海人民出版社标点本
元稹集	(唐)元稹	中华书局校点本
文昌杂录	(北宋)庞元英	《丛书集成》初编本
宋朝事实类苑	(南宋)江少虞	上海古籍出版社标点本
魏书	(北齐)魏收	中华书局校点本
归田录	(北宋)欧阳修	中华书局校点本
盐铁论	(西汉)桓宽	《四部丛刊》初编本
新序	(西汉)刘向	《四部丛刊》初编本
伊川先生年谱	(南宋)朱熹	《二程集·河南程氏遗书》附
易童子问	(北宋)欧阳修	《欧阳修全集》本

周礼注疏	（东汉）郑玄　注	《十三经注疏》中华书局缩影本
儒林公议	（北宋）田况	《丛书集成》初编本
四库全书总目	（清）永瑢等	中华书局影印本
东都事略	（南宋）王称	《四库全书》文渊阁本
鹤林玉露	（南宋）罗大经	中华书局校点本
礼记注疏	（东汉）郑玄注	《十三经注疏》中华书局缩影本
尚书注疏	（东汉）孔安国　传	《十三经注疏》中华书局缩影本
挥麈余话	（南宋）王明清	上海古籍出版社影印本
居士外集	（北宋）欧阳修	《欧阳修全集》本
嘉祐集	（北宋）苏洵	《四部丛刊》初编本
韩魏公集	（北宋）韩琦	《四库全书》文渊阁本
晋书	（唐）房玄龄	中华书局校点本
袁氏世范	（南宋）袁采	《丛书集成》初编本
唐律疏议	（唐）长孙无忌等	中华书局校点本
宋刑统	（北宋）窦仪	中华书局校点本
渑水燕谈录	（北宋）王辟之	中华书局校点本
隆平集		《四库全书》文渊阁本
三朝北盟会编	（南宋）徐梦莘	上海古籍出版社影印本
通志	（南宋）郑樵	《四库全书》文渊阁本
集异记	（唐）薛用弱	顾氏文房小说本
旧唐书	（五代）刘昫	中华书局校点本
梦溪笔谈校证	（北宋）沈括　著	上海古籍出版社影印

	胡道静　校证	中华书局上海编辑所 1962 年新一版
石林诗话	(南宋)叶梦得	何文焕《历代诗话》中华书局校点本
老学庵笔记	(南宋)陆游	中华书局校点本
华阳集	(北宋)王珪	《四库全书》文渊阁本
文庄集	(北宋)夏竦	《四库全书》文渊阁本
伊洛渊源录	(南宋)朱熹	《正谊堂全书》本
冷斋夜话	(北宋)释慧洪	中华书局校点本
经学历史	(清)皮锡瑞	中华书局 1959 年 12 月第一版
司马氏书仪	(北宋)司马光	《学津讨原》嘉庆本第三集
落帆楼文集	(清)沈垚	《吴兴丛书》本
端明集	(北宋)蔡襄	《四库全书》文渊阁本
夷坚志	(南宋)洪迈	中华书局校点本
萍洲可谈	(北宋)朱彧	《守山阁丛书》道光本
东斋记事	(北宋)范镇	中华书局校点本
通典	(唐)杜佑	中华书局影印本
司马光奏议	(北宋)司马光	山西人民出版社 1986 年 3 月第一版
国朝诸臣奏议	(南宋)赵汝愚	北京大学中古史研究中心校点本(未刊)
登科记考	(清)徐松	《南菁书院丛书》本第一集
太平广记	(北宋)李昉等　编	中华书局校点本
避暑录话	(南宋)叶梦得	《丛书集成》初编本
李觏集	(北宋)李觏	中华书局校点本

景文集	（北宋）宋祁	《丛书集成》初编本
默记	（南宋）王铚	《四库全书》文渊阁本
建炎以来朝野杂记甲集	（南宋）李心传	武英殿聚珍版书广雅书局本
四书集注	（南宋）朱熹	岳麓书社标点本
外制集	（北宋）欧阳修	《欧阳修全集》本
栾城集	（北宋）苏辙	中华书局校点本
诚斋诗话	（南宋）杨万里	丁福保《历代诗话续编》本
临川先生文集	（北宋）王安石	《四部备要》本
书简	（北宋）欧阳修	《欧阳修全集》本
册府元龟	（北宋）王钦若等　撰	《四库全书》文渊阁本
文恭集	（北宋）胡宿	《四库全书》文渊阁本
南阳集	（北宋）韩维	《四库全书》文渊阁本
忠肃集	（北宋）刘挚	《丛书集成》初编本
东坡七集	（北宋）苏轼	《四部备要》本
宋史纪事本末	（明）陈邦瞻	中华书局校点本
宋史全文	（元）无名氏	《四库全书》文渊阁本
续资治通鉴长编拾补	（清）黄以周	上海古籍出版社影印本
中国古代教育史	毛礼锐、瞿菊农	人民教育出版社 1979 年 4 月第一版
宋大事记讲义	（南宋）吕中	《四库全书》文渊阁本
北宋经抚年表	（清）吴廷燮	中华书局标点本
景定建康志	（南宋）周应合	《四库全书》文渊阁本
苏魏公文集	（北宋）苏颂	《四库全书》文渊阁本
文选	（梁）昭明太子萧统	中华书局 1977 年 11 月影印本

武夷新集	(北宋)杨亿	《四库全书》文渊阁本
猗觉寮杂记	(南宋)朱翌	《四库全书》文渊阁本
五代会要	(北宋)王溥	《丛书集成》初编本
豫章文集	(南宋)罗从彦	《四库全书》文渊阁本
靖康要录	(南宋)无名氏	《丛书集成》初编本
陶山集	(北宋)陆佃	武英殿聚珍版书广雅书局本
宋明理学研究	张立文	中国人民大学出版社 1985 年 7 月第一版
止斋文集	(南宋)陈傅良	《四库全书》文渊阁本
癸辛杂说续集	(南宋)周密	《四库全书》文渊阁本
道命录	(南宋)李心传	《知不足斋丛书》乾隆至道光本
河南程氏文集	(北宋)程颢、程颐	《二程集》中华书局校点本
儒志编	(北宋)王开祖	《四库全书》文渊阁本
童蒙训	(北宋)吕本中	《四库全书》文渊阁本
晦庵集	(南宋)朱熹	《四库全书》文渊阁本
庆元党禁	(南宋)樵川樵叟	《丛书集成》初编本
叶适集	(南宋)叶适	中华书局校点本
弘明集	(梁)释僧祐	《四部丛刊》初编本
宋书	(梁)沈约	中华书局校点本
陆九渊集	(南宋)陆九渊	中华书局校点本
鹤山全集	(南宋)魏了翁	《四库全书》文渊阁本
黄氏日钞	(南宋)黄震	《四库全书》文渊阁本
古今源流至论后集	(南宋)林駉	《四库全书》文渊阁本
古灵集	(北宋)陈襄	《四库全书》文渊阁本

书名	作者	版本
论语注疏	（魏）何晏　集解 （宋）邢昺　疏	《十三经注疏》中华书局缩影本
周易口义	（北宋）胡瑗　述 （北宋）倪天隐　记	《四库全书》文渊阁本
周易略例	（魏）王弼	《学津讨原》嘉庆本第一集
清苑斋集	（南宋）赵师秀	《四库全书》文渊阁本
五朝名臣言行录	（南宋）宋熹	《四部丛刊》初编本
宛陵录	（唐）僧黄檗	金陵刻经处本
邵氏闻见后录	（南宋）邵博	中华书局校点本
王荆文公诗笺注	（南宋）李壁	朝鲜活字本
尔雅注疏	（晋）郭璞　注	《十三经注疏》中华书局缩影本
仪礼注疏	（东汉）郑玄　注	《十三经注疏》中华书局缩影本
群书考索前集	（南宋）章如愚	《四库全书》文渊阁本
韩昌黎诗系年集释	（唐）韩愈　著 钱仲联　集释	上海古籍出版社 1984 年 3 月第一版
史通	（唐）刘知几	《四部丛刊》初编本
春秋集传辩疑	（唐）陆淳	《四库全书》文渊阁本
河东先生集	（北宋）柳开	《四部丛刊》初编本
玉壶清话	（北宋）释文莹	中华书局校点本
应诏集	（北宋）苏轼	《东坡七集》《四部备要》本
淮海集	（北宋）秦观	《四部丛刊》初编本
柯山集	（北宋）张耒	《丛书集成》初编本
四库简明目录标注	（清）邵懿辰	中华书局标点本

嵩山文集	(北宋)晁说之	《四部丛刊》续编本
经义考	(清)朱彝尊	《四库全书》文渊阁本
诗本义	(北宋)欧阳修	《四部丛刊》三编本
春秋传	(北宋)刘敞	《四库全书》文渊阁本
春秋权衡	(北宋)刘敞	同上
春秋意林	(北宋)刘敞	同上
春秋传说例	(北宋)刘敞	同上
七经小传	(北宋)刘敞	同上
洪范口义	(北宋)胡瑗	《丛书集成》初编本
孟子注	(东汉)赵岐	《四部丛刊》初编本
法言集注	(东汉)扬雄 著 (北宋)司马光 集注	《四库全书》文渊阁本
太玄经	(东汉)扬雄	《四库全书》文渊阁本
中说	(隋)王通	《四部丛刊》初编本
乐全集	(北宋)张方平	《四库全书》珍本初集
皇极经世书	(北宋)邵雍	《四库全书》文渊阁本
上蔡先生语录	(北宋)谢良佐	《丛书集成》初编本
周子通书	(北宋)周敦颐	《四部备要》本
郡斋读书志	(南宋)晁公武	《四库全书》文渊阁本
郡斋读书后志	(南宋)晁公武	《四库全书》文渊阁本
王荆公年谱考略	(清)蔡上翔	上海人民出版社标点本
周濂溪先生全集	(北宋)周敦颐	《正谊堂全书》本
山谷集	(北宋)黄庭坚	《四库全书》文渊阁本
滏水集	(金)赵秉文	《四库全书》文渊阁本

北史	(唐)李延寿	中华书局校点本
白虎通	(汉)班固	《丛书集成》初编本
唐李文公集	(唐)李翱	《四部丛刊》初编本
春秋繁露	(西汉)董仲舒	《四部丛刊》初编本
孝经郑注	(东汉)郑玄	《丛书集成》初编
张子全书	(北宋)张载	《四部备要》本
苏氏易传	(北宋)苏轼	《丛书集成》初编本
荀子	(战国)荀况	上海人民出版社标点本
伊川易传	(北宋)程颐	《二程集》中华书局校点本
哲学史讲演录	[德国]黑格尔	三联书店1957年中译本
二十世纪西方伦理学	石毓彬、杨远	湖北人民出版社1986年第一版
马克思恩格斯选集	[德国]马克思、恩格斯	人民出版社1972年中文第一版
伊川击壤集	(北宋)邵雍	《四部丛刊》初编本
范忠宣文集	(北宋)范纯仁	《四库全书》文渊阁本
道德真经集义	(元)刘惟永	《道藏正统本·洞神部玉诀类》
道德真经集注	(南宋)彭耜	同上
栾城第三集	(北宋)苏辙	《栾城集》中华书局校点本
杜诗详注	(唐)杜甫 著 (清)仇兆鳌 详注	中华书局标点本
习学记言序目	(南宋)叶适	中华书局校点本
陵川集	(元)郝经	《四库全书》文渊阁本
麈史	(北宋)王得臣	上海古籍出版社校点本

由拳集	(明)屠隆	《四库全书》文渊阁本
升庵集	(明)杨慎	《四库全书》文渊阁本
尊孟辨	(宋)余允文	《丛书集成》初编本
诗集传	(北宋)苏辙	《四库全书》文渊阁本
公是集	(北宋)刘敞	《四库全书》文渊阁本
海陵集	(南宋)周麟之	《四库全书》文渊阁本
苏轼诗集	(北宋)苏轼	中华书局校点本
吕氏家塾读诗纪	(南宋)吕祖谦	《丛书集成》初编本
诗义钩沉	(北宋)王安石　著 邱汉生　辑校	中华书局 1982 年 9 月第一版
演山集	(北宋)黄裳	《四库全书》珍本初集
习斋记余	(清)颜元	《丛书集成》初编本
坛经	(唐)释慧能	中华书局校点本
荷泽神会禅师语录	(唐)释神会	日本石井光雄影印、铃木贞太郎校订敦煌写本
柳河东集	(唐)柳宗元	上海人民出版社 1974 年 5 月据中华书局上海编辑所 1960 年影印断句本重印
晦庵先生朱文公文集	(南宋)朱熹	《四部丛刊》初编本
集古录跋尾	(北宋)欧阳修	《欧阳修全集》中国书店影印本
华严原人论	(唐)僧宗密	金陵刻经处印同治十三年鸡园刻经处本
维摩诘所说经	(姚秦)释鸠摩罗什　译	《半亩园丛书·新刊释氏十三经》
妙法莲华经	(姚秦)释鸠摩罗什　译	同上

大佛顶如来密因修证了义诸菩萨万行首楞严经(即《楞严经》)	(唐)释般刺密帝　译	同上
佛教哲学	方立天	人民大学出版社 1986 年 7 月第一版
吕氏杂记	(北宋)吕希哲	《四库全书》文渊阁本
东塾读书记	(清)陈澧	《皇清经解续编》南菁书院本
梵网经卢舍那佛说菩萨心地戒品第十(即《梵网经》)	(姚秦)释鸠摩罗什　译	《大藏经》本
广弘明集	(唐)释道宣	《四部丛刊》初编本
古尊宿语录	(宋)赜藏主	上海佛学书局本
中国佛教源流略讲	吕澂	中华书局 1979 年 8 月第一版
宋朝事实	(南宋)李攸	《丛书集成》初编本
闲居编	(北宋)释智圆	《续藏经》第一辑第二编第六套第二册
大正藏(大正新修大藏经)		日本东京大正一切经刊行会,大正十三年(1924)至昭和九年(1934)刊行本
大珠禅师语录	(唐)僧悲海(大珠禅师)	长沙刻经处本
青箱杂志	(北宋)吴处厚	中华书局校点本
东坡志林	(北宋)苏轼	华东师范大学出版社校注本
景德传灯录	(北宋)释道原	《四部丛刊》三编影宋本
五灯会元	(南宋)释普济	中华书局标点本

湘山野录	（北宋）释文莹	中华书局校点本
石门文字禅	（北宋）释慧洪	《四库全书》文渊阁本
六祖大师法宝坛经	（北宋）释契嵩　编	上海医学书局丁福保笺注本
景迂生集	（北宋）晁说之	《四库全书》文渊阁本
后汉记	（东晋）袁宏	《四部丛刊》初编本
维摩经解二种	（后秦）僧肇　注	贞松堂藏《西陲秘籍丛残》第一集
宋高僧传	（北宋）赞宁	中华书局标点本
晏子春秋	（春秋）晏婴	《四部丛刊》初编本
永嘉集	（唐）僧玄觉	北京刻经处本
隋书	（唐）魏征、长孙无忌等	中华书局校点本
东轩笔录	（北宋）魏泰	中华书局校点本
皇宋通鉴长编纪事本末	（南宋）杨仲良	宛委别藏本
汉上易	（南宋）朱震	《四库全书》文渊阁本
北溪字义	（南宋）陈淳	中华书局校点本
道藏	（明）张宇初等　编	明正统中刊万历中刊本
续道藏		万历中刊本
易图明辨	（清）胡渭	《丛书集成》初编本
西河合集	（清）毛奇龄	清康熙中李塨等刊本
太平经		《道藏（正统本）·太平部》
老子校释	朱谦之　校释	中华书局《新编诸子集成》本
仇池笔记	（北宋）苏轼	华东师大出版社校注本（与《东坡志林》合刊）

朱子大全	（南宋）朱熹	《西京清麓堂丛书》正编
骈体文钞	（清）李兆洛	世界书局 1936 年初版
大般涅槃经	（东晋）释法显　译	《大正藏》卷七
春渚纪闻	（北宋）何薳	中华书局校点本
文心雕龙注	（梁）刘勰　著 范文澜　注	人民文学出版社 1958 年 9 月第一版
潏水集	（北宋）李复	《四库全书》文渊阁本
豫章黄先生文集	（北宋）黄庭坚	《四部丛刊》初编本
寓简	（南宋）沈作喆	《四库全书》文渊阁本
节孝语录	（北宋）徐积	《四库全书》文渊阁本
该闻录	（北宋）李畋	《说郛》涵芬楼本卷三
宋史纪事本末	（明）陈邦瞻	中华书局校点本
后山集	（北宋）陈师道	《四库全书》文渊阁本
湛园集	（北宋）吕南公	《四库全书》文渊阁本
内制集	（北宋）欧阳修	《欧阳修全集》中国书店影印本
王志	（民国）王闿运	《湘绮楼全书》本
艇斋诗话	（南宋）曾季貍	丁福保《历代诗话续编》本
白居易集	（唐）白居易	中华书局校点本
答万季野诗问	（清）吴乔	王夫之《清诗话》本
后村先生大全集	（南宋）刘克庄	《四部丛刊》初编本
宛陵先生集	（北宋）梅尧臣	《四部丛刊》初编本
西山先生真文忠公文集	（南宋）真德秀	《四部丛刊》初编本
梅尧臣集编年笺注	（北宋）梅尧臣　著 朱东润　笺注	上海古籍出版社 1980 年 11 月第一版

六一诗话	（北宋）欧阳修	人民文学出版社校点本
穆参军集	（北宋）穆修	《四库全书》文渊阁本
青山续集	（北宋）郭祥正	《四库全书》文渊阁本
苕溪渔隐丛话前集、后集	（南宋）胡仔	人民文学出版社标点本
萤雪丛瓗	（南宋）俞成	《丛书集成》初编本
樊川诗集注	（唐）杜牧著 （清）冯集梧　注	上海古籍出版社标点本
李太白全集	（唐）李白　著 （清）王琦　注	中华书局标点本
全唐诗	（清）彭定求等　编	中华书局校点本
苏文忠公诗合注	（清）冯应榴等	清光绪九年眉山苏祠刊本
诗人玉屑	（南宋）魏庆之	上海古籍出版社标点本
张说之文集	（唐）张说	《四部丛刊》初编本
华严经探玄记	（唐）释法藏	《大正藏》本
禅秘要法经	（姚秦）僧鸠摩罗什译	《大正藏》本
楞伽经	（刘宋）僧求那跋陀罗　译	《大正藏》本
藏一话腴	（南宋）陈郁	《四库全书》文渊阁本
诗薮	（明）胡应麟	上海古籍出版社标点本
宋元戏曲考	王国维	《海宁王静安先生遗书》本
全宋词	唐圭璋　编	中华书局 1965 年 6 月第一版
沂公笔录	（北宋）王曾	《丛书集成》初编本
西清诗话	（北宋）蔡絛	《古今说部丛书》四集本

道山清话	(宋)王暐	《丛书集成》初编本
渭南文集	(南宋)陆游	《陆游集》中华书局校点本
挥麈录	(宋)王明清	中华书局校点本
中国藏书家考略	杨立诚、金步瀛	浙江图书馆本
江浙藏书家史略	吴晗	中华书局1931年1月第一版
宣和画谱	(宋)无名氏	《丛书集成》初编本
南宋院画录、补遗	(清)厉鹗	《美术丛书》四集第四辑、第五辑
书史会要	(明)朱谋垔	《四库全书》文渊阁本
宋诗记事	(清)厉鹗	上海古籍出版社标点本
两《唐书》列传人物籍贯的地理分布	史念海	油印本
宋人传记资料索引	昌彼得、赵德毅	台湾鼎文书局1977年增订版
宋六十家词选	冯煦	《蒙香室丛书》本
阳春集	(南唐)冯延巳	《十名家词集》本
花间集	(后蜀)赵崇祚 辑	《四部丛刊》初编本
中山诗话	(北宋)刘攽	何文焕《历代诗话》中华书局标点本
潜溪诗眼	(北宋)范温	郭绍虞《宋诗话辑佚》中华书局1980年9月第一版
宾退录	(南宋)赵与时	《丛书集成》初编本
乐章集	(北宋)柳永	《彊村丛书》本
后山诗话	(北宋)陈师道	何文焕《历代诗话》中华书局标点本
欧阳公近世乐府	(北宋)欧阳修	《欧阳修全集》本

李清照集校注	(北宋)李清照　著 王学初校　注	人民文学出版社 1979 年 10 月第一版
困学纪闻	(南宋)王应麟	《四库全书》文渊阁本
乐府雅词	(宋)曾慥	《四部丛刊》初编本
雕菰集	(清)焦循	《丛书集成》初编本
高斋诗话	(南宋)曾慥	郭绍虞《宋诗话辑佚》本
淮海词笺注	(北宋)秦观　著 杨世明　笺	四川人民出版社 1984 年 9 月第一版
乖崖集	(北宋)张咏	《四库全书》文渊阁本
西昆酬唱集注	(北宋)杨亿　编 王仲荦　注	中华书局 1980 年 12 月第一版
须溪集	(南宋)刘辰翁	《四库全书》文渊阁本
遗山集	(金)元好问	《四库全书》文渊阁本
吹剑续录	(南宋)俞文豹	《说郛》商务印书馆本卷二十四
碧鸡漫志	(南宋)王灼	《知不足斋丛书》(乾隆至道光本)第六集
东京梦华录注	(南宋)孟元老　著 邓之诚　注	中华书局 1982 年 1 月第一版
花草蒙拾	(清)王士禛	《词话丛编》本
词源	(南宋)张炎	《守山阁丛书》(道光)本、《词话丛编》本
李贺诗集注	(唐)李贺 (清)王琦等　注	上海古籍出版社
月轮山词论集	夏承焘	中华书局 1979 年 9 月第一版

苏文忠公诗编注集成总案	（清）王文诰	巴蜀书社影印清嘉庆二十三年（1818）刻本
图画见闻志	（北宋）郭若虚	《丛书集成》初编本
图绘宝鉴	（元）夏文彦	《丛书集成》初编本
世说新语	（刘宋）刘义庆	中华书局校点本
古画品录	（南齐）谢赫	《丛书集成》初编本
历代名画记	（唐）张彦远	《丛书集成》初编本
画继	（南宋）邓椿	《四库全书》文渊阁本
林泉高致集	（北宋）郭熙	《四库全书》文渊阁本
石林燕语	（南宋）叶梦得	中华书局校点本
中国绘画史图录		上海美术出版社
宋朝名画评	（宋）刘道醇	《四库全书》文渊阁本
画鉴	（元）汤垕	《四库全书》文渊阁本
画史	（北宋）米芾	《丛书集成》初编本
楚辞集注	（南宋）朱熹	上海古籍出版社标点本
中国科学技术史	［英国］李约瑟	科学出版社 1975 年中译本
格致余论	（元）朱震亨	《丛书集成》初编本
博物志	（西晋）张华	《丛书集成》初编本
格致丛书	（明）胡文焕	明万历三十一年（1603）刊本
格致镜原	（清）陈元龙	《四库全书》文渊阁本
长兴集	（北宋）沈括	《四库全书》文渊阁本
后山集	（北宋）陈师道	《四库全书》文渊阁本
文史通义	（清）章学诚	《丛书集成》初编本
观堂集林	王国维	《海宁王静安先生遗书》本
资治通鉴考异	（北宋）司马光	《四部丛刊》初编本

通鉴学	张煦侯	安徽教育出版社 1982 年 10 月第一版
五灯会元	(宋)释普济	中华书局校点本
姑溪居士文集	(北宋)李之仪	《丛书集成》初编本
潜溪诗眼	(北宋)范温	郭绍虞《宋诗话辑佚》本
童蒙诗训	(南宋)吕本中	同上

参考论著目录

关于宋明时代的唯物主义及其与唯心主义的关系

张岱年 《中国哲学史研究》1981,4 期

宋代百家争鸣初探

方壮猷 《中国哲学》第七辑,三联书店 1982.10

关于宋明“理气”学说的演变

张岱年 《学习与研究》1982,4 期

北宋哲学思想讨论会综述

朱忠明 《国内哲学动态》1982,5 期

初期宋学

钱穆 《中央周刊》1946.5,8 卷 18 期

论宋学产生的背景

许毓峰 《中央日报》1946.9.10

《中央周刊》1947.2,9 卷 7 期

宋学三派

罗根泽 《中央日报》1947.6.9

欧阳修对经学上的贡献

赵贞信 《文史哲》1958,3 期

北宋《洪范》学简论

郑涵 《中州学刊》1981,2、3 期

论汉代和宋代的《诗经》研究及其在清代的继承和发展

胡念贻 《文学评论》1981,6 期

论宋学《诗经》研究的几个问题

夏传才 《文学遗产》1982,2 期

浙东学派探源

邓广铭 《天津益世报读书周刊》1935.8.29

陈亮永嘉之行及其与永嘉事功学派的关系

徐规等 《杭州大学学报》1977,2 期

关学序说

陈俊民 《陕西师大学报》1982,2 期

论儒教的形成

任继愈 《中国社会科学》1980,1 期

宋明理学与宋明理学史研究

邱汉生 《中国哲学史研究》1980,1 期

建国以来宋明理学研究

刘宏章 《中国哲学史研究》1981,4 期

宋明理学片论

李泽厚 《中国社会科学》1982,1 期

全国宋明理学讨论会观点简介

《浙江学刊》1982,1 期

通论道学

冯友兰 《中国社会科学》1986,3 期

全国宋明理学讨论会综述

傅鼎文 《中国哲学史研究》1982,2 期

论宋明理学的基本特点

张立文 《社会科学辑刊》1982,2 期

宋明理学在日本的传播和演变

李甦平 《哲学研究》1982,3 期

宋明理学核心的“理”到底由谁首先提出

赵吉慧 《哲学研究》1982,9 期

试论理学及其社会作用

梁中 《中国哲学史研究》1982,4 期

关于宋明“理气”学说的演变

张岱年 《学习与研究》1982,4 期

自汉魏至宋初的儒佛道三家关系和道学的形成

华山 《山东大学学报》(史)1963,2 期

张载理气观析疑

丁伟志 《中国社会科学》1980,4 期

关于张载的“气观”和“理观”

陈来 《中国社会科学》1981,1 期

欧阳修天人观试探

郑涵 《学术研究辑刊》1980,1 期

张景学术思想述评

郑涵 《宋史研究论文集》(《中华文史论丛》增刊)1982,1 期

欧阳修史学初探

赵吕甫 《历史教育》1963,1 期

论欧阳修的《新五代史》

柴德赓 《人民日报》1965.7.2

欧阳修的史论

姚瀛艇 《河南师大学报》1980,2 期

评欧阳修的史学

陶懋炳　《湖南师院学报》1982,1 期

论欧阳修的《新五代史》

柴德赓　《史学丛考》,中华书局 1982,6 期

《资治通鉴》和通鉴学

王仲荦　《历史教育》1963,5 期

关于编写《资治通鉴》的几个问题

王曾瑜　《文史哲》1977,3 期

《资治通鉴》述论

陈光崇　《历史研究》1978,11 期

评《资治通鉴》中的“臣光曰”——批判封建思想,继承文化遗产初探

季平　《四南师院学报》1980,1 期

上海留存的宋石幢

孙维昌　《文汇报》1962. 3. 6

江苏泰州有宋代修建的道观及造象

陆铨　《文物参考资料》1954,8 期

王安石变法与北宋的医学教育

龚纯　《中华医史杂志》1955. 2

胡瑗的教育思想

陈学洵　《杭州大学学报》1959,4 期

张载及其陕籍后学的教育思想

郑涵慧　《人文杂志》1982,4 期

王安石教育思想浅探

程德林　《江西师院学报》1982,2 期

书院制度简论

陈元晖　《北京师大学报》1980,5 期

中国书院史话——宋元明清书院的演变及其内容

章柳泉 《教育科学出版社》1981.3

中国古代的书院制度二:宋代的书院

陈元晖等上海教育出版社 1981.12

记开封新收集的北宋石经

安金槐 《文物》1962,10 期

故宫博物院所藏宋人书法

舒华 《文物》1977,9 期

宋陵石刻艺术

曾竹韶 《美术研究》1980,4 期

精湛的宋代石刻

河南开封地区文化局 《光明日报》1980.9.2

蔡襄的几件存世墨述

单国强 《书法丛刊》1981,1 辑

唐末至宋初的几位山水画家

长庆 《美术》1956,4 期

五代北宋间一部分杰出的花鸟画家

江声 《美术》1956,5 期

谈张择端《清明上河图》

王叔慧 《人文杂志》1957,3 期

《清明上河图》的作者及时代意义

潘松年 《人文杂志》1957,4 期

扬州出土的宋代石刻线画

吴雨窗 《文物参考资料》1958,4 期

精美动人的宋代小品画

张安治 《新观察》1958,6 期

《清明上河图》的研究

郑振铎 《文物精华》1969,1 期

张择端及其作品的时代——读画札记

金维诺 《美术研究》1960,1 期

宋人《女孝经图》的作画年代

穆益勤 《故宫博物院院刊》1960,2 期

北宋时期的绘画史籍

金维诺 《美术研究》1979,3 期

宋代画论中反映的文人审美观

葛路 《美术史论丛刊》1982,2 期

宋代画院画家考略

令狐彪 《美术研究》1982,4 期

江苏太仓发现宋木雕像

韩益之 《文物参考资料》1956,6 期

安徽寿县发现唐宋木雕造像

《光明日报》1961. 10. 13

北宋墓葬中人物雕砖的研究

周贻白 《文物》1961,10 期

新发现的宋代艺术品——南华寺木雕罗汉

稚子 《羊城晚报》1963. 9. 27

浙江瑞安发现重要的北宋工艺品

浙波 《光明日报》1972. 10

古代艺术的瑰宝——巩县宋陵雕刻

杨伯达 《河南文博通讯》1980. 3

金石录

丁明浩 《档案工作》1960,5 期

欧阳修金石学述略

陈光崇 《辽宁大学学报》1981,6 期

宋代金石学的主要贡献及其兴起的原因

夏超雄 《北京大学学报》1982,1 期

宋代的鼓子词

魏尧西 《光明日报》1954.11.7

宋朝对于书报的管制

尧公 《文献》1979,1 辑

宋元的印工和装背工

张秀民 《文献》第十辑 1981.12

北宋官书整理事业的特点

肖鲁阳 《上海师院学报》1982,1 期

宋代刻书述略

李致忠 《文史》第十四辑 1982.7

北宋崇文院的建院目的和藏书利用

潘天祯 《图书馆》1963,1 期

谈《册府元龟》的编纂和它在文献学上的地位

张一纯 《学术通讯》1963,2 期

宋代吉金书籍述评

容庚 《学术研究》(广东)1963,6 期

宋代吉金书籍述评(续)

容庚 《学术研究》(广东)1964,1 期

试论欧阳修在目录学上的主要成就及其贡献

乔好勤 《吉林省图书馆学会会刊》1980,4 期

欧阳修与《崇文总目》

张虹 《图书馆工作》1982,2 期

宋代散文的技巧和样式的发展——宋代散文浅论之二

王水照 《光明日报》1963.3.31

宋代散文简论

张志烈 《四川大学学报》1979,1 期

苏洵与北宋古文革新运动

曾枣庄 《四川师院学报》1981,1 期

欧阳修的散文和宋代古文运动

陈晓芬 《语文学习》1982,2 期

略论宋初古文运动的两种倾向

陈植锷 《宋史研究论文集》1982 年年会编刊(河南人民出版社)

北宋古文运动的曲折过程

曾枣庄 《文学评论》1982,5 期

西昆诗派述评

程千帆 《文艺月刊》1935.6,7 卷 6 期

宋代诗歌的艺术特点和教训

王水照 《文艺论丛》第 5 辑 1978.11

宋诗怎样一反唐人规律

苏者聪 《武汉大学学报》1979,1 期

浅谈宋诗的“议论”

赵齐平 《文史知识》1981,6 期

“开口揽时事,论议争煌煌”——从梅尧臣、欧阳修、苏舜钦看宋诗的议论化

赵仁珪 《文学遗产》1982,1 期

试论王禹偁与宋初诗风

陈植锷 《中国社会科学》1982,2 期

宋初诗风续论
陈植锷　《中国社会科学》1983,1 期
宋诗的分期及其标准
陈植锷　《文学遗产》1986,4 期
欧阳修在词史上的地位
邓魁英　《光明日报》1963. 4. 14
关于词的起源问题
阴法鲁　《北京大学学报》1964,5 期
论词的起源
唐圭璋、潘君昭　《南京师院学报》1978,1 期
谈谈词的艺术特征
龙榆生　《语文教学》1957,6 月号
唐宋词叙说
夏承焘　《浙江师院学报》1955,1 期
宋词发展的几个阶段
龙榆生　《新建设》1957,8 期
论北宋前期两种不同的词风
冯其庸　《文学遗产》增刊第 8 辑
宋词发展的社会意义
詹安泰　《学术研究》1979,3 期
读冯延巳词札记
施蛰存　《上海师大学报》1979,3 期
论柳永词
唐圭璋、潘君昭　《徐州师范学报》1979,3 期
论苏轼词与北宋词坛
陈志宪　《光明日报》1960. 4. 3

论苏轼对词境的扩大和提高

　　叶柏村　《浙江师院学报》1964,1期

建国三十年来的词学研究

　　马兴荣　《词学研究论文集》,上海古籍出版社1982

宋金元历法中的数学知识

　　严敦杰　《宋元数学史论文集》,科学出版社1966,2

十至十三世纪中国科学的主要成就

　　洪焕椿　《历史研究》1959,3期

沈括的科学成就的历史环境及其政治倾向

　　胡道静　《文史哲》1956,2期

宋代科学家燕肃

　　王锦光　《杭州大学学报》1979,3期

北宋目录事业的发展与校勘学的关系

　　萧鲁阳　《中州学刊》1982,6期